U0681789

张英洪 等 著

权利视角的乡村振兴

农研智库观察

RURAL REVITALIZATION
FROM THE PERSPECTIVE OF RIGHTS

OBSERVATION OF
AGRICULTURAL RESEARCH
THINK TANK

社会科学文献出版社
SOCIAL SCIENCES ACADEMIC PRESS (CHINA)

自　序

强国必先强农，农强方能国强。强农强国，必须坚持全面依法治国，加快推进法治中国建设，切实以法治思维和法治方式全面推进乡村振兴，进一步强化对农民权利的维护和保障，从而有效解决"三农"问题，满足农民群众对美好生活的向往，让农民就地过上现代文明生活。在法治的轨道上尊重、保障和实现宪法规定的包括农民在内的全体公民的基本权利和自由尊严，是坚持以人民为中心的发展思想的内在要求，也是实现强农强国的根本途径。

我多年来始终坚持从权利视角观察和研究"三农"问题，主张通过全面维护和保障农民权利来全面推进乡村振兴，实现城乡融合发展和社会文明进步。权利视角的乡村振兴，就是通过尊重、保障和实现农民及市民的基本权利，营造有效保障农民及市民的人权、产权、治权的现代法治环境，从而全面推进乡村振兴，促进社会文明进步。同时，乡村是否实现全面振兴，社会是否实现文明进步，我们要看农民及市民的基本权利是否得到了尊重、保障和实现。权利视角是超越城市和乡村、时间和空间、职业和专业的视角，是着力践行为人民服务的视角，是真正体现人民利益至上的视角，是切实贯彻以人民为中心发展思想的视角，是全面保障人民当家作主的视角，是夯实国家长治久安和社会文明进步基础的视角。

权利视角的乡村振兴，需要加快完善以宪法为核心的中国特色社会主义法律体系，更好地发挥宪法在治国理政中的重要作用，坚持权利导向的经济社会发展理念，重点要保障和实现宪法赋予全体公民的人权、产权、治权。权利兴则乡村兴，权利兴则民族兴，权利兴则国家兴。

新时代加快解决"三农"问题、全面推进乡村振兴，要坚持跳出"三农"看"三农"，形成时代眼光、历史眼光、世界眼光。全面推进乡村振兴的公共政策、法律制度和实践活动要与中国乡村具体实际相结合，与中华优秀传统文化相结合，与人类共同创造的现代文明相结合，既传承和弘扬天下为公、民为邦本、为政以德、天人合一等中华优秀传统文化，又坚持和践行和平、发展、公平、正义、民主、自由的全人类共同价值，推动实现乡村文明、城市文明、农耕文明、现代文明相融合，在全面推进乡村振兴和以中国式现代化实现中华民族伟大复兴中，创造出既传承和弘扬中华优秀传统文化，又彰显全人类共同价值的新中华文明，这将是造福国人、惠及全球的人类文明新形态。坚持在维护权利基础上全面推进乡村振兴，实质上也是为中华民族伟大复兴奠基、固本、强根、铸魂。

本书收录的是我从权利视角观察和研究"三农"问题、推进乡村振兴和新型城市化、实现城乡融合发展的部分调研报告和思考文章，主要内容分为六篇：第一篇为"农民增收与共同富裕"，第二篇为"乡村建设与城乡融合"，第三篇为"农民发展与制度公平"，第四篇为"新型城市化与制度创新"，第五篇为"乡村振兴与权利兴农"，第六篇为"乡村治理与现代文明"。虽然这些调研报告和思考文章的时间跨度和空间跨度比较大，形式多样，但都是围绕维护与发展农民权利这条主线、促进社会公平正义这个主题、让农民过上幸福而有尊严的现代文明生活这个主张。我在长期的农村调研中获得的深刻体会和重要启示是：没有对权利的维护和保障，没有对权力的制约和监督，就不可能有乡村的振兴和民族的复兴，即便是一时取得的经济发展成果也随时可能被清零。本书旨在为乡村振兴研究提供权利视角，为农民全面发展探索权利路径，为中华民族伟大复兴夯实权利基础，为人类文明新形态激活权利元素。

几十年来，虽然国内外形势都发生了很大的变化，但作为一个"三农"政策研究者，我坚持造福百姓、服务众生的立场没有变，坚持以良知和智慧报效国家、回报社会的志向没有变，坚持促进社会公平正义、推动社会文明进步的目标没有变，坚持实事求是的原则没有变，坚持深入实际调查研究的方法没有变，坚持说真话、不说假话的学者底线没有变。

路虽远，行则将至；事虽难，做则必成。

张英洪

2023 年 1 月 9 日

目　录

第三篇　农民发展与制度公平

第四篇　新型城市化与制度创新

第五篇　乡村振兴与权利兴农

第六篇 乡村治理与现代文明

附　录

第一篇

农民增收与共同富裕

统筹城乡发展，着力改善民生

——北京市怀柔区九渡河镇吉寺村低收入状况调查[*]

为深入落实科学发展观，开展好学习实践活动，北京市农研中心结合自身的工作职能，将郊区低收入村和低收入农户调查作为学习实践科学发展观的一项重要内容。按照中心党组对郊区低收入村和低收入农户调查工作的具体安排，2009 年 3 月，我们调查组一行数人对怀柔区九渡河镇吉寺村做了调查。调查组进村入户，发放了低收入村和低收入农户调查问卷，召集了村"两委"班子成员和 15 户低收入农户代表座谈，与镇、区有关领导和部门负责人进行了交流。在此基础上，结合市农经平台，对相关数据资料进行了分析。

一　低收入村、户基本情况

吉寺村位于怀柔区九渡河镇北部，南距怀柔城区 17 公里，距镇政府 3 公里。全村共有 578 户 1754 人，其中农业户籍 535 户、农业人口 1653 人。该村有山林土地面积 8900 多亩、山场面积 15000 亩。村里三面环山，严重缺水，人均耕地面积不足 0.2 亩，主要种植玉米、杂粮，属于典型的生态涵养区，在"中心—边缘"格局中处于远离经济发展中心的边缘地带，缺乏区位优势。村子经济实力薄弱，产业发展单一，板栗、核桃等干果种植收入是村民赖以生存的主要依托。

2008 年，全村农民人均可支配收入只有 3148 元，仅为全市农民人均纯收入 10747 元的 29.3%，是九渡河镇所辖 18 个行政村中人均收入较低的村之一。而九渡河镇又是怀柔区 14 个乡镇中农业人口最多、低收入农户和低收入农业人口所占比例最大的镇。九渡河镇各村低收入农户和低收入农业人口情况，见表 1；怀柔区各乡镇低收入农户和低收入农业人口分布情况，见表 2。

---

　　* 原载北京市农村经济研究中心《调研参考资料》2009 年第 1 期。

表 1　九渡河镇各村低收入农户和低收入农业人口情况（2008 年）

	农户数（户）	农业人口（人）	人均可支配收入（元）	低收入农户（户）	低收入农户所占比例（%）
合　计	5809	15547	4123.88	4098	70.5
四渡河村	409	1019	2830.42	335	81.9
黄坎村	655	1889	2984.02	655	100.0
吉寺村	**535**	**1653**	**3148.00**	**476**	**89.0**
团泉村	264	647	3494.37	217	82.2
局里村	266	551	3403.81	252	94.7
花木村	402	983	3837.03	386	96.0
九渡河村	829	2473	3141.16	476	57.4
黄花镇村	501	1383	3860.45	401	80.0
东宫村	196	432	3402.13	194	99.0
西台村	118	332	5353.31	37	31.4
黄花城村	352	913	4432.48	190	54.0
撞道口村	111	297	8886.87	15	13.5
石湖峪村	184	440	3393.07	181	98.4
西水峪村	89	133	14734.81	10	11.2
二道关村	524	1394	5724.61	183	34.9
杏树台村	259	751	7835.15	46	17.8
庙上村	58	136	6810.29	27	46.6
红庙村	57	121	9897.36	17	29.8

表 2　怀柔区各乡镇低收入农户和低收入农业人口分布情况（2008 年）

	农业人口（人）	低收入人口比例（%）	农户数（户）	低收入农户比例（%）
全区合计	34214	21.5	15904	22.5
怀柔镇	3472	17.3	1766	17.8
雁栖镇	927	9.3	586	12.4
北房镇	901	6.8	498	9.2
杨宋镇	1129	11.5	573	13.9
庙城镇	1810	13.9	884	14.8
桥梓镇	2957	19.1	1517	22.9
怀北镇	849	10.4	508	12.3
汤河口镇	1522	18.9	816	22.1
渤海镇	2291	15.9	1057	17.0
九渡河镇	**11860**	**76.3**	**4098**	**70.5**
琉璃庙镇	1594	23.1	841	26.1

	农业人口（人）	低收入人口比例（%）	农户数（户）	低收入农户比例（%）
宝山镇	1782	18.8	876	20.5
长哨营乡	1700	19.6	906	23.5
喇叭沟门乡	1420	22.5	718	25.7

在吉寺村，年人均可支配收入少于4000元的低收入农户有476户，占总农户数的88.97%，其中年人均最低收入只有1500元；年人均可支配收入4000—10000元的农户56户，占总农户数的10.47%；年人均可支配收入10000元以上的农户只有3户，占总户数的0.56%。吉寺村农民收入等级差异对比，见图1。

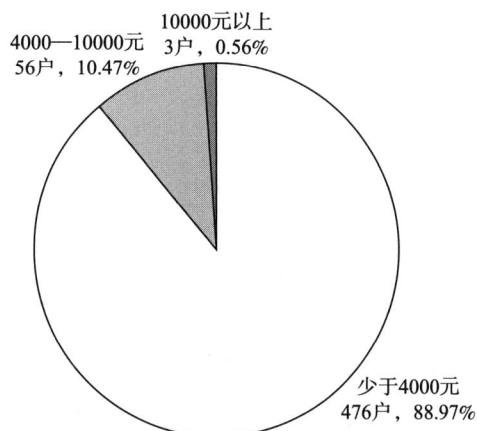

图1　吉寺村农民收入等级差异对比

从表1、表2中可以看出，在怀柔区14个乡镇中，九渡河镇农业人口最多，达11860人，占全区农业总人口的34.7%；低收入农户和低收入农业人口比例也最高，分别高达70.5%和76.3%。在九渡河镇18个行政村中，2008年人均可支配收入在4000元以下的村有10个，吉寺村就在这10个低收入村之列。

二　低收入村、户主要特点

吉寺村和该村低收入农户主要有以下四个特点。

（一）以传统第一产业为主，缺乏第二、第三产业支撑

吉寺村产业结构单一，是以林果种植为主的传统第一产业。九渡河镇是怀柔板栗的主产区，是著名的板栗专业镇。板栗是该村的重要收入来源和村民赖以生存的重要支柱，但其收入总额并不多，每户的板栗收入也只有每年两三千元到四五千元不等。

该村第二、第三产业发展相当薄弱。村里只有一家小型的私人果脯食品加工企

业，目前对于村域经济的带动作用有限。九渡河镇是旅游大镇，该镇的红庙、黄花镇、东宫等 10 个村已发展为乡村民俗旅游村，但吉寺村却处在乡村旅游线路和景区之外，不能分享日益增长的乡村民俗旅游收益。吉寺村第三产业的发展条件还相当不足。

在吉寺村低收入农户家庭经营收入结构中，来自第一产业的收入比重高达88.86%，来自第二产业的收入只占 0.66%，来自第三产业的收入占 10.48%。吉寺村低收入农户家庭经营收入结构见表 3。

表 3　吉寺村低收入农户家庭经营收入结构

单位：元，%

类别	数量	占比
家庭经营收入总额	910200	100
第一产业收入	808800	88.86
第二产业收入	6000	0.66
第三产业收入	95400	10.48

俗话说："无工不富，无商不活。"吉寺村主要依赖于传统的林果产业，缺乏第二、第三产业支撑，产业结构单一，这是其经济不发达的主要因素。

（二）集体经济相当薄弱，农民组织化程度低

与京郊许多集体经济实力雄厚的村子不同，吉寺村集体经济相当薄弱，村里公益事业所需经费全部依赖市财政拨付的每年 15 万元的专项补助金。

该村合作经济也没有发展起来，农民的组织化程度相当低。2006 年 10 月颁布《农民专业合作社法》后，村里根据上级的要求，于 2007 年成立了绿色神龙种养殖专业合作社，但到目前为止，该合作社既无种植，也无养殖，没有开展正常的业务，只是一块招牌。2008 年，村里组织手工编织合作社，挂靠绿色神龙种养殖专业合作社，但由于金融危机的影响，没有市场销路，业务也没有开展。

板栗是该村的主要收入来源，但村里却没有建立板栗合作社，各家各户独立生产。农村剩余劳动力也都是各自外出寻找季节性短工。

（三）人口老龄化趋势加剧，家庭无力承担养老

家庭养老是传统农业社会主要的生活保障方式，在进入工业社会后，传统的家庭养老方式已难以为继。该村的独生子女家庭已超过 300 户，形成了"4—2—1"的家庭人口结构，一个独生子女面临供养 4 个老人的困顿局面。独生子女在自身缺乏足够收入来源的情况下，很难在经济上帮助老人解决基本生活问题。吉寺村村民普遍反映老人得不到家庭的养老保障，绝大多数老人的子女无力承担老人的生活保障。老年人主要依靠政府每月发放的 200 元老年居民保障金生活。

我们在调查中发现，该村绝大多数老人生活压力大，他们活到老干到老，不是上山打柴，就是在家哄孩子。所患慢性疾病也难以得到及时有效的治疗。

(四) 因病致贫现象突出，公共服务需求增大

我们调查发现，低收入农户因病致贫问题相当突出，村民对基本医疗卫生服务的需求十分强烈。

低收入村民王×发，49 岁，身患糖尿病、脑血栓，不能正常从事劳动，家里 80 多岁的老母亲全靠政府每月发给的 200 元老年保障金过日子。刘×兰，女，59 岁，原担任村妇女主任，一家 4 口人于 2003 年因"非典"留下了严重的后遗症，刘×兰本人右臂坏死，其丈夫得了尿毒症，儿子股骨头坏死，儿媳得癫痫病。全家治病欠了 20 多万元。这一家因"非典后遗症"，难以维持正常生活，但目前（2009 年）没有享受"低保"或其他保障。

一些低收入农户反映新型农村合作医疗报销比例太低，如门诊报销比例只有 30%，且年报销上限不超过 500 元；有的低收入农户反映新型农村养老保险个人缴费太多，家庭难以承担，虽有很多中老年人愿意参保，但因缴不起个人应缴费用，要么就放弃了，要么一家两个老人就只办理一个老人参保；有的低收入农户反映孩子念高中、读大学的费用太高；有的低收入农户还反映低保覆盖面太窄，低保标准也太低。

我们的问卷调查结果同样显示，低收入人群的健康状况堪忧。在所调查的低收入人群中，身体健康的只占 13.33%；患有慢性疾病的占 73.34%；残疾的占 13.33%。15 户问卷调查低收入农户健康水平结果见图 2。

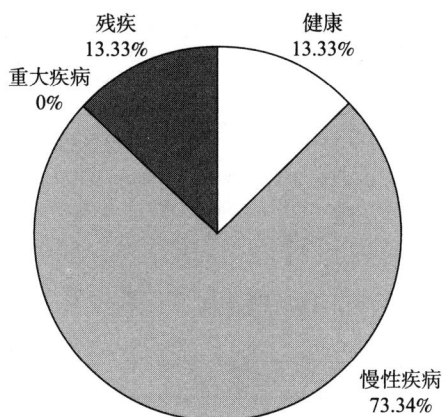

图 2　15 户问卷调查低收入农户健康水平结果

在该村，村民对医疗、教育、社会保障、就业等基本公共服务的现实需求强烈。村里为了解决更多低收入人群的就业和生活困难，有时也没有办法，就将一个人的

"口粮"分给几个人"吃"。例如，村里将上级安排的 36 个护林员指标分解成 60 多份，由村民抓阄儿轮流担任护林员，大伙儿都来分"一杯羹"。吉寺村村民享有的基本公共服务状况见表 4。

表 4　吉寺村村民享有基本公共服务状况

基本公共 服务项目	建立公共 财政保障 的时间	受益人员数量 或受益范围	基本标准或 基本政策	备　注
公共就业： 护林员 保洁员 管水员 村医补贴	2004 年 2008 年 2007 年 2008 年	36 人 11 人 3 人 2 人	400 元/(月·人) 320 元/(月·人) 500 元/(月·人) 900 元/(月·人)	《北京市人民政府关于建立山区生态林补偿机制的通知》(2004 年 8 月 17 日)
教育	2006 年	义务教育阶段的学生	对农村义务教育阶段学生全部免除学杂费，全部免费提供教科书，对家庭经济困难寄宿生提供生活补助	北京 2006 年起实行义务教育全面免费；全国从 2006 年春季开学起率先免除西部地区农村义务教育阶段的学杂费，2007 年春季开学起在全国农村实行免除义务教育阶段的学杂费
新型农村合作医疗 ("新农合")	2003 年	农村人口； 2008 年参加"新农合"人口达 90%	2008 年，每人交 40 元，住院报销 55%，门诊报销 30%（全年不超过 500 元）	北京于 2003 年开始实行；全国于 2003 年起开始试点，2008 年在全国农村基本建立新型农村合作医疗制度
农村最低生活保障	2002 年	26 户	1350 元/年	2002 年北京市建立农村低保制度，标准由区县确定。全国农村低保自 2007 年开始
新型农村养老保险 ("新农保")	2006 年	北京市农业户口，男 16—60 周岁，女 16—55 周岁的各类人员；符合参保要求的 1000 多人，实际参保的 300 多人	基础养老金每人每月 280 元；2009 年每人年交费标准 960 元	北京从 2006 年起实行，2008 年修订；全国从 2009 年起开展新型农村养老保险试点
城乡无社会保障老年居民养老保障	2008 年	北京市户籍，年满 60 周岁；全村 600 多人享受	每人每月享受 200 元	《北京市城乡无社会保障老年居民养老保障办法》，2008 年 1 月 1 日起施行

近些年来，政府加大了对农村基本公共服务的供给力度，逐步建立了农村基本公共服务体系，这些基本公共服务对于改善民生、保障低收入人群的基本生活发挥了重要的作用。但是，现有的基本公共服务还处于起步阶段，保障水平还比较低，难以满

足村民日益增长的公共服务需求。

造成低收入村和低收入农户的主要因素，从根本说有三个方面。

一是自然条件的限制。吉寺村位于生态涵养区，在"中心—边缘"格局中处于远离经济发展中心的边缘地带，没有区位优势。同时，该村土地资源、水资源和旅游资源等自然资源也相当匮乏。

二是自身素质的劣势。在低收入农户中，普遍存在文化程度较低、年老体弱、缺乏或丧失劳动能力、身患疾病或残疾等情况，自身素质条件存在明显劣势，在市场经济竞争中处于极不利的地位。

三是公共资源的短缺。城乡二元体制使农村居民在享有基本公共服务上长期受到排斥，造成了农民底层化、边缘化的社会分层结构。近年来，政府向农村居民提供的基本公共服务明显增多，但目前的基本公共服务覆盖面较窄、保障水平较低，难以满足低收入人群的现实需要。低收入农户一般集自身素质边缘化、地理位置边缘化、社会分层边缘化于一身，如果没有良好的经济社会政策有力支持，低收入农户很难改变自身处境。

三 对策建议

促进农民增收，关键在于促进低收入农户增收。促进低收入农户增收，需要我们以科学发展观为指导，进一步统筹城乡发展，把生态涵养区的生态优势转化为发展优势，继续加大农村基本公共产品和公共服务的投入，推进城乡基本公共服务均等化，努力维护低收入居民达到基本生活水准的权利，尽快实现共同富裕。

（一）把生态优势转化为发展优势，培育生态友好型新兴产业

吉寺村处于生态涵养区，在自然资源等方面处于劣势，发展第二、第三产业的空间受到一定限制，但也具有生态优势和发展潜力，关键是要找到适合生态涵养区发展的新路子，发展新兴产业。

一是促进食品加工业发展，打造绿色食品品牌。要充分利用当地自然资源优势，支持和扩大北京御食园食品股份有限公司在该村创办果脯食品加工业的发展规模和水平，大力发展绿色食品深加工，打造绿色食品品牌，扩大就业机会，增加农民收入。

二是利用山林山场传统资源，发展新型林下经济。吉寺村山林、山场面积较大，具有发展林下经济的良好环境。该村2008年已经引进和试种30多亩的保健药材松果菊。要在传统的林果业和种植业基础上，通过农民专业合作组织的形式，进一步扩大松果菊的种植面积规模，形成以松果菊为主体的林下经济新兴产业。

三是依托五彩九渡河旅游优势，兴办乡村旅游产业。九渡河镇旅游资源丰富，集金色板栗文化、银色怀九河文化、青色长城文化、红色革命传统文化、绿色生态文化

于一身，被誉为"五彩九渡河"，是京郊有名的旅游大镇，先后被评为京城十佳旅游观光镇、京城特色旅游观光镇。该镇的红庙、黄花镇、东宫、黄花城、撞道口、石湖峪、西水峪、二道关、庙上、杏树台 10 个村已发展成民俗旅游村。吉寺村要依托九渡河镇乡村旅游业的发展优势，积极创造条件，如开发橡树林等旅游资源，加快基础设施建设和村庄环境整治，将本村与全镇的旅游业联结起来，使本村成为五彩九渡河旅游业的重要组成部分，促进该村乡村民俗旅游休闲产业的发展。

四是挖掘整合民间手工技艺，发展特色手工业。九渡河镇依据生态涵养区的要求，确立了发展特色手工业的基本思路，逐步实现"村村有产业、户户能就业"的目标。该镇红庙村就因为大力发展灯笼产业而成为闻名遐迩的"京郊灯笼第一村"。全镇灯笼制作业已发展到 7 个村，正在形成京郊"灯笼镇"。吉寺村手工编织去年已有初步探索，应当借助全镇大力发展特色手产业的机遇，提高农民的组织化程度，创造条件发展本村特色手工业，形成自己的拳头产品。

（二）完善山区生态补偿机制，加大生态涵养区帮扶力度

生态涵养区是首都天然的绿色屏障，对于保护生态、涵养水源，发挥着不可替代的作用。相对来说，生态涵养区经济欠发达，基础设施滞后，发展空间不足，低收入人群较多，需要更多、更有效的扶持政策。2004 年市政府建立生态涵养补偿机制，为生态涵养区的发展提供了重要的政策支持。特别是一些低收入人群从生态补偿机制中获得了就业岗位和生活保障，成为生态补偿机制的最直接受益者。当前，要根据人与自然和谐发展的实际需要，进一步完善生态补偿机制，加大对生态涵养区的政策帮扶力度。

一是延长山区生态补偿年限。原确定的生态补偿年限暂定到 2010 年。根据实施生态补偿机制的良好效果，应继续延长山区生态补偿期限，将生态补偿机制长期化。

二是加大山区生态环境和基础设施建设力度。山区生态环境建设和基础设施已经有了明显的改善，但应根据具体情况，进一步加大山区生态环境和基础设施建设力度，为山区经济社会发展创造条件、奠定基础。

三是对生态涵养区进行分类管理和政策支持。首先，对生态涵养区进行更细化的功能区域分类，实行分类管理。其次，对生态涵养区的发展实行政策引导和倾斜支持。从产业布局、资金支持、人才引进等多方面入手，支持生态涵养区因地制宜地发展都市型现代农业、高新技术产业、文化创意产业和乡村旅游产业等资源节约型、生态友好型新兴产业。最后，适当扩大护林员比例，提高补偿标准。

（三）促进山区低收入人群就业，实现城乡就业一体化

就业是民生之本，解决低收入农户中有劳动能力的人员就业，要制定相关的优惠扶持政策，实现城乡就业一体化。

一是要扶持低收入农户就业。要将现行的城镇就业困难人员就业促进优惠政策向农村延伸，使农村低收入农户同样享有城镇就业促进政策的扶持。政府创设和购买的公益性就业岗位，要优先安排低收入农户就业。

二是要建立城乡统一的劳动力市场。将低收入农户就业纳入统一就业体系进行统筹安排，加快消除城乡之间的就业壁垒，尽快建立和完善城乡统一就业的体制机制，使低收入农户同样得到培训、信息等公共就业服务，率先实现城乡就业一体化。

三是要切实保护农民工的合法权益。低收入农户中有劳动能力的人员大多在本市范围内打工，他们的合法权益应得到充分的保护。要为农民工平等就业、自主创业营造良好的体制环境。

（四）逐步提高基本公共服务水平，维护低收入人员基本生活水准权利

低收入农户面临的主要问题在于基本公共服务的短缺。加快推进城乡基本公共服务均等化，是促进低收入农户增收、保障低收入人群获得基本生活水准权利的有效举措。

一是在实行免费义务教育的基础上，可率先将高中教育纳入义务教育范围，对高中教育以及职业教育实行免费，降低高校收费标准，并逐渐实行免费。有关研究表明，农村家庭主要劳动力平均受教育年限每增加一年，贫困发生的风险就可以降低12.9%。教育投入对于提高农民收入水平特别是低收入农户收入水平极为重要。当前，低收入农户家庭成员文化程度偏低的普遍特征，正是长期以来他们的受教育权益没有得到很好的保障和实现的结果。我们今天面临的低收入农户问题，在某种意义上正是我们昨天忽视教育所付出的代价。

二是进一步加大医疗卫生投入，把基本医疗卫生制度作为公共产品向全民提供，扩大医疗保险覆盖面，提高医疗保障水平，实现全民医保，使所有低收入人群享有基本医疗卫生服务。疾病是农民致贫的首要因素。患病致贫以及生病、慢性病得不到及时有效的医治，是低收入农户面临的一个共同问题。应当扩大新型农村合作医疗的覆盖面，将低收入农户家庭成员全部纳入医保范围，扩大医保的报销范围，大幅度提高新型农村合作医疗住院和门诊的报销比例。同时，将低收入农户纳入医疗救助范围，解决其难以承担的个人自费医疗费用。同时要尽快解决城乡医疗保险之间的衔接问题，率先建立城乡统一的医疗保险制度。

三是大幅度提升社会保障水平，使低收入农户家庭成员的社会保障权得到充分的保障。最近几年建立的农村最低生活保障制度（低保）和新型农村养老保险制度（"新农保"）是农村社会保障制度从无到有的历史性跨越，在此基础上，需要逐步提高社会保障水平，实现从低水平保障到高水平保障的再次跨越。当前，应当根据低收入农户对社会保障的现实需求，在现有保障水平的基础上，加大公共财政投入力度，大幅度提高保障水平。扩大农村低保范围，实施农村低保分类救助制度，将更多的低收入人群纳入低保范围。可将低收入人群中无劳动能力的人全部列为低保对象。市级财政应将农村低保纳入财政预算，减轻区县和乡镇两级财政负担的压力。尽快缩小城乡低保差距，实行全市城乡低保统筹并轨。要将农村老人全部纳入"新农保"范围之内，完善具体政策，方便和扩大低收入人群参保。对低收入农户参加"新农保"实行个人缴费专项补贴，确保低收入人群有意愿、有能力参保，实现人人"老有所养"。

执笔：张英洪

2009 年 4 月 15 日

都市型现代农业社会化服务体系
建设的发展趋势*

建设新型农业社会化服务体系是发展现代农业的必然要求。都市型现代农业的发展，相应地促进了都市型现代农业社会化服务体系的建设，同时也对农业社会化服务体系的建设提出了新要求。都市型现代农业社会化服务体系的发展趋势，是由广大农民的实际需求、都市型现代农业发展的内在要求与当今社会的时代特征决定的。从总体上说，都市型现代农业社会化服务体系建设呈现出如下六个方面的发展趋势。

一 服务主体多元化

都市型现代农业的发展，对社会化服务的需求十分广泛。从服务性质上看，涉及公益性服务和经营性服务、专项服务和综合性服务、一般性服务和特殊性服务；从服务环节上看，涉及产前服务、产中服务和产后服务全过程；从服务内容上看，涉及农业科技服务、动植物疫病防控服务、农产品质量监管服务、农村金融保险服务、农产品流通服务、农资农机服务、农业用水服务、农业信息服务等诸多方面。任何单一的服务主体都不可能满足现代农业发展的多样化需求，服务主体的多元化发展趋势日益明显。

服务主体的多元化发展趋势既包括传统服务主体在新时期的改革与再造，也包括新兴服务主体的大量涌现。农技推广站、动植物检疫所、农产品质量安全监管机构、农业银行、农村信用社、供销社、水利部门等传统服务主体是在计划经济体制下形成的，具有政府主导和计划经济的特性，在市场经济条件下，其服务单一、机制不活等问题突出。在市场化改革中，上述传统服务主体一方面在改革中不断创新体制机制，以适应市场经济发展的需要，实现再造；另一方面受泛市场化风潮的影响，公益性服务日益弱化。在新的形势下，强化公益性服务、放活经营性服务是现代农业社会化服

---

* 原载北京市农村经济研究中心《调研参考资料》2009 年第 2 期。

务发展的必然态势。强化公益性服务，就是要突出政府承担公共产品供给的责任，加大公共财政的投入保障力度。放活经营性服务，就是要发挥市场在资源配置中的基础性作用，加大政策引导、扶持、规范和监管力度，扩大经营主体的发展空间，提高服务水平。在公益性服务建设上，党的十七届三中全会已明确要求三年内在全国普遍健全农技推广、动植物疫病防控、农产品质量监管等公共服务机构。作为经济发达地区和国家首都，北京率先健全相关公共服务机构势在必行。

各类新兴服务主体的大量涌现是服务主体多元化的重要表现。近年来，农民专业合作社、农民专业协会、龙头企业、高等院校、科研机构、农民经纪人、批发市场等新兴服务主体在现代农业服务体系中发挥越来越重要的作用。在新兴服务主体中，农村金融服务、农民合作组织的发展明显加快。2008年12月10日，首都第一家村镇银行——北京延庆村镇银行正式开业，这是北京加大农村金融服务体系建设的新亮点和新起点，也是新兴服务主体发挥作用的新契机。

二 服务方式多样化

农业和农民需求的多样化决定了农业社会化服务方式的多样化。现代交通、通信、信息等技术条件和组织资源，为多样化的农业社会化服务提供了物质基础。服务方式的多样化有以下几个方面的显著特点。

无偿服务与有偿服务并重。在计划经济时期，农业社会化服务侧重无偿服务；而在泛市场化改革中，却刮起了有偿服务之风。党的十七届三中全会明确划分了公益性服务与经营性服务，对公益性服务实行无偿服务、对经营性服务实行有偿服务，这有利于在建设农业社会化服务体系中，实行公益性服务与经营性服务相协调、无偿服务与有偿服务并重的服务方式。

单向服务与双向服务相结合。在相当长的时期里，各种服务主体习惯于自上而下地将服务内容输送到农民的手里和田间地头，这种单向度的服务流向容易造成服务的供过于求、供不应求和供求脱节。新的服务发展趋势使针对农民的自下而上的服务更加凸显，传统的单向灌输式服务将向双向互动式服务发展。双向互动式服务有三种基本方式：一是农民将自身的实际需求自下而上地反馈给有关服务主体，促进供需信息与意愿的沟通，避免供需脱节；二是农民主动向各类服务主体寻求服务，变"你给我服务"为"我要你服务"；三是农民对各种服务质量与水平进行评价，农民的满意度是衡量服务水平的最高标准。

被动服务与参与服务相得益彰。传统的服务方式将农民当作被动的服务受体，因而服务的内容、服务的质量、服务的效率、服务的意愿、服务的偏好等都掌握在服务主体手中。这种使农民被动接受服务的方式已远不能适应时代发展的需要，农民广泛参与服务的全过程已成为农业社会化服务体系建设的显著特征和必然趋势。农民积极主动参与服务，体现在农民对产前、产中、产后各环节的全过程参与上，体现在农民对各种服务质量与水平的评价与选择上，体现在农民通过组织化的渠道成为自我服务的主体角色上。农民参与服务，能够充分发挥农民的主体作用，这需要不断提高农民的组织化程度。各种农民专业合作社和农民专业协会是农民发挥主体性作用、积极参与服务过程的重要组织载体。随着农民合作组织的发展，综合性的农民合作组织如农民协会也将呼之欲出。

"走进去"服务与"请出来"服务相补充。在以往的服务方式中，各类服务主体一般选择"走进去"服务，即走到农民的田间地头、种养场所和农家院里进行上门服务、现场指导。这种"走进去"服务方式方便农民，受人欢迎，但也有局限性。随着社会的发展，一种将农民"请出来"的服务方式开始兴起。将农民"请出来"的服务方式主要有：将农民请出原住地来到相关部门进行技术培训，请农民到外地参观考察先进技术和经验，请农民参加有关博览会、展销会活动等。这种"请出来"的服务方式有利于拓展农民的视野，培养新型农民，产生"先请出来一人，再回去带动一片"的"扩散效应"。2008 年，大兴区选派 30 名农民科技示范户代表赴全国著名的蔬菜基地山东寿光进行考察研修，产生了良好的效果。

三 服务需求个性化

服务受体的差异性与目标群体的复杂性，使传统批量式的一般化服务模式逐渐被个性化的服务模式取代。

都市型现代农业的多功能形态需要个性化的服务。经过近些年的快速发展，北京都市型现代农业具有生产、生活、生态、示范、服务、文化等多功能特征，相应地形成了籽种农业、观光休闲农业、生态农业、循环农业、科技农业、精品农业、创汇农业、设施农业、会展农业、创意农业等多种形态，不同的都市农业形态需要不同的个性化服务。如京郊创意农业的典型——怀柔区桥梓农业公园、虹鳟鱼一条沟，密云县鱼街，门头沟区樱桃园、麦秸画，大兴区古桑园、玻璃西瓜，平谷区桃木工艺品，延庆县的豆塑画等，是新型农民以文化激活农业的最新成果，其对相关文化方面的个性化服务需求日益增大。

社会分化与社会阶层结构的变化使个性化服务更加鲜明。随着城市化、城镇化、市场化与现代化的发展，京郊农村的社会分化与社会流动明显加快，新的社会阶层结构加速形成，不同的社会阶层对相关服务的需求差异较大。分散经营的个体农户与规模经营的大户、本地经营的农民与外地经营的农民、农村能人与普通农民、文化程度较高的农民与文化程度较低的农民、家庭留守老人儿童与外出务工人员、土地流转经营农民与租赁经营农民、种植农户与养殖农户等，其需求千差万别，各不相同。如农村能人可能对经济信息、科技服务和培训兴趣较大，规模经营大户可能对新技术、金融服务需求强烈，等等。

人文北京、科技北京和绿色北京的建设目标使个性化服务潜力增大。2008 年夏季奥运会后，北京将"人文北京、科技北京、绿色北京"的建设作为新的发展目标，这使北京都市型现代农业的发展目标与价值定位更加鲜明。如创意农业、会展农业、休闲农业等是人文北京建设的重要表现形式，农业科技园区、示范农业、精品农业、创汇农业等是科技北京建设的重要内容，生态农业、循环农业、观光农业等是绿色北京建设的必然要求与现实成果。"三个北京"建设为都市型现代农业的发展注入了新鲜血液，对个性化的服务模式提出了更高的要求。在建设绿色北京的过程中，农林生态涵养的价值日益受到重视。北京市统计局、国家统计局北京调查总队、北京市园林绿化局发布的测算数据显示：2007 年，北京都市型现代农业生态服务价值达 6517 亿元。按照北京城市功能定位，生态涵养发展区包括门头沟区、怀柔区、平谷区、密云县、延庆县 5 个区县以及房山区、昌平区山区部分，区域面积 1.13 万平方公里，占全市总面积的 68.9%。生态涵养发展区是绿色北京建设的重中之重，其未来产业发展将大力培育总部经济及高新技术研发、后台服务、文化创意等低碳高端产业，积极发展富民型的旅游休闲产业、生态农业及环境友好的劳动密集型产业，促进产业融合化发展，影响生态环境的资源开采和环境污染型产业，将被淘汰退出。与这一发展格局相适应，更加个性化的服务需求将与日趋增。

四　服务手段现代化

日新月异的现代科技，为农业社会化服务提供了便捷高效的现代化手段。各种新兴技术开始快速应用到现代农业服务体系之中。特别是现代信息技术在农业社会化服务中的应用推广十分迅速。计算机、互联网、电话手机、人工智能、3S 技术（地理信息系统 GIS、全球定位系统 GPS、遥感技术 RS）等现代信息技术已经得到广泛应用。服务手段的现代化程度日益提高。

运用现代科技手段，可以指导和帮助农民根据土壤与农作物的情况进行科学播种、施肥、用药。信息网络平台，可以帮助农民了解和发布信息，进行网上交易。随着农村电视、电话、电脑的普及，农民将获得前所未有的高效服务。

近年来，北京实施了推进郊区信息化专项工程的"燎原"行动计划、"221 行动计划"信息平台建设、农村综合信息服务体系建设、农村信息化 2008—2010 年实施规划等专项工程，农村信息化基础设施大为改观。2009 年，郊区农村已基本实现了广播电视、电话"村村通"，市政务专网已覆盖郊区县所有乡镇，平谷、密云、房山、顺义、大兴、怀柔、通州等区县全部实现光纤网络"村村通",其中平谷、密云、房山、大兴、怀柔等区县还开展了无线网络入户试点建设与应用,农民信息终端拥有率逐年提高。农村"数字家园"、农业远程教育卫星接收站、爱农信息驿站和农村数字影院等农村基层信息服务站点建设稳步推进。2010 年,北京已基本实现宽带网络进村入户。

北京移动农网、北京农村管理信息系统、北京农产品市场信息服务系统、北京农业科技信息服务系统、北京农村供水信息管理系统、北京郊区投资平台、北京乡村旅游网、12316"三农服务热线"和农业资源管理决策等应用系统在农业社会化服务体系中发挥了重要作用。2006 年 9 月 28 日,通州正式开通了全市首家土地承包经营权流转信息平台,农民可以通过信息平台将手中的土地面向全国"招租"。平谷大桃网、大兴西瓜网和部分民俗旅游专业户实现了网上预订产品、住宿、餐饮等业务。农民已经且正在享受现代化服务手段所带来的高效、便捷和高品质的各种服务。

五 服务范围扩大化

随着都市型现代农业的发展,社会化服务的范围正在不断扩大。这种社会化服务扩大化的趋势主要体现在对农业、农村和农民的全覆盖服务,对产前、产中、产后各环节的全过程服务,对农民生产、生活的全方位服务上。

对农业、农村和农民的全覆盖服务,意味着哪里有农业、农村和农民,哪里就有社会化服务。无论近郊、远郊,山区、平原,现代社会化服务之网将覆盖所有农业、农村和农民。据调查估算,2009 年京郊大约有 30% 的农民没有享受到任何社会化服务,这种使一部分地区和一部分人享受服务而另一部分地区和另一部分人没有享受服务或享有的服务严重不均衡的状况将得到根本改善。传统的服务体系侧重于提供单一的农业服务,而相对忽视为农村和农民提供所需服务。在农业服务中又侧重于提供农技推广服务,而明显忽视提供诸如金融保险等服务。对农业、农村和农民的全覆盖服务,既是在物理意义上的全部区域、全部目标群体的覆盖,也是在服务内容上的全面覆盖。

对农业产前、产中、产后的全过程服务,就是要为农业的产供销提供一条龙式的服务。这将改变两种传统的服务现象。一是改变重产前、产中服务而轻产后服务的倾向。产前、产中、产后的每一个环节都同样重要,每一个环节的社会化服务都同样需要。轻视或忽视其中任何一个环节的服务,使相应的社会化服务缺位或不足,都会造成产业链条的断裂,影响农业效率的提高和价值的转换。二是改变各环节服务相互脱节的状况。为农业各环节提供服务的各主体比较分散,加上农民自我服务的能力与水平还不高,致使为农业产前、产中、产后提供服务的各主体之间缺乏信息沟通与服务协作，造成服务脱节。

对农民生产、生活的全方位服务，体现了以农民的实际需求为导向的新型社会化服务体系建设的发展要求。农民的需求是多方面的，也是不断发展的。随着时代的发展和社会的进步，农民的需求日益扩大，需求层次也在不断升级。对农民的生产、生活提供全方位的服务就成为新型农业社会化服务体系建设的内在需要。传统的服务模式往往重农民的生产服务而轻农民的生活服务，重农产品的产量服务而轻农产品的质量服务，重经济服务而轻社会服务等。这是简单的、低层次的服务。随着我国全面建设小康社会，特别是在北京于 2008 年人均 GDP 超过 9000 美元、进入发达城市之后，为农民的生产、生活提供全方位、高品质的各种社会化服务将是大势所趋。

六 服务格局一体化

服务格局的一体化已成为都市型现代农业社会化服务体系发展的基本趋势之一。服务格局的一体化主要体现在农业生产与服务的一体化，教育、科研、推广的一体化，产前、产中与产后诸环节服务的一体化，城乡服务的一体化，各类服务供体互相协作的一体化等方面。

农业生产与服务的一体化是农业生产本身与产前、产中、产后服务形成农工商综合体，实现农工商一体化发展。农工商一体化发展是将农业生产视为整个经济系统中的一个环节予以统筹安排，协调发展，而不是单独地、孤立地看待农业生产，更不是将农业生产与服务割裂开来。也就是说，农业生产本身已成为整个农业经济发展流水线上不可分割的一个车间和一个环节。农业生产与服务的一体化将农民从传统农业的艰辛劳作中解放出来，大大降低农民劳动强度，提高农业生产效率。农业生产与服务的一体化是现代农业发展的重要标志。

教育、科研、推广的一体化，其特点是农业科研院所将成为农业社会化服务体系的重要主体，并将充分发挥其人才与科研的优势，加快科研成果的转换应用，加大对农民的专业技能培训，最后形成农业教育、科研与推广的一体化运作。

产前、产中与产后诸环节服务的一体化是为农业生产各环节提供服务的一体化。产前、产中与产后诸环节服务是互相依存而不是彼此割裂的。传统的重产前、产中服务而轻产后服务导致的服务断裂现象极不适应现代农业发展的需要。在现代农业社会化服务体系中，任何一个环节的服务短缺，都将严重影响和制约农业增效与农民增收，也将使整个农业经济系统失调。

城乡服务的一体化是城乡发展、构建城乡经济社会发展一体化新格局的必然要求与重要组成部分。在长期的城乡二元结构中，我国农业的社会化服务体系也呈现出明显的城乡分离的二元性特征，这是我国农业生产和社会化服务体系建设滞后的重要体制因素。尽快破除城乡二元结构，加快城乡一体化进程，是我国解决"三农"问题、推进农村改革发展和现代化建设的重大战略举措。北京在率先形成城乡经济社会发展一体化新格局过程中，必然打破传统的城乡分割的社会化服务体系，加快社会化服务体系的城乡一体化进程。

各类服务供体互相协作的一体化就是各类服务供体不再各自为战、互不联系，是在服务农业、服务农民这一共同方向的基础上，加强沟通与协作，形成一体化的服务网络，实现信息共用、资源共享、责任共担、发展共赢。

执笔：张英洪

我国农业社会化服务体系建设的实践创新[*]

对于农业社会化服务体系建设的经验做法，可以从不同的角度进行总结，比如，可以从区域的角度总结某地方的经验做法，可以从服务主体的角度总结其经验，也可以从服务形式的角度总结。本文尝试从八个方面的服务内容上概述除北京以外的我国其他地区在农业社会化服务体系建设中的实践探索经验。

一　农业科技服务体系

农业科技推广是农业社会化服务体系建设的重中之重，是农业公益性服务的重要内容。我国农业科技服务组织是按行政体系和层级自上而下建立的，从中央到地方建立了各级农业技术推广服务中心或服务站所，在村一级建立了科技组和科技示范户。通过政府建立的各级农业科技推广机构和农技员队伍，将农业科技推广到农户中去。

在农业科技服务上，虽然全国各地大同小异，但一些地方在实践中积极探索农业科技服务的有效途径，创造了一些新的服务模式。

湖南省双峰县创办的农村科技服务合作社是培育农村科技服务主体的创新模式。农村科技服务合作社源起于双峰县锁石镇在 1993 年创办的青年科技服务所，其于 1999 年发展为双峰县青年科技服务总站，于 2004 年 9 月正式创建双峰县农村科技服务合作社。农村科技服务合作社采取县、乡（镇）、村三级联动的动作方式，全县建立了 16 个乡（镇）联社、320 个村级分社、6 个产业开发专业合作社，在 850 个村设立了村级农技推广业务代理员，形成覆盖全县的"总社—联社—分社—基地"的四级农村科技服务网络。农村科技服务合作社通过各种形式，培养了一批本土农技专家和科技能手。双峰县农村科技服务合作社已成为区域农业先进技术的传播载体和科技成果转化的二传手。2007 年 9 月，在娄底市举办的"全国农村科技服务合作社发展论坛"，对农村科技服务合作社模式进行了广泛的研讨。

福建省南平市创办的科技特派员制度在全国产生了较大影响。1999 年初，福建

---

　　* 原载北京市农村经济研究中心《调研参考资料》2010 年第 1 期。

省南平市开始实施科技特派员制度，运用机制引导大批科技素质较高的人才到农村生产第一线与农民相结合。科技特派员主要来自市、县两级涉农部门、农业科研院所、乡镇农技站等，一般任职时间为1—3年。科技特派员与原单位岗位工作脱钩，长年驻扎在农村，为农民提供包括示范、培训、咨询、合作在内的科技服务，同时还与农村种养大户结成利益共同体。科技特派员制度在当地发展迅速，成效显著。科技部、人事部、农业部等部门对南平经验给予高度关注，科技部、人事部等部门召开了一系列现场会、座谈会、经验交流会，宣传推广南平模式。2004年，科技部、人事部联合下发《关于开展科技特派员基层创业行动试点工作的若干意见》，鼓励和推行科技特派员制度。

此外，陕西省宝鸡市创办的农业科技专家大院模式、山西省推行的农村科技承包制等农业科技服务均产生了一定的影响。

二 动植物疫病防控服务体系

动物防疫体系是一个由兽医管理体制、队伍与基础设施三方面组成，以行政机构为核心、以兽医官制度为基础、以技术支持为保障的有机整体。从纵向看，动物防疫体系由中央、省、地、县、乡五级构成。其中，中央与省级侧重重大疫情的监测预警、扑灭与控制计划的制定和组织实施、提供高端技术支撑等。地、县、乡级主要承担本区域范围内的动物防疫、检疫、监督和扑灭等任务。从横向看，动物防疫体系由动物疫病监测预警、预防控制、防疫检疫监督、兽药质量监察和残留监控，以及防疫技术支撑和物资保障等5个子系统组成。

宁夏回族自治区银川市西夏区镇北堡镇对农村动物防疫工作实行县区监督指导、乡镇组织实施、村委会监督协助的管理体系，把动物防疫站设在村委会，防疫员编入村委会管理，由村委会直接来抓防疫员的日常工作，由村民小组长在每月25日前把当月该组畜禽存栏数及动物疫情填表上报，交防疫员汇总后，由村主任审核，将结果报送到畜牧站。进行免疫工作时防疫员依据村委会养殖统计花名册逐户进行疫苗接种。在该项工作中，防疫员负责对动物免疫注射、标识佩带、防疫建档立卡等工作，村委会负责建立畜牧生产月台账，做到每月养殖畜禽存栏底数清楚，而养殖户手中则有统一印制的动物免疫卡（证）。几年来，由于防疫体系健全，管理到位，当地从未发生过一例动物传染疾病。据统计，2005年镇北堡镇家畜存栏1.8万头、家禽21万只，全年应免疫22.8万头/只，实际免疫率达100%，达标率98%，动物检疫率98.8%。

植物防疫从广义上说是对一切植物病虫害的防疫，从狭义上说则主要是对农作物和有关林木病虫害的防疫。

湖南省桃江县组织机防队对农作物病虫实行专业化防治，在当地深受农民欢迎。

桃江县是湖南省病虫防治机制创新试点县。自2004年以来，该县选择黄泥田地区进行试点，针对当地青壮年劳力大量外出务工，多数农户种田缺乏劳动力的情况，积极组织机防队，尝试为缺劳户提供水稻病虫害代治服务。其做法是根据农户的要求给水稻施药，收取代治劳务费。到2007年，全县水稻病虫害代治面积达到30800亩。2008年桃江县新组建专业化机防队18支，覆盖全县15个乡镇，专业化机防队员发展到365人，机动喷雾器发展到426台，全县水稻病虫害专业化防治面积突破20万亩，涉及6万余户农户，有效地为劳动力外出务工农户化解了劳务输出与种田两头难兼顾的矛盾。2008年4月24日，该县成立了水稻病虫害专业化防治协会。

"植物医院"是我国植物防控服务实现转型的产物。1985年10月，江西省瑞昌县成立了我国第一家"植物医院"，此后，植物医院遍及全国。"植物医院"是基层植保专业技术人员创造的植物疫病防控服务的有效形式。一般"植物医院"设有门诊室、病虫防治培训室和配药站，实行有偿服务。这些年来，河北省景县植保站经过试点，探索出一种分布广泛、成分多样、利益共享、风险共担的植物医院联合体新模式。植物医院联合体由县、乡、村三级服务组织组成，县设植物医院，乡、村设植保服务站和示范户。县植物医院设在植保站，乡植保服务站设在乡服务公司。在此基础上，重点发展村级植保社区服务站。有条件、有代表性的村，先成立服务站，再向周围村发展；对原来的半脱产农技员、农民技术员、植保专业户和部分经销户进行整编培训，扶持其建立村级植保服务站，发挥应有的职能；按照村推荐、乡同意、县植物医院批准的程序，发展村级植保社区服务站。每个服务站基本上服务5—6个村，面积在万亩以上。

三　农产品质量监管服务体系

农产品质量安全已成为当前农业发展和人们健康生活的一个重要问题。农药、兽药、饲料和添加剂、动植物激素等农资的使用，为农业生产和农产品数量增长发挥了积极作用，也给农产品质量安全带来了隐患。农产品农药残留、兽药残留及其他有毒有害物质超标造成的餐桌污染、引发的中毒事件时有发生。近些年发生的毒奶粉、问题食品等公共事件，使农产品质量安全问题更加凸显。

为提高我国农产品质量安全水平，2002年7月23日农业部印发《全面推进"无公害食品行动计划"的实施意见》，决定在北京、天津、上海、深圳四个试点城市的基础上，从2002年开始在全国范围内全面推行"无公害食品行动计划"，力争用5年左右的时间，基本实现食用农产品无公害生产，保障消费安全，质量安全指标达到发达国家或地区的中等水平。蔬菜、水果、茶叶、食用菌、畜产品、水产品等鲜活农产品无公害生产基地质量安全水平达到国家规定标准；大中城市的批发市场、大型农贸市场和连锁超市的鲜活农产品质量安全市场抽检合格率达 95% 以上，从根本上解决食用农产品急性中毒问题；出口农产品的质量安全水平在现有基础上有较大幅度提高，达到国际标准要求，并与贸易国实现对接。2009 年 6 月 1 日《食品安全法》正式实施。

上海市在提高农产品质量安全监管服务上做了许多探索。农业部曾组织有关质检机构对全国 37 个大中城市的蔬菜中的 13 种农药残留进行检测，共检测蔬菜品种 52 个、样品 3900 个。按国际食品法典委员会标准（CAC），我国蔬菜平均农药残留合格率为 96.4%，上海市蔬菜农药残留合格率为 98.9%，全国排名第一。

上海市在被确定为"无公害食品行动计划"试点城市后，全面建立了农产品标准化体系，将工业化的全程质量管理理念运用于农业。在生产领域，全市 200 多家规模猪场、33 家骨干园艺场、20 多万户家禽养殖情况全都进入"档案信息系统"；在流通中，全市 8 个畜禽产品准入道口都实现了光纤联网、24 小时信息在线输入与查询，所有入沪畜禽产品保证有案可查；在消费终端，上海在 2004 年开通食用农副产品质量安全条码查询系统，上海农工商肉食品有限公司、上海星辉蔬菜有限公司和上海海丰米业有限公司等农业产业化龙头企业均进入该平台。市民在农工商、联华、华联等超市里，只需扫描农产品包装上的"安全信息条形码"，该产品的生产过程、质量认证、检疫检测等信息全部一目了然。

为了从源头控制农产品污染，上海市公布了一批禁用、限用的农业生产资料，提出了替代的农资产品目录；市政府每年从财政拿出专项资金，用于高效低残农资的使用补贴。

上海市将标准归纳为品质、专用、安全三大类，并将安全类标准分成市场准入性、优质专卖性和推荐出口性三个层次。在制定标准的同时，各地都创办了一批无公害生产基地、标准化示范园区。上海市建立了以市政府领导为组长的领导小组，区县也成立了相应的领导小组，区县长为组长，同时乡镇政府都有一名乡镇长分管，形成了完善的市、区（县）、乡镇工作网络。

2009 年 10 月，农业部科技发展中心和上海农业科学院联合举办"农产品质量安全国际研讨会"，就农产品质量安全检测方法及农产品质量安全过程管理等方面的热点问题展开讨论。届时将展示绿色有机农产品、检测仪器设备和各种速测技术等，为广大从事农产品质量安全管理工作的个人、公司和机构提供重要的参考信息，同时也向市民展示通过认证的各类优质农产品。

四 农村金融保险服务体系

农村金融保险服务是我国现代农业社会化服务体系建设中最为突出的薄弱环节。

从总体上看，农村的金融保险服务还远远满足不了农业发展的需要。据中国人民银行2008年9月发布的中国农村金融发展报告，截至2007年末，全国有2868个乡（镇）没有任何金融机构，约占全国乡镇总数的7%。近年来，在农村金融改革环境中，有的地方也出现了一些创新农村金融保险服务的新模式。

2003年4月8日中国第一家农村合作银行浙江省宁波市鄞州农村合作银行正式挂牌成立，其前身是由52个农村信用社联合组建的鄞州农村信用合作联社。鄞州农村合作银行以合作制为基础，吸收股份制的优点，主要为"三农"服务，其网点49%设在农村，37%设在郊区，14%设在市区。经过一年的发展，鄞州农村合作银行在为"三农"服务上成效明显。到2004年6月末，鄞州农村合作银行纯贷款余额83.6亿元，比挂牌前增加25亿元，增长42.7%。其中，纯农户贷款余额10.3亿元，比挂牌前增加4.7亿元，增长83.9%；农村工商业贷款余额64.1亿元，比挂牌前增加17.5亿元，增长37.6%。鄞州通过将原农村信用社改制为农村合作银行，明显增大了为"三农"服务的力度。

浙江省苍南农村合作银行通过"抱团联保"的独特担保方式，破解了农民没有实物资产担保的难题，全面推行小额支农贷款。"抱团联保"就是让3—5名农民自由组成一个团体，互相担保获得贷款。该行全面建立农民信用档案，将之作为对农户放贷的主要依据。苍南农村合作银行还首开农民建房也能办"按揭"的惠农创举，在全国率先推出"新家园"农民建房贷款业务。截至2009年4月，该合作银行农业贷款余额49.42亿元，其中小额贷款总额近17亿元，贷款户数达10.01万户，占全县28万户农户总数的35.75%。

湖北省汉川市的订单农业质押贷款模式是农村担保服务创新中的一个典型。订单农业质押贷款是指农村信用社向农户发放的以订单农业购销合同的收款权为质押担保的贷款，信用社、农户和公司之间签订三方协议，公司为农户提供信用担保。汉川市选择分水镇"温氏公司＋养鸡农户"、刘格镇"千湖鸭公司＋养鸭农户"作为载体，进行订单农业贷款业务试点，并确立了一条"政策引导、风险控制、贷款支持、封闭运行"的金融支农思路。订单农业质押贷款业务开展以来，切实解决了农村贷款抵押担保难的问题。订单农业质押贷款模式在促进了当地农业和企业发展的同时，还形成了以龙头企业为辐射的产业集群。

村镇银行是当前农村金融服务的一个新亮点。从2007年3月初首批3家村镇银行成立到2009年3月初，全国已有村镇银行97家。有关方面表示村镇银行的发展目标是2000家。甘肃武都金桥村镇银行成立两年来，在为农民提供金融服务上成效显著。金桥村镇银行已累计发放贷款1.16亿元，其中支农贷款8492万元，共涉及18个乡镇、104个行政村、2838户农户，发放灾后重建贷款779户共3726万元。为化解信贷风险，武都金桥村镇银行实行"农民申请、农户联保、干部推荐、基金保证"的贷款风险控制模式。到目前为止，到期贷款回收率100%，农民的还贷信用较高。

江苏省农业保险服务在全国起步较早。早在 1980 年，人保江苏省分公司就先后在无锡、仪征、射阳等地试办乳牛、耕牛、生猪等险种。1983 年，全国第一次农业保险工作会议在江苏省吴江县召开。2007 年，中央选择包括江苏在内的 6 个省份开展政策性农业保险试点工作。江苏农业保险主要有商业自办、专业经营、互助会、委托代办、联办共保等运行模式。如具有江苏特色的联办共保模式，就是政府与保险公司合作，按照"政府推动、商业运作、节余滚存、风险共担"的原则，由政府和保险公司按照一定比例进行联办共保，保险业务由保险公司按专业化管理和运作。保险公司设立农业保险专用账户，接受上级和同级财政、审计和保险监管部门的检查和监督。发生保险责任赔付，双方按比例分摊赔款。政府部分的结余，留作地方政府农业风险基金；保险公司部分的结余，按相关规定提取准备金。该模式把政府、农户、保险公司三方的积极性调动起来。2008 年，该省实现保费收入 10.66 亿元，农业保险品种达到 12 个。其中，承保种植业 5713 万亩，水稻、小麦等主要种植品种承保面均达到 90%，母猪承保面接近 100%。

五　农产品流通服务体系

改革开放以来，特别是确立社会主义市场经济体制的改革目标以来，以农产品批发市场为主体的农产品流通体系建设得到了快速发展。目前我国已经形成了以集贸市场为基础，以批发市场为中心，以期货市场为引导，以农民经纪人、运销商贩、中介组织、加工企业为主体的农产品流通格局。

从 1995 年起，我国先后建成了山东寿光至北京、海南至北京、海南至上海、山东寿光至哈尔滨等 4 条蔬菜运输"绿色通道"，穿越全国 18 个省（区、市），总里程达到 1.1 万公里。一些省（区、市）也相继建立了具有区域特点的鲜活农产品公路运输"绿色通道"。2005 年 1 月，交通部、公安部、农业部、商务部、国家发展改革委、财政部、国务院纠风办等 7 部门联合发布《全国高效率鲜活农产品流通"绿色通道"建设实施方案》。方案提出到 2005 年底，我国要基本建成"五纵二横"的鲜活农产品流通"绿色通道"网络。2006 年 1 月 15 日，交通部发布公告，我国"五纵二横"鲜活农产品流通"绿色通道"网络全部开通运行。"绿色通道"网络全长 2.7 万公里，由银川至昆明、呼和浩特至南宁、北京至海口、哈尔滨至海口、上海至海口 5 条纵向线路和连云港至乌鲁木齐、上海至拉萨两条横向线路组成，贯穿 31 个省、区、市，覆盖了全国所有重要的鲜活农产品生产基地和销售市场。

2003 年农业部出台《关于发展农产品和农资连锁经营的意见》，提出积极引导和推动农业技术服务部门所办企业、农业产业化龙头企业、乡镇企业、农民专业合作组织和农产品批发市场发展农产品和农资连锁经营。2005 年 2 月，商务部开始实施"万村千乡市场工程"，计划在 2005 年至 2008 年，在农村设立 25 万家新型农家超市，覆盖全国 70% 的乡镇、50% 的自然村，逐步改善农村的消费环境。

在政府有关部门的政策支持和引导下，全国各地在加强农产品流通服务体系建设上探索出许多新的有效途径和方式。

"农超对接"就是一种服务农户、方便消费者的新型现代流通服务模式。2009 年 6 月 12 日，商务部、财政部、农业部联合发布《关于做好农产品"农超对接"试点工作的通知》，决定 2009 年在河北、吉林、浙江、安徽、江西、山东、河南、湖北、湖南、海南、重庆、四川、贵州、陕西进行"农超对接"试点。作为农业大省的湖北，在"农超对接"上勇于探索。2004 年湖北省商务厅牵头举办了首届农产品进超市对接洽谈会，由政府出面请来农产品生产加工商和采购商，为他们提供面对面集中交流的平台，此后全省每年举办一两次这样的大型活动，现场成交额不断扩大，一大批特色农业基地和龙头加工企业与超市建立了稳定的合作关系。2007 年该省又把"农超对接"延伸到市县，直接办到产地。在 2008 年 7 月举办的首届湖北（黄冈）大别山农产品进超市对接大会上，采供双方签订购销合同金额达 4.7 亿元。武汉中百连锁仓储超市有限公司率先打破"行规"，宣布对全省名优新特农产品"零门槛"上柜，免收任何入场费，并承诺对省内特色农产品推行"现钱买现货"的经销模式，超市仅赚取进销价差的利润。

山东寿光蔬菜批发市场是全国最大的专业蔬菜交易地，始建于 1984 年，占地 600 多亩，每天蔬菜交易量 1000 万公斤以上，交易品种 300 多个，吸引着全国 20 多个省区市和世界各地的蔬菜客商，成为京津的"菜园"。寿光蔬菜批发市场建有 3.2 万平方米的全封闭钢架结构交易大厅、8000 平方米钢瓦交易棚、7200 平方米交易服务楼、5000 平方米特菜专营区、2 万平方米的外省区市蔬菜交易中心、2.7 万平方米的蔬菜电子拍卖中心，以及相应的办公系统。其市场交易手段先进，交易流程实现了电子化；检测手段先进，投资 1000 万元建立了大型农产品检测中心。1995 年国家开辟了寿光至北京的国内第一条"绿色通道"。多名党和国家领导人曾前往寿光蔬菜批发市场考察。

深圳布吉农产品批发市场作为全国规模最大的农产品批发市场，在多年发展中探索出物资集散、价格生成、信息发布、标准化建设、商品促销、服务引导、产业带动等七大功能，并使这些功能得到了最大限度的发挥，构建了"公司＋销地批发市场＋产地批发市场＋中介组织＋基地＋农户"的农业产业化模式。2004 年其市场总销售量 275 万吨，销售额 148 亿元，连续 13 年居全国同类市场榜首，成为目前中国最大的农产品集散中心、信息中心、价格指导中心和转口贸易基地。

六　农资农机服务体系

农业生产资料是指农业生产所必需的物质资料，主要包括种子、农药、肥料、农膜、兽药、饲料、农机具等七大类。在计划经济时期，国家对农资实行计划供应，供销社、种子公司、农机公司等是农资供应的法定渠道。改革开放后，农资专营虽然得到反复强调，但农资市场的多元化趋势难以扭转。1998 年国内完全放开农资经营后，农资市场开始从供销社系统"一统天下"到"一主两辅"（即农资公司为主，农业"三站"和生产经营企业为辅），再到多主体并存、多渠道经营的开放式局面。在市场经济中，农资市场实现了多元化。但与此同时，假冒伪劣农资也开始大量充斥市场，坑农害农的恶性事件时有发生，解决农资质量安全问题构成了农资服务的重要环节。与现代物流发展相适应，农资市场也出现了新的经营方式。

目前，全国许多地区建成了"农资超市"等村级服务站，在农村开展农资经营服务。村级综合服务站大多按照"民办民营"的运行模式，以技术为依托，以农资经营为经济支撑，采取技物结合的方式，有偿为农户提供种子、化肥、农药等农用物资。有的村集体也统一为农户购买种子、化肥、农膜等生产资料，统一组织为农户销售产品等，以降低农产品成本，提高产品竞争力。如吉林省的梨树县泉眼岭镇蒋机房村，通过村里的农业综合服务站，春季把良种、化肥、农膜等生产资料送到农户家里，并在生产各环节为农户提供技术指导，秋天帮助农民出售加工农副产品。

农民专业合作组织在农资服务上发挥着越来越重要的作用。山东省武城县农民科技信息服务协会为农民朋友提供良种、农药化肥等农业生产资料的"团购直购"服务，通过合作社向厂家直购，比市场价可节省 10%。陕西省礼泉县果农协会成立于1991 年，该协会与本县的德隆公司是多年的合作伙伴。该公司主要经营无公害农药，以连锁店的形式运营。该公司和协会建立合作关系，在该协会各个分会设立连锁店，每次在进行培训、防治病虫害指导的时候都会给会员提供相应的农药配方，并在各个分店供给农药。会员到各个分店买农药既能保证质量也可以享受"批发价"的优惠，甚至可以赊账。

农机服务是现代农业服务体系不可或缺的重要环节。随着 2004 年 11 月 1 日《农业机械化促进法》的施行以及国家农机具购置补贴政策的实施，全国初步形成了以农机作业服务为中心，以农机化技术推广、培训和农机维修、配件供应、信息服务、投诉监督等为支撑的农机社会化服务体系。

河南是全国粮食生产第一大省，也是农机化大省，小麦机收水平近 95%。农机跨区作业服务在该省积累了丰富的经验。自 1993 年开始，河南省通过跨区机收形式探索农机社会化服务，成功实现了现行农业生产经营体制下小麦收获环节的机械化，开辟了农业小规模家庭经营条件下农机社会化服务的新路子，有效地实现了机械化大生产与农户小规模经营的对接，跨区机收已经成为农机社会化服务的成功典范。该省参加跨区机收的机车近8万台，占全国的近1/4。为保证农机质量使用安全，全省抽调1.5万名技术服务人员，组成技术指导、"三包"维修、零配件供应三支服务保障队伍，对在当地参加跨区作业的机车实行一条龙跟踪服务。在河南，联合收割机收割一亩小麦的价格在30元左右。河南省安阳市自1993年以来连续组织联合收割机跨区作业服务，农机跨区作业服务为农民增收致富开辟了一条新路。2006年5月，安阳市内黄县成立农机协会，增强了农机服务的组织资源。2009年5月7日，在河南郑州举行的全国农机跨区作业工作会议推介了河南省农机跨区作业服务的经验。2009年7月，河南一支联合收割机作业服务队从河南驻马店出发，途经山东、河北等地，到内蒙古自治区赤峰市宁城县收割夏麦、水稻、大豆等作物。该跨省区联合收割机作业队有100多台收割机和200多名农机手，主要对河南、河北、东北等地区的大豆、小麦、荞麦、水稻进行收割，每台联合收割机每天能够收割农作物70亩，收割价格稳定在每亩35元上下。内蒙古自治区赤峰市宁城县乡村设立了联合收割接待站，为远方来的机手们提供食、宿等服务，实现供需双方的协作互助。

七　农业用水服务体系

农业用水主要是指种植业灌溉、林业、牧业、渔业以及农村人畜饮水等方面的用水，其中种植业灌溉占农业用水量的90%以上。农业用水的水源主要包括降水、地表水、地下水、土壤水以及经过处理符合水质标准的回归水、微咸水和再生水等。水利是农业的命脉，现代农业离不开用水服务。提高农业用水服务的水平和质量，一要加大财政投入，二要保障用水供给，三要坚持节约用水，四要确保用水安全，五要加强用水服务管理。新中国成立后，我国曾掀起过水利建设的热潮。据统计，1949年我国仅有水库8座，到了1979年，我国的大中型水库共有8.5万座，另有大量的中小型水库和分布密集的干渠支流，全国有效灌溉面积7.3亿亩，占整个世界灌溉面积的1/4，居世界首位。改革开放以来，我国继续加大水利基本建设，推进人畜饮水工程，发展节水农业，保障用水安全，农业用水服务体系基本建立，但与现代农业发展的要求相比，仍面临诸多问题与挑战。新时期以来，在加强农业用水服务体系建设上，各地开拓创新，积累了一些新鲜经验。

黑龙江省近年来在水利建设上加大了投入。该省现有耕地1.76亿亩，占全国总耕地面积的1/10，农村人均耕地20多亩，高居全国首位；该省还是我国北方水资源比较丰富的省份，全省境内水资源总量810亿立方米。丰富的水土资源，使该省成为国家重要的商品粮生产基地，被誉为中国的"战略粮仓"。2008 年，黑龙江省委、省政府制定了《黑龙江省千亿斤粮食生产能力建设规划》，提出到 2015 年全省粮食生产能力增加 120 亿公斤，达到 505 亿公斤以上，成为我国千亿斤粮食生产大省，年提供商品粮 350 亿公斤以上。水利对粮食生产支撑作用最大，但目前该省水资源利用程度较低，仅为 27% 左右。该省围绕服务千亿斤粮食产能工程建设，强化农业用水服务。该省提出"以水富民、以水兴业，造福龙江"，建立水利长效投入机制，出台了《黑龙江省人民政府关于加快水利建设大力发展现代水利的决定》，从增加投入、政策保障、水利改革、水利管理、依法治水和科技兴水以及加强领导等方面提出了具体要求。规定从 2009 年起，建立省重点水利建设项目专项资金，并逐年按一定比例增加，通过江河治理新增的建设用地，按政府获得收益不少于 30% 的比例，用于当地水利建设，这些政策措施具有很高的"含金量"，为千亿斤粮食产能工程的顺利实施提供了支撑和保障。2008 年，该省共计筹措水利建设资金 48 亿元，比 2007 年增加 20 亿元，增长 71.43%。

河北省大力发展节水农业，提高水资源利用效率。该省人均水资源量仅为全国平均值的 1/7，缺水已成为农业可持续发展的重要制约因素。该省农业用水占全省用水量的 70%。多年来，他们大力发展节水型农业，农业用水量呈逐步减少的态势。目前，全省耕地有效灌溉面积 6800 万亩，其中节水灌溉面积 3700 万亩。2008 年井灌区灌溉水利用系数达到 0.7，每亩小麦灌溉用水约 160—180 立方米。2008 年，该省针对农业灌溉用水浪费严重和农民用水不花钱的传统习惯，在衡水市桃城区摸索"提补水价"制度，统一提高农业灌溉用水价格，提高部分加政府补贴，通过农民用水者协会按灌溉面积直补农户，超定额用水户不得补助，节水户得到奖励。这一做法，公开透明，简便易行，便于操作，为解决"农业用水不提高价格农民节水动力不足、提高水价又增加农民负担"这一难题提供了经验，得到了水利部的肯定。

八 农业信息服务体系

现代信息技术的快速发展，使农业信息化服务被提升到重要的位置上。据学者研究，作为现代农业社会化服务体系的新的组成部分，农业信息服务是指由政府、企业、农业高校与科研机构、农民合作组织等农业信息服务主体通过开展和运用各种现代信息技术手段，采用多种服务方式，为农业的产前、产中、产后各环节提供各类信息资源的服务活动。农业信息服务的手段既包括广播、电视、报纸、杂志、宣传板等传统手段，又包括互联网、卫星、手机等新兴现代化手段。

改革开放以来，特别是近些年来，我国农业信息化发展迅速，农业信息服务体系建设成效显著。例如，作为农业信息网络化服务的硬件资源，农业信息网站数量

1998 年还不到 200 个，目前已发展到数千家。农业部 1996 年建成的中国农业信息网是我国最早建立的大型农业网站，目前已形成以 54 个精品频道、28 个专业网站以及各省（区、市）农业网站为一体的农业系统网站群，全国各级政府农业网站联网运行，成为具有权威性和广泛影响的国家农业综合门户网站。作为中国农业类官方网站，其对国内外的影响日益扩大，目前日均点击数 340 万次左右，访问量在国内农业网站居首位，全球农业网站第二位。作为中国农业类官方网站，中国农业信息网始终坚持"两个服务"的发展主线，充分发挥各方面优势，以业务系统信息为支撑，逐步拓展"一站式"服务，国内外影响日益扩大。电子政务建设从权威及时的信息发布起步，农业部业务规范、办事指南上网公开，行政审批项目办理状态和结果实现网上查询。"一站通"农村供求信息全国联播系统覆盖 31 个省（区、市）93% 的县，全国农产品批发市场价格信息网覆盖 325 个市场，每日采集、发布 390 个农产品品种价格和行情动态。

浙江省衢州市利用现代信息技术创造的"农技 110"服务模式，既是在现代信息技术条件下农技推广的先进典型，也是农业信息化服务的成功范例。1998 年 11 月，浙江省衢州市创建"农技 110"信息服务中心，并先后在全市 139 个乡镇建起"农技 110"信息服务机构，形成了市、县、乡（镇）三级农技 110 网络信息服务体系。"农技 110"利用各种传媒，上联全国各专业网站、科研院所，下联农村千家万户，采用多种形式，满足农民对农业信息的渴求。据统计，到 2000 年底，衢州市、县、乡（镇）三级"农技 110"信息服务机构从互联网等信息渠道搜集各类技术信息 7.6 万条，经筛选分析发布 2 万余条；接受农民信息咨询 17.2 万人次，网络访问量 5.7 万人次，全市有近 6 万户农户通过"农技 110"咨询获得效益。时任国务院副总理的温家宝在全国人大印发的衢州"农技 110"信息服务调研报告上批示："这是为农服务的一个创造，建立农业信息体系是一项重要而迫切的任务。"[①] 在有关部门的推动下，衢州"农技 110"服务模式迅速在全国得到了推广普及。

江西省吉安市在"三电合一"（电脑、电话、电视）农业信息服务新模式探索上取得了一定的成效。2001 年以来，该市通过创新信息服务方式，将电话与电脑、电视等传媒相结合，大力推进网络延伸和农村信息员队伍建设，逐步建成了市综合信息服务中心、县信息平台、乡镇信息服务站、村信息服务员的信息服务体系。吉安农业信息网开设了特色农业、种养技术、118 服务台等 26 个栏目。到 2005 年，市、县（市、区）农民热线服务中心共接访来电（访）咨询数 5.8 万人次，组织专家上门指

---

① 《积极探索 大胆实践 努力构建新时期农业科技服务新体系》，中华人民共和国农业农村部，http://moa. gov. cn/xw/zwdt/200209/t20020913_2947. htm。

导服务 1.52 万人次，举办专题技术培训 3160 多期，培训农民 25 万余人次，推广农业新技术 190 项，新品种 92 个，引导农民进行产业结构调整 20 万亩。为拓宽电话信息服务覆盖面，2004 年该市建立了 16822169 电话语音系统，设立了政策法规、农业科技、供求信息、专家服务热线等四大栏目 20 个小栏目。

浙江省兰溪市 2000 年 2 月创办的"农民之家"，为农民提供了便捷、多样化的信息服务。由兰溪市农业局牵头设立的"农民之家"，已成为当地农民获得农业信息等服务的重要载体和平台。"农民之家"内设 14 个专业销售柜台和 1 个专家咨询台。销售柜台主要经营种子、农药、化肥等农业生产资料，农民在购买农资时，可以获得相关农资科学使用的信息资料。专家咨询台每天有一名具有高级专业技术职称的专家现场解答前来咨询的农民提出的问题。"农民之家"还成立了由 18 名专业技术人员组成的专家咨询组。"农民之家"配备电脑 4 台、触摸式电脑 1 台，开通宽带网，农民可以上网查询所需信息。"农民之家"置有 8 平方米的大型电子显示屏，另设有一间农产品展示馆。在提供农业信息服务上，"农民之家"开通有农技服务热线电话和语音服务系统，并与当地电视台、报纸合作开办相关信息节目和专栏。

调研组组长：焦守田

副组长：张秋锦

成员：焦守田、张秋锦、刘军萍、张英洪

执笔：张英洪

2009 年 7 月 31 日

发达国家农业社会化服务的主要模式与启示[*]

农业社会化服务体系是现代农业成功的重要保障。在发达国家，各国都已建立完善的社会化服务体系，现代农业与社会化服务体系融为一体，彼此相得益彰。在发展中国家的农业现代化进程中，社会化服务体系的建设也得到了快速发展。综观国外农业社会化服务体系建设的历程与态势，虽然各国国情不同，但各国在农业社会化服务体系建设上都相当重视，特别是发达国家在农业现代化过程中形成了相当成熟、完善的社会化服务模式，发展中国家也创造了一些新的服务模式。这些模式在一定程度上反映了农业现代化的内在要求，其经验与做法值得借鉴。限于篇幅，本文仅选择如下几个主要的服务模式做些简要介绍。

一　主要模式

1. 农业部门主导的服务模式

采取这类模式的国家以德国、加拿大等为代表，这些国家的农业社会化服务体系隶属于政府农业部门，农业社会化服务机构按自然区划设置，实行垂直管理，主要负责管理、组织和实施相应级别的农业技术研究、培训以及推广。

德国的农业推广咨询组织由农业行政机构领导和管理，共分为四级：第一级，联邦政府的农业营养部；第二级，州政府的农业营养部；第三级，地区农业局、农村发展研究所、畜牧教学科研实验站；第四级，县农业局。他们的主要任务是进行农业行政管理、成人训练、职业教育和农业推广咨询。以畜牧业的兽医服务为例。在联邦政府一级，食品农业部和卫生部都设有兽医局，各自明确分工，并共同设立了兽医研究中心，包括病毒研究所、动物传染病研究所、动物健康研究所和兽用药品研究所。州一级也设立了兽医机构，下设开展检疫、检验工作并出具检测报告作为处罚依据（自身无行政处罚权）的化学与兽医检验局，以及挂靠化学与兽医检验局的民办动物疫病保险处（或称基金会）。另外，区（地区）、县（市）两级也均设有兽医机构。

---

* 原载北京市农村经济研究中心《调研参考资料》2010 年第 1 期。

加拿大的农业社会化服务体系的机构设置以省为单位，只设立了省级政府农业推广服务部门，而没有联邦政府级和县级推广服务机构。以加拿大的阿尔伯塔省为例，省政府农业厅下设生产与市场部、规划与开发部和田间服务部，其中田间服务部管理农业推广机构的工作，包括人事安排、管理、工作计划、经费划拨等。同时，按地理以及生态特征，全省被划分为5个大区，52个小区，各区都设立了农业推广办公室。政府农业推广部门通过开展4H活动（头［head］，心［heart］，手［hand］和健康［health］），以"干中学"的模式培养专业的农业技术人才。全省有4名4H专家负责大区一级的4H组织和协调工作，而4H协会负责协调52个小区的工作。另外，政府部门还通过绿色证书培训和田间诊断学校等方式培养具有专项才能和管理才能的农业技术人员。

2. 政府与合作组织、私人企业协作的服务模式

采用这类服务模式的国家以法国、荷兰和丹麦为代表。这些国家的农民组织化程度以及市场的商业化程度很高，政府和各类农民合作组织以及私有企业之间分工合作，互通有无，相互补充。政府主要承担一些公益性的职能，诸如农业技术的基础研究，农民技术素质和经营管理能力的短期培训，关系到产业竞争力的重大技术的示范推广，农民与政府、科研、教育之间的沟通，农民推广活动的引导和指导，农业接班人和农村青少年的培训指导，农民家庭生活和农村生活环境建设的指导等。政府体系比较精干，素质高、手段先进，完全进行无偿服务。

农民合作组织和私有企业则主要在社区（小组）范围内针对部分农民提供有偿的技术与经验交流、物资供应、统一作业服务等，其服务的队伍非常庞大，具有民办公助、完全民办等特征。

以法国为例，法国的农业社会化服务体系的特点是公立和私立机构并存，各有侧重。公立机构主要负责农业基础性研究，农业教育以及农业推广服务工作的扶持，而私立机构侧重于农业应用技术的研究、农业技术教育以及直接的农业推广服务工作。

法国的农业研究机构分为私立和公立两种。私立的研究机构隶属大型企业集团或合作社，主要从事农业应用技术的研究；而公立的农业科技研究工作则由法国农业部与科技部负责组织和管理。农业科技的基础研究主要集中在法国国家农业研究院，法国农业机械、乡村土建、水利及林业中心，食品卫生安全署和海洋开发研究中心等四大农业科研机构。法国国家农业研究院是全国最大的农业科研机构，也是法国农业领域中唯一从事科学研究的公立机关。法国国家农业研究院设置了17个研究部作为组织科研活动的实体机构，下辖260个研究团体；此外，该院还在全国各地设有21个区域研究中心，负责调查研究全国的水土和农业资源，为各地的农业经营提出建议，改良各种作物和家畜品种，培育优良品种，研究农产品的加工和保存技术、生物技

术，研究农业资源的合理利用和保护等。中心主任兼任本中心科学委员会和管理委员会主席的职务，还兼任地区代表职务。各区域研究中心不仅包括 80 多个实验室、实验站，还设有 130 个公共服务单位。

法国在农业领域按专业区分共有 16 个研究中心，如：水果蔬菜研究中心、粮食研究中心、园艺研究中心、油料作物研究中心、牛研究中心等。研究中心的主要任务是对国家基础研究成果进行技术开发，并对农民和企业进行技术支持，在农业技术创新和成果推广方面扮演主要角色。

法国在二战后构建了一个科学完备的初、中、高三级农业技术人才教育体系，包括中等农业职业技术教育、高等农业教育和农民成人教育三大部分。法国的农业教育同样也是公立教育私立教育兼有，其中高等农业教育以公立为主，而农业技校以私立为主。目前共有各类农业院校 30 所，其中公立 27 所，私立 3 所，在校学生共 11200 名；全国共有 858 所农业技校，私立技校 642 所，公立 216 所，在校学生共达 17 万人。除正规教育外，法国还大力发展职业教育和成人培训，职业培训深入农场和企业。这些学校根据每个农场或食品加工企业的发展目标和每个学员的具体情况制定培训方案，部分课在学校上，部分课在企业进行，教员甚至登门到家授课。法国的农业教育集技术员、高级技术员、工程师和管理人员的培训于一体，使农业生产者能够利用先进的生物农业科研成果。另外，法国还有一系列科学咨询机构以及农业协会，也能及时帮助农民解决实际问题。

法国的农业推广服务组织比较健全，中央一级设有"全国农业发展协会"，其理事会由政府代表和行业代表各半组成，资助纳入国家计划的推广活动。省一级设有"技术推广委员会"，具体的技术工作由各省农会的技术顾问负责。县区一级有农场主自愿组成的农业推广服务组织，专门从事农业推广服务工作。农业推广服务组织最重要的组成部分是隶属于"农业技术协调协会"的各专业技术研究所和技术中心，它们在对科研成果进行适应本地区的中间试验后，通过各省农会的技术顾问或农场主把科研成果推广出去。这些专业技术研究所和技术中心的工作具有承上启下的作用，是中央和地方、基础研究和应用研究、科研和推广、科研和生产紧密结合的重要渠道。

法国的农业推广服务和服务体系有 4 个层次。其一，法国成果推广署。农业推广署 20% 的经费来自政府，20% 来自农业产品税，15% 为农业机构特别是合作社的分摊额，25% 为农业企业服务费，5% 为农业工作者分摊额，15% 为对无建筑物的土地所征税金。其主要工作方式是：对技术转让项目提供无息贷款（50%），待项目成功时偿还；为企业雇佣高级专家，并负担技术转让期间专家的工资和社会福利费用；免费培训青年企业家，尤其鼓励年轻科技人员创办企业，对企业的研究和开发活动给予资助等。其二，农业发展署。它是由农业行会和政府代表共同管理的企业性协会，其主要任务是科普宣传、培训农业工作者和科普工程师，促进企业农业行会和研究单位的合作，对地方农业发展提出建议等。其三，法国农业研究单位和专业技术中心。在农业部的资助下，他们有自己的技术推广和服务队伍，从事技术开发活动。其四，协会。法国有 15 个国家级农业生产协会，11 个农产品加工协会。其分会遍及全国，深入农业发展的各个环节。其任务主要是维护农业工作者的利益，进行技术推广和技术服务工作。

3. 市场导向的服务模式

美国是采用市场导向服务模式的国家的代表。与欧洲一些国家不同，尽管美国的农业社会化服务极为发达，但它没有一个统一的组织管理机构，各类服务都是以农业服务为中心，以市场为导向，政府很少直接干预农业生产，而是负责为农业提供方便的商品流通条件，组织和完善农业教育、科研和推广体系。建立在市场导向基础上的农业教育—科研—推广三位一体的技术体系为美国农业的成功提供了保障。

美国农业技术研究体系主要包括三部分：联邦农业部研究机构，各赠地大学的农业科研机构，以及私人企业科研机构。其主要职能是探索农业科学技术的规律，发现并解决农业技术问题，进一步改善农业技术的使用手段和使用方法。

联邦农业部研究机构由农业部农业研究局、经济研究局、林业局组成，其中农业部起着主要作用。农业部在全国设有 8 个农业科研中心，这 8 个农业科研中心又分别在全国不同生态区设有 105 个地区研究站。在联邦农业部研究机构工作的高级研究人员有 1950 名，辅助人员 8000 名。农业科研中心（ARS）只研究全国性的、跨地区的基础性农业科研项目。根据地区作物的不同，其研究内容各有侧重，如设在中北部的研究中心主要研究谷物和油料作物，东北部的研究中心主要研究动物油脂、奶品、肉和皮革，而南部的研究中心主要研究棉花和甘蔗，西部的研究中心主要研究水果、家禽和羊毛。地区研究站从事研究的问题比较专门和单一，例如，西部几个州从事灌溉和放牧的研究，其他地方从事动植物育种、病虫害防治、生态保持等研究。研究成果由转化办公室负责转化。

赠地大学的农业科研机构是农业社会化服务体系的重要组成部门。农学院下设科研与教育中心（或称农业试验站）及若干示范点作为其主要的科研部门，农学院的教授都必须承担不同比例的教学、科研和推广工作，农学院有 1/3—1/2 的教师要参加试验站的研究工作。这些科研机构经费充足，其农业科研主要是为该校负责的区域服务的。

除了联邦农业研究机构和赠地大学的农业科研机构，美国的私人企业投入农业技术科研的力量也很大。全国有数百家与农业有关的厂商从事研究工作，特别是大的种子公司、农业机械公司、农业化学公司和食品公司大多设有研究中心、实验室或试验站，主要从事农业技术开发、新产品试制方面的研究。这些私人企业具有优越的工作环境、先进的设备、雄厚的资金，以及强大的科研能力，在商业利益的驱动下，它们会自动大量吸收大学以及其他公共研究机构的研究成果，将其变成实用的新产品。这些企业拉动了农业科技的需求，大约社会上60%的农业科研成果被这些企业吸收，并形成巨大的生产力。另外，私人企业通过前向一体化与农场主联系，也能及时掌握农田实际情况并展开农业技术研究。同时，美国政府还为农业技术专利与农业技术转让建立了完善的制度和法律法规体系，以保护知识产权。

美国的农业技术教育体系为农业技术的研发、推广、应用及创新培育了高素质的人才队伍，为农业的高水平发展建立了人才储备。它的主要职能是提供正规教育，传授农业技术知识，解决农业技术问题，培养农业技术人才。

美国农业技术教育工作主要是由各州立大学的农学院和各农民联合会等组织来承担的，教学工作主要设在农学院本部。各州立大学的农学院试验站中有约60%以上的专业人员都兼任农学院的教学工作，这有利于农民了解最新的农业技术知识。另外，作为美国的专业化的农民组织，美国农民联合会也经常为农民提供教育与培训。

农业推广服务体系主要是由联邦农技推广局、州农技推广站和县农技推广办公室、县推广理事会组成的合作推广服务（CES）组织推动的。州农技推广站为该体系的核心，其主要职能是向农民传播和普及各种农业科学知识与技术。

联邦农技推广局是联邦农业部的下设机构，负责管理、协调全国农业推广工作。推广局下设8个处，有专家100多名，从事农业、家政、青年、自然资源、农村和社区等领域的研究和成果推广工作。推广局的主要任务是确保在全国范围内建立一个有效的推广体系，并以先进的知识、良好的教育和实际的项目满足人民的需要，从而体现政府的利益和政策。

州农技推广站是整个推广体系的主体。美国的50个州及哥伦比亚特区、波多黎各、关岛以及维尔京群岛都各设有一个州级农技推广站，隶属于州立大学，站长由州立大学农学院院长兼任。农学院设有专门的推广委员会，每个推广委员会在从事农业教育、科研的同时，兼任推广员的角色。州推广站的任务包括：制订、组织实施州农业推广计划；选择、培训县农业推广服务人员；向县推广人员提供技术、信息等服务。

县农技推广办公室和县推广理事会共同承担县级农业推广服务工作。县推广理事会根据州农技推广站与各县签订的农业推广协议而设立。县农技推广办公室是州农业推广服务站的派出机构，由专业人员、秘书和乡村领导人组成。在管理体制上州立大学在各县设立的推广机构和研究机构，人、财、物由大学统一管理，工作任务由州立大学统一安排，推广机构对州立大学负责，为所在县提供技术服务，人员实行轮换制。推广员一般具有硕士学位，以教育者的身份，一方面将最新的科技成果及时传授给农民，帮助农民诊断农场经营中的问题及寻找相应对策；另一方面又把生产中出现的问题及时反馈到农学院，以便农学院有目的地开展农业科学研究和教学。县农业推广服务机构的任务包括：诊断农场经营中的问题，帮助农民寻找解决办法；帮助农民组织起来，加强农资购买、生产、销售合作，保护农民利益；给农民提供信息、咨询服务，使农民了解其利益环境的变化，并帮助农民寻找相应对策。

农业推广服务基本是免费的，农民主要通过以下四种方式获得服务：一是农技人员的现场指导和咨询服务；二是对农户开展的技术培训，培训一般在春秋两季农闲时集中进行；三是互联网发布的技术信息和咨询；四是农技推广示范户。另外，联网的计算机系统，州推广站的电视台和广播站，卫星定位系统也为农户提供各种农业技术信息。

4. 综合农协的服务模式

东亚的日本、韩国是采用综合农协服务模式的典型国家。以韩国为例，韩国综合农协的成立及发展主要由政府从上而下强制性推行，是一种强制性制度变迁。1957年，韩国出台"农业协同组合法"；1958年，"农协中央会"正式成立，但不提供金融服务，金融服务由"农业银行"专门提供；1961年，政府颁布新"农业协同组合法"，将原农协与农业银行合并，现代的综合性农协由此诞生。

随着自身的经营能力增强和政府的支持力度加大，农协的业务范围也不断扩大，服务内容日趋多元化。20世纪60年代，基层农协仅销售生活用品，市郡农协则提供肥料、农药等生产资料。目前，农协的服务范围已扩展到多个方面，涵盖了金融、流通、加工、销售和培训等多种农业生产领域，并包括一些生活方面的服务。

作为带动韩国农村经济发展的核心主体，韩国农协给农民提供了大量的社会化服务。在政府的大力支持下，农协成立，使得"一盘散沙"式的农民以农协为中心集中起来，应对外部市场以及外部环境的变化。20世纪70年代初韩国政府开展了"新村运动"。当时农协作为全国性的农民经济组织发挥了重大的作用，可以说，它是韩国新村运动的主力军。80年代，很多与农业和农村相关的政策出台，由于农协在组织方面的优势，政府委托农协推进支农政策。90年代是韩国国内农产品市场对外开放时期，在农产品国际竞争力非常薄弱的情况下，"入世"给韩国农业带来了很大的冲击和挑战。面对挑战，农协采取了提高农产品国际竞争力的措施，同时试图调整农业产业结构。进入21世纪之后，国外冲击更加严峻，韩国国内农业生产条件进一步恶化，农协一方面调整自身的组织结构，另一方面给农民提供更优质的服务。

为了应对大型超市的暴利行为，同时为了保护农产品生产者和消费者的利益，

1990 年开始，农协建立大型零售店。这种大型零售店除具有批发市场的功能以外，还具有储藏、包装、配送和零售等综合性功能。通过这种流通体系的改革，原来的 5—6 个流通环节减少为 2—3 个环节，流通成本大幅度下降，农业生产者能够确保合理的出售价格，消费者也能够购买又新鲜又廉价的农产品。各地域农协还通过该大型零售店出售自己品牌的农产品。如今，11 个经营网点分布在全国大城市。韩国农协进行的流通方面的创新形成了一个完整的产业链，包括生产、加工、流通、销售等各个环节，改革非常成功。

韩国农协提供农业产前、产中和产后的综合性服务，并且将农产品生产、加工、流通和销售环节有机结合，使之相互促进。除了以上功能外，韩国农协还为农民及农村提供金融、信息和培训等方面的服务。

农村金融服务是农协的重点服务项目之一。韩国农协是在农村地区提供金融服务的唯一金融机构。韩国政府一直委托农协发放政策性农业资金。农协的贷款利率比一般商业银行低，这种低利率在政府实施补贴政策的条件下才有可行性。农协通过对社员的评定决定该社员的贷款额度和利率水平。农协发放的贷款种类如下：农畜产经营资金、农业综合资金、农村住房资金、农业企业贷款、农机贷款和农（渔）民子女学费贷款等。除了贷款业务之外，农畜产保险业务的比重也逐渐增大，这是农民的风险防范意识增强与农协的金融商品多样化战略以及政府的积极推广结合的结果。政府、农协和农户三方分担一定比例的保险金。这种保险得到了社员和农民的支持。

农协扮演了信息提供者的重要角色。通过网络、电话等途径，农协给农民提供农产品的流通信息和价格信息。目前，韩国农村的因特网普及率大约为 30%，虽然其比例还是比较低，但年轻的、先进的、经营规模大的农民的因特网利用率相当高。对他们来说，农协提供的农畜产品的批发价格和拍卖价格信息非常有用。1982 年农协中央会自己建立了"农民新闻社"，通过《农民新闻》给农民提供与农业、农村、农民有关的信息，包括流通信息、农产品价格信息、农业政策信息、农作物栽培技术和天气信息等。

农协一直对培训进行大力投入。农协利用农闲期开展农业技术培训班，或者邀请农业专家、各个领域的人士开一些讲座，其主要目的是提高农民的素质并改善生产和生活方面的条件。同时，农协非常重视社员的子女教育。农协通过为优秀社员的子女提供奖学金，减轻社员的子女教育负担。

韩国农协社会化服务体系具有这么四个特点。

一是综合性服务体系。韩国农协给农民提供综合性服务，这是韩国农协的最大特点之一。发达国家的农民合作社一般都按生产品种、流通、销售及消费等领域的不同要求设立各种不同形式的专业性合作社，提供专门性的服务。但韩国农协则以地区农协为中心提供生产和生活方面所需要的全方位服务。在农业生产方面，农协提供资金贷款、农业保险、农业生产材料供应、农机管理、农产品加工和流通等服务。即韩国农协形成了一个完整的产业链，提供产前、产中、产后每个环节所需要的服务。通过这种综合性服务，可以有效地克服以小农经济为主的小规模经营的局限性。在农民生活方面，农协还提供生活用品供应、社员子弟学费贷款和奖学金等服务。

二是政府主导。韩国农协是在政府的指导下，先建立农协中央会，后建立基层农协，自上而下成立的。因此在韩国农协发展历程中，政府一直起到了重要作用。在服务性比较强或者政策性的业务中，政府的指导和支持尤其必不可少，有时农协还扮演了政府代理人的角色。第一，政府一直委托农协金融部门发放政策性支农贷款并推广农业保险。第二，涉农大项目也需要政府支持。第三，农协扮演了政府代理人的角色，农民对农协的信任度也较高，政府就利用农协的这种组织网络和在形象方面的优势，有效地掌握了部分粮食的供应。通过这种政策性业务，农协也获得了一定的中介收益。

三是重视培训和指导。韩国农协一直非常重视培训及指导工作。每次在推进某个项目时，农协都会在事前、事中和事后进行与该项目相关的培训，或者在农闲期间专门开农业技术培训班。这样不仅能提高工作效率，也能提高农民的整体素质。

四是规模经营。到目前为止，在农协的各个事业领域，已经形成了一定的规模经营，尤其是在金融和流通领域。在农村金融市场环境比较恶劣的情况下，农协坚持给农民提供服务。虽然农产品市场竞争非常激烈，但农协流通部门仍然保持着一定市场份额，这都归功于规模经营。

二 四点启示

1. 明确把新型农业社会化服务体系建设作为当前推进农业现代化的首选政策

发达国家的农业现代化与高度发达、完善的社会化服务体系是分不开的。可以说，没有发达、完善的社会化服务体系就没有农业现代化。发展中国家都在致力于将传统农业改造为现代农业，在这个过程中，农业社会化服务的作用与地位日益凸显。在推进农业现代化进程中，我们曾经有许多认识上的误区，一是把农业现代化的着力点放在发展生产力上，而忽视生产关系的变革。在相当长的时期里，我们农业政策的重点是发展农业生产，单纯地强调农业生产力的发展。国际经验显示，农业社会化服务是现代农业发展的必然要求，它涉及农业生产关系的变革。二是简单地将农业现代化等同于农业规模经营。事实上，日本、法国、德国等小农经济占优势的国家的农业现代化经验表明，只要建立健全完善的农业社会化服务体系，国家同样能够将个体农户纳入农业现代化的轨道。北京在都市型现代农业建设上已经取得了重大成就，但也面临农业社会化服务体系建设滞后的问题。根据北京都市型现代农业发展的内在要求，应明确把新型农业社会化服务体系建设作为当前推进农业现代化的首选政策进行研究和部署。

2. 充分发挥政府在新型农业社会化服务体系建设中的主导作用和引导功能

无论发达国家还是发展中国家，政府在农业社会化服务体系建设中均发挥着重要的作用。一方面，在公益性服务上，政府有关部门直接为农民提供农业科技、基础设施、公共卫生防疫、农产品质量安全监管等免费服务；另一方面，在经营性服务上，政府也为私人企业、合作组织和非政府组织的参与创造宽松的政策制度环境，给予政策与资金扶持。政府在参与上虽然发挥重要作用，但只是适度参与，并不干预，充分地发挥私人企业、合作组织和非政府组织在农业社会化服务中的创造性。北京在新型农业社会化服务体系建设中必须发挥主导作用与引导功能，首先，在公益性服务上，政府要承担保障公益性服务的职责，健全公益性服务机构，加强人员队伍建设，建立公共财政保障的公益性服务建设与发展的长效机制。在市场化改革中，一些地方不适当地撤并了基层性服务机构，致使公益性服务严重萎缩，这一状况要切实改变。其次，在经营性服务上，政府要创造宽松的政策制度环境，鼓励、扶持和引导经营性服务的发展。比如在农民专业合作社建设上，政府要给予资金扶持与政策支持，对涉农服务企业，政府应给予税收优惠和相关政策支持。同时，政府要加强市场监管，保障经营性服务的质量标准和安全。

3. 把支持和鼓励农民合作组织的发展作为新型农业社会化服务体系建设的重中之重

农民的主体性作用发挥不够，是农业现代化和新型农业社会化服务体系建设面临的一个突出问题，这个问题的根源在于农民组织资源的严重短缺。在农业现代化和农村改革发展进程中，我们面临三个基本的矛盾：一是小农户与大市场的矛盾，二是弱势农民与强势政府的矛盾，三是分散的农民与组织化的社会的矛盾。这三重矛盾是引发"三农"问题的重要因素。解决这三重矛盾，根本在于提高农民的组织化程度，农民的合作组织是化解上述三重矛盾的中介与纽带。提高农民的组织化程度，是建设新型农业社会化服务体系、发挥农民主动性的必然要求。在发达国家，农民的合作组织在农业社会化服务中发挥着不可取代的关键作用。欧美的合作社、农民协会以及东亚的综合性农协都是农业社会化服务体系的中坚力量。我们在建设新型农业社会化服务体系的过程中，必须优先发展农民合作组织，支持和鼓励农民专业合作社、农民专业协会以及综合性的农民协会的建设与发展。农民专业合作社、农民专业协会的发展已经起步，但存在的问题还不少，应当按照国际惯例和农民意愿加快发展。综合性农民协会在我国有百年的历史，但曾经在发展中陷入误区，改革开放初期又因机构改革而被简单撤销。现在，应当根据建立新型农业社会化服务体系的实际需要，借鉴日本、韩国农协的基本经验，重建新型农会，充分地发挥其在新型农业社会化服务体系中的主体作用。笔者认为，北京可以率先重建地方性的新型农民协会组织，使新型农协为都市型现代农业、新型农业社会化服务体系建设以及农村改革发展做出不可替代的贡献。

4. 切实将新型农业社会化服务体系建设纳入法制化的轨道

发达国家的农业社会化服务体系，都是在法律的框架内有序运行，做到了有法可依、有法必依，防止了农业社会化服务因领导人改变而改变、因领导人注意力改变而改变的弊端。我国在农业社会化服务体系的法制建设上已迈出很大的步伐，但有关农业社会化服务体系的立法仍然滞后。当前，应明确公益性立法和经营性立法的目标与任务。加强公益性服务立法，可以确保公益性服务机构和人员的稳定，彰显政府提供公共产品的职能，促进公共财政保障长效机制的形成；加强经营性服务立法，可以引导和规范经营性服务，突显政府市场监管和社会管理的职能，确保经营性服务的质量标准。实践证明，只有将新型农业社会化服务体系建设纳入法制化轨道，才能更加有效地促进农业社会化服务体系建设，满足农民的需求，促进农业增效、农民增收。将新型农业社会化服务体系纳入法制化轨道，有条件的地方可以率先制定地方性法规。如浙江省出台的《农民专业合作社条例》比全国《农民专业合作社法》的颁布实施早了两年多。有关综合性农民协会的立法也可以走先地方立法再促进全国性立法这一路径。北京在制定地方性法规和政策中有丰富的经验，特别是近些年来，在农村改革发展上，北京通过制定和实施有关规划以推动工作，成效显著。在新型农业社会化服务体系建设上，北京也可以制定实施规划，出台实施意见，颁布和实施地方性法规。

调研组组长：焦守田
副组长：张秋锦
成　员：焦守田、张秋锦、刘军萍、张英洪
执笔：张英洪
2009 年 7 月 31 日

北京郊区发展亟须加大引入社会资本的力度

近年来,北京市加大了对郊区的投入,有效地促进了郊区农村经济社会发展。但是,在政府和国有部门对郊区投入增加的同时,也存在社会资本投入不够的问题,应引起重视。

一 政府对郊区投入大幅增长,社会资本投入比重下降

自 2005 年以来,北京市对郊区的投入明显加大,郊区与城区的固定资产投资比例 2004 年是 40∶60,2005 年到 2009 年,连续 5 年对郊区的投资超过城区,郊区与城区的固定资产投资比例分别为 50.1∶49.9、52∶48、51∶49、51.4∶48.6、51∶49。在全社会固定资产投资中,10 个远郊区县所占的比重逐年提高,2006—2009 年分别为 28%、31%、33% 和 42%。

但是,在政府和国有投资快速增加的同时,非国有的社会资金投入增长缓慢。从 2006 年到 2008 年,郊区国有投资增长了 29.6%,同期集体和私营个体投资减少了 3.6%(见表 1)。

表 1　郊区国有资本与非国有资本投入

单位:亿元,%

	国有投资			集体和私营个体投资		
	2006 年	2007 年	2008 年	2006 年	2007 年	2008 年
全市	1207.2	1343.0	1388.6	144.9	145.9	169.2
郊区合计	357.4	418.9	463.3	69.3	80.4	66.8
环比增长(郊区)	107.0	17.2	10.6	-2.4	16.0	-16.9
三年增长(郊区)			29.6			-3.6

资料来源:作者查阅各单位内部资料统计所得,下同。

2004 年农村外商投资从 2.0453 亿元下降到 2008 年的 1.2227 亿元,利用外资占比从 2004 年的 1.05% 下降到 2008 年的 0.42%。(见表 2、图 1)

表2 郊区农村投资中的外商投资比重

年份	农村投资（亿元）	利用外资（万元）	利用外资占比重（%）
2004	195.3	20453	1.05
2005	231.8	18573	0.80
2006	285.2	9638	0.34
2007	309.9	30192	0.97
2008	293.7	12227	0.42

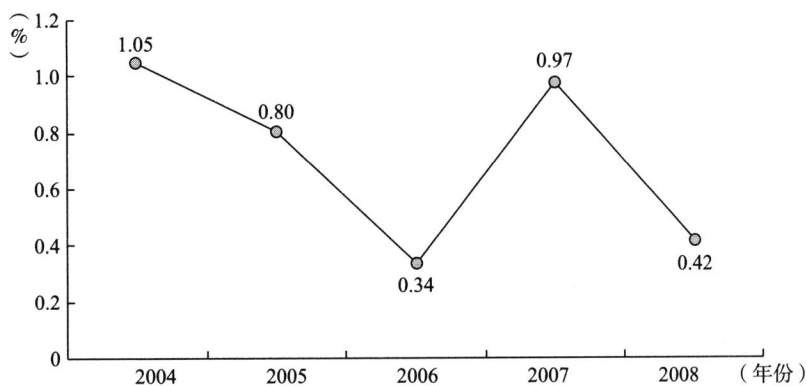

图1 郊区利用外资所占比重

另外，银行在郊区的存款比重增加，贷款比重下降。2007—2009年，10个远郊区县存款余额分别同比增长14.3%、18.8%、32.4%，占全市的比重分别为9.4%、9.5%和8.9%，2006～2009年存款余额四年增长了79.9%。但同期远郊区县的贷款余额占全市的比重，分别为8.7%、7.7%和5.9%，呈明显的逐步降低趋势，远郊区县四年增长了40.8%（见表3）。

表3 郊区各区县人民币存贷款余额

单位：亿元，%

	存款余额				贷款余额			
	2006年	2007年	2008年	2009年	2006年	2007年	2008年	2009年
全市	30777.0	34286.3	40512.7	56960.1	15407.0	17152.0	19281.1	31052.9
远郊区县合计	2830.5	3236.3	3845.6	5091.2	1295.0	1487.5	1492.8	1822.9
同比增长速度		14.3	18.8	32.4		14.9	0.4	22.1
郊区占全市比重	9.2	9.4	9.5	8.9	8.4	8.7	7.7	5.9
远郊区县四年增长比例	79.9				40.8			

银行资金存贷比，全市都在 2.10 以下，而郊区均在 2.18 以上，2009 年郊区存货比最高为 2.79，也就是说郊区每存款 2.79 元钱，才能获贷 1 元钱，而全市平均贷款 1 元钱只需要有 1.83 元存款，存在郊区资金向城区倒流的现象（见表 4、图 2）。

表 4　2006—2009 年银行的存贷款比

项目　　　　　年份	2006	2007	2008	2009
全市存贷比	2.00	2.00	2.10	1.83
郊区存贷比	2.19	2.18	2.58	2.79

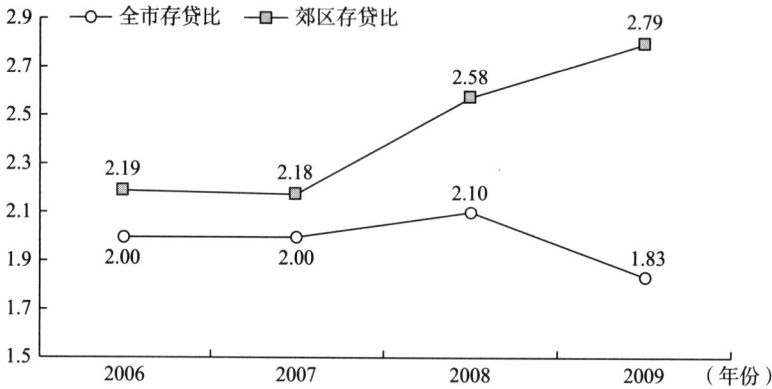

图 2　全市与郊区的银行存贷比

二　阻碍社会资本进入郊区的主要原因

当前，制约社会资本进入郊区的因素很多，主要有以下四个方面。

1. 宏观经济政策的影响

在宏观经济政策上，北京与国家一样实行积极的财政政策，政府对郊区的投入大幅度增长。同时，在经济发展方式上，我们还主要依靠政府投资拉动经济增长，对社会资本投入产生了明显的"挤出效应"。这在全市宏观面上也有一定体现，只是在推进城乡一体化、促进城镇化和建设社会主义新农村的大背景下，其在北京郊区经济发展中体现得更突出一些。

2. 农村资源交易的市场化水平较低

由于长期的城乡二元结构，目前郊区农村资源交易市场化水平还较低、合法性不够，尤其是农村生产要素市场发育滞后，尚未建立起适应市场经济条件的农村土地市场、金融市场、劳动力市场、技术市场以及信息市场，市场机制优化配置资源的功能优势未能充分发挥，严重影响了北京城乡经济的互动与融合。

3. 郊区投资环境的制约

社会资本的投向在很大程度上取决于投资环境的优化。从郊区投资的硬环境来看，基础设施和公共服务设施相对薄弱，交通、通信、供水、供电条件相对城区差距较大。从软环境看，受土地、财政、金融等政策的制约，社会资本的进入要比财政资金门槛高，而且后续的保障和服务也有待改善。郊区环境方面存在的种种问题直接影响了社会资本的进入。

4. 郊区基层干部价值观、政绩观的影响

郊区一些地方把完成领导交办工作、完成折子工程作为首要任务，在统筹发展、促进发展、服务发展方面认识不足、能力不强、手段不多，对新形势下加大招商引资的工作规律、工作手段研究不够。争取财政资金无风险而且容易出政绩，因而一些基层干部就把主要的时间和精力用于申请财政资金，忽视了对社会资本的引入工作。

三 加大社会资本进入郊区的五点建议

如何提高社会资本进入郊区的积极性，扩大社会资本在郊区经济中所占的比重，是郊区经济良性增长所面临的重要课题。当前，需要从以下五个方面入手，进一步加大社会资本的投入。

1. 加快转变经济发展方式

党的十七大明确提出了加快转变经济发展方式的战略任务，强调要促进经济增长由主要依靠投资、出口拉动向依靠消费、投资、出口协调拉动转变，由主要依靠第二产业带动向依靠第一、第二、第三产业协同带动转变，由主要依靠增加物质资源消耗向主要依靠科技进步、劳动者素质提高、管理创新转变。2010 年的中央经济工作会议强调，要以优化经济结构、提高自主创新能力为重点，以完善政绩考核评价机制为抓手，增强加快经济发展方式转变的自觉性和主动性，不断在经济发展方式转变上取得实质性进展。对北京郊区而言，只有加快转变经济发展方式，提高投资的质量和效益，加强郊区经济社会发展的薄弱环节，注重投资结构的优化，才能积极发挥政府投资的引导带动作用，进一步鼓励和引入社会资本，实现"持续""统筹""为民"的要求，引领郊区经济社会的跨越式发展。

2. 营造良好的服务环境

为了更好地吸引社会资本进入北京郊区并取得实效，需要营造良好的服务环境，这就必须有强有力的领导和有关部门、社会各方面的协调配合，特别是需要转变政府职能，不断强化干部作风，完善干部考核机制，改变传统政绩观，建设公共服务型政府，推进依法行政。具体讲，一要科学编制高起点的规划，吸引社会资本到郊区投资，为郊区经济社会的长远发展奠定坚实的基础。二要搭建项目载体，使社会资本进

入郊区有一个汇聚点、吸纳点，能够迅速形成新的经济增长点。三要加快郊区基础设施和公共服务设施建设，进一步改善经济社会发展的硬环境。四要全力做优各项服务。社会资本进入郊区，遇到各种矛盾和问题不可避免，政府要主动提供优质服务，在市场准入、土地利用、财政金融、法律保障等方面努力营造诚信、安全、宽松的投资环境。

3. 完善城乡统一市场的建设

农村市场化程度低是制约城乡发展一体化的根本性问题。为了在北京郊区真正形成以工促农、以城带乡、城乡统筹发展的良性机制，必须完善城乡统一市场的建设，建立机构健全、程序规范、公平公正的农村资源交易服务平台，通过创新机制、阳光操作，让农村资源交易走向市场化，提高北京农村资源和农民资产的市场化水平，这样才能更广泛地吸引社会资本向郊区投入，而且可以有效激发广大农民的投资欲望，充分发挥农民的主体作用，变资源为资产、变资源为资本，形成城乡一体化发展新格局。

4. 完善财政资金的使用

一般意义上，政府财政投入可以带动社会资本投入，也可以挤出社会资本，关键在于对政府财政投资的领域、结构和力度的掌控。扩大社会资本比重也是弱化政府财政政策"挤出效应"的有效选择。因此，应当制定相应政策，引导社会资本向郊区的相关产业和区域流动，形成资本的集聚。政府财政应该体现在以下三个方面。一要体现公正性。财政资金应主要负责郊区公共产品、公共服务的投入，加快实现基本公共服务的均等化，不应挤占社会资本更愿意投向的市场领域。二要体现引导性。财政资金的投入要在加快经济发展方式转变、促进产业结构调整、夯实农业基础地位、保障社会公平正义等前瞻性、基础性工作方面起到对社会资本的示范、引导、带动作用，实现财政资金"四两拨千斤"的作用。三要体现效率性。财政投入的项目必须提高投资的合理性与效率性，避免政府与民争利、与民争投资，必须降低或消除财政投入上的低效甚至腐败现象。

5. 加大银行等金融机构的投入并建立资金回流机制

从银行在郊区的信贷比可以看出，在郊区发放的贷款增加比例远小于城市区域。在统筹城乡发展、以城带乡、以工促农的大背景下，应该推进金融资本对郊区的投入。针对农村资金原本不足却仍源源不断流向城市的现象，合理利用市场手段引导农村资金高效率地转化为农村投资，可实行税收优惠和财政资金补偿农村金融机构贷款风险等措施引导资金回流郊区。要研究运用产业投资基金、私募基金等金融工具，引导北京郊区产业化发展，完善城镇化的资金循环。

执笔：张英洪

2010 年 5 月 14 日

北京市郊区农村劳动力就业情况
分析及建议[*]

北京市农经管理信息平台劳动力资料数据库显示，2009 年北京郊区农业户籍劳动力共计 186.2 万人，其中，男性劳动力 96.4 万人，女性劳动力 89.8 万人。在农业户籍劳动力中，具有就业能力的劳动力 162.6 万人，占农业户籍劳动力总数的 87.3%；学生、现役军人、残疾、"两劳"人员为 23.7 万人，占 12.7%。我们对北京农村劳动力转移就业情况做了初步分析，并提出相关政策建议。

一 基本情况

（一）农村劳动力数量和就业率变动趋势

近年来，郊区城市化进程明显加快，整建制转居的农户增多，再加上人口老龄化的影响，郊区农村劳动力呈减少趋势。2005—2009 年，北京农业户籍劳动力由 180.6 万人减少到 162.6 万人，减少了 18 万人（见图 1）。位于城市发展新区的房山区、通州区、顺义区和大兴区，由于城市化进程较快，四年来具有就业能力的劳动力均减少 2 万人以上。

2009 年北京市农业户籍劳动力为 162.6 万人，同比减少 1.0 万人。从不同功能区看，城市功能拓展区有就业能力劳动力为 21.2 万人，同比减少 0.56 万人；城市发展新区具有就业能力劳动力 91.1 万人，同比减少 0.35 万人；生态涵养区有就业能力劳动力 50.3 万人，同比减少 0.15 万人。从各区县看，同比减少 1000 人以上的区县有房山、丰台、通州、朝阳、密云和延庆 6 个。其中，房山减少最多，由上年的 23.3 万人减少为 22.6 万人，同比减少 0.7 万人。

2009 年全市已就业的农村劳动力 144.5 万人，就业率（已就业劳动力与具有就业能力劳动力的比值）为 88.87%，同比提高了 0.5 个百分点（见图 2）。

---

* 原载北京市农村经济研究中心《调研参考资料》2010 年第 3 期。

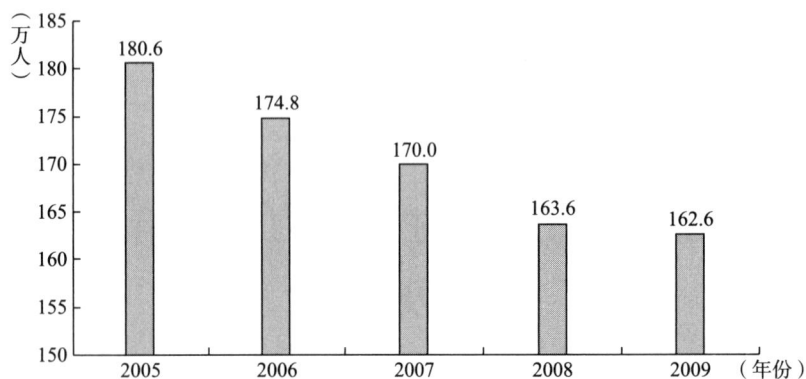

图1 2005—2009年北京农业户籍劳动力数量变化

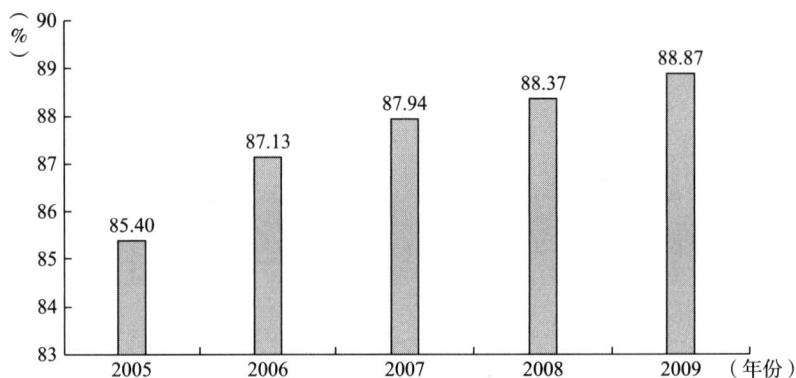

图2 2005—2009年北京农业户籍劳动力就业率变化

从不同功能区看，城市发展新区就业率最高，为89.6%，同比增加0.7个百分点；生态涵养发展区为88.8%，同比持平；城市功能拓展区为86.3%，同比增加0.8个百分点。从各区县看，就业率在90%以上的区县有大兴、平谷、延庆、顺义和昌平，其中，大兴就业率最高，为93.94%（见图3）。

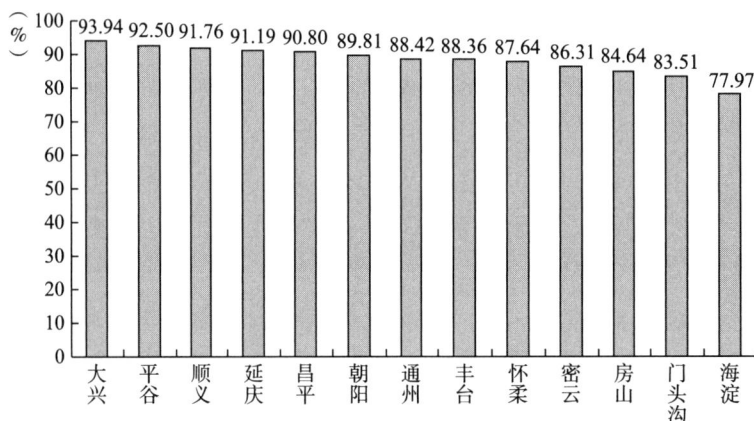

图3 2009年北京市各区县农村劳动力就业率

（二）已就业劳动力的文化程度

在已就业的 144.5 万名农村劳动力中，本科及以上学历的 2261 人，占 0.16%；大专学历的 14791 人，占 1.02%；中专学历 33657 人，占 2.33%；中技学历 11688 人，占 0.81%；高中学历的 171855 人，占 11.89%；初中学历 1056022 人，占 73.07%；小学及以下学历的 154908 人，占 10.72%（见图 4）。

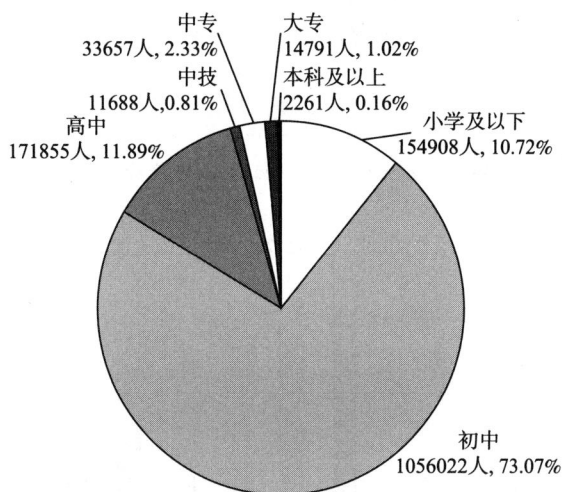

图 4　北京市郊区农村劳动力文化程度

在各区县已就业农村劳动力中，高中以上文化程度比例，海淀最高，其次是丰台、朝阳，分别为 30.17%、25.54%、23.96%；通州最低，其次是延庆、房山，分别为 12.39%、12.82%、13.35%。

（三）劳动力就业的产业分布

2009 年，在已就业的农村劳动力中，从事第一产业的农村劳动力为 44.9 万人，占 31.1%，同比下降 0.1 个百分点；从事第二产业的农村劳动力 27.8 万人，占 19.2%，同比下降 0.2 个百分点；从事第三产业的农村劳动力 71.8 万人，占 49.7%，同比提高 0.4 个百分点（见图 5）。

从各功能区来看，城市功能拓展区从事第三产业的农村劳动力占比为 73.9%，城市发展新区和生态涵养保护区从事第三产业的农村劳动力占比分别为 48.3% 和 42.3%。生态涵养区从事第一产业的劳动力比例为 39.3%，城市功能拓展区和城市发展新区从事第一产业的劳动力比例分别为 14.8% 和 30.2%。

从各区县看，第三产业就业劳动力比例超过 50% 的有朝阳、丰台、门头沟、昌平、海淀和怀柔 6 个区县，其中，朝阳比例最高，为 80.9%（见图 6）。

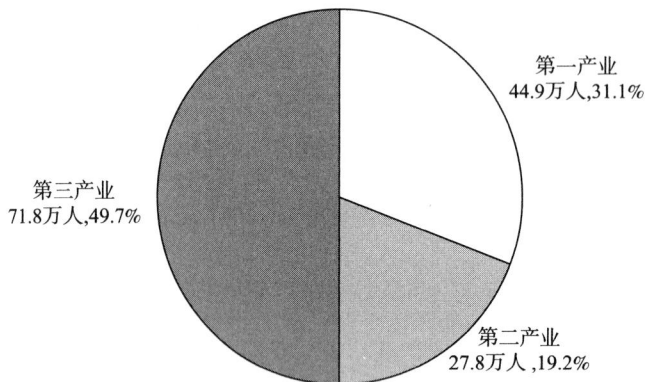

第一产业
44.9万人,31.1%

第三产业
71.8万人,49.7%

第二产业
27.8万人 ,19.2%

图 5　北京郊区农村劳动力就业产业分布

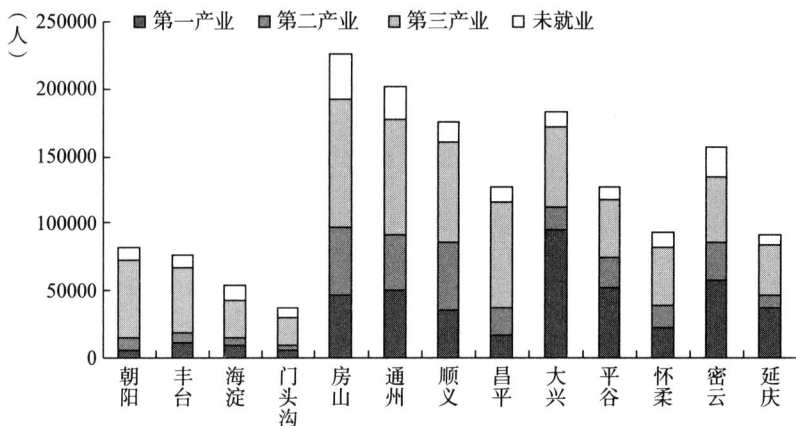

图 6　北京各区县农村劳动力就业产业分布

（四）劳动力就业区域分布

在已就业的农村劳动力中，就业所在地为本村的有 69.5 万人，占已就业劳动力总数的 48.09%；就业所在地为本乡镇的 22.9 万人，占 15.85%；就业所在地为本区县的有 31.5 万人，占 21.80%；就业所在地为本市的有 20.1 万人，占 13.91%；就业所在地为外埠的有 0.5 万人，占 0.35%（见图 7）。

从功能区看，城市功能拓展区、城市发展新区和生态涵养区农村劳动力在本村就业的比重分别为 52.7%、50.0% 和 46.0%。从各区县看，在本村就业的农村劳动力比重，朝阳为 45.5%、丰台为 69%、海淀为 39.2%、门头沟为 41.2%、平谷为 53.5%、怀柔为 41.7%、密云为 52.4%、延庆为 52.7%、房山为 45.9%、通州为 41.2%、顺义为 37.2%、昌平为 37.2%、大兴为 64.6%。

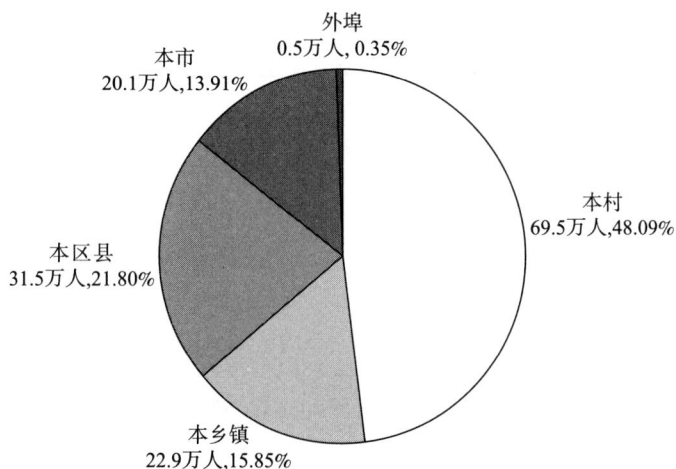

图 7　北京郊区农村劳动力就业区域分布

（五）劳动力的就业时间

在已就业的农村劳动力中，就业时间在 10—12 个月的 96.0 万人，占已就业劳动力总数的 66.4%；7—9 个月的 32.5 万人，占 22.5%；4—6 个月的 13.7 万人，占 9.5%；1—3 个月的 2.3 万人，占 1.6%。就业时间在 7 个月以上的劳动力总数为 128.5 万人，所占比重为 88.9%（见图 8）。

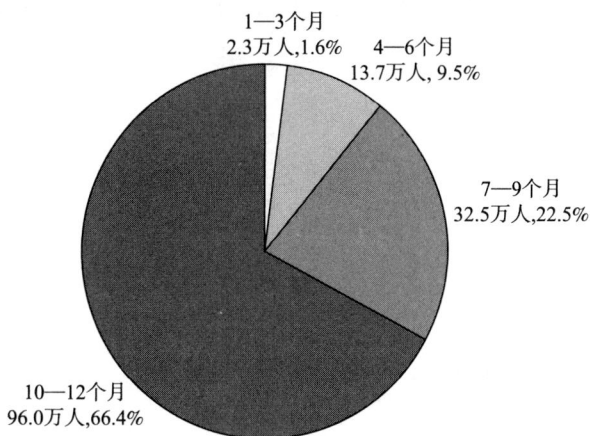

图 8　北京农村劳动力就业时间情况

从各功能区看，城市功能拓展区、城市发展新区和生态涵养区就业时间在 7 个月以上的所占比例分别为 97.6%、90.2% 和 82.9%。

从各区县看，朝阳、丰台、海淀、大兴、顺义、昌平、通州的农村劳动力就业时间在 7 个月以上的比例均超过 90%，其中，朝阳最高，为 98.5%。

（六）劳动力年均收入水平与学历、从事产业的相关性

从数据上看，农村劳动力年均收入与文化程度呈正相关，学历越高，收入水平越高。本科及以上学历的已就业劳动力年均收入为 15609 元，大专学历的为 13969 元，中专（含中技）学历的为 10470 元，高中学历的为 10278 元，初中学历的为 9170 元，小学及以下的为 6968 元（见图 9）。

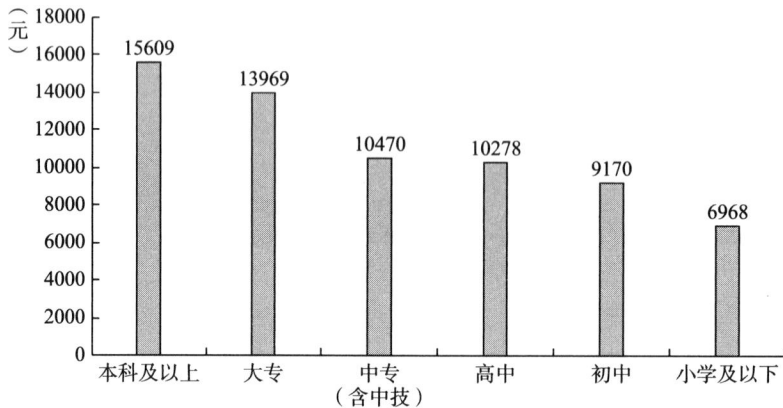

图 9　北京农村劳动力年均收入与学历的关系

从三次产业来看，从事第三产业的农村劳动力年均收入最高，为 10674 元；从事第二产业的农村劳动力年均收入次之，为 10521 元；从事第一产业的农村劳动力年均收入最低，仅为 5981 元，分别比第二、第三产业少 4540 元和 4693 元（见图 10）。

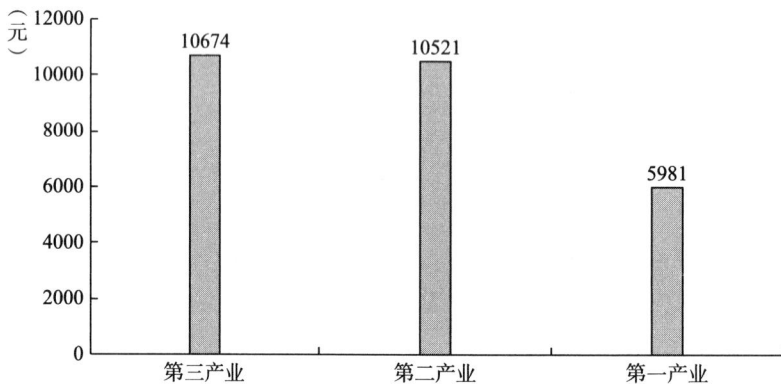

图 10　北京农村劳动力年均收入与产业的关系

从各功能区看，农村劳动力年均收入最高的是城市功能拓展区，为 12136.6 元；其次是城市发展新区，为 9207 元；生态涵养区最低，为 7874.3 元，分别比城市功能拓展区和城市发展新区低 4262.3 元和 1332.7 元。

（七）未就业劳动力就业意愿情况

2009 年全市农业户籍劳动力中未就业劳动力共计 18.0 万人。其中，就业意愿强烈的有 3.5 万人，占 19.4%；就业意愿一般的有 8.7 万人，占 48.3%；无就业意愿劳动力为 5.8 万人，占 32.2%（见图 11）。

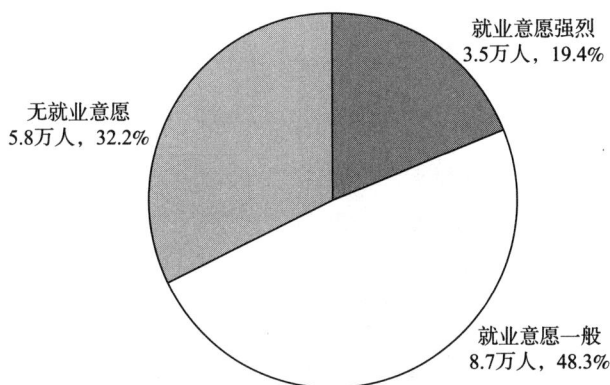

图 11 北京农村未就业劳动力意愿情况

从不同功能区看，城市功能拓展区、城市发展新区和生态涵养发展区无就业意愿劳动力比例分别为 18.8%、33.2% 和 37.2%。从各区县看，通州、怀柔、延庆、门头沟农村带动力中无就业意愿的比例较高，分别为 61.7%、61.7%、44.2%、41.1%；房山、海淀、丰台农村劳动力中无就业意愿的较低，分别为 7.9%、12.0%、15.6%（见图 12）。

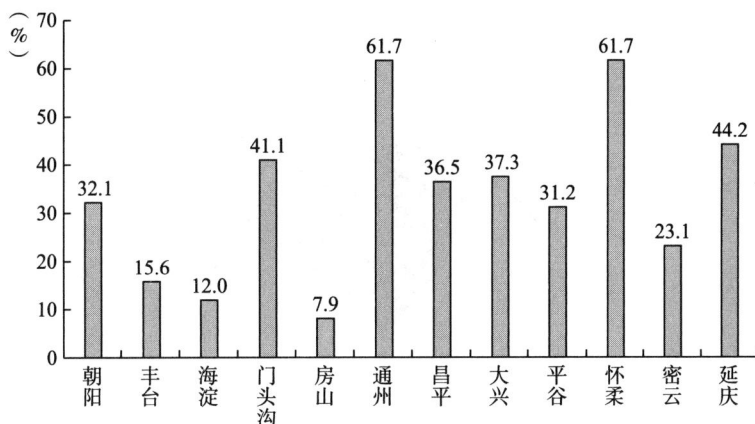

图 12 北京农村劳动力无就业意愿情况

二 存在的主要问题

北京市农村劳动力转移就业存在的问题主要有以下四个方面。

（一）第一产业就业比例偏高，第三产业就业比例偏小

2009 年，北京市农村劳动力就业结构中，第一产业的就业人数 44.9 万人，所占比例为 31.1%；从事第三产业的劳动力 71.8 万人，所占比例只有 49.7%，不到一半（见图 13）。据有关农业专家研究，随着工业化和城市化的发展，北京从事第一产业的人数到 2020 年只需 30 万人左右。

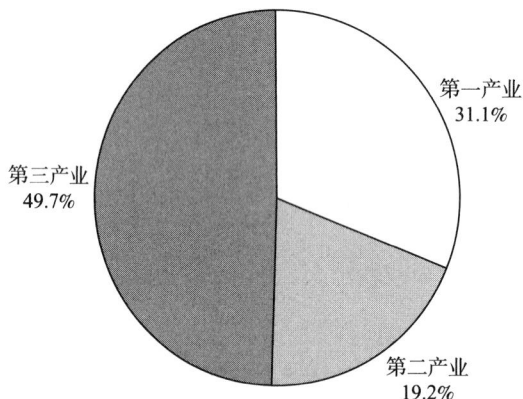

图 13　2009 年北京农村劳动力就业结构

（二）农村劳动力文化程度总体较低，文化素质不高

北京市农村劳动力总体文化程度偏低的现象比较突出。2009 年，在已就业的农村劳动力中，初中、小学及以下文化程度的劳动力所占比例高达 83.8%，大专及以上学历的仅占 1.2%（见图 14）。

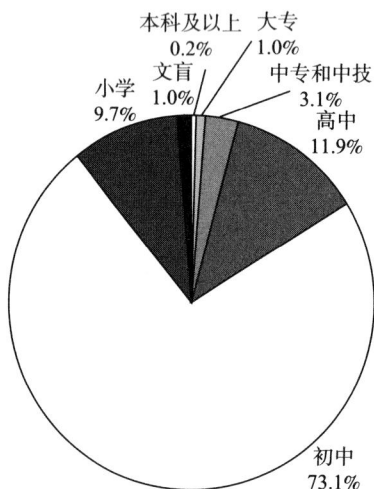

图 14　2009 年北京农村劳动力文化结构

文化程度越低，收入也越低，小学及以下学历的农村转移就业劳动者年均收入比初中、高中、中专（含中技）、大专、本科及以上学历的已就业劳动者收入，分别低2202元、3310元、3502元、7001元、8641元。

（三）农村劳动力跨区域就业比例不高，就业半径过小

京郊农村劳动力跨区域就业比例较低。2009年，在本区县内就业的比例高达85.74%，跨区域就业的只有14.26%（见图15）。

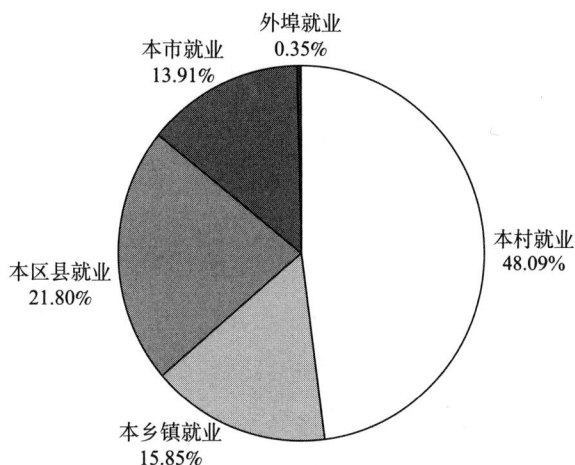

图15　2009年北京农村劳动力区域就业结构

（四）部分农村劳动力的就业意愿不强

在全市18.1万名农业户籍未就业劳动力中，就业意愿强烈的所占比例只有19.4%（见图16），有超4/5的未就业劳动力就业意愿不强，这说明部分劳动力就业意识淡薄，"等、靠、要"的思想比较严重，传统就业观念还没有完全改变。

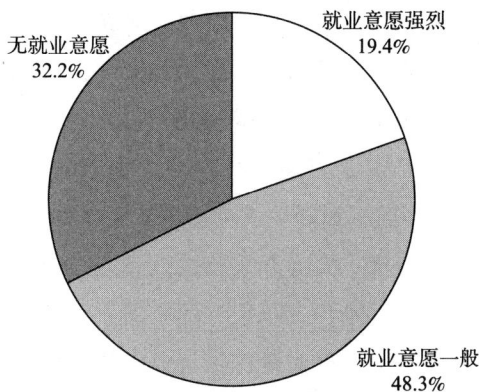

图16　2009年北京农村未就业劳动力就业意愿

三 政策建议

（一）建立促进农村劳动力转移就业的组织体系

就业是民生之本。要解决农村劳动力转移就业问题，应当建立相应的促进就业的组织体系予以保障。建议各区县成立促进农村劳动力转移就业指导服务中心，乡镇设立就业服务站，各村设立就业指导员，对非就业农村劳动力实行"一对一"服务，减少纯农就业家庭。要将就业指导员纳入公益性岗位予以政策支持，实行以奖代补等方式对就业指导员给予补贴。

（二）加快推进农村体制改革

郊区的农民是拥有集体资产的市民。要继续推进农村产权制度改革，保障和扩大农民的财产性收入。进一步规划和推进农村土地流转，将农民从土地的束缚中解放出来。要通过加快发展农民专业合作社，促进农业的专业化、规模化生产，不断提高农民的组织化程度，为农村劳动力转移就业创造新的便利条件。

（三）大力发展多种形式的农村集体经济

发展集体经济是农村劳动力转移就业的重要途径。各地要结合当地实际，以都市型现代农业为载体，因地制宜地发展观光休闲农业、民俗旅游业等多种形式的集体经济，大力发展农产品深加工企业，建设特色产业园区，不断开发新的就业岗位，促进农村劳动力就地就业。

（四）加大促进农村劳动力转移就业的政策扶持力度

北京市已出台一系列扶持就业的政策措施，效果不错，要继续强化和贯彻落实相关扶持政策。尤其是要加大扶持以下六类农村劳动力转移就业的工作力度。一是要加大扶持城乡接合部改造村庄农村劳动力转移就业的力度，积极开展充分就业示范社区创建活动。二是要加大扶持低收入农户转移就业的力度，积极实施共同致富行动计划，用好用足相关优惠政策。三是要加大扶持纯农家庭转移就业的力度，大力推广"一对一"的纯农家庭就业援助，提高纯农家庭非农就业的工资性收入。四是要加大扶持生态涵养区转移就业的力度，大力开发公益性就业岗位。五是要加大扶持农村就业困难人员转移就业的力度，鼓励用人单位招用本市农村困难人员。六是要加大扶持跨区域就业的力度，建议各区县政府对跨区域就业人员实行交通补贴，每人每月补贴50元至100元交通费，对跨区域就业人员要"扶上马，送一程"，实行跟踪服务。

（五）改进培训方式，加大上岗培训和岗前培训力度

要重视和改变农村劳动力培训中指向性不明的状况，创新培训方式，切实提高培

训实效。建议将一部分培训费用奖励给用工单位，鼓励用工单位根据实际上岗就业需要，有针对性地开展业务和技能培训，加大上岗培训和岗前培训力度，实现教育培训与上岗就业的有机结合。

（六）加大整体转居力度，关注转居人员的就业状况

各区县要进一步加大农转非工作力度，对符合条件的要加快村改居步伐，进一步减少农业户籍人口，将农业人口减少到与北京市都市型现代农业发展和农民增收致富相适应的水平上来；要继续加大帮扶转居人员就业的工作力度，对已经实行村转居的原农村劳动力的转移就业问题，要继续予以重点关注和扶持，使转居人员就业有保障。

执笔：张英洪

2010 年 6 月 29 日

北京市城乡居民收入情况及其与沪津渝穗的比较分析[*]

增加农民收入、缩小城乡居民收入差距，是贯彻落实科学发展观、着力改善民生、促进共同富裕的必然要求，是走新型城市化道路、加快推进城乡一体化的重要任务，也是城市化与城乡一体化成功的重要标志。最近，我们农研中心新型城市化发展路径课题组对北京和上海、天津、重庆、广州等城市进行了考察，现就五大城市"十一五"时期城乡居民收入做一比较分析。

一 北京市城乡居民收入变化总体情况分析

（一）城镇居民收入总体变化情况

1. 城镇居民家庭人均可支配收入总量水平实现稳步增长，但增长速度明显下降

"十一五"时期（2006—2010 年），北京市城镇居民家庭人均可支配收入总量持续增长，由 19978 元增加至 29073 元，增加了 9095 元，是原来的 1.46 倍。2007—2008 年，城镇居民人均可支配收入增幅保持稳定上升，2008 年之后，收入增幅起伏不定，与上一年相比，2008 年城镇居民人均可支配收入增幅上升了 2.3 个百分点，2009 年下降了 4.3 个百分点，2010 年略有回升，增加了 0.6 个百分点（见图 1）。

2. 城镇居民家庭收入的主要来源是工资性收入和转移性收入，但经营性收入和财产性收入的比重不断提高

2006—2010 年，在北京市城镇居民家庭收入中，工资性收入比重由 72.6% 降至 69.2%，转移性收入比重由 25.1% 增至 25.3%，两者之间表现出相反的变化趋势；经营性收入和财产性收入均实现稳定增长，其中经营性收入比重增加了 2.3 个百分点，财产性收入比重增加了 0.9 个百分点（见图 2）。

---

* 原载北京市农村经济研究中心《调查研究报告》2011 年第 5 期。

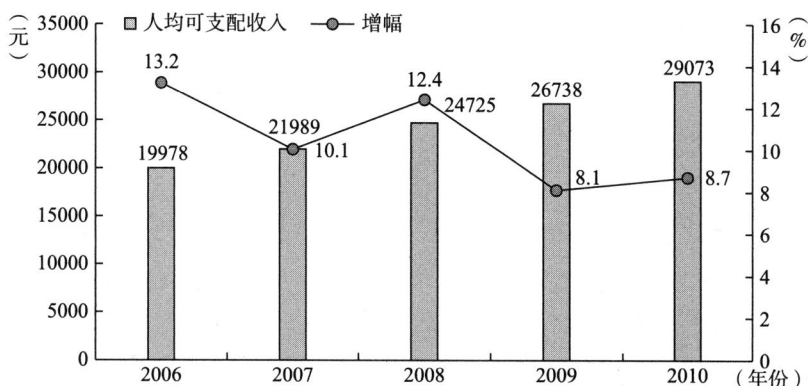

图1 "十一五"时期北京市城镇居民人均可支配收入变化情况

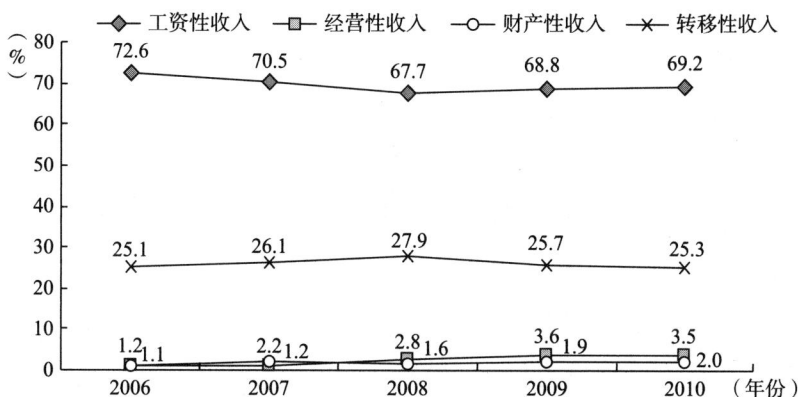

图2 "十一五"时期北京市城镇居民家庭收入主要来源变化情况

3. 四大功能区内城镇居民人均可支配收入均实现增长，增幅趋于相同

2006—2010年，首都功能核心区、城市功能拓展区、城市发展新区和生态涵养区的城镇居民人均可支配收入持续增长，其中，首都功能核心区增加了10896元，城市功能拓展区增加了11040元，城市发展新区增加了7342元，生态涵养区增加了7128元（见图3）。

四大功能区城镇居民人均可支配收入的增幅总体呈现下降趋势，趋于相同。其中，首都功能核心区的人均可支配收入增幅由12.75%降至8.63%，城市功能拓展区的人均可支配收入增幅由13.17%降至8.95%，城市发展新区的人均可支配收入增幅由8.74%降至8.11%，生态涵养区的人均可支配收入增幅由8.80%降至8.51%。2006年，首都功能核心区、城市功能拓展区的城镇居民人均可支配收入增幅分别为12.75%和13.17%，明显高于城市发展新区和生态涵养区的水平；2010年，四大功能区城镇居民人均可支配收入增幅基本保持在8%—9%（见图4）。

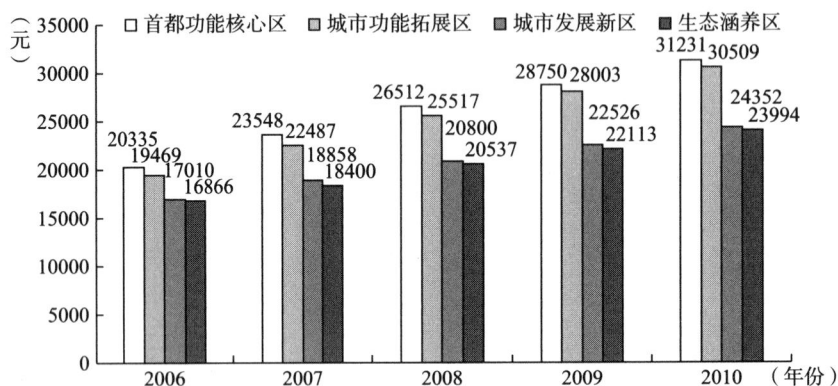

图3 "十一五"时期北京市四大功能区城镇居民收入变化情况

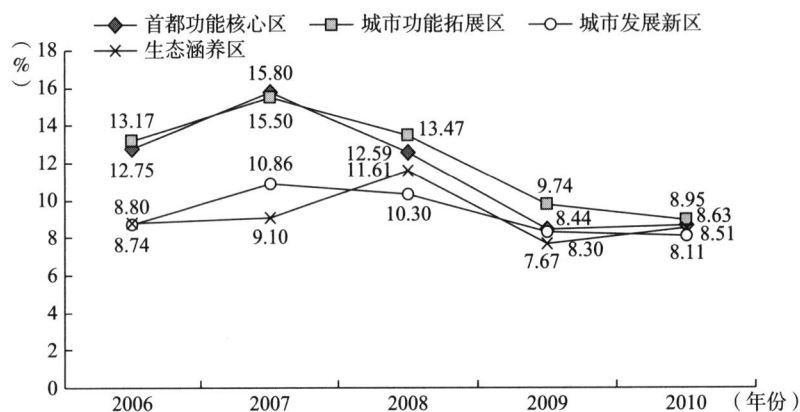

图4 "十一五"时期北京市四大功能区城镇居民收入增幅变化情况

（二）农村居民收入总体变化情况

1. 农村居民家庭人均纯收入总量水平实现稳步增长，增速保持上升趋势

2006—2010 年，北京市农村居民家庭人均纯收入总量持续增长，由 8620 元增至 13262 元，增加了 4642 元，是原来的 1.54 倍。同一时期，农村居民人均纯收入水平增幅呈现整体上升趋势，由 9.7% 增加至 10.6%。但是，在 2008 年之前农村居民人均纯收入增幅保持快速增长，由 2006 年的 9.7% 增至 2008 年的 12.4%；而后出现下降趋势，2010 年的增幅降至 10.6%（见图5）。

2. 农村居民收入主要来源为工资性收入，家庭经营纯收入比重下降，财产性收入和转移性收入比重有所增加

2006—2010 年，北京市农村居民人均纯收入中，工资性收入比重基本保持在 60% 左右，家庭经营纯收入比重由 23.11% 下降到 14.00%，财产性收入比重由 8.97% 上升至 11.99%，转移性收入比重由 7.32% 上升至 13.63%（见图6）。

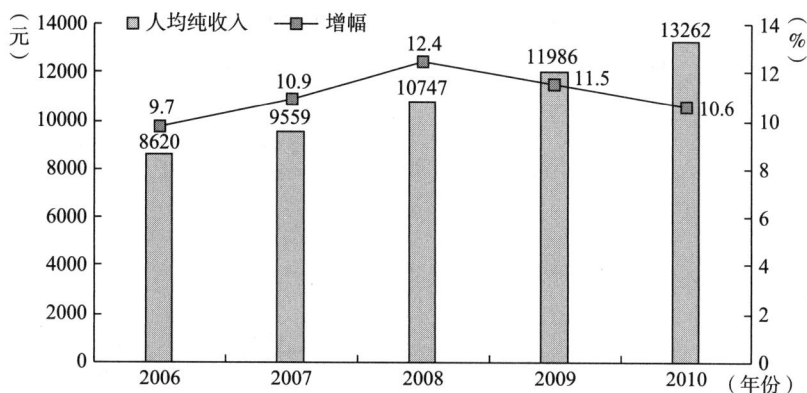

图 5　北京市农村居民人均纯收入变化情况

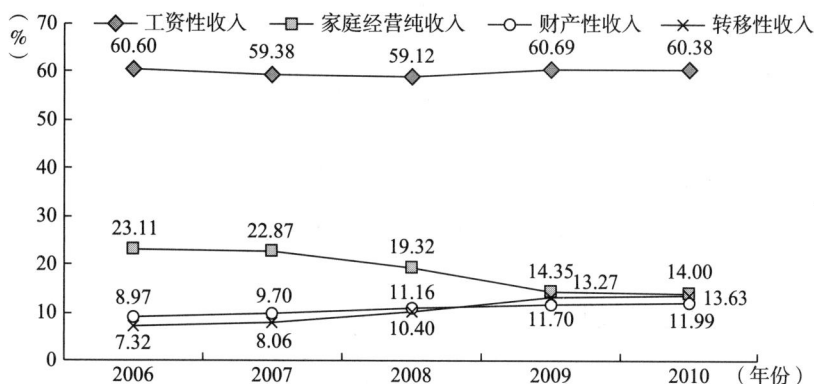

图 6　北京市农村居民人均纯收入主要来源变化情况

3. 三大功能区内农村居民人均纯收入保持增长，但是增速存在较大差距

2006—2010 年，城市功能拓展区、城市发展新区和生态涵养区内农村居民人均纯收入持续增长，其中，城市功能拓展区增加了 5996 元，城市发展新区增加了 4411元，生态涵养区增加了 4130 元（见图 7）。

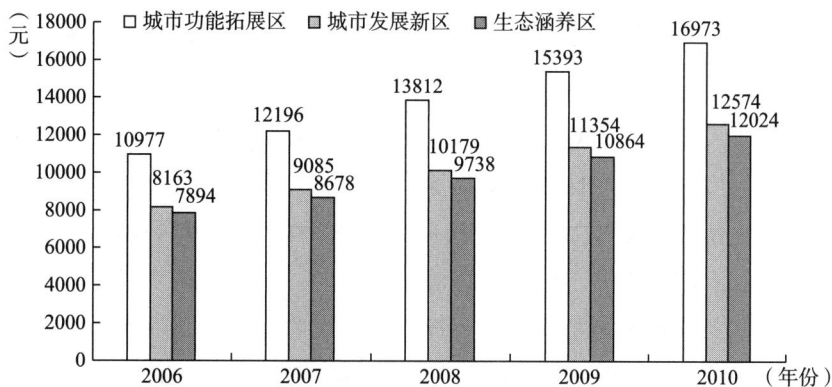

图 7　三大功能区农村居民人均纯收入变化情况

三大功能区农村居民人均纯收入增幅整体呈现增长趋势，以 2008 年为转折点增幅趋于相同。其中，城市功能拓展区的收入增幅由 7.84% 增至 10.26%，城市发展新区的收入增幅由 10.00% 增至 10.75%，生态涵养区的收入增幅由 9.14% 增至 10.68%。三大功能区农村居民人均纯收入增幅差距在 2008 年之后进一步缩小，基本保持在 10% 左右（见图 8）。

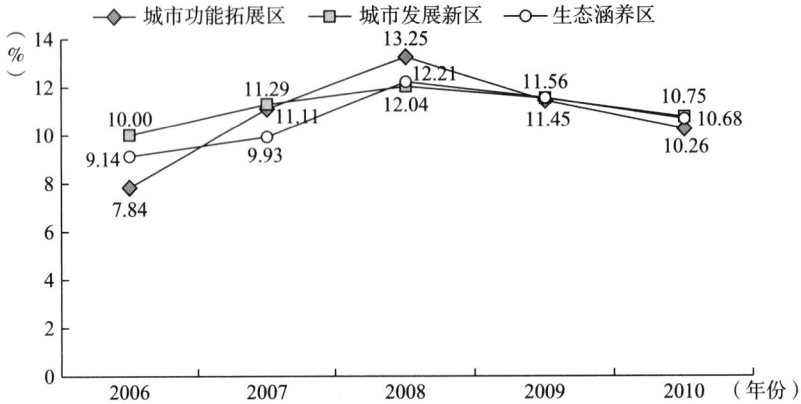

图 8　三大功能区农村居民人均纯收入增幅变化情况

二　北京市城乡居民收入变化比较分析

（一）城乡居民收入增量差距增大，但是两者收入增幅差距不断缩小

2006—2010 年，北京市城乡居民可支配（纯）收入的总量差距不断加大，由 11358 元增至 15811 元，但是收入增幅差距出现缩小趋势，特别是 2007 年和 2008 年之后，农村居民人均纯收入增幅超过了城市居民人均可支配收入的增幅，2009—2010 年农村居民人均纯收入增幅较城镇居民人均可支配收入增幅分别高出 3.4 个百分点和 1.9 个百分点（见图 9）。同一时期，城乡居民收入比也由 2.32：1 降至 2.19：1。

（二）城乡居民收入结构基本保持稳定，各项收入来源的增幅差距逐步缩小

2006—2010 年，北京市城乡居民收入主要组成部分增幅差距变化有所不同。其中，工资性收入增幅在 2007 年之后表现出农村居民水平超过城市居民水平的特点，经营性收入增幅、财产性收入增幅除个别年份外基本是城市居民水平高于农村居民水平，转移性收入增幅始终是农村居民的水平高于城市居民的水平，2010 年农村居民四项收入增幅均高于城市居民的水平。同一时期，城乡居民各项收入构成的增幅差距总体上呈现出缩小的趋势，按照工资性收入、经营性收入、财产性收入和转移性收入的顺序，2006 年城乡居民各项收入增幅差距分别为 9.73 个百分点、8.70 个百分点、17.35 个百分点和 -21.23 个百分点，2010 年城乡居民收入增幅差

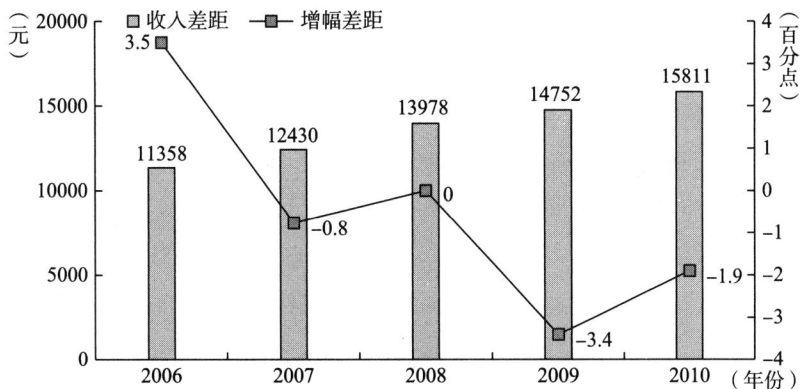

图9　城乡居民收入总体差距与增幅差距变化情况

说明：各柱状图代表城市居民人均可支配收入与农村居民人均纯收入之间的差距。

距已经缩小到 -0.63 个百分点、-1.12 个百分点、-1.65 个百分点和 -6.75 个百分点（见图10）。

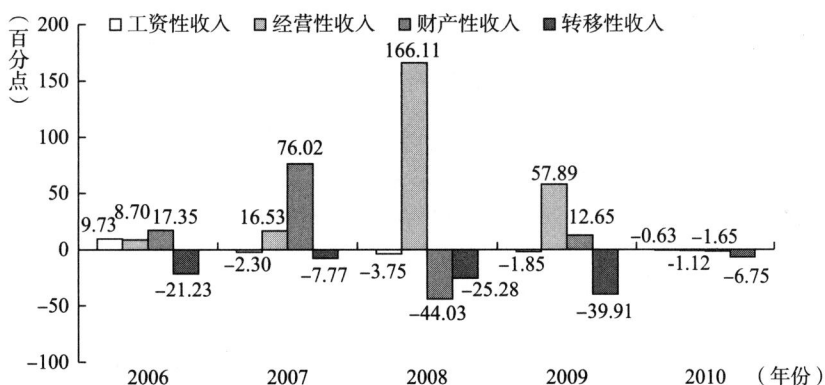

图10　北京市城乡居民收入主要来源增幅差距变化情况

说明：各柱状图代表城市居民各项收入增速与农村居民各项收入增幅之间的差距。

（三）各功能区内部城乡居民收入差距变化也呈现出总量扩大、增幅差距缩小的特点

2006—2010年，城市功能拓展区城乡居民收入总量差距明显扩大，由8492元增至13536元，增加5044元；城市发展新区和生态涵养区城乡居民收入总量差距稳定增加，分别增加2931元和2998元。同一时期，各功能区农村居民收入增幅高于城市居民收入增幅，其中城市功能拓展区城乡居民收入增幅差距明显缩小，由5.33个百分点降至 -1.31 个百分点；城市发展新区和生态涵养区农村居民收入增幅持续高于城市居民收入增幅，农村居民收入增幅超过城市居民收入增幅的程度由1.26个百分点、0.34个百分点扩大至2.64个百分点、2.17个百分点。

（四）城乡居民不同组别收入差距总体呈现扩大趋势，但是低收入组、中低收入组增幅差距明显扩大

2006—2010 年，城乡居民不同组别收入差距不断扩大，低收入、中低收入、中等收入、中高收入和高收入五个组别的收入差距分别增加了 1616 元、3441 元、3994 元、4848 元和 9977 元，高收入组之间的差距变化最为明显。同一时期，城乡居民的低收入组和中低收入组的收入增幅差距一度缩小，但是在 2008 年之后，两者之间的增幅差距重新扩大，其原因是城市居民低收入和中低收入两组收入增幅明显大于农村居民同等组别的水平；城乡居民的中等收入、中高收入和高收入组的收入增幅差距逐步缩小，其原因是农村居民的三个组别收入增幅大于城市居民同等组别的水平。

（五）城乡居民低保家庭收入总体差距不断缩小，农村低保家庭收入增幅大于城市低保家庭的水平

2006—2010 年，城乡低保家庭人均收入水平差距不断减小，由 2920 元降至 1950 元，其中作为主要收入来源的转移性收入差距由 2493 元降至 1908 元，而工资性收入差距由 847 元增至 1052 元，农村低保家庭的财产性收入和经营性收入要高于城市低保家庭的水平。同一时期，城乡低保家庭财产性收入增幅差距变化出现先升后降的特点，2008 年城市低保家庭财产性收入增幅高出农村低保家庭 61 个百分点，之后农村低保家庭财产性收入增幅明显大于城市低保家庭；而其他收入项增幅差距变化基本呈现农村大于城市，之后两者之间差距逐渐趋于缩小的特点。

三 京津沪渝穗城镇居民收入变化比较分析

"十一五"时期（2006—2010 年），京津沪渝穗五大城市的城镇居民人均可支配收入水平实现持续增长，5 年间人均可支配收入分别增加了 9095 元、10010 元、11170 元、7530 元和 10807 元；人均可支配收入增速存在波动，北京市城镇居民人均可支配收入增速总体呈现下降趋势，城镇居民人均可支配收入增速在 5 大城市中排名第 4 位，仅高于重庆。津沪渝穗 4 个城市的城镇居民人均可支配收入增速趋势变化相似，基本呈现出上升—下降—上升的特点。2010 年，北京市城镇居民人均可支配收入比全国高出近 1 万元，但低于上海和广州（见表 1）。

表 1　"十一五"时期五大城市及全国城镇居民收入比较

单位：元

	2006 年	2007 年	2008 年	2009 年	2010 年
北京	19978	21989	24725	26738	29073
上海	20668	23632	26675	28838	31838

续表

	2006 年	2007 年	2008 年	2009 年	2010 年
天津	14283	16357	19423	21402	24293
重庆	11570	13715	15709	16588	19100
广州	19851	22469	25317	27610	30658
全国	11759	13876	15781	17175	19109

从收入总量高低排序看，2006 年为沪、京、穗、津、渝，从 2007 之后广州市城镇居民人均可支配收入水平超过北京市，城市次序变为沪、穗、京、津、渝。从收入增量高低排序看，上海市城镇居民人均可支配收入增长幅度最大，5 年中增加了 11170 元，而后依次为广州市（10807 元）、天津市（10010 元）、北京市（9095 元）和重庆市（7530 元）；从收入年均增速高低排序看，天津市城镇居民人均可支配收入年均增速最高，达到 14.20%，而后依次为重庆市（13.35%）、广州市（11.48%）、上海市（11.41%）和北京市（9.83%），北京位于五大城市之末。

京津沪渝穗城镇居民以工资性收入为主，基本占人均可支配收入的 70% 以上，其次为转移性收入，经营性收入和财产性收入比重较低（见图 11）。2009—2010 年，京津沪渝穗城镇居民人均可支配收入结构变化结果表明，广州市城镇居民工资性收入增加数量最大，达到 2602 元，而后依次为天津市（2402 元）、上海市（2271 元）、北京市（1985 元）和重庆市（911 元）；天津市城镇居民转移性收入增量最大，达到 874 元，而后依次为上海市（835 元）、重庆市（783 元）、广州市（714 元）和北京市（552 元）（见图 12）。

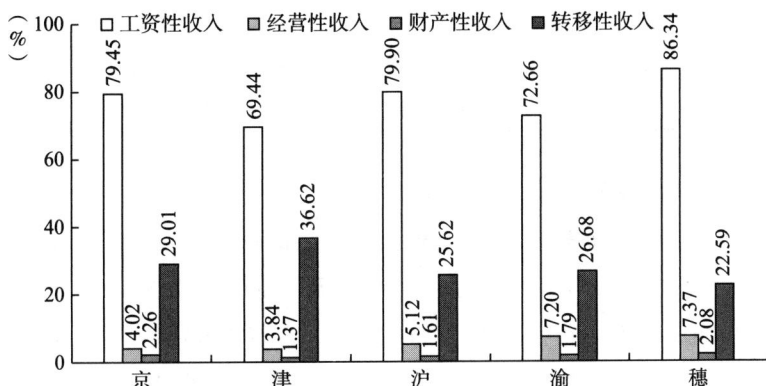

图 11　2010 年京津沪渝穗城镇居民收入结构

四　京津沪渝穗农村居民收入变化比较分析

2006—2010 年，京津沪渝穗农村居民人均纯收入水平稳步增长，5 年间人均

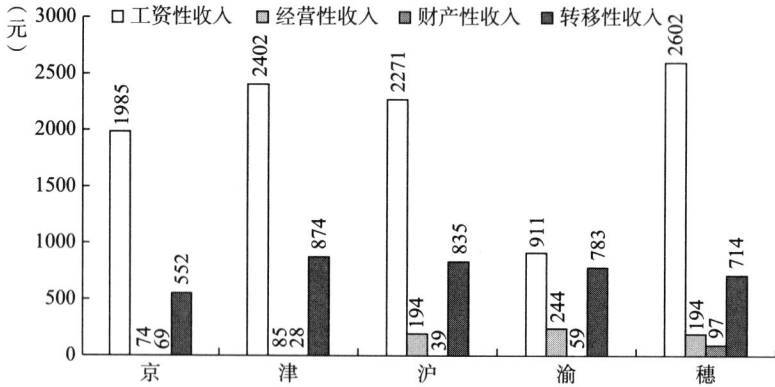

图 12　2009—2010 年京津沪渝穗城镇居民各项收入变化

纯收入分别增加了 4642 元、3859 元、4533 元、2403 元和 4888 元；京津沪穗农村居民人均纯收入增速基本保持稳定，重庆市农村居民人均纯收入增速存在较大的波动。2010 年，北京市农民人均纯收入低于上海，在五大城市中居于第二位（见表 2）。

表 2　"十一五"时期五大城市及全国农村居民人均纯收入比较

单元：元

	2006 年	2007 年	2008 年	2009 年	2010 年
北京	8620	9559	10747	11986	13262
上海	9213	10222	11385	12324	13746
天津	7942	8752	9670	10675	11801
重庆	2874	3509	4126	4621	5277
广州	7788	8613	9828	11067	12676
全国	3587	4140	4761	5153	5919

从收入总量高低排序看，上海市农村居民人均纯收入水平最高，而后依次为北京市、广州市、天津市和重庆市。从收入增量高低排序看，广州市农村居民人均纯收入增长幅度最大，5 年中增加了 4888 元，而后依次为北京市（4642 元）、上海市（4533 元）、天津市（3859 元）和重庆市（2403 元）；从收入年均增速高低排序看，重庆市城镇居民人均可支配收入年均增幅最大，达到 16.41%，而后依次为广州市（12.95%）、北京市（11.37%）、上海市（10.52%）和天津市（10.41%）。

京津沪渝穗农村居民以工资性收入和家庭经营收入为主，两项收入合计占人均纯收入的 70% 以上，其中重庆市农村居民家庭经营收入基本与工资性收入持平，广州市农村居民财产性收入比重略高于家庭经营收入（见图 13）。2009—
2010 年，京津沪渝穗农村居民人均纯收入结构变化结果表明，天津市农村居民
工资性收入增加数量最大，达到 1993 元，而后依次为广州市（1002 元）、上海
市（935 元）、北京市（681 元）和重庆市（415 元）；天津市农村居民家庭经营
收入增量最大，达到 725 元，而后依次为北京市（317 元）、重庆市（212 元）、
广州市（176 元），上海市农村居民家庭经营收入存在负增长，较前一年减少了
1 元；广州市农村居民财产性收入增速明显快于其他省区市的水平，两年间增加
了 406 元，北京市和天津市农村居民财产性收入也分别增加了 321 元和 103 元；
天津市和上海市农村居民转移性收入增量较大，达到 292 元，北京市为 274 元，
重庆市为 148 元（见图 14）。

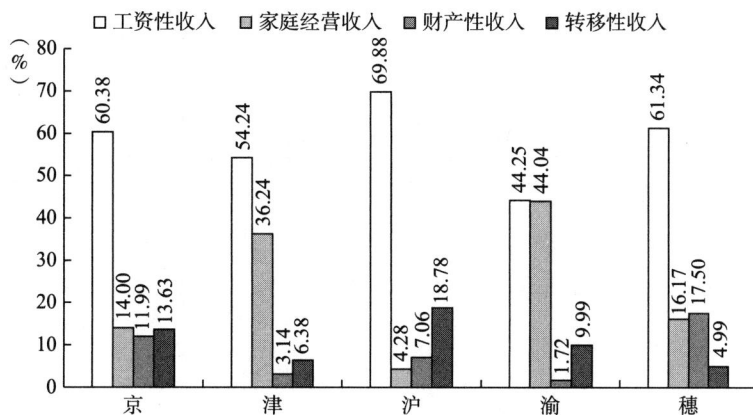

图 13　2010 年京津沪渝穗农村居民收入结构

注：2010 年天津市农村居民财产性收入和转移性收入数值为本书根据《中国统计年鉴（2009 年）》
相关数据的占比进行划分。

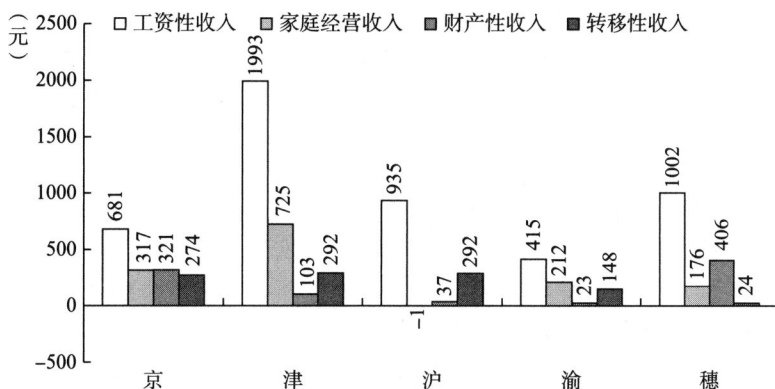

图 14　2009—2010 年京津沪渝穗农村居民各项收入变化

五 京津沪渝穗城乡居民收入差距变化比较分析

2006—2010 年，京津沪渝穗城乡居民人均可支配（纯）收入总量差距不断扩大，5 个城市城乡居民收入差距年均扩大了 13666 元、9384 元、14952 元、11255 元和 15187 元；同一时期，京津沪穗城乡居民收入比基本保持稳定在 1.75—2.61，重庆市城乡居民收入比较高，但是在 2007 年后出现下降，基本保持在 3.8 左右（见表 3）。

表 3 "十一五"时期五大城及全国城乡居民收入比

	2006 年	2007 年	2008 年	2009 年	2010 年
北京	2.23	2.32	2.30	2.30	2.19
上海	2.24	2.31	2.34	2.34	2.32
天津	1.75	1.80	1.87	2.01	2.06
重庆	3.65	4.03	3.91	3.81	3.62
广州	2.58	2.55	2.61	2.58	2.42
全国	3.28	3.33	3.31	3.33	3.23

从城乡居民收入差距总量排序看，2006—2009 年广州市最高，2010 年上海市城乡居民收入差距达到 18092 元，超过了广州市的水平（17982 元），而后依次为北京市、重庆市和天津市。

从城乡居民收入比排序看，2010 年重庆市城乡居民收入比为 3.62，而后依次为广州市（2.42）、上海市（2.32）、北京市（2.19）和天津市（2.06）。

六 主要结论和政策建议

通过对 5 个城市城乡居民收入变化的比较分析，得出如下结论。

一是在 5 个城市中，北京市城市居民收入居中等水平，人均可支配收入增速落后于其他 4 个城市；作为主要收入来源，北京市城镇居民的工资性收入和转移性收入的增量变化也落后于上海市、天津市和广州市的水平。

二是在 5 个城市中，北京市农村居民收入状况较好，在总量、增量和增幅等方面均居较高位置；从收入结构看，北京市农村居民各项收入均保持适当同步增加，但是作为主要收入来源的工资性收入增幅不大，有待于在今后进一步提高，以带动农村居民人均纯收入总量的提高。

三是在 5 个城市中，北京市城乡居民收入差距较小，低于重庆、广州、上海，高于天津。北京城乡居民收入总量差距有所扩大，但是城乡居民收入比存在下降趋势。

"十一五"时期，北京市城乡居民收入水平存在波动变化，整体呈现增长趋势；

收入结构基本保持稳定，工资性收入仍是城乡居民主要的收入来源；农村居民收入增速表现出逐步快于城镇居民水平的趋势，收入增速差距逐步缩小；不同功能区收入差距格局基本保持不变，城乡不同组别以及低保家庭的收入差距不断缩小。"十二五"时期，为进一步改善北京市城乡居民收入水平状况，大力增加农民收入，不断缩小城乡居民收入，需要继续加大改革力度，稳步调整公共政策。

一是进一步加大城乡统筹力度，明确将城乡居民收入差距缩小到 1.5 倍以内作为公共政策目标。市场经济发达国家和地区的城乡居民收入差距大多在 1.5 倍以内，有的国家和地区的农村居民收入高于城镇居民收入水平。应将缩小城乡收入差距作为"十二五"时期北京推进城市化和城乡一体化的基本目标纳入公共政策议程。

二是进一步加大"农转非"步伐，大幅度减少农民数量，实现农民工市民化。从 2000 年到 2010 年，上海市农业户籍人口从 335.5 万人减少到 164.5 万人，北京市农业户籍人口从 346.8 万人减少到 268.3 万人。2000 年，上海市农业户籍人口与北京市农业户籍人口大致相当，而 10 年后的 2010 年，上海市农业户籍人口比北京市农业户籍人口少了 100 多万人。只有减少农民才能富裕农民。"十二五"时期，要加大"农转非"工作力度，将京郊农业户籍人口由当前的 260 多万人减少到 100 万人左右。要将加快实现农民工市民化作为减少农民数量的重要举措，使转移就业的农民能够顺利实现市民化。

三是进一步加大农业补贴力度，加快推进城乡基本公共服务均等化，增加农民转移性收入。农业的弱势产业性质和农产品稳定供应的战略地位，使市场经济发达国家和地区普遍实行政府对农业的补贴政策。2007 年至 2009 年，OECD 国家的平均农业补贴占农场（农户）收入比重的 22%，其中韩国达 52%，日本为 47%。2010 年，北京市农民收入中转移性收入只占 13.6%，比上海的 18.8% 低 5.2 个百分点。"十二五"时期，要继续加大对农业的补贴，加快推进城乡基本公共服务均等化，提高农民享有的养老、医疗和社会福利水平。尤其要提高低收入农户的生活保障水平，逐步扩大农村低保范围，将更多的低收入农户纳入低保，建议将农村低保覆盖率由 2010 年的 3.04% 提高到 5%—10%。

四是进一步加大农村产权改革力度，不断增加农民财产性收入。2010 年，北京市农民财产性收入占农民人均纯收入的 11.99%，虽比同期全国农民平均财产性收入占总收入的 3.41% 高出个 8.58 百分点，但比市场经济发达国家的财产性收入占居民收入的比重要小得多，如美国居民的财产性收入占全部收入的比重高达 40%。在市场化、城市化和城乡一体化中，增加农民的财产性收入的空间很大，关键是要进一步加大农村产权制度改革力度。增加农民财产性收入，首先是要赋予农民财产，界定农民财产，保护农民财产，不断拓展农民的财产性收入渠道。"十二五"时期，关键是要按照《物权法》和党的十七届三中全会的精神，加快推进农村产权改革，重点保障农民拥有农村承包地、林地、宅基地等土地产权，改革和完善农村集体经济组织产权制度和征地制度，创新体制机制，既保障农民带着集体资产进城当市民，又保障农民拥有集体资产就地当农民。

执笔：张英洪、齐福全、陈雪原

建立宅基地增值收益分配机制
保障农民宅基地收益权[*]

近年来，不少地区以"宅基地换房"、村庄整理、集中居住、"地票"等宅基地置换模式，将农民宅基地置换为货币、房产或较小面积的宅基地，通过腾退减少农村建设用地，节约出建设用地用于城镇和工业建设。宅基地使用主体和用途发生了改变，农民的居住地也发生了改变。宅基地置换后节约出的建设用地上市会产生巨额增值收益，但在增值收益的分享上却缺乏统一规范的办法。宅基地置换节约出的建设用地增值收益在政府、企业、集体和农民之间如何分配是宅基地置换中的一个重要问题。一般情况下，地方政府在宅基地置换中获取了巨额经济收益，农民失去宅基地后获得了以安置房为主的补偿，但是并未获得足额的补偿和收益分配。本文比较总结了一些地区的宅基地置换案例，并提出了建立宅基地增值收益分配机制的几点建议。

一　宅基地置换模式与收益分配

（一）宅基地置换和增值过程

宅基地置换包括置换及增值两个过程：通过宅基地置换，腾退农村宅基地，新增大量城市和工业建设用地；通过利用金融、土地市场，实现宅基地增值。

1. 宅基地置换过程

从实际情况看，一般宅基地置换过程可以概括为四个步骤，过程如图 1 所示。步骤一，宅基地复垦。当地政府成立投资公司，负责把农民置换出来的零散宅基地复垦为耕地，农民退出原来宅基地。步骤二，土地置换。零散宅基地复垦之后，当地政府集中划拨具有升值潜力、区位较好的等面积的建设用地或者耕地给投资公司。步骤三，土地开发。投资公司对划拨土地进行平整开发，一定比例的土地用来建设住房，安置置换出宅基地的农民。步骤四，挂牌出让。地方政府将节约的土地转为国有土

---

* 原载北京市农村经济研究中心《调查研究报告》2012 年第 26 期。

地，在土地市场挂牌出让。

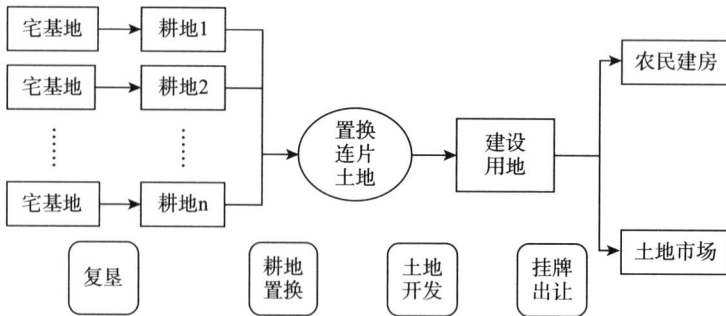

图1 宅基地置换过程

通过宅基地置换，除了一小部分土地用来给农民建房产之外，地方政府获得大量新增建设用地。比如，东部某市某试点镇宅基地置换共涉及农户4011户，宅基地面积4158亩，采取新社区公寓式安置需用地面积1203亩，可新增建设用地2955亩。某市9个试点镇可新增土地27825亩。以该市2007年房地产新开工面积7830亩计算，新增的土地可供该市房地产开发用三年。

2. 宅基地增值过程

宅基地增值过程涉及金融、土地两个市场，包括四个步骤，如图2所示。步骤一，融资推动。政府成立投资公司，融资开展宅基地置换工作。投资公司构筑融资平台，从银行借入巨额资金，作为宅基地置换各方面工作的先行投入。比如东部某市YX镇两家投资公司分别申请银行贷款2.4亿元和2.6亿元，用于推动宅基地置换工作。截至2009年中期，某市已组建了8个建设和投资主体，注册资金8.75亿元，融资达14.1亿元。步骤二，先期投入。一是投入于宅基地复垦，二是投入城镇公寓房、联排公寓房部分建设。比如某市YZ镇政府规定，按照人均40平方米标准，以低于成本价600元/米² 的价格把公寓房卖给选择置换的农户，并奖励200元/米²，对自愿置换的按家庭人口每人奖励1万元。三是补助农户异地集中自建公寓房。政府承担农户集中自建联排复式公寓房的部分费用，比如YZ镇对户型占地面积符合要求的农户，补助占地面积85平方米的大户6.6万元，75平方米的中户5.8万元，60平方米的小户3.6万元。步骤三，出让新增建设用地获得收入。当地政府把新增的建设用地集中起来出让，用于房地产、商业地产开发和工业建设，获得土地出让收益。步骤四，偿还贷款。通过新增土地的部分出让收益来偿还用于农村宅基地复垦、新社区建设开发等各项支出的贷款。

（二）宅基地增值收益分配

从东部某市实现了宅基地置换的9个试点镇之一的YZ镇来看，该镇有4805户，

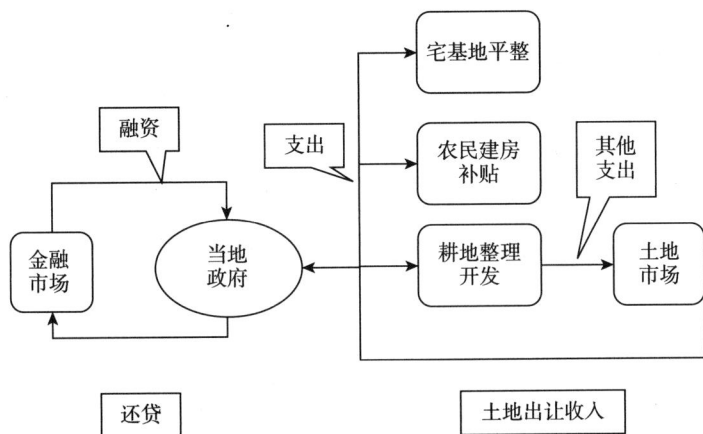

图 2　宅基地增值过程

18049 人，户均宅基地 1. 12 亩，农民宅基地总计 5381. 6 亩，该镇规划的农村新社区按照农村宅基地（住房）以一换一进行置换，需用地 1737 亩，户均"节约"用地 0. 76 亩，可用于出让的新增建设用地 3644. 6 亩，占宅基地总置换面积的比例为 67. 7% 。根据 YZ 镇基准地价，按照商业用地占 20% ，住宅、工业用地各占 40% 计算，一级地价格 34. 6 万元/亩，二级地价格 25. 8 万元/亩，各占 50% 计算，土地出让价格为 30. 2 万元/亩，土地出让收益可观。YZ 镇支付给公寓房置换农户的人均补偿约 4 万元，支付给自建公寓房农户的人均补偿约 2. 5 万元。按照标准公寓房占 55% ，联排式公寓占 45% ，18049 人计算，亩均补偿价格 = 人均补偿价格 × 人口总数/宅基地置换面积 = 11. 2 万元，农户宅基地亩均补偿价格占到土地出让价格的 37% ，人均补偿金额为 3. 33 万元。

　　西部某市某区在宅基地置换过程中进行商业用房出租与集体资产经营。首先是商业用房出租。比如，该区某镇某集体经济股份合作社将 3. 6 万平方米的商业用房，按每月每平方米 8 元（两年后增加为每月每平方米 13 元，之后每五年每平方米每月增加 5 元）的价格统一出租给金川公司经营，租期 20 年。同时，还将合作社集体原有的商业用房和老办公区进行了出租经营。合作社还组建了卫鑫公司，开展了建筑装饰、绿化工程、建材销售、物业管理等经营业务。其次是集体资产经营。合作社将 18 亩集体建设用地，授权某公司修建天乡农贸市场，并负责提供项目用地拆迁安置房 3000 平方米。市场所有权归合作社，公司拥有 40 年的免费经营权。根据合同规定，公司 2008—2012 年每年应向合作社支付红利金 18 万元，以后每年递增，最高支付红利 33 万元。

　　宅基地收益主要来自初次分配和再分配，初次分配是商业用房出租收益，按人均商业用房实际出租收入分配给农民，合作社不提留。再分配是合作社红利分配。在合作社提取一定比例的公积公益金、风险基金等费用之后，按股分配给农民。宅基地经营流程与增值收益分配如图3所示。该合作社每年的收益主要由4000平方米集体商业用房出租收益、下属公司经营收益、集体资产市场化经营收益和外来企业提供的协调费构成。上述收益主要用于：其一，提取30%的公积公益金用于社区公益性事业；其二，提取20%的风险基金用于合作社防范经营风险；其三，提取相应金额用于社区新型农村合作医疗统筹费。除去上述三项费用后的剩余金额，用作农民第二次分配。

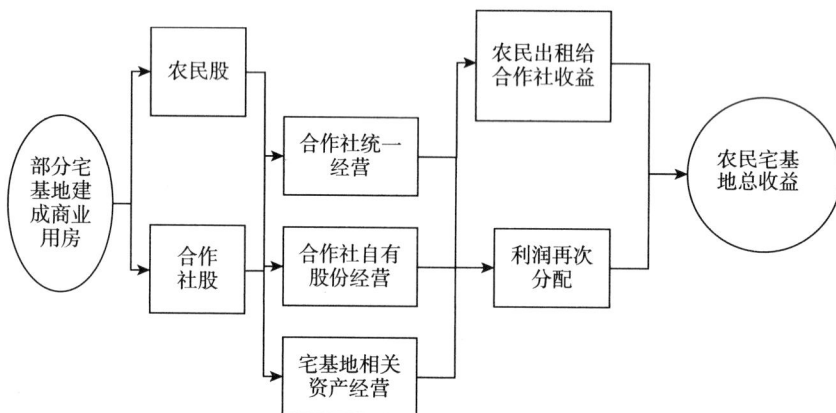

图3　宅基地经营流程与增值收益分配

该区农民获得的宅基地股份人均收益＝（商业用房出租成本＋合作社红利×按股分配比例）/总人数。比如，上述合作社有社员4000人，2007年，合作社支付给农民的商业用房租金307.2万元。合作社商业用房经营收入38.4万元，其他集体资产经营收入4.0万元，再次分配比例为50%，农民人均通过"商铺股"获得收入800多元。加上分配给农民的"土地股"和"集体资产股"，农民人均每年能够获得1700—2000元的收入，基本满足农民安置后的居住与生活开支。

二　宅基地置换中的增值收益分配问题

在各地的宅基地置换活动中，政府主导宅基地置换并获益匪浅。宅基地置换都涉及金融与土地两个市场。在缺乏农村集体建设用地流转市场与抵押融资市场的条件下，没有地方政府的主导运作，宅基地难以增值。所以在规划设计、农房拆迁与补偿、新房建设与农民安置、宅基地复垦、土地出让与开发、基础设施配套建设等方面，地方政府无一不参与其中并主导了宅基地置换的整个过程。

同时，地方政府通过宅基地置换也获得了巨额经济收益。一些地区通过有效的制度安排让农民房产增值，使农民获得了部分宅基地增值收益。但不少地区缺乏合理的制度安排，只补偿农民房屋损失，而没有补偿宅基地权益，农民和集体很难分享土地增值收益。根据周京奎、吴晓燕等对"宅基地换房"的问卷调查，农民对宅基地换房的面积置换标准、耕地征用补偿标准、宅基地换房的整体政策都不满意的均超过38%。[①]

近几年，越来越多的地区开展了宅基地置换活动，却一直没有构建完善的宅基地增值收益分配机制，各地自行其是，对如何在村集体、农民、地方政府、国家间合理分配宅基地增值收益，没有统一的政策。在宅基地置换过程中，农民获得的补偿与收益是保障农民利益的关键所在，农民是否获得增值收益与获得多少增值收益取决于制度安排，但由于缺乏增值收益分配机制，农民获得的补偿与收益分配常常较低。而部分地方政府主导的宅基地置换往往演变为地方政府低成本占用农民宅基地的活动，成为地方政府获取大量城市和工业建设用地，赚取巨额土地出让收益的过程。宅基地置换牵涉宅基地所有权与使用权权益、房屋与宅基地价值、拆迁补偿与收益分配等多方面的问题，需要规范政府、集体、农民、投资主体等的权利与义务，完善农村宅基地产权交易与利益保障体制，探索建立农村宅基地流转制度与流转收益分配机制，建立宅基地增值收益分配机制。

三　建立健全宅基地增值收益分配机制的建议

（一）明确农民集体对节约宅基地的所有权和收益权

2010年中央1号文件提出农村宅基地和村庄整理后节约的土地仍属农民集体所有。要在建立城乡统一的建设用地市场，农村建设用地与国有土地"同地、同价、同权"的条件下，探索农民集体出让、出租农村集体建设用地的制度和办法，让农民集体拥有对农村宅基地和村庄整理后节约土地的所有权、决策权和收益权。

（二）尊重农民房屋财产权，给予农民房屋合理足额补偿

在宅基地置换整理中，要充分尊重农民意愿，顾及农民对农宅的特殊感情，尊重农民房屋财产权，不能仅按照房屋折旧后的价值给予补偿，而应在考虑通货膨胀等因素的情况下按照重置价值给予补偿。

（三）明确农民的宅基地用益物权，补偿农民宅基地收益权

尊重农民对宅基地占有、使用和收益的权利。农民对宅基地不仅有占有和使用的权利，还有收益的权利，地方政府或开发企业不仅要对房屋补偿，也要对农民宅基地

---

① 周京奎、吴晓燕、胡云霞：《集体建设用地流转模式创新的调查研究——以天津滨海新区东丽区华明镇宅基地换房为例》，《调研世界》2010年第7期。

用益物权进行补偿。补偿也要按市场规律进行，不能仅按照征用农地的补偿办法来补偿，而要按照购买同等建设用地的补偿办法来补偿。补偿收益可以在农民和集体间分配，但不得以农民只对宅基地有使用权为名而不对农民宅基地权益进行补偿。

（四）保障农民对农村其他集体建设用地的权利

农民不仅对自用的宅基地具有分享收益的权利，而且对村庄中其他的集体建设用地共同拥有收益的权利，对于宅基地置换整理过程中节约出的农村其他集体建设用地，其出让或出租的收益也应由农民集体参与分享，合理分配，此收益不能由参与宅基地置换整理的政府或企业独得。

（五）建立政府、企业与农民和农民集体间对宅基地增值收益的分配机制

在宅基地置换整理的增值收益中，要对置换整理的成本给予补偿，如何分配收益可以由政府、开发企业与农民集体协商决定。参与农村宅基地整理的政府和企业可以优先利用村庄整理后节约的建设用地，但必须在土地交易市场中支付农民集体足额、合理的土地价格。要建立宅基地增值收益分享机制，探索国家、地方政府、开发企业与农民集体、农民个体的收益分配办法。在农村宅基地置换整理中，国家和地方政府可以通过收取税费的形式参与集体建设用地增值收益分配。

执笔：伍振军、张云华、张英洪

2012 年 11 月 7 日

北京市增加农民财产性收入研究[*]

2007 年 10 月，党的十七大报告首次提出要"创造条件让更多群众拥有财产性收入"。财产性收入是农民收入的重要组成部分。根据统计部门的指标解释，财产性收入是指金融资产或有形非生产性资产的所有者向其他机构单位提供资金或将有形非生产性资产供其支配，作为回报而从中获得的收入，也就是通过家庭拥有的动产（如银行存款、有价证券）和不动产（如土地、房屋、收藏品等）所获得的收入。中国农民财产性收入来源主要是土地、房屋和资金等三方面，其中，来自土地的财产性收入主要是通过土地征收征用和土地承包经营权流转获得的收入；来自住房的财产性收入主要是通过房屋出租、出售和拆迁补偿等方式获得的收入；来自资金的财产性收入主要是通过储蓄、民间借贷和投资股票、债券、基金等渠道获得的收入。农民除了家庭财产性收入，有的还有集体财产经营收益通过分配形成的集体财产性收入，如集体分配股息和红利等。

增加农民的财产性收入，是农民增收致富最重要的途径之一。近年来，北京市农村居民人均纯收入水平不断提高，财产性收入总量水平也不断增加；但是，农村居民财产性收入在人均纯收入中的比重还比较低，农民财产性收入的增加潜力很大。我们课题组以统计部门发布的法定数据为基础，重点分析了 2006—2011 年北京市农村居民财产性收入的变化情况，考察了相关因素的影响，最后提出了增加农村居民财产性收入的政策建议。

一 北京市农村居民财产性收入的基本情况

（一）北京市农村居民收入与财产性收入的变化

2006—2011 年，北京市农村居民人均纯收入实现快速增长，由 8620 元增至 14736 元，年均增长 1019.3 元；农村居民财产性收入也实现稳步增加，由 773 元增至

---

* 原载北京市农村经济研究中心《调查研究报告》2012 年第 27 期。

1537 元，年均增长 127.3 元。其中，2008 年农村居民财产性收入增加最显著，较上一年增加了 272 元。2011 年，农村居民财产性收入首次超过家庭经营性收入，在四大收入构成中位居第三位（见表 1）。

表 1　北京市农村居民收入结构情况

单位：元

年份	人均纯收入	工资性收入	家庭经营性收入	财产性收入	转移性收入
2006	8620	5224	1992	773	631
2007	9559	5676	2186	927	770
2008	10747	6354	2076	1199	1118
2009	11986	7274	1720	1402	1590
2010	13262	8007	1857	1590	1808
2011	14736	9579	1363	1537	2257

注：2011 年起，征地补偿收入不再计入财产性收入，故该年财产性收入 1537 元，绝对值比 2010 年少 53 元。
资料来源：《2011 北京城乡居民生活统计资料》。以下如无特殊说明，图表数据出处相同。

（二）北京市农村居民财产性收入构成的变化

2006—2011 年北京市农村居民财产性收入中大部分类别均实现增加。其中，租金是农村居民财产性收入的第一大来源，由 2006 年的 405 元增至 2011 年的 991 元，年均增加 97.7 元；土地征用补偿收入是农村居民财产性收入的第二大来源，由 58 元增至 2010 年的 349 元，年均增加 58.2 元；集体分配股息和红利是农村居民财产性收入的第三大来源，由 95 元增至 306 元，年均增加 35.2 元；转让承包土地经营权收入是农村居民财产性收入的第四大来源，由 74 元增至 155 元，年均增加 13.5 元；利息在农村居民财产性收入中水平最低，2006 年利息收入为 15 元，2011 年利息收入仅为 9 元（见图 1、表 2）。

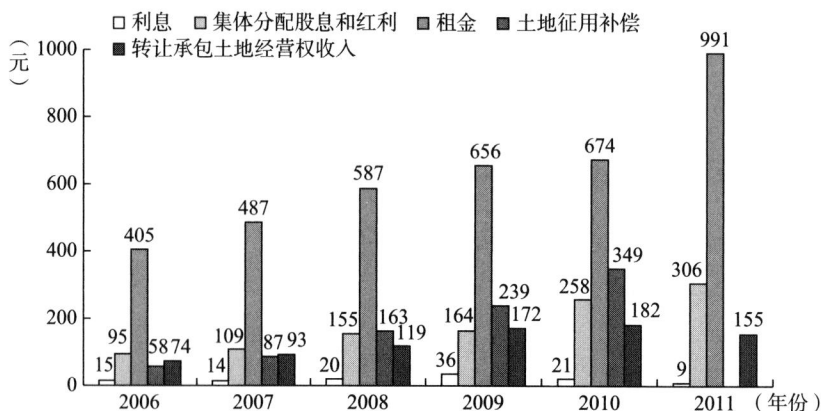

图 1　北京市农村居民财产性收入构成

表2   北京市农村居民财产性收入构成（2003—2011年）

单位：元

收入类别	2003年	2004年	2005年	2006年	2007年	2008年	2009年	2010年	2011年
财产性收入	610	601	617	773	927	1199	1402	1590	1537
利息	18	13	13	15	14	20	36	21	9
集体分配股息和红利	25	33	71	95	109	155	164	258	306
租金	200	251	361	405	487	587	656	674	991
土地征用补偿	301	213	34	58	87	163	239	349	—
转让承包土地经营权收入	3	19	61	74	93	119	172	182	155

资料来源：北京市统计局2009—2011年《北京城乡居民生活统计资料》。

"—"代表数据缺失。下同。

2007—2011年，北京市农村居民财产性收入各部分的增幅不稳定。其中：第一，土地征用补偿收入增幅最大，年增幅平均值达到57.50%，2008年增幅达到87.36%，而后增速明显放缓；第二，集体分配股息和红利增幅总体呈现递增趋势，年增幅平均值为27.73%，但是存在较大幅度的波动；第三，租金年增幅平均值为20.46%，2007—2008年保持在20%左右，2009—2010年出现下降，2011年又增至47.03%；第四，转让承包土地经营权收入年增幅平均值为17.83%，总体呈现递减趋势；第五，利息收入增速年平均值为3.48%，总体呈现下降趋势，其中存在大幅度波动（见表3）。

表3   北京市农村居民财产收入构成增速变化（2007—2011年）

单位：%

收入类别	2007年	2008年	2009年	2010年	2011年	平均值
利息	−6.67	42.86	80.00	−41.67	−57.14	3.48
集体分配股息和红利	14.74	42.20	5.81	57.32	18.60	27.73
租金	20.25	20.53	11.75	2.74	47.03	20.46
土地征用补偿收入	50.00	87.36	46.63	46.03	—	57.50 *
转让承包土地经营权收入	25.68	27.96	44.54	5.81	−14.84	17.83

注："*"代表2007—2010年平均值。

2006—2011年，北京市农村居民财产性收入各部分的占比变化趋势存在差异。其中：第一，2006—2010年租金占比呈现下降趋势，由52.39%降至42.39%，2011年，租金占比又突增至64.48%；第二，集体分配股息和红利占比、转让承包土地经营权收入占比呈现逐步上升趋势，分别由12.29%上升至19.91%，9.57%上升至10.08%；第三，土地征用补偿收入占比增幅明显，2006—2010年由7.50%增至21.95%，增加了

14.45 个百分点；第四，利息占比下降，由 1.94% 降至 0.59%（见图 2）。

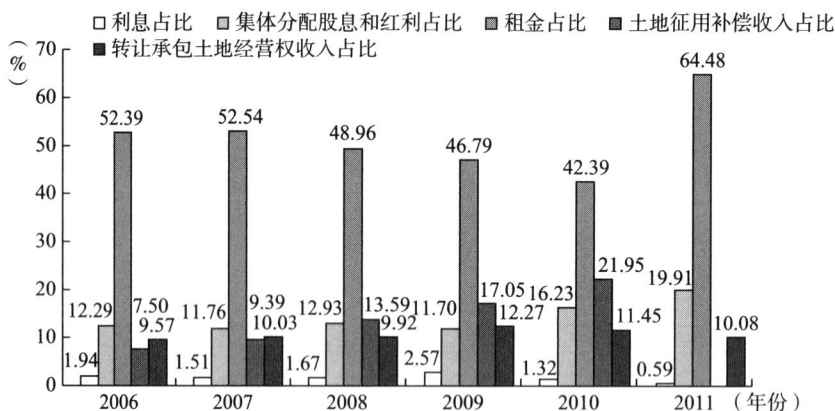

图 2　北京市农村居民财产性收入构成变化

（三）北京市农村居民不同收入组别财产性收入情况

2006—2011 年，北京市农村居民不同收入组别的财产性收入均实现增加。其中：第一，不同收入组别财产性收入增加额排序与收入水平排序相一致，由高到低依次为高收入户（增加 1806 元）、中高收入户（增加 1234 元）、中等收入户（增加 445 元）、中低收入户（增加 380 元）、低收入户（增加 214 元）；第二，不同收入组别财产性收入增幅不稳定，表现出较大的波动，如 2007—2009 年中低收入组的财产性收入增幅保持在 20% 以上，在 2010 年突然出现负增长（-3.69%），2011 年又恢复到 19.86%；第三，中高收入组、中等收入组的财产性收入增幅表现出相似的趋势，两组财产性收入增幅总体呈现增大趋势，但是其中存在小幅波动；第四，高收入组的财产性收入增幅呈现明显下降趋势，2008 年财产性收入增幅达到 35.41%，2011 年财产性收入增幅较 2010 年降低了 14.25%（见图 3 和表 4）。

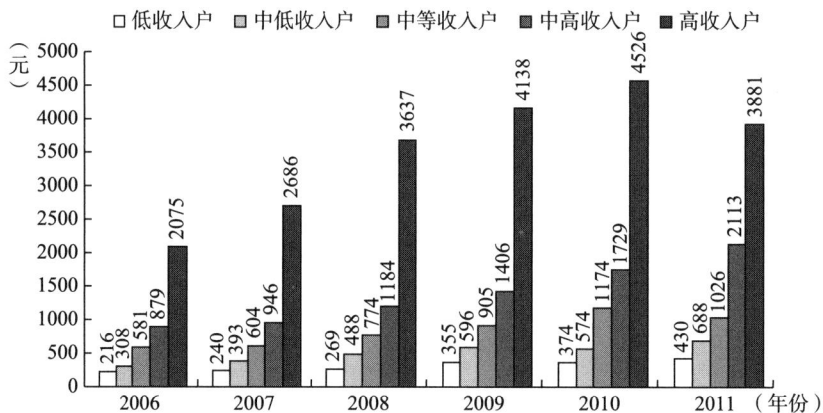

图 3　北京市农村居民不同收入组别财产性收入变化情况

表4　北京市农村居民不同组别财产收入增速变化

单位：%

类别	2007 年	2008 年	2009 年	2010 年	2011 年	平均值
低收入户	11.11	12.08	31.97	5.35	14.97	15.10
中低收入户	27.60	24.17	22.13	-3.69	19.86	18.01
中等收入户	3.96	28.15	16.93	29.72	-12.61	13.23
中高收入户	7.62	25.16	18.75	22.97	22.21	19.34
高收入户	29.45	35.41	13.78	9.38	-14.25	14.75

（四）北京市平原及山区农村居民财产性收入变化情况

2006—2011 年，北京市平原以及山区的农村居民财产性收入总量均实现增加。其中，第一，平原农村居民财产性收入由 953 元增至 1842 元，增加了 889 元；山区农村居民财产性收入由 262 元增至 724 元，增加了 462 元。第二，平原农村居民财产性收入增加主要来自租金和土地征用补偿收入，分别增加了 720 元和 332 元。第三，山区农村居民财产性收入增加主要来自租金和土地征用补偿收入，分别增加了 249 元和 169 元。第四，平原农村居民和山区农村居民在集体分配股息和红利及租金两项收入增量差距明显，6 年间平原地区农村居民集体分配股息和红利及租金分别增加了 238 元和 720 元，而山区农村居民的相应收入分别仅增加了 143 元和 249 元。第五，在转让承包土地经营权收入增量上平原农村居民的水平略低于山区农村居民的水平，6 年间平原地区农村居民转让承包土地经营权收入增加了 81 元，而山区农村居民增加了 83 元（见表5）。

表5　北京市平原及山区农村居民财产性收入总量变化

单位：元

年份	财产性收入		利息		集体分配股息和红利		租金		土地征用补偿收入		转让承包土地经营权收入	
	平原	山区	平原	山区	平原	山区	平原	山区	平原	山区	平原	山区
2006	953	262	15	12	106	62	530	51	64	43	93	22
2007	1147	293	16	8	134	36	639	48	91	75	109	49
2008	1490	347	22	14	185	66	766	64	188	90	133	77
2009	1699	524	42	15	187	95	844	99	268	154	206	70
2010	1918	612	23	14	309	107	869	92	396	212	197	137
2011	1842	724	7	14	344	205	1250	300	—	—	174	105

注："—"代表《2011 北京城乡居民生活统计资料》未提供有关数据。

2006—2011 年，北京市平原及山区农村居民财产性收入各部分占比变化相似。其中，第一，土地征用补偿收入占比均出现大幅度增长。平原农村居民的相应收入占比由 6.72% 增至 20.65%，提高了 13.93 个百分点；山区农村居民的相应收入占比由 16.41% 增至 34.64%，提高了 18.23 个百分点。第二，租金收入占比在持续下降后突然增加。2006—2010 年，平原农村居民租金收入占比由 55.61% 下降至 45.31%；山区农村居民租金收入占比由 19.47% 下降至 15.03%，平原农村居民的租金收入占比降低幅度明显高于山区农村居民；但是在 2011 年平原农村居民租金收入占比增至 67.86%，山区农村居民租金收入占比增至 41.44%。第三，转让承包土地经营权收入占比在波动增加后有所回落。2006—2010 年，平原农村居民的相应收入占比由 9.76% 提高至 10.27%，2011 年相应收入占比略降至 9.45%；山区农村居民的相应收入占比由 8.40% 提高至 22.39%，2011 年相应收入占比降至 14.50%。第四，集体分配股息和红利占比总体呈现增长态势。平原地区农村居民相应收入的占比由 11.12% 增至 18.68%；山区居民相应收入的占比在 2006—2010 年波动下降，由 23.66% 降至 17.48%，在 2011 年又增至 28.31%。第五，利息收入在两个地区农村居民收入中的比重均较低，并出现下降趋势。平原农村居民的相应收入占比由 1.57% 降至 0.38%，山区农村居民的相应收入占比由 4.58% 降至 1.93%（见表 6）。

表 6 北京市平原及山区农村居民财产性收入各部分占比变化

单位：%

年份	利息		集体分配股息和红利		租金		土地征用补偿收入		转让承包土地经营权收入	
	平原	山区	平原	山区	平原	山区	平原	山区	平原	山区
2006	1.57	4.58	11.12	23.66	55.61	19.47	6.72	16.41	9.76	8.40
2007	1.39	2.73	11.68	12.29	55.71	16.38	7.93	25.60	9.50	16.72
2008	1.48	4.03	12.42	19.02	51.41	18.44	12.62	25.94	8.93	22.19
2009	2.47	2.86	11.01	18.13	49.68	18.89	15.77	29.39	12.12	13.36
2010	1.20	2.29	16.11	17.48	45.31	15.03	20.65	34.64	10.27	22.39
2011	0.38	1.93	18.68	28.31	67.86	41.44	—	—	9.45	14.50

注："—"代表《2011 北京城乡居民生活统计资料》未提供有关数据。

2007—2011 年，北京市平原及山区农村居民财产性收入各部分增速变化不同。其中，第一，平原农村居民土地征用补偿收入增速最为明显，4 年增速平均值为 59.77%，远远高出财产性收入的年增速平均值（14.64%），集体分配股息和红利、租金、转让承包土地经营权收入的年增速平均值也分别高于财产性收入年增速平均值 13.79 个百分点、4.84 个百分点和 0.97 个百分点。第二，山区农村居民租金的增速最快，5 年增速平均值达到 60.23%；土地征用补偿收入 4 年增速平均值达到 50.80%。两项收入增速平均值分别比山区农村居民财产性收入年增速平均值高出 36.96 个百分点和 27.53 个百分点。集体分配股息和红利、转让承包土地经营权收入的年增速平均值也明显高于财产性收入增长平均水平（见表 7）。

表 7　北京市平原及山区农村居民财产性收入增幅变化

单位：%

年份	财产性收入		利息		集体分配股息和红利		租金		土地征用补偿收入		转让承包土地经营权收入	
	平原	山区	平原	山区	平原	山区	平原	山区	平原	山区	平原	山区
2007	20.36	11.83	6.67	-33.33	26.42	-41.94	20.57	-5.88	42.19	74.42	17.20	122.73
2008	29.90	18.43	37.50	75.00	38.06	83.33	19.87	33.33	106.59	20.00	22.01	57.14
2009	14.03	51.01	90.91	7.14	1.08	43.94	10.18	54.69	42.55	71.11	54.89	-9.09
2010	12.89	16.79	-45.24	-6.67	65.24	12.63	2.96	-7.07	47.76	37.66	-4.37	95.71
2011	-3.96	18.30	-69.57	0	11.33	91.59	43.84	226.09	—	—	-11.68	-23.36
均值	14.64	23.27	4.05	8.43	28.43	37.91	19.48	60.23	59.77	50.80	15.61	48.63

注："—"代表《2011 北京城乡居民生活统计资料》未提供有关数据。

（五）京津沪渝穗农村居民财产性收入水平比较

2006—2011 年，北京市农村居民财产性收入水平在 5 个城市中居前列。其中，第一，2006 年和 2008 年，北京市农村居民财产性收入水平位居首位。2006 年北京市农村居民财产性收入分别比上海市、广州市高出 215 元和 334 元。2008 年，北京市农村居民财产性收入分别比上海市、广州市高出 349 元和 124 元。第二，2009—2011年，北京市农村居民财产性收入水平落后于广州市农村居民，两地之间的差距加大。2009 年，北京市和广州市农村居民财产性收入差距为 410 元，2011 年差距扩大到1093 元（见图 4、表 8）。

表 8　2011 年京、津　沪、渝、穗五城市农村居民人均纯收入及增速

单位：元，%

收入类别	北京市		天津市		上海市		重庆市		广州市	
	绝对量	增速	绝对量	增速	绝对量	增速	绝对量	增速	绝对量	增速
人均纯收入	14736	13.6	11891	15.5	15644	13.8	6480	22.8	14818	16.9
工资性收入	9579	19.6	6829	20.4	10493	9.2	2895	24.0	9274	19.3
家庭经营收入	1363	-26.6	3908	8.0	877	22.0	2748	18.3	2166	5.7
财产性收入	1537	11.3	1154	32.8	1243	28.1	140	54.3	2630	18.6
转移性收入	2257	30.8			3031	17.4	698	32.3	748	18.4

注：2011 年起北京征地补偿收入不再计入财产性收入，故该年财产性收入绝对量比 2010 年少 53 元，增速11.3% 是扣除征地补偿收入后的同口径比较。

资料来源：北京市统计局《2011 北京城乡居民生活统计资料》。

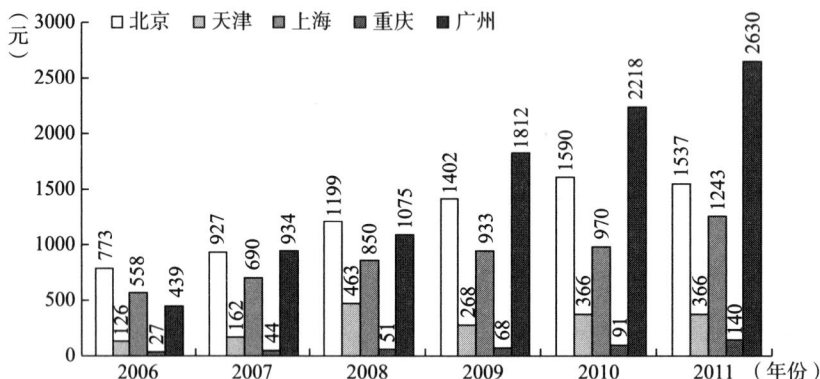

图4　京津沪渝穗农村居民财产性收入水平

注：因天津市缺乏2010—2011年农村居民财产性收入数据，本书按2009年财产收入占农村居民人均可支配收入比例3.08%进行估算。

资料来源：《2011北京城乡居民生活统计资料》。

二　北京市农村居民财产性收入影响因素分析

（一）宏观经济的影响

宏观经济发展可以为农村居民财产性收入增长提供必要的物质基础和投资环境。伴随经济发展，农村居民就业机会增多，劳动报酬相应增加，财富基础也会随之增加。

2006—2010年，北京市经济实现持续增长，人均GDP水平不断提高；农村居民人均财产性收入也随之增长。由此表明，北京市经济发展是农村居民财产性收入实现增长的重要基础。其间，人均GDP与农村居民财产性收入增速虽总体上均呈现下降趋势，但是，两者变化并不完全同步。2007—2008年，人均GDP增速下降，而农村居民财产性收入持续增长；2009—2010年，人均GDP增速上升，而农村居民财产性收入增速却出现下降（见表9）。

表9　北京市经济发展与农村居民财产性收入变化

单位：元，%

年份	人均GDP		农村居民财产性收入	
	总量	增速	总量	增速
2006	52054	—	773	—
2007	61274	17.71	927	19.92
2008	66797	9.01	1199	29.34
2009	70452	5.47	1402	16.93
2010	75943	7.79	1590	13.41

（二） 实物资产的影响

农村居民财产性收入水平与房屋、土地等实物资产具有密切联系。表10中的数据表明，2006—2010年北京市农村居民人均住房面积基本保持稳定，人均实际经营土地面积略有下降。而同一时期，农村居民财产性收入水平却不断提高，其中租金和土地征用补偿收入是财产性收入重要来源。由此表明，北京市郊区城市化进程加快导致的房屋及土地单位价格增加是农村居民财产性收入提高的直接动力。这也意味着，未来一段时期随着国家宏观调控政策进一步落实，农村居民财产性收入的直接动力可能会受到影响，财产性收入水平也有可能出现下降。

表10　北京市农村居民财产性收入与实物资产

年份	财产性收入（元）	人均住房面积（平方米）	人均实际经营土地面积（亩）
2006	773	39.1	0.83
2007	927	39.54	0.87
2008	1199	39.4	0.81
2009	1402	39.42	0.77
2010	1590	40.62	0.75

（三） 金融资产的影响

目前，我国城乡居民投资渠道有限，主要集中在储蓄、股市和楼市。但是，由于我国农村金融长期发展落后，农村居民常常受制于个人能力以及市场风险波动过大等因素，投资理财意识较为淡薄，相对城镇居民而言，他们不愿意过多参与股市和楼市的投资，而是更愿意选择银行存款方式。

表11中的数据表明，北京市农村居民财产性收入特别是利息收入与银行存款利息水平高低缺乏直接联系。2006—2010年，一年期定期存款利率总体呈现不断提高的趋势，但是其中经历较大幅度的波动，2007年一年期定期存款利率达到4.14%，2010年又调低到2.75%；同一时期，在人均纯收入水平提高、银行高水平利率的双重刺激下，农村居民利息收入并没有出现同步变化，相反在2007年农村居民利息收入是历年中最低的。

表11　北京市农村居民财产性收入与定期存款利率

单位：%，元

年份	一年期定期存款利率	利息收入	财产性收入	人均纯收入
2006	2.52	15	773	7860
2007	4.14	14	927	8620

续表

年份	一年期定期存款利率	利息收入	财产性收入	人均纯收入
2008	2.25	20	1199	9559
2009	2.25	36	1402	10747
2010	2.75	21	1590	11986

说明:一年期定期存款利率数据来自和讯网。

（四）消费支出的影响

财产性收入主要为资产投资所得,而投资与消费存在替代关系,表现为在收入不变的前提下,消费支出越大,居民所拥有的投资资金就越少,投资所带来的财产性收入也会较低。

然而,表12中的数据表明,2006—2010年北京市农村居民人均家庭生活消费支出总额不断提高,由2006年的6061元增加至2010年的10109元,与财产性收入总体变化趋势相似,财产性收入与消费支出之间并没有表现出明显的替代关系;从增量变化看,仅在2009年农村居民人均家庭生活消费支出与财产性收入之间存在不同的变化。北京市农村居民财产性收入与居民消费之间的关系有待进一步研究。

表12 北京市农村居民财产性收入与人均家庭生活消费总支出

单位:元

年份	财产性收入	人均家庭生活消费支出	财产性收入增量	人均家庭生活消费支出增量
2006	773	6061	—	—
2007	927	6828	154	767
2008	1199	7656	272	828
2009	1402	9141	203	1485
2010	1590	10109	188	968

三 北京市农村居民财产性收入存在的主要问题

（一）财产性收入在农村居民收入构成中的比重过低

2006—2010年,北京市农村居民财产性收入虽然在总量上实现增长,但是在农村居民人均纯收入中的比重偏低,仅由8.97%提高到11.99%,明显低于工资性收入、家庭经营性收入和转移性收入的水平,是农民四大块收入中比重最低的一块。2006—2010年财产性收入对农村居民人均纯收入的贡献率,分别为20.53%、16.40%、22.90%、16.38%、14.73%,其中2008年财产性收入贡献率最高,2010年则降至14.73%（见表13）。

表 13　北京市农村居民收入结构占比及贡献率

单位：%

年份	财产性收入占比	工资性收入占比	家庭经营性收入占比	转移性收入占比	财产性收入贡献率
2006	8.97	60.60	23.11	7.32	20.53
2007	9.70	59.38	22.87	8.06	16.40
2008	11.16	59.12	19.32	10.40	22.90
2009	11.70	60.69	14.35	13.27	16.38
2010	11.99	60.38	14.00	13.63	14.73

（二）农村居民内部财产性收入差距扩大

2006—2010 年，北京市平原及山区农村居民财产性收入水平差距不断扩大，由 691 元增加至 1306 元；平原及山区农村居民财产性收入倍比略有下降，由 3.64 倍降至 3.13 倍。其中，第一，利息、集体分配股息和红利、土地征用补偿收入等项的量差与倍比同步增加。这表明平原地区农村居民相应的收入总量及增长速度要明显高于山区的水平。第二，租金的量差快速扩大，由 479 元增至 777 元，成为影响平原及山区农村居民财产性收入差距的主要因素；但是租金的倍比出现下降，由 10.39 倍降至 9.45 倍。这表明山区农村居民的租金收入增速略高于平原的水平。第三，转让承包土地经营权收入的量差和倍比同步下降。这表明山区农村居民的相应收入要高于平原地区的水平（见表 14）。

表 14　北京市平原及山区农村居民财产性收入差距

单位：元，倍

年份	财产性收入		利息		集体分配股息和红利		租金		土地征用补偿收入		转让承包土地经营权收入	
	量差	倍比	量差	倍比	量差	倍比	量差	倍比	量差	倍比	量差	倍比
2006	691	3.64	3	1.25	44	1.71	479	10.39	21	1.49	71	4.23
2007	854	3.91	8	2.00	98	3.72	591	13.31	16	1.21	60	2.22
2008	1143	4.29	8	1.57	119	2.80	702	11.97	98	2.09	56	1.73
2009	1175	3.24	27	2.80	92	1.97	745	8.53	114	1.74	136	2.94
2010	1306	3.13	9	1.64	202	2.89	777	9.45	184	1.87	60	1.44

注：财产性收入量差 = 平原农村居民财产性收入水平 – 山区农村居民财产性收入水平；财产性收入倍比 = 平原农村居民财产性收入水平/山区农村居民财产性收入水平。

2006—2010 年，北京市农村居民不同收入组之间的差距明显扩大。以低收入组为比较基准，表 15 中的数据表明：其一，高收入与低收入组之间的差距增大趋势明显，两个组别财产性收入总量差距由 1859 元增加至 4152 元，2010 年高收入组财产性收入水平是低收入组的 12 倍以上；其二，中低收入组、中等收入组以及中高收入组与低收入组之间的差距总量虽然呈扩大态势，但是相互间差距的倍比关系基本稳定，没有出现过大的波动。

表 15　北京市农村居民低收入组与其他收入组别差距

单位：元，倍

年份	中低收入组		中等收入组		中高收入组		高收入组	
	量差	倍比	量差	倍比	量差	倍比	量差	倍比
2006	92	1.43	365	2.69	663	4.07	1859	9.61
2007	153	1.64	364	2.52	706	3.94	2446	11.19
2008	219	1.81	505	2.88	915	4.40	3368	13.52
2009	241	1.68	550	2.55	1051	3.96	3783	11.66
2010	200	1.53	800	3.14	1355	4.62	4152	12.10

注：表中数据为其他收入组与低收入组之间的差距数值。以中低收入组为例，中低收入组量差 = 中低收入组财产性收入 – 低收入组财产性收入；中低收入组倍比 = 中低收入组财产性收入/低收入组财产性收入。

（三）农村居民财产性收入主要来源是租金和征地补偿

租金和征地补偿是北京市平原和山区农村居民财产性收入的主要来源。在平原地区，租金是农村居民财产性收入的主要来源，尽管近年来租金收入占比不断下降，但是在 2010 年相应的比重仍然高达 45.31%，远远高出其他收入来源的水平。在山区，农村居民 50% 以上的财产性收入来自土地使用权变动而产生的收入，2010 年土地征收补偿收入占比达到 34.64%，转让承包土地经营权收入占比达到 22.39%，两者合计达到了 57.03%。近年来，集体分配股息和红利收入、转让承包土地经营权收入占农民收入的比重呈上升趋势，利息收入最少。

四　制约农民财产性收入的主要因素

财产性收入占居民可支配收入的比重，是衡量一个国家和地区经济发展与居民富裕程度的重要指标。在市场经济发达国家和地区，财产性收入占居民收入的比重一般都较高。例如美国居民的财产性收入占可支配收入比重约为 40%，90% 以上的公民拥有股票、基金等有价证券。[①] 北京、上海、广州、苏州等经济发达地区的财产性收入占居民收入的比重相对较高，但与世界上的发达国家和地区相比，还有很大差距。财产性收入偏低及所占比重较小，关键是长期以来一系列因素严重制约了农民财产的积累以及财产性收入的合理增长。主要制约因素有以下六个方面。

---

① 参见梁达《应大力提高居民财产性收入比重》，《上海证券报》2011 年 3 月 14 日。

（一）现行土地制度严重滞后

北京市土地面积约 16411 平方公里（2461.58 万亩）。截至 2008 年底，全市农用地 1643.97 万亩、建设用地 506.57 万亩（其中农村集体建设用地 45 万亩）、未利用地 311.04 万亩，分别占全市土地总面积的 66.8%、20.6%、12.6%。农用地中，耕地 347.53 万亩、园地 179.89 万亩、林地 1030.62 万亩、牧草地 3.07 万亩、其他农用地 82.86 万亩，分别占农用地总量的 21.1%、10.9%、62.7%、0.2%、5.0%。建设用地中，居民点及独立工矿用地 418.23 万亩，占建设用地总量的 82.6%（见表16）。据北京市国土部门资料，农村居民点用地面积，1981 年土地概查为 116.72 万亩；1992 年土地详查为 127.74 万亩，2001 年二次土地详查为 133.43 万亩。

表 16　2008 年度北京市土地利用变化情况统计表

单位：万亩

地　类		年初面积	年末面积	年内减少	年内增加	净变化量（负为减少）
农用地	合　计	1649.75	1643.97	10.05	4.27	-5.78
	耕　地	348.27	347.53	3.72	2.98	-0.74
	园　地	181.89	179.89	2.26	0.26	-2.00
	林　地	1033.51	1030.62	3.17	0.28	-2.89
	牧草地	3.07	3.07	0.00	0.00	0.00
	其他农用地	83.01	82.86	0.90	0.75	-0.15
建设用地	合　计	498.84	506.57	0.57	8.30	7.73
	居民点及工矿用地	412.75	418.23	0.54	6.02	5.48
	交通用地	46.62	48.88	0.02	2.28	2.26
	水利设施用地	39.47	39.46	0.01	0.00	-0.01
未利用地	合　计	312.99	311.04	1.98	0.03	-1.95
	未利用土地	263.73	262.16	1.60	0.03	-1.57
	其他土地	49.26	48.88	0.38	0.00	-0.38
总　计		2461.58	2461.58	12.60	12.60	0.00

资料来源：北京市国土局《北京市 2008 年度土地利用变化情况分析报告》。

由上可知，农民拥有巨大的集体土地资源和资产。但现行的土地制度以及其他相关制度，没有使农民拥有完整的土地产权，也就是说，农民缺乏借助法律将集体资产转变为资本的产权机制，这严重限制了土地财产权的实现。正如秘鲁著名经济学家赫尔南多·德·索托在《资本的秘密》一书中揭示的那样，缺少财产权表述机制，是许多发展中国家贫穷的重要原因。

现行的土地制度已不适应城市化和城乡一体化发展的需要，在一些方面限制甚至剥夺农民的财产权和财产性收入。主要体现在以下六个方面。一是城乡二元土地制度使农村集体土地与国有土地权利不平等。二是农民集体建设用地不能直接进入市场，只能被政府低价征收后再高价出让，农民丧失了土地开发的重大权利。三是农村集体土地的所有权主体界定不清晰，虚化了集体所有权主体，实质上也虚化了农民的土地财产权。四是严格限制农用地变更用途，却没有相应地建立公平合理的耕地保护机制，致使农民单方面承担了国家耕地保护和粮食安全的公共责任，却没有得到足够合理的补偿。五是农民缺乏对土地的支配权，不能自主地处置土地财产，农村的土地市场严重缺失。六是农民的承包地、宅基地、林地等不能抵押。

（二）农村住宅制度不够合理

京郊农村宅基地面积100多万亩。据2008年4月发布的《北京市第二次全国农业普查主要数据公报》，2006年末，北京农村居民平均每户拥有住宅面积128.14平方米，96.85%的住户拥有自己的住宅。农村居民人均居住面积远高于城镇居民（见表17）。

表17 北京市城乡居民人均住房面积（1978—2011年）

单位：平方米

年份	城镇居民人均住宅使用面积	农村居民人均住宅使用面积
1978	6.70	9.20
1979	6.73	9.67
1980	7.06	10.09
1985	9.09	16.48
1986	9.20	17.41
1987	9.75	18.38
1988	10.30	19.23
1989	10.74	20.09
1990	11.17	20.62
1991	11.64	21.92
1992	12.09	22.67
1993	12.45	23.70
1994	12.85	24.42
1995	13.34	24.74
1996	13.82	25.74
1997	14.36	27.39
1998	14.96	27.64
1999	15.88	28.65
2000	16.75	28.91

年份	城镇居民人均住宅使用面积	农村居民人均住宅使用面积
2001	17.62	31.01
2002	18.20	32.58
2003	18.67	33.95
2004	18.88	34.21
2005	20.13	36.94
2006	20.96	39.10
2007	21.50	39.54
2008	21.56	39.40
2009	21.61	39.42
2010	—	40.60
2011	—	48.60

资料来源：北京市统计局。

住宅是农民最重要的财产之一，但现行的农宅制度却不利于农民住宅财产权的实现，严重影响了农民利用住宅获取财产性收入。一是宅基地实行集体所有，房屋属于私人所有，这种"一宅两制"使农民的住宅权利受到严重影响。二是农民住宅只能向本村集体经济组织成员转让，禁止农民住宅向城镇居民出售（只能出租），农村住宅市场的欠缺，大大降低了农民住宅的价值，也造成了大量农村住宅的空置浪费。城镇商品房则可以向城乡任何人包括外国人出售。三是农民住宅没有产权证，不能抵押融资。而城镇商品房有产权证，可以抵押融资。四是农民"一户一宅"，宅基地面积受到限制。城镇居民可以一户多宅，住宅面积不受限制。五是农民没有在自己集体土地上建设商品房的权利，农民在集体土地上建的商品房属于违法的"小产权房"。六是政府的住房保障制度只覆盖城镇居民，农民被整体排除在政府的住房保障体系之外。此外，京郊农村已经多年不再给农民审批宅基地。

（三）征地补偿及其分配存在不公

现行宪法规定，国家因公共利益的需要可以征收或征用农民的土地，但由于相关制度的缺失，在城市化进程中，不管公共利益还是非公共利益，政府一律启动强制征地权，大量征收农村集体土地。同时，征地按原农业用途进行补偿，这就造成了普遍的低价征地、高价出让的城乡土地价格"剪刀差"，使农民蒙受巨大的土地财产损失。据研究，在过去30多年里，农民在城市化中被剥夺土地级差收入高达30多万亿元。[1]

2009年，北京市征地总面积6544.6885公顷，征地补偿费2601401.3万元，平均

---

[1] 参见《土地所有权，该不该给农民？》，载《新京报》2010年12月25日。

每亩补偿约 26.5 万元（见表 18）。而政府拍卖土地每亩均在几百万元甚至上千万元。2009 年北京市土地出让收入达 928.05 亿元。

表 18　2009 年北京市土地征收情况

	征地总面积			征地补偿费（万元）	安置农业人口（人）
	总计（公顷）	农用地			
		总计（公顷）	耕地（公顷）		
总　计	6544.6885	4207.6428	2672.1164	2601401.31	55912
市辖区	6452.6157	4159.3024	2652.1603	2583679.97	55571
朝阳区	484.2732	210.2170	155.9722	303268.67	3631
丰台区	237.0536	144.7769	70.3883	208582.99	2481
石景山区	228.0140	101.6257	40.0613	125368.27	0
海淀区	254.1120	133.2345	35.5859	360416.73	2588
门头沟区	40.3735	22.0962	2.9853	12345.81	286
房山区	1457.3381	1080.5391	714.4449	480697.40	12279
通州区	656.0607	530.9038	389.6429	353813.19	5901
顺义区	866.2339	490.2977	320.6711	235627.06	10228
昌平区	440.1004	271.3285	151.1772	124104.52	2570
大兴区	1242.1902	807.9981	585.7982	247001.75	10441
怀柔区	147.1781	112.4234	77.7010	32583.24	603
平谷区	399.6880	253.8615	107.7320	99870.34	4563
县	92.0728	48.3404	19.9561	17721.34	341
密云县	40.5038	15.9358	1.3744	7392.19	134
延庆县	51.5690	32.4046	18.5817	10329.15	207

资料来源：北京市国土资源局。

在政府与被征地农民之间的征地收益存在严重分配失衡的同时，征地补偿费在村集体和被征地农户之间的分配也存在严重的失衡。据国务院发展研究中心调查，在征地产生的土地增值收益分配中，地方政府得 60%—70%，农村集体经济组织得 25%—30%，而农民只得 5%—10%。另据北京农经统计信息平台数据，2009 年至 2011 年，北京市征收征用集体土地面积分别为 20396 亩、35856 亩、9343 亩，农村当年获得土地补偿金额分别为 245782.6 万元、246030 万元、53993 万元，其中留作集体公积金的分别占 71.45%、95.57%、44.99%，分配给农户的分别占 28.55%、4.43%、55.01%，而实际分配给被征地农户的分别占 15.26%、4.43%、3.71%（见表 19）。由此可知，被征地农户获得的征地补偿款较少。

表 19 北京市征收征用集体土地面积及土地补偿分配（2006—2011 年）

项目	2006 年	2007 年	2008 年	2009 年	2010 年	2011 年
征收征用集体土地面积（亩）	—	—	—	20396	35856	9343
涉及农户承包耕地面积（亩）	10062	10012	—	8411	28485	5536
涉及农户数（户）	8939	9670	—	5344	5044	1518
涉及人口（人）	24465	40201	—	12595	13953	4461
当年获得土地补偿总额（万元）	—	—	—	245782.6	246030	53993
留作集体公积金（万元）	—	—	—	175611	235125	24292
占总额的比重（%）	—	—	—	71.45	95.57	44.99
分配给农户（万元）	—	—	—	70171.6	10905	29701
占总额的比重（%）	—	—	—	28.55	4.43	55.01
其中分配给被征地农户（万元）	—	—	—	37501.1	10900	2005
占总额的比重（%）	—	—	—	15.26	4.43	3.71

资料来源：北京市经管站《北京市农村经济收益分配统计资料》（2006—2011 年）。

（四）土地承包经营权流转收益有待提高

承包地流转收入是农民财产性收入的重要组成部分。作为经济发达地区，北京市农村土地流转比例在全国居于前列。以 2011 年为例，北京市农村耕地流转面积占耕地承包面积比重为 46.2%（见表 20），远高于全国同期 17.9% 的水平，但比上海低 12 个百分点，居全国第二。[①] 另据北京农村三资监管平台统计数据，2011年，北京市农村土地已确权面积 463.1 万亩，农地流转总面积 219.9 万亩，占全市确权总面积的 47.5%。

表 20 北京市农村土地承包流转情况

单位：亩，户

项目指标	2006 年	2007 年	2008 年	2009 年	2010 年	2011 年
家庭承包经营的耕地面积	2991641	2976110	2930863	4660967	4642644	4641232
家庭承包经营的农户数	683495	718134	686835	1062250	1059419	1041219
家庭承包耕地流转总面积	140980	141827	168013	2151028	2149346	2143029

---

① 截至 2011 年底，全国实行家庭承包经营的耕地面积为 12.77 亿亩，家庭承包经营农户 2.288 亿户，签订家庭承包合同和颁发农村土地承包经营权证分别为 2.22 亿份和 2.08 亿份，村集体经济组织机动地面积为 2393.9 万亩。全国家庭承包耕地流转总面积达到 2.28 亿亩，占家庭承包经营耕地面积的 17.9%。耕地流转面积占耕地承包面积比重较大的前 10 个省（市）分别是：上海 58.2%、北京 46.2%、江苏 41.2%、浙江 40.3%、重庆 38.2%、黑龙江 30.5%、广东 25.8%、湖南 23.6%、河南 20.6%、福建 19.3%。参见农业部经管司《2011 年农村土地承包经营及管理情况》，载《农村经营管理》2012 年第 5 期。

续表

项目指标	2006 年	2007 年	2008 年	2009 年	2010 年	2011 年
转包	87234	74114	53672	40470	39859	62214
转让	5810	13696	20723	28236	27176	39522
互换	1051	657	8878	7087	7454	4764
出租	30293	42646	60919	101653	138280	137855
股份合作	3047	2911	16475	2568	2526	2526
其他形式	13545	7803	7346	1971014	1934051	1896148
流转入农户的面积	—	—	—	807259	762807	613369
流转入专业合作社的面积	—	—	—	166776	141195	141195
流转入企业的面积	—	—	—	302495	360622	377304
流转入其他主体的面积	—	—	—	874498	884722	1011161

资料来源：北京市经管站《北京市农村经济收益分配统计资料》（2006—2011 年）。

2010 年，北京市农民人均承包地流转收入 182 元，占农民财产性收入的 11.45%，低于租金、征地补偿、股息分红，在财产性收入构成中居第四位。自 2011 年起，北京市首次对土地流转价格进行监测，共选取 33 个乡镇作为土地流转监测点。33 个监测点 2011 年土地流转总面积 13546.4 亩，平均流转价格为每年每亩 1283 元。但不同的土地流转形式、流转类型及土地流转的地理位置，对流转价格的影响较大。例如，从流转形式看，确权确地流转价格最高，平均每年每亩流转价格 1449 元；确权确利流转价格最低，平均每年每亩流转价格 459 元。从流转地理位置看，近郊土地流转平均价格高于远郊地区，大兴区平均流转价格每年每亩 2222 元，延庆县平均流转价格每年每亩 600 元（见表 21）。[①] 此外，土地流转中还存在一些低价签订长期流转合同、违背农民意愿流转土地等问题，在一定程度上损害了农民的土地流转收益。

表 21　2011 年北京市 33 个监测点农村土地流转情况

单位：亩，元

流转形式	流转面积	平均流转价格
确权确利流转	2201.50	459
确权入股流转	394.00	1289
确权确地流转	10950.90	1449
出租	7035.00	1096
其他	3915.00	2082

---

① 参见北京市农研中心（市经管站）主办《北京城乡经济信息》第 16 期（总第 162 期）。

单位：亩，元

流转地理位置	流转面积	平均流转价格
昌平区	394.20	1294
大兴区	3558.20	2222
顺义区	521.35	1165
通州区	4988.20	1292
怀柔区	100.00	1000
延庆县	151.20	600

（五）农村"三资"经营管理存在不足

集体资源、资产、资金是农民的重要财产。维护和发展农民的集体收益分配权，关键在于农村"三资"经营管理水平。2011年，北京市农村集体资产总额超过4000亿元，扣除负债，京郊农民人均所有者权益近5万元（见表22）。北京作为农村集体经济比较发达的地区，农村"三资"的规范化管理取得很大进展，农村集体经济产权制度改革走在全国前列，较好地维护和发展了农民的集体收益分配权。2011年底，全市累计完成农村集体产权制度改革的单位3645个，其中村级单位3635个，占村级单位总数的91.4%，有301万名农村居民成为股东，全年股份分红总额达20.6亿元，比上年增长40.1%，享受股份分红农民58万余人，人均分红3525元。

表22　北京市农村集体资产及人均情况

单位：万元，元

项目	2006年	2007年	2008年	2009年	2010年	2011年
集体资产总额	20943651.4	23250560.6	24274174.1	29723953.3	34510323.0	41165880.0
人均集体资产	—	71074.0	74882.5	92589.6	108388.2	129544.6
负债总额	12370576.7	13690071.2	13932859.4	17657841.9	20733403.6	25482537.8
人均负债	—	41848.8	42980.9	55003.9	65118.4	80190.8
所有者权益总额	8573074.7	9560489.4	10341314.7	12066111.4	13776919.4	15683342.2
人均所有者权益额	25990.5	29225.2	31901.5	37585.7	43269.8	49353.8

资料来源：北京市经管站《北京市农村经济收益分配统计资料》（2006—2011年）。

虽然京郊农村"三资"经营管理取得很大进展和成效，但也面临诸多挑战，存在的问题也不少，这在很大程度上影响了农民的集体收益分配权。

一是农村集体经济经营水平有待提高，集体经济总收入占郊区农村经济总收入的比重逐年下降。2000年到2011年，北京农村集体经济总收入占郊区农村经济总收入的比重，已从58.6%下降到31.7%，下降了26.9个百分点。二是农村集体经济发展不平衡，收不抵资的村集体组织占总数的近一半。2011 年，全市农村收不抵支的村组织 1978 个，同比增加 155 个，占村集体经济组织总数的 49.6%。三是集体经济股份分红面及分红比例较低。据对北京市已完成集体经济产权制度改革的 3608 个单位的数据监测（有 37 个村级单位因未正常运营而未纳入监测），2011 年，只有 555 个单位实现了股金分红，占改制单位总数的 15.4%，集体股每股分红 5.8 万元，个人股人均分红 2491.2 元。另据北京市农村经济研究中心（市经管站）2012 年初对全市 474 个（乡级 6 个、村级 468 个）改制后的集体经济组织经营效益抽查审计，只有 141 个单位实现股份分红，占 29.7%，分配的股金主要来源于征地补偿费。四是农村金融发展滞后。土地承包经营权、宅基地使用权、农民住房均不能抵押贷款。农村金融网点覆盖率低，农村金融产品和金融服务短缺，农民专业合作社的信用合作业务尚在探索之中，农村金融市场发育迟缓。

此外，郊区农村集体经济组织承担了大量的公益性事业，负担较重。

（六）农民财产权保护力度亟待加强

农民获得财产性收入的前提是拥有财产，否则，财产性收入就成为无源之水；农民拥有的财产必须得到切实保护，否则财产性收入就失去了稳定的来源。在城市化和城乡一体化进程中，农民财产权受到的侵害比较突出，主要表现在如下五个方面。一是快速的城市化进程大量侵占农民集体和农民的土地，相应的补偿不公正、不到位。二是违背农民意愿强迫农民集中居住，侵占了农民的宅基地权利。三是强制拆迁，侵害了农民的住房权益。四是一些基层干部侵吞农民集体土地补偿费和其他集体资产，给农民集体和个人的财产权利造成巨大损失。五是司法制度存在缺陷，村集体或农民在财产权利遭到侵害后，难以通过司法途径获得及时公正的救济。

五 增加农民财产性收入的对策建议

要真正增加农民财产性收入，必须创造各种条件，加快改革步伐，赋予农民财产权，保护农民财产，拓展农民财产性收入的渠道。

（一）改革土地制度，保障农民土地财产权

土地财产是农民最主要的财产。增加农民的财产性收入，首先必须深化土地制度改革，加快《土地管理法》的修改，认真贯彻落实《物权法》，切实保障和发展农民的土地财产权利。一是要对农村集体土地与国有土地两种所有制土地实行平等保护。农村集体所有制也是公有制，在产权上要与国有土地同权。在城市化进程中不能歧视农村集体土地。二是破除城乡二元土地制度，加快建立城乡统一的建设用地市场。要在海淀区唐家岭村利用集体土地建设公租房试点的基础上，尽快出台全市统一的农村

集体建设用地入市的政策法规，保障农民的土地发展权。三是要排除干扰，坚定不移地全面完成农村土地确权、登记、颁证工作，明确农村集体和农户的土地产权，真正做到赋权于民。四是建立健全耕地保护机制和补偿机制，提高农村集体和农民保护耕地的积极性。五是建立健全农村土地市场，赋予农民对承包土地的占有、使用、收益和处分的完整权能，发挥市场在土地资源配置中的基础性作用，保障农民依法通过公开合法的市场自主处置土地，允许农民以承包地、宅基地、林地等产权进行抵押贷款融资。

（二）创新农村住宅制度，维护农民宅基地用益物权

住宅是农民安身立命之所，必须得到切实的保护。一是切实遵守《物权法》，保障农民宅基地用益物权。不得借口宅基地是集体所有就擅自收回农民的宅基地。二是建立健全农村住宅市场，允许和规范农民按照市场经济规律流转住宅，不应受地域、身份等限制。农民应当通过市场退出宅基地和住房。三是实行农村宅基地福利分配与市场配置双轨制。对村集体经济组织成员实行宅基地福利分配，享受福利分配的农户一户只能申请一宅，宅基地面积按照规定办理。如遇征地搬迁等需退出宅基地的，宅基地以市场定价补偿，合理确定村集体与农户之间的分配比例。四是允许和规范农村集体与农民在符合规划的前提下面向市场建设住房。五是要将农民纳入住房保障体系，农民与城市居民一样拥有住有所居的权利。

（三）推进征地制度改革，提高农民土地增值收益分配比例

传统的征地制度严重剥夺农民的财产权利，必须从根本上改革计划经济体制下出台的征地制度。一要按照党的十七届三中全会精神，加快改革征地制度，严格界定公益性和经营性建设用地，将征地限定在公益性之内，公益性征地必须给予公正合理的补偿；经营性用地则通过土地市场，供需双方进行公开、公正的谈判交易，政府收取相关税费。二要根据 2011 年中央农村工作会议精神，改变城镇化发展模式，不能再靠牺牲农民土地财产权利降低工业化城镇化成本，有必要也有条件大幅度提高农民的土地增值收益分配比例。有关征地补偿的法律法规要以此为依据进行重大修改，关键是切实保障农民的土地财产权利。三要分配好土地非农化和城镇化产生的增值收益。改变土地补偿费全部归集体所有的做法，明确提高农民的土地增值收益分配比例。重庆等地的做法是承包地按 20：80 的比例、宅基地按 15：85 的比例在村集体与农户之间进行土地补偿费分配。这个做法可以借鉴。四要转变政府职能。政府不再直接经营土地，取消土地财政，建立健全相关土地税法。政府依法收取土地税费，并通过收取土地税费来调整不同区域、不同集体、不同农户之间的土地增值收益分配比例，确保人们共享改革发展成果。

（四）规范承包土地流转，增进农民土地流转收益

要按照依法、自愿、有偿原则，改革完善承包土地流转制度，保障农民的土地流转权益。一要加强农村土地承包经营权流转的管理与服务。农村经管部门要为农民自愿流转土地提供有效的服务指导，对强制农民流转土地的做法和行为要及时予以制止和纠正。二要建立健全土地承包经营权市场，完善农村产权交易，鼓励和规范农民以转包、出租、互换、转让、入股等多种形式流转土地承包经营权。三要加强对农民土地流转的监测，保障农民的流转收益。要逐步扩大农民土地流转监测范围，及时跟踪分析监测数据，为农民提供市场流转价格信息指导服务。四要建立农民土地流转价格合理增长机制。对于曾签订的流转价格偏低的长期流转合同，要予以补充完善，确保农民的利益。对于确权确利和确权确股的，要完善内部管理，扩大农民参与度，保障农民的流转收益。

（五）完善农村"三资"管理，确保农民集体收益分配权

加强农村"三资"管理，发展新型农村集体经济，完善法人治理结构，是保障农民集体收益分配权的重要内容。一要制定支持和促进农村新型集体经济发展的政策措施，不断提高农村新型集体经济发展水平。要加强对收不抵支的村的调查研究，指导和帮助收不抵支的村探索新的发展路子，因地制宜地发展适合本村的新型集体经济。二要逐步提高集体经济股份分红范围及分红比例。继续深化农村集体经济产权制度改革，发展壮大多种形式的新型集体经济，完善集体经济组织法人治理结构，提高新型集体经济的经营管理水平，不断扩大农村集体经济组织的股份分红范围及分红比例，提高农民分红水平，使更多的农民享受集体收益分配权。三要大力发展农村金融，提高农村金融网点覆盖率，创新农村金融产品，提高农村金融服务水平，探索发展农民专业合作社的信用合作业务，开展土地承包经营权、宅基地使用权、农民住房抵押贷款试点，不断培育和发展农村金融市场。四要强化农村集体经济组织的民主管理，防止少数干部侵吞集体资产，损害村集体及农民利益。五要进一步推进公共财政体制改革，加强政府对农村公共产品和服务的供给责任，着力减轻农村集体经济组织负担。

（六）深化政治体制改革，创造有利于农民财产权保护的社会环境

温家宝总理先后在2011年12月中央农村工作会议和2012年3月《政府工作报告》中指出，土地承包经营权、宅基地使用权、集体收益分配权是法律赋予农民的财产权利，任何人都不能侵犯。只有切实保护好农民的财产权，才能有效地提高农民的财产性收入。一要按照党的领导、人民当家作主、依法治国有机统一的要求，认真落实《全面推进依法行政实施纲要》《国务院关于加强法治政府建设的意见》，切实

转变政府职能，全面推进依法行政，加快建设现代法治政府，明确将保护农民的财产权作为政府的重大职责。二要改变损害农民土地财产权利的城镇化发展模式，着力扭转损害农民土地财产权利的所谓低成本的城镇化发展局面，树立尊重和保护农民财产权利的发展观念，走有利于尊重和维护农民财产权利的新型城市化道路，使农民在新型城市化发展中不是丧失了财产权利，而是维护和发展了财产权利。三要改革司法体制，确保司法公正。司法作为维护社会正义的最后一道防线，对维护和保障农民的财产权利不受侵害具有至关重要的意义。要按照建设社会主义法治国家的总要求，改革司法体制，树立司法公信力，使司法机构能够有效承担维护公民财产权利的神圣职责，能够对财产权利遭到侵害的农民提供及时、有效和公正的司法救济。

执笔：张英洪、齐福全

北京市农民收入分析报告[*]

　　2013 年，北京市全面贯彻落实党的十八大和十八届三中全会精神，加快发展都市型现代农业，积极推进"新三起来"，不断健全城乡发展一体化体制机制，落实各项惠民强农富农政策，努力为农民工创造平等就业环境，大力促进低收入农户增收，全年实现了农村居民收入增长继续快于城镇居民收入增长的好势头。

一　2013 年北京市农村居民现金收入基本情况

　　2013 年，北京农村居民人均纯收入连续八年保持两位数的较快增长态势，收入增速连续五年快于城镇居民，四项收入"三升一降"。农村居民人均纯收入 18337 元，比上年增长 11.3%，扣除价格因素后，实际增长 7.7%。城镇居民人均可支配收入 40321元，比上年增长 10.6%；扣除价格因素后，实际增长 7.1%。农村居民人均收入增速比城镇居民快 0.6 个百分点，城乡居民收入差距为 21984 元，收入比值为 2.20，比 2012年的 2.21 减少了 0.01。从收入结构看，工资性收入仍是农村居民人均纯收入的主体，城乡居民工资性收入所占比例差距已由 2006 年的 29 个百分点下降至 2013 年的 9.4 个百分点；从全国范围看，北京市农村居民人均纯收入是全国平均水平的 2.06 倍，居于全国第二位；从 10 个远郊区县看，通州区农村居民人均纯收入最高，同比增速最快。

（一）北京市农村居民现金收入增长情况分析

　1. 从全国看，北京农村居民收入水平居于第二位

　　北京农村居民人均纯收入 18337 元，比上年增长 11.3%，扣除价格因素后，实际增长 7.7%。全国农村居民人均纯收入 8896 元，增长 12.4%，扣除价格因素，实际增长 9.3%。北京农村居民人均纯收入在全国居于第二位，是全国平均水平的 2.06倍；京、津、沪、渝 4 个直辖市的农民收入，同比增速分别为 11.3%、13.5%、10.4%、12.8%，天津、重庆增速高于北京和上海（见图 1）。

---

　　* 原载北京市农村经济研究中心《调查研究报告》2014 年第 5 期。

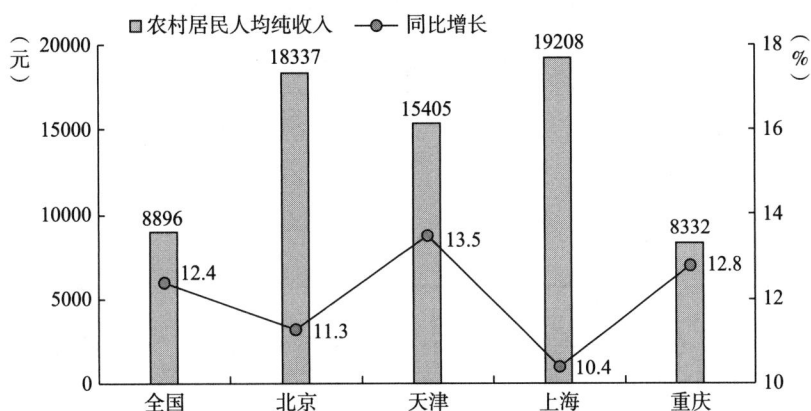

图 1　2013 年全国和直辖市农村居民人均收入及增速

2013 年全国城乡居民收入比值为 3.03。京、津、沪、渝 4 个直辖市，城乡居民收入比值分别为 2.20、2.12、2.28、3.03，天津城乡收入差距最小（见表 1）。

表 1　2013 年全国和直辖市城乡居民收入对比

单位：元

	城镇居民	农村居民	城乡居民收入比值
全国	26955	8896	3.03
北京	40321	18337	2.20
天津	32658	15405	2.12
上海	43851	19208	2.28
重庆	25216	8332	3.03

2013 年京津沪渝农村居民人均纯收入水平稳步增长。从收入的绝对数看，上海市农村居民人均纯收入水平最高，而后依次为北京市、天津市和重庆市。北京市农村居民的工资性收入低于上海，高于其他地区；家庭经营收入低于其他地区；财产性收入相对最高；转移性收入低于上海，高于其他地区。从收入比重看，北京市农村居民家庭经营收入比重低于其他地区，而工资性收入比重则高于其他地区。从其收入结构和经济发展水平看，工资性收入仍是北京市农村居民主要的收入来源，城市化水平越高，工资性收入越高，农民家庭经营收入水平反而越低，转移性收入越高。由于各地的经济发展水平、产业结构及社会经济发展重点不同，居民的收入结构存在差异是完全正常的。但无论从绝对数还是相对数分析均较合理地反映了北京现阶段的经济社会发展及农村居民收入的构成特点，即北京市农村居民的总体收入水平、工资性收入、财产性收入、转移性收入水平领先于其他地区，但在家庭经营收入上存在一定的差距。收入来源构成的差距也是造成城乡差距、地区差距的重要因素（见表 2）。

表 2　2013 年全国和直辖市农村居民收入对比

指标名称	全国	北京市	天津市	上海市	重庆市
人均纯收入	100.0%	100.0%	100.0%	100.0%	100.0%
工资性收入	45.2%	65.6%	—	64.4%	49.1%
家庭经营收入	42.6%	4.5%	—	4.8%	37.6%
财产性收入	3.3%	11.0%	—	8.3%	2.8%
转移性收入	8.8%	18.8%	—	22.5%	10.5%

2. 从全市看，农村居民收入增速连续 5 年快于城镇居民，城乡居民收入比值开始缩小

城镇居民收入情况。2013 年，城镇居民人均可支配收入 40321 元，比上年增长 10.6%；扣除价格因素后，实际增长 7.1%。工资性收入 30273 元，同比增长 8.3%；转移性收入 12939 元，同比增长 15.7%；经营净收入 1487 元，同比增长 4%；财产性收入 575 元，同比增长 9.5%。

农村居民收入情况。2013 年，农村居民人均纯收入 18337 元，比上年增长 11.3%，扣除价格因素后，实际增长 7.7%。完成年初确定的实际增长 7.5% 左右指标要求，增速连续 5 年快于城镇居民。转移性收入为 3446 元，增长最快，达到 32.6%；财产性收入 2023 元，同比增长 17.8%；工资性收入 12035 元，同比增长 11.0%；家庭经营收入 833 元，同比下降 36.8%（见表3）。

表 3　2013 年与 2012 年北京市农村居民全年人均纯收入比较

单位：元，%

指标名称	2013 年	2012 年	增长
人均纯收入合计	18337	16476	11.3
（一）工资性收入	12035	10843	11.0
（二）家庭经营收入	833	1318	-36.8
1. 第一产业现金收入	268	731	-63.3
其中：农业现金收入	230	517	-55.5
牧业现金收入	-28	98	-128.6
2. 第二产业现金收入	39	-40	197.5
其中：工业现金收入	9	-80	111.3
3. 第三产业现金收入	526	627	-16.1
其中：交通运输业现金收入	251	236	6.4
批零贸易业、饮食业收入	259	286	-9.4
社会服务业收入	30	81	-63.0

续表

指标名称	2013 年	2012 年	增长
（三）财产性收入	2023	1717	17.8
其中：租金收入	1562	1120	39.5
集体分配股息和红利	311	368	−15.5
转让土地承包经营权收入	92	170	−45.9
（四）转移性收入	3446	2598	32.6
其中：农村外部亲友赠送	126	92	37.0
离退休金、养老金	2314	1740	33.0

城乡居民收入比值开始缩小。2013 年，农村居民人均收入增速比城镇居民快 0.7 个百分点，增速连续 5 年快于城镇居民。城乡居民收入差距的绝对额仍在拉大，收入差距为 21984 元。其中，工资性收入差距为 18238 元，仍是造成城乡居民收入差距的主要因素。城乡居民收入比值为 2.20，比 2012 年的 2.21 减少了 0.01，保持着缩小的势头。

3. 从区县看，海淀区农村居民人均现金收入最高，通州区同比增速最快

从全市 13 个涉农区县收入的绝对值来看，海淀区农村居民人均纯收入最高。人均纯收入达到 24673 元，同比增长 10.3%，比上年同期增速下降 1.4 个百分点。

从 10 个远郊区县收入的绝对值来看，通州区农村居民人均纯收入最高，达到 17925 元，低于全市平均水平 412 元。其次是顺义区 17703 元，门头沟区 17408 元。延庆县人均纯收入最低，为 15504 元。

从 10 个远郊区县收入的同比增速来看，通州区同比增速最快，达到 12.5%，高于全市平均水平 1.2 个百分点。其次是怀柔区，同比增长 12.1%。延庆县增速最低，同比增长 10.1%（见表 4）。

表 4　2013 年北京市各区县农民人均纯收入

单位：元，%

区县名称	2013 年	2012 年	增长
全　　市	18337	16476	11.3
朝　　阳	24426	22152	10.3
丰　　台	20442	18502	10.5
海　　淀	24673	22364	10.3
门头沟	17408	15715	10.8
房　　山	16916	15192	11.3
通　　州	17925	15936	12.5

区县名称	2013 年	2012 年	增长
顺 义	17703	15960	10.9
昌 平	16756	14971	11.9
大 兴	17044	15329	11.2
怀 柔	16356	14585	12.1
平 谷	16865	15067	11.9
密 云	16202	14590	11.0
延 庆	15504	14078	10.1

（二）北京市农村居民纯收入结构分析

2013 年，北京市农村居民收入结构继续向城镇居民转变，在大力推动农民非农就业、不断完善城乡社保体系、推动农村新型集体经济组织按股分红等措施的共同作用下，农民收入增长方式发生了显著变化。从收入结构上看，工资性收入仍是主体，占 65.6%，转移性收入、财产性收入和家庭经营收入分别占 18.8%、11.0% 和 4.5%。工资性收入处于绝对的支撑地位，无论所占比重还是对农村居民增收的贡献均位居四项收入之首。

1. 工资性收入占纯收入的比例逐渐接近城镇居民

农村居民人均工资性收入 12035 元，同比增加 1192 元，同比增长 11.0%，增速有所放缓，与上年同期相比，增速下降 2.2 个百分点，工资性收入占农村居民人均纯收入的 65.6%，增收贡献率为 64.1%，拉动总体增收 7.2 个百分点。

2013 年农村居民工资性收入占纯收入的 65.6%，与上年基本持平，保持历史高位；城镇居民工资性收入占可支配收入的 75.1%，持续下降，降至历史最低点。城乡居民工资性收入所占比例差距已由 2006 年的 29 个百分点下降至 2013 年的 9.5 个百分点（见图 2）。以工资性收入为主的收入格局不断巩固和发展，农村居民工资性收入占纯收入的比例逐渐接近城镇居民。农民通过非农就业所获取的非农收入已成为农村居民人均纯收入增长的主体，而通过劳动力转移形成的工资性收入增长对农村居民人均纯收入增长的贡献最大。农民收入通过非农就业增长的途径逐渐单一化。

转移就业工作持续深入推进，多个积极因素共同拉动农民工资性收入快速增长。首先，坚持就业优先战略，"单位招用就业困难人员补贴办法"等多项促进就业政策相继实施，实现 6.23 万名登记农村劳动力转移就业，农民工接受的技能培训更加系统，从业素质有所提高，工资明显增加；完成平原造林 36.4 万亩，新增城市绿地 1100 公顷，林木绿化率、森林覆盖率分别达到 57.4% 和 40.0%，促进绿岗就业，平原造林与管护共吸纳 3.2 万名农民就业。其次，社会平均工资上涨也是拉动工资性收

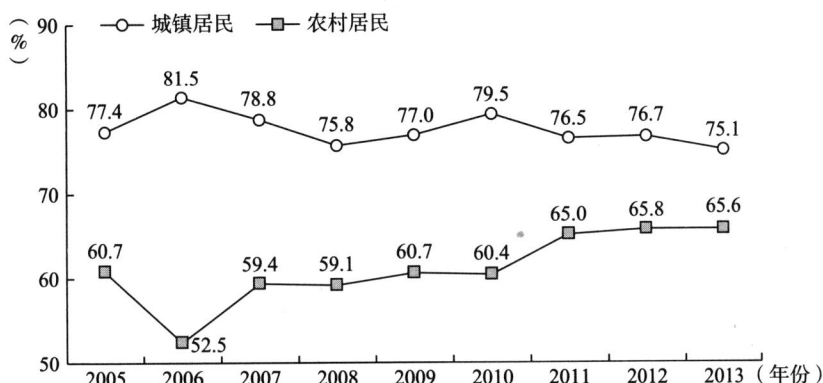

图 2　2005—2013 年北京市农村居民和城镇居民工资性收入比重对比

入增长的重要因素。2013 年本市企业最低工资标准上涨到每人每月 1400 元，比上年同期增长 11.1%。

2. 传统农业生产规模收缩，家庭经营收入主要归功于非农产业收入

农村居民人均家庭经营收入 833 元，同比下降 36.8%，占农村居民人均纯收入的 4.5%，增收贡献率为 -26.1%。从收入构成看，人均第一产业经营现金收入 268 元，下降 63.3%（其中，农业收入 230 元，下降 55.5%；牧业收入 -28 元，下降 128.6%）。人均第二产业现金收入 39 元，由负转正（其中，工业收入 9 元）。人均第三产业现金收入 526 元，下降 16.1%（其中，交通运输业收入 251 元，增长 6.4%；批零商贸业、饮食业收入 259 元，下降 9.4%；社会服务业收入 30 元，下降 63.0%）（见图 3）。家庭经营收入对收入增长的微弱贡献主要归功于家庭经营中非农产业收入的贡献。

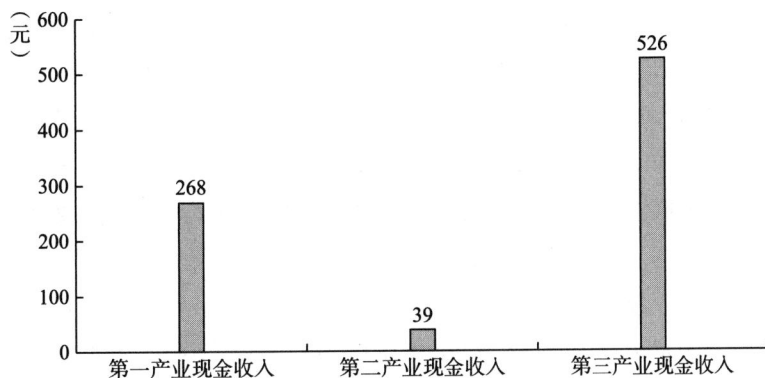

图 3　2013 年北京市农民家庭经营收入构成

农村居民家庭经营收入占纯收入的 4.5%，在上年下降 1.2 个百分点基础上，又降低 3.5 个百分点，为历史最低水平；城镇居民家庭经营收入占可支配收入的 3.7%

（见图4）。在郊区城镇化快速推进、生态建设任务不断加重、户均耕地资源进一步减少的影响下，家庭经营收入可能会继续下降。不难看出，家庭经营收入已经较少为纯收入提供显著贡献，符合市情发展现状。

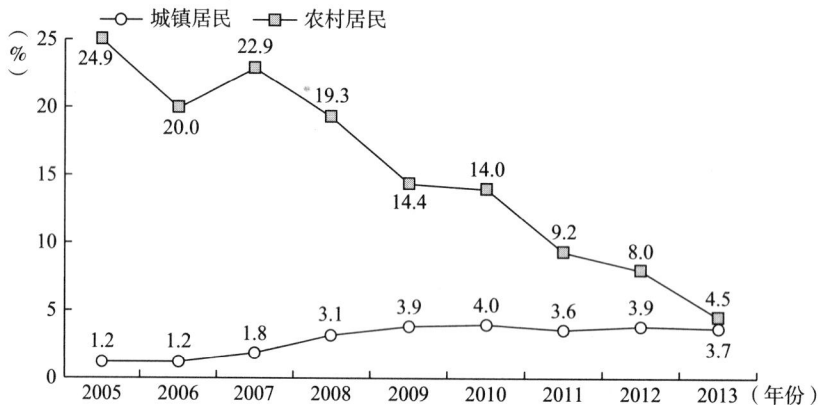

图4 2005—2013年北京市农村居民和城镇居民家庭经营收入比重对比

从家庭经营现金收入构成来看。第一产业收入下降的主要原因有四方面。一是农业结构深入调整，传统种养业规模收缩明显。随着平原造林工程的实施和城市建设开发占地，粮食、蔬菜、瓜果播种面积和果园面积普遍减少，主要农产品产量下降。二是生产成本持续上涨。玉米和小麦亩均成本分别上升了8.7%和4.7%；农业雇工费每人每天150—200元，上年同期为120元左右；部分农药价格上涨，如氯氰菊酯2013年每公斤25元，同比提高5元；畜禽养殖周期需用饲料支出也有所增加，如2013年一只蛋鸡周期需用饲料支出在127元左右，同比增长1.6%；一头母猪产小猪周期需用饲料支出1700元左右，同比增长54.5%；一头育肥猪到出栏前需用饲料支出960元左右，同比增长12.9%。三是气候因素。如2013年上半年低温，全年雾霾天数增多、光照不足等影响了农作物的生长，种植业产品生产者价格同比上涨5.5%。四是养殖业规模化发展迅速，目前全市生猪、家禽规模化程度分别达到65.9%和76.5%，产能加快向企业集中，且由于市场波动、成本上升、疫情以及限制散养政策等，家庭散养退出趋势明显。第二产业收入由负转正，主要是因为随着新农村建设步伐的推进，农户中从事建筑业人员明显增加，加之建筑用工工资普遍上涨，使得从事建筑业经营的农村居民的现金收入快速增长。第三产业收入下降主要是由于家庭经营批零贸易业、饮食业和社会服务业收入分别下降了9.4%和63.0%。

3. 财产性收入同比增速较快，租金收入所占比重达七成

2013年，农村居民人均财产性现金收入2023元，同比增长17.8%，占农村居民人均纯收入的11.0%，增收贡献率为16.4%，拉动总体增收1.9个百分点。从收入构成看，占财产性收入七成以上的租金收入达到1562元，增长39.5%；集体分配股

息和红利收入 311 元，下降 15.5%；转让承包土地经营权收入 92 元，下降 45.9%（见图 5）。

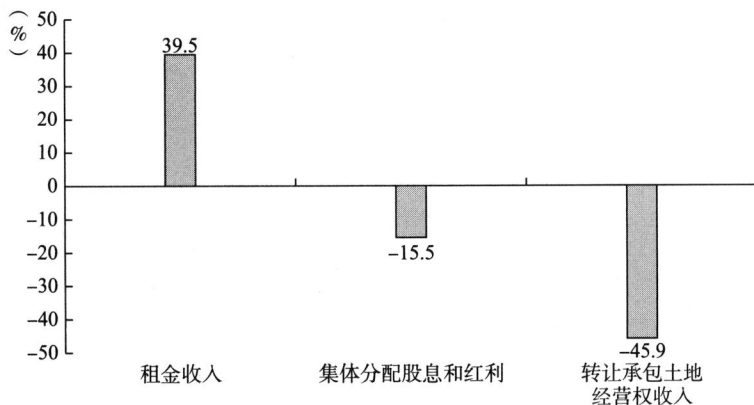

图 5　2013 年北京市农村居民财产性收入构成及增长率

农村居民财产性收入占纯收入的 11.0%，与上年相比，增长 0.6 个百分点。其中，租金由 2005 年的 617 元增加到 2013 年的 1562 元，增长 1.5 倍，占财产性收入的比例由 58.5% 增加到 77.2%。租金收入是农村居民财产性收入的主体。2006 年，城镇居民财产性收入占可支配收入的 1.4%（见图 6）。

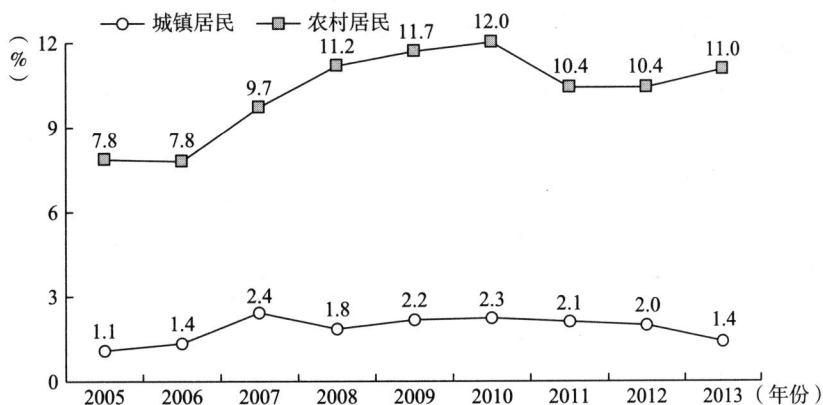

图 6　2005—2013 年北京市农村居民和城镇居民财产性收入比重对比

租金收入快速上涨，拉动农民财产性收入继续较快增长。受供求矛盾、政策连带效应等因素影响，房屋租赁价格持续上涨。2013 年初，史上最严楼市调控政策出台、节后外来人口返京高峰等因素叠加带动房屋租金价格明显上涨。从房屋租金提价的区域分布看，房租高企已不再局限于城区，城乡接合部及农村地区房屋租金价格也随之水涨船高，外来人口租房需求旺盛、本地拆迁居民短期周转安置等因素推动农民房租收入大幅增长。

4. 退休金、养老金收入增长达 33%，拉动农民转移性收入快速增长

农村居民人均转移性收入为 3446 元，同比增长 32.6%，占农村居民人均纯收入的 18.8%，增收贡献率为 45.6%，拉动总体增收 5.1 个百分点。从收入构成看，退休金、养老金收入 2314 元，增长 33.0%；农村外部亲友赠送 126 元，增长 37%（见图 7）。

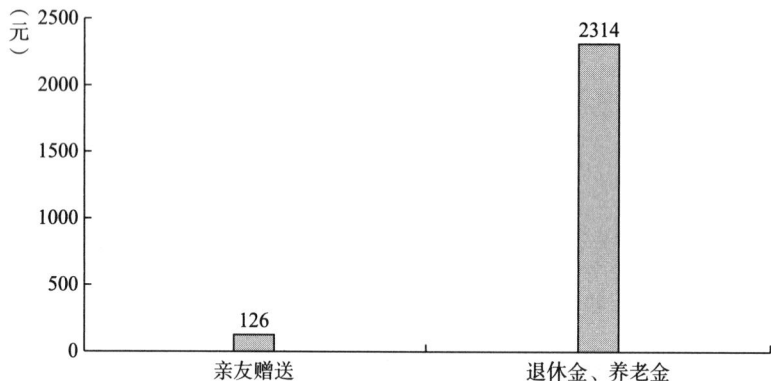

图 7　2013 年北京市农村居民转移性收入构成

农村居民转移性收入占纯收入的 18.8%，与上年相比，增长 3 个百分点，比例继续稳步上升；城镇居民转移性收入占可支配收入的 32.1%（见图 8）。农村居民转移性收入的快速增长得益于近年来出台的各项惠民政策措施。

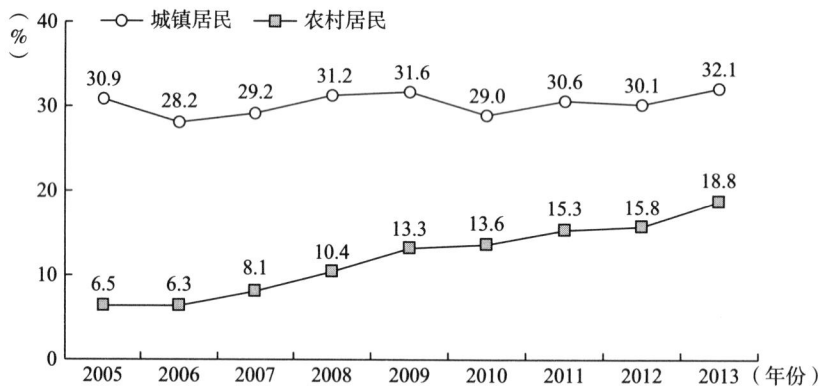

图 8　2005—2013 年北京市农村居民和城镇居民转移性收入比重对比

农村社会保障水平继续提升，农民转移性收入快速增长。已将 2012 年 12 月 31 日前企业退休人员基本养老金人均提高 260 元；将失业保险金月发放标准每档提高 50 元；城乡居民基础养老金从每人每月 357.5 元提高到 390 元，福利养老金从每人每月 277.5 元提高到 310 元；最低工资标准由每月不低于 1260 元提高到每月不低于 1400 元，增幅为 11.1%；2013 年 1 月 1 日开始，农村低保最低标准由家庭月人均

380 元调整为 460 元,调整幅度为 21.1%,各区县政府在此基础上制定本区县农村低保标准调整方案,对农村低收入家庭的救助力度进一步加大。城乡社保一体化取得新进展,除朝阳区、海淀区、丰台区、顺义区外,2013 年大兴区、通州区也实现了城乡低保标准一体化。

(三)远郊区县中,通州区农村居民人均纯收入最高,同比增速最快

从收入的绝对值来看,全年排在前三位的区县分别是通州区、顺义区和门头沟区。通州区农村居民人均纯收入最高,达到 17925 元,低于全市平均水平 412 元(见图 9)。

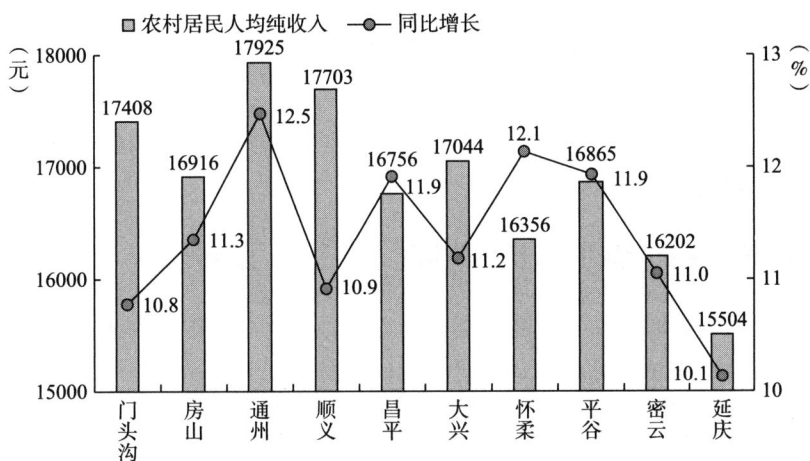

图 9 2013 年北京市各区县农村居民人均纯收入同比增速

从收入的同比增速来看,排在前三位的区县分别是通州区(12.5%)、怀柔区(12.1%)、昌平区和平谷区(均为 11.9%)。

工资增收政策带动工资性收入快速增长。通州区农村居民工资性收入 11490 元,比上年增长 14.6%。工资性收入增长得益于政策性因素的带动。一是 2013 年 1 月 1 日起北京市小时工资和月工资的最低标准分别增长 11.8% 和 11.1%;二是人力社保局将企业职工平均工资增长线确定为 12%,为 2010 年以来的最高值;三是各乡镇积极组织农村劳动力参与新农村基建工程,增加农村居民就业机会,提高其工资性收入。

样本结构调整导致家庭经营收入下滑明显。通州区农村居民家庭经营收入 902 元,比上年下降 31.1%。降幅较大的主要原因是受新样本结构调整影响,城乡接合部的调查户比例有所增加,接合部地区农村居民的收入来源较为丰富,居民更乐意通过转让土地经营权或者出租住房来获取稳定的收入,而自己不再进行农牧业经营,第一产业收入下降明显。

产权制度改革促进财产性收入增长。通州区农村居民财产性纯收入 2012 元,比上年增长 19.3%。随着农村产权制度改革的推进，农民财产性收入不断增加。通州区于家务乡在全市率先建立了乡镇级农村土地流转服务中心，帮助村民签订农村土地流转协议，保障村民土地租金收入。2013 年 1—11 月，通州农村居民人均转让土地经营权收入 326 元，同比增长 1.1 倍，拉动财产性收入增幅提高 11.2 个百分点。另外，通州区优越的地理位置和外来人口的刚性住房需求推动了本地租金收入快速上涨。截至 2013 年 11 月末，通州区农村居民人均租金收入 1089 元，同比增加 183 元，增长 20.2%，对财产性收入增长的贡献率为 51.4%。

养老金及补贴收入拉动转移性收入增速扩大。通州区农村居民转移性纯收入 3521 元，比上年增长 20.7%。转移性收入增长的主要原因：一是 2013 年各项养老金标准继续大幅提高，农村地区人口老龄化等因素继续拉动农村居民养老金收入增长；二是政府加大财政转移支付力度，对农村居民家庭发放多种节假日生活补贴，增加困难家庭医疗补助等；三是各乡镇增加各种涉农补贴，发放基本农田生态补偿补贴，对农业生产岗位农民发放涉农补贴等。

二　北京市城乡居民收入差距分析

由于长期形成的城乡二元体制没有完全消除，以及城乡居民收入存在较大的基数差距，城乡居民人均年收入的绝对差值仍在持续扩大。

（一）基尼系数

城镇内部的基尼系数从 1996 年的 0.33 下降到 2010 年的 0.28，城镇居民的收入差距处于国际公认的平均范围之内。

农村内部的基尼系数从 1996 年的 0.32 下降到 2010 年的 0.30，收入差距相对合理。农村内部的基尼系数从 1996 年开始持续增长但偶有波动，在 2003 年达到顶峰。"十一五"期间，随着农民收入的增长和农村社会保障水平的提高，农民内部的收入差距不断缩小。从反映农民内部收入差距的基尼系数观察，2010 年，农民收入的基尼系数为 0.30，比 2005 年缩小 0.02（见表 5）。

表 5　1996—2010 年北京市城乡居民家庭基尼系数

年份	城镇	农村
1996	0.33	0.32
1997	0.23	0.31
1998	0.24	0.34
1999	0.21	0.33
2000	0.26	0.32

年份	城镇	农村
2001	0.23	0.33
2002	0.26	0.35
2003	0.27	0.36
2004	0.29	0.34
2005	0.29	0.32
2006	0.27	0.32
2007	0.27	0.32
2008	0.29	0.31
2009	0.28	0.30
2010	0.28	0.30

（二）城乡居民收入比值呈现倒 U 型曲线

与国际比较，我国是世界上城乡居民收入差距比较严重的几个国家之一。世界上多数国家和地区城乡收入之比大约在 1.5：1，超过 2：1 的国家极少。韩国等国家在经济起飞时期，城镇居民收入一般是农民的 1.4—1.6 倍，而我国在 2002 年之后的城乡收入之比均超过了 3：1。另外，我国统计口径的差异还会扩大实际的收入差距。如果在城镇居民收入中加上各项社会福利，从农村居民收入中减去购买农业生产资料支出，则城镇居民的收入可能是农村居民的 5—6 倍（见表 6）。

表 6 1996—2013 年全国城乡居民收入比值对比

单位：元

年份	城镇居民	农村居民	城乡居民收入比值
1996	4839	1926	2.51
1997	5160	2090	2.47
1998	5425	2162	2.51
1999	5854	2210	2.65
2000	6280	2253	2.79
2001	6860	2366	2.90
2002	7703	2476	3.11
2003	8472	2622	3.23
2004	9422	2936	3.21
2005	10493	3255	3.22
2006	11760	3587	3.28

年份	城镇居民	农村居民	城乡居民收入比值
2007	13786	4140	3.33
2008	15781	4761	3.31
2009	17175	5153	3.33
2010	19109	5919	3.23
2011	21810	6977	3.13
2012	24565	7917	3.10
2013	26955	8896	3.03

资料来源：各年度《中国统计年鉴》。

北京市城乡居民收入比值从 1996 年的 1.93 增加到 2013 年的 2.20。其中，2000—2013 年，城乡居民相对差距总体上处于高位徘徊状态。2002 年达到区间极小值 2.12，此后持续扩大。2006 年达到区间极大值 2.32。之后到 2010 年差距持续缩小至 2.19。2013 年为 2.20，比 2011 年的 2.23 减少了 0.03，回到了 2001 年的水平。城乡收入相对差距的波动，表明农民收入增长的基础仍不够稳固。不过，从总体形状看，已经基本呈现出收入差距"倒 U 型"曲线的顶部形态，意味着城乡相对收入差距将可能进入逐步下降区间（见图 10）。

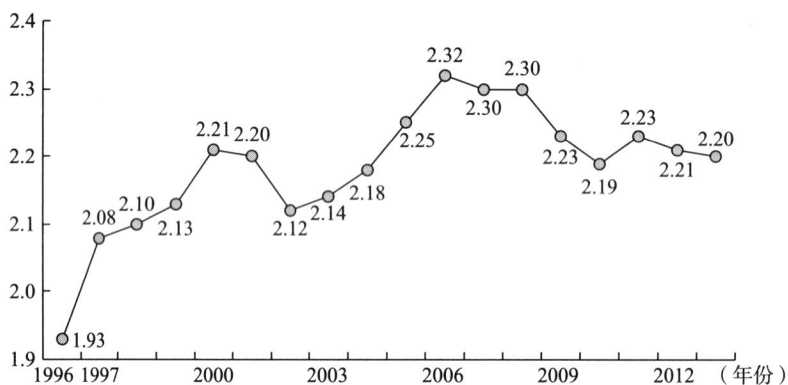

图 10　1996—2013 年北京市城乡居民收入比值

（三）2013 年城乡收入差距突破 20000 元，绝对额持续拉大

全国城乡收入差距由 1996 年的 2913 元增加到 2013 年的 18059 元，增长 5.2 倍。北京市在经济增长、收入提高、城市化进程加快的同时，收入分配中的差距呈现扩大迹象，收入差距高于全国。北京市城镇居民人均可支配收入由 1996 年的 6886 元增加到 2013 年的 40321 元，增长 4.9 倍；农村居民人均纯收入相应由 3563 元增加到 18337 元，增长 4.1 倍。尽管农民收入增幅连续 5 年超过城镇居民，但由于基础较差，

两者收入之差已经从1996年的3323元增长到2013年的21984元，增长5.6倍。差距额平均每年扩大1098元，平均每年递增11.8%，农村居民人均纯收入平均每年增加869元，城镇居民人均可支配收入平均每年增加1967元。2000年城乡居民收入差距达到5000元，2006年突破10000元，2013年突破20000元（见图11）。

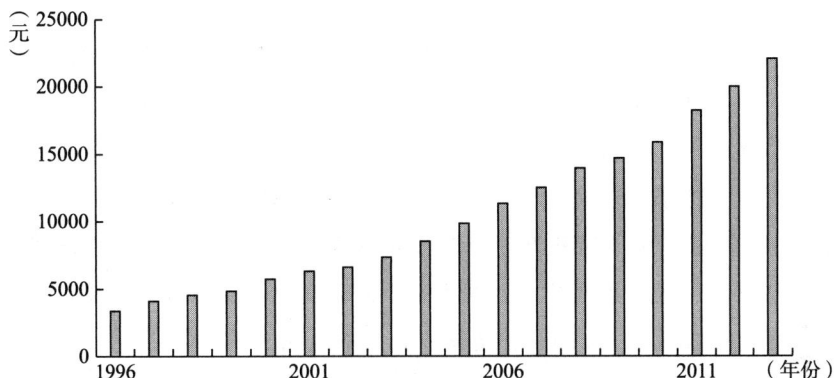

图11　1996—2013年北京市城乡居民收入差距对比

（四）从10个远郊区县收入的绝对值来看，门头沟区城乡收入差距最大

从10个远郊区县收入的绝对值来看，门头沟区城乡居民收入差距达到17733元，远远高于其他区县的收入差距，差距额同比扩大1079元；其次是大兴区，收入差距为17084元；收入差距最小的为顺义区，为15626元（见图12）。

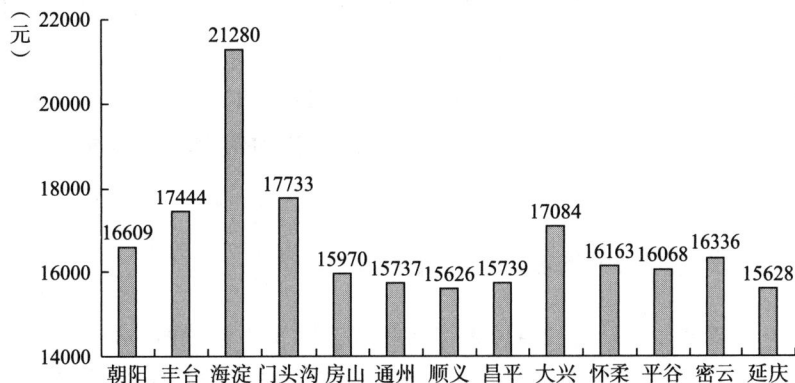

图12　2013年北京市各区县城乡收入差距对比

2013年门头沟区城乡居民收入差距持续扩大，城镇居民人均可支配收入35141元，在10个远郊区县收入的绝对值中最高，同比增长8.6%。农村居民人均纯收入17408元，在10个远郊区县收入的绝对值中位居第三，同比增长10.8%。农村居民人均收入增速比城镇居民快2.2个百分点，城乡居民收入比值为2.0。

工资性收入增长平稳，政策因素拉动作用明显。门头沟区积极采取各项措施，增加非农就业岗位，促进非农就业。如依托新农村建设的就业服务网络，为农民提供就业咨询、职业指导等就业服务；充分利用农村护林员、保洁员等政府公共服务岗位，大力促进农民就业；制定《关于进一步加强本区就业援助工作实施意见》，鼓励本区农民就业。

门头沟区农村居民家庭经营收入小幅增长。家庭经营收入主要是第一产业和第三产业收入。增长的原因主要是政府以建设生态精品现代都市农业为目标，在城市化进程中加快推进农业规模化发展、组织化经营、标准化生产与品牌化销售，提升现有农业旅游景点发展水平，努力促进农业增效、农民增收。第一产业经营收入主要农产品玉米、豆类、梨、柿子、玫瑰花等小幅度增产，带动农村居民人均第一产业收入增加51.2元，同比增长119%。第三产业经营收入不容乐观。乡村旅游产业发展平稳，但接待人次有所下降，全年累计接待人次为105万，同比下降7.8%。接待人数下降造成农民人均餐饮业收入下降3.5%，运输业收入下降5.3%。

转移性收入较快增长。门头沟区农村居民家庭人均转移性收入3179元，比上年同期增长36.2%。其中，养老金收入（包括离退休金、养老金及新型农村养老保险金）较上年同期增长28.4%。转移性收入的大幅增加，主要是由于政府不断健全社会保障体系，制定一系列支农惠农政策。一是持续提高养老保障水平。各村单独分发养老金等标准均继续提高。二是逐步加大惠农政策力度。全区实施的主要补贴有生态建设补贴、林业安全保障补贴、农业安全保障补贴共90项。如退耕还林补贴退耕户20元/亩，粮食直补补贴种玉米的农户97元/亩等，土地确权、林权补贴都已经发放到农民手中。三是加大对困难户生活补贴力度。2013年，农村低保金的补贴标准上涨到每月500元/人，比上年同期增长29.8%，这是近年来增长最快的一年。同时，政府通过发放养老券、助残券和帮困补贴等措施提高困难户收入。

三　进一步促进农民增收的几点建议

从2006年以来，北京农村居民人均纯收入连续8年保持两位数的较高增长（见图13），收入结构发生很大变化，但城乡居民收入差距仍在不断扩大。增收的基础还比较脆弱，增收渠道还有待拓宽，增收长效机制尚未建立，保持农民收入持续较快增长的任务非常艰巨。一方面家庭经营收入持续下降，另一方面促进农民转移就业、稳定就业、质量就业的难度不断增大。农民增收是缩小城乡差距、实现城乡一体化的中心环节，要按照稳定政策、改革创新、持续发展的要求，力争在体制机制创新上取得新突破，在现代农业发展上取得新成就，在社会主义新农村建设上取得新进展，为保持经济社会持续健康发展提供有力支撑。促进农民增收的关键是就业增收、帮扶增收和政策增收，不断增加农民收入，改善农民生活。

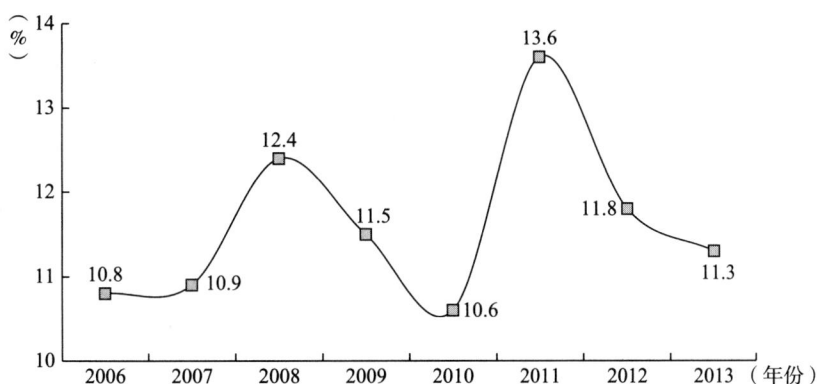

图13　2006—2013年北京市农村居民收入同比增速对比

（一）继续动员农村劳动力转移就业，完善就业政策扶持力度

2014年，北京市农村居民人均纯收入实际增长要达到7.5%左右，应继续把占人均纯收入65.6%的工资性收入作为工作的重点。农民就业问题不仅有利于增加农民收入、促进农民转移，同时也有利于把农民组织起来。大力培养新型农民，积极创造条件，让更多的农民参与到新农村建设、平原造林及后期管护当中，让农民在生态建设、绿岗就业中增加工资性收入，推动第一产业从业人员员工化，推动农民转移就业，深入开展充分就业创建活动，要建设一批能够承载当地农民就业的产业项目，支持小城镇产业园区和农民就业基地吸纳本地农民就近就业，提高农民工资收入水平。经济发展与社会发展要协调推进，不能顾此失彼。大兴区开展的农民观念专业提升工程，引导农民转变观念，鼓励农民积极就业，就做了很好的探索。

同时，加快完善城乡统一的就业政策体系，积极推进农村劳动力转移就业管理制度与就业失业管理制度并轨，推动农民向第二、第三产业转移就业。2013年全市城乡居民收入差距的绝对额仍在拉大，工资性收入的差距占到城乡居民收入差距的83.0%，是造成城乡居民收入差距的主要因素。2013年，北京市实施城乡统一的招用安置政策，将灵活就业的农村劳动力纳入城镇职工社会保险制度，社会保障相关待遇标准提高10%左右。应持续加大财政投入，研究提高公益性就业岗位工资待遇标准及各项涉农补贴标准。加大农民转移就业的政策扶持力度，全面实施就业精细化服务，稳定就业数量，提高就业质量，努力实现高薪稳定就业。例如：顺义区城乡劳动力可以享受不限工种、不限等级、不限次数的免费技能培训，通过技能提升帮助农民实现在高端产业、高效企业、高薪岗位就业。应不断加强农村劳动力职业技能培训，千方百计地解决农民的就业问题，间接把农民组织起来，不断提高"三率"水平。

（二）农业是北京建设世界城市的战略性基础产业，大力发展以合作社为基础的农产品流通新模式

近些年来，北京市顺应城乡融合和产业融合的趋势，充分发挥首都的资金、市场、科技等优势，创新实现形式，拓展功能价值，探索形成了"高端、高效、高辐射"的都市型现代农业发展道路。目前，农业的增加值占全市 GDP 的比重不足 1%。从世界城市发展的规律来看，这个比例还会逐步缩小，但这并不是说农业就会停滞或消失。2013 年，由于受平原造林占地、恶劣天气和城市建设开发占地的影响，除生猪出栏量和禽蛋产量分别增长 2.7% 和 14.8% 外，粮食、蔬菜及食用菌、园林水果、果用瓜、牛奶等产量和家禽出栏量分别下降 15.5%、4.7%、6.9%、12.6%、5.5% 和 15.5%。需要说明的是，为补偿平原造林占地对农民经营性收入的影响，政府配套出台了一系列补偿措施，因此占地农民收入总额不会缩减，但收入形式发生变化。

要发挥战略性基础产业的功能价值，必须继续转变传统农业发展方式，走都市型现代农业的发展道路。目前，京郊农产品还处于生产没有明确计划、流通没有规模组织的自由竞争阶段，没有进入产业链条完整、有效有序竞争的阶段，应鼓励合作社开展流通合作，拓宽合作社进入市场的新模式，解决"卖难"问题，保证农民受益。一是鼓励农村发展专业合作、股份合作等多种形式的农民合作社，支持建立联合社，引导规范运行，着力强化能力建设，增加合作社带动农户增收能力。二是加大合作社在加工、运销、保险等经营环节的扶持力度，支持农民土地股份合作社、置业股份合作社等各类新型合作经济组织建设。三是在市场准入方面给合作社专项扶持政策，在合作社建立农产品集散中心、发展农产品深加工、组织农产品产销对接、开展农产品竞价拍卖等方面，给予用地规划、资金扶持和业务指导。四是健全政策扶持体系，落实税收优惠政策、进行用地用电扶持、加强人才引进等。应在信贷、税收、政策项目及资金等方面出台相应的扶持政策，将新增或新设农业补贴和财政奖补资金向规范的合作社倾斜，小型农田水利建设项目、现代农业示范项目等优先选择基础条件好的农民专业合作社组织实施。

（三）全面深化改革，继续推动"新三起来"，不断提高农民财产性收入

为全面系统、整体谋划推动农村改革，2013 年北京制定了《关于加快城乡发展一体化进程，推进土地流转起来、资产经营起来、农民组织起来的意见》，出台了一系列配套措施，总结了一批"新三起来"典型，强化引导和示范作用，带动京郊农村改革向纵深发展。温铁军教授曾讲到，全国农民收入上万元的集体，90% 以上是集体经济发展得好，只有把资产经营起来才能实现农民增收致富的愿望。根据北京市农经办统计信息系统数据，2013 年全市农村经济总收入为 5170.7 亿元，比上年增长

5.9%。乡村两级集体经济资产总额 5049 万元，比上年增长 11.6%；10 个区县呈正增长。累计完成村级集体经济产权制度改革的单位达到 3854 个，村级单位完成比例达到 96.9%，320 万名农村居民成为新型集体经济组织的股东。完成了 195 个乡镇 3958 个村的农村集体土地所有权确权登记颁证工作，确权登记率达到 97.05%。在此基础上全面推开土地承包经营权登记和建设用地试点工作。

"新三起来"是市委、市政府推进首都"三农"工作和城乡一体化发展的重要抓手，符合党的十八大和党的十八届三中全会关于全面深化农村改革的精神。要在保障农民资产权益的基础上，进一步盘活农村各种资源，促进生产要素合理流动，吸引高端要素进入农村。应加快转变农村经济发展方式，进一步推进产业优化升级，带动农村实体经济快速健康发展，把推动"新三起来"工作作为新时期首都"三农"工作重要的出发点和落脚点，切实维护和发展好农民的根本利益，不断增加农民的财产性收入。

（四）推进城乡基本公共服务均等化，不断提高农村社会保障水平

近些年来，北京市以推进基本公共服务均等化为目标，加快服务资源城乡统一配置，集中力量实施了覆盖城乡的民生工程，公共服务供给能力和水平不断提高，公共服务体系日趋完善，城乡之间的基本公共服务水平差距逐渐缩小。从北京市收入的绝对数看，虽然在 2000—2013 年，农村居民人均转移性收入平均每年递增 23%，但由于城乡二元体制的存在，农民所能够享受的转移性收入与城镇居民相比，仍然存在很大差距，而且这个差距还在逐年扩大，2013 年农村居民的转移性收入还达不到城镇居民 2002 年的水平。此外，2013 年上海市农村居民人均转移性收入为 4323 元，比北京市高 877 元。基本公共服务的城乡差距仍然是当前经济社会发展的突出问题，要加快消除城乡差距，建立健全覆盖城乡居民基本公共服务的供给体系，确保城乡居民在社会保障等方面享受到公平的基本公共服务。

加快健全城乡一体的社会保障体系，积极探索农村公益性就业岗位人员参加城镇职工社会保险的有效途径。进一步完善统一的城乡居民基本养老保险制度，逐步提高基础养老金和福利养老金标准。推进新型农村合作医疗市级统筹，逐步实现"新农合"及时结算，加快建立城乡一体的城乡居民基本养老保险制度。完善农村低保标准调整机制，进一步加大城乡低保标准统筹力度。实现北京发展成果更多惠及广大农民，需要不断提高农村公共服务、社会保障的标准和水平，实现从有到好的转变，加快推进城乡基本公共服务均等化，让农民共同分享现代化成果。建立健全城乡基本公共服务体系，提高基本公共服务水平，促进基本公共服务均等化，是深入贯彻落实科学发展观的重大举措，对全面建成小康社会具有重要意义。

（五）健全低收入农户增收的长效机制，保持农民收入较快增长

北京市委、市政府《关于推进农村经济薄弱地区发展及低收入农户增收工作的意见》（京发〔2012〕15 号）对有效推进低收入农民增收发挥了重要作用。2013 年，通过建立完善工作推进机制、产业扶持机制、行业帮扶机制、社会帮扶机制四种工作机制，北京市完成了农村经济薄弱地区及低收入村的规划编制工作，20% 相对低收入组农户人均现金收入同步增长 14.7%，比上年提高 0.4 个百分点，高于农民总体收入提升平均水平 4.5 个百分点，农村内部收入差距进一步缩小。但其与全市农民收入平均水平相比还有很大差距。高低收入户收入差距比例由上年的 4.26：1 降为 3.98：1，呈现逐渐缩小的良好态势，农村内部收入差距日趋合理。根据市委、市政府最新文件精神，以本市城乡低收入家庭认定标准为依据，将 2011 年人均纯收入低于 7750 元的农户确定为低收入农户。将低收入农户数量超过农户总数 60% 的行政村确定为低收入村。到 2018 年，占农户总数 20% 的相对低收入户人均纯收入预计在 2010 年基础上实现翻一番，与全市农民人均纯收入差距进一步缩小。

要把农村经济薄弱地区发展及低收入农户增收作为促进农民增收工作的重点，做到"因村施策""一户一策"。市级财政着重扶持农村经济薄弱地区发展主导产业，鼓励引导党政机关、民主党派、群众团体、企业等社会力量，通过多种方式参与帮扶工作。将城镇公益性就业组织"托底"安置就业困难人员政策和鼓励失业人员自谋职业、灵活就业政策向农村延伸，引导农村富余劳动力向第二、第三产业转移。紧密结合市场需求，有针对性地加强农村职业教育和技能培训，提升农村劳动力的就业竞争能力。加大面向农村劳动力的公益性岗位开发力度，扩大绿色就业规模，完善报酬待遇标准。严格落实平原造林安排本地农民参加养护人员不低于养护人员总数 60% 的规定。健全对低收入村的专项帮扶、行业帮扶、社会帮扶机制，逐级建立农民增收目标责任制，提高帮扶精准度。落实农村经济薄弱地区发展规划，加大扶持力度。探索通过区域统筹、资源异地转换、共建经营性物业等方式，培育"造血"机能，提升低收入村集体经济发展能力。

执笔：张英洪、冯学静

北京市发展公平贸易促进低收入农户
增收调研报告[*]

一 背景及缘起

在经济全球化进程中，发展中国家小农户的地位不断地弱化。为帮助发展中国家消灭贫穷、保护环境，20世纪中期欧洲发达国家发起了公平贸易运动，旨在通过建立一种基于对话、透明和尊重的贸易伙伴关系，追求国际贸易的更大公平性。经过70余年的发展，公平贸易逐步形成了社会广泛参与、帮助发展中国家弱势农民提高内生发展能力和保护环境的市场化制度安排，成为对传统贸易的有效补充。公平贸易从最初的世界商店发展到通过公平贸易标识连接生产者与消费者，公平贸易产品的销售渠道迅速扩大，公平贸易标签与有机等标签相比具有两方面优势：一是公平贸易不只关注产品的安全性，而且关注小农户生产生活条件改善、环境保护和社区发展；二是公平贸易标签背后有强大的公平贸易组织和相关基金会支持，为从事绿色农业生产者提供了有力的支持和保障，如提供了特殊的国际贸易通道、最低保护价、金融信贷支持、免费培训等。公平贸易的再分配效率没有直接援助高，但公平贸易为支持发展中国家弱势农户改善生活条件提供了一个持续的额外激励，并引导他们对生产过程进行有效控制。2015年联合国将公平贸易确定为世界减贫的最佳途径之一。公平贸易为促进我国具备产业扶贫条件的贫困农区在实施乡村振兴战略中实现产业发展提供了有效的市场化和制度化解决方案。

实现低收入农户增收是北京市决胜全面建成小康社会和实现社会主义现代化的重中之重。到2020年实现现行标准下低收入村全部摘帽是北京市委、市政府的郑重承诺。产业帮扶是北京市实现低收入村造血式"脱低"的重要举措。将公平贸易理念和方式引入精准帮扶之中，通过市场的方式给予低收入农户帮助，以"造血"代替

---

　* 原载《北京调研》2018年第8期。

"输血"，让农民享有农业全产业链的价值分配，是促进农民收入增长的新机制。

2016 年初，北京市农村经济研究中心结合自身优势和京郊乡村振兴的实际情况，开始实施以发展公平贸易促进低收入农户增收的课题研究和试验工作，积极探索通过建立公平贸易平台推动合作社带动低收入农户进入大市场的帮扶机制。引入公平贸易理念和方式促进低收入农户增收具有四个方面的优势和特点。

第一，公平贸易是为减贫而建立的一种市场机制。公平贸易坚持以"贸易而非救济"的方式给予低收入群体帮助，使生产者及市场组织改善其管理技巧并发掘市场的能力，引导低收入地区建立主导产业，让农民享有农业全产业链的价值收益，有利于建立促进农民收入增长的长效机制。

第二，公平贸易原则充分体现了绿色发展和共享发展的理念。公平贸易连接了生产和消费两端，通过由发达地区的消费者带动贫困地区的生产者的方式，为低收入农户创造更加公平的贸易机会。进入公平贸易体系的低收入农户，要为消费者提供安全的产品，包括限制农药化肥的使用、生产有机绿色的安全农产品等。

第三，公平贸易是提高政府精准扶贫效率的重要途径。公平贸易作为一种更加开放的社会化扶贫方式，有利于发挥财政的杠杆作用，吸引更多的社会力量参与扶贫。同时，公平贸易可以借助信息化手段，针对目标低收入农户开展与公平贸易配套的精准扶贫措施。

第四，公平贸易是质量兴农的重要途径。公平贸易理念和方式强化对农产品从生产到消费全产业链的标准化管理，这不但有利于促进农民专业合作社规范化发展，而且有利于提高农产品质量，为消费者提供安全优质的产品，推动农业供给侧结构性改革，保障农产品质量安全。

北京市具备发展公平贸易帮扶低收入农户的优越条件。一是北京市居民的收入水平、消费习惯为公平贸易扶贫提供了基础条件。2017 年，北京市人均 GDP 达到 2 万美元，超过世界银行认定的发达国家水平。随着收入的增加，居民的消费观念也在不断转变。消费者对安全、绿色、有机的农产品的需求意愿和购买能力都在增强。二是市民对公益慈善事业的观念和热衷程度在不断提升，为发展公平贸易扶贫提供了良好的社会文化氛围。据我们课题组 2016 年开展的消费者调查的数据，有 80% 以上的受访者表示愿意为帮助贫困地区生产者改善生活支付更高、更合理的农产品购买价格。三是农民专业合作组织建设为开展公平贸易扶贫提供了有效的组织保障。北京市已形成了全市农民合作组织体系构架，包括市级的北京市农民专业合作社联合会，22 家区级合作社联合组织，拥有 7000 多家农民专业合作社、34 万名合作社成员，其中，国家及市级示范社 200 余家，这些合作社是发展公平贸易的重要组织资源和力量。

二　主要做法

2016 年以来，北京市农村经济研究中心发展公平贸易促进低收入农户增收课题组以北京市农民专业合作社联合会为主体，按照公平贸易原则，选择北京市门头沟、密云、怀柔、房山、通州等地共 8 家农民专业合作社为试点单位，联合北京市符合条件的有关合作社、商超、互联网公司等多元社会主体，通过传理念、搭平台、定标准、拓市场、促提升等方式，大力探索以公平贸易理念和市场机制帮扶低收入农户持续增收的新路径。

（一）传播公平贸易新理念

通过论坛、交流会、专刊等多种形式加强公平贸易理念宣传。进行试点工作两年来，共开展了 11 次公平贸易的公开课。通过公平贸易宣讲日，公平贸易走进农研智库大讲堂、首都之窗、京台科技论坛农业合作论坛、上海广电中心等活动，我们将公平贸易理念传播给本单位干部职工和郊区农民合作社及广大消费者，推介范围逐步扩大。我们编印了《公平贸易 50 问》和《京合公平贸易季刊》，并在首都之窗开展了《有情怀的消费——你不知道的公平贸易》讲座，在"北京时间"和首都之窗同步直播，点击率达到 11.6 万人次。

（二）发起建立了京合公平贸易联盟

2016 年，在试点课题组的努力下，我们会聚了一批了解公平贸易并且愿意推动公平贸易发展的合作社、渠道商和个人。2017 年 1 月 13 日我们组织发布了《京合公平贸易联盟倡议书》，成立了京合公平贸易联盟，发布了京合公平贸易联盟标志。会上，30 余家渠道商、合作社组成了联盟的核心成员。京合公平贸易联盟积极发挥作用，推动北京农投公司通过下属农业担保公司为北京聚源德老栗树板栗种植专业合作社发放贷款 1000 万元；利用农场云大数据，梳理出北京市低收入村所在乡镇的特色农产品电子目录；组织专业设计公司设计了京合公平贸易联盟的整体 VI 形象。

（三）制定和推广公平贸易标准

我们组织研究了公平贸易的核心标准，包括《公平贸易贸易商标准》《小生产者组织公平贸易标准》《蜂产品公平贸易标准》《FLO 组织认证合同文本》《小生产者组织收费系统》，参照国际公平贸易标准，我们组织制定了《北京市农民合作组织公平贸易综合标准》《北京市公平贸易贸易商综合标准》《北京市公平贸易产品和贸易认证管理办法》等 3 个标准。

（四）开展市场推广活动

课题组通过加入公益市集、进社区、进实体店等方式，帮助试点合作社开拓产品销售渠道。一是 2016 年以来，在北京农联公益市集设立公平贸易专区，为试点合作搭建了走进城市社区的平台，两年来共举办 13 次，平均每场活动的总销售额在 8.6 万元，帮助试点合作社销售农产品累计 100 余万元。二是以北京康依家商业连锁有限公司为渠道商主体，组织门头沟区名优特产品进社区活动 900 余场，在门头沟区 3 家实体店开设了公平贸易专区，并推动北京康依家商业连锁有限公司与试点专业合作社达成流通合作协议。三是帮助试点合作社走进工作社区，带动北京布韵传奇手工编织专业合作社走进北京市农研中心、北京农学院等工作社区，仅通过签订绣花靠垫的订单这一项业务，就为该合作社低收入农户户均增收 1000—3000 元。

（五）加强理论研究和成果转化

课题组围绕北京市发展公平贸易的基础条件和公平贸易平台的职能、主体、标准、政策等加强研究。一是开展北京市收入较低村摸底调查。对全市 10 个区 86 个乡镇的 469 个抽样调查村进行了摸底调查，并对 28 个村进行了深入走访，形成了 15.8 万字的《北京市较低收入村抽样调研报告》，该调研报告提出的"由各低收入村自主选择发展项目并自主申报"的建议得到市财政局采纳，为北京市财政支持低收入村产业发展提供了决策支持。二是撰写了《京合公平贸易准入标准的认证与管理的案例研究》，收录案例 9 个，共计 5.2 万字。三是走出去学习经验。2016 年以来，试点课题组分别赴上海（3 次）、江西（2 次）、云南、台湾等地开展了实地考察与交流，形成了考察报告 6 篇。四是积极对试点工作进行总结和提升，公开发表论文 8 篇，内刊发表论文 6 篇，完成研究报告 10 篇、总结报告 2 篇。其中，《北京市较低收入村抽样调研报告》获得市领导批示。

三　取得的成效

两年来，我们课题组与公平贸易亚太组织、香港公平贸易联盟、台湾公平贸易发展协会、上海乐创益公平贸易发展促进会等公平贸易组织建立了紧密的合作关系，宣传了公平贸易理念，凝聚了一批支持公平贸易的力量，带动了京郊 594 户低收入农户增收，试点工作取得了较好的社会效果，得到了业内专家的高度认可，中国社科院苑鹏研究员认为"该试点为中国发展公平贸易做出了重要贡献"。

（一）创造了公平贸易促进农民增收的新机制

两年来，共有 8 家农民专业合作社参与试点工作，带动了北京门头沟区清水镇、怀柔区渤海镇、密云区新城子镇、房山区良乡镇等共计 23 个乡镇的 594 户低收入农户实现有尊严的增收。我们推动门头沟区北京布韵传奇手工编织专业合作社带动清水镇 84 户低收入农户增收 1 万元左右，比 2016 年增幅提高 20% 以上。2017 年试点合作社北京京纯蜜蜂养殖专业合作社带动低收入农户 93 户增收 5000—6000 元。

（二）拓展了合作社规范发展的新途径

公平贸易倒逼合作社规范财务管理水平。国际公平贸易组织对合作社的章程、财务制度等都有非常严格的要求，要想通过国际公平贸易认证，必须建立健全财务管理制度，定期进行财务公开并保护商业秘密。我们为北京布韵传奇手工编织专业合作社、北京京纯蜜蜂养殖专业合作社、北京聚源德老栗树板栗种植专业合作社等 6 家合作社和 1 家渠道商开展公平贸易认证，目前已有 3 家合作社和 1 家渠道商通过认证。北京布韵传奇手工编织专业合作社理事长王惠芳表示，在参与国际公平贸易认证的过程中，合作社真正实现了财务规范化、运行规范化。她还主动提出要按照公平贸易的标准提高手工材料的环保性和安全性。

（三）开辟了农业农村绿色发展的新渠道

我们课题组在江西省婺源县溪头乡和大鄣山乡茶农协会调研发现，那里的有机茶能够一直坚持下来，正是因为有国际公平贸易组织体系的支持。我们试点课题组推动怀柔板栗成为国际公平贸易标准制定的参照系，使未来怀柔绿色产业发展占领了一个国际制高点。我们推动怀柔区渤海镇四渡河村农户按照有机标准种植板栗，北京农投公司通过优质优价收购，引导了农户按照有机板栗的标准进行种植，年初组织栗农与公司签订了种植有机板栗的协议书，要求农户做到不打除草剂、不采青、不使用脱蓬机，实现了以市场需求规范农户生产行为的有效约束，引导低收入村特色产业的绿色发展。2017 年 9 月中旬，我们推动北京农投公司以高出市场价格 1 元/斤的标准收购农户优质的板栗，共收购来自四渡河村 133 户，其中低收入户 77 户，共计 92.5 吨板栗，全村人均增收 753 元，这为村里带来了实实在在的效益，得到了基层的好评和认可。2017 年 12 月 22 日，该村党支部、村委会给北京市农村经济研究中心党组发来感谢信，对试点课题组的有效帮扶工作表示感谢。

（四）培植了公平与民主的新理念

一方面，公平贸易的理念体现了社会对小农户、弱势群体的关注，通过试点课题组对公平贸易理念的宣传和对消费者的引导教育，使公平理念、道德消费、道德生产的观念逐步在城乡生根发芽。扶贫先扶智，通过公平贸易理念的宣传，农户通过劳动增收的观念逐渐重新生长起来。另一方面，公平贸易原则要求所有的公平贸易返款必须由社员代表大会全体代表共同商议，通过民主方式决定如何使用。公平贸易组织的机构都是民主选举产生的。2017 年 11 月，试点课题组带领 2 家获得公平贸易认证的合作社负责人参加全国公平贸易合作社网络年会，亲身经历了换届选举中的民主氛围和民主运作方式。通过公平贸易试点工作，使民主议事、民主决策的观念和方法在试点合作社中普遍得到认可和执行。

（五）提供了乡村善治的新支撑

公平贸易为乡村发展和环境保护提供了返款支持，为乡村文化的复兴、乡村良好道德重建提供了有效手段。公平贸易返款使用的范围必须是增强社员能力、社区发展、教育医疗等，社员利益得到保障和充分体现。我们帮助北京布韵传奇手工编织专业合作社提高产品质量，扩展产品销售渠道，进行公平贸易认证，开拓公平贸易市场，提升该合作社的带动能力。目前合作社带动了门头沟区 3 个镇 10 余个村近 400 名家庭主妇弹性就业和居家就业，其中低收入户 83 户。这种居家弹性就业既满足了当地妇女照顾老人、病人、孩子的需求，又充实了她们的业余生活，提高了她们的生活水平，提高了妇女在家中的地位，更重要的是营造了勤劳致富的新风尚，维护了乡村社会和谐稳定。

（六）培育了"一懂二爱"的新人才

一方面，试点工作为智库研究人员深入基层调研和走出去学习提供了新的契机。通过试点工作，我们进一步提升了研究人员对"三农"问题的认识水平，加深了与农民的紧密联系，锻炼了运用政策理论指导服务村民群众的能力。两年来，结合公平贸易试点工作，我们赴门头沟（14 次）、怀柔（8 次）、密云（4 次）、大兴（21 次）等地调研，进社区活动达到 71 次，共计 228 人次。我们赴上海（3 次）、江西（2次）、云南、台湾等地开展了实地考察与交流，形成了 6 篇考察报告，其中 3 篇发表在《北京市农村经济研究中心调查研究报告》上。另一方面，公平贸易组织为获得认证的小农户专业合作社提供免费的国内外培训、公平贸易国际展会参会机会、合作社专家上门指导等，大幅提升了农民专业合作社成员的认识水平，也拓宽了农民专业合作社成员、试点课题组成员的视野。北京聚源德老栗树板栗种植专业合作社和北京京纯蜜蜂养殖专业合作社在试点课题组的支持下开展了国际公平贸易认证工作，2017年 11 月这两家合作社顺利通过了国际公平贸易认证。这两家合作社直接负责公平贸易认证工作的工作人员李丽娜和杨丽鹤二人都是大学毕业后到合作社工作的 80 后新农人。她们对参与公平贸易活动感到很自豪、很有成就感。

四　经验与启示

（一）必须坚持以人民为中心的发展理念

在试点工作中，只有将为人民服务作为行动准则，并一以贯之地践行，才有更多坚持试点下去的价值理由，才有做好试点工作的能力智慧，才能得到更多社会主体的参与和支持。在试点工作中，我们也经常受到试点合作社帮助低收入农户增收激情的感染，从而增强了克服重重困难推动试点工作取得实际效果的信心和力量。

（二）必须坚持理论和实践相统一

试点工作的实践必须以先进的理论为指导，同时也必须在实践中不断提升总结出更适合本地的新理念、新认识。没有先进理念指导的试点工作是盲目的，脱离实际情况的空洞理论都是虚妄的。只有坚持理念与实践的统一，才能走上改革试点工作的正道。

（三）必须坚持实践创新成果与政策理论成果互促互进

推进试点工作应当坚持实践创新成果与政策理论成果并重，实现实践创新成果与政策理论成果的双丰收。在试点过程中，我们不仅要探索如何更好地将公平贸易理念引入农村改革发展之中，如何使符合条件的合作社走向国际市场，及时探索总结出国际国内两个层面开展试点工作的路径，同时，更要深刻挖掘公平贸易的理念、运行机制，提出产业化联合体带动低收入农户增收的模式，制定本土化的公平贸易标准，推动公平贸易在中国的发展迈进一大步。

（四）必须坚持正确处理市场与政府的关系

改革试点工作会遇到如何处理市场与政府关系的问题。公平贸易本身是以市场的方式、依靠消费者的道德消费来支持生产者绿色发展和持续增收的。因此，必须把握好试点中应该做好和不能插手的边界。在公平贸易理念的宣传、消费者教育、合作社指导以及监管等方面，政府应当发挥主导作用，但政府不能代替市场或社会进行资源的有效配置。市场这只"看不见的手"、政府这只"看得见的手"要各得其所、相得益彰。

（五）必须坚持总结可推广、可复制的试点经验

任何一项改革试点工作都不可能永无期限地坚持下去，只有通过几年的试验示范，及时总结出可复制、可推广的经验，并上升为政策理论成果，最终推动其转化为政府部门的决策，实现将试点工作所培植出来的点上的一些"盆景"扩展为面上的一道"风景"，这样才不负试点工作的职责使命，达到试点工作的基本目标。

五　几点建议

为进一步推动以发展公平贸易促进低收入农户增收试点工作向纵深发展，我们建议进一步明确主体，完善顶层设计，形成稳定的渠道，尽快实现以公平贸易促进低收入农户增收试点工作向常规性的市场化实体运作方向转变。

（一）明确一个新主体

要进一步推动京合公平贸易联盟的实体化和正规化，打造京合公平贸易平台。以

北京农联为主体发起成立京合公平贸易联盟，在未获得社团法人资格之前，由北京市农民专业合作社联合会下设京合公平贸易分会，统筹推进公平贸易促进农民增收各项工作。京合公平贸易分会主要成员由京合公平贸易联盟成员单位、个人志愿者组成，建议由北京聚源德老栗树板栗种植专业合作社理事长李永军担任会长、公平贸易亚太地区驻中国代表赵钧为秘书长，使京合公平贸易分会作为京合公平贸易联盟运行的实体平台，负责公平贸易的具体实施。

（二）形成一个新机制

为构建京合公平贸易发展机制，建议京合公平贸易分会下设公平贸易认证部、公平贸易标准与技术研发部、公平贸易合作社指导部、公平贸易宣传推广部、公平贸易市场推广部，负责在北京推动公平贸易发展。整合国内现有 16 家公平贸易认证合作社，联合香港公平贸易联盟、上海乐创益公平贸易发展促进中心、台湾公平贸易促进会，形成全国公平贸易联盟，发挥经济发达城市对贫困地区特色产品主产区的带动作用。加强与国际公平贸易组织的合作，争取中国在国际公平贸易领域的话语权。

（三）出台一个新政策

由北京市农经办起草制定出台《关于北京市发展公平贸易规范合作社发展促进农民增收的意见》，在组织机构设置、标准制定、合作社规范、市场拓展、政策支持等方面进行具体指导和规范，形成稳定的推动公平贸易发展机制，推动北京市以公平贸易方式促进农户增收。待时机成熟后，推动北京市有关部门制定北京市发展公平贸易系列政策。

（四）拓展一个新渠道

支持获得星级评定、信用评级高、带动农户能力强的农民专业合作社进入国际公平贸易体系，让他们获得更广泛的销售渠道、国际视野的专业培训，开阔眼界。同时按照国际公平贸易规则，推动合作社有效治理，实现社员与合作社的利益联结，推动完善乡村治理体系。进一步开拓国内公平贸易市场，形成实体、网络双重销售平台。

执笔：张英洪、王丽红

2018 年 5 月 8 日

加快缩小北京城乡居民收入差距、
促进共同富裕的思考与建议[*]

2020 年，北京市居民人均可支配收入为 69434 元，其中，城镇居民可支配收入为 75602 元，农村居民可支配收入为 30126 元，城乡居民收入比为 2.51∶1。同期全国居民人均可支配收入为 32189 元，其中，城镇居民可支配收入为 43834 元，农村居民可支配收入为 17131 元，城乡居民收入比为 2.56∶1。上海市城乡居民收入比为 2.19∶1，天津市城乡居民收入比为 1.86∶1，重庆市城乡居民收入比为 2.45∶1，浙江省城乡居民收入比为 1.96∶1。北京市农村居民可支配收入绝对值低于上海、浙江，城乡居民收入比在四个直辖市中是最大的，在全国位居第 23 位。近些年来，北京市农民收入增长乏力，城乡居民收入差距较大，有其深层次的结构性因素，需引起高度重视。

一 北京市城乡居民收入差距拉大的主要因素

最近 10 多年来，北京城乡居民收入差距总体上呈扩大趋势，农民增收后劲不足，这与北京市城乡改革发展中的许多深层次矛盾密切相关。

（一）在首都"三农"战略实施上不够有力

首都"三农"问题既有全国"三农"的共性问题，也有首都自身的特性问题。特别是党的十八大以来，随着京津冀协同发展战略、新版北京城市总体规划、乡村振兴战略、新发展格局等重大战略、规划和大政方针的提出与实施，首都"三农"工作应有的观念转变、改革转机和发展转型没有及时跟上，比如在总体上北京加快推进京津冀协同发展战略，但首都"三农"工作在适应和体现京津冀协同发展战略方面则明显不足；新版北京城市总体规划提出"四个中心"的城市战略定位，但首都"三农"工作对于如何体现和彰显"四个中心"的城市战略定位则认识模糊；市委提

---

　　* 原载北京市农村经济研究中心《调查研究报告》2021 年第 42 期。

出走具有首都特点的乡村振兴之路的明确要求，但首都"三农"工作在认识和把握首都特点从而有序推进具有首都特点的乡村振兴战略方面则不够到位；等等。这就造成在实际工作中各级各部门仍然习惯性泛泛地就"三农"抓"三农"工作，缺乏战略性谋划、整体性思考、创新性举措、协同性推进，导致首都农村改革发展出现历史性拐向发展下跌或进展缓慢的大趋势轨道。京郊农村改革发展和乡村振兴实践还缺乏在全国有影响力的闪亮点、创新点、示范点。改革如逆水行舟，不进则退。首都农民收入增速明显放缓、城乡居民收入差距显著扩大，正是这种下跌趋势或缓慢趋势的必然结果。

（二）在城乡二元体制破除上不够到位

早在 2008 年 12 月，北京市委十届五次全会通过《中共北京市委关于率先形成城乡经济社会发展一体化新格局的意见》，明确提出到 2020 年北京率先形成城乡经济社会发展一体化新格局，基本目标任务是：建立完善城乡一体的社会保障体系，城乡社会保障制度实现并轨，农村社会保障水平大幅度提高；实现城乡教育、文化、卫生等基本公共服务均等化，农村基础设施和社会事业取得长足进步；都市型现代农业体系日臻成熟，环境友好型实体经济全面发展，农村经济实力显著增强，农民人均纯收入比 2008 年翻一番，占农户总数 20% 的相对低收入户人均纯收入到 2015 年翻一番；等等。虽然北京市在推进城乡一体化发展中取得了很大进展，但至今尚未率先形成城乡经济社会发展一体化新格局，尚未率先实现城乡基本公共服务均等化，一些预期目标并未如期实现，城乡二元体制机制并未完全破除，城乡融合发展的体制机制尚未有效形成，突出表现在以下方面。一是城乡基本公共服务差距较大。城乡基本公共服务差距体现在就业、基础教育、基本医疗、基本养老、公共文化服务、人才培训等诸多方面。在城乡就业服务以及就业待遇水平上差距较大。2020 年北京市城镇居民工资性收入 44620 元，是农村居民工资性收入 21174 元的 2.1 倍。在基本养老待遇方面城乡差距也相当明显，2020 年全市城镇职工养老金最低每人每月 1714 元，平均每人每月领取金额 4365 元；农村居民基础养老金每人每月 830 元，平均每人每月领取金额 902元，农村居民平均基础养老金仅为城镇职工平均养老金的近 1/5。二是阻碍城乡要素双向流动与平等交换的政策制度体系尚未破除。土地、劳力、资金、信息、技术等生产要素在城乡之间的双向自由流动和平等交换面临诸多政策阻碍和制度壁垒。三是农业农村基础设施建设短板仍然存在。特别是在乡村振兴战略实施中适应乡村产业发展和乡村社会服务需要的配套基础设施建设、乡村产业用地供给明显滞后。

（三）在全面深化农村改革上不够深入

40 多年来，北京市农村改革取得很多突破和历史性成就，这是有目共睹的。但从立足新发展阶段、贯彻新发展理念、构建新发展格局的要求，首都城市战略定位，以及满足农民群众对美好生活向往的需求来看，我们在全面深化农村改革上还存在许多不到位的地方，特别是有关农村家庭基本经营制度、农村产权改革、城乡融合发展、人口生育政策等方面的改革以及农村集体经济和集体经济组织、乡村振兴、土地征收补偿等涉农立法滞后，致使农村发展活力受限，农民增收后劲不足。由于人口老龄化、村庄空心化、新冠肺炎疫情等影响，京郊农民家庭经营性收入下降明显。2020年北京市农村居民家庭经营净收入为1613元，仅占农村居民人均可支配收入总额的5.35%。"十三五"期间，北京市农村居民家庭经营净收入年均下降5.95%，是四项收入中唯一的负增长。2020年农村居民家庭经营净收入下降28.69%。财产性收入占比往往是衡量一个国家或地区居民富裕程度的重要指标。欧美等地的发达国家居民财产性收入占可支配收入的40%。由于农村产权制度改革还不够全面深入，农村巨大的集体资产和农民"沉睡"的财产不能有效转化为农民的财产性收入，抑制了农民收入的增长。2020年北京市农村居民人均财产性净收入为3103元，占农村居民人均可支配收入30126元的10.3%；同期北京市城镇居民人均财产性净收入为13152元，占城镇居民人均可支配收入75602元的17.4%。北京市农村居民人均财产性净收入占比比城镇居民人均财产性净收入占比低7个百分点，比欧美等地的发达国家低30个百分点左右。2020年底，全市已完成农村集体产权制度改革的3927个村集体经济组织中，只有1433个实现股份分红，仅占36.5%，股份分红总金额55.3亿元，人均分红4208元。

（四）在调整国民收入分配格局上不够有效

农村居民收入不仅受制于农村内部的改革发展，而且受到整个国民收入分配格局的严重影响。一段时期以来，收入分配中的公平问题比较突出。一方面，坚持以按劳分配为主体的收入分配原则没有得到应有的贯彻落实。在劳动与资本的收入分配中，劳动收入明显过低。农村居民收入主要为劳动收入，劳动报酬在初次分配中的比重过低。据统计，2019年北京市农林牧渔业年平均工资为84856元，只有全市平均工资水平的60%；农民就业较多的集体企业平均工资水平为68765元，仅为全市平均工资的49%。另一方面，政府在再分配中的调节职能未得到很好的体现。以农村居民转移性收入为例，2020年北京市农村居民转移性净收入为4236元，只有城镇居民转移性净收入17145元的24.7%，城镇居民转移性净收入比农村居民转移性净收入绝对值多12909元。

（五）在乡村振兴工作思路方式上不够适应

针对首都的特殊地位、功能定位、发展战略以及基本市情农情，北京乡村振兴工作应当深刻认识和把握首都的特点与要求，并积极围绕首都的特点和要求谋划与推进

"三农"工作。但一段时期以来,北京乡村振兴工作在思想认识、思维方式和工作机制等方面,还没有完全适应首都的特点和要求。一是对首都"三农"发展缺乏系统性、战略性、长远性、前瞻性的研究谋划与科学推进。一些部门和领导在乡村振兴工作中往往感性认识多,理性思考少;惯性思维多,创新思路少;应付性工作多,主动性谋划少;就事论事多,整体性推进少。二是超越职能部门局限的农村工作总体谋划、顶层设计和统筹协调机制明显不足,相关职能部门涉农工作缺乏协调统一。当前,市委农村工作领导小组办公室、市委农工委、市农业农村局、市乡村振兴局四块牌子都挂在市农业农村局,统一开展工作,表面上看似乎大力加强了农业农村工作,但实质上这使应当超越职能部门的乡村振兴工作缺乏有效的市级层面的顶层政策研究、综合协调功能与实施机制,往往将全局性的乡村振兴工作窄化为农业农村局的工作。市级各职能部门之间政策互不衔接、行动彼此冲突、结果相互抵消的事时有发生。比如,2016 年 9 月,由市发改委、公安部门主导,以市政府名义发布的《北京市人民政府关于进一步推进户籍制度改革的实施意见》明确提出"取消农业户口和非农业户口性质区分,统一登记为居民户口"。农业户口和非农业户口划分取消后,根本不存在农业户口再转变为非农业户口的问题,但有的地方和部门至今仍然在实施户籍制度改革前的"农转居"政策。再比如,市发改委负责制定乡村产业禁限目录,规自部门负责对农村土地的规划控制,环保部门负责农村环境整治,但他们都不负责农村产业发展和农民增收工作,而负责农村产业发展和农民增收任务的农业农村部门则缺乏相应的土地政策、环保政策等方面的话语权和政策制定权。三是政府部门干预过多与市场机制不足并存。京郊农村比较普遍存在和反映的问题是政府行政干预太多太滥,农村资源配置的市场化机制严重不足,有关部门"一刀切"的思维方式和工作方法比较普遍。四是涉农立法比较滞后。20 世纪 90 年代以及 21 世纪初北京市制定的有关农村集体经济和集体经济组织、土地制度和征地拆迁等涉农方面的地方性法规亟须修改完善或重新制定,特别是 2004 年 7 月 1 日施行的《北京市建设征地补偿安置办法》(俗称 148 号令)有关规定已明显不合时宜,包括征收农转居费用的规定也极不合理,迫切需要重新修订。

二　加快缩小城乡居民收入差距、促进共同富裕的对策建议

北京是我国这个十四亿多人口的大国的首都,是常住人口超过两千万人的超大城市,人均 GDP 约 2.4 万美元,达到发达经济体中等水平。西方发达国家城乡收入差距一般在 1.5 左右。《北京市"十四五"时期乡村振兴战略实施规划》确定"十四五"期末即 2025 年城乡居民收入差距比为 2.40∶1。这个目标是在常规性工作思维和方式的前提下确定的,与北京经济社会发展水平和共同富裕的要求并不相称。北京市

农民收入多年来低于浙江省农民收入水平，这的确反映了北京市在农村改革发展方面存在的严重不足。我们认为，只要认识到位、改革到位、政策到位，切实采取创新性、突破性的重大举措，北京市完全应当也完全能够在"十四五"期末将全市城乡居民收入比缩小到2.2：1甚至2：1以内，并争取实现北京农民收入超过浙江农民收入水平。

（一）突出紧扣首都特点推进乡村振兴的思路与举措

面对"大城市小农业、大京郊小城区"的市情、农情，首都特点至少有四个方面："国家首都、超大城市、发达地区、首善之区。"北京的乡村振兴要紧紧围绕和体现这四个方面的特点和要求。一是要紧紧围绕和体现"国家首都"的特点和要求。作为国家的首都城市，北京确定了"四个中心"的城市功能战略定位，京郊乡村要积极承接和彰显全国政治中心、文化中心、国际交往中心、科技创新中心的功能。换言之，北京的乡村振兴工作，既要围绕"四个中心"展开，又要创新"四个中心"在京郊乡村的体现和发展，使京郊乡村主动承接和发展从中心城区疏解出来的首都功能以及相关非首都核心功能，从根本上提升北京乡村振兴的首都格局和发展愿景。二是要紧紧围绕和体现"超大城市"的特点和要求。作为我国屈指可数的几个常住人口超过两千万的超大城市，北京具有巨大的经济社会发展规模和辐射带动效应。必须重新认识乡村的地位和价值，加快构建新型城乡关系，放活乡村发展空间，将京郊乡村定位并打造成首都的后花园、会客厅、休闲地、度假村。三是要紧紧围绕和体现"发达地区"的特点和要求。作为人均GDP约2.4万美元的发达经济体，北京具备强大的以城带乡、以工哺农的经济能力和实力，完全可以也完全应当尽快补齐农业农村发展的短板，率先基本实现农业农村现代化。四是要紧紧围绕和体现"首善之区"的特点和要求。北京作为其他各地无法比拟的首善之区，应明确提出和加快建成全国乡村振兴的引领区、共同富裕的先行区、城乡融合的示范区、公平正义的样板区、民主法治的标杆区、乡村善治的模范区。

（二）率先构建城乡融合发展的体制机制和政策体系

北京市在率先构建城乡融合发展的体制机制和政策体系方面要出实招、硬招。一是要加快率先实现城乡基本公共服务均等化。全面构建、推进和实现城乡基本公共服务均等化，实现城乡居民就业政策制度平等统一，将农村的公益性岗位从兼业转变为就业，缩小城乡居民工资性收入差距。实行从幼儿教育到大学教育的免费制度，降低教育成本，为学生提供免费、安全、营养的校园午餐。整合城镇职工基本医疗、基本养老与城乡居民基本医疗、基本养老政策，实行城乡平等的免费医疗制度。加强城乡养老政策体系建设，建立农民退休制度和家庭福利制度，大幅度提高农民养老待遇水平，缩小城乡养老待遇差距，参照城镇职工养老待遇标准，尽快将农民养老金逐步提高到每人每月 2000 元、3000 元甚至更高的水平上来。加强满足乡村产业发展需要以及农村居民生活服务需要的基础设施和公共服务设施建设。二是加快实现城乡要素的双向流动与平等交换。将户籍制度改革的政策落到实处，建议停止有的地方仍在推行的征地"农转居"或"整建制农转居"政策，坚决废止借户籍身份转换之名收取农村集体和农民个人巨额社保费用的做法，做到户籍制度改革后的城乡居民"户籍身份统一，职业身份各异"，市民既可以进村当农民，农民也可以进城当市民。深化农村集体产权制度改革，实现集体产权的流动开放和有效利用，维护和发展农村集体与农民的财产权利。对农村承包地、宅基地、经营性集体建设用地等土地要素，应当建立既有利于维护和发展农村集体与农民的土地权益，又有利于实现土地资源配置的市场化制度，提高土地利用效率，特别是要放活农村宅基地制度，将农村宅基地制度的改革放活作为实施乡村振兴战略和城乡融合发展的战略切入点。三是进一步优化财政支出结构，着力加大财政支农力度。应当着眼于让广大农民共享改革发展的成果，加大财政资金在提高农民收入、农村基本公共服务等农村民生方面的投入力度。建立低收入家庭补贴制度，对每年低于全市居民平均收入水平的农村低收入家庭给予财政援助补贴，使之达到全市居民收入平均水平。积极落实中共中央办公厅、国务院办公厅印发的《关于调整完善土地出让收入使用范围优先支持乡村振兴的意见》，建议北京市土地出让收入每年用于农业农村的比例应从现在提出的 8% 提高到 15% 以上，重点用于补齐农村社会保障和公共服务设施建设的短板。

（三）着力推进新时代京郊农业农村改革

必须适应新发展格局的要求，全面深化农村改革，真正放活农村生产要素，进一步解放和发展农村生产力。一是着力发展生态有机农业。北京的农业是都市型现代农业，要深入推进农业供给侧结构性改革，明确定位京郊发展全域生态有机农业，提高农产品优质安全水平，促进生态有机农业种植收入大幅增加。尽快制定《北京市生态有机农业发展规划》，形成京郊生态有机农产品优质品牌，体现高质量发展要求。在加强对农业生产支持保护的同时，重点加大对生态有机农业的政策支持力度。二是深化农村集体产权制度改革，实现农村集体产权封闭性与开放性的统一，维护和发展农村集体和农民的财产权利。完善农村承包土地"三权分置"办法，同等保护集体所有权、农户承包权、土地经营权，更加重视农业社会化、专业化服务体系建设；大力改革创新农村宅基地制度，实现农村宅基地制度与城乡融合发展相适应，在不改革宅基地集体所有制的前提下，允许和规范宅基地及农房的市场化流转，鼓励、规范和保护以农户为主体建设乡村民宿。三是推进农村经营性建设用地开发利用。适应乡村振兴战略实施的需要，改变城乡建设用地挂钩政策，将中心城区建设用地减少与乡村地区建设用地增加统一起来，切实放宽乡村产业用地需要。调整生态涵养区产业发展禁限目录，允许和发展与生态涵养区保护及建设相统一、无污染的农产品深加工产业。四是加强农村集体经济组织建设，发展壮大新型集体经济。根据特别法人的规定，加快建立健全农村集体经济组织，充分发挥集体经济组织的功能，将乡村集体经济组织实体化、市场化、经营化，以农村集体经济组织为主体发展新型集体经济，允许和规范农村集体经济组织或集体经济组织所属的村级投资公司成为乡村建设的主体，承接乡村建设项目，发挥农民的主体作用，增加村集体和农民的收入。规范集体经济组织按股分红，保障集体经济组织成员的收益分配权。五是加快构建城镇化与逆城镇化相互促进的平等开放的政策制度体系，积极应对农村人口老龄化挑战，积极鼓励生育，大力保护家庭，解决农村的老龄化、空心化等人口危机。深化农村金融改革，建立健全农民合作金融机构，加大农业保险工作力度，为乡村振兴提供金融保障和服务。

（四）切实调整优化国民收入分配格局

党的十八大报告提出，提高居民收入在国民收入分配中的比重，提高劳动报酬在初次分配中的比重。初次分配和再分配都要兼顾效率和公平，再分配更加注重公平。党的十九大报告提出，坚持在经济增长的同时实现居民收入同步增长、在劳动生产率提高的同时实现劳动报酬同步提高。北京市应当加快调整国民收入分配格局，尽快制定实现城乡居民共同富裕的行动计划和方案。一是切实提高劳动报酬在初次分配中的比重。坚持和落实按劳分配为主体，完善按要素分配体制机制，着力提高农村居民工资性收入水平。二是进一步强化政府在再分配中的职责。改革和完善相关税制，特别是要建立与农村集体经济组织这一特别法人相适应的税收制度，加快推进和实现城乡基本公共服务均等化，大幅度缩小城乡居民在社会保障等方面的待遇差距，补齐农村居民社会保障短板。政府不仅要加大对农业农村基础设施和发展项目的财政投入，也要继续加大对农民就业、就学、就医、养老等基本公共服务的投入。借鉴国际经验，扩大城乡居民低保覆盖水平，建立农村低收入家庭补贴和家庭福利制度，制定农村人力资源培训规划，确定每年的培训计划和方案，加大对农村人力资源的培训。三是加强法治建设，保护私有产权，引领和规范各种社会力量参与乡村振兴，发展公益慈善事业，提高社会三次分配水平，助推共同富裕。

（五）创新北京"三农"工作思维和方式

北京的"三农"工作与首都的独特地位、北京城市战略定位和农民群众对美好生活的需要还不相适应，亟须解放思想，转变观念，坚持问题导向和目标导向，增强危机感和责任感，以大手笔应对大挑战，以大举措解决大问题。一是健全超越各职能部门的乡村振兴领导协调机构和统筹部门。应当尽快改变市委农村工作领导小组办公室、市委农工委、市农业农村局、市乡村振兴局四块牌子合署办公的格局，突出市委农办对全市乡村振兴战略实施的顶层设计、战略谋划与统筹协调功能，市委农办秘书处不应设在市农业农村局，而应单独设置在市委办公，同时应充实市委农办内设机构和人员配备，提高其统筹谋划和协调推进全市乡村振兴的职能。二是强化各职能部门在推动乡村振兴中的重大职责。乡村振兴涉及市级各职能部门的相关工作，单纯依靠农业农村部门则无法有效实施乡村振兴战略，必须明确和强化各职能部门在乡村振兴中的重大职责，比如，市发改委要围绕缩小城乡居民收入差距制定和实施调整居民收入分配体制，规自部门要紧扣"四个中心"城市战略定位提高乡村规划水平、围绕增加农民收入制定和实施相关产业用地政策，生态环保部门要围绕生态涵养区生态保护与绿色发展制定和实施绿色产业发展政策，人力社保部门要围绕实现城乡基本公共服务均等化制定和实施城乡社会保障一体化和农村人力资本培育政策，等等。三是组建服务北京乡村振兴战略的政策研究智库。任何伟大的事业都需要伟大的智力支持，实施具有首都特点的乡村振兴战略，必须有与之相匹配的政策研究智库提供有效支撑。现在，除北京以外，全国其他各省市自治区基本成立了与国务院发展研究中心相对应的省市自治区人民政府发展研究中心，作为同级党委、政府政策研究的重要智库。北京市应尽快整合各职能部门直属的相关研究机构，组建北京市政府发展研究中心，将实施乡村振兴战略研究作为其中的重要研究职能。或者整合市农业农村局所属的市农村经济研究中心、市发改委所属的市经济与社会发展研究所、市委研究室所属的首都经济社会研究所等研究机构，单独组建直属市委、市政府的一流"三农"政策研究智库——北京市乡村振兴战略研究中心或北京市乡村振兴战略研究院，为市委、市政府提供超越各职能部门局限的全局性、战略性、前瞻性、权威性的农业农村决策咨询意见和政策建议。四是增强改革意识，强化法治观念。要正确处理政府与市场的关系，侧重在"放活"上下功夫，改变政府管控过多过强过死、市场机制不足不够不充分的问题，真正发挥市场在资源配置中的决定性作用，更好地发挥政府的作用。尊重基层和农民群众的主体性、创造性，改变"一刀切"的思维方式和工作方式。市人大农业农村委、市政协农业农村委与政府农业农村部门存在工作职责上的不同，应当避免在调研工作上的雷同、重复现象，市人大农业农村委应当更加聚焦涉农立法方面的调查研究，改变北京市涉农立法滞后的局面，努力为首都乡村振兴提供切实有效的法治保障；市政协农业农村委应当更加聚焦乡村振兴中的重大问题，超越政府职能部门局限，积极为首都乡村振兴和城乡融合发展提供战略性、全局性、系统性的政策建议。

执笔：张英洪

北京市农村集体经济发展问题研究[*]

一 北京市农村集体经济发展的历史脉络

农村集体经济是我国公有制经济的重要组成部分，是我国农村经济的重要形式。《宪法》规定："中华人民共和国的社会主义经济制度的基础是生产资料的社会主义公有制，即全民所有制和劳动群众集体所有制。"农村集体经济是劳动群众集体所有制经济的主要组成部分，是生产资料归部分劳动者共同所有的一种社会主义公有制经济。北京市农村集体经济发展经历了以下四个阶段。

（一）合作化和集体化时期京郊农村集体经济的起步阶段（1951—1978 年）

1. 农业合作化运动时期，京郊农村集体经济以提高农业生产力为主要目标

在 1951—1957 年京郊农业合作化运动的六年中，京郊农村实现了由小农个体经济到农业合作集体经济的变革，保持了农业生产的稳定增长。京郊农村合作化从互助组到初级社，兼顾了农民的个体积极性和合作积极性，贯彻了自愿互利的原则，注意协调农民各个阶层的利益。1951 年京郊第一产业增加值从 1949 年的 0.6 亿元增加到 1.1 亿元，1957 年京郊第一产业增加值达到 3.5 亿元。1957 年北京市农村经济总收入达到 12657.6 万元。

2. 农村工业化推动了社队企业的萌芽与发展

1958—1966 年是社队企业的萌芽时期。1958 年 12 月，中共八届六中全会《关于人民公社若干问题的决议》强调"人民公社必须大办工业"，同时提出公社要逐步实现农村工业化。1958 年北京市委决定成立区县工业办公室，各区县和公社也都相继建立了工业管理机构，发动群众掀起了大办工业的高潮。许多社、队因陋就简，利用农副产品和矿产资源，充分调动各种能工巧匠，办起了磨坊、粉坊、油坊、豆腐坊、酿酒厂、缝纫厂、制鞋厂、编织厂、小烘炉、小砖瓦厂、小煤窑、石灰窑、木器厂、

＊ 原载北京市农村经济研究中心《调查研究报告》2022 年第 2 期。

农机具修配厂、土化肥厂等一批社办、队办企业。社办、队办企业最初被称为"公社企业"，后被称为"社队企业"，社队企业成为农村工业的代名词。1960年京郊社队企业总收入达到7217万元，占1960年人民公社三级总收入的19.9%。

3. 城市资源要素助推社队企业在曲折中发展

由于前期办起来的一批社队企业具有很大的盲目性，并占用了大量的农业生产劳动力，1961年中共中央决定对国民经济实行"调整、巩固、充实、提高"的方针，北京郊区对社队企业进行了调整，大批社队企业的劳动力被清退并回到农业生产第一线，对平调原农业社和社员的房屋、财产进行退赔，关停并转了一批企业，社队企业总收入大幅下滑。1963年，京郊社队企业总收入减少到3083万元，比1960年减少了57.3%。经过调整，农村非农产业有所恢复。在当时开展的农村社会主义教育运动中，北京市委、市政府主要领导亲自帮助蹲点社办工厂，陆续建立了一批社队企业。社队企业总收入增长到3477万元，比1963年增长了12.8%。但是在"文化大革命"中，社队企业再次进入缓慢发展状态。1968年，北京市为了支援郊区农业生产，组织工业支援农业服务队，实行"厂社挂钩，定点支农"。

4. 农业机械化带动了社队企业进一步发展

1970年至1971年，国家提出加快农业机械化，要求把农业机械化与发展社队企业结合起来，建立县、社、队三级农机修配网，发展"五小"工业，农村非农产业发展出现了转机。20世纪70年代初期，北京市先后组织268家城市工矿企业，组成了1704个支农队（组），帮助农村完善三级农机修配网。有些支农单位把本企业的一些产品带到农机厂（站）加工生产，拓展了一些农村工副业点。

5. "农业学大寨"期间，人才下乡为社队企业发展提供重要支持

自1973年开始，北京市派出城市机关、企业的干部轮流到农村去，开展"农业学大寨"运动，并帮助农村发展农业和工副业生产。1973年北京郊区农村社队办的企业达到2923家，从业人员8.1万人，实现总收入2.1亿元，占农村三级总收入的22.5%。1975年邓小平在国务院讨论《关于加快工业发展的若干问题》时指出："工业要支援农业，促进农业机械化是工业的重点。"1975年7月，北京市计委、建委、农林组、财贸组联合印发了《关于加强领导，认真办好农村社队企业的试行办法》，把办好社队企业的有关政策措施具体化。但由于"左"倾错误并未解决，社队企业发展仍受到许多限制和干扰。1978年11月，北京市召开社队企业工作会议，进一步肯定了社队企业在农村经济发展中的作用，提出了"1980年郊区社队企业总收入占公社三级总收入比重比全国提前5年达到50%左右"的要求，进一步促进了社队企业发展。1978年底，北京郊区社队企业发展到4075家，比1973年增长39%；从业人员22.6万人，比1973年增长179%；总收入7.9亿元，比1973年增长2.8倍，占农村三级总收入的比重由 1973 年的 22.5% 上升到 1978 年的 41.9%。

（二）改革开放初期乡村集体经济快速发展（1979—1995 年）

改革开放后，随着人民公社的解体，农村集体经济发展面临新的挑战和冲击。但农村集体经济并没有随着人民公社的解体而终结。京郊农村集体经济在这一时期也迎来了较好的发展，具体来看可以分为两个阶段。

1. "异军突起"的低水平扩张阶段（1979—1984 年）

20 世纪 70 年代末期到 80 年代初期，京郊社队企业经历了历史性的转折，迎来了发展的黄金期。1979 年 7 月，国务院颁发《关于发展社队企业若干问题的规定（试行草案）》，国家首次用法规的形式颁发了关于发展社队企业的指导性文件。1979 年 9 月，党的十一届四中全会通过《关于加快农业发展若干问题的决定》，指出"社队企业要有一个大的发展"。北京市委、市政府认真贯彻落实中央关于发展社队企业、开展多种经营的指示精神，做出了一系列部署，鼓励支持郊区社队企业发展。一是成立北京市人民公社企业局（1984 年改名为北京市乡镇企业局）。二是 1980 年至 1982 年，在郊区农村开展了 3 次"致富大讨论"，解放思想、消除疑虑、明确方向，调动广大农村干部和农民发展社队企业。北京市委、市政府认真贯彻落实中央方针，多次指出社队企业是农村经济的支柱和命脉，充分肯定农村社队企业的重要地位和作用。三是积极调整社队企业发展方向。贯彻落实 1981 年 5 月国务院颁发的《关于社队企业贯彻国民经济调整方针的若干规定》，在调整中坚持了市场导向，即产销兴旺的企业，集中人力、物力、财力重点发展；产品有销路的企业积极发展；原料无来源、技术不过关、销路有困难的企业坚决调整下马；坚持发展利用当地资源的建材企业和农副产品加工业。四是改革经营机制，参照农村家庭联产承包责任制，建立企业承包经营责任制，实行"五定一奖"（定人员、定收入、定开支、定工资总额、定利润，按完成情况实行奖罚），调动了经营者和员工的积极性。五是建立健全企业财务管理制度，改变"统收统支"的办法，扩大企业自主权，调动企业的积极性。六是推动农工商综合经营，成立了一批农工商联合公司。到 1984 年，北京市社队企业发展到 1.42 万家，从业人员 72.4 万人，实现总收入 37.6 亿元，比 1978 年的总收入增长了 3.8 倍。

2. 上规模、上水平阶段（1985—1995 年）

20 世纪 80 年代初，我国社队企业发展面临资金不足的问题，一些地方开始尝试以吸收农民入股的方式筹集资金，1984 年和 1985 年中央一号文件中明确"鼓励集体和农民本着自愿互利的原则，将资金集中起来，联合举办各种企业"。"有些合作经济采用了股份经营、股份分红的办法，资金可以入股，生产资料和投入基本建设的劳动也可以计价入股，经营所得的一部分按股分红。"1984 年 3 月，中共中央、国务院转发了农牧渔业部《关于开创社队企业新局面的报告》，明确社（乡）队（村）举办的企业、部分社员联营的合作企业、其他形式的合作企业和个体企业统称为乡镇企业。按照所有制类型划分，京郊乡镇企业可以分为乡办集体企业、村办集体企业、农户联合经营企业和农民个体企业四种类型。乡村集体企业是乡办集体企业和村办集体企业的统称。1985 年全市乡村集体企业总数为 15962 个，占乡镇企业总数的24.31%；乡村集体企业就业人数达到 763031 人，占乡镇企业总就业人数的 87.7%；乡村集体企业总收入达到 52.08 亿元，占乡镇企业总收入的 92.6%[①]。

　　1987 年北京市政府印发了《关于进一步加快发展乡镇企业若干政策规定》和《关于鼓励科技人员支援乡镇企业的若干规定》，北京市政府领导还与 24 位国家部委领导分别对话，请他们在项目、资金、人才上对京郊乡镇企业发展给予支持和帮助。在一系列政策的出台和落实的推动下，京郊乡镇企业快速发展。1990 年，全市乡村集体企业达到 18298 家，占乡镇企业总数的 17.63%；乡村集体企业就业人数为88.53 万人，占乡镇企业总就业人数的 81.14%；乡村集体企业总收入达到 171.56 亿元，占乡镇企业总收入的 84.73%[②]。

　　1992 年至 1995 年，京郊乡村集体经济在深化改革开放中实现"双上"发展。进入 20 世纪 90 年代，京郊乡镇企业深化改革，乡村集体企业推行股份合作制改革试点，进行资产重组、技术改造、对外合作，推动乡村集体经济总体上平稳快速发展。1992 年的邓小平南方谈话和中共十四大的召开，确立了建设社会主义市场经济体制的目标。北京市委、市政府结合郊区实际，强调乡镇企业要扩大对外开放、加大改革力度，依靠科技进步，调整结构，通过质的改造和提高，上规模、上水平，增强竞争力；拓展国内国际两个市场，努力增加效益。具体情况如下。一是进行股份合作试点。1992 年开始围绕集体企业资产重组，探索产权制度改革，进行股份合作制试点。到 1995 年，全市先后组建了 2116 家股份制合作企业，总股本金达到 23.5 亿元。二是扩大企业规模，提高员工素质。1995 年，全市乡村集体企业固定资产投资总额达到 59.2 亿元，比 1990 年增长了 2.3 倍。平均每个企业拥有固定资产由 35.2 万元提高到 102.9 万元。总收入超过 1000 万元的企业达到 687 家，占乡村集体企业总数的4.36%，收入突破亿元的企业达到 18 家。全市乡村集体企业管理人员大中专学历和技术职称人员占比分别达到 18.9% 和 47.5%。三是加快科技进步。乡村集体工业企业技术改造累计完成 50 万元以上的投资项目 4444 项，完成投资总额 65.1 亿元，成

---

① 数据来源：国家统计局北京调查总队、北京市统计局编《数说北京 70 年》，中国统计出版社，2019，第 349 页。

② 数据来源：国家统计局北京调查总队、北京市统计局编《数说北京 70 年》，中国统计出版社，2019，第 349 页。

为集体工业企业新增固定资产、新增工业产值的主要影响因素。四是发展外向型经济，到 1995 年底，全市乡村集体与外资合资兴办的企业达到 1521 家，外商投资总额达 9.8 亿美元，分别比 1990 年增长 7.9 倍和 9.7 倍①。乡村集体兴办的工业企业，形成了 29 个大行业、50 个小行业，产品达到 5000 多个品种，10 万多种花色、规格。其中重点行业有机械电子、建筑材料、服装鞋帽、化工、纺织、食品、工艺品、采掘等 8 个行业，其综合产值约占乡村集体工业产值总额的 80%。

（三）乡镇集体企业改制阶段（1996—2002 年）

北京市乡镇集体企业经济效益自 1994 年开始下降，到 1996 年开始进入低谷②。1996 年北京市提出乡镇企业改革的重点是进行企业制度创新，改变产权单一、产权封闭、企业消费失控、企业社会负担过重等问题。1997 年是京郊乡镇集体企业改制的重要一年，北京市委、市政府下发《关于进一步审核农村经济体制改革，落实农村经济政策若干问题的意见》，提出了"乡镇企业进行重组转制，通过重组转制解决结构性问题，通过转制解决体制性问题"。1997 年 3 月，北京市政府举办了郊区企业资产重组、人才交流洽谈会，京郊有 1242 家乡村集体企业参会，16 个市属局（总公司）及其所属企业、国内 20 多个省区市代表参会，还吸引了美国、日本、德国等 10 多个国家和地区的客商参会。参会企业通过合作、联营、出售、租赁、托管等形式招商引资、资产重组、引进名优产品和人才。1997 年 5 月，北京市又召开了郊区乡镇企业重组转制工作会，会议提出了"六个一批"的企业重组转制思路，即"引进一批、组建一批、创新一批、放活一批、盘活一批、聘用一批"，实现企业重组转制，引进高起点增量，推动企业结构优化，增加经济总量。到 1998 年，全市乡村两级实行重组转制的企业达到 5388 家，占乡村企业总数的 34.3%，其中，联营 987 家、中外合资 272 家、股份制和股份合作制 892 家、出售 602 家、租卖结合 86 家、租赁 2549 家。到 2002 年，全市共有 11726 家乡镇集体企业进行了重组转制，占乡村集体企业总数的 95%。其中，实行股份制和股份合作制的有 3279 家，占转制企业的 28.0%；实行租赁的企业 5251 家，占转制企业总数的 44.8%；整体拍卖的 1541 家，占 13.1%；兼并的 158 家，占 1.3%；联营的 971 家，占 8.3%；其他形式的 526 家，占 4.5%。在乡镇企业改革过程中，直观的表象就是乡镇集体企业总数快速减少（见图 1）。自 2002 年起，北京市乡镇集体企业数量占全市乡镇企业总数的比重下降至不足 5%，真正体现"社队属性"的乡镇企业已经屈指可数，乡镇企业变成了一个单纯

① 北京市地方志编纂委员会：《北京志·农业卷·农村经济综合志》，北京出版社，2007，第 168—169 页。
② 熊文武、李理：《京郊乡镇企业尚未摆脱徘徊局面，1997—2000 调研参考资料汇编》，北京市农村经济研究中心，第 60—63 页。

的地域修饰词。

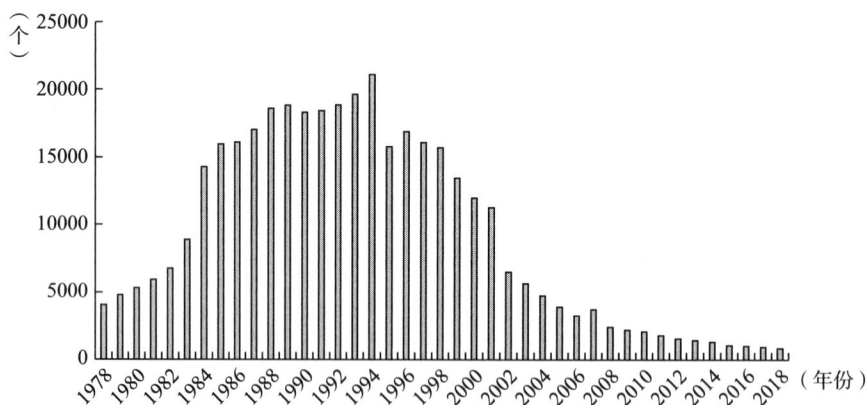

图 1　北京市乡镇集体企业数量（1978—2018 年）

资料来源：北京市统计局、国家统计局北京调查总队编《数说北京 70 年》，中国统计出版社，2019，第 349 页。

（四）农村集体经济转型发展阶段（2003 年以来）

北京市农村集体经济产权制度改革从 1992 年开始在丰台区进行试点，接着在朝阳、海淀、昌平、大兴等近郊、远郊区进行扩大试点。经过 10 余年的改革试点后，2003 年北京农村集体经济产权制度改革试点全面启动，2003—2007 年北京市远郊区进入乡村集体经济产权制度改革全面试点阶段。2008—2013 年北京市农村集体经济产权制度改革全面推进，到 2013 年底全市农村集体经济产权制度改革完成 96.9%。2014 年以来，北京市农村集体经济产权制度改革进入全面深化阶段，到 2019 年北京市基本完成村级集体经济产权制度改革。2003 年以来，北京市农村集体经济产权制度改革实现"资产变股权、农民变股东"，盘活存量资产，转变农村集体经济的经营方式，激发农村集体经济内生动力，建立与市场经济接轨的产权清晰、权责明确、政企分开、管理科学的新型农村集体经济组织。

通过农村集体产权制度改革，北京市农村集体资产总额快速增长，集体经济实力显著增强，农村集体经济活力明显增强，新兴了一批有市场活力的经济体，农村新型集体经济的产业发展与首都建设和服务首都发展紧密相连，具体来看，比较成功的有以下三种模式。一是搭上城市化的快车，抓住改革与政策红利，推动农村集体经济持续发展。北京市部分近郊新型农村集体经济组织直接参与城市建设，积极发展建筑业、房地产业、商业和服务业，成为城市建设和服务的重要主体，为新型农村集体经济注入了新的生命力。北京市丰台区、海淀区、朝阳区等地位于北京市三环和五环之间的大量商场、宾馆、饭店、写字楼都是新型乡镇集体经济组织开办的，一批居民小区也是新型乡镇集体经济组织开发建设的。二是依托本地区位优势，发展租赁经济，支撑集体经济高速发展。随着北京市城市化的快速发展，近郊地区农村集体所有土地的极差地租收益不断上涨，部分农村集体经济组织获得了土地增值收益和房屋租赁的租金收益，这些收益在新型农村集体经济发展中占有重要的比例，还有部分农村集体经济组织通过集体经营性建设土地入市预留发展空间，例如大兴区西红门镇、瀛海镇抓住全国农村集体经营性建设用地入市试点的机遇，在农村集体建设用地入市过程中为村集体经济组织发展留下产业发展空间，在推动集体建设用地入市后发展高精尖产业，丰富本地区市场链条，为乡村集体经济可持续发展提供动力。三是依托本地资源优势，发展实体产业经济，形成了全市乃至全国著名品牌，焕发了持久的生命力。例如，北京市丰台区花乡新发地村在产权制度改革以后，大力发展蔬菜批发市场，成为全国重要的蔬菜批发龙头市场，承担了北京市 80% 以上的农产品供应，2020 年交易量 1298 万吨，交易额 1006 亿元。在全国 4600 多家农产品批发市场中，新发地市场交易量、交易额名列前茅，是首都名副其实的大"菜篮子"和大"果盘子"。顺义区赵全营镇北郎中村通过集体产权制度改革，建立了北京市北郎中农工贸集团，充分利用本地资源优势发展现代农业，并不断调整产业布局，形成了以花卉、籽种农业、农产品加工、物流配送和生态、观光农业为主的产业结构，实现了第一、第二、第三产业有机融合、相互促进、协调发展。北郎中农工贸集团被北京市政府评为北京市首批农业产业化重点龙头企业，2006 年以来"北郎中"品牌连续被评为北京市著名商标。

二　京郊新型农村集体经济发展的现状与问题

（一）经济规模庞大

2020 年，北京市农村集体资产总额达到 8868.7 亿元，比 2019 年增加 519.4 亿元，同比增长 6.22%，是 2006 年的 4.2 倍。其中，乡镇级集体资产达到 3230.93 亿元，村级集体资产达到 5637.8 亿元，占全市总资产的比重分别为 36.4% 和 63.6%。根据农业农村部统计，2019 年我国村级集体资产总额为 50670 亿元，北京市村级集体资产总额占全国的比重为 8.25%[①]。

（二）空间分布的梯度显著

1. 全市农村集体经济组织五成以上分布在远郊平原区

从农村集体经济组织来看，位于中心城区的朝阳、海淀、丰台、石景山 4 个区农村集体经济组织数量为 348 个，占全市农村集体经济组织总数的比重为 8.4%；位于远郊平原的通州、顺义、大兴、昌平、房山 5 个区农村集体经济组织数量为 2260 个，

---

① 农业农村部政策与改革司编《2019 年中国农村政策与改革统计年报》，中国农业出版社，2020，第 50 页。

占全市农村集体经济组织总数的比重为 54.7%；位于生态涵养区的门头沟、平谷、怀柔、密云、延庆 5 个区农村集体经济组织数量为 1552 个，占全市农村集体经济组织总数的比重为 36.9%。

2. 农村集体资产分布呈现三个梯度

由于京郊农村集体资产主要是由农村集体土地资源转化而来，因此京郊农村集体资产在各区的分布总体上与京郊城市化进程的梯度性相类似，呈现出三个梯度。在新版城市总体规划中被划入中心城区的朝阳区、海淀区、丰台区和石景山区 4 个区的农村集体资产总额达到 5752.1 亿元，占全市农村集体资产总额的 64.9%；处于远郊平原区的通州区、顺义区、大兴区、昌平区、房山区的农村集体资产总额为 2645.4 亿元，占全市农村集体资产总额的 29.8%；处于生态涵养区的门头沟区、平谷区、密云区、怀柔区和延庆区的农村集体资产总额仅为 471.2 亿元，占全市农村集体资产总额的 5.3%（见图 2）。

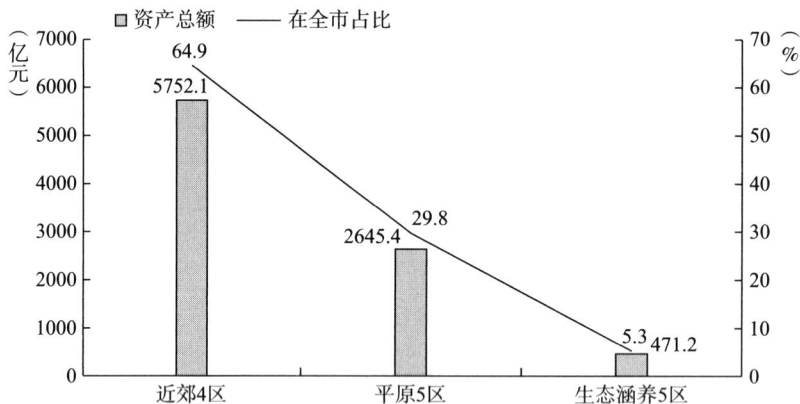

图 2　2020 年北京市农村集体资产在各区域分布情况

资料来源：北京市农业农村局《北京市农村经营管理统计资料（2020 年）》，2021 年 10 月。

3. 集体经济产业形态呈现三个圈层

京郊农村集体经济产业结构与农村的工业化、城市化有很大的关联，农村集体经济的产业形态也呈现出较为突出的三个圈层的特点。第一个圈层为近郊的朝阳、海淀、丰台、石景山 4 区以及平原区城镇化较快的乡镇，它们较早地进入城乡互补的产业形态，一部分农村集体产业成为承接城市产业功能的重要载体，较好地融入城市现代产业聚群之中，比如丰台区卢沟桥乡的三路居村的集体产业以房地产、现代物业、金融科技等为主导。大部分的城乡接合部地区存在大量以租赁为核心的产业形态，积聚仓储物流、底商出租等业态。比如，大兴区西红门镇政府投资 2.55 亿元，购买 17500 平方米底商，由各搬迁村按购置价购买，集体每年获得稳定租金收益。第二个圈层即为远郊平原城乡结合地区或者远郊浅山区，农村集体经济主要为一二三产融合型产业，农产品加工、都市现代农业，比如密云区溪翁庄镇金叵罗村依托本村樱桃、小米等特色农业，通过发展有机种植、小米加工、农耕体验、精品民宿、农业节庆，推动乡村第一、第二、第三产业深度融合，2020 年全村实现旅游收入 2000 万元，村合作社股东分红 100 万元。第三个圈层即为远郊深山区，这部分地区主要处于生态涵养区，农村集体经济组织空壳化比较严重，且农村集体经济发展普遍受到生态红线的制约，大部分村庄的农村集体经济处于空心化状态，近年来少数村集体经济依托红色资源和绿色资源，以观光休闲和乡村旅游业为主导，盘活利用闲置农房，向一三产业融合的方向发展。比如，门头沟区清水镇洪水口村依托灵山古道等红色旅游资源和优美的风景等自然资源优势，成立运输合作社、修配厂、矿泉水厂和灵山古道等 8 个分属不同产业的新型村集体企业，发展壮大农村集体经济，2020 年洪水口村集体经济纯收入达到 180 万元，股份分红达人均 8600 元。

（三）经营效益总体偏低且区域不平衡

1. 集体资产收益率有所上升，但仍然比较低

2020 年全市农村集体资产收益率为 0.42%，是 2019 年的 2 倍。其中，乡镇级农村集体资产收益率为 0.25%，村级农村集体资产收益率为 0.52%。从集体经济的不同经营主体来看，2020 年村级集体企业的资产收益率最高，为 1.96%（见图 3）。

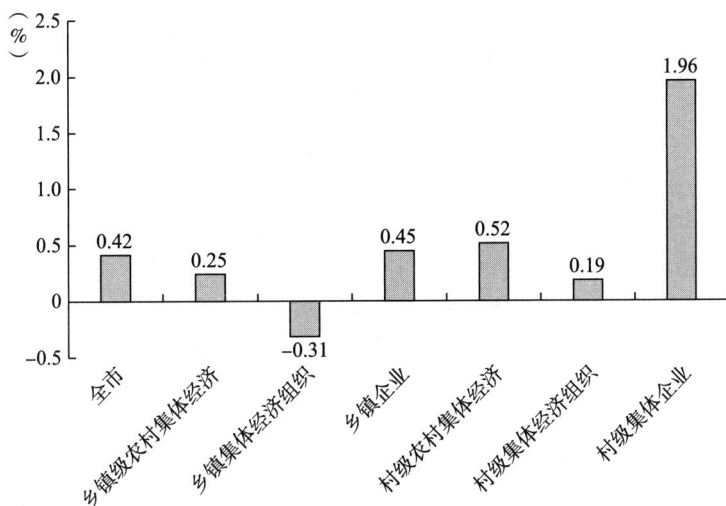

图 3　2020 年北京市各类经营主体农村集体经济资产收益率

资料来源：北京市农业农村局《北京市农村经营管理统计资料（2020 年）》，2021 年 10 月。

2. 全市村级集体经济组织经营情况有所好转，但仍有 42.5% 的村级集体经济组织处于收不抵支的状态

2020 年全市共有 1677 个村级组织收不抵支，占比达到 42.5%，比 2019 年下降

了 7.6 个百分点。其中丰台区、密云区、延庆区收不抵支的农村集体经济组织占比超过村集体经济组织数量的 60%。平谷区、昌平区、通州区收不抵支的农村集体经济组织占比超过村集体经济组织数量的 50%。大兴区收不抵支的村集体经济组织从 2019 年的 100 个下降到 0 个，是全市首个没有收不抵支村级集体经济组织的区。

3. 全市农村集体经济经营效益呈现较为突出的不平衡性

从区域来看，2020 年朝阳区、海淀区、丰台区、石景山区 4 个区的农村集体经济资产收益率分别为 −0.12%、0.56%、1.12%、0.85%，通州区、顺义、大兴区、昌平区、房山区 5 个区的集体经济资产收益率分别为 −1.59%、−1.15%、3.22%、−0.21%、0.08%，门头沟区、平谷区、怀柔区、延庆区、密云区 5 个区农村集体经济资产收益率分别为 0.22%、−0.52%、−0.67%、0.16%、0.09%。2020 年大兴区农村集体经济资产收益率位居全市第一，丰台区农村集体经济资产收益率位居全市第二，石景山区农村集体经济资产收益率位居全市第三，通州区农村集体经济资产收益率为全市最低。

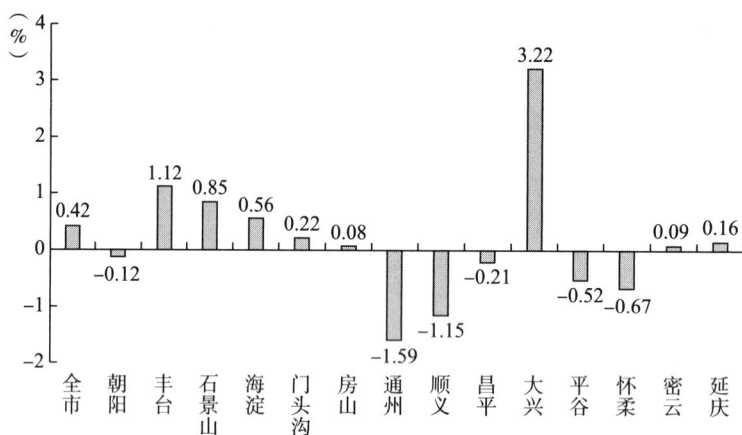

图 4　2020 年北京市各区农村集体经济资产收益率

资料来源：北京市农业农村局《北京市农村经营管理统计资料（2020 年）》，2021 年 10 月。

4. 集体经济实体产业仍比较薄弱

北京市将农村集体经济年经营收入低于 10 万元的村级集体经济组织确定为集体经济薄弱村。截至 2020 年，北京市集体经济薄弱村占全市农村集体经济组织的两成左右，其中八成分布在生态涵养区。2020 年，在北京市 3944 个村级集体经济组织中，有 834 个村集体经济年经营性收入低于 10 万元，占全市村级集体经济组织的 21.1%。2020 年北京市集体经营性收入低于 5 万元的集体经济薄弱村达到 664 个，占全市集体经济薄弱村的 79.6%。北京市八成左右的集体经济薄弱村分布在生态涵养区。昌平区、门头沟区、房山区、平谷区、怀柔区、密云区、延庆区 7 个区的集体经济薄弱村数量达到 682 个，占全市集体经济薄弱村总数的 81.8%。其中，密云区有集体经济薄弱村 205 个，占密云区村级集体经济组织的 61.9%，占全市集体经济薄弱村的 24.6%，占生态涵养区集体经济薄弱村的 30.1%。从 2021 年北京市农业农村局和北京市农研中心联合开展的 100 个集体经济薄弱村调查来看，集体经济薄弱村产业结构转型比较滞后，第一产业仍为主导产业，2020 年 100 个村的第一产业产值占总产值的 63%，第二产业产值仅占 15%，主要是建筑业、其他制造业，农产品加工业严重缺乏。

（四）带动农民增收作用增强，但还有很大提升的空间

根据北京市农业农村局农村"三资"监管平台数据，2020 年北京市农户从集体经济获取的人均所得 6489 元，占农户人均所得的比重为 23.6%。其中，农户从乡村集体经济获取的报酬收入占农户报酬性收入的 29.3%，集体福利性收入占农户财产性收入的 36.7%。2011—2020 年，北京市新型农村集体经济组织股份分红总额持续快速增长，分红的村从 620 个增加到 1433 个，股金分红总额从 20.6 亿元增加到 55.3 亿元，增长了 168.4%，获得分红的股东人数从 58 万人增加到 131.4 万人，人均分红从 3552 元增加到 4209 元（见表 1）。但从全市 3927 个完成乡村集体产权制度改革的经济组织、341.3 万个股东来看，进行分红村数仅占 36.5%，参与分配的人数也仅占 38.5%，仍有 63.5% 的新型农村集体经济组织没有进行分红，61.5% 的股东没有获得分红收益。北京市集体经济薄弱村带动农民增收的能力尤为微弱，2020 年全市受访的 100 个集体经济薄弱村农户从集体经济获得的人均所得占农户所得的比重仅为 6.2%。

表 1　2011—2020 年北京市新型农村集体经济组织股份分红情况

年份	分红村数量（个）	股份分红总金额（亿元）	分配人数（万人）	人均分红（元/人）
2011	620	20.6	58	3552
2012	1073	23.6	111	2126
2013	1267	34.8	133	2617
2014	1332	41.8	134	3119
2015	1334	45.0	134	3358
2016	1373	47.3	137	3453
2017	1356	48.7	131	3718
2018	1361	55.7	141	3950
2019	1354	53.7	131	4099
2020	1433	55.3	131.4	4209

资料来源：北京市农业农村局合作经济指导处。

三　京郊新型农村集体经济发展面临的机遇与挑战

（一）京郊新型农村集体经济发展的机遇

1. 空间重塑带来新机遇

近年来，北京市积极推进京津冀协同发展战略，大力开展疏解整治促提升专项行动，到 2020 年，北京市基本完成一般制造业企业集中退出、区域性批发市场大规模疏解任务①。此次"疏整促"行动已经持续了 6 年有余，目前仍在继续。可以说此次"疏整促"行动的决心空前、力度空前、效果空前。比如，2014—2016 年，朝阳区共清理商品交易市场 154 家，退出工业企业 184 家，拆除再生资源回收场站 53 家，拆除仓储物流企业 3 家，拆除出租大院 289 个，共计腾退建筑面积 655.4 万平方米②。2016 年大红门地区拆除物流仓储大院 81 处，疏解人口约 1.2 万人③。疏解腾退的低级次市场、工业大院，主要是集体产业项目。疏解整治促提升专项行动使那些历史上形成的、管理不规范的、发展层级不适应首都核心功能的农村集体产业空间得到了有效释放，为布局首都高质量发展提供了新空间，倒逼农村集体产业向绿色高端高效转型。2021 年 6 月，朝阳区拆除了位于十八里店村铁路以南的仓储物流库房，占地面积 11 万平方米，腾退空间将建设集农业生产、科技、生态、观光等多功能于一体的农业产业综合园项目，该项目将有助于提升朝阳区南部地区都市农业发展水平，提高村集体的经济收入，解决村民就近就业等问题。

2. 发展方向基本明确

"十四五"时期是北京落实首都城市战略定位、构建高精尖经济结构、推动京津冀产业协同发展的关键时期。北京市"十四五"时期发展规划和各个专项规划已经发布，为北京市农村集体产业发展指明了方向。一方面，农村集体经济要为首都农业农村高质量发展提供支撑。按照《北京市"十四五"时期乡村振兴战略实施规划》④，远郊农村集体经济组织和乡村集体企业应积极主动承接推进都市型现代农业高质量发展的重要任务，围绕抓好"米袋子""菜篮子"稳产保供、建设农业"中关村"、加

---

① 2021 年北京市政府工作报告，http://www.beijing.gov.cn/gongkai/jihua/zfgzbg/202102/t20210201_2249908.html。

② 张世玉：《包装功能疏解显成效》，北京朝阳新闻网，2017 年 2 月 23 日，https://chynews.bjchy.gov.cn/sub/news/419894/12876.htm。

③ 《大红门拆除 81 处物流仓储大院 共疏解人口约 1.2 万人》，《北京晨报》2016 年 6 月 29 日，http://finance.qianlong.com/2016/0629/712247.shtml。

④ 《北京市人民政府关于印发〈北京市"十四五"时期乡村振兴战略实施规划〉的通知》（京政发〔2021〕20 号），北京市人民政府网站，2021 年 8 月 12 日，http://www.gov.cn/xinwen/2021-08/12/content_5630961.htm。

快一二三产业融合发展等推进农村地区集体产业培育与发展,着力消除集体经济薄弱村。近郊农村集体经济应着力发展新型农村集体经济,以发展特色产业、盘活土地资源等为抓手,拓宽集体经济发展路径,推动集体产业转型升级,增强集体经济组织服务成员能力。另一方面,首都农村集体经济应主动服务首都"四个中心"城市功能定位,融入首都现代产业体系之中。近郊和中心城区农村集体经济应以《北京市"十四五"时期高精尖产业发展规划》[①]为指引,围绕构建北京市"2441"高精尖产业体系,依据各个产业的空间布局,主动引入"北京智造""北京服务"产业以及未来前沿产业。

3. 重视程度日益提高

2019 年 7 月,北京市委组织部、市委农工委、市财政局、市农业农村局印发《关于坚持和加强农村基层党组织领导 扶持壮大村级集体经济的意见》和《关于开展扶持壮大集体经济试点工作的通知》,要求到 2025 年基本消除集体经济薄弱村。为此,北京市农业农村局开展集体经济薄弱村帮扶专项行动,北京市委组织部从各个市区相关部门派驻第一书记,北京市委农工委、市农业农村局联合市相关部门组织国有企业、市属高校开展集体经济薄弱村帮扶对接工作,这为补齐农村集体经济发展短板提供了资金技术和智力支撑。北京市委、市政府领导高度重视农村集体经济发展工作,在多个调研报告上批示,要求落实和推动集体经济薄弱村发展各项工作。

4. 发展势头日趋向好

从 2006—2020 年京郊农村集体经济总收入的变化趋势来看,受"调转节"和"疏整促"等相关政策的影响,京郊农村集体经济经历了一个快速腾笼期,2014 年和 2016 年京郊农村集体经济总收入出现了两次"断崖式"下滑,2017—2019 年京郊农村集体经济总收入在 600 万元—700 万元,2020 年京郊农村集体经济总收入仅为 2012 年的 44.9%。但是,近两年来京郊农村集体经济总收入企稳微增,2020 年北京市农村集体经济总收入达到 679.8 亿元,比 2019 年增加 6.1 亿元,同比增长 0.9%,扭转了 2013 年以来农村集体经济总收入持续下滑的局面。这表明,北京市农村集体经济发展势头开始向好,农村集体经济发展的新产业、新业态在快速培育和发展。

(二) 京郊新型农村集体经济发展面临的困难与挑战

1. 体制机制约束

一是农村集体产权制度改革需要进一步深化。当前农村集体产权的封闭性与市场的开放性之间的矛盾制约了乡村资源要素与社会人才、资本的有效流动。二是村级集

---

① 张景华:《北京"十四五"时期高精尖产业发展规划发布》,《光明日报》2021 年 8 月 29 日,https://finance.sina.com.cn/tech/2021 - 08 - 29/doc-iktzqtyt2749406.shtml。

体经济组织仍然缺乏市场主体地位，作为特别法人的集体经济组织市场地位仍缺乏具体实现路径，市场经营需求与行政许可供给难以衔接，特别是在金融信贷、资源开发、资本合作等方面存在较强的制度壁垒。三是集体经济组织管理体制不顺畅，集体经济组织与村"两委"、乡镇政府之间的政社不分、职责不明在一定程度上制约了集体经济组织的建设和集体经济的发展。四是农村集体建设用地入市仍存在许多具体操作层面的问题，农村宅基地改革仍比较滞后，土地征收制度在一定程度上影响了农村集体经济组织平等地参与首都经济建设的权益。2004年以来施行的《北京市建设征地补偿安置办法》确定的"逢征必转"政策，给城市化地区农村集体经济组织带来巨大的经济负担。五是农村征地补偿款的管理制度改革滞后，限制了农村集体资产的有效运营，全市1750亿元的征地补偿款只能存在银行收取利息[①]，获得的收益极低，而村集体经济组织还要承担成员福利、分红、公益事业等责任，这也是村集体经济收不抵支村占比仍超过四成的重要原因之一。

2. 政策供给不足

一是乡村地区作为建设用地减量的重点区域，其发展观光休闲、农产品加工等二三产业所需建设用地在一定程度上受到了约束。二是农村集体经济发展缺乏税费政策的支持，新型农村集体经济组织进行分红要征收个人所得税，这就加大了集体经济带动农民增收的成本。三是缺乏人才引进方面的支持政策。集体经济组织和集体企业就业政策与国有企业不可同日而语，导致集体经济缺乏对高端人才的吸引力。四是生态涵养区政策不够完善，补偿资金使用不够科学。在生态涵养区保护政策的硬约束下，生态涵养区村级集体经济组织一直没有找到政策允许的产业发展方向。五是在城市化较快的地区，一大批撤销乡村行政建制的地区仍需要继续发展农村集体经济，这些地区面临农村集体经济组织如何管理的问题，亟待加快政策研究进度。

3. 经营主体虚化

一是大多数集体经济组织，不能正常独立运行，其职能和作用常常被取而代之。很多村级集体经济组织更是名存实亡。二是不少农村集体经济组织内部管理不规范、运转不畅，没有开展正常的经营、管理业务。有的农村集体经济组织账面上除了已经承包给农户的承包土地数据外没有其他经营性资产，除了上级有关部门拨付的建设资金外也没有任何集体经营性收入。据调研，延庆区12个集体经济薄弱村及其所在乡镇均存在集体经济组织有名无实的情况。三是乡镇、村干部对农村集体经济发展的相关政策不熟悉，集体经济组织只有牌子和印章，没有真正的运营实体，集体经济组织章程也处于只是挂在墙上的状态，集体经济组织的股东大会、股东代表大会没有真正

---

① 胡睿宪：《改革土地补偿费管理制度的建议》，《北京调研》2021年第10期，第58页。

发挥作用。四是乡村集体企业缺失，在生态涵养区，农村集体企业或者农村集体领办专业合作社等都非常缺乏，京郊 100 个集体经济薄弱村调查结果显示，相关村中只有 2 家村集体企业和 28 家村集体领办的农民专业合作社。

4. 经营人才短缺

我们在京郊 100 个集体经济薄弱村调研中发现，多数集体经济薄弱村发展缺少领头羊，村干部老龄化突出、受教育水平相对较低，有的不会用电脑、不会用微信，很难适应现代市场竞争的要求，更缺乏现代经营理念和经营能力。驻村的第一书记在推进集体经济薄弱村发展中发挥重要的作用，其利用政策资源优势为村集体经济组织争取了多方支持，然而这种支持仍然是外来的、暂时的、不可持续的。我们在对海淀区、朝阳区等近郊农村集体经济发展较好的地区的调研中了解到，农村集体经济发展也面临着经营管理人才短缺的问题，由于薪酬激励、社会保障、上升空间等方面的制约，乡村集体企业很难招进、留住人才。

四 思考与建议

北京市农村集体经济在京郊农村经济发展中占有重要地位，是首都乡村振兴的重要内生动力源泉。可以说，抓住了新型农村集体经济发展这个核心，就拿到了撬动和整合首都超大城市优势资源，使其进入农村的金钥匙。建议从思想认识、组织建设、体制机制、政策供给等四个层面提高新型农村集体经济发展的内外环境和条件，推进北京市新型农村集体经济加快转型发展。

（一）坚持法治化、市场化、公平化的发展理念

1. 从国民经济体系的整体视角，认识京郊新型农村集体经济的地位

农村集体经济是我国国民经济的重要组成部分。改革开放以来，农村集体经济与国有经济、个体经济逐步形成了互补、竞争、互促的紧密关系。京郊农村集体经济为北京市的工业化、农业机械化、城市化、小城镇建设等都做出了重要贡献。新时代京郊新型农村集体经济发展对加快构建双循环新发展格局、推动首都高质量发展、全面推进具有首都特点的乡村振兴也具有重要作用。

2. 从新时代首都高质量发展的视角，给予新型农村集体经济组织和乡村集体企业与国有企业相同的市场地位

农村集体经济是农村产业发展的重要力量，农村集体经济的发展经历了从发展第一产业到发展非农产业的跨越，乡村集体经济为农村和小城镇发展提供了重要的产业支撑和财政收入来源。然而，在城乡二元制度的安排下，农村集体经济的发展所面临的制度和政策环境与国有企业不可同日而语，这也成为制约乃至左右农村集体经济发展的重要因素。新时代应给予新型农村集体经济平等的市场主体地位、公平的政策制

度待遇。

3. 从推动实现共同富裕的视角，加快推动农村集体经济特别是集体经济薄弱村的发展

北京在推动实现共同富裕的道路上，应当也能够做出表率。但近些年来，北京市城乡居民收入差距较大，缩小城乡居民收入差距、促进共同富裕的任务还比较艰巨。在增加农民收入上，除了采取提高农村居民财政转移支付的输血式帮扶外，更重要的是培植和振兴乡村产业，提高乡村居民工资性、财产性收入，关键在于保障和实现农村集体土地房屋等财产权益、壮大新型农村集体经济，提高农村集体资产经营收入。

（二）推动集体经济组织建设突破性发展

1. 进一步深化乡村集体产权制度改革

加快推动乡镇级集体经济产权制度改革，动态监测集体经济组织家底，明晰集体产权关系，建立"归属清晰、责权明确、保护严格、流转顺畅"的农村集体经济现代产权制度，探索乡村集体经济组织对集体土地等集体资源所有权的有效实现路径。健全新型集体经济组织的治理机制，强化对集体资产的监督管理，维护与发展农村集体和农民的财产权益。

2. 重点推动乡（镇）联社建设

一是推动乡（镇）联社的实体化建设，使之从乡镇政府的集体资产管理部门分离出来，成为具有独立特别法人资格的实体单位，乡（镇）联社董事长人选由村股份合作社代表选举产生，区委、区政府审议通过。二是在乡镇党委的领导下，由乡（镇）联社进行乡镇范围的行业管理和发展统筹，促进农村产业供给侧结构性改革和农村发展动能转换。三是以乡（镇）联社为主体，建立乡（镇）联社与农村股份经济合作社之间的紧密关系，使乡（镇）联社成为带动农村股份经济合作社共同进入市场的龙头经营主体，带动集体经济薄弱村与乡镇域内其他集体经济组织联合发展。四是加快完善新型集体经济组织法人治理结构，完善乡村集体经济发展的利益共享机制，规范乡村集体经济组织股份分红，充分保护和实现农村集体经济组织和成员合法的财产权，增强集体经济组织成员的获得感。

3. 实行"农村集体经济组织 +"行动

一是推动实行新型农村集体经济组织 + 乡村治理，促进集体经济组织向实发展，落实新型农村集体经济组织的市场主体地位，完善新型农村集体经济组织内部治理机制。二是推动实行新型农村集体经济组织 + 土地要素，明确农村集体土地的各项权益，实化和显化农村集体经济组织对农村集体土地的所有权。三是推动实行新型农村集体经济组织 + 工商资本，通过股份合作等方式完善城乡资本合作运营机制，撬动城市资本要素，促使其向农村流动。四是推动实行新型农村集体经济组织 + 各类人才，

通过下派各级党政机关干部、第一书记，派驻大学生选调生、经济专员等各类人才到农村集体经济组织的方式，支持农村集体经济组织人才振兴，吸引城市人才下乡。

（三）着力优化农村集体经济发展的制度环境

1. 加快集体经济发展的相关立法工作

改变集体经济发展立法严重滞后的局面，尽快制定有关集体经济发展的法律法规。在国家层面加快集体经济组织立法的同时，应当尽快修改《北京市农村集体资产管理条例》等地方性法规，研究制定《北京市农村集体经济组织条例》，建立体现扶持、有所差别的涉农税收制度，推进农村集体经济组织依法顺畅进入市场，推动农村集体产权依法有序交易。

2. 进一步完善农村集体经济发展的管理体制

一是完善乡村集体资产管理与监督的体制机制。加强和巩固市、区、乡镇农村经管专业机构和队伍，借鉴海淀区经验，建立区级集体资产监管委员会，从体制机制上保障农村经管机构进行资产监管的权威性。二是优先推动中心城区集体经济组织的政经分离，明确集体经济组织与村委会的职责关系，将乡村合作社与乡镇政府、村委会分开，在党组织领导下各司其职，逐步剥离集体经济组织所承担的社区公共管理服务和公益建设职能，推动集体经济组织向市场主体的方向发展。三是明确集体资源和资产的所有权主体，构建和落实集体经济组织成员与农村集体经济组织之间的利益联结机制，保障集体经济组织成员的民主管理权和集体收益分配权，使集体经济发展的成果由集体成员共享。四是遵循市场经济规律，建立新型农村集体经济组织带头人报酬与农村集体经济收益相挂钩的收益分配机制，充分体现管理者才能的市场价值，调动新型农村集体经济组织带头人发展壮大农村集体经济的积极性。

3. 加快破除城乡二元体制，建立健全城乡融合发展的体制机制

一是建立有利于农村集体经济组织发展的财政税收制度。支持农村集体经济组织发展乡村产业，使农村集体经济组织可以同等享受新型农业经营主体的各项优惠政策。支持农村集体经济组织带动农民共同富裕，减免集体股份分红的个人所得税。二是建立支持集体经济组织发展的金融制度。探索以集体经济组织为主体发展农村合作金融。针对农村集体经济组织支付结算、现金管理、投资理财、融资信贷等方面的金融服务需求，制定为集体经济组织提供全方位金融服务与支持的制度。三是建立鼓励优秀人才到农村集体经济组织就业创业的政策制度。建立集体经济组织吸引外部人才的机制，在集体经济组织和乡村集体企业实行开放式用人制度，加快建立健全职业经理人聘任机制和约束与激励机制，形成科学合理的薪酬制度，推行合同制，吸引人才，促进人力资源向集体经济组织合理流动。四是推动城乡就业、医疗、养老等社会保障制度接轨，使在农村集体经济组织和乡村集体企业就业创业人员能够享受到与在

国有企业就业创业人员同等的医疗、养老等社会保障待遇。

（四）优先破解"卡脖子"的政策难题

构建适应市场化、城镇化和城乡一体化发展的新型集体经济发展的政策体系，推动集体经济转型发展。一是制定《关于加强农村集体经济组织建设 发展壮大新型集体经济的意见》等全市性的政策文件，为新时代首都乡村集体经济组织建设和新型集体经济发展提供有力的政策指导和支持。二是加快解决集体经济产业发展用地需求。通过规划预留建设用地指标、点状供地等途径，拓展生态控制区和限制建设区集体经济发展空间。三是进一步完善生态涵养区政策，落实《北京市生态涵养区生态保护和绿色发展条例》，在生态保护和有效治理的同时注重绿色发展，加快研究制定生态涵养区适宜产业发展政策，引导生态涵养区农村集体经济转变发展思路。建立生态产品价值实现制度体系，打造集农田、湖泊、河流、湿地、森林等多种自然生态要素于一体的生态价值实现空间布局，以集体经济组织与社会经营主体合作的方式，构建生态资源管理、开发和运营的平台，促进集体经济薄弱村生态价值向经济价值转变。四是推动全市产业发展禁限目录的调整，适度放宽对京郊乡村农产品加工业的限制，为乡村绿色产业发展和一二三产业融合发展提供政策支持。

执笔：王丽红、张英洪

第二篇

乡村建设与城乡融合

北京市统筹城乡基础设施和公共服务
建设的基本经验与启示[*]

近几年来，北京市委、市政府高度重视城乡统筹发展，特别是将统筹城乡基础设施和公共服务建设作为贯彻落实科学发展观、推进城乡一体化的重要内容，实施了一系列加强农村基础设施与公共服务建设的有力举措，使农民生产生活条件明显改善。通过统筹城乡基础设施和公共服务建设，北京市在破除城乡二元结构、率先形成城乡经济社会发展一体化新格局上取得了新的突破，为构建繁荣、文明、和谐、宜居的首善之区奠定了良好的基础。

一 背景：新阶段、新问题、新举措

党的十六大以来，党和国家提出了城乡统筹和科学发展观等一系列重大战略思想，使那种单纯追求 GDP 增长和在城乡二元结构的框架内谋求发展的旧思维成为过去。深入贯彻落实科学发展观，要求我们统筹城乡发展，破除城乡二元结构，加快推进城乡一体化，不断提高政府提供公共产品和公共服务的能力和水平，实现城乡基本公共产品和公共服务均等化。

进入 21 世纪以来，北京郊区农村的现代化进程已经实现了由工业化中期向后期阶段的转变，郊区农村的产业结构已经形成第三产业超过第二产业、第一产业占比逐步下降到 10% 以下的格局。北京是国家的首都，是全国的政治中心、文化中心，是世界著名古都和现代国际城市，人均 GDP 已跻身中等发达城市行列。从总体上看，北京郊区农村现代化进程快于全国一般农村地区，已经进入农村城镇化进程加快的社会结构转型阶段。但与全国一样，受长期形成的城乡二元体制的影响，郊区农村的生产要素不断向城市、城镇集聚，农村自身发展后劲不足，城乡差距继续拉大，尤其是城乡基础设施和公共服务差距更大，致使农村这一"短板"所造成的消极后果已经

---
* 原载北京市农村经济研究中心《调研参考资料》2009 年第 2 期。

从根本上制约着北京经济社会的全面发展。如何在城乡统筹的基础上加快农村的基础设施建设，为农村提供均等化的公共服务，成为提升郊区现代化水平的关键因素。奥运会的筹办、"新北京、新奥运"的理念和措施的推进，也为北京加快农村基础设施和公共服务建设向农村延伸提供了契机。

市委、市政府正是基于对郊区经济社会发展新阶段、新起点的正确判断和对科学发展观的正确把握，将统筹城乡基础设施和公共服务建设作为率先形成城乡经济社会发展一体化新格局的切入点和重要内容，全力加以推进。经过几年的努力，北京在统筹城乡基础设施和公共服务建设上取得了明显实效，经济社会发展已步入城乡一体化发展的快车道。

二 城乡统筹，部门联动，推进农村基础设施建设

（一）市委、市政府带头确立城乡统筹发展的新观念，推动政府职能部门向郊区农村延伸服务职能

加快郊区农村基础设施建设，仅靠农村自身是不行的，靠农口部门也势单力薄。长期以来形成的城乡分割的二元管理体制造成的思维定式，使政府众多职能部门的工作重点集中在城区，把郊区农村的工作只看成农口的事。

因此，为了形成城乡统筹、部门联动的良好工作机制，政府各职能部门必须转变观念。为此，市委、市政府在贯彻落实科学发展观的活动中，率先转变观念，并以城乡统筹发展的新观念推动政府职能部门观念的大转变。在各种会议上和不同场合中，市委、市政府领导反复强调：市政府绝对不是一个只管城市的政府，市政府各部门也不是只管市区的工作部门，我们面对的是全体市民，不能只管城市里的人，不能只见城市不见农村。"三农"工作是各部门工作职责的重要部分，各个部门对解决"三农"问题均负有不可推卸的责任。市政府主要领导甚至要求：哪个部门认为自己的工作与"三农"问题有关，提出要办的几件实事，有一页纸的汇报材料就够了；哪个部门认为自己的职能与"三农"问题无关，要写出详细的汇报理由，少于5000字不行。在市委、市政府领导的大力推动下，从2005年开始，市政府各委、办、局集中开展大规模的农村"春季调研"活动，各职能部门根据自身职能，查找与农村工作需求的实际差距，有针对性地拿出具体的措施，将各自的公共服务职能向农村延伸，以体现城乡一体化对政府各职能部门转变职能的新要求。

为推进北京市的社会主义新农村建设，2006年3月，市委、市政府出台了《关于统筹城乡经济社会发展，推进社会主义新农村建设的意见》，突出了"统筹城乡发展"这一基本要求。在配套文件中又特别提出《关于加快村庄基础设施和公共服务设施建设的意见》，对统筹城乡基础设施和公共服务建设做出了具体部署和安排。同

时，市政府还编制了《北京市"十一五"时期新农村建设发展规划》《北京市"十一五"时期基础设施发展规划》等，进一步强化了城乡基础设施和公共服务建设的全市统筹。

2008 年 12 月，为贯彻党的十七届三中全会精神，加快北京农村改革发展步伐，市委十届五次全会通过了《关于率先形成城乡经济社会发展一体化新格局的意见》，对加快统筹农村基础设施和公共服务建设的目标、任务和措施提出了新的明确要求。

（二）市政府各职能部门突破城乡二元结构，推进城乡一体化进程

2005 年初，市政府各职能部门按照市政府的统一要求，开展农村"春季调研"活动。各职能部门结合自身职能，深入郊区农村调研，写出了 28 篇调研报告，通过这次调研活动，各部门加深了对"政府各职能部门不只是城市的职能部门"的认识，从而进一步增强了统筹城乡发展的意识，并从统筹城乡发展的要求出发来转变职能，将各自的公共服务工作重点向农村延伸。仅 2005 年之内，各职能部门起草或出台了近 40 项关于支持"三农"工作的政策意见或实施方案。

"春季调研"活动的结果最后形成了 53 项可操作项目，其中涉及解决农民问题的 14 项，涉及解决农业问题的 10 项，涉及解决农村问题的 29 项。这些项目很多涉及农村的基础设施和公共服务建设，如其中的"推进农村基础设施及公共服务设施建设"项目，由市发展改革委主要负责，协办单位有市财政局、市水务局、市林业局、市农委、市教委、市交通委、市卫生局，项目建设的具体目标任务，一是加快农村基础设施建设，包括重点城镇 7 条联络线工程、60 个乡镇农村安全供水工程、6 个中心镇污水处理工程及 11 个区县农业节水工程等；二是支持一批环境保护和资源节约项目，包括凉水河干流综合整治、京津风沙源治理、第二道绿化隔离带建设、南宫垃圾焚烧厂建设等；三是推进农村公共服务建设，支持山区县标准化村级卫生机构建设等。又比如"加快解决农村安全饮水问题"项目，主要责任单位为市水务局，协办单位有市发改委、市卫生局、市爱委会，项目建设的具体目标任务是，采取现有水厂扩户、新建联村水厂、单村供水三种方式，解决延庆、通州、朝阳、大兴、房山、顺义 6 个区县 47 个乡镇 414 个行政村共 30 万名农民饮水不达标问题，年内完成安全饮水硬件建设任务。其他如农村垃圾处理、乡村卫生基础设施建设、广播电视村村通工程等涉及农村基础设施和公共服务的项目，都一一明确主要责任单位和协办单位。

从 2006 年开始，市政府将各职能部门通过"春季调研"确定的项目纳入社会主义新农村建设"折子工程"，项目手册发到各乡镇，并在《北京日报》上向社会公示，欢迎广大群众与媒体监督。2006 年列入社会主义新农村建设"折子工程"的项目 108 项，2007 年 103 项，2008 年 130 项。通过这几年的努力，市政府各职能部门已基本形成了城乡统筹发展的共识与工作机制。

（三）市财政加大对郊区农村基础设施和公共服务建设的投入

农村基础设施与公共服务长期滞后的一个重要原因在于财政投入不足。市委、市政府围绕推进城乡基本公共产品和公共服务均等化，加快改革和完善公共财政体制，加大财政对农村基础设施和公共服务建设的投入力度，让公共财政的阳光普照农村。

长期以来，政府投资的重点在城市，而对地域广大、人口众多的农村地区的投入比例明显偏低。在统筹城乡发展中，市委、市政府明确要求政府投入要向郊区倾斜，政府向农村投入的比例逐年增大。市政府固定资产投资用于城区与郊区的比例，2003年为80：20；2004年调整为60：40；2005年为50：50，城乡投资比例首次实现对等；2006年为48：52，市政府对郊区的投资首次超过城区。

在《关于加快村庄基础设施和公共服务设施建设的意见》中，市委、市政府进一步明确规定市、区县、乡镇三级政府应建立公共财政共同投资新农村建设的机制，重点在"多予"上下功夫；市财政继续实行政府投入向郊区倾斜政策，"十一五"期间，政府固定资产投资用于郊区的比例不低于50%；全市新增教育、卫生、文化、体育、计划生育等公共服务事业经费用于郊区县以下的比例不低于70%。在上一年度投入向农村倾斜的基础上，市各职能部门的增量资金应主要用于新农村建设。

近几年，市财政用于农村基础设施和公共服务建设的资金投入力度不断加大。2005年来，累计投入10.07亿元，连续三年每年实施30万农民安全饮水工程，到2008年，全市农民安全饮水目标全面实现，比《北京市农民安全饮水"十一五"规划》确定的时间表提前两年。在镇、村建立622处污水处理设施，全市农村污水处理率已达27%，郊区垃圾无害化处理率达到76%。连续三年每年安排10万户农户进行卫生户厕改造，在乡镇政府所在地、民俗旅游村、国道沿线，新建、改建卫生公厕1000余座。在"十五"期末已实现"村村通油路"的基础上，三年累计新修通往自然村的公路497条共1003公里。市财政还连续三年安排3.3亿元资金专用于农村综合环境整治。市政府用于郊区的固定资产投资几年来一直保持两位数的增长势头。2006年以来，市财政对"三农"的投入资金分别为78.8亿元、96.78亿元、171.2亿元；市发展改革委投向乡村两级的基础设施建设资金，2006年为16亿元，2007年为18.9亿元，2008年为20亿元。

2006年8月，市政府开始实施让农村"亮起来"、让农民"暖起来"、让农业资源"循环起来"三项工程，大力推广太阳能、沼气、秸秆气化、生物质成型燃料等可再生能源的示范应用，以及水资源的示范利用。几年间，市农委、市发改委、市环保局、市农业局等部门已在郊区推广安装太阳能灯10多万盏，搭建高效卫生节能吊炕32.5万多铺，使3.2万户农民用上了清洁能源。

2006年，在市委书记刘淇亲自带队调研的基础上，北京市在全国率先建立了生态补偿机制，对4万多名负责山区生态林管护的人员给予每月500元的财政补贴。此外，政府还以花钱购买岗位的形式，在农村建立了水管员、保洁员、养路员队伍，加强农村基础设施和公共服务的日常管护，为6万多名农村劳动力提供了就业岗位。

（四）市农委搭建农村基础设施和公共服务建设平台，形成部门联动态势

加强农村基础设施和公共服务建设，牵涉面广，涉及诸多职能部门的工作，单靠某一部门的努力，难以有效推进。在新的形势下统筹城乡发展，必须要有一个统筹协调各职能部门的工作机制，有一个统筹协调各职能部门的工作平台。2006年，市委、市政府成立了有35个职能部门参加的新农村建设领导小组，建立了"部门联动、政策集成、资金整合、资源聚集"的城乡统筹工作机制。市新农村建设领导小组下设综合办公室，综合办公室设在市农委。市农委在农村基础设施和公共服务建设上，更好地承担起统筹协调、搭建平台的职责，对市委、市政府确定的"部门联动"工作机制发挥了积极的推动作用。

在市政府各职能部门开展的"春季调研"活动中，市农委根据市政府领导的指示，对各部门开展"春季调研"的成果进行分类整理，形成具有可操作性的项目，并进一步与各职能部门进行沟通协调并征求意见，最终明确各个项目的主要责任单位、相关协办单位以及项目当年完成的任务时限。

市农委在社会主义新农村建设"折子工程"实施上发挥着重要的平台作用。"折子工程"是由市政府主管副市长分工负责，相关委、办、局及承办单位协调配合的重要工程项目，它要求做到任务、时限、责任明确具体到位，确保落实，是政府批准并亲抓亲办的惠民实事工程。从2006年开始，北京市将"折子工程"引入社会主义新农村建设之中。在每年的社会主义新农村建设"折子工程"中，有不少项目涉及农村基础设施和公共服务建设，这些"折子工程"都有明确的主要责任单位、协办单位以及完成任务的时限。通过这些有针对性和可操作性的"折子工程"的实施，逐年推进北京市的新农村建设，不断完善农村基础设施和公共服务建设，使北京农村的基础设施和公共服务状况"一年一个样、三年大变样"。

（五）区县和乡镇试点先行，取得经验后逐步展开

北京市农村基础设施和公共服务建设，一般都是先选择一些区县和乡镇进行局部试点，然后由点到面逐步向全市农村推开。2006年初，即社会主义新农村建设的第一年，市农委根据市委、市政府领导指示精神，经明示条件、组织申报、反复论证、严格审核、区县确认等环节，在全市近4000个行政村中选择80个经济基础中等的村确定为新农村建设试点村。市农委和各区县都组织举办了试点村培训班。市农委还安排1000万元资金用于试点村的规划编制，并通过部门联动的方式，搭建试点村"五项基础设施"建设平台，使试点村的基础设施建设在当年就取得明显成效。

2006年初，北京市确定的80个新农村建设试点村分布在近郊和远郊13个区县，各区县在市级试点村的基础上，又根据自己的情况选择了一些区县级试点村，共400个。年内仅80个市级试点村就硬化村庄村坊道路200多万平方米，铺设供水线近千公里，铺设污水管道800多公里，设置垃圾箱（房）近1000个，配置垃圾车近百辆，改造农村户厕2.4万户，建设农村公厕300余座。如密云县穆家峪镇庄头峪村，硬化街坊路6.52万平方米，铺设供水线29775米，铺设污水管道17994米，设置垃圾箱（房）2个，改造农村户厕465户，建设农村公厕2座，村庄面貌根本改观。

经过两年多的试点，农村"五项基础设施"建设深受农民欢迎，同时，农民群众也强烈呼吁各级政府继续加大建设力度，早日实现公共服务均等化。如按照前三年村庄"五项基础设施"建设的速度，全面完成全市所有村庄"五项基础设施"建设需要10年以上的时间。市新农村建设领导小组根据实际情况，组织编制了《北京市新农村"五项基础设施"建设规划（2009年~2012年)》，规划用四年时间全部完成全市所有村庄的"五项基础设施"建设任务。规划的基本设想是，对所有未改造的村庄按"缺什么、补什么"的原则，对"五项基础设施"进行填平补齐，总的任务量是建设6000万平方米的街坊道路并同步配套绿化，改造8000公里老化供水管网并完成50万户农户的一户一表节水改造，完成360个重要水源保护地村庄的污水处理设施建设，改造户厕19万户、建设4500座卫生公厕，全面推广垃圾分类管理，建立长效管护机制等，预计投入资金130亿元。最近，北京市又决定农村"五项基础设施"建设进一步提速，将计划完成基础设施工程的时间从4年调整为2年。

三 特点鲜明，成效显著

北京市统筹城乡基础设施和公共服务建设，经过几年的实践，取得了显著成效，形成了自身特点。

（一）三个结合、协调发展

一是与农村城镇化进程相结合。城镇化是经济社会发展的一般趋势。特别是北京这样一个特大城市，它所具有的城市产业和功能向郊区扩散的巨大推动力，使农村的城镇化进程发展更快，郊区村庄将在城镇化过程中实现社会结构的转型。北京市在推进农村基础设施和公共服务建设的过程中，充分考虑到农村城镇化的发展趋势，在选择新农村建设试点村时，就有意识地选择那些规划中将永久保留的村庄和具有城镇化集聚趋势的村庄进行基础设施建设，并在小城镇先行推进。二是与新农村建设相结合。北京市将农村基础设施和公共服务向农村延伸作为社会主义新农村建设的重要内容，把农村"五项基础设施"建设、"三起来"工程建设与农村教育、文化、卫生等社会公益事业的发展融为一体，共同推进。同时，农村基础设施建设的推进兼顾都市型现代农业发展的需求，与农村第二、第三产业的发展升级统筹安排。三是与城乡一体化发展趋势相结合。经过改革开放以来的快速发展，北京已进入工业化后期阶段，迈入发达城市之列，因而着力破除城乡二元结构、率先形成城乡一体化新格局，是首都的各项工作走在全国前列的必然要求。城乡基础设施和公共服务的均等化，正是形成城乡经济社会发展一体化新格局的重要基础。

（二）部门联动、政策集成

建立"部门联动、政策集成、资金整合、资源聚集"的城乡统筹工作机制，是北京推进农村基础设施和公共服务建设的重要特点之一。部门联动，既有平级各职能部门的横向协调合作，又有上下级政府各部门的纵向合作，通过整合各级各部门的职能和资源优势，形成统筹城乡基础设施和公共服务建设的强大合力。政策集成，既体现在市委、市政府集中出台有关农村基础设施和公共服务建设的政策措施上，又体现在各职能部门根据自身特点统筹城乡基础设施和公共服务建设的实施办法上。通过构建部门联动、政策集成的工作机制，各级各部门已经形成了统筹城乡发展的基本共识，避免了政出多门、相互扯皮的现象，提高了政府的办事效率。资金整合、资源聚集，保证了投入的重点领域，避免了分散投入的低效益。

（三）规划先行、坚持标准

加快推进郊区农村基础设施和公共服务建设，是全面提升郊区经济社会现代化水平的物质基础，对于多数村庄来说，这不是简单的修修补补，而是为建设城镇化社区和新型农村社区奠定基础。所以，农村基础设施建设的推进必须规划先行，坚持高标准。为有序、高标准推进农村基础设施建设，北京市委、市政府先后组织有关部门和专家制定了一系列建设规划和基本标准，如《北京市"十一五"时期新农村建设发展规划》《北京市"十一五"时期基础设施发展规划》《北京市新农村"五项基础设施"建设规划（2009年~2012年）》等。全市11个新城规划已全部批复通过，郊区城镇体系布局日趋明朗，多数建制镇的规划已经完成。已编制和正在编制的村庄规划超1000个，完成了700平方公里的村庄地形图测绘。市政府各行业主管部门严格规范和科学指导不同领域的新农村建设项目，制定和完善了包括农村道路养护、村内街坊路、市容环卫、垃圾清运、污水处理、沼气、厕所、生物能源利用、农业设施、卫生服务站、新民居等十多个方面的建设和管理的技术标准。这些规划和行业技术标准的实行，有效地避免了低水平重复建设的盲目性。

（四）建管并进、完善体制

北京不仅在农村基础设施和公共服务建设上推进城乡一体化，而且在建成后的设施运营管理上，也积极探索实行城乡统筹、建管并进的运营管理体制机制。从 2004 年起，北京采取政府购买服务的形式，陆续在农村组建了以农民为主体的护林员、水管员、公路养护员三支专业队伍。目前，全市 1000 多万亩山区集体生态林、3900 多个村庄的安全饮水和 1.2 万公里的乡村公路的养护，都已纳入专业队伍的管护范围，北京也以此解决了 6.15 万名农民的就业问题。近年来，北京又在农村环卫保洁、垃圾清运等方面建立了以农民为主的专业队伍，既解决了农村环境卫生和垃圾处理的专业公共管理问题，又解决了 4.4 万名农民的就业问题。

通过统筹城乡发展，到 2008 年底，北京市农村基础设施和公共服务建设已取得明显成效，公共交通、信息网络基本实现村村通，农村安全饮水目标提前两年全面实现，平原地区村庄生活垃圾实现密闭化管理。北京农村已全面实现了区区通高速、村村通油路、村村通公交、村村通网络、村村通自来水。到 2009 年底，京郊农村也将实现村村通邮。北京通过统筹城乡基础设施和公共服务建设，明显改变了农村公共产品和公共服务供给长期滞后的面貌，农民的生产生活条件、生活质量与人居环境大为改善，城乡分割的二元结构正在被革除，城乡经济社会发展一体化新格局逐步形成。

由于城乡二元结构的消极面影响深远，北京市在统筹城乡基础设施和公共服务建设上才刚刚起步，许多深层次的矛盾和问题还有待解决，农民的主体作用尚需进一步发挥，投融资体制机制需要进一步搞活，各种有利于推动城乡一体化的体制机制需要不断创新和完善。

四 三点启示

（一）统筹城乡基础设施和公共服务建设是贯彻落实科学发展观的基本要求

在新的历史条件下全面建设小康社会、加快推进现代化建设，关键是要贯彻落实科学发展观。科学发展观的第一要义是发展，核心是以人为本，基本要求是全面协调可持续，根本方法是统筹兼顾。统筹城乡基础设施与公共服务建设，是贯彻落实科学发展观的根本要求，是破除城乡二元社会结构、加快城乡一体化新格局的基本途径。城乡二元结构的实质，是城乡公共产品和公共服务的不均等。科学发展观要求我们加快推进城乡一体化，实现城乡基本公共服务的均等化。北京市委、市政府将统筹城乡基础设施和公共服务建设作为贯彻落实科学发展观的具体举措，作为革除城乡二元结构的切入点，作为统筹城乡发展的突破口，应全国加以推进，为率先形成城乡经济社会发展一体化新格局奠定基础。

（二）转变观念和转变政府职能是统筹城乡基础设施和公共服务建设的根本前提

长期以来，各级领导干部深受城乡二元社会结构的影响，"重城市轻农村"的思想观念根深蒂固；政府各职能部门都深深打上了传统城乡二元结构的烙印，各自将公共服务的半径限定在城市的范围之内，农村成为各部门公共服务的"盲区"。统筹城乡基础设施和公共服务建设，首要的是转变各级领导干部的思想观念，转变政府的职能。破除城乡二元结构，首先要破除领导干部的城乡二元观念；转变政府职能，首要的是建设服务型政府，将政府各职能部门的公共服务职能从城市向农村延伸和覆盖。

（三）不断创新体制机制是统筹城乡基础设施和公共服务建设的关键

城乡二元结构是在特定的历史背景下形成的，它经过了五十多年的演进与强化，已经深入影响到社会肌体的各个方面。统筹城乡基础设施和公共服务建设，最关键的是要让各地以科学发展观为指导，根据当地的经济社会发展实际，解放思想，勇于探索，敢于开拓，在着力破除城乡二元结构、推进城乡一体化上不断积累新的经验做法，推进体制机制创新。

执笔：张文茂、张英洪

2009 年 3 月 3 日

北京市城乡统筹山区发展的成效、问题与建议

山区是统筹城乡发展、解决"三农"问题的重点和难点。北京山区面积为1.04万平方公里，占全市总面积的62%，主要分布在房山区、门头沟区、昌平区、平谷区、怀柔区、密云县和延庆县七个区县，山区和半山区乡镇83个。2009年，山区乡镇常住户1328667户，常住人口3167977人，其中户籍人口2885585人，农业户籍人口1999383人，外来人口347080人。北京市委、市政府高度重视统筹城乡发展，先后出台了一系列加快山区发展的政策措施，使山区经济社会和生态文明建设取得显著成效。"十二五"时期，加快山区发展需要在现有政策支持的基础上实现新的突破与创新。

一 北京统筹山区发展成效显著

近些年来，北京明确山区的生态功能定位，加大统筹城乡发展力度，采取加快山区发展的过硬措施，山区建设取得了令人瞩目的新成就。

1. 农民收入较快增长

2005年至2009年，北京山区农村居民人均纯收入年增长率平均数为12.97%，比同期城镇居民人均可支配收入年增长率平均数11.32%高出1.65个百分点，比同期农民人均纯收入年增长率平均数10.82%高出2.15个百分点（见图1、图2、图3）。2009年山区农村居民人均纯收入首次突破1万元，达到10518元。

2. 生态环境明显改善

山区森林覆盖率不断提高，山区林木绿化率从67.9%提高到71.0%。2009年末山区95%以上的宜林荒山实现了绿化，1153万亩生态林年增碳汇967万吨，山区77%的水土流失面积得到治理。2005年至2009年，全市森林覆盖率从35.47%提高到36.70%，林木绿化率从50.5%提高到52.6%，城市绿化覆盖率从42.0%提高到44.4%（见表1）。

图1 2001—2009年北京山区农村居民人均纯收入及增长速度

资料来源：北京市统计局。

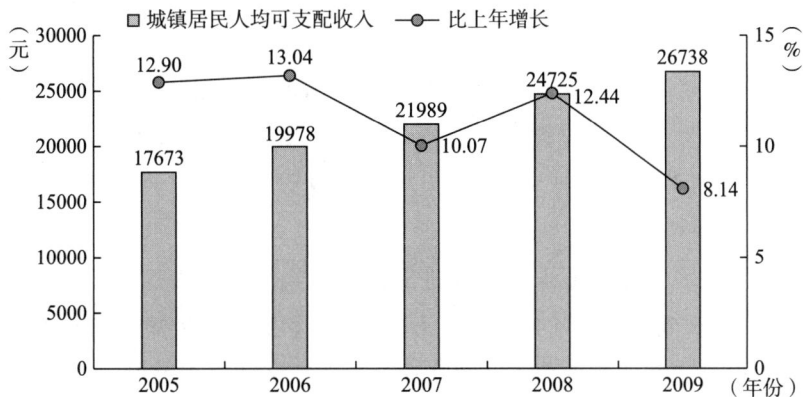

图2 2005—2009年北京城镇居民人均可支配收入及增长速度

资料来源：北京市统计局。

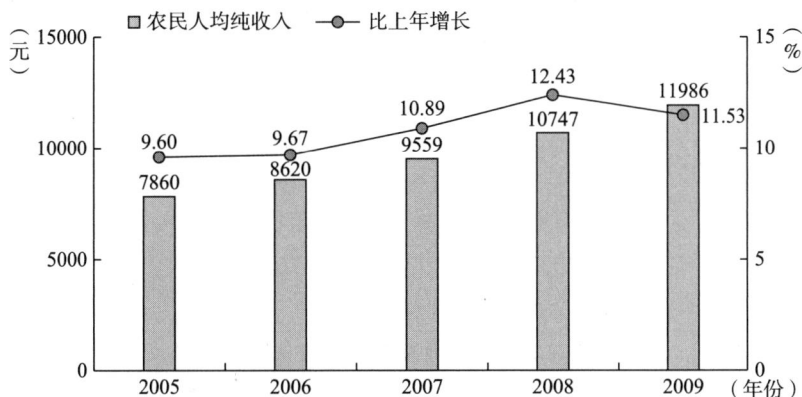

图3 2005—2009年北京农民人均纯收入及增长速度

资料来源：北京市统计局。

表1 北京山区森林覆盖率及全市森林情况

单位：%，公顷

年度	山区林木绿化率	全市森林面积	全市森林覆盖率	全市林木绿化率	城市绿化覆盖率
2005	67.9	619243.2	35.47	50.5	42.0
2006	—	626006.3	35.88	51.0	42.5
2007	—	636565.7	36.49	51.6	43.0
2008	—	641368.3	36.50	52.1	43.5
2009	71.0	658914.1	36.70	52.6	44.4

资料来源：北京市统计局、北京市园林绿化局。

山区 7 个区县均被列为全国水土保持生态建设示范县，密云、延庆获国家生态县称号，密云县是全国 6 个生态文明试点县之一。山区的水土流失治理、垃圾和污水治理水平明显提高，山区村容村貌和人居环境有了很大改善。2009 年，山区环境优美乡镇 14 个，占全市 20 个的 70%；山区生态村 157 个，占全市 237 个的 66%。

近些年来，北京的生态文明建设一直走在全国前列。据北京林业大学 2010 年 1 月发布的中国省级生态文明建设评价报告，2008 年北京的生态文明建设再次居全国之首，这是 2005 年以来北京连续四次在生态文明建设评价中名列全国第一。

3. 特色产业快速发展

山区发展生态友好型产业取得明显进展，农村经济总收入稳步增长，从 2004 年的 2534 亿元，增长到 2009 年的 3929 亿元。山区各区县加快实施"富民养山"工程，发展了具有自身特点和优势的生态特色产业，如房山区磨盘柿产业、门头沟区文化旅游产业、平谷区大桃产业、怀柔区板栗业等。

沟域经济已成为山区特色产业发展的重要内容，全市拥有 1 公里以上的沟域 2300 多条、3 公里以上的沟域 220 余条，其中 60 多条沟域可以进行重点规划和发展。目前山区已初步形成五种沟域经济发展模式（见表2）。

表2 沟域经济五种主要发展模式

模式类型	典型代表	主要特点
文化创意先导模式	密云县汤河沟域"紫海香堤"	依托自然、历史、文化资源开发文化创意产业，打造新的经济增长点
特色产业主导模式	怀柔区"雁栖不夜谷"、平谷区桃花谷	利用已有特色产业资源，注入科技、绿色、健康内涵，延伸都市农业产业链，提升产业整体竞争力
龙头景区带动模式	房山区"十渡山水文化休闲走廊"	以知名景区为龙头，发展农业采摘园、民俗村、宾馆饭店等配套服务设施，形成"众星捧月"的区域发展格局
自然风光旅游模式	延庆县"百里山水画廊"	依托优美自然环境，发展农业体验、休闲养生、观光旅游业，带动区域产业发展

模式类型	典型代表	主要特点
民俗文化展示模式	门头沟区"明清古建筑群"	依托传统民居、宗教寺庙、革命遗址等人文景观，发展民俗旅游、文化旅游和红色旅游，并带动特色林果业、休闲农业和农业科技园区等现代都市型山区农业发展

资料来源：王有年主编《北京沟域经济理论与实践》，中国农业出版社，2010。

乡村旅游发展成为山区的重要产业。2007 年乡村旅游接待人数达到 2614.4 万人次，总收入达 18.1 亿元。2008 年全市接待乡村旅游人数达到 2703.8 万人次，乡村旅游总收入 19 亿元（见表 3）。乡村旅游出现了国际驿站、采摘篱园、乡村酒店、养生山吧、休闲农庄、生态渔村、山水人家、民族风苑等多种新业态。

表 3　北京乡村旅游情况

年度	接待乡村旅游人数（万人）		乡村旅游综合收入（亿元）		全市民俗旅游村（个）		全市民俗旅游户（户）	
	全市	山区	全市	山区	全市	市级	全市	市级
2007	2614.4	2058	18.1	11.7	321	154	10323	8713
2008	2703.8	2138	19.0	12.4	344	167	13708	9089

资料来源：北京观光休闲农业行业协会。

4. 公共服务全面覆盖

基本公共服务不断向山区延伸和覆盖，山区医疗、养老、低保、就业、教育、文化、邮政等民生工程以及轨道交通、水、电、气、网络通信等基础设施建设不断向农村延伸，农民享受到越来越多的改革发展成果。北京现已全面实现区区通高速、村村通油路、村村通公交、村村通网络、村村通自来水、村村通邮，公共交通、信息网络也已基本实现村村通。

2004 年北京建立山区生态林补偿机制，对总面积 60.8 万公顷（912 万亩）的山区集体所有的生态林进行补偿，实现山区农民由"靠山吃山"向"养山就业"转变，组建生态林管护人员队伍，全市补助人数近 4 万人，月人均补偿 400 元，市、区（县）财政按 8∶2 比例投入，补偿年限从 2004 年到 2010 年。

从 2006 年开始的新农村建设，到 2008 年，全市共投入 26 亿元，对 79 个试点村和 320 个整体推进村实施"五项基础设施"工程建设，平均每个村投入 652 万元。2008 年北京农村安全饮水目标全面实现。2009 年和 2010 年两年全面实施新农村建设"五项基础设施"和"三起来工程"，2009 年"五加三"工程建设共投入 83 亿元，2010 年预计投入 70 亿元。到 2010 年底，全市农村"五项基础设施"建设任务将全面完成。

市委、市政府对居住在洪水、泥石流等自然灾害区的2.3万户共6.8万名山区农民实施搬迁工程。目前山区居民搬迁已腾退土地2000余亩，5万名山区农民搬出大山，24万亩山林恢复生态。山区生产生活环境大幅度改观。

义务教育、医疗卫生、社会保障等基本公共服务已全面覆盖农村人口，山区还享有公共服务的各种补助。山区义务教育阶段学生享有"三免一补"政策，农民养老保险和新型农村合作医疗全面推进，6万多名山区低收入对象享受低保，无社会保障老年居民每月享受200元福利养老金（见表4）。全市已有275万名农民参加了农村新型合作医疗保险，参合率达到95.7%，人均筹资标准由102元提高到420元，门诊补偿率和住院补偿率分别达到32%和50%左右。2009年12月，北京市共有城市低保74773户147303人，月支出资金0.5亿元；共有农村低保47559户、84688人，月支出资金1413万元。山区社会保障水平不断提高。

表4　2009年山区社会保障情况

单位：人

项目	参加"新农合"	参加"新农保"	进城农民工参加城镇养老保险	享受居民最低生活保障
人数	2043306	1073652	60965	122556

资料来源：北京市农委山区处。

5. 统筹机制有效建立

2005年1月，国务院正式批复的《北京城市总体规划（2004年—2020年）》明确指出，山区是城市重要生态屏障，拥有丰富的历史文化遗产和自然旅游资源，应以生态维护、水源保障、适度旅游和生态农业开发为主。同年5月，北京市委、市政府在《关于区县功能定位及评价指标的指导意见》中将全市划分为首都功能核心区、城市功能拓展区、城市发展新区和生态涵养发展区，涵养生态是山区一切工作的重中之重。区县功能定位体现了统筹城乡发展的基本要求，山区的资源优势与生态价值得到了重新认识。2004年北京在全国率先建立了山区生态林补偿机制，从此，北京农业生态服务价值开始得到体现（见表5）。

表5　北京农业生态服务价值

单位：亿元

项目	年值			贴现值		
	2006年	2007年	2008年	2006年	2007年	2008年
农业生态服务价值	721.44	793.31	830.19	5813.96	6165.72	6297.19
农业经济价值	269.97	272.30	303.90	269.97	272.30	303.90

续表

项目	年值			贴现值		
	2006 年	2007 年	2008 年	2006 年	2007 年	2008 年
农业生态经济服务价值	42.92	95.39	83.77	42.92	95.39	83.77
农业生态环境服务价值	408.55	425.62	442.52	5501.07	5789.03	5909.52

说明：农业包括农、林、牧、渔。

资料来源：北京农村统计资料。

全市已形成部门联动的统筹发展机制，成立了专门的组织机构，制定了新农村建设和山区发展规划，对 83 个山区乡镇及农民年人均纯收入低于 4500 元的低收入户进行重点监测和帮扶，市委、市政府除了召开农村工作会议和城乡一体化工作会议外，从 2006 年起每两年召开一次山区工作会议，从 2009 年起每年召开共同致富行动计划工作会，对山区工作和低收入农户增收工作进行集中统一部署安排。从 2006 年开始，市委、市政府实施新农村建设"折子工程"（见表 6）。财政对山区和新农村建设的投入逐年增大，投入保障机制基本建立。

表 6　北京社会主义新农村建设折子工程数量

单位：项

	2006 年	2007 年	2008 年	2009 年	2010 年
折子工程数	108	103	130	89	90

二　北京山区发展存在的主要问题

北京山区发展取得了很大成效，但也面临一些深层次的矛盾和问题，主要有以下四个方面。

1. 城乡居民收入差距较大

从纵向上比，山区农民人均纯收入持续增长。但从横向上比，山区农民人均纯收入与平原农村居民人均纯收入、全市农民人均纯收入及城镇居民人均可支配收入相比，都存在一定差距（见图 4）。

以 2009 年为例，山区农民人均纯收入 10518 元，同期平原农村居民人均纯收入为 12483 元，农民人均纯收入 11986 元，城镇居民人均可支配收入 26738 元，山区农民与之相比，分别相差 1965 元、1468 元和 16220 元。2009 年山区农民人均纯收入首次突破 1 万元，而平原农村居民人均纯收入在 2007 年就突破 1 万元，全市农民人均纯收入在 2008 年突破 1 万元，城镇居民人均可支配收入在 2000 年突破 1 万元（见表 7）。在人均收入突破 1 万元大关时间点上，山区农民比城镇居民滞后 10

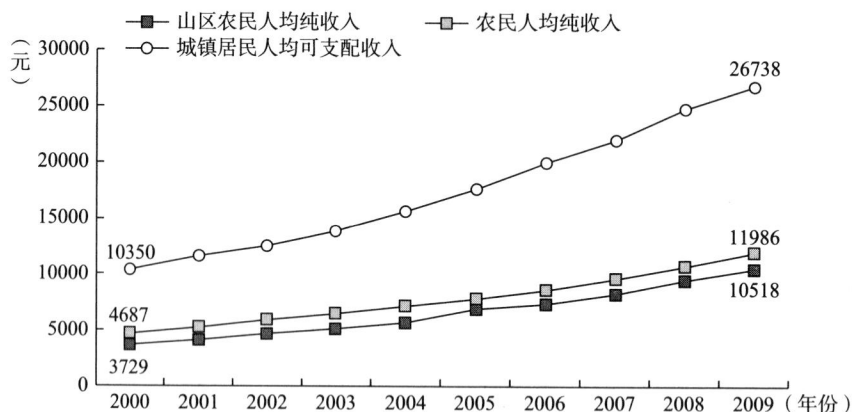

图4 山区农民、农民与城镇居民收入增长情况

资料来源:《北京城乡居民生活统计资料(2009)》。

年,比平原农民滞后 2 年,比全市农民滞后 1 年。

表7 北京城乡居民人均纯收入情况

单位:元

年度	山区农村居民人均纯收入	平原农村居民人均纯收入	全市农村居民人均纯收入	城镇居民人均可支配收入
2000	3729	5043	4687	10350
2001	4138	5628	5274	11578
2002	4713	6242	5880	12464
2003	5147	6984	6496	13883
2004	5736	7652	7172	15638
2005	6867	8249	7860	17653
2006	7310	9081	8620	19978
2007	8237	10018	9559	21989
2008	9248	11260	10747	24725
2009	10518	12483	11986	26738

资料来源:《北京城乡居民生活统计资料(2009)》。

近 10 年来,全市农民人均纯收入与山区农村居民人均纯收入之比在 1.0 到 1.5 之间,城镇居民人均可配收入与山区农村居民人均纯收入比在 2.5 到 3.0 之间(见图5)。

2. 社会保障水平还比较低

当前,社会保障存在的主要问题有两个方面:一是社会保障还没有实现城乡衔接,二是社会保障体系不够完善,保障水平还不高(见表8)。

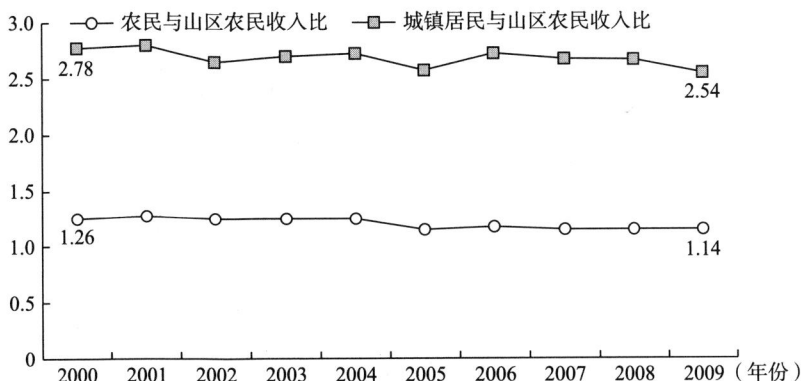

图5 农民与山区农民、城镇居民与山区农民收入比

资料来源：《北京城乡居民生活统计资料（2009）》。

表8 北京城乡社会保障情况

单位：万人，%

年度	2000	2001	2002	2003	2004	2005	2006	2007	2008
参加基本养老保障人数	391.6	425.9	436.2	448.5	460.0	520.0	604.1	671.7	758.1
参加基本医疗保障人数		210.2	353.8	436.1	484.0	574.8	679.5	783.0	871.0
参加农村社会养老保障人数	38.5	34.7	32.0	33.6	36.8	40.6	44.8	49.1	127.5
参加新型农村合作医疗人数					234.0	250.4	261.0	268.5	272.5
城镇居民享有低保人数	6.7	7.8	12.0	16.1	16.1	15.5	15.2	14.8	14.5
农村居民享有低保人数	1.6	1.8	5.4	6.7	7.5	7.8	7.1	7.8	7.9
农村养老保障覆盖率						25.0	29.3	36.6	85
新型农村合作医疗参合率					71.9	80.3	86.9	88.9	92.9

资料来源：北京市统计局等编《北京60年（1949~2009）》，中国统计出版社，2009。

根据市民政局等10部门出台的《关于规范和统筹临时救助制度的通知》（京民救发〔2008〕546号）的规定，2009年城乡低收入家庭认定标准为城乡低保标准的170%，即城市低收入家庭认定标准为家庭月人均收入697元。各区县农村低收入家庭认定标准分别为当地农村低保标准的170%。

2009年北京城市低保标准为每人每月410元（见表9），农村低保标准为每人每月170元至410元不等，其中，朝阳、海淀、丰台3个区已实现城乡低保标准并轨，即低保标准统一为月人均410元。其他10个郊区县城乡低保还存在一定的差距，如顺义农村低保标准为月人均211元，昌平农村低保标准为月人均210元，大兴、门头沟2个区县农村低保标准为月人均200元，房山、通州、平谷、怀柔、密云、延庆6个区县农村低保标准为月人均170元（见表10）。

表 9　北京城镇居民最低生活保障标准

单位：元/月

年度	1996	1997	1998	1999	2000	2001	2002	2003	2004	2005	2006	2007	2008	2009
标准	170	190	200	210/273	280	285	290	290	290	300	310	330	390	410

资料来源：北京市统计局等编《北京 60 年（1949～2009）》，中国统计出版社，2009。

表 10　2009 年北京市各区县农村低保标准

单位：元

区县	朝阳区	海淀区	丰台区	门头沟	房山区	通州区	顺义区	昌平区	大兴区	平谷区	怀柔区	密云县	延庆县	平均
年人均	4920	4920	4920	2400	2040	2040	2530	2520	2400	2040	2040	2040	2040	2835
月人均	410	410	410	200	170	170	211	210	200	170	170	170	170	236

资料来源：北京市民政局。

3. 城乡固定资产投资相差明显

2004 年以来，市政府固定资产投资大幅度向郊区倾斜，其用于城区与郊区的投入比例，2003 年为 80∶20，2004 年调整为 60∶40，2005 年为 50.1∶49.9，2006 年为 48∶52，对郊区的投资首次超过城区，2007 年为 49∶51，2008 年为 48.6∶51.4，2009 年为 49∶51。但从全社会固定资产投资用于城乡的比重来看，农村固定资产投资占全社会固定资产的比重均在 10% 以下（见表 11）。

表 11　北京城乡全社会固定资产投资及占比重

单位：亿元，%

年度	全社会固定资产投资	城镇投资	所占比重	农村投资	所占比重
2000	1277.1	1192.6	93.4	84.5	6.6
2001	1510.3	1417.1	93.8	93.7	6.2
2002	1790.7	1688.2	94.3	102.5	5.7
2003	2132.0	1999.9	93.8	132.1	6.2
2004	2528.3	2333.0	92.3	195.3	7.7
2005	2827.2	2595.4	91.8	231.8	8.2
2006	3371.5	3086.3	91.5	285.2	8.5
2007	3966.6	3656.7	92.2	309.9	7.8
2008	3848.5	3554.8	92.4	293.7	7.6

资料来源：北京市统计局等编《北京 60 年（1949～2009）》，中国统计出版社，2009。

4. 郊区社会资金投入明显下降

近些年来，在政府加大农村投入的同时，非国有的社会资金投入却明显放缓。从

2006 年到 2008 年，郊区国有投资增长了 29.6%，同期集体和私营个体投资减少了
3.6%（见表 12，图 6）。

表 12　郊区国有资本与非国有资本投入

单位：亿元，%

	国有投资			集体和私营个体投资		
	2006 年	2007 年	2008 年	2006 年	2007 年	2008 年
全市	1207.2	1343.0	1388.6	144.9	145.9	169.2
郊区合计	357.4	418.9	463.3	69.3	80.4	66.8
环比增长	107.0	17.2	10.6	-2.4	16.0	-16.9
三年增长			29.6			-3.6

资料来源：转引自北京市农研中心《北京郊区发展亟须加大引入社会资本的力度》，2010。

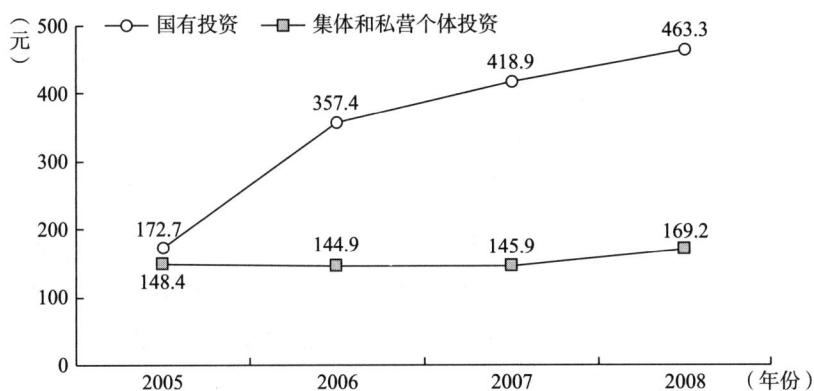

图 6　郊区投资额变化趋势

资料来源：转引自北京市农研中心《北京郊区发展亟须加大引入社会资本的力度》，2010。

同期外商对农村的投资则从 2 亿元下降到 1.2 亿元，外商投资占农村投资的比重
从 1.05% 下降到 0.42%（见表 13、图 7）。

表 13　郊区农村投资中的外商投资比重

年份	农村投资（亿元）	利用外资（万元）	利用外资占比重（%）
2004	195.3	20453	1.05
2005	231.8	18573	0.80
2006	285.2	9638	0.34
2007	309.9	30192	0.97
2008	293.7	12227	0.42

资料来源：转引自北京市农研中心《北京郊区发展亟须加大引入社会资本的力度》，2010。

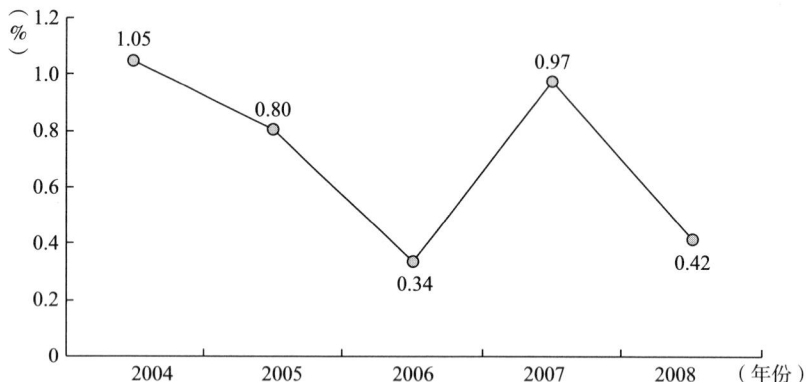

图7　郊区利用外资所占比重

资料来源：转引自北京市农研中心《北京郊区发展亟须加大引入社会资本的力度》，2010。

除上述主要问题外，制约山区发展的城乡二元体制还没有完全破除，生态、环境和人口压力仍然存在，基本公务服务供需矛盾还比较突出，农民的主体性作用发挥得还不够。

三　"十二五"时期加快山区发展的主要建议

加快山区发展，既要立足山区看山区，又要跳出山区看山区。"十二五"时期是北京率先形成城乡经济社会发展一体化的关键时期，必须进一步转变观念，深化改革，全面推进城乡一体化，加快山区经济建设、政治建设、文化建设、社会建设和生态文明建设，促进人的全面发展。

1. 加快推进发展方式转变，继续把生态文明建设作为山区发展的重中之重

加快转变发展方式是促进山区可持续发展的现实要求。作为首都的生态涵养区和后花园，山区的特点在山，优势在山，发展潜力也在山。生态文明建设是山区发展的战略任务。要继续把生态文明建设作为山区发展的重中之重，这既是首都实现人与自然和谐发展的迫切需要，也是转变发展方式的重要体现。

首先，要全面保护生态环境。保护生态环境，促进生态文明建设，是山区对首都可持续发展和"绿色北京"建设的首要责任和最大贡献。

其次，要重点发展绿色生态产业。山区经济是绿色经济、循环经济、低碳经济，要在利用山区资源优势和不破坏山区生态环境的前提下，大力发展绿色养殖、特色种植、乡村旅游等生态主导产业，不断提升沟域经济发展水平，特别是要重点加快都市型现代农业社会化服务体系和现代林业社会化服务体系建设。

再次，要继续完善生态补偿机制。山区生态涵养属于外部效益很强的公共产品，它惠及所有市民。因此，要继续实施和完善生态公益林补偿机制，并将其长期化。

最后，要在保护生态环境的前提下，继续加快发展山区特色经济，提升沟域经济发展水平。

2. 加快推进户籍制度改革，实现城乡居民身份的平等化

改革户籍制度是城乡一体化的必然要求，是实现城乡居民身份平等的内在需要，是减少农民富裕农民、加快推进城市化和城镇化的基础环节。改革开放以来，北京城镇人口大幅度增长，但北京户籍农民的数量减少却比较缓慢。1980 年，北京市常住人口 904.3 万人，其中农业人口 375.28 万人。到 2009 年，北京市常住人口 1755 万人，其中农业人口 273.9 万人，在近 30 年中，北京市常住人口增加了 850 多万人，而农业人口只减少了大约 100 万人，平均每年只有 3 万多农业人口转为非农业人口。2008 年北京三次产业结构比为 1.1∶25.7∶73.2，第一产业只占 1.1%，第一产业从业人员 63 万人，而同期农业户籍人口还有 279.2 万人。也就是说，大约有 200 万农业户籍人口没有从事第一产业，他们可以转为非农业户籍人口。

户籍制度改革应该加快，但不能简单地实行"农转居"。农民拥有集体资产，现行的粮食直补等惠农政策与农业户籍挂钩，单纯地将农民转为市民可能有违农民意愿，损害农民的利益。户籍制度改革要与城市化、城镇化结合起来，与农村集体经济产权制度改革结合起来，与中央强农惠农政策结合起来，与公民权利结合起来。

在现代社会，人们可以从事不同的职业，但拥有共同的公民身份。人们在职业上有差别，但在身份上要平等。2009 年北京市委书记刘淇明确提出："首都的农民是北京的市民，是推动郊区发展的动力，是拥有集体资产的市民。"[①] 户籍改革要取消农业户籍身份，但不是要消灭农业这一职业。首都的农民可以按居住地全部登记为"北京市民"或"北京市居民"。原农业户籍家庭新生人口不应再登记为"农业户口"，应统一登记为"北京市居民"。"农转居"不应损害农民享有的集体资产权益。在户籍改革中可以实行"注册农户"制度，将国家对农业的各种惠农补贴与"注册农户"即现代职业农户和职业农民挂钩，不再与原农业户口挂钩，以此为尽快建立城乡统一的户口登记制度创造条件。

3. 加快推进新农村建设和小城镇建设，全面改善农民生产生活环境

社会主义新农村建设和城镇化是保持经济平稳较快发展的持久动力，是改善民生的重要途径。"十二五"时期要进一步加快北京的新农村建设和城镇化步伐。

2006 年启动社会主义新农村建设以来，北京市将加强农村基础设施建设作为统筹城乡发展的重要切入点，全面实施村庄的街坊路、安全饮水、污水处理、厕所改造、垃圾处理"五项农村基础设施"建设和让农村"亮起来"、让农民"暖起来"、

① 闫雪静：《重新认识首都"三农"座谈会召开》，《北京日报》2009 年 8 月 6 日。

让农业资源"循环起来"的"三起来"工程，大大改善了农民的生产生活环境。2010 年全面完成"五项农村基础设施"建设后，"十二五"时期需要建立健全农村基础设施后期管护机制，继续实施"三起来"工程建设，同时要着眼于新型农村社区建设，全面加强和完善幼儿园、学校、卫生诊所、文化体育场馆、图书室、村庄绿化等公共性服务设施，加强乡村超市、农家店等经营性服务设施建设，完善农村市场服务体系，进一步夯实农业和农村发展基础。

北京郊区的城镇化具有双重功能，一方面实现当地居民的人口集中和资源集聚，拓展农民外出就业空间；另一方面分散中心城区的人口压力。加快北京 11 个新城和 42 个重点小城镇建设是郊区城镇化的重中之重。在全市 42 个重点小城镇中，山区占了 24 个。小城镇建设要与农村集体经济产权制度改革和户籍制度改革相结合，既要反对抬高城镇门槛限制农民进城居住生活，又要防止不顾农民意愿强制农民进城。

在山区新农村建设和小城镇建设中，要创造有利于社会资金投入的更加宽松和开放的政策制度环境。各级政府要将完善基础设施和公共服务作为工作的重点，同时要防止各地以新农村建设和小城镇建设为名搞劳民伤财、损害群众利益的"大拆大建"之风。

4. 加快推进农村产权制度改革，大幅增加农民的财产性收入

增加农民的财产性收入是增加农民收入、实现农民富裕的重要途径。发达国家居民的财产性收入是其家庭收入的重要组成部分，美国居民的财产性收入占全部收入的比重高达 40%，90% 以上的美国人拥有股票、基金等有价证券。我国居民财产性收入所占比重非常小，2008 年我国居民财产性收入占总收入的比重只有 3% 左右。2009 年北京市城镇居民财产性收入只占家庭总收入的 1.9%，占可支配收入的 2.2%。同期，北京农村居民财产性收入占人均纯收入的 11.7%，主要是租金收入所占比例较高。北京山区农村居民财产性收入只占人均纯收入的 4.98%。

"十二五"时期要把增加农民的财产性收入作为实现农民增收的重要内容。增加农民的财产性收入，要按照"资产变股权、农民当股东"的基本要求，全面推进农村的产权制度改革，将共同共有的集体经济产权制度改革为按份共有的产权制度。"十二五"时期要全面完成北京农村集体经济产权改革任务。2009 年北京郊区集体资产总额 29723953.3 万元，所有者权益总额 12066111.4 万元，人均所有者权益 37585.7 元。其中山区所有者权益总额 3630138.9 万元，人均所有者权益 21721.2 元。

农村产权制度改革的重点领域主要是耕地、宅基地、林地、农村集体建设用地以及其他集体资产，要全面实行确权、登记、颁证，进一步完善土地承包经营权权能，保障农户宅基地用益物权，完成集体林权制度改革，建立城乡统一的建设用地市场，实行集体建设用地与国有建设用地同地同权，建立城乡统一的土地市场和房地产市场。要把实现农民增收从单纯的发展经济增收转向发展经济增收和赋权增收并重的轨道，尤其要注重赋权增收方面的制度建设。

5. 加快推进基本公共服务均等化，使农民共享改革发展成果

城乡之间的差距主要体现在公共产品和公共服务的差距上。北京要在全国率先形成城乡经济社会发展一体化新格局，应当在"十二五"时期内率先建立健全城乡统一的基本公共服务体制，率先实现城乡基本公共服务均等化的目标和任务。北京要成为一个真正的世界城市，就必须建立一流的覆盖城乡、惠及全体市民的基本公共服务体系。

一要完善城乡统一的劳动力市场和就业保障服务体系，为农民和农民工提供就业培训，建立城乡统一的失业保险和救济制度。二要完善城乡统一的义务教育保障体系，要将义务教育从现在的 9 年制扩大到 12 年制或 15 年制，将高中教育和幼儿教育纳入义务教育保障框架，实行免费教育。三要完善城乡统一的健康保障体系，实现人人享有基本医疗服务和健康保障。要在现有覆盖城乡居民的医疗保障制度的基础上，对城乡医疗保障制度进行整合统一，提高全体城乡居民的门诊和住院就医报销比例，为城乡居民提供安全有效、方便价廉的医疗卫生服务。据《北京市 2009 年度卫生与人群健康状况报告》，北京中小学生健康情况堪忧。要加强对中小学生的健康检查与保护，率先建立中小学生健康福利制度，根据健康和营养标准，为城乡中小学生提供免费午餐。四要完善城乡统一的养老保障体系，提高城乡养老保障水平。北京早在 20 世纪 90 年代就进入老龄化社会，养老问题已相当突出。"十二五"时期要完善新型农村养老保险，提高农村养老保障水平。五要完善城乡统一的住房保障体系。要将住房保障政策向农村延伸，将农村居民纳入住房保障制度之中，确保农民"居者有其屋"。六要完善城乡统一的最低生活保障体系。要扩大社会救助范围，将更多的贫困人群和低收入户纳入低保等社会救助范围，对低收入农户实行家庭生活补助制度。郊区各区县的低保要尽快实行统一标准，城乡低保标准要进行并轨统一。

"十二五"时期应制定全市基本公共服务均等化的规划和实施方案，建立统一规范的公共服务法规体系，深化公共财政体制改革，完善社会保障体系，不断提高教育、医疗卫生、社会保障、社会福利、就业和住房等基本公共服务支出占 GDP 的比重和占财政支出的比重。加快基本公共服务均等化也是扩大内需、促进经济持续发展的重要途径。

6. 加快推进收入分配制度改革，实现城乡居民共同富裕

合理的收入分配制度是社会公平的重要体现。"十二五"时期要在做大"蛋糕"的同时，更加注重分好"蛋糕"。要切实提高城乡居民收入在国民收入中的比重，提高劳动报酬在初次分配中的比重，确保国民收入的增长与经济增长相协调；要加快建

立和形成公平分好"蛋糕"的体制机制,不断缩小城乡居民收入差距,实现共同富裕。要继续加大对山区的投入,缩小城乡投入差距和发展差距。

7. 加快发展农村基层民主,充分发挥农民的主体性作用

坚持统筹城乡、加快山区发展,必须在保障和实现农民物质利益的同时,更加尊重和保证农民的民主权利,提高农民享有人权的水平。要建立健全体制机制,切实保障农民平等参与、平等发展的权利,要创造有利于农民和其他社会力量参与山区发展的制度环境,努力实现社会的公平正义。农民不仅要富裕起来,而且还要有自尊、自信、自由、自主,要通过具体的可操作的民主和法治建设,使农民广泛参与事关其切身利益的公共生活。"十二五"时期要使首都农民在世界城市建设和"人文北京、科技北京、绿色北京"建设中生活得更加幸福、更有尊严。

执笔:张英洪

2010 年 6 月 12 日

城乡一体化的根本：破除双重二元结构[*]

　　城乡二元结构具有鲜明的中国特色，它是造成中国"三农"问题的重要体制根源。20 世纪 80 年代，以郭书田、刘纯彬为代表的农村政策研究者对中国二元社会结构做了开创性的重要研究。在此基础上，我们曾提出解决"三农"问题的根本在于破除二元社会结构。2008 年 10 月，中共十七届三中全会明确提出要着力破除城乡二元结构，加快形成城乡经济社会发展一体化新格局，到 2020 年，城乡经济社会发展一体化体制机制基本建立。近些年来，加快推进城乡一体化、破除城乡二元结构，已成为主流政策选择，各地在推进城乡一体化中出台了不少新措施，取得了许多新进展。但是，笔者在调研中发现，当前各地正在推进的城乡一体化，还主要侧重于破除静态的城乡二元结构，而忽视破除动态的城乡二元结构。为此，我们提出要真正构建城乡一体化新格局，就必须全面破除双重城乡二元结构。

一　高度关注双重城乡二元结构

　　我们认为我国城乡二元社会结构有静态与动态两种形态。静态的城乡二元结构就是在计划经济体制下基于农民与市民两种不同的户籍身份，建立城市与农村、市民与农民两种权利不平等的制度体系，实行"城乡分治、一国两策"。动态的城乡二元结构是基于本地居民与外来人口（主要是农民工，但不只是农民工）两种不同的身份，建立城市本地居民与外来人口两种权利不平等的制度体系，实行"城市分治、一市两策"。动态的城乡二元结构是市场化改革以来原静态城乡二元结构在城市中的新形态。

　　静态城乡二元结构与动态城乡二元结构共同构成了当代中国的双重城乡二元结构。在沿海发达地区和各大中城市，双重城乡二元结构交织在一起，共同构成了城市化和城乡一体化面临的重大体制障碍。

　　我国静态城乡二元社会结构形成于 20 世纪 50 年代，它是计划经济体制的产物，

　　* 原载北京市农村经济研究中心《调研参考资料》2010 年第 2 期。

是政府主导的制度安排的结果，其基本特征是城乡分治，农民与市民身份不平等，享受的权利不平等，所尽的义务也不平等。这种城乡二元结构，将农民限制在农村，不准农民向城市流动，形成了一种静止状态的城乡二元社会结构，我们称之为静态城乡二元结构，静态城乡二元结构从制度上区分的对象是农民群体，他们被深深打上了农业户籍的身份印记。长期以来，我国在既定的城乡二元结构中谋发展。中共十六大以来，特别是党的十七届三中全会明确将破除城乡二元结构上升为国家的基本公共政策。静态城乡二元结构已持续50多年，现在正处于破除之中。

我国动态城乡二元社会结构形成于20世纪80年代，它是市场化改革的产物，是市场力量和政府行为双重作用的结果。其基本特征是城市内部分治，外来人口与本市人口身份不平等，享受的权利不平等，所尽的义务也不平等。这种二元结构，将外来人口排除在政府提供的公共服务之外，形成了一种因人口流动而产生的动态的城乡二元社会结构，我们称之为动态城乡二元结构，动态城乡二元结构从制度上区分的对象是外来人口。进入城市的外来人口很多是农民工，但也有其他非农业户籍的外地人员，他们被统一打上了外来人口或流动人口的身份印记。改革开放以来，我国各类城市在既定的动态城乡二元结构中谋发展。中共十六大以来，解决农民工问题引起了国家的高度重视，但包括农民工在内的外来人口始终未能真正融入城市成为平等的新市民，他们是城市严加管理的对象。动态城乡二元结构已持续30多年。

改革开放以来，随着工业化、城市化的发展，人口不断向城市集中，全国各类城市的外来人口不断增长，一些城市的外来人口大大超过了本地人口。在传统的城乡二元社会结构的基础上，市场化改革的力量又在城市催生了新的动态城乡二元结构。全国各类城市特别是大中城市和经济发达地区的城镇，同时形成了传统的静态城乡二元结构与改革开放以来出现的动态城乡二元结构叠加在一起的双重城乡二元结构。凡是有外来人口的城市和城镇都存在双重城乡二元结构，在外来人口大量集聚的大中城市，双重城乡二元结构表现得尤为突出。

如果说传统计划经济体制下的静态城乡二元结构主要是行政力量主导的结果，那么改革开放以来随着工业化、城市化进程的加快，包括农村剩余劳动力在内的大量外来人口向城市流动迁移所形成的动态城乡二元结构则是市场力量和政府行为共同作用的产物，但这种动态城乡二元结构却是在传统静态城乡二元结构的基础上形成的，换言之，城市中的动态城乡二元结构是对静态城乡二元结构的复制与异地再生。二者之间的共同本质在于不平等地对待某一群体。双重城乡二元结构是我国城市化、城乡一体化发展面临的主要社会结构性障碍。

我们提出的双重城乡二元结构与有的学者所说的"新二元结构"不同。孙立平教授曾提出"新二元结构"概念，他将改革前形成的城乡二元结构视为一种行政主导型二元结构，20 世纪 90 年代以来，一种他称为市场主导型二元结构的形式开始出现，这是一种新的二元结构，导致"新二元结构"出现的是我国经济生活从生活必需品阶段向耐用消费品阶段的转型，也就是说，到了耐用消费品时代，城里人的消费项目与农村或农民几乎没有什么关系，城里人的耐用消费支出很难流向农村，城乡之间形成了一种消费断裂，这种市场因素造成的城乡二元结构是一种市场主导的"新二元结构"。显然，"新二元结构"概念丰富了传统城乡二元结构的内涵，但"新二元结构"仍然属于传统城乡二元结构或我们称之为静态城乡二元结构的范畴之内，它没有涉及城市中的动态城乡二元结构。

20 世纪 90 年代，也有学者提出和讨论"三元社会结构"问题。我们发现不同的学者对"三元结构"的内涵有不同的理解，与我们提出的动态城乡二元结构最接近的一种"三元结构"概念是将农民工或流动人口作为社会的一元，在此种意义上使用"三元结构"概念主要着眼于农民工问题和流动人口问题。我们使用的动态城乡二元结构的外延比"三元结构"更广，在各类城市中，作为本地户籍人口的一元与所有外来人口的一元，构成了身份和权利不平等的动态城乡二元结构。城市中的外来人口主体是农民工，但不仅仅是农民工，还有其他城镇非农业户籍人口；外来人口也不只是流动人口，那些在某城市定居一二十年的外来人口，虽然不再"流动"，但仍被视为"流动人口"。

提出和使用双重城乡二元结构的概念具有重要的理论意义和现实意义。从理论上说，改革开放以来形成的农民工问题、蚁族问题、流动人口问题等城市外来人口问题，都可以纳入动态城乡二元结构的框架中加以解释。从实践上说，破除城乡二元结构已成为当前的主流公共政策，但各地在破除城乡二元结构上，比较普遍的现象是侧重于破除传统静态的城乡二元结构，而相对忽视动态的城乡二元结构。对于外来人口，各地虽然出台了改善农民工等外来人口待遇的政策，但各个城市政府在对待外来人口上的传统思维和政策仍然严重存在。各类城市在对待外来人口问题上还主要局限在加强对外来人口的治安管理上，而不是将其作为新移居城市的新市民加以平等对待。也就是说，各地在城乡一体化进程中，在对待外来人口问题上还没有上升到破除动态城乡二元结构。动态城乡二元结构概念的提出，为各类城市推进城市一体化实践提供了重要的理论支持。

二　动态城乡二元结构问题正日益凸显

我们看到，各地为破除传统静态城乡二元结构，出台了一系列公共政策，取得了明显进展，如加快推进社会主义新农村建设，对种粮农民进行直接补贴，加大农村基础设施建设力度，建立覆盖农村居民的新型农村合作医疗、新型农民养老保险、农村居民最低生活保障等社会保障制度，推进基本公共服务均等化，加快中心城市和小城镇户籍制度改革等。

但在破除动态城乡二元结构上，则存在许多认识误区和思维惯性，相应的公共政策供给明显滞后，由此造成的一种新现象是，在城乡一体化进程中，传统静态的城乡二元结构正在破除，而动态城乡二元结构却在日益强化。我国各个城市在空间结构上包括城区与郊区农村，在人口构成上包括非农业户籍的市民与农业户籍的农民以及外来人口。20 世纪 50 年代以来，我国各城市内部就开始存在静态的城乡二元结构。20 世纪 80 年代以来，随着外来人口向城市流动迁居，受传统静态城乡二元结构的影响，一种区分于城市本地人口与外来人口的新的动态城乡二元结构逐渐形成，并日益成为影响城市发展的重要因素。

发达地区各大中城市中的动态城乡二元结构相当突出。以北京为例，据统计数据，2009 年末，全市常住人口 1755 万人，其中本市户籍人口 1245.8 万人，居住半年以上的外来人口 509.2 万人，占常住人口的比重为 29%。在北京市户籍人口中农业户籍人口 273.9 万人。另据北京市政协 2010 年 7 月公布的最新调查，2009 年底北京市实际常住人口已达 1972 万人，其中居住半年以上的流动人口 726 万人。在北京人口构成中，受传统静态城乡二元结构直接影响的是 273.9 万的本市农业户籍人口，受动态城乡二元结构直接影响的是 509.2 万或 726 万的外来人口。外来人口远多于北京市农业户籍人口。从某种意义上说，动态城乡二元结构的消极影响甚至超过静态二元结构。全国其他各大城市都与北京一样，存在双重城乡二元结构的复杂问题。

近年来，北京在统筹城乡发展、推进城乡一体化、破除传统静态城乡二元结构上力度较大，成效显著。为推进城乡基本公共服务均等化，从 2006 年开始推进新农村建设，到 2008 年，北京共投入 26 亿元，对 79 个试点村和 320 个整体推进村实施"五项基础设施"工程建设，平均每个村投入 652 万元。2008 年北京农村安全饮水目标全面实现。2009 年和 2010 年两年全面实施新农村建设"五项基础设施"和"三起来工程"，2009 年"五加三"工程建设共投入 83 亿元，2010 年预计投入 70 亿元。到 2010 年底，全市农村"五项基础设施"建设任务将全面完成。北京还大力实施农村医疗、养老、低保、就业、教育、文化、邮政等民生工程，使轨道交通、水、电、气、网络通信等基础设施建设不断向农村延伸，首都农民享受到越来越多的改革发展成果。北京现已全面实现区区通高速、村村通油路、村村通公交、村村通网络、村村通自来水、村村通邮，公共交通、信息网络也已基本实现村村通，义务教育、医疗卫生、社会保障等基本公共服务已全面覆盖农村人口，北京农村社会保障制度建设走在全国前列。

但与上海、天津、广州、深圳等全国各大中城市一样，北京在破除动态城乡二元结构上面临巨大的压力和观念体制障碍。随着城市化的快速推进，外来人口不断增多，全国各大城市中的动态城乡二元结构所引发的经济社会问题明显加剧。例如在城乡接合部改造中，当地户籍居民的安置问题容易受到地方政府的重视，而大量外来人口的居住权益等问题却常常受到忽视。在拆迁安置中呈现出城乡接合部改造的安置失衡现象。一方面，当地居民得到了安置房，获得了拆迁补偿款；另一方面，外来租户则基本没有得到安置，更谈不上拆迁补偿。

以北京大望京村拆迁安置为例，该村户籍人口 1692 户共 2998 人，其中居民人口 2100 人，农民 898 人，流动登记人口 3 万多人，未登记的估算有近 2 万人，流动人口总数是户籍人口的 10 多倍。2009 年开始的大望京村城乡一体化试点形成了颇受人们称赞的"大望京模式"，其拆迁安置补偿明显保障了当地村民的居住权益，当地村民因拆迁补偿而"一夜暴富"，该村改造一年来，当地居民利用拆迁补偿款仅新购置小汽车就达 600 多辆。而原本同样生活在该村的数万"蚁族""蜗居"者等外来人口，虽然是当地常住人口，却没有分享该村城乡一体化改造发展的"一杯羹"，而必须自谋出路，卷起铺盖向附近或更远的村庄安营扎寨。作为当地居住人口的绝大多数，外来租住户在城乡接合部改造中，未能相应地改善居住条件，反而居住权益受到了损害，这不仅增加了他们工作生活的物质成本，而且加大了他们的精神压力。

外来租住户对当地公共事务知情权和参与权的缺乏，必然导致其利益难以保障。权益权益，有权利才有利益。城乡接合部的外来租住户与当地居民生活在同一村庄之中，构成了村庄生活共同体，并且是所在村庄共同体的重要组成部分。但在传统的思想观念和体制束缚中，他们被当作"外来人口"对待，缺乏参与当地公共生活的话语权、参与权与表达权。在城乡接合部拆迁改造中，他们对拆迁改造方案无权知晓，对由此造成的自身利益损失无从表达，对拆迁所产生的利弊得失无权置喙，其结果是他们被摒弃在城市化和城乡一体化进程之外。

近些年来城市社会中日益凸显的农民工问题、"蚁族"问题、"蜗居"问题、暴力犯罪问题等城市社会问题，正是动态城乡二元结构所积累的深层次矛盾的典型反映。不破除动态城乡二元结构，就不可能解决上述社会问题。

以农民工为主体的城市外来人口是我国改革开放的直接产物，他们实质上是城市的新移民。外来人口工作在城市，生活在城市，奉献在城市，与城市原住民共同构成了现代城市生活的有机整体。只是因为传统城乡二元户籍制度的影响，他们没有获得城市户籍身份，被视为城市的外来人口，享受不到城市的基本公共服务，也难以参与城市的公共事务。这是我国改革实践快速发展与相应的制度变革明显滞后所造成的消极后果。

在城市的动态城乡二元结构中，外来人口面临的主要问题是户籍身份、上学就医、房屋居住、社会保障、公共参与等公民身份问题和基本公共服务问题。这使城市外来人口的不公正感不断积累，由此造成日益严重的自卑感和对社会的不满，其社会后果需要重视。

改革开放以来，各大城市在对待动态城乡二元结构问题上，形成的传统思维方法和应对措施主要局限在从社会治安的角度加强对外来人口或流动人口的严格管理和严密控制。这种治标不治本的思想观念和管理模式，基本特征是以城乡二元思维去解决城乡二元结构问题，其严重局限性和滞后性是不言而喻的。当前，动态城乡二元结构所引发的各种经济社会问题正在加速集聚裂变，造成了日益严重的社会"断裂"，其对城市的和谐发展与持续繁荣构成了巨大的挑战。外来人口引发的各种经济社会问题，必须从破除动态城乡二元结构这个根本上去认识和解决，任何不触及动态城乡二元结构的思维和政策，都不可能真正解决外来人口问题，因而也就不可能塑造现代城市文明。

三　全面推进城乡一体化

改革开放以来中国城市的人口来源和构成发生了巨大的变化，城市居民主要由本市户籍市民、本市户籍农民和外来人口三大部分组成，他们共同构成了城市的常住人口，他们都是城市的市民，共同为城市的发展贡献力量和智慧，共同分享城市的文明与荣耀，共同创造城市的品格与未来。要真正解决城市中的户籍农民问题与外来人口问题，建设具有开放包容和平等关怀特征的现代城市，必须全面推进城乡一体化进程，破除双重城乡二元结构。

第一，要树立全面的而不是片面的城乡一体化思维。所谓全面的城乡一体化思维，就是要破除静态与动态两种城乡二元结构，树立既统筹兼顾当地城乡居民权益，又统筹兼顾本地户籍居民与外来流动人口的权益，实现市民与农民、本地居民与外来人口的身份平等、机会平等和权利平等。既要使本市户籍农民共享城市发展成果，也要使外来人口共享城市发展的成果。忽视外来人口基本权益的城乡一体化，只是片面的城乡一体化，实质上并没有完全跳出城乡二元结构的传统窠臼。

第二，要继续破除静态的城乡二元结构。要按照党的十七届三中全会精神，坚持统筹城乡发展，把加快形成城乡经济社会发展一体化新格局作为根本要求，坚持工业反哺农业、城市支持农村和多予少取放活的方针，推进城乡基本公共服务均等化，消除对农民的制度性歧视，使广大农民平等参与现代化进程、共享改革发展成果。静态的城乡二元结构有比较明显的城乡和户籍界限，这是当前破除城乡二元结构的工作重点和落脚点。动态的城乡二元结构存在于城市之中，它没有明显的地理界限，却有显著的身份界限。

第三，要重新认识城市的外来人口，着力破除动态城乡二元结构。对于现代城市来说，其居民只应有职业的差别，而不应有身份的歧视；其居民也只应有先后之分，不应有内外之别。北京市委书记刘淇曾提出重新认识首都"三农"的重要命题，他提出："首都的农民是北京的市民，是推动郊区发展的动力，是拥有集体资产的市民；"① 据此，在重新认识北京的外来人口上，我们也完全可以说，外来人口是移居首都的新市民，是首都发展的重要力量，是拥有人力资本的新市民。各个城市的外来人口实质上都是所在城市的新移民，是所在城市的新市民，他们事实上是城市发展不可分割的重要组成部分。在城乡一体化进程中，各地要以破除静态城乡二元结构的精神来破除动态城乡二元结构，要让普照农村的公共财政阳光同样普照城市中的外来人口，要将覆盖城乡的基本公共服务同样覆盖城市中的外来人口，消除对外来人口的制度性歧视，使广大外来人口平等参与现代化进程、共享改革发展成果。要通过体制机制创新，重点实现和保障外来人口平等的就业权、受教育权、健康权、居住权和社会保障权，实现和保障外来人口对城市公共事务的选举权、知情权、参与权、表达权和监督权。切实破除城市中的动态城乡二元结构，应当成为各类城市加快城市化和城乡一体化的重中之重。

第四，以公民权为基础深化体制改革。双重城乡二元结构的实质在于没有赋予农民及外来人口平等的公民身份，没有保障和实现其平等的公民权利。这是造成中国改革开放前及改革开放后众多社会问题的根本。我们一向主张从宪法的高度正视农民及外来人口的公民身份与公民地位，保障和实现其公民权。离开宪法和公民权，其他任何解决农民问题或外来人口问题的政策举措均非正道。我们说过，"对现代国家治理来说，没有什么比尊重和保障人权和公民权更重要了"。② 首先，要创新户籍制度改革思路，消除户籍差别与歧视，无条件赋予农民及外来人口与市民平等的户籍身份。其次，要废除外来人口或流动人口管理体制，将所有外来人口或流动人口视为城市的新移民，将其纳入社区化管理和服务。最后，平等地向农民以及城市中的外来人口提供均等的基本公共服务，确保农民与外来人口有序参与事关其正当利益的公共事务。

统筹破除双重城乡二元结构，全面推进城乡一体化，体现了以人为本的科学发展观的本质要求。对任何城市发展来说，只有全面破除静态城乡二元结构和动态城乡二元结构，才能真正形成城乡经济社会发展一体化新格局。只有统筹破除双重城乡二元结构，全面推进城乡一体化，才能使城市郊区农民、外来人口与城市户籍市民一样融为一体、休戚与共，才能从根本上解决农民问题、农民工问题和城市其他

---

① 闫雪静：《重新认识首都"三农"座谈会召开》，《北京日报》2009 年 8 月 6 日。

② 周作翰、张英洪：《新农村建设与公民权建设》，《深圳大学学报》（人文社会科学版）2009 年第 5 期。

外来人口等问题，才能有效应对城市快速发展所面临的各种危机与挑战。破除双重城乡二元结构既是工业反哺农业、城市支持农村的基本要求与具体体现，也是城市获得新的人力资本的公正选择。只有统筹破除双重城乡二元结构，全面推进城乡一体化，才能使城市中的全体常住人口都生活得更加幸福、更有尊严，使城乡社会更加公正、更加和谐。对于现代城市来说，没有开放包容和平等关怀的品格，就没有城市的文明和未来。

执笔：张英洪

2010 年 6 月 6 日

京沪穗渝蓉户籍制度改革比较[*]

户籍制度改革是新型城市化不可回避的重大问题。20 世纪 50 年代建立的户籍制度，构建了城乡二元体制的基础和核心。在城市化进程中，农村人口向城市迁移和集中是经济社会发展的普遍现象。但在城乡二元户籍制度不变的情况下，迁入城市的农业户籍人口不能随着城市化进程而实现市民化，这造成了一系列经济社会问题。改革开放以来，户籍制度改革在不断推进，尤其是中小城市和小城镇的落户政策逐步放宽。近年来，上海、广州、深圳、重庆、成都等特大城市也纷纷推出户籍制度改革政策。目前，全国已有 20 多个省区市开始实行城乡统一登记的居民户口制度。我们选择上海、广州、重庆、成都、北京等五大城市的户籍制度改革政策做些比较。

一 上海户籍制度改革政策

上海市是我国人口最多的特大城市。2010 年，上海市常住人口为 2301.9 万人，在全市常住人口中，外省来沪常住人口为 897.7 万人，占 39.00%。2009 年，上海市年末户籍人口 1400.7 万人，其中农业人口 164.54 万人，非农业人口 1236.16 万人（见表 1）。

表1　各年上海市人口构成情况

单位：万人

指　　标	2000 年	2008 年	2009 年	2010 年
常住人口	1608.63	1888.46	1921.32	2301.91
户籍人口	1309.63	1371.04	1400.70	—
外来人口	299.00	517.42	541.93	897.70
农业人口	335.47	174.48	164.54	—

注：本表户籍人口不包括离开上海、外出（市外）半年以上本市户籍人口，外来人口指居住半年以上人口，不含居住半年以下人口。

资料来源：《上海统计年鉴 2010》《上海市 2010 年第六次人口普查主要数据公报》。

---

[*]　原载北京市农村经济研究中心《调查研究报告》2011 年第 7 期。

城乡二元户籍制度建立后，作为特大城市的上海一直是户籍控制最严的城市之一。从 1958 年到 1988 年，上海每年外来人口所获得的户籍新指标不到一万人，而有机会获得户籍指标的主要是上海急需引进的人才、归国华侨、大学毕业生等。

1994 年 2 月起，上海试行外来常住人口的蓝印户口政策，1998 年做了修订，2002 年 4 月 1 日起停止受理申办"蓝印户口"。2002 年 4 月，上海市政府发布《引进人才实行〈上海市居住证〉制度暂行规定》，在全国率先推出居住证制度，对具有本科以上学历或者特殊才能的国内外人员，以不改变其户籍或者国籍的形式来沪工作或者创业的，可申领上海市居住证。2004 年，上海市政府发布《上海市居住证暂行规定》，在各类来沪人员中推行居住证制度，居住证分为引进人才、务工经商和投靠就读等三类。

2009 年 2 月，上海市政府印发《持有〈上海市居住证〉人员申办本市常住户口试行办法》，规定符合持有上海市居住证满 7 年等条件的来沪创业、就业人员可以申办上海常住户口，具体细则见表 2。该试行办法试行期为 3 年。这是上海市继 1994 年、2002 年和 2004 年后进行的第四次户籍改革，引起社会热议。

表 2　上海"居转户"申办条件及优先申办条件

申办上海市常住户口应当同时符合的申办条件	1. 持有上海市居住证满 7 年 2. 持证期间按规定参加本市城镇社会保险满 7 年 3. 持证期间依法在本市缴纳所得税 4. 在本市被聘任为中级及以上专业技术职务或者具有技师（国家二级以上职业资格证书）以上职业资格，且专业及工种对应 5. 无违反国家及本市计划生育政策规定行为、治安管理处罚以上违法犯罪记录及其他方面的不良行为记录
优先申办上海市常住户口需符合右列条件之一	1. 在本市作出重大贡献并获得相应奖励，或在本市被评聘为高级专业技术职务或高级技师（国家一级职业资格证书）且专业、工种与所聘岗位相符的，可不受申办条件第一、二项规定的持证及参保年限的限制 2. 在本市远郊地区的教育、卫生等岗位工作满 5 年的，持证及参保年限可缩短至 5 年 3. 最近连续 3 年在本市缴纳城镇社会保险基数高于本市上年度职工平均工资 2 倍以上的，或者最近连续 3 年计税薪酬收入高于上年同行业中级技术、技能或管理岗位年均薪酬收入水平的技术管理和关键岗位人员可不受申办条件第四项规定的专业技术职务或职业资格等级的限制 4. 按个人在本市直接投资（或投资份额）计算，最近连续三个纳税年度内累计缴纳总额及每年最低缴纳额达到本市规定标准的，或者连续 3 年聘用本市员工人数达到规定标准的，相关投资和创业人才可不受申办条件第四项专业技术职务或职业资格等级的限制。前款所称的重大贡献奖项范围，计税薪酬收入标准，技术管理和关键岗位范围，投资纳税数额和用工人数标准，由相关管理部门适时公布

二　广州户籍制度改革政策

2010 年，广州市常住人口为 1270.08 万人，在全市常住人口中，外省区市来穗常住人口为476.00万人，占37.48%。2009年，广州市年末户籍人口791.76万人，其中农业人口77.76万人，非农业人口714.00万人（见表3）。

表3　各年广州市人口构成情况

单位：万人

指　标	2000 年	2008 年	2009 年	2010 年
常住人口	—	1018.20	1025.83	1270.08
户籍人口	693.96	784.17	791.76	794.08
外来人口	—	—	—	476.00
农业人口	257.85	76.07	77.76	—

资料来源：《广州统计年鉴2010》《广州市2010年第六次人口普查主要数据公报》。

2009年7月24日，广州市政府印发《关于推进城乡户籍制度改革的实施意见》，提出实行城乡统一的户口登记制度。广州市户籍改革的基本思路，一是逐步取消农业和非农业户口划分，统一登记为广州市居民户口；二是由公安部门在广州市居民户口底册上对原农业和非农业户口人员加注相关标识；三是各职能部门、各区（县级市）综合考虑全市各地区经济社会发展水平差异，引导相关配套政策进行同步或逐步的改革和完善。

广州市对农业户口改革的实施步骤是：将全市五个行政区（白云、番禺、花都、南沙、萝岗）和两个县级市（增城、从化）分三批次推进户籍制度改革，南沙区、萝岗区为第一批，在1年内推行一元化户籍管理制度；白云区、番禺区、花都区为第二批，在3年内推行一元化户籍管理制度；增城市、从化市为第三批，在5年内推行一元化户籍管理制度。

广州市对非农业户口改革的实施政策是：1年内将全市十个行政区和两个县级市中的非农业户口人员（包括地方城镇、自理口粮、全民农业等类型户口性质人员）全部转为广州市居民户口。

广州市对农民工实行积分入户政策。2010年6月7日，广东省政府办公厅出台《关于开展农民工积分制入户城镇工作的指导意见》，在全省实施农民工积分制入户，其适用对象为在本省城镇务工的本省户籍农村劳动力。农民工积分满60分即可申请入户城镇。2010年11月4日，广州市政府办公厅印发《广州市农民工及非本市十城区居民户口的城镇户籍人员积分制入户办法（试行）》及相应实施细则，积分体系包括基本分、导向分和附加分，共12项指标，积满85分可提出入户申请，入户指标及分值见表4。广州市农民工入户对象不限于广东省户籍。2011年上半年，广州市公布首批1000名积分入户的农民工名单。

表4 广州市积分制入户指标及分值表

类别	序号	指标	指标内容及分值	负责部门	备注
基本分	1	年龄	35周岁以下（5分）；36—45周岁（2分）；46—55周岁（1分）	市公安局	
	2	文化程度及技能	副高级以上专业技术资格、执业资格或高级技师职业资格（100分）；博士（100分）；硕士并具有中级专业技术资格、执业资格（100分）；硕士（90分）；大学本科并具有中级专业技术资格、执业资格（90分）；大学本科（80分）；大专或高职学历，并具有中级专业技术资格、执业资格（80分）；中技、中职或高中以上学历，并具有技师或高级职业资格（80分）；大专或高职（60分）；技师、事业单位工勤技术工岗位二级、中级职称（60分）；高级工、事业单位工勤技术工岗位三级、初级职称（50分）；中级工、事业单位工勤技术工岗位四级（30分）；中技、中职或高中（20分）；初级工、事业单位工勤技术工岗位五级（10分）；初中（5分）	市教育局、人力资源和社会保障局	只取最高分，不累计加分
	3	社会保险	参加城镇基本养老保险、城镇基本医疗保险、失业保险、工伤保险、生育保险，每个险种每满一年积1分，最高不超过50分	市人力资源和社会保障局	省统一指标
	4	住房	在广州市有产权住房（20分）	市国土房管局	
导向分	5	专业或工种	紧缺（10分）	市发展改革委、人力资源和社会保障局	
	6	行业	重点发展行业（10分）		
	7	地区	政策导向区域（10分）		
附加分	8	毕业院校	教育部重点建设高校、211工程高校、985工程高校、广东省属及广州市属重点高校或其他重点高校（10分）	市教育局	以重点高校目录为准
	9	和谐劳动关系	1A企业的员工（3分）；2A企业的员工（5分）；3A企业的员工（10分）	市人力资源和社会保障局	只计最高分，不累计加分
	10	社会服务	近5年内，参加献血每次积2分，最高不超过10分；参加义工、青年志愿者服务每满50小时积2分，最高不超过10分；慈善捐赠每千元积2分，最高不超过10分	市卫生局、民政局，团市委	省统一指标
	11	表彰奖励	获得广州市区（县级市）党委、政府或广州市局级部门表彰嘉奖或授予荣誉称号每次积30分，最高不超过60分；获得广州市委、市政府或广东省厅级以上部门表彰、嘉奖或授予荣誉称号每次积60分，最高不超过120分	市发展改革委、人力资源和社会保障局	
	12	投资纳税	个人在广州市企业的投资额在500万元人民币以上（20分）	市工商局	同时满足两项条件的，不累计加分
			近5年内，在广州市连续3个纳税年度内依法缴纳的个人所得税累计在10万元及以上（20分）	市地税局	

三　重庆户籍制度改革政策

2010 年，重庆市常住人口为 2884.62 万人，流动人口 420.70 万人，占常住人口的 14.58%；户籍总人口 3303.45 万人，其中农业人口 2196.45 万人，非农业人口 1107.00 万人（见表 5）。

表 5　各年重庆市人口构成情况

单位：万人

指　　标	2000 年	2008 年	2009 年	2010 年
户籍总人口	3091.09	3257.05	3275.88	3303.45
农业人口	2430.20	2349.67	2326.92	2196.45
非农业人口	660.89	907.38	948.96	1107.00
流动人口	—	—	—	420.70

注：重庆市第六次人口普查没有公布外来人口数据，据重庆市公安局统计，重庆市流动人口系登记在册的、包括重庆市户籍和外省市来渝的非重庆市户籍人口。

资料来源：《重庆统计年鉴 2011》《重庆市 2010 年第六次人口普查主要数据公报》。

2010 年 7 月 25 日，重庆市政府印发《关于统筹城乡户籍制度改革的意见》（渝府发〔2010〕78 号），启动全市户籍改革。与此同时，重庆市出台了三个配套文件，即《重庆市统筹城乡户籍制度改革社会保障实施办法（试行）》《重庆市户籍制度改革农村土地退出与利用办法（试行）》《重庆市统筹城乡户籍制度改革农村居民转户实施办法（试行）》。按照《关于统筹城乡户籍制度改革的意见》，两年内，重庆将有 338 万农村人口转为城镇居民，到 2020 年，累计实现 1000 万农民转户进城，约占现有农村人口的一半。

重庆市户籍制度改革的基本内容被形象地概括为"脱掉农村三件旧衣服"，"穿上城市五件新衣服"。"脱掉农村三件旧衣服"，是指对于农村居民整户转为城镇居民的，"脱掉"农村承包地、宅基地、房屋"三件旧衣"，具体政策是允许自转户之日起 3 年内继续保留承包地、宅基地及农房的收益权或使用权。另外，允许农村居民转户后在承包期内继续保留林地使用权，5 年政策过渡期内转户居民继续享有原户籍所在地农村的生育政策及农村计划生育奖励优惠政策、与土地相结合的种粮直补等各项补贴共三项权益。"穿上城市五件新衣服"是指农村居民转入城镇居民户口后，纳入城镇保障体系，在就业、社保、住房、教育、医疗五个方面享有与城镇居民同等待遇。

重庆户籍制度改革着重解决两类共七种人群的户籍问题。第一类是推动有条件的农民工及新生代人群的户籍转移。主要包括以下三种情况。第一种，在主城区务工经商 5 年以上、远郊区县城 3 年以上的 225.6 万名农民工由所在区县（自治县）负责转为城镇居民，解决其社会保障，处理好承包地、宅基地、林地权属问题。第二种，在市内就读的本市 66.7 万名农村籍大中专学生，入学时户口迁入学校集体户或就地转为城镇居民的，保留其个人征地补偿收益权，符合资助条件的继续享受学费、生活费补助，毕业后纳入公租房保障范围。第三种，新增退役的 1.8 万名农村籍义务兵和服役期未满 10 周年的士官自愿转为城镇居民的，享受城镇义务兵的安置政策，由所在区县（自治县）负责组织实施。这三个人群约 294.1 万人。第二类是解决历史遗留人群的户籍问题。主要包括以下四种情况。第一种，历年已用地但未转非的 32.9 万名人员，由所在区县（自治县）按市政府确定的有关原则办理农村居民转为城镇居民的相关手续，参照被征地农转非人员养老保险办法建立养老保险。第二种，大中型水利水电工程建设中的失地但未转非的 4.9 万名农村移民，其转为城镇居民时，参照被征地农转非人员养老保险办法建立养老保险，不再享受移民后期扶持政策。第三种，城中村 0.9 万名未转非农村居民，其转为城镇居民后，按征地、拆迁相关政策予以安置补偿，由所在区县（自治县）负责组织实施。第四种，农村集中供养的 6 万名"五保"对象，其自愿转为城镇居民的，享受城镇集中供养的"三无"人员待遇，由所在区县（自治县）负责组织实施。上述四个人群约 44.7 万人。重庆市主城区、区县城、小城镇准入落户条件，见表 6。

表 6　重庆市主城区、区县城、小城镇准入落户条件

区域	准入落户条件
主城区	本市籍农村居民在主城区务工经商 5 年以上，本人及其共同居住生活的配偶、子女、父母可申请在合法稳定住所迁移入户；本市籍农村居民购买商品住房，本人及其共同居住生活的配偶、子女、父母可迁移入户；本市籍农村居民投资兴办实业，3 年累计纳税 10 万元或 1 年纳税 5 万元以上的，本人及其共同居住生活的配偶、子女、父母可在合法稳定住所迁移入户
区县城（远郊31 个区县城）	本市籍农村居民在远郊 31 个区县城务工经商 3 年以上，本人及其共同居住生活的配偶、子女、父母可申请在合法稳定住所迁移入户；本市籍农村居民购买商品住房，本人及其共同居住生活的配偶、子女、父母可迁移入户；本市籍农村居民投资兴办实业，3 年累计纳税 5 万元或 1 年纳税 2 万元以上的，本人及其共同居住生活的配偶、子女、父母可在合法稳定住所迁移入户
小城镇	本市籍农村居民本着自愿原则，可就近就地转为城镇居民
其他准入落户规定	本市籍农村未成年子女投靠父母、夫妻投靠、年老父母投靠子女自愿转为城镇居民的，可迁移入户；城镇年老父母身边无子女，其本市籍农村子女可投靠迁移入户；本市籍优秀农民工及其共同居住生活的配偶、子女自愿转为城镇居民的，不受居住时间限制

四　成都户籍制度改革政策

2010 年，成都市常住人口为 1404.76 万人，在全市常住人口中，外来人口为

300.19 万人，占比为 21.37%。2009 年，成都市年末户籍总人口 1139.63 万人，其中农业人口 510.25 万人，非农业人口 629.38 万人（见表 7）。

表 7　各年成都市人口构成情况

单位：万人

指　标	2000 年	2008 年	2009 年	2010 年
常住人口	——	——	——	1404.76
户籍人口	1013.35	1124.17	1139.63	1142.70
外来人口	——	——	——	300.19
农业人口	667.45	512.09	510.25	——
非农业人口	345.90	612.08	629.38	——

资料来源：《成都统计年鉴 2010》《成都市 2010 年第六次人口普查主要数据公报》。

2003 年至 2010 年，成都市先后五次出台户籍制度改革政策。2003 年 3 月 31 日，成都市人民政府批转市公安局《关于调整现行户口政策的意见》（成府发〔2003〕26号），取消了入户指标限制，以条件准入制代替"入城指标"。2004 年 2 月 5 日，成都市委、市政府印发《关于统筹城乡经济社会发展推进城乡一体化的意见》（成委发〔2004〕7 号），提出逐步对本市户籍人口取消农业和非农业的户口性质划分，按实际居住地登记为"居民户口"。从 2004 年开始，对全市范围内土地被征占农民全部登记为"居民户口"。2006 年 10 月 20 日，成都市委、市政府印发《关于深化户籍制度改革深入推进城乡一体化的意见（试行）》（成委发〔2006〕52 号），规定本市农民在城镇租住统一规划修建的房屋可办理常住户口。2008 年 4 月 9 日，成都市委、市政府印发《关于促进进城务工农村劳动者向城镇居民转变的意见》（成委发〔2008〕12 号），率先实行本市农民租住私人住房可入户的政策。

2010 年 11 月 9 日，成都市委、市政府发布《关于全域成都城乡统一户籍实现居民自由迁徙的意见》（成委发〔2010〕23 号），提出到 2012 年，实行全域成都城乡统一户籍、实现城乡居民自由迁徙。成都这次的户籍制度改革被国内舆论普遍认为是"中国最彻底的户籍改革方案"。

成都户籍制度改革的主要内容是：其一，建立户口登记地与实际居住地统一的户籍管理制度；其二，统一就业失业登记，完善就业援助制度；其三，进一步完善城乡统一的社会保险制度；其四，建立分区域统一的城乡住房保障体系；其五，分区域统一城乡"三无"人员供养标准和低保标准，2015 年底前，全市实现同一区（市）县统一城乡低保标准；其六，建立城乡统一的计划生育政策，对迁入城镇的农村居民在 5 年内继续执行农村计划生育政策；其七，实现义务教育公平化；其八，统一中职学生资助政策；其九，城乡居民在户籍所在地享有平等的政治权利和民主管理权利；其十，实行统一的退役士兵安置补偿和城乡义务兵家庭优待政策；其十一，市外人员入户享受与本地居民同等的待遇；其十二，加强全域成都统一户籍改革的领导。

成都市户籍制度改革有三大显著特点：一是破除了长期以来束缚城乡居民自由迁徙的制度障碍，全面建立了户籍、居住一元化管理的体制机制；二是农民进城不以牺牲承包地、宅基地等财产权为代价，充分保障了农民的基本权益；三是破除了长期附着在户籍上的城乡权利不平等，实现了统一户籍背景下平等的教育、住房、社保等基本公共服务和社会福利。此外，成都户籍制度改革兼顾了外来人口的落户问题，外来流动人口入户享有与本地居民同等的待遇。2010年7月26日，成都市政府公布《成都市居住证管理规定》，从2011年1月1日起，成都市取消暂住证制度，实行居住证制度，成都市的300多万流动人口在劳动就业、医疗卫生、教育等12个方面享受与市民同等的权益。

五 北京户籍制度改革政策

2010年，北京市常住人口为1961.24万人，在全市常住人口中，外省市来京常住人口为704.50万人，占比为35.92%。2010年，北京市年末户籍人口1257.80万人，其中农业人口268.30万人，非农业人口989.50万人（见表8）。

表8 各年北京市人口构成情况

单位：万人

指 标	2000年	2008年	2009年	2010年
常住人口	1363.63	1694.96	1755.00	1961.24
户籍人口	1107.53	1229.86	1245.80	1257.80
外来人口	256.10	465.10	509.60	704.50
农业人口	346.83	279.15	273.90	268.30

资料来源：《北京统计年鉴2010》《北京市2010年第六次人口普查主要数据公报》。

自20世纪50年代我国建立城乡二元户籍制度以来，北京一直是全国户籍控制最严格的城市。从20世纪90年代起，北京开始推行户籍制度改革。

一是推行小城镇户籍制度改革。1997年7月，北京市政府办公厅批转实施《北京市郊区小城镇建设试点城镇户口管理试行办法》（京政办发〔1997〕41号），开始实行小城镇户籍制度改革试点。2000年12月，北京市委、市政府印发《关于进一步加快郊区小城镇建设推进农村城市化进程的意见》（京发〔2000〕30号），规定从2001年起，凡在本市卫星城、中心镇镇区内有合法固定住所、稳定职业或生活来源的本市农民，均可根据本人意愿转为城镇户口。2002年9月，北京市政府批转市公安局《关于推进小城镇户籍管理制度改革的意见》(京政发〔2002〕25 号),规定在本市 14 个卫星城和 33 个中心镇的规划区范围内,有合法固定住所、稳定职业或生活来源的人员及其他共同居住生活的直系亲属,凡持有本市农业户口的,均可根据本人意愿办理城镇常住户口。对经批准在小城镇落户的人员,可保留其承包土地的经营权,也允许依法转让。

二是实行引进人才落户政策。1999 年 6 月,北京市人事局出台《北京市引进人才和办理〈北京市工作寄住证〉的暂行办法》(京人发〔1999〕38 号),对引进的人才办理"工作寄住证",持"工作寄住证"满 3 年者经批准可办理进京户口手续。此后,北京先后出台了一系列有关引进人才和投资兴业人员的落户政策。例如,2000年 4 月,北京市政府出台《北京市鼓励留学人员来京创业工作的若干规定》(京政发〔2000〕19 号);2001 年 9 月,北京市政府办公厅发布《关于外地来京投资开办私营企业人员办理北京市常住户口试行办法》(京政办发〔2001〕73 号);2003 年 6 月,北京市政府办公厅批转市人事局《关于实施北京市工作居住证制度的若干意见》(京政办发〔2003〕29 号);2005 年 12 月,北京市委、市政府印发《关于引导和鼓励高校毕业生面向基层就业的实施意见》(京办发〔2005〕32 号);2010 年 8 月,北京市政府公布《首都中长期人才发展规划纲要(2010—2020 年)》,首次明确提出为适应京津冀一体化发展要求,北京将逐步推行京津冀地区互认的高层次人才户籍自由流动制度。

三是逐步放宽"投靠落户"和"农转非"政策。2001 年 2 月,北京市政府办公厅批转市公安局《关于解决当前户口管理工作中几个突出问题的意见》(京政办发〔2001〕14 号),就婴儿随父落户、夫妻投靠落户、老人投靠子女落户等情况放宽了"进京落户"有关年龄和时间等标准。2003 年 2 月,北京市公安局印发《关于为本市部分农业人口转为非农业人口的实施方案》,放宽了两类人员的"农转非"政策,一类是小孩父母均为本市农业户口或小孩母亲为农业户口、父亲为非农业户口的,2003年 1 月 1 日以后出生的小孩,办理出生登记时,可在其母亲或父亲户口所在地自愿登记非农业户口;另一类是有本市农业户口的高等职业教育学校、中等专业学校、技工学校及经市教育部门批准的职业高中在校生,可自愿转为非农业户口。2007 年 4 月,北京市公安局发布《户政管理工作便民利民服务措施》(京公人管字〔2007〕311号),取消小城镇户口登记期满后市内迁移的审批制度,放宽未成年人随父亲在京入户条件,放宽本市人员"农转非"条件,本市农业户口人员要求夫妻投靠"农转非"的,不再受申请人必须年满 30 周岁的年龄限制;本市农业户口人员要求父母投靠子女"农转非"的,不再受申请人男性年满 55 周岁、女性年满 50 周岁的年龄限制;本市农业户口人员在城镇地区购房取得合法固定住所,经本人申请即可"农转非"并迁移户口。

四是实施"农转居"政策。因城市化征占农村土地的，按规定可以将农村居民转为城市居民。1993 年 10 月 6 日，北京市政府发布《北京市建设征地农转工人员安置办法》（1993 年第 16 号令），规定因国家重点工程建设和国家机关、军事单位、城市企事业单位进行建设征用农村集体所有土地，被征地单位的土地被全部征用或者部分被征用后剩余的耕地按农业人口平均不足 5 分地造成的农村多余劳动力，经市人民政府批准，由农业户口转为非农业户口。2004 年 5 月 21 日，北京市政府公布《北京市建设征地补偿安置办法》（148 号令），规定征用农民集体所有土地的，相应的农村村民应当同时转为非农业户口，应当转为非农业户口的农村村民数量，按照被征用的土地数量除以征地前被征地农村集体经济组织或者该村人均土地数量计算。2010 年北京实施 50 个接合部重点村城市化改造，坚持 148 号令确定的"逢征必转"的原则。城市绿化隔离带建设也涉及"农转居"政策，例如，1994 年 1 月，北京市政府批转首都规划委办公室《关于实施市区规划绿化隔离地区绿化的请示》（京政发〔1994〕7号），提出对绿隔建设地区农民实行"转居不转工"，即农村劳动力就地在乡镇企业中安排而不转到国有企业，其人员在生活及子女就业、升学方面享受的政策与城市居民相同。2000 年 3 月，北京市政府印发《关于加快本市绿化隔离地区建设的意见》（京政发〔2000〕12 号），规定在新村建设和绿化任务全部完成、以绿色产业为主的经济发展格局已经形成的地区的农民，其农业户口可转为城镇居民户口。此外，北京也试点实行整建制农转居，2002 年 12 月 1 日，北京石景山区 15535 农业户口一次性整建制变更为城镇居民，实施农转居后，原农村集体经济组织仍可继续拥有集体土地的所有权、使用权；农转居人员可按政策直接纳入社会保险，由集体经济组织及个人按政策缴纳保险费，今后国家征地时，征地款应首先用于抵顶已垫付缴纳的保险费，符合城市低保标准的人员享受城市低保待遇；保留农村集体经济组织，作为农民转居后就业的主要载体。在城市化进程中，有的村也实行整建制农转居。

六　五大城市户籍制度改革的简要评析及思考

第一，上海"居转户"政策被称为上海户籍制度改革新政，其积极意义在于为特大城市的户籍制度改革进行了探索，但其实际意义并不明显。上海市人力资源和社会保障局数据显示，上海自 2002 年 4 月试行居住证制度到 2009 年 2 月出台"居转户"政策的 7 年间，共办理各类人才居住证约 27 万个，其中符合"居转户"年限要求的约有 3000 人，在三年的"居转户"试行期间，符合"居转户"条件的不超过 2万人，这不到 27 万个居住证持有者的 10%，而相对于 900 万左右的外来人口来说，意义就更小了。上海在对待外来人口尤其是农民工的入户问题上，还有待于政策的进一步突破。

第二，广州市户籍制度改革是广州市全面推进城乡一体化总体规划的重要组成部分。2009年1月14日，广州市委、市政府印发《关于加快形成城乡经济社会发展一体化新格局的实施意见》，对加快城乡一体化进行了全面部署。2009年5月18日，广州市发布第一批5个配套文件，2009年7月24日，广州市发布第二批7个配套文件，构成了广州市推进城乡一体化完整的政策体系。广州在特大城市中率先推行城乡统筹的户籍制度改革，不仅着眼于本市范围内的户籍人口，还着眼于外来人口，具有积极的探索意义。但广州市户籍制度改革的相关配套政策还不够明确，有待于进一步细化，同时，对于约500万的外来人口而言，广州市的积分入户政策仍然难以实现大多数在穗农民工的市民梦。

第三，重庆市户籍制度改革的可贵之处在于将农村居民转户后的农村土地退出问题以及进入城镇后享有基本公共服务问题做了综合的配套设计，是我国第一个全面系统统筹考虑破除城乡二元体制的户籍制度改革样本，被称为我国户籍改革真正的"破冰之旅"。但重庆市户籍制度改革还存在一些深层次的问题，一是户籍改革以农民放弃农村的承包地、宅基地、林地等产权为代价；二是在户籍制度改革实施中出现了"强迫农转非"的情况；三是农民退出承包地的补偿期以第二轮土地承包期内剩余年限计算，忽视了农民"长久不变"的土地承包权益；四是打开了农民进城的大门，但没有打开市民入乡的大门；五是非重庆市户籍的外来人口落户问题没有纳入重庆户籍制度改革范围。

第四，成都市户籍制度改革被普遍认为是全国最彻底的户籍制度改革。成都市率先明确将实现居民迁徙自由作为户籍制度改革的目标，这在我国户籍制度改革上尚属首次，具有宝贵的宪法学标杆价值。成都市户籍改革政策不要求进城入户农民放弃农村土地权益，充分尊重了农民的土地财产权，改变了"以土地换户籍"的传统做法，这在全国具有重要的导向意义。但面对户籍制度改革涉及的具体问题，成都市相关配套政策和具体实施方案仍有待于进一步细化和完善。

第五，北京户籍制度的控制在全国仍然是最严格的。20世纪90年代以来，北京推行了一些户籍制度改革政策，特别是逐步放宽了人才进京的户口限制，但相对于其他大城市来说，户籍制度改革力度不大，还不适应城市化和城乡一体化发展的需要。一方面，北京本市户籍的农转居速度远滞后于上海和广州。2000年，北京、上海、广州的农业人口分别为346.83万人、335.47万人、257.85万人，到2009年，北京、上海、广州的农业人口分别减少到273.90万人、164.54万人、77.76万人，分别下降了21.03%、50.95%、69.84%。另一方面，北京对农民工等外来流动人口的户籍制度改革基本上没有突破。1986年1月1日，北京市正式开始实施流动人口暂住证制度，至今未能改为居住证制度，而居住证制度已在广东、深圳、浙江、上海等地实行。近年来，北京因人口压力增大，开始强化"以业控人""以房管人""以水控人"，严格户籍准入政策和指标调控。目前，北京城乡一体化的户籍制度改革尚未提上日程。有的专家认为北京可能是全国户籍制度改革的最后一站，另有专家认为北京最快将在 10 年内放宽户籍限制。

改革城乡二元户籍制度，建立城乡统一的户口登记制度，保障和实现公民的居住和迁徙自由，是社会文明进步的必然趋势。当前，深化户籍制度改革的关键在于妥善处理三个环节：一是保障农民对农村集体产权的权益，进城农民退出集体产权应通过市场机制而不是行政强制予以实现；二是不管农民是否进城变为市民，都应平等享有社会保障等现代公民的基本公共服务；三是在地方政府探索户籍改革的基础上，需要国家层面统一的户籍制度设计，特别是城市化进程中的大量流动人口，对国家层面的户籍制度改革提出了迫切要求，应尽快实行各种基本公共服务的全国接转、社会保障基金的全国统筹等，以保障城乡居民在全国范围内的基本权利和自由。

执笔人：张英洪

积极推进城镇化、促进北京城乡融合发展的建议

城镇化是经济社会发展的强大动力。北京要积极稳妥推进城镇化，走以人为本的新型城镇化道路，遵循城镇化发展规律，提高城镇化发展质量，维护和发展农民权益，促进城乡协调发展，提高城乡居民的幸福指数。

一　落实规划构建新型城镇体系

落实区域发展战略和主体功能区战略，完善城镇化布局和形态，在"中心城—新城—小城镇—新型农村社区"四级城镇体系建设的基础上，建立高层次协调机制，深化与津冀合作，促进首都圈的形成与发展。合理确定城市开发边界，加强和提升绿化隔离带建设，防止"摊大饼"式的城市扩张，有效预防和治理"城市病"。创新新城发展理念和建设模式，坚持突出重点、分类推进，继续重点建设通州、顺义、亦庄－大兴新城，分类推进其他新城建设，使之起到有效疏解中心城功能、带动区域经济社会发展的作用。按照"坚持农民主体、尊重农民意愿、保护农民利益"的原则，2012 年基本完成城乡接合部 50 个重点村城市化建设任务。及时总结 50 个重点村建设经验，强化制度建设，防止形成新的城乡接合部问题。完善小城镇功能，进一步发挥小城镇在吸纳农村人口、集聚特色产业、促进农民就地城镇化上的重要作用。利用好小城镇发展基金，优先加快发展建设 42 个重点小城镇。支持产业园区建设，推进各种合作项目落地。建立完善相关制度，加强对小城镇发展的监测。保护历史文化名村名镇，支持各种特色村镇建设。

二　尊重农民意愿，保障农民土地财产权

始终把尊重农民意愿、扩大农民参与、保障农民主体地位作为推进城镇化的根本要求。在推进城镇化时，切实尊重农村集体经济组织和农民意愿，给予农民群众自主选择权，严禁强迫农民上楼。保护农民的土地承包经营权、宅基地使用权、集体收益分配权等不受侵害和剥夺。推进征地制度改革，探索多元化补偿安置办法，大幅度提高农民在土地增值收益中的分配比例。加快建立城乡统一的建设用地市场，建立和完

善农村集体建设用地流转办法。切实做好农村土地整治工作，依法保障农民的知情权、参与权和受益权。农村土地整治腾出的农村建设用地，其土地增值收益必须及时全部返还农村。着力完善农村宅基地管理机制，保障农户宅基地用益物权，探索运用经济手段引导和规范农村闲置宅基地使用权退出和补偿机制。推进农村集体利用建设用地建设租赁房试点。

三 推进制度创新，促进人口城镇化

把推进城镇制度创新、促进人口城镇化作为城镇化的重要任务，不断提高新时期城镇化发展的水平和质量。深化户籍制度改革，促进符合条件的农业人口在新城和小城镇落户，并享有与当地城镇居民同等的权益。继续加快推进"农转非"步伐，并保障其转非后享有农村集体资产的权益。加强统筹协调，妥善解决拆迁、建安置房、补缴社保等"农转非"所需资金，实现城乡接合部地区农民就地市民化。探索建立优秀农民工在京落户制度，切实保障来京务工人员享受到教育、社会保险、安全等基本公共服务，进一步丰富"北京精神"在城镇化进程中的新内涵。加强城镇化的制度建设，坚守政策和法律底线，在依法行政基础上推进城镇化。

执笔：张英洪

2012 年 1 月 9 日

北京海鹋落村集体建设用地发展公租房
有关问题的调查[*]

在 2011 年 9 月国务院办公厅发布《关于保障房建设和管理的指导意见》，要求重点发展公共租赁住房后，国土资源部于 2012 年 1 月批复北京市、上海市成为集体建设用地建设公租房首批先行试点城市。2012 年 6 月，北京市昌平区海鹋落村公租房第一期项目 9 栋高层楼房中有 6 栋已经封顶，近期就可以投入运营。为了解该村集体建设用地发展公租房案例，课题组对北七家镇海鹋落村进行了调查。

一 海鹋落村集体建设用地发展公租房的背景

（一）集体建设用地长期闲置

海鹋落村除了耕地、农民宅基地之外，尚有集体建设用地面积 1995.6 亩，大部分地长期闲置，小部分地栽植了果树，但无人管理，经济收益很低。海鹋落村地理位置优越，处于昌平区新城产业聚集区，是中关村北部研发服务和高新技术产业聚集区的核心区域，经济社会发展很快。但集体建设用地长期闲置、利用效率很低，相比于周边的羊各庄、东小口等经过旧村改造的村庄，海鹋落村村民收入较低、增收乏力。

（二）周边租房需求大

海鹋落村处于北七家镇南部核心地带，南距地铁 5 号线只有 3 公里，距大型生活社区天通苑仅 5.9 公里，交通便捷。而北七家镇地处北京市北部城乡接合部，经济社会发展很快，人口倒挂严重。第六次人口普查数据显示，该地区本地户籍人口近 5 万，而外来人口已达 27 万，已成为重要的外来人口聚居区，这部分人群已在当地形成较大的租房需求规模。据当地统计，该地区集体经济收入的 90% 来自房屋和土地出租，农民经济收入的 70% 来自农宅出租收益。距海鹋落村 3 公里的国家级高新科

* 原载北京市农村经济研究中心《调查研究报告》2012 年第 25 期。

技研发基地——未来科技城已经于 2009 年 7 月开始建设，有望在 2015 年建成。2012 年，第一批落户未来科技城的 15 家央企项目已全面开工，预计明年将全部投入运营。将吸引至少 2 万名科研及相关人员入驻，在当地创造新的中高档租房需求。

（三）村民迫切要求获得长期、稳定、可持续性收入

海鹋落村在 2003 年北京洋房房地产项目和 2009 年未来科技城项目大规模征地之后，产生大量失地农民。村民拿到一次性征地补偿金后，没有好的投资渠道，容易"坐吃山空"，因而产生了获得长期、稳定、可持续性收入的强烈愿望。2010 年 3 月 15 日、16 日，海鹋落村分别召开村"两委"会和村民代表大会，皆全票通过在"利用部分集体建设用地发展公租房，获取土地收益"的决议。海鹋落村村民代表会议决议中明确：公租房建成后属村集体资产，只用于出租，不对外出售。公租房只租不卖，不违背国家土地政策。由村民自主入股筹集部分资金，加上征地拆迁款和集体资产积累，全力发展公租房项目。公租房形成的大部分收益每年以股份分红的形式分给村民。

二　海鹋落村集体建设用地发展公租房的积极意义

（一）农民集体土地收益和财产性收入大幅度提高

相比征地补偿，农民集体发展公租房的土地收益提高 73.6 倍。2009 年未来科技城项目中，海鹋落村被征地 1530 亩，总计补偿 33120 万元，平均每亩征地补偿 21.6 万元。而发展公租房土地净收益预计达到 1611 万元/亩。海鹋落村第一期公租房占地 90 亩，建成后总建筑面积约 14.68 万平方米，共 1837 套，总投入为 5.5 亿。从收益看，根据北京市相关规定，公租房租金标准暂定为当地市场价下调二成至三成，预计为每月 28 元/平方米。按照出租率为 70% 计算，年租金收入现值约为 3500 万元，预计 16 年左右全部收回投资。若按照公租房使用年限 70 年，16 年之后的 54 年收取租金，收益为 18.9 亿元，除去资金成本 4.4 亿元，净收益达 14.5 亿元，摊在 90 亩土地上，每亩收益达到 1611 万元，比征地提高 73.6 倍。相应地，海鹋落村村民人均收入迅速提高。第一期公租房年收益 3500 万元，除去分摊的成本，每年净收入为 2714 万元，该村人口只有 1219 人，年人均收入可增加 2.2 万元。

（二）农民实现有工作、有产业、有资本

一是有工作。公租房项目日常运营需要一定的物业管理人员，如经理、会计、营销人员等；小区基础设施建设维护也需要大量的装修、绿化、保洁、水电维修等人员；这些将满足当地不同年龄和文化层次农民的就业需求。二是有产业。集体建设用地公租房项目建成之后，大量人口入住，将有力促进洗衣、餐饮、网络等服务业发展。农民有了自己的产业，长期发展有了保障。三是有资本。根据集体产权制度改革的要求，分配给村民的公租房股份可继承、转让、赠与，真正解决了村民从农民转换为居民后，失去农村资产的后顾之忧，农民实现了带着资产进城。

（三）有效解决地方政府建设公租房缺土地、缺资金问题，拓宽公租房供应渠道

一是解决了公租房建设的土地供应不足问题。根据北京市《2012 年度国有建设用地供应计划》，昌平区 2012 年计划供应公租房用地只有 210 亩，土地供应很少。而海鹋落村公租房项目第一期用地 90 亩，第二期规划建设用地面积 71.4 亩，合计161.4 亩，仅一村就可为昌平区增加相当于原计划的 76.9% 的公租房土地供应，有效解决了公租房的土地供地紧张问题。

二是缓解地方政府资金投入压力。公租房产权无法转让、租金回报较低、投资回收期长（长达 10—20 年），很难吸引社会资金，主要由政府投资。据住建部数据，截至 2012 年 6 月，财政部下拨专项资金达到 977 亿元，2012 年全国有 200 多万套公租房需要政府直接投资，总额达 1500 亿元，仍存在较大的资金缺口。而海鹋落村公租房建设项目一期投资 5.5 亿元，资金全部由村集体自筹，有效缓解了当地政府建设公租房的资金压力。

三是拓宽公租房供应渠道，缓解城市住房压力。据第六次人口普查数据，昌平区常住人口 166.05 万人，外来人口超过 100 万，是户籍人口的两倍多，外来人口迅速增长，住房压力巨大。但在未来两三年内，昌平区计划投入使用的公租房也只有8000 套左右，供需缺口很大。海鹋落村第一、第二期公租房建成之后，将会增加4000 套左右的公租房，这在很大程度上缓解了外来人口的住房压力。

三　面临的主要问题

（一）与现行《土地管理法》相关规定不符

《土地管理法》第四十三条规定"任何单位和个人进行建设，需要使用土地的，必须依法申请使用国有土地；但是，兴办乡镇企业和村民建设住宅经依法批准使用本集体经济组织农民集体所有的土地的，或者乡（镇）村公共设施和公益事业建设经依法批准使用农民集体所有的土地的除外"。可见，农村集体建设用地用途被严格限定在兴办乡镇企业、乡村公共设施、公益事业和建设农民住宅上，范围有限，而其他建设项目占用土地，包括公租房建设用地，都应该是国有用地。尽管国土资源部在北京市、上海市开展试点，但是在《土地管理法》没有修订的情况下，集体建设用地建设公租房缺乏合法性。

（二）具体配套政策没有落实

一是控规整合难以批复。昌平区规划条例里没有集体建设用地建公租房的编号。在实际操作中，农村集体建设用地原来规划为乡村产业用地。而公租房实际上属于居住用途，在控制性详细规划中需要确定建筑密度、建筑高度、容积率、绿地率等，以及水、电、交通等市政公用设施，便民服务、文体基础设施配套等，涉及部门多，手续繁杂，导致海鹊落村公租房项目的控规整合迟迟得不到批复。

二是难以通过国土部门的审批。北京市、区国土部门没有利用农村集体用地建设公租房的专项指标，而按照以往的规定，公租房应建在国有土地上。此外，北京市每年建设用地供应总体指标有限，若把集体建设用地指标加进去，势必挤占国有建设用地指标。因此，该项目用地在国土部门难以审批通过。

三是无法在发改委部门立项。北京市、区两级政府没有针对集体建设用地建公租房的立项指导意见，导致海鹊落村公租房项目无法在区发改部门办理立项手续。

（三）项目投入大、回收期长

村集体公租房建设投资巨大，全靠农民通过各种途径自筹资金，加上村集体资产积累进行投资。集体建设用地无法抵押，不能以公租房项目向银行申请贷款，难以获得金融支持。公租房租金较低、投资回收期长，也很难吸引社会资金参与。这些因素使得村集体建设公租房蕴藏很大风险。海鹊落村经过两次征地之后，获得了一定征地补偿，村集体也有一定资产积累，经济实力比较强大，但承担的风险仍然很大。海鹊落村第一期公租房项目的建设投资总额 5.5 亿。资金来源一是未来科技城项目的 3 亿元征地补偿金，由开发商根据征地拆迁、科技城建设情况逐步偿付；二是 2003 年北京洋房房地产项目拖欠海鹊落村征地补偿金连本带息近 2 亿元。而一旦征地补偿金不能及时到位或欠款不能收回，海鹊落村公租房建设项目就存在资金链断裂风险。

（四）收益分配机制有待建立

公租房建成之后，将产生巨额收益，如何在村集体和村民之间进行分配，是其面临的重要挑战。海鹊落村已经完成集体产权制度改革，把集体建设土地、集体资产积累和征地补偿金等转化为股份，其中30%的股份留给集体，70%的股份量化给村民。而海鹊落村第一、第二期公租房建成之后，海鹊落村年纯收益将增加 6000 万元，若每年把30%的收益留给村集体，村集体的年收益将达到 1800 万元。如何规范使用、合理分配留给村集体的巨额收益，将是海鹊落村面临的重要挑战。

（五）公租房经营管理面临挑战

如何提升管理人员素质、引入市场化的经营管理方式、确保村经营性集体资产的保值增值、保障村民权益也是村集体经营公租房面临的挑战之一。海鹊落村公租房项目运行主要由村里"三套班子",实际上是"一套人马"负责。"三套班子",即村委会、村支部和村董事会,其实全部是由包括村支书、村主任在内的五人组成,缺乏项目管理、运行、营销等专业团队。公租房项目建设投入巨大、周期很长、经营内容多元,这对海鹃落村管理人员的素质、管理方式等提出了挑战。

四 五点启示

(一) 集体建设用地发展公租房需要继续探索

在当前征地制度下,尽管农民集体对土地享有所有权,但难以享受定价议价的权利,这极大地损害了农民的利益。允许农民在集体建设用地发展公租房,盘活农村集体建设用地,本质上是赋予农民土地发展权利,让农民获得长期、稳定、可持续性收入,有力保障了农民土地财产权益。这有助于集体建设用地实现与国有土地享有平等权益,逐步建立城乡统一的建设用地市场。

(二) 建议《土地管理法》将"集体建设用地发展公租房"纳入考虑范畴

现行《土地管理法》对农村集体建设用地四种用途的限制,实际上是限制了农民集体土地财产权的实现。建议在《土地管理法》修订中,应考虑增加"允许集体建设用地建设公租房"的条款。

(三) 完善配套政策措施

一是尽快出台集体建设用地发展公租房的总体指导意见、规划,国土资源局、国家发改委等部门要相应出台具体政策,对集体建设用地发展公租房的规划、用地、项目立项等进行规范和指导,对建成后的公租房市政公用设施、交通基础设施、文化体育设施等予以支持。

二是加强公租房建设管理。根据对昌平区其他村庄的调查,很多城乡接合部的村庄具有利用集体建设用地发展公租房的强烈需求。建议政府在取得经验之后,加强业务指导,对当地的公租房需求情况做详细的市场调查,确保有需求才审批、才立项、才建设,防止盲目上项目,避免公租房建成后大量空置而损害村民利益。

三是加强公租房项目运营指导。要把公租房建设好、经营好、管理好,发展配套商业设施,做大做强集体经济,增加村民收入,就需要指导村集体,运用现代企业经营管理理念,聘请专业经营管理团队对公租房项目进行经营管理,确保集体资产保值增值。

(四) 给予财政、金融支持

村集体在自主筹资建设公租房过程中,需要投入大量的财力、物力,风险很大。在集体建设用地发展公租房取得合法性之后,建议地方政府一是出台支持集体建设用地公租房进行贷款抵押的指导意见，鼓励金融机构对公租房项目提供贷款支持，降低其资金供应不足的风险。二是地方财政给予贷款贴息支持，降低公租房建设成本。

（五）深化公租房产权制度改革，完善收益分配机制

要把发展公租房的巨额收益在村集体、村民之间分配好，就必须深化公租房产权制度改革，进一步完善收益分配机制。公租房建成之后，将产生巨额收益，从长远来看，村干部工资，用车支出，保洁、绿化、联防人员劳务费，村水电费用支出，以及招待费用等不应由村民承担；所以，理论上可以大幅度增加公租房收益在这方面的投入。在实践中，苏州村集体只保留8%的股份，也是重要的参考。因此，应进一步深化公租房产权制度改革，对公租房的集体股份进行二次、三次量化，使其比重逐步减少，直至把收益全部分配给村民，最终完善村集体、村民之间的收益分配机制。

执笔：伍振军、张云华、张英洪、冯效岩

对城乡一体化的几点新认识[*]

党的十八届三中全会提出："城乡二元结构是制约城乡发展一体化的主要障碍。必须健全体制机制，形成以工促农、以城带乡、工农互惠、城乡一体的新型工农城乡关系，让广大农民平等参与现代化进程、共同分享现代化成果。"城乡一体化与城乡二元结构一样，都是富有中国特色的重要概念，它们都是 20 世纪 80 年代中国最优秀的政策研究者在改革开放实践中提出来的。城乡一体化与城乡二元结构的关系，就像"矛"与"盾"的关系一样，城乡一体化就是针对城乡二元结构来说的，城乡一体化的过程实际上就是破除城乡二元结构的过程。以城乡一体化之"矛"破除城乡二元结构之"盾"，最终形成平等、开放、融合、功能互补的新型城乡关系，这不但是解决"三农"问题的根本途径，也是实现社会文明进步的根本要求。当前，我们既需要重新认识城乡二元结构，也需要重新认识城乡一体化。

一 对城乡二元结构的新认识：双重二元结构

城乡二元结构具有鲜明的中国特色，它是造成中国"三农"问题的重要体制根源。20 世纪 80 年代，以郭书田、刘纯彬为代表的农村政策研究者对中国二元社会结构做了开创性的重要研究。[①] 在此基础上，我们曾提出解决"三农"问题的根本在于破除二元社会结构。[②] 2008 年 10 月，中共十七届三中全会明确提出要着力破除城乡二元结构，加快形成城乡经济社会发展一体化新格局，到 2020 年，城乡经济社会发展一体化体制机制基本建立。[③] 近些年来，加快推进城乡一体化、破除城乡二元结构，已成为主流政策选择，各地在推进城乡一体化中出台了不少新措施，取得了许多

---

[*] 原载《2014 北京农村经济发展报告》（第二分册·城乡发展一体化和新农村建设），2015。

[①] 农业部政策研究中心农村工业化、城市化课题组：《二元社会结构：城乡关系·工业化·城市化》，载《经济研究参考资料》1988 年第 90 期。另参见郭书田、刘纯彬等《失衡的中国——农村城市化的过去、现在与未来》，河北人民出版社，1990。

[②] 周作翰、张英洪：《解决三农问题的根本：破除二元社会结构》，载《当代世界与社会主义》2004 年第 3 期。

[③] 《中共中央关于推进农村改革发展若干重大问题的决定》，人民出版社，2008，第 7—8 页。

新进展。2010 年，笔者在北京城乡接合部调研中提出了双重二元结构的问题。[①]

改革开放以来，随着人口的流动，我国城乡二元结构出现了新的形态，在外来人口就业、居住和生活的地区以及各类城镇，都明显存在双重二元结构，即存在静态与动态两种城乡二元结构形态。所谓静态的城乡二元结构，就是在计划经济体制下基于农民与市民两种不同的户籍身份，建立城市与农村、市民与农民两种权利不平等的制度体系，实行"城乡分治、一国两策"。[②] 所谓动态的城乡二元结构，就是基于本地居民与外来人口（主要是农民工，但不只是农民工）两种不同的身份，建立城市本地居民与外来人口两种权利不平等的制度体系，实行"城市分治、一市两策"。动态的城乡二元结构是市场化改革以来原静态城乡二元结构在城市中的新形态。

静态城乡二元结构与动态城乡二元结构共同构成了当代中国的双重二元结构。全国各地有农民工等外来人口的地方，都普遍存在双重二元结构。在沿海发达地区和各大中城市，双重二元结构交织在一起，共同构成了城市化和城乡一体化面临的重大体制障碍。双重二元结构是推进国家治理体系和治理能力现代化的最为突出的体制壁垒。

众所周知，我国静态城乡二元社会结构形成于 20 世纪 50 年代，它是计划经济体制的产物，是政府主导的制度安排的结果，其基本特征是城乡分治，农民与市民身份不平等，享受的权利不平等，所尽的义务也不平等。这种以歧视农民为核心的城乡二元结构，将农民限制在农村，不准农民向城市流动，形成了一种静止状态的二元社会结构，我们称之为静态城乡二元结构，静态城乡二元结构从制度上歧视的对象是农民群体，他们被深深打上了农业户籍的身份印记。长期以来，我国在既定的城乡二元结构中谋发展。2002 年，党的十六大首次提出统筹城乡发展的重大战略方针；2008 年党的十七届三中全会明确提出破除城乡二元结构，加快形成城乡经济社会发展一体化新格局。从此，破除城乡二元结构上升为国家的公共政策。静态城乡二元结构已持续50 多年，现在正处于破除之中。

我国动态城乡二元社会结构形成于 20 世纪 80 年代，它是市场化改革的产物，是市场力量和政府行为双重作用的结果。其基本特征是城市内部分治，外来人口与本市

① 2010 年 5 月，笔者在北京市城乡接合部调研中，首次提出要破除双重二元结构问题。当时撰写的调研报告《城乡接合部改造要关注外来人口问题》刊载于北京市农研中心主办《领导参阅》2010 年第 6 期（2010 年 6 月 2 日），之后，笔者与周作翰教授共同署名以《城乡一体化要破除双重二元结构》为题将报告刊发于 2010 年 7 月 14 日《光明日报》。在此基础上，笔者对破除双重二元结构问题又做了进一步思考与研究，以《城乡一体化的根本：破除双重二元结构》为题刊于《调研世界》2010 年第 12 期。2011 年 5 月 3 日，《农民日报》刊发本报记者施维与笔者的对话文章《推进城乡一体化不能忽视城市内部的二元结构》。2012 年 9 月 25 日，李克强副总理在全国资源型城市与独立工矿区可持续发展及棚户区改造工作座谈会上强调，要着力破除城市内部二元结构难题，走新型城镇化道路。

② 陆学艺：《走出"城乡分治、一国两策"的困境》，《读书》2000 年第 5 期。

人口身份不平等，享受的权利不平等，所尽的义务也不平等。这种以歧视外来人口为核心的二元结构，将外来人口排除在政府提供的公共服务之外，形成了一种因人口流动而产生的动态的二元社会结构，我们称之为动态城乡二元结构，动态城乡二元结构从制度上歧视的对象是外来人口。进入城镇的外来人口很多是农民工，但也有其他非农业户籍的外地人员，他们被统一打上了外来人口或流动人口的身份印记。改革开放以来，我国各类城市在既定的动态城乡二元结构中谋发展。中共十六大以来，农民工问题引起了国家的高度重视，但包括农民工在内的外来人口始终未能真正融入城市成为平等的新市民，他们是城市严加管理的对象。动态城乡二元结构已持续30多年。

改革开放以来，随着工业化、城市化的发展，人口不断向城市集中，全国各类城市的外来人口不断增长，一些城市的外来人口大大超过了本地人口。在传统的城乡二元结构的基础上，市场化改革的力量又在城市催生了新的动态城乡二元结构。全国各类城市特别是大中城市和经济发达地区的城镇，同时形成了传统的静态城乡二元结构与改革开放以来出现的动态城乡二元结构叠加在一起的双重二元结构。凡是有外来人口的城镇都存在双重二元结构，在外来人口大量集聚的大中城市，双重二元结构表现得尤为突出。

如果说传统计划经济体制下的静态城乡二元结构主要是行政力量主导的结果的话，那么改革开放以来随着工业化、城市化进程的加快，包括农村剩余劳动力在内的大量外来人口向城市流动迁移所形成的动态城乡二元结构则是市场力量和政府行为共同作用的产物，但这种动态城乡二元结构却是在传统静态城乡二元结构的基础上形成的，换言之，城市中的动态城乡二元结构是对静态城乡二元结构的复制与异地再生。二者之间的共同本质在于不平等地对待某一群体。双重二元结构是我国城市化、城乡一体化发展面临的主要社会结构性障碍。

我们提出的双重二元结构与有的学者所说的"新二元结构"不同。孙立平教授曾提出"新二元结构"概念，他将改革开放前形成的城乡二元结构视为一种行政主导型二元结构，20世纪90年代以来，市场主导型二元结构开始出现，这是一种新的二元结构，导致"新二元结构"出现的是我国经济生活从生活必需品阶段向耐用消费品阶段的转型，也就是说，到了耐用消费品时代，城里人的消费项目与农村或农民几乎没有什么关系，城里人的耐用消费支出很难流向农村，城乡之间形成了一种消费断裂，这种市场因素造成的城乡二元结构是一种市场主导的"新二元结构"。[1] 显然，"新二元结构"概念丰富了传统城乡二元结构的内涵，但"新二元结构"仍然属于传统

[1] 孙立平：《城乡之间的"新二元结构"与农民工流动》，载李培林主编《农民工——中国进城农民工的经济社会分析》，社会科学文献出版社，2003，第149—160页。

城乡二元结构或我们称之为静态城乡二元结构的范畴之内，它没有涉及城市中的动态城乡二元结构。

20 世纪 90 年代，有学者提出并讨论"三元社会结构"问题。[1] 我们发现不同的学者对"三元结构"的内涵有不同的理解，与我们提出的动态城乡二元结构最接近的一种"三元结构"概念是将农民工或流动人口作为社会的一元，在此种意义上使用"三元结构"概念主要着眼于农民工问题和流动人口问题。我们使用的动态城乡二元结构的外延比"三元结构"更广。在各类城市中，作为本地户籍人口的一元，与所有外来人口的一元，构成了身份和权利不平等的动态城乡二元结构。城市中的外来人口主体是农民工，但不仅仅是农民工，还有其他城镇非农业户籍人口；外来人口也不只是流动人口，那些在某城市定居一二十年的外来人口，虽然不再"流动"，但仍应视为"外来人口"。

提出和使用双重二元结构的概念具有重要的理论意义和现实意义。从理论上说，改革开放以来形成的农民工问题、蚁族问题、流动人口问题等城市外来人口问题，都可以纳入动态城乡二元结构的框架中加以解释。从实践上说，破除城乡二元结构已成为当前的主流公共政策，但各地在破除城乡二元结构上，比较普遍的现象是侧重于破除传统静态的城乡二元结构，而相对忽视动态的城乡二元结构。对于外来人口，各地虽然出台了改善农民工等外来人口待遇的政策，但各个城市的政府在对待外来人口方面的传统思维和政策仍然严重存在。各类城市在对待外来人口问题上还主要局限在加强对外来人口的治安管理上，而不是将其作为新移居城市的市民加以平等对待。也就是说，各地在城乡一体化进程中，对于对待外来人口问题还没有上升到破除动态城乡二元结构上。动态城乡二元结构概念的提出，为各类城市推进城市一体化实践提供了重要的理论支持。

二 对城乡一体化的新认识：狭义城乡一体化与广义城乡一体化

与重新认识城乡二元结构相适应，我们也需要深化对城乡一体化的认识。2013 年我们在有关课题研究中，提出将城乡一体化区分为狭义城乡一体化与广义城乡一体化。这是对城乡一体化认识的一个重大突破。

我们把破除城乡二元结构的城乡一体化叫作狭义城乡一体化，把既破除城乡二元结构、又破除城市内部二元结构的城乡一体化叫作广义城乡一体化。狭义城乡一体化是片面的城乡一体化，广义城乡一体化才是全面的城乡一体化。

---

① 孙立平：《城乡"三元结构"的挑战》，载《21 世纪商业评论》2005 年 2 月 5 日；王春光：《要警惕城乡三元结构化》，载《镇江日报》2009 年 12 月 1 日。

北京作为国家首都和特大城市，既有全国城乡二元结构的共性，又有城市内部二元结构的特性。北京存在城乡二元结构和城市内部二元结构叠加在一起的双重二元结构。北京的城乡一体化必然存在双重使命，既要破除城乡二元结构，又要破除城市内部二元结构。

在城乡一体化进程中，传统静态的城乡二元结构正在破除，而动态城乡二元结构在有的地方却在日益强化。我国各个城市在空间结构上包括城区与郊区农村，在人口构成上包括非农业户籍的市民与农业户籍的农民以及外来人口。20世纪50年代以来，我国各城市内部就开始存在静态的城乡二元结构。20世纪80年代以来，随着外来人口向城市流动迁居，受传统城乡二元结构的影响，一种区分于城市本地户籍人口与外来人口的新的动态城乡二元结构逐渐形成，并日益成为影响城市健康发展的重要因素。

发达地区各大中城市中的动态城乡二元结构相当突出，推进广义城乡一体化的任务更加繁重。以北京市为例，2013年末，全市常住人口2114.8万人，其中常住外来人口802.7万人，占常住人口的比重为38.0%。在常住人口中，城镇人口1825.1万人，占常住人口的比重为86.3%。2013年末全市户籍人口1316.3万人，其中农业户籍人口约250万人。在北京市常住人口构成中，受传统静态城乡二元结构直接影响的是约250万人的本市农业户籍人口，而受动态城乡二元结构直接影响的是802.7万人的外来人口。外来人口远多于北京市农业户籍人口。因此，从某种意义上说，动态城乡二元结构的消极影响甚至超过静态城乡二元结构。全国其他各大城市都与北京一样，存在双重二元结构的复杂问题。在北京市，推进狭义城乡一体化，就是着眼于1316.3万人的户籍人口，重点解决约250万农业户籍人口的平等市民待遇问题，让农业户籍人口平等参与现代化进程、共同分享现代化成果。推进广义城乡一体化，就是着眼于2114.8万常住人口，全面解决约250万农业户籍人口以及802.7万外来人口的平等市民待遇问题，让农业户籍人口以及外来人口平等参与现代化进程、共同分享现代化成果。

全面推进城乡一体化，就是推进广义城乡一体化。狭义城乡一体化是片面的城乡一体化，只有广义城乡一体化才是全面的城乡一体化。广义城乡一体化就是要破除静态与动态两种城乡二元结构，树立既统筹兼顾本地城乡户籍居民权益，又统筹兼顾本地户籍居民与外来流动人口的权益，实现市民与农民、本地居民与外来人口的身份平等、机会平等和权利平等。既要使本市户籍农民共享城市发展成果，也要使外来人口共享城市发展的成果。忽视外来人口基本权益的城乡一体化，只是片面的城乡一体化，实质上并没有完全跳出城乡二元结构的传统窠臼。对任何城市的发展来说，只有全面破除静态城乡二元结构和动态城乡二元结构，推进广义城乡一体化，才能真正形成城乡经济社会发展一体化新格局。只有统筹破除双重二元结构，全面推进城乡一体化，才能使城市郊区农民、外来人口与城市户籍市民融为一体、休戚与共，才能从根本上解决农民问题、农民工问题和城市其他外来人口等问题，才能有效应对城市快速发展所面临的各种危机与挑战。破除双重二元结构既是工业反哺农业、城市支持农村的基本要求与具体体现，也是城市获得新的人力资本的正确选择，是一个城市走上公平正义发展轨道的必然选择。

北京市常住人口由户籍人口和外来人口组成，户籍人口又包括农业人口和非农业人口两大部分。狭义城乡一体化就是要让户籍人口中的农业户籍人口与城镇户籍人口"同城同权同尊严"；广义城乡一体化既要让农业户籍人口与城镇户籍人口"同城同权同尊严"，还要让外来人口与户籍人口"同城同权同尊严"。广义城乡一体化的重点是实现外来常住人口的市民化，保障外来常住人口身份平等、权利平等、机会平等。

三 对城市化与城乡一体化关系的新认识

城市化与城乡一体化，都涉及城市与农村的关系，是一对既有紧密联系又有重大区别的概念，是对城乡关系的不同表达。

城市化是全世界都在共同使用的概念。一般认为，城市化是由传统农村社会向现代城市社会转变的历史过程。[①] 城市化将农村与城市联系起来，其实质就是将农村社会转变为城市社会，其表现为城市人口的增加、城市规模的扩大、城市非农产业的发展、城市生活方式的确立等方面。城市化是针对农村社会来说的。城市化表达的城乡关系，就是将农村社会转变为城市社会的过程。衡量城市化发展水平的指标就是城市化率，即城市人口占总人口的比重。

城乡一体化是中国特有的概念，一般认为城乡一体化是我国现代化和城市化发展的一个新阶段。城乡一体化就是把城市与乡村作为一个整体进行统筹谋划，实现城乡功能互补、制度统一、权利平等的发展过程。城乡一体化将农村与城市联系起来，其实质就是要破除城乡二元结构，实现农村与城市平等开放、共同发展，其表现为改变城乡分割的二元制度，实现城乡制度统一开放；改变城乡不平等的制度安排，实现城乡制度平等；改变城乡对立、停止城市对农村的歧视与掠夺，缩小城乡差距，实现城乡功能互补、平等发展。城乡一体化是针对城乡二元结构来说的。城乡一体化对城乡关系的表达，就是破除城乡二元结构、实现城乡平等发展的过程。目前衡量城乡一体

---

① 高珮义：《中外城市化比较研究》（增订本），南开大学出版社，2004，第3页；叶裕民：《中国城市化之路——经济支持与制度创新》，商务印书馆，2001，第1页。

化发展水平的指标并没有形成公认权威统一的认识，还没有出现单一的"城乡一体化率"这一概念。学术理论界对城乡一体化的衡量指标进行了很多研究探讨，但都是建立种类繁多的指标体系，不像城市化率那样单一和权威。本课题研究虽然在此提出了"城乡一体化率"这一概念，但同样没有建立一个简单明了的衡量指标。城乡一体化不是城乡一样化，而是城乡平等化。如果说城市化是经济发展的结果，那么城乡一体化就是制度变革的结果。

城市化与城乡一体化之间存在两种不同的关系。一方面，城市化可以强化城乡二元结构，阻滞城乡一体化。另一方面，城市化也可破除城乡二元结构，推进城乡一体化。第一种情况可以被称为传统城市化，第二种情况可以被称为新型城市化。那种认为城乡一体化是城市化发展的高级阶段的说法并不靠谱。例如2012年北京市城市化率已高达86.2%，已进入城市化发展的高级阶段，但北京市的城乡二元结构、城市内部的二元结构都严重存在，城市化高度发展了，但城乡二元结构并没有破除。一方面，我国的城市化在既有的城乡二元结构中快速发展；另一方面，快速发展的城市化进程催生了一个两亿多人口的农民工阶层，形成了城市内部的二元结构。城市化重在经济发展，而城乡一体化重在制度变革。因此，我们不能简单地认为城市化就一定会推进城乡一体化。没有现代公平正义的制度变革，城乡一体化不会在城市化发展中自动实现。

执笔：张英洪

2014 年 4 月 5 日

新农村建设的喜与忧

——北京市史庄子村调查

北京市密云县不老屯镇史庄子村位于密云水库北部山区，坐落于不老湖畔，距镇政府 17.5 公里，下辖史庄子、邵庄子两个自然村，全村共有 148 户 320 口人，面积 5.51 平方公里，其中不老湖水域面积 1100 亩，山场面积 7210 亩。森林覆盖率在 80% 以上。近年来史庄子村的发展历程，向我们展示了新农村建设取得的显著成效与面临的诸多问题，引发了我们对新农村建设的深层次思考。

一 史庄子村的新农村建设之喜

史庄子村的新农村建设采取北京市泥石流地区整建制搬迁重建模式。2008 年 1 月 26 日，北京市人民政府办公厅转发市农委《关于实施新一轮山区泥石流易发区及生存条件恶劣地区农民搬迁工程的意见》，决定实施新一轮山区泥石流易发区及生存条件恶劣地区农民搬迁工程。北京新一轮山区农民搬迁涉及 7 个山区区县 59 个乡镇 283 个行政村，共 8557 户 20972 人，计划在 5 年（2008—2012 年）内完成搬迁任务。史庄子村利用新一轮泥石流地区搬迁的机遇，实施新农村建设，从根本上改变了村庄面貌，成为北京市山区新农村建设的一个典型。史庄子村的新农村建设之喜主要有以下五个方面。

1. 彻底改善了全体村民的居住条件

2009 年，史庄子村按照市县泥石流搬迁政策要求，实施了整建制搬迁工程，集中联排建设村民新居。根据密云县泥石流易发区及生存条件恶劣地区农户搬迁政策，搬迁补助标准是：以户为单位，每户补助 5 万元，户内户籍人口每人补助 2.3 万元，全部用于新建民居及配套基础设施建设，不发放到搬迁农户。史庄子村新建村民住宅每栋成本约 20 万元，村民每户只需交纳 4 万元，其余由政府搬迁补助和村集体负责解决。社会力量也参与支持了搬迁重建工作。例如，2011 年，京奥港集团捐资 300 万元资助史庄子村搬迁重建。史庄子村新居每栋面积 136 平方米，房屋分为四个卧室，客厅、饭厅两厅，两个内设水冲式卫生间及两间储藏室。2010 年史庄子村搬迁工作正式启动，到 2011 年底，全村 148 户村民全部入住新居，从此告别了传统的旧民房，住上了整齐漂亮的欧式新居。

2. 率先实现了山区农村集中供暖

史庄子村在建设新民居时，充分考虑到村民冬季采暖的需求。新建房屋外墙采取了"外保温"措施，南向居室里设计安装了节能吊炕。在此基础上，史庄子村采取个人投资、集体补助的办法，像城里小区一样，由村里统一实行集中供热。每户村民预交 12000 元，用于购买锅炉、材料费和冬季取暖开支，村集体负责建设一座锅炉房，安装两台 2 吨的锅炉，铺设 2400 多米主管路、5000 多米分管路，把供热管道铺设到每个农户家中。每户村民每冬只需交 1500 元的供暖费。2011 年冬，史庄子村率先实行了集中供暖，从此告别了该村烧"土暖气"的历史，成为北京市偏远山区第一个实现集中供暖的村庄。

3. 历史性地改变了村容村貌

史庄子村通过整建制搬迁重建，不但彻底改变了村民的居住条件，也历史性地改变了村容村貌。2007 年以来，史庄子村建起了卫生服务站，破解了村民看病的难题；铺设了光纤，实现了有线电视电话家家通；投资 15 万元建起了全镇第一个便民浴室，向全体村民免费开放，结束了许多村民冬天不洗澡的历史；2008 年建设了一个 300 多平方米的数字影院；2012 年 8 月，完成了投资 120 万元、全长 1.5 公里、宽 8 米的史庄子村级主公路铺油工程。此外，史庄子村还新建了两委办公楼，建成了 4500 平方米的民俗文化广场，对全村主路两侧及村内街边实现了全部绿化，绿化面积达 8000 平方米。史庄子村已被列为市级生态文明村，正朝着北京最美丽的乡村行列迈进。

4. 大力发展了民俗旅游业

史庄子村有山有水，这为其发展民俗旅游业提供了得天独厚的自然条件。村东侧有一座标志性的山——三棱山，传说被刘伯温视为人杰地灵的风水宝地；村内另一独特风景是生态不老湖，湖底由具有保健功能的麦饭石天然铺就，湖畔有枝繁叶茂的参天古松。史庄子村依山傍水，风景优美，气候宜人，是为数不多的长寿之村。截至 2012 年 6 月，在全村 320 口人中，90 岁以上的 4 人，80 岁至 90 岁的 20 人。2011 年，史庄子村被密云县列为"发展乡村旅游示范村"，有 74 户申报了民俗旅游户，当年有 20 户成为民俗旅游户，户均增收 3 万元。2013 年民俗旅游户将发展到 34 户。民俗旅游业已成为该村的特色产业和新的经济增长点。

5. 积极推进了民主法治建设

史庄子村在实施整建制搬迁建设中，也致力于推进村级社会管理创新和民主法治建设。一是坚持民主议事制度。凡涉及村民利益的重大事项，都提交村民代表会议讨论决定。近年来有关村内规划、美化、公益设施建设等与村民切身利益相关的问题，一律通过民主决策讨论决定。二是健全民主管理制度。通过制定完善村民自治章程、村规民约、环境卫生、土地征用、建房审批等一系列制度，使村务活动有法可依，有章可循。三是完善公开办事制度。2011 年 9 月，选举产生了村务监督委员会，对村内公务进行监督，设立村务公开栏，建立健全村委会向村民和村民代表会议每季度报告工作制度、每半年进行一次村民代表评议"两委"成员制度。四是创新网格化管理方式。史庄子村建立网格化社会管理服务站，在全县和全市首创腾讯视频法律咨询平台，为群众提供法律咨询与服务。2012 年 10 月，史庄子村被列为全国"民主法治示范村"。

二 史庄子村的新农村建设之忧

史庄子村的新农村建设取得的成绩是非常明显的，但该村在建设和发展过程中也面临许多突出问题，这些问题大都一时难以解决，让人担忧。

1. 村级债务如何化解？

史庄子村在新农村建设中，虽然大大改善了村民居住环境和村庄公共环境，但是负债 1000 多万元。村集体经济薄弱，经济收入有限，难以偿还债务。我们在调研中发现，有关工程建设方常到村支书家中催债，村支书也无能为力。据称，村干部两年都没有发工资了。虽然村干部工作的积极性、责任心都很强，但长期不给村干部发工资不是办法，有关工程欠款不还也不是办法。

2. 村集体经济如何发展？

作为山区，史庄子村集体经济发展乏力，全村经济收入只有几百万元，属于负债村。村民主要依靠山上的板栗获得收入。近年来，该村虽然利用自身山区资源优势发展了民俗旅游业，但该村民俗旅游业尚处于起步阶段，一些民俗户增加了收入，但村集体尚不能从民俗旅游中获利。村支书认为目前民俗旅游业只是"富民但不富村"。史庄子村完成了新村建设后，面临的首要问题是如何发展、壮大集体经济。

3. 人口老龄化如何应对？

史庄子村人口老龄化问题相当突出。国际上通常把 60 岁以上的人口占总人口比例达到10%（或65岁以上人口占总人口的比重达到7%）作为国家或地区进入老龄化社会的标准。史庄子村 60 岁以上人口 69 人，占总人口 320 人的 21.56%。更严重的问题是，青壮年劳力基本外出，村里年轻人十分稀少，村里除了一个大学生村官外，几乎没有年轻人。一方面，村里老人多；另一方面，年轻人大量外出，老人身边缺乏人照顾。村庄养老怎么办？怎么养？谁来养？如何保障老有所养，是农村面临的现实问题。

4. 村庄治理如何转型？

史庄子村完成新村搬迁重建后，即被列为全国"民主法治示范村"。这说明该村在民主法治建设上已具备一定基础，积累了一定经验。民主法治建设也体现了新农村建设的发展。但该村要深入推进民主法治建设，实现村庄由传统管理向现代治理转型，还面临着许多问题。首要问题是，在基本没有青壮年人的山区村庄，一帮老人如何搞好村民自治？如何有效搞好民主法治建设？当前该村社会治安较好，这既与山区民风淳朴有关，也与人口年龄结构的单一化有关。在此形势下，如何创新社会管理，保障村民当家作主，更好地发挥法治在社会管理中的重要作用，是该村完成新村建设后面临的重大社会问题。

三　史庄子村新农村建设引发的五点深层思考

史庄子村新农村建设取得的成效有目共睹，同时，该村面临的问题具有一定普遍性，更值得高度重视和深入思考。一个村庄在发展中面临的各种问题，许多是宏观政策制度环境造成的，村庄本身难以解决。解决村庄问题必须跳出村庄看村庄。

1. 需要更高层次的统筹发展

村庄的发展，既需要各村基于村情做出积极的创新和探索，又需要上级政府的统筹谋划。要求每个村都各自为战发展壮大村集体经济是不现实的，也不可能都取得成功。村庄的发展水平有高有低总是常态。密云县是北京市的生态涵养区，产业的发展受到必要的限制，这是合理的。在生态涵养区发展乡村特色生态产业需要进一步统筹，明确县、镇和村各自的发展责任。就史庄子村的特点优势和发展潜力来看，民俗旅游业无疑是该村最有发展前景的特色产业。但史庄子村的民俗旅游业不能只局限于一个村独自发展，应当由密云县从全县发展的大局出发进行统筹规划，由不老屯镇在全镇范围内进行统一谋划，集中打造彼此相连的民俗旅游景区，使史庄子村成为密云水库北部景区以及不老湖景区网络的重要景点之一。史庄子村其他方面的发展也同样需要更高层次的统筹谋划与协调推进。

2. 需要改变城镇化发展方式

由于中国特色的行政区划体制，北京市对外是一个特大城市，对内则又是城区与乡村并存的行政区域。在城镇化进程中，一方面，外省区市的人口大量向北京市聚集；另一方面，北京郊区农村人口也大量向城区、新城和小城镇聚集。现行的城镇化发展模式，使郊区农村的青壮年大量迁入城镇就业和生活，农村则成了留守老人、留守妇女和留守儿童的"三留守"之地，这造成人口结构的严重畸形，使乡村发展面临难以解决的人口社会问题。这是现行的城镇化发展模式的必然结果。调整城镇化发展模式，就是要改变长期以来分割家庭、破坏家庭的城镇化模式，走保护家庭、实现家庭式迁移的城镇化发展道路。这需要从两个基本方面着手。一是推进人口城镇化。推进人口城镇化就是要改变重土地城镇化而轻人口城镇化的倾向，全面改革相关城乡政策制度，实现进城务工人员由单个劳动力进城就业生活向整个家庭进城居住生活的转变。各个企业各个单位在录用农业转移人口时，要准许和鼓励（不是强制）其将父母、夫妻、子女等家属一并迁入城镇落户定居生活。二是发展就地城镇化。发展就地城镇化就是要根据实际情况，在适合人口集中生活的乡村加大城镇发展力度，通过制定城镇规划、制定相关政策、加大公共投入，使有关乡村发展为小城镇，就地实现农业人口的转移就业和集中居住生活，保障每家每户家庭生活的完整性。通过改变城镇化发展方式，从根本上消除农村的"三留守"问题。同时，在城镇化进程中，要保留和维护乡村特有的自然环境和人文环境。

3. 需要着手完善现行人口政策

村庄人口的严重老龄化问题，既与现行城镇化发展模式有关，也与计划生育政策的不完善有关。现行城镇化发展模式将大量年轻人吸引到城镇中而将"三留守"人员留存农村，从空间上扭曲了村庄的人口结构。计划生育政策的不完善加快了人口的老龄化以及人口结构的畸形化。谁来养老，谁来务农，已经是农村社会面临的突出问题。党的十八大提出要逐步完善计划生育政策，促进人口长期均衡发展。解决农村老龄化问题和人口危机，必须对人口计生政策进行重大调整。我们发现，我国在实行社会主义市场经济改革以后，目前只有土地和人口政策仍然实行传统的计划经济手段和管制方式，致使土地问题和人口问题成为中国两个最突出的社会问题。当前迫切需要改变计划生育的惯性思维和现行政策，建议尽快废止计划生育机构，切实尊重和保障公民的生育权，实现人口的永续均衡发展。

4. 需要加大公共服务配套建设

政府的主要职责是提供公共产品和公共服务。在新农村建设中，政府要为每个村庄提供基本而可及的公共产品和服务，不断提高基本公共服务的水平和均等化程度。近些年来，北京市通过"五加三"工程建设，加大了对农村基础设施的投入，极大地改变了农村生产生活环境，这主要体现在道路交通等硬件设施建设上。当前新农村建设要重点突出两个方面：一是在农村社区和村庄建立健全完善的幼儿园、小学、卫生所、养老院、体育文化场所等公共服务设施，使村民享有各种便利的公共服务；二是大力提高基本公共服务水平和均等化程度，使村民享受与城镇居民大致相等的医疗保险、养老保障、社会福利等基本公共服务待遇。这些基本公共产品和公共服务是村庄本身难以提供的，需要各级政府承担相应的公共职责。要切实转变政府职能，各级政府要从热衷于经济建设和大拆大建等活动中解脱出来，真正转变到全力提供公共产品和公共服务上来。

5. 需要创新农村社会管理服务

当前，要把加强农村社会建设放到更加突出的位置上来。如果说经济建设是为了挣钱的话，那么社会建设就要花钱。我们不能要求每个村都实现集体经济的共同繁荣发展，但我们必须保障每个村的村民都能平等享有社会保障等基本权益。农村社会建设和社会管理服务有两个层面的含义：一是国家和政府层面对农村的社会建设与管理服务；二是农村社区自身的自治建设与管理服务。从国家和政府的层面来说，加强农村社会建设与管理服务，就是要加强以改善民生为重点的社会建设，保障农民劳有所得、学有所教、病有所医、老有所养、住有所居，通过改善民生来维护农村社会的和谐稳定，促进社会公平正义，以维权促维稳，充分发挥法治在乡村社会管理中的基础性作用。从农村社区自身的自治建设与管理服务来说，就是要完善村庄治理结构，增强村庄和村民的自治能力，实现村民当家作主。要进一步理顺党支部、村委会、集体经济组织三者之间的职能。在新的发展时期，党支部要走服务型党组织建设新路。党的十八大首次提出建设服务型执政党的重要命题。作为农村最基层的党支部，要全面转向服务型组织的全新定位。党支部就是农村社区公益性的服务型组织，党员就是义工、志愿者。村委会要体现村民自治的精神与要求，依法实行民主选举、民主管理、民主决策、民主监督。完成产权改革后的新型集体经济组织，要健全完善法人治理结构，确保集体经济组织成员的知情权、参与权、表达权、监督权，保障村民对集体资产的所有权和集体收益分配权。

执笔：张英洪

2012 年 12 月 11 日

把农村建设得更像农村

——河南郝堂村新农村建设的启示 [*]

一 曾经的郝堂与现在的郝堂

信阳市是农业大市，是河南省较为落后的地级市之一，全市近 800 万人口中有农村人口 540 万人，人均耕地仅 1.2 亩，部分山区县人均耕地不足 0.3 亩，农民收入微薄，很多村民举家外出务工，耕地撂荒严重。郝堂村就是坐落在信阳市平桥区的一个普通乡村，人口 2200 人，村域面积 20 平方公里，以茶叶和板栗种植为主。

和很多村庄一样，郝堂村在建设新农村之前，几近空心。年轻人大多拖家带口离开村庄，只留下空巢老人，土地撂荒严重，村里的主要农作物毛尖茶即使成熟也无人采摘。村里垃圾满地，风一来刮得满树都是，环境恶劣。村庄凋敝严重。2009 年，郝堂村人均年收入只有 4000 元左右，低于全国水平 20%，其中打工收入占 70%，农业收入占 30%。今天走进郝堂村，再也想象不出四年前的惨淡，整齐的乡村水泥小路，独具特色的豫南民居，时尚的 DIY 画室，配套齐全的幼儿园、学校、养老院、卫生所、商场，整个村庄像一座有品位的花园，透着一股不俗的田园气质，静谧、古朴、天然、闲适，与城市喧嚣、华丽、刻板、紧迫的气氛形成鲜明的对比，俨然一个令人神往的世外桃源。郝堂村的环境改变了，村里人的心气也高了，腰板挺直了。2012 年，郝堂村人均年收入约 7000 元，已接近全国农民人均纯收入 7917 元的水平，比建设之初增长了 75%。是什么样的力量，能够唤起一个村庄的灵魂？是什么样的力量，让村民回流？是什么样的力量，让村民如此文明，不丢垃圾？是什么样的力量，让村里的老人幸福洋溢？带着这些疑问，我们最近深入郝堂村考察学习。郝堂村新农村建设给人最大的印象是把农村建设得更像农村。

---

[*] 原载北京市农村经济研究中心《调查研究报告》2013 年第 56 期。

二 郝堂新农村建设的特点

2009 年，郝堂村借助信阳市平桥区政府主办的"公民社会与现代思想论坛"，受到了中国乡村规划设计建设院院长李昌平的关注，并最终联合北京绿十字公益组织，开启了郝堂可持续发展实验村的建设。中国乡村规划设计建设院院长李昌平长期致力于"三农"问题研究，他把农村合作组织、农村内置金融的理念带进了郝堂村，奠定了郝堂村农民的新农村建设主体地位。北京绿十字公益组织倡导者孙君致力于发展社区参与的农村生态保护，把现代文明中的艺术、审美、建筑、环保理念输送给农民，帮助农民建设有品位的新农村。两股力量的结合，重在为郝堂村奠定新农村建设的农民主体地位与尊重村庄文明的建设理念基础，把郝堂村建设得更像农村，全力打造以生态旅游为主导产业的社会主义新农村。其主要建设特点如下。

1. 保持村庄原有自然人文环境

郝堂村的建设是在保护当地自然环境、尊重当地历史人文脉络和尊重农民意愿的前提下推进的。中国乡村规划设计建设院和北京绿十字公益组织根据郝堂村依山傍水、山水相映的特色，针对每户村民居住特点，分别设计个性鲜明、新颖别致、风格迥异的原生态住房。每座房子的设计图纸都要经过主人的同意，李昌平就曾在设计图纸上批复过："要以主人家意见为主，是他的家改房，我们只是帮忙，不可添乱。"主人可根据房屋的功能，与专家商量修改意见，在主人签字同意后，改造才可动工。这样改造出的房子可以少花 10 多万元钱，而且房子和庭院比新建的更有味道，更加实用。

2. 保持村庄原有空间格局

任何有历史的村庄形态都带有其特殊的功能密码，经过历史的磨合，村落选址、布局、空间走向与山川地形相呼应，村落建筑与自然生态相和谐，农民生产生活与山水环境相互交融，构成了乡村特有的空间布局，也促成了乡村区别于城市的生产生活方式。郝堂村在建设时尊重这一规律，村庄原有道路、农田、沟渠一律不变。新农村采取不集中居住形式，在原有住房基础上，不破坏原有生态环境，分别建设，分散居住。住房四周无围墙，敞开建筑，确保农民居住环境生态优美、原汁原味。

3. 探索环境改造和能源的循环利用

郝堂村最初的改变是从环境卫生做起的，村里给每家每户发了两个桶，进行垃圾干湿分离，并邀请孩子出来当卫生评比员，挨家挨户查卫生，通过点滴的宣传、教育、引导，郝堂村的垃圾渐渐变少。现在村里的生活垃圾分为两大类，一类为可处理垃圾（如菜叶、果皮等），直接倒入农田，作为肥料自然降解；另一类为不可处理垃圾（如塑料制品等），村民在做饭时当作燃料直接烧掉。社区内不设垃圾箱，所有垃圾由村民自己处理，但社区内干净整洁，看不到垃圾。社区还修建有污水处理厂，村民生活污水经污水管道排到污水处理厂处理后，流入河道，确保居民用水不被污染。

4. 探索乡村的现代公民教育

郝堂村在信阳市平桥区政府和郑州大学公民教育中心的支持下，为中小学生编制了《公民常识读本》教材，让孩子们从小认知"公民权利"，正视自己的公民身份，懂得如何有尊严地活着，知道自己与繁华都市的居民是一样的现代公民，确立了对未来的一种预期。村里还邀请台湾设计家为小学校设计了生态卫生间，十分适合缺水、有土、需有机肥料的农村使用。这种卫生间由上下二层组成，上层是旱厕，干湿分开。小便经碎石子过滤后通过塑料管流入下层的封闭储尿桶，大便直接掉到下层的粪堆上，由如厕人自己用小铲铲来预备好的土壤将其适当覆盖，无须冲水。下层有 1 米半高，四周用百页窗内衬纱窗全封闭以防蚊蝇滋生，同时通风散味，留有门口方便更换储尿桶，以及铲走覆盖的土壤或已发酵成肥的粪土。卫生间管理人员及时将尿液及粪肥归还附近的农田再利用。此外，学校还对孩子们进行各种生活技能、文明礼仪、环保节能等方面的教育，培养他们良好的生活习性和现代公民意识。

三 启示

1. 新农村建设要真正尊重和发挥农民的主体作用

2006 年以来，我国开展的新农村建设主要是在"生产发展、生活宽裕、乡风文明、村容整洁、管理民主"二十字方针下，由政府主导推进的，虽取得了很好的效果，但也凸显了一些问题。作为新农村建设的真正主体，农民似乎还没有进入角色。一些地方政府甚至将政策扭曲，打着新农村建设的幌子，以城市人的思维和意志强行改造农村，大搞拆村并居，强迫农民上楼。这种新农村建设的后果是让古老的乡村生态几乎毁于一旦，小集体的熟人社会被强制替换成大集体的陌生人社会，淳朴而深厚的乡村传统在社区化的居民楼上不复存在。在生活层面，"被上楼"的农民依然是农民，但其农民式的生活方式却被彻底改变，各种生活成本骤增，农具无处堆放，家禽无处饲养，蔬菜无处种植，农作物无处保存。与"拆村式"的新农村建设相比，郝堂村由公益性组织策划、地方政府支持的新农村建设模式值得我们深思。

韩国在 20 世纪 70 年代开始的新农村建设（韩国称为"新村建设"）一开始也是由政府主导的，后来韩国学者们发现这样有很多弊端，没有真正调动广大农民的积极性和创造性。他们通过改进逐步过渡到由政府和民间共同主导，即所谓"官民一体"，再后来就变成"民主导"，完全由非政府组织、机构（新村运动中央协议会）负责组织、协调、宣传和评价。韩国政府在新村建设中协调农村金融制度创新，促进农民合作组织的建立，合并了农协银行和农业银行，成立农协银行，为农民提供比商业银行低息的贷款，为新村建设提供资金和制度资源的供给。我国的新农村建设，既需要广大农民和农村基层干部的参与，发挥主体作用，也需要专家和媒体的深度参与，这样才能建立科学完善的组织实施、反馈、矫正和运行机制。地方政府的角色应定位于建立城乡平等的制度和提供农村公共产品，从体制上促进和保障城乡发展一体化。

2. 未来农村的功能定位应与城市交相辉映

未来的新农村应是城市不可分割的重要组成部分，为城市分担人口的休闲、养老、科教等服务功能，同时为农村提供可持续发展的产业支撑。城市与农村形成良性的产业互动与经济往来，农村为城市提供健康的食物、绿色的生态环境，城市为农村提供市场资源、产业动力，构建和谐的城乡关系。郝堂村的新农村建设是有长远规划的，郝堂村表面上建成了城市人向往的田园生活，本质上正在进行一场深刻的文明思想变革。在改造房屋，与艺术家的沟通、交流、协商中，郝堂村的村民也正在大量地汲取着现代艺术、审美、环保等现代文化元素的营养，成为具有审美品位和科学理念的新时代农民，这些外在的保留与内在的提升都在为郝堂村迎接逆城市化的到来做好准备。如郝堂村已经开始建设并且试运营老人养老服务中心，很可能在不远的将来，随着中国老龄化的逼近，郝堂村将成为信阳市重要的提供养老服务的福地，这样一方面降低城市人的养老成本，提高养老质量；另一方面也支撑了农村的产业，促进了农村的繁荣。

3. 新农村建设应该进一步提高农民的组织化程度

农村集体组织是当下和今后很长一个时期乡村社会治理和经济建设的基本主体。新农村建设的主体是农民和农民集体，巩固和壮大农村集体经济，提高农民的组织化程度，是新农村建设的重要任务。郝堂村在通过夕阳红养老资金互助合作社自主建设新农村时，利用熟人社会监管机制有效地盘活了农村资源，在集体经济壮大的同时也推进了新农村建设。据了解，郝堂村集体资产在不到两年的时间里增加了 2000 多万元。其实，全国各地涌现的明星村庄如北京的韩村河村、江苏的华西村、浙江的航民村、河南的刘庄和南街村等案例也说明了发展壮大农村集体经济、提高农民的组织化程度对新农村建设的重要作用。还有不少农村地区，在分散的家庭经营基础上，引导农民自愿联合起来，发展社区性和专业性的合作经济组织，并引导这些合作经济组织把农产品产销甚至村庄旅游服务联结起来，逐步实现产业化经营、集约化经营和规模化经营。这将成为农村集体经济发展的新的重要形式，也是适应社会主义市场经济要求，实现农业和农村经济的集约化、社会化、现代化的重要途径。

4. 加强对农民的教育培训等农村软实力建设

农民曾一度被看作"愚、穷、弱、私"的代表群体，现在来看，农民的总体素质依然偏低，文化水平不高。农民的素质教育和技能培训是促进新农村发展的持续动力，而当前我国农村劳动力素质显然不能满足农业农村现代化的需要。韩国的新村运动专家指出：新村运动的核心是新村教育。在韩国的新村建设中，农村修路、建房、提高农民收入与福利早已于 20 世纪 90 年代完成，现如今依然不减的就是农民培训和新村教育。在韩国新村教育中，有农民参与讨论的培训，有专家、学者的授课，也有公益组织的讲课，但最重要的还是农民自己上台讲述农民成功实例和亲身感受，这样容易引起农民之间的共鸣，使他们通过真挚、双向的讨论共同取得进步。韩国新村运动建立起来的农民培训制度将造福子孙后代。我国台湾也非常重视农民的培训和教育，有非常严格和完整的农民培训体系与教育体系，为农业农村源源不断输送现代化人才。郝堂村新农村建设的契机来自各行各业的智力资源，其懂得重视人才的培养，包括为大学生村官提供良好的事业发展机会，这一理念是难能可贵的，值得我们学习借鉴。在新的发展阶段，农民的教育与培训更应从新农村建设的战略高度，建立健全新型职业农民教育培训体系，以适应农业现代化和新农村建设的需要。

统稿：张英洪

执笔：刘雯

北京昌平区集体建设用地发展租赁房
试点的调查[*]

2013 年 3 月，我们课题组对北京市昌平海鹋落村利用集体建设用地发展公租房^①案例进行实地调研，形成《集体建设用地发展公租房值得探索——北京市的调查与启示》调研报告，受到北京市委、市政府主要领导的重视和批示。北京市相关部门根据此报告提出的问题与建议，出台了一系列政策文件，对集体建设用地发展公租房进行规范和推进，取得一定成效。2015 年 8 月，课题组对海鹋落村利用集体建设用地发展公租房的进展再次进行调研，发现北京市利用集体建设用地发展租赁房^②的探索值得肯定和推广，但也仍然面临一些问题，现将情况汇报如下。

一　集体建设用地发展租赁房的前期探索及遇到的关键问题

北京市昌平区海鹋落村，集体建设用地长期闲置，村庄周边租房需求巨大，村民迫切要求获得长期、稳定、可持续性收入。2010 年海鹋落村民代表大会全票通过关于"利用部分集体建设用地发展公租房，获取土地收益"的决议，由村民自主入股筹集部分资金，加上征地拆迁款和集体资产积累，全力发展公租房项目。

从我们 2013 年的调研结果来看，集体建设用地发展公租房能有效解决地方政府建设公租房缺土地、缺资金问题，拓宽公租房供应渠道，大幅度提高农民收入，利国利民。当时计算两三年内，昌平区计划投入使用的公租房只有 8000 套左右，供需缺口很大。而海鹋落村第一、第二期公租房建成之后，就能增加 4000 套公租房。并且，集体建设用地发展公租房能够大幅度提高农民收入，第一期公租房建成运营之后，能

---

[*]　原载北京市农村经济研究中心《调查研究报告》2015 年第 27 期。

①　2014 年 10 月，《北京市利用农村集体土地建设租赁住房试点实施意见的通知》将"集体建设用地发展公租房"进一步规范为"集体建设用地发展租赁住房"，但在此之前，文章仍然延续"集体建设用地发展公租房"的说法。

②　这里根据《北京市利用农村集体土地建设租赁住房试点实施意见的通知》，将"集体建设用地发展公租房"改为"集体建设用地发展租赁住房"。

为该村带来 3500 万元的年收入，农民人均收入至少翻一番。第二期公租房建成之后，村年收入将增加到 6000 万元，农民人均收入将再翻一番。

课题组调研后也发现，北京市集体建设用地发展公租房面临与法理不符和配套政策不完备两大难题。一方面，集体建设用地发展公租房于法理有两处不符。第一，按照以往的规定，公租房只能建在国有建设用地之上，在集体建设用地上建公租房于法理不符。第二，根据《土地管理法》，农村集体建设用地用途被严格限定在兴办乡镇企业、乡村公共设施、公益事业和建设农民住宅上，不能建设用于出租的住宅。另一方面，具体配套政策不完备。主要是控规整合难以批复，农村集体建设用地原来被规划为乡村产业用地，而公租房实际上属于居住用途；难以通过国土部门的审批，因为公租房应建在国有土地上；无法在发改部门立项，北京市、区两级政府没有针对集体建设用地建公租房的立项指导意见，海鹃落村公租房项目无法在区发改部门办理立项手续；等等。

二 北京市进一步推动集体建设用地发展租赁房的主要举措

北京市充分认识到集体建设用地发展公租房对完善农村集体建设用地利用机制、拓宽租赁住房建设渠道、发展农村集体经济、促进城乡统筹发展的重要意义，也认识到集体建设用地发展公租房所面临的法理和配套政策两大难题。2013 年北京市相关部门组织各个部门广泛调研，积极推进集体建设用地发展公租房项目。2014 年 4 月，北京市国土资源局印发了《关于转发市政府〈关于加快完善保障性安居工程项目用地手续有关问题的请示〉批示的函》，将昌平区海鹃落村集体建设用地发展公租房项目列入《北京市 2011—2012 年保障性安居工程计划供地清单》（第一批），2014 年 10 月，北京市国土资源局、发改委、规划委等 7 个部门联合出台了《北京市利用农村集体土地建设租赁住房试点实施意见》等政策文件，对集体土地建设租赁住房试点做出明确规定，力求解决法理和政策两大难题，推进农村集体建设用地入市。

（一）定义租赁房，解决公租房不能建设在集体建设用地上的问题

按照以往规定，公租房建设土地应该是国有建设用地，若是集体建设用地，则必须通过征地程序才能建设"公租房"。那么昌平区海鹃落村在农村集体建设用地上建设用于出租租赁的住房，不能被称为"公租房"。为了解决这个矛盾，北京市 2014 年 10 月出台的《北京市利用农村集体土地建设租赁住房试点实施意见的通知》，将之前关于集体建设用地发展公租房的提法，比如北京市住保办《关于明确北七家镇海鹃落村试点建设租赁房项目的意见》（京住公租字〔2010〕149 号），北京市昌平区人民政府《关于将昌平区北七家镇海鹃落公租房项目纳入北京市利用集体土地建设公租房试点项目的函》（昌政函〔2012〕1 号），等等，统一修订为"集体建设用

地发展租赁房"（此后文章将"集体建设用地发展公租房"提法修订为"集体建设用地发展租赁住房"）。此后，北京市将利用农村集体建设用地建设用于出租租赁的住宅，统一称为租赁房。相应地，昌平区海鹃落村集体建设用地建设公租房项目，也改为集体建设用地建设租赁住房项目。

（二）明确土地及房屋所有权主体

北京市进一步明确农村集体经济组织为集体建设用地及租赁住房的所有权人。在项目建成之后，农民集体经济组织可以办理农村集体建设用地和租赁住房的登记手续，取得农村集体建设用地土地使用权证，以及房屋所有权证。规定土地使用权证按照项目整体核发，土地使用权证要注明：仅用于租赁住房建设，未经批准，不得出让、转让、抵押，不得转租，不得改变土地用途。房屋所有权证按幢核发，房屋所有权要注明：不得转让和抵押。

（三）由政府授权市场主体统一运营管理

北京市认为不管国有建设用地建设公租房，还是集体建设用地建设租赁住房，最终都是为了解决城镇化人口住房需求问题，应纳入租赁住房管理范畴。北京市授权农村集体经济组织利用集体建设用地建设租赁住房，待建设完成之后，就将这些租赁住房统一纳入北京市公共租赁住房房源范畴，由政府授权企业等主体，按照规定进行租赁和运营管理。农民集体经济组织作为租赁住房所有权人，按年从租赁住房运营机构领取租金，妥善解决了公租房来源及租赁物业运营管理问题。

（四）相关配套支持政策全部落实

2013年之后，针对农村集体建设用地发展租赁房问题，北京市相继出台一系列新政策、新文件，明确相关部门的管理权限和职责，促进支持政策落地。根据新政策，北京市国土部门将具体负责集体建设用地发展租赁住房用地管理、审核等工作，解决用地问题。北京市发改委负责项目建设立项审批、投资计划办理等工作，解决关键立项问题。北京市规划委负责相关区域集体建设用地租赁住房规划工作，解决控规整合问题。北京市住房城乡建设部门对租赁住房的建设施工、房屋产权、房屋租赁、房屋建筑结构安全等方面进行监督管理。北京市农委负责指导农村集体经济组织对集体建设用地建设租赁住房产生的收益进行合理分配。至此，相关配套支持政策全部落到实处。

三 北京市进一步推动集体建设用地发展租赁房面临的问题

（一）仍然与现行《土地管理法》相关规定不符

尽管北京市已经把"集体建设用地发展公租房"修订为"集体建设用地发展租赁住房"，解决了公租房必须建设在国有建设用地上，农村集体建设用地不能建设公租房的矛盾，但农村集体建设用地建设租赁住房用于出租租赁，也与现行《土地管理法》规定不符。根据《土地管理法》，农村集体建设用地用途被严格限定在兴办乡镇企业、乡村公共设施、公益事业和建设农民住宅上。在《土地管理法》没有修订的情况下，无论集体建设用地建设公租房，还是集体建设用地建设租赁住房，都缺乏合法性。

（二）集体土地及房屋权能有限

北京市允许农村集体建设用地建设租赁住房，允许集体经济组织通过租赁住房出租获得长期收益，已经在拓展农民土地及房屋权能上向前迈了一大步。尽管规定项目建成之后，农民集体经济组织可以取得农村集体建设用地土地使用权证，以及房屋所有权证，但土地使用权证只能按照项目整体核发，仅用于租赁住房建设，未经批准，不得出让、转让、抵押，不得转租，不得改变土地用途，土地权能极其有限。租赁房屋所有权证按幢核发，房屋所有权不得转让和抵押，权能也受到极大限制。

（三）缺乏发展集体物业的必要资金

在集体建设用地上建设住宅或商业物业，需要大量的资金投入。但集体建设用地不能担保抵押，无法获得金融机构的支持，若缺乏长期资金积累，农民还是只能望地兴叹。海鹊落村租赁房两期项目总投资估算为 109578 万元，其中土地取得费用 814 万元，工程费 97259 万元，工程建设其他费 6326 万元，基本预备费 5179 万元。海鹊落村第一期公租房项目的 5.5 亿元建设投资，主要来自征地补偿以及欠款回收，这些资金成了海鹊落村关键的发展资金。虽然征地补偿款很高，但海鹊落村现在已经拖欠施工单位近 1 亿元，资金筹集仍然困难。没有长期资金积累，缺乏金融支持，农民及农民集体经济组织要在集体建设用地上发展物业产业，获得长期收入，几无可能。

（四）股份权能有待完善

海鹊落村产权制度改革方案规定："个人股份可以依法继承（独生子女父母奖励股除外），可以在股份制合作社内部转让，但不得向社会法人和社会个人转让。"而从股份的继承权、转让权和赠与权三个重要处置权看，村民只获得了股份的有限处置权，股份难以转化为资本。长期来看，股权将成为农民手里最大的"沉睡资产"。第一、第二期租赁住房建好之后，海鹊落村农村集体经济组织股权价值将获得极大提升。海鹊落村两个项目的土地面积 150 亩，价格约 800 万元/亩（参考周边商业住宅价格），土地资产高达 12 亿元。两期租赁房建设投入高达 11 亿元，合计高达 23 亿元。按照海鹊落村农村集体经济组织股东 2100 人，股份 4 万股计算，每股高达 5.75 万元。实际上，我国政策文件对非集体经济组织成员资格者受让集体经济组织股权做了严格限制。集体经济组织股权只能在集体经济组织内部流转，还不能在集体经济组织之外实现流转交易，集体经济组织股权价格难以反映其真实价值。随着时间推移，股东的变化会很大，股东股份权益如何保障也是将要面临的问题。

四 建议和启示

（一）建设租赁住房是农村集体建设用地入市的较好途径

在符合规划和用途管制前提下，允许农民在集体建设用地上建设租赁住房，通过市场渠道进入房屋租赁市场。实际上，不仅要让农民房屋平等进入房屋市场，更重要的是让农村集体建设用地与国有土地平等进入市场。这不仅将有力保障农民土地财产权益，也有利于建立城乡统一的建设用地市场。建议在全国开展农村集体建设用地建设租赁住房试点工作，解决公租房建设缺钱、缺地问题，并积累经验，总结问题，为下一步土地制度改革和相关法律修订奠定基础。

（二）修订《土地管理法》，放宽对农民集体利用建设用地进行经营性开发的限制

《土地管理法》应把"集体建设用地发展住宅和商业物业"等纳入考虑范畴。多数学者认为，现行《土地管理法》对农村集体建设用地三种用途的限制，实际上是限制了农民集体土地财产权的实现。从长远来看，《土地管理法》还需放宽对农民集体利用建设用地进行住宅及商业物业经营性开发的限制。农村集体建设用地不仅可以用于租赁住房建设，经批准还应可以改变土地用途，可以出让、转让、担保、抵押。

（三）拓展集体建设用地使用权及地上物业的权能

第一，农民集体经济组织取得农村集体建设用地土地使用权证之后，土地使用权证可以按照项目整体核发，也应可以根据农民集体经济组织意愿分地块核发，甚至应可以根据农民集体经济组织成员意愿，参照经济适用房管理办法，按每套房屋所占面积分割核发土地使用权证。第二，租赁住房可以按幢核发，也应可以根据农民集体经济组织和成员要求，按套分割核发，房屋所有权应可以抵押担保。

（四）深化农村集体产权制度改革，完善股份权能

应明确集体经济组织股权的权利内涵和实现形式，进一步明确集体经济组织股权的使用权、收益权、处置权甚至继承权、赠与权等，支持农民实现集体经济组织股权财产权。逐步打破"集体经济组织股权可以在股份制合作社内部转让，但不得向社会法人和社会个人转让"的限制，有条件、有范围地放开农户流转，打破集体经济组织股权的村社边界，逐步实现成员对集体经济组织股权的完整用益物权。

执笔：伍振军、张英洪

北京市承包地"三权"分置实践中存在的
问题及对策[*]

党的十九大报告明确提出要完善承包地"三权"分置制度。改革开放以来，随着市场化、城镇化进程的加快，北京市农村承包地的流转已比较普遍。在实践的基础上进一步完善京郊承包地"三权"分置制度，对于更好地维护农民集体、承包农户、经营主体的各项权益，推动乡村振兴，促进乡村治理现代化具有重要的现实意义。

一　北京市农用地基本情况

根据北京市农经办 2014 年全市集体土地资源清查统计，截至 2013 年底，北京市农村集体土地面积 2049.3 万亩，占全市土地总面积 2461.6 万亩的 83.3%。在农村集体土地中，农用地 1594 万亩，占 77.8%；农村集体建设用地 261.1 万亩，占 12.7%；未利用地 194.2 万亩，占 9.5%。在 1594 万亩农用地中，直接用于生产经营的农用地 637.1 万亩，占 40.0%，其余 60.0% 是生态林。随着改革的深化和经济社会的发展，京郊农用地的流转已经大量出现，承包地"三权"分置在实践中不断发展。概括起来，京郊农用地基本情况具有以下五方面的特点。

1. 集体直接经营的农用地比重较大

在全市 637.1 万亩经营农用地中，实行家庭承包经营方式的确权地 433.7 万亩，占 68.1%；实行集体直接经营以及其他经营方式的农用地 203.4 万亩，占 31.9%。

2. 确权方式多样

早在 2004 年北京市就已经全面开展了农村土地确权工作。到 2016 年，全市确权土地 433.7 万亩，占全市农村拟确权登记颁证面积的 88.6%，确权农户 95.4 万户，确权人口 289.8 万人。与全国一般地区的农地确权不一样，京郊承包地确权方式有确权确地、确权确利、确权确股三种。在 423.7 万亩的农用地确权面积中，确权确地

＊　原载《北京调研》2018 年第 4 期。

252 万亩,占 59.5%;确权确利 124.3 万亩,占 29.3%;确权确股 47.4 万亩,占 11.2%。

3. 土地流转的比例较高

2016 年,北京市农用地流转面积 246.7 万亩,占全市确权土地面积的 58.2%,比全国同期 35% 的流转比例高出 20 多个百分点。在土地流转面积中,对外租赁 96.6 万亩,占流转面积的 39.2%,是京郊主要的流转方式。其中企业租赁经营 17.4 万亩,占对外租赁面积的 18.0%;集体经营 51.1 万亩,占 20.7%;农民专业合作社经营 2.4 万亩,占 1.0%;大户承包经营 47.4 万亩,占 19.2%;其他主体经营 49.1 万亩,占 19.9%。

4. 农户家庭经营与新型经营主体的规模化经营并存

京郊农村形成了以农户家庭经营为基础、多种新型农业经营主体共同发展的格局。在流转的 246.7 万亩土地中,工商资本、村集体、专业大户、农民专业合作社的经营面积占比分别为 39.2%、20.7%、19.2%、1.0%。到 2016 年底,经营规模在 50 亩以上的经营面积共 151.8 万亩,占确权地的 35.8%。其中 100 亩以上的经营面积共 128.7 万亩,占确权地的 30.4%;1000 亩以上的 44 万亩,占确权地的 10.4%。

5. 土地流转市场相对比较规范,确权登记颁证工作基本完成

2010 年北京市建立了北京农村产权交易所,作为全市唯一专业从事农村要素流转交易的服务平台,它也是全国资本规模最大的省级农村产权交易平台。该产权交易所实现了统一监督管理、统一交易规则、统一信息发布、统一交易鉴证、统一收费标准、统一平台建设。全市也制定了农村承包土地经营权流转合同示范文本。截至 2017 年 9 月 30 日,全市共有 124 个乡镇 2596 个村开展了确权登记颁证工作,分别占全市拟确权乡镇、村数的 97.6% 和 95.9%,涉及承包土地面积 277.5 万亩,占全市拟确权土地总面积的 96.7%。

二 存在的主要问题及原因分析

1. 集体所有权方面存在的问题

一是有关集体所有权的法律法规和政策规定不够明确。《农村土地承包法》没有明确规定集体所有权的保护,只规定了集体经济组织或村委会作为发包方的权利和义务。2017 年 10 月 31 日提请十二届全国人大常委会审议的《农村土地承包法修正案(草案)》单列了土地承包权的保护和转让、土地经营权的保护和流转,却没有列出集体所有权的保护条款。2016 年 10 月中共中央、国务院印发的《关于完善农村土地所有权承包权经营权分置办法的意见》对集体所有权、农户承包权、土地经营权做了原则性规定,但北京市至今还没有制定相关实施意见或实施办法。二是集体所有权

的权利人虚化。有关法律和政策已明确农民集体是土地所有权的权利主体。但在现实中，往往是村干部代替农民集体行使集体所有权，作为集体经济组织成员的农民集体，则在集体所有权的行使中缺位。三是地方政府和开发商圈占农民土地，损害集体所有权和农民土地权益的事比较突出。一段时期以来，地方政府严重依赖土地财政，片面追求 GDP 增长，过多过滥地圈占农民土地，造成比较普遍的农民集体土地所有权严重损失现象。据我们对大兴区北臧村镇砖楼村的调查，2005 年，当地政府征收包括砖楼村在内的 10 多个村的土地搞生物医药基地建设，以每亩 9 万元低价（现在每亩征地价在 50 万—60 万元）征收砖楼村土地 1502.3 亩，其中 400 亩实行以租代征。但 12 年来，被征占的位于南六环路边上涉及马村、八家村、北臧村、砖楼村 4 个村的 3000 多亩土地一直荒芜未利用，老百姓看着就痛心，却也无可奈何。我们还在海淀区香山村看到同样大量圈占农民土地却荒废不用的"征地烂尾"现象。在征收砖楼村土地时，当地政府还只付给砖楼村一半的征地补偿费，其主要用于村民农转居建社保，而未支付的其他征地补偿费则由开发区管委会支配，每年支付村里约 510 万元的利息。

2. 农户承包权方面存在的问题

一是一些地方存在村干部和村集体主导土地流转的现象。有的地方为追求规模经营目标，往往由乡村干部强势主导村民流转承包土地，不少村将村民承包土地收回，再由村集体统一出租给外来工商企业租赁经营，村民难以决定土地流转，也难以参与土地流转后的监督管理。二是有的村在将村民承包地收回后，不是按照村民的承包土地面积支付流转费，而是按人头支付流转费，这就会造成随着村内人口的自然消亡，村集体实质上收回村民土地承包经营权的情况。三是地方政府过多过滥圈占农民土地。为追求所谓的经济发展，一些地方政府与开发商合作，圈占农民土地搞各种形式的开发建设。土地被圈占后，农民不但失去了集体土地所有权，而且失去了土地承包经营权。一些实行以租代征的地方，比如在大兴区南六环南侧涉及 6 个村几千亩以租代征的土地，这次没有纳入确权登记颁证范围，将造成村民失去对以租代征土地的正当权益。四是农民的征地补偿费得不到应有保障。根据现行北京市建设征地补偿办法，政府征收农民土地后，土地补偿费归农村集体经济组织所有和统一使用，地上附着物及青苗补偿费归地上附着物及青苗的所有者所有。这就使土地补偿费没有区分出对土地所有权的补偿和对土地承包经营权的补偿。村集体独享了土地补偿费，虽然村集体以土地补偿费为村民缴纳征地转居后的社会保险费用，但征地后对村民承包地的承包经营权的补偿没有清晰地体现出来。尤其是，现行政策规定的征地农转居需缴纳的社会保险费高得惊人。以砖楼村为例，根据现行征地农转居政策，平均每位转居农民需缴纳社会保险费在 20 万—30 万元，该村 350 多人农转居，共缴纳社会保险费

7000 多万元。如果是残疾人,则需要缴纳上百万元的社会保险费。五是农户承包权的权能不完整,尤其是处分权能不完整。现行法律规定农民对承包地享有占有、使用和收益的权利,以及转包、互换、转让等流转权利。现行试点政策还赋予农户对承包地的抵押、担保和入股等权利。目前承包地普遍缺乏融资担保权,转让权也仅限于本集体经济组织内部,且没有赋予农户对承包地的继承权。六是一些工商资本出于投机目的租赁农民承包土地,有的利用效率不高,有的则出现非粮化、非农化等问题。七是一些地方集体资产监管存在漏洞,小官巨腐现象比较严重,对村民集体财产权益造成重大损失。比如,2014 年北京市纪委案件通报,海淀区西北旺镇皇后店村会计陈万寿挪用集体资金达 1.19 亿元。

3. 土地经营权方面存在的问题

一是早期低价流转造成了村集体和农户土地财产权的巨额损失。早期京郊农村土地流转具有很强的自发性、盲目性、随意性,流转土地的价格都非常低,导致低效率的经营主体长期低成本占用承包地,农户的承包经营收益难以得到保障。例如,2004 年北京市确权地流转价格仅为 150 元/亩,2016 年北京市农地流转价格已经达到 1610 元/亩,山区低于 1000 元/亩、平原低于 2000 元/亩已租不到农地。二是部分确权确利、确权确股的村,村干部代替村民决策,将集体土地较早以低价长期流转给专业大户、社会资本,导致土地闲置或低效经营,收回难度很大,制约了当地集体经济的发展和农户增收。三是土地经营权的权能规定不够明确。土地流转现象虽然出现多年,但对土地经营权的权能规定长期未能明确。2016 年,中共中央、国务院印发《关于完善农村土地所有权承包权经营权分置办法的意见》规定土地经营权人对流转土地享有占有、耕作、收益权。《农村土地承包法修正案(草案)》规定土地经营权可以依法采取出租(转包)、入股或者其他方式流转,可以向金融机构融资担保。但目前,土地经营权事实上并没有享有融资担保权能。2015 年底大兴区开始开展农地承包经营权抵押贷款试点,目前仅发放 4 笔贷款,总贷款金额 530 万元,其中,农业企业 2 家,贷款金额分别为 120 万元和 100 万元;合作社 1 家,贷款 300 万元;农户 1 个,贷款 10 万元。试点中遇到的主要问题,一是按照"流转土地的经营权抵押需经承包农户同意"的规定,经营权抵押需承包农户逐个签字同意,交易成本较高;二是土地经营权抵押贷款的批复时间较长,需要 1—2 年,且对农户的贷款额度较小。

存在上述问题的主要原因如下。

(1)政策研究滞后

由于城镇化的快速发展,京郊农村的土地流转发展较快,但相关政策研究却明显滞后,造成对农村土地流转产生的问题认识不到位、情况不清楚、解决问题的思路不清晰、应对措施跟不上等现象。

（2）政策制度滞后

未能根据京郊农村改革发展的实际及时研究制定相关政策制度，是造成农村承包土地"三权"各种问题的重要因素。北京市至今没有研究制定有关完善"三权"分置制度的政策文件。2004 年实行的《北京市建设征地补偿安置办法》中有许多条款已经过时，不适应现在发展的需要，但其至今没有被纳入地方立法调研修改计划。国家有关法律也没有明确赋予集体所有权、农户承包权、土地经营权这三权的充分权能。

（3）监督管理滞后

目前，京郊农村集体账面资产已达 6000 多亿元，如果包括集体土地在内，总估价在 10.4 万亿元。面对农村集体资产的快速增长，相应的集体资产监督管理水平却没有及时跟上，监督管理漏洞不少，给"小官"们留下了"贪腐"空间，造成村集体和村民财产权益的重大损失。

（4）产权保护滞后

长期以来，各级党委和政府把政策工作的注意力和着重点都放在增加农民收入上，而对如何保护农民的产权则明显重视不够。特别是有的地方的领导干部法治意识不强，产权保护观念淡薄，对农民财产权利的侵害极大。

（5）乡村治理滞后

随着市场化、城镇化、城乡一体化以及农业现代化、人口老龄化的发展，京郊农村经济社会结构发生了很大的变化，但与此相适应的乡村治理体系和治理能力还没跟上，致使乡村自治不力、法治不灵、德治不足，社会风气和政治生态有待进一步净化。

三 对策建议

1. 围绕彰显农民集体，加强集体所有权的制度建设

一是要突出农民集体作为土地集体所有权的权利主体的地位。要改变由村干部而不是农民集体行使和管理集体所有权的局面。农民集体不是抽象的，而是由一个个具体农民组成的。必须加强农村集体经济组织建设和民主议事制度建设，保障集体经济组织成员或代表依法行使知情权、表达权、参与权、监督权、决策权。二是要防止集体所有权行使中的两种错误倾向，一种是乡村干部借口集体所有权而随意收回农户承包权的现象，另一种是乡村干部在集体所有权受到侵害时无所作为或无能为力的现象。三是要明确规定集体所有权的具体权能。从法理上说，集体所有权人即农民集体对集体土地依法享有占有、使用、收益、处分的权利，但这种行使又是有条件、范围和限度的。这是由我国农村土地集体所有、家庭承包的基本经营制度决定的。建议

《农村土地承包法修正案（草案）》增加"集体所有权的保护和行使"一节内容，将发包方的有关内容纳入其中并充实完善，使之与"土地承包权的保护与转让""土地经营权的保护与流转"并列。

2. 围绕明确充分赋权，加强农户承包权的制度建设

一是要对承包地进行充分赋权，核心是扩大农民对承包地的处分权能，具体是使农户对承包地享有继承权、赠与权、融资担保权等权能，转让权可以不限于本集体经济组织范围之内。二是将土地承包权分为初始承包权和继受承包权。在第一轮或第二轮承包时获得土地承包权的农户享有初始承包权，此后通过转让、继承、赠与获得承包权的为继受承包权。特别重要的是，如果不建立继受承包权制度，农民的土地承包权将随着人口的自然消亡而消亡。三是第二轮承包期到期后，自动延长土地承包期30年，要继续坚持"增人不增地、减人不减地"原则，不得打乱重分土地。集体经济组织新增人口，既可以通过转让、继承、赠与获得继受承包权，也可以通过市场流转获得土地经营权。四是要保护农户承包权免遭来自所有权和经营权两方面的夹击与侵蚀，既要谨防乡村干部借口坚持集体所有权而侵害农户承包权，又要警惕地方政府与社会资本借口放活土地经营权而损害农户承包权。

3. 围绕规范土地经营，加强土地经营权的制度建设

一是将土地经营权区分为承包经营权和流转经营权。承包经营权是集体经济组织成员获得土地承包权后自我经营土地的权利，或者继受承包权人自我经营土地的权利；流转经营权是通过土地流转市场获得的土地经营权。对这两种经营权既要区别对待，又要共同保护。所谓区别对待，就是要看到承包经营权和流转经营权的不同之处，承包经营权中既有承包权又有经营权，而流转经营权中只有经营权没有承包权，两种经营权中的权利含有量不同。所谓共同保护，就是既不得因强调承包经营权而忽视对流转经营权的保护，也不得借口扩大规模经营、发展新型经营主体而只扶助流转经营权，漠视承包经营权，要建立覆盖两种经营权的普惠型农业支持保护补贴政策体系。二是明确规定土地经营权人享有占有、使用、收益的权利以及出租（转包）、入股、融资担保等合理的处分权，尤其是要建立普惠型的融资担保制度，保障小农经营户获得必要的金融信贷支持。重点是要将土地经营权的保护纳入规范化、法治化的轨道。三是随着农户承包期的再延长，要相应延长土地流转合同，稳定土地经营人的预期。四是进一步重视农业基础设施建设，加大农业基础设施建设投入力度，真正落实土地经营权人根据政策法律法规建设农业配套设施的权利。此外，在保障土地经营权人正当权益的同时，也要重点防止基层组织和个人强迫或限制承包农户流转土地、防止流转土地的非农使用。要适当限制土地经营权的多次流转。

4. 围绕保护农民产权，加强乡村治理的制度建设

一是根据中共中央、国务院印发的《关于完善农村土地所有权承包权经营权分置办法的意见》，研究制定"北京市完善农村土地所有权承包权经营权分置办法"。进一步明确和规定京郊农村土地集体所有权、农户承包权、土地经营权的具体权利，进一步理顺"三权"之间的关系。二是切实修改《北京市建设征地补偿安置办法》，重新制定《北京市征地补偿安置办法》。重点有三个方面。首先，要根据宪法精神，将征地范围局限在公共利益的需要上，并给予公正补偿，加快建立城乡统一的建设用地市场；凡是经济建设需要产业用地的，由用地单位与村集体根据市场原则进行协商租地，或村集体以土地入股参与建设。在符合规划和用途管制的前提下，农村集体经济组织可以自主利用集体建设用地发展产业，壮大集体经济。其次，凡因公共利益征收农村土地，属于确权确地的土地的，应当将土地补偿费的85%或90%补偿给农户，其余15%或10%补偿给集体经济组织，以体现征地对集体承包地的集体所有权和承包经营权的征收补偿。而征收确权不确地的确股、确利土地，土地补偿款只能补偿给集体经济组织，由集体经济组织合理进行按股分红或分利。最后，尽快停止和取消现行农转居政策。2014年国务院发布《关于进一步推进户籍制度改革的意见》，明确规定取消农业户口和非农业户口划分，统一登记为居民户口。2016年9月，北京市政府也发布《关于进一步推进户籍制度改革的实施意见》，同样明确了取消农业户口和非农业户口的划分，统一登记为居民户口。在此形势下，再实行农转居政策就显得十分荒唐，必须立即停止和取消已实行多年的征地农转居政策。要加大城乡社会保障制度建设力度，尽快实现城乡基本公共服务均等化。三是进一步健全完善农村集体资产监督管理体制机制。特别是要针对一些如圈占农村集体土地却长期荒废、以租代征土地未能确权、早期低价大规模出租集体土地、工商资本投机流转大量土地却闲置未利用等突出问题，要加强调查研究，采取切实有效的措施加以解决，以维护村集体和农民的土地权益。四是要将全面从严治党、全面依法治国向乡村全面延伸和全覆盖。牢固树立农村产权保护意识，建立健全农村产权保护政策法律制度，坚持一手反对腐败，一手反对侵权，严厉打击侵吞集体资产和侵害农民财产权利的违纪违法甚至犯罪行为，加快构建自治、法治、德治相结合的乡村治理体系，从根本上消除乡村社会产生"小官巨贪"和各种"村霸"现象的土壤，全面营造风清气正的良好乡村政治生态。

执笔：张英洪

2017年11月17日

实现高水平的城乡发展一体化[*]

实现高水平的城乡发展一体化，是"十三五"时期北京农村改革发展的一个新的目标定位。北京是最早开展城乡一体化研究的地区之一，也是最早提出以城乡一体化的思路指导开展郊区农村工作的地区之一。早在 1986 年，北京就提出把城乡一体化作为郊区工作的指导方针加以推进和探索。2008 年 12 月，中共北京市委十届五次全会明确提出率先形成城乡经济社会发展一体化新格局。"十二五"期末，北京市城乡发展一体化新格局已基本形成。在此基础上，实现高水平的城乡发展一体化，是"十三五"时期北京市贯彻落实五大新发展理念、确保各项工作走在全国前列的必然要求。

"十三五"时期，北京要实现高水平的城乡发展一体化，必须对应实现城乡发展一体化的"五化"即城乡居民基本权益平等化、城乡公共服务均等化、城乡居民收入均衡化、城乡要素配置合理化、城乡产业发展融合化目标，全面深化改革，重点在以下三个大的方面实现新突破。

一是在基本公共服务供给水平上实现新突破。公共产品和公共服务的差距是城乡二元体制安排的重要结果。"十二五"时期，在公共产品的硬件供给上，通过持续加大农村基础设施建设，京郊农村的面貌发生了根本性的重大变化；在公共产品的软件供给上，通过建立"新农保"、"新农合"、城乡低保政策并轨等一系列政策措施，已经实现了京郊农村社会保障的全覆盖，广大农民的生活有了根本性的兜底保障。"十三五"时期，要在提高农村基本公共服务水平上迈出新步伐，特别是要落实共享发展理念，进一步提高农村居民各项社会保障待遇标准，加快缩小城乡社保待遇差距。尤其是要积极应对农村人口老龄化问题，提高农村老年居民社会保障水平，提升其生活质量。在疏解北京非首都核心功能的过程中，要重视、认识和规划郊区农村的战略定位和发展前景，提升郊区农村在疏解首都非核心功能上的承载能力。要加大城乡社区学校、幼儿园、医院、养老所等基本公共服务设施的配套规划建设，坚决改变在城

* 原载《北京农村经济》2016 年第 6 期。

乡社区规划建设中一昧注重住房建设而缺乏公共设施建设的畸形格局。要围绕让广大农村居民公平享有可及的基本公共产品和公共服务、实现城乡基本公共服务均等化这个既定目标，深化财政体制改革，提高公共服务支出比重，补齐农村基本公共产品和公共服务的短板，加快实现城乡基本公共服务制度并轨、标准统一。

二是在实现农民财产权利方式上实现新突破。农民缺乏财产权及其表达机制是"三农"问题的一个重要根源。据国务院发展研究中心农村部课题组研究，2013年北京市农村集体资产总额达10.4万亿元。参照国有土地价格，北京市农村集体经营性建设用地和农村宅基地价值合计高达8.2万亿元，农村集体建设用地均价高达466.9万元/亩。将农民拥有的巨额资产变成农民拥有的巨大财产以及财产性收入来源，是城乡发展一体化的重大任务。1992年以来，北京市按照"资产变股权，农民当股东"的思路推进农村集体经济组织产权制度改革，取得了明显成效。2015年已有134万股东享受分红，分红总额达到45亿元，人均分红3358元。"十三五"时期要按照赋予农民更多财产权利的要求，不断深化农村集体产权制度改革，重点是改革创新农民对土地承包经营权、宅基地使用权、集体收益分配权等财产权利的实现方式，使农民的巨额集体资产变成农民宝贵的财产和财产性收入来源。

三是在城乡要素双向自由流动上实现新突破。城乡要素的封闭循环以及不平等交换，是城乡二元结构的重要特征。实现高水平的城乡发展一体化，必须构建确保城乡要素平等交换和双向自由流动的体制机制。第一，在人的要素上，要深化户籍制度改革，着力实行居住证制度，加快推进农业转移人口市民化，提高户籍人口城镇化率。2014年北京市常住人口城镇化率为86.40%，户籍人口城镇化率只有50.65%，比同期上海市常住人口城镇化率和户籍人口城镇化率分别低3.20个百分点和8.43个百分点。在允许农村人口进入城镇就业落户的同时，也要构建有利于城镇居民有序进入农村定居生活的制度体系。这不但是城市化发展到一定阶段必然出现的中心城区人口向郊区扩散的新趋势，也是积极应对乡村人口老龄化、空心化的有效之策，更是城乡发展一体化的内在要求。实现城乡人口双向自由流动，需要对基本公共服务体制和农村集体产权制度进行同步配套改革。第二，在土地要素上，要加快建立城乡统一的建设用地市场，实现农村集体建设用地与国有建设用地同等入市、同地同权。要建立完善保障不同土地所有权平等地位的政策制度体系，深化征地制度改革，大力推进农村集体建设用地入市试点，在土地资源配置中真正发挥市场的决定性作用和更好地发挥政府作用，建立健全城乡土地市场，赋予和保障农村集体土地发展权，合理提高农民在土地增值收益中的分配比例。第三，在资金要素上，要改变农村存款资金长期单向流向城市的局面，解决农民"贷款难"问题。要以农业农村享有平等的金融服务为目标，深化金融体制改革，确保金融机构从农村吸收的存款主要用于农业农村发展，着力推进农民合作金融发展，建立覆盖农村的普惠型金融服务供给体系，提升农村金融产品供给水平，为农民生产生活提供有效的金融支持。同时要鼓励和支持城市资本进入农业农村，为发展现代农业、建设美丽乡村、培育新型职业农民、推进农村一二三产业融合发展提供有力的资金支持。

执笔：张英洪

2016 年 3 月 19 日

建设生态有机慢生活的美丽健康乡村

——北京市顺义区龙湾屯镇柳庄户村调查

2017 年 10 月 9 日至 14 日，我们一行四人到北京市顺义区龙湾屯镇柳庄户村开展了驻村调查。

一 基本情况

龙湾屯镇位于顺义区东北部，地处顺义、密云、平谷三区交界带，距北京市区 60 公里、顺义城区 30 公里。龙湾屯镇辖有 13 个村，其中山里辛庄、七连庄、唐洞、龙湾屯、焦庄户、大北坞、丁甲庄 7 个村为沿山村，柳庄户、南坞、树行、张中坞、史中坞、小北坞 6 个村为平原村，全镇总面积为 56.6 平方公里，常住人口 1.6 万余人。龙湾屯镇地处半山区，山地面积达 3.8 万亩，占顺义区山地总面积近 2/3，林木覆盖率达 72%，其中果树种植及采摘面积近 1 万亩，自然资源和红色旅游资源丰富。享有"中国地下长城"盛誉的焦庄户地道战遗址就坐落于该镇的焦庄户村，浩然先生曾在这里居住并著有《艳阳天》《金光大道》等著名文学作品。2017 年 8 月，该镇被住建部列为第二批 276 个特色小镇之一。

柳庄户村位于顺义区东北部龙湾屯镇东南端，距顺义城区 25 公里，距焦庄户地道战遗址纪念馆仅 5 分钟的车程，东邻安利隆山庄、樱桃幽谷以及华北地区最大的民兵训练基地。村域面积 1192 亩，其中耕地面积 505 亩。全村集体总收入 465 万余元，现有 168 户，常住人口 450 人，党员 30 人，村民代表 15 人。近年来，柳庄户村先后荣获北京市"五个好"村党组织、首都绿色村庄、首都文明村、国家级生态村、北京最美的乡村、中国最美休闲乡村等荣誉称号。柳庄户村积极发展休闲旅游业，村内有分享收获有机农场、结合葡萄种植采摘的欧菲堡国际酒庄、传承火绘葫芦手工艺的葫芦艺术庄园等。该村将以顺义区"十三五"规划提出的加大舞彩浅山开发、建设慢生活主题小镇为契机，着力发展民俗旅游业，打造高质量休闲美丽乡村。

二 所做的主要工作及体会

我们主要做了以下四个方面的工作。

一是与各级干部座谈。10 月 9 日上午 10 点左右，我们在龙湾屯镇政府机关第二会议室进行了第一次座谈，该镇党委副书记路元、组织部部长高丰义、柳庄户村书记柳显苍、焦户庄村书记韩少林、七连庄村书记刘颖君等参加座谈。我们四人到柳庄户村后，又与村书记柳显苍、村支委李宝江等人座谈交流，进一步了解该村的一些基本情况。10 月 12 日下午，我们与区委研究室张小军主任等人在龙湾屯镇政府进行座谈。10 月 13 日下午，我们驻村的人员又集中到镇政府机关第二会议室进行第二次座谈，该镇党委副书记路元、副镇长王海龙、镇政府农业科长董桂霞等参加座谈。

二是走村入户访民情。10 月 10 日下午，我们在柳庄户村支委李宝江的带领下，集中走访了老党员柳显义、困难户王秀芝（女）、民俗户张雨霞（女）。老党员柳显义生于 1949 年 8 月，1986 年入党，1988 年任村主任，于 2003 年辞职，共担任村主任 15 年。柳显义任村主任时，曾动员该村的农民企业家捐款 30 万元修建村里的道路。当时柳显义的工资每年只有 4500 元。后来他的两个儿子都考上了大学，为挣孩子的学费，他选择辞职。困难户王秀芝今年 75 岁，前不久摔了一跤，患有关节炎，正拄着拐杖，行动有些不便，她的几个孩子都有些智力障碍。她每月有 500 元的低保收入，其中村里补助 200 元。民俗户张雨霞（女）是该村现有的三户民俗户之一，我们四人正好住在张雨霞家里，她家建有 12 间民俗居住套间。我们入驻时，兼业从事太平洋保险业务的张雨霞已外出日本等地旅游，在我们离开该村的前一天，她回到了家里与我们交流。张雨霞丈夫焦春季在现代汽车三厂上班，有时上夜班。走访时，我们分别送给走访户一袋米、一桶食用油。10 月 12 日上午，我们又集中走访了村民代表焦仕存夫妇、李宗奎夫妇等。此外，我们还与朱淑平、杨美英、刘淑芝、彭桂荣等村民随便聊天交流，了解村民的生产生活情况。

三是深入农场做义工。在与柳庄户村干部和村民的交流中，我们得知该村将土地流转给分享收获有机农场。石嫣、程存旺夫妇创办的分享收获有机农场在国内外有机农业界享有一定声誉。10 月 10 日上午，我们专门到分享收获有机农场与石嫣交流讨论，并在该农场做义工。柳庄户村将 30 多亩土地流转给分享收获有机农场，包括土地上的 10 多个蔬菜大棚，分享收获有机农场每年支付给村里 15 万元租金，其中每亩土地每年交 1500 元流转费。目前已有 800 多户的会员享受该农场的定期宅配，会员价格分每年 3000 元、8000 元两个等级，有机蔬菜分别以每斤 17 元、15 元的价格进行配送。我们参观完农场后，主动要求在农场劳动，先后分拣花生、摘黄瓜、用铁锹翻地等。此外，我们于 10 月 11 日下午，到柳庄户村委会门前的大街上进行园艺修剪。

四是实地考察与调研。10月11日上午，龙湾屯镇党委、镇政府组织集中考察了该镇比较有名的几处文化旅游景点，主要有位于焦庄户村的地道战遗址纪念馆、焦庄户村史馆，位于唐洞村的东方乡土艺术创作研究院，位于山里辛庄村的舞彩浅山滨水国家登山步道登山口，位于柳庄户村的北京葫芦艺术庄园、欧菲堡酒庄、柳庄户村史馆。

10月10日上午、10月12日上午，我们在村支委李宝江带领下，先后两次考察了由易来福养老服务中心在该村创办的老年餐厅及相关老年服务项目。柳庄户村年满60周岁的老人可以自愿选择到老年餐厅用餐，一日三餐。60岁以上老人每月交800元生活费，其中个人交600元，村里补贴200元；65岁以上老人个人交400元，村里补贴200元。老人可以到养老服务中心免费享受有关健康养老服务。目前该村有十七八位老人在老年餐厅用餐。10月13日上午，我们还考察了分享收获有机农场租用龙湾屯村的200多亩有机果园。果园的负责人程存旺经理给我们介绍了果园的一些基本情况，目前正在修建高温大棚，4个高温大棚每个建筑成本为15万元。在入户座谈中，我们也了解到煤改电的有关情况，经过市区两级大力推动，农村煤改电在柳庄户村已经基本完成。在这方面，政府的补贴力度是相当大的。设备购置费约为2万元，政府补贴90%，村民每户只需拿出10%，约2000元左右，加上铺地暖管的费用，每户掏4000—5000元即可完成改造。在采暖季，晚9点到早6点用电低谷每度电0.3元，政府给补贴0.2元，村里补贴0.1元，村民们实际不用花钱就可以实现取暖，和原先的烧煤相比，既干净卫生还省钱，采暖效果也不错，我们入户访谈的村民表示很满意。

在五天的驻村调研中，我们收获很大，主要有四大方面的体会与收获。

一是加深了对"三农"的认识理解。一方面我们调研了解到中央的各项政策在农村的落实情况，另一方面这次调研也极大地深化了我们对新时期"三农"问题的认识和理解。在交流中，我们也谈到，柳庄户村是中国农村的一个缩影，"解剖"了柳庄户村这一只"麻雀"，中国的农业、农村、农民问题中的很多问题也都能迎刃而解，包括种植业、养殖业问题，农业发展、粮食安全和食品安全问题，土地流转问题、农民增收问题、农民权利问题、农民医疗养老问题、新农村建设问题，农村基础设施建设问题、农村社会治理问题、基层党组织建设问题、农村传统文化保留和发展问题、生态文明建设问题，等等，所有关于"三农"的问题，都可以在这里深入研究以找到破解问题的答案。

二是目睹了京郊农村的巨大变化。我们在柳庄户村清楚地看到农村和农民生活发生了巨大变化。经过十多年来的新农村建设和城乡一体化建设，农村的基础设施明显改善，柳庄户村规范有序，交通便利，村容整洁，大街小巷的道路全部硬化，村民生活明显改善，优秀传统文化得到继承与弘扬。疏解非首都功能、坚持绿色发展的理念，已得到普遍认同与贯彻落实，全面从严治党已深入人心，镇村两级干部的思想观念和工作作风都发生了很大的变化，农村政治生态与自然生态一样，正在朝着山清水秀的方向健康发展。

三是感受到了干部群众的热情友好。镇党委有关人员多次与我们座谈交流，陪同我们考察调研；柳庄户村书记柳显苍介绍村里有关情况；村支委李宝江陪同我们参加各项调研活动。村民对我们的调研也给予大力支持，我们住在村民家里，有种住在自己家里的温暖感觉。我们随时都可以与村民进行毫无心理隔阂的谈心交流。

四是深化了对"三农"的思想交流。我们住在柳庄户村的4名调研人员在交流讨论中，不断增进对农业发展、农村改革、农民生活的新认识。在与村民群众的共同劳动中，既体验了劳动的艰辛，也享受了劳动的快乐。我们每天都围绕有关"三农"问题进行热烈的讨论与交流，并对自身的工作经验、思想观念、人生追求等方面进行了深层次的检讨与反省，对中国"三农"的发展前景进行思考与展望，特别是对生态有机农业发展、转基因等问题进行了深度讨论与交流。在讨论与交流、认识与理解、检讨与反省、思考与展望中，我们在理想信念、价值追求、家国情怀、为人处事等方面，得到了新的启迪。

三　存在问题及建议

我们发现的主要问题有以下四个方面。

一是农业发展后劲不足。柳庄户村的土地均已流转给外来的新农人和企业种植经营。一方面，村里将土地流转出去后就感到万事大吉，除了收取土地流转费外，对于流转出去的土地种植经营情况则不再关心。长期以来乡村两级干部对农业发展的重视传统与支持习惯，随之发生了重大变化。另一方面，外来的新农人与农业企业，其优势在于拥有现代经营管理技术，但其短板在于农业种植技能缺乏。该村到新农人租赁的农场以及农业企业承包的果园干活的农民，年龄大都在50—60岁，有的在60岁以上。村里的中青年人普遍选择外出打工，而对从事农业生产经营不感兴趣。谁来种地、如何种地的问题，是当前和今后一个时期我们不得不面对的一个重大的经济社会问题。

二是农村人口老龄化严重。我们在柳庄户村里走访时，看到的都是一些老人，很少见到年轻人。该村168户，有30多处闲置农宅院落。总人口450人中，60岁以上的约为90人，占比为20%。实际在村里居住生活的人口有280人左右。农村人口的老龄化问题已日益突出，谁来养老、如何养老的问题，已无法回避。同时，缺乏年轻人的村庄，也缺乏生机与活力。龙湾屯镇的其他村庄也同样面临人口老龄化问题。

三是农民增收困难较大。2016 年，柳庄户村农民人均收入 18735 元。中青年村民进城务工较多，例如村民焦春季，生于 1976 年，在北京现代汽车顺义三厂打工，年收入约 4 万元。除中青年村民进城务工收入外，该村农民收入来源主要有：村集体分红（含土地流转费）每年 2200 元；有 10 多名村民到分享收获有机农场干活，每天 90 元；有 10 多名村民到欧菲堡酒庄干活，每天 80 元。全村有 3 户民俗旅游户，如 2016 年 7 月 31 日正式开业的张雨霞民俗旅游户，到 2016 年 12 月，民俗旅游收入大约 3 万元左右。目前，该村农民收入基本稳定在这样一个水平上，再增收的难度较大。同时，由于老龄村民人口较多，相应的医疗费用支出也较大。

四是乡村治理面临新挑战。随着城镇化、市场化的发展，人口流动和人口老龄化，是乡村治理面临的最直接的挑战。随着大量中青年人口外出务工，居住在村庄里的以老人和妇女居多，且经常居住生活在村内的人口不到常住人口总数的 63%。这对村民自治提出了最直接的挑战。村民广泛参与村内公务事务的条件明显不足，大量的村庄公共事务只能由少数村干部做主。与此同时，进入该村创办有机农场、农业企业和其他文化旅游产业的外来人口，例如分享收获有机农场、欧菲堡酒庄、葫芦艺术庄园等的工作人员，如何参与村庄公共事务的治理，目前在制度上还存在空白。此外，虽然党的十八大以来，乡村的政治生态有了明显改善，但"上面千条线，下面一根针"的状况没有改变，镇村干部要接待安排来自市、区两级各单位各部门名目繁多的调研考察、督促检查、业务对接等各类人员。我们明显感到镇村干部日常的接待应酬事务繁多，他们忙于迎来送往、奔走于各种会场，难以挤出更多时间来谋划发展、服务百姓，也难以集中精力围绕提高乡村治理水平去创新体制机制、完善工作方式。

我们的建议主要有以下四点。

一是进一步提高认识，把建设生态有机慢生活的美丽健康乡村作为发展目标。龙湾屯镇的自然条件、红色文化资源条件优越。柳庄户村也已经成为北京市美丽乡村和中国最美休闲乡村。顺义区"十三五"规划提出将位于山区的北石槽镇、张镇、木林镇、龙湾屯镇、大孙各庄镇定位为特色镇，打造都市慢生活区，其中龙湾屯镇的规划发展目标为建设成为生态休闲特色镇、都市慢生活区。这个规划目标切合实际，符合生态文明发展要求。我们的建议是，要紧紧围绕生态、有机、慢生活、美丽、健康这几个关键词，对龙湾屯镇和柳庄户村的发展目标做进一步的完善、落实与提升。在生态方面，就是要牢记习近平总书记提出的"良好生态环境是最公平的公共产品，是最普惠的民生福祉"[1] 的重要论断，进一步加强生态文明建设，将柳庄户村和龙湾

---

[1] 《十八大以来重要文献选编》（中），中央文献出版社，2016，第 493 页。

屯镇建设为生态文明村镇。在有机方面，就是要利用现有的分享收获有机农场等优势，大力发展有机农业，努力实现有机农业的全覆盖。在慢生活方面，要借鉴国际慢城的建设经验，对接国际慢城建设的认证标准，着力将龙湾屯镇建设成为国际慢城。自 2010 年至今，我国先后有江苏省南京高淳区桠溪镇、广东省梅州市梅县区雁洋镇、山东省曲阜市"九仙山 – 石门山"片区、广西壮族自治区富川瑶族自治县福利镇、浙江省温州市文成县玉壶镇、安徽省宣城市旌德县旌阳镇 6 个获得认证的国际慢城。这些国际慢城建设的经验值得借鉴。在美丽方面，就是要牢固树立绿水青山就是金山银山的理念，推进绿色发展，在新的起点上建设美丽小镇、美丽乡村。在健康方面，就是要确保舌尖上的安全，把生产、消费生态有机安全的农产品作为农业供给侧结构性改革的重要任务，倡导和引领生态有机的健康的生活方式。要提升民俗旅游户和其他餐饮业的食料安全品质，实现从吃饱向吃好、吃出健康的大转变，建设健康乡村。

二是进一步明确定位，把发展生态休闲农业和乡村旅游作为主攻方向。包括柳庄户村在内的龙湾屯镇作为郊区平原和浅山区交界的一个镇，属于生态涵养区的范围。在座谈中，我们也了解到镇党委、镇政府一班人已经有了很多好的思路和想法。在推动镇域发展的过程中，我们建议镇党委、镇政府还是要进一步明确区域功能定位，通过明确定位和科学规划来指引未来发展。结合镇里的资源禀赋和实际条件，镇域内重点发展的主导产业建议为生态有机休闲农业和乡村旅游业，适度承接中心区疏解的首都功能。要适应首都市民消费升级的需要和对真正安全放心有机食品的需求，以发展生态有机休闲农业为契机，在镇域范围内全面推广有机种植和有机养殖农业，鲜明提出打造"中国有机农业第一镇"的目标，引领和带动相关产业发展，促进农民增收和农村环境改善。要充分利用自然资源和文化资源优势，发展乡村旅游业，促进一二三产业融合发展。

三是进一步强化责任，把全面深化农村改革作为重要任务。围绕增进居民福祉，积极实施乡村振兴战略，继续推进和落实农村各项改革。凡是不利于城乡融合发展的体制机制，都要下决心改革与破除。要做好第二轮承包到期后再延长 30 年的有关具体工作，保障承包农户的权益。完善承包地"三权"分置办法，既要保障农民集体享有的集体所有权，也要保障承包农户享有的承包权，还要保障新农人、农业企业、合作社等新兴经营主体流转土地后的经营权。要深化农村集体产权制度改革，发展壮大集体经济，规范分红办法，保障农民的集体收益分配权，增加农民的财产性收入。要深化宅基地制度改革，保障农民对宅基地和住房的各项权利。

四是进一步提高站位，把努力提高乡村治理现代化水平作为根本要求。新时代我国社会主要矛盾是人民日益增长的美好生活需要和不平衡不充分的发展之间的矛盾。京郊农村居民对美好生活的需要，既有物质的需要，也有精神的需要，既有社会公平正义的需要，也有自然环境优美的需要，既有对自身基本权利保障的需要，也有对各级领导干部清正廉洁的需要。新时代的乡村建设，既要着力建设好山清水秀的自然生态环境，又要着力建设好风清气正的政治生态环境。要适应新时代社会主要矛盾的变化，提高乡村治理水平，重点围绕维护和发展村民的人权、产权、治权，不断完美健全自治、法治、德治，让权力在阳光下运行，把权力关进制度的笼子，不断健全乡村治理体系，提高乡村治理能力，推进全面从严治党向乡村延续和全覆盖，使乡村基层党员干部习惯在受监督和约束的环境中工作生活，让乡村居民在良好的自然环境和政治环境中生活得更加幸福、更有尊严。

执笔：张英洪

2017 年 10 月 18 日

第三篇

农民发展与制度公平

城乡接合部改造须重视外来租户居住权益

城乡接合部改造是城市化和城乡一体化发展的必然要求。但如何统筹兼顾被改造村庄全体常住人口中的外来租户的居住权益，是城乡接合部整体改造建设面临的重大现实问题。最近，我们在海淀、朝阳等地城乡接合部调查房屋租赁情况时发现，在拆迁安置补偿上，普遍存在重当地居民、轻外来租户的失衡现象，由此造成和可能积累的社会问题不容忽视。

一 城乡接合部改造中的安置补偿失衡

城乡接合部改造建设是北京加快推进城市化和城乡一体化的重点和节点。据统计，北京中心城区的城乡接合部现有 227 个行政村，面积约 753 平方公里。2009 年底北京市常住人口 1755 万人，其中外来人口 509.2 万人，占全市常住人口的 29.0%。而全市 88.5% 的流动人口居住在城乡接合部。

征地拆迁安置一直是城市化进程中各地面临的突出问题。北京去年开始的北坞与大望京征地拆迁安置，在很大程度上突破了传统征地拆迁模式的框架，在多方面取得了创新性成果，较好地维护和实现了当地农民和村集体的利益，形成了备受社会关注的北坞模式和大望京模式。北京以这两种模式为基础，今年对城乡接合部 50 个村庄进行集中整治改造，共涉及 62 万本地户籍人口和 280 万外来流动人口。

在城乡接合部改造安置中，虽然当地居民的权益得到了较好的维护，但外来租户的权益却明显受损，由此呈现出城乡接合部改造的安置失衡现象。

一方面，当地居民得到了安置房，获得了拆迁补偿款；另一方面，外来租户则基本没有得到安置，更谈不上拆迁补偿。大望京村当地户籍人口 1692 户共 2998 人，其中居民人口 2100 人，农民 898 人；该村流动登记人口 3 万多人，未登记的估算有近 2 万人，流动人口总数是户籍人口的十多倍。大望京村的拆迁安置补偿明显保障了当地村民的居住权益，甚至让当地村民因拆迁补偿而"一夜暴富"，该村改造一年来，仅当地居民利用拆迁补偿款新购置的小汽车就有 600 多辆。而原本同样生活在该村的数万"蚁族""蜗居"者，虽然是当地常住人口，但基本上没有分享该村城乡一体化改造发展的"一杯羹",他们必须自谋出路,卷起铺盖向附近或更远的村庄"安营扎寨"。作为占当地人口绝大多数者,外来租住户在城乡接合部改造中,未能与本地居民等同地改善居住条件,相反这些改造给他们的居住权益造成了很大的损害,不仅增加了他们工作生活的物质成本,而且加大了他们的精神心理压力,其后果堪忧。

二 城乡二元结构的新延续

城乡接合部改造中的安置补偿失衡,是长期形成的城乡二元结构的典型反映与新的延续。城乡二元结构有静态与动态两种形态,静态的城乡二元结构就是在计划经济体制下基于城乡的地理界限,区别城市与农村、市民与农民两种不同的空间与身份,以此实行不同的公共政策;动态的城乡二元结构是在市场经济条件下原静态城乡二元结构在城市中的新形态,它不仅区别城市与农村、市民与农民,还区别当地户籍原居民与外来新居民,以此实行不同的公共政策。城乡接合部集中了静态城乡二元结构与动态城乡二元结构两种形态。

现在各地正在推行的城乡一体化进程,偏重于破除静态的城乡二元结构,即破除本行政辖区农村与城区、农业户籍人口与非农业户籍人口两种不同身份的社会政策结构,统筹安排本区域内农村与城区共同发展,平等对待农民与市民的基本权益,这无疑是巨大的社会进步。与此同时,破除动态的城乡二元结构则面临更多的观念障碍与体制惯性,缺乏更有效的公共政策。破除动态的城乡二元结构,就是要在革除城市本地农业户籍与非农业户籍人员差别的体制弊端的同时,构建本地户籍居民与外来租住户共同生活、互相需要、和谐共处、平等发展的公共政策和制度体系。

外来租住户缺乏当地公共事务的知情权和参与权,必然导致其利益难以得到保障。权益权益,有权利才有利益。城乡接合部的外来租住户与当地居民生活居住在同一村庄之中,构成了村庄生活共同体,并且是所在村庄共同体的重要组成部分。但在传统的思想观念和体制束缚中,他们被当作"外来人口"对待,缺乏当地公共生活的话语权、参与权与表达权。在城乡接合部拆迁改造中,他们对拆迁改造方案无权知晓,对由此造成的自身利益损失无从表达,对拆迁所产生的利弊得失无权置喙,其结果是他们被摒弃在城市化和城乡一体化进程之外,从而使原本就属于低收入人群的外来租住户的生存境遇更加恶化,社会地位更加弱势化。

重所有权、轻使用权也是城乡接合部村庄改造中安置补偿失衡的重要因素。就城乡接合部改造的住宅来说,其所有权归属当地居民和村集体,大量租住的外来人口则享有住宅的实际使用权。但在拆迁安置中,住宅所有权人的权益得到了普遍的补偿保护，如按一定比例置换安置房，补偿适当的居住周转金等；而住宅承租户的权益却普遍受到损害，他们既没有租居房安置，也没有搬迁损失补偿。

三 安置房与公租房建设并重

城乡一体化从地理空间上说，是城市与农村公共制度安排的一体化；从人员身份上说，既是传统农业户籍人口与非农业户籍人口基本权益的均等化，也是市场化改革以来本地户籍人口与外来人口基本权益的均等化。推进城乡一体化需要树立全面而不是片面的城乡一体化思维，所谓全面的城乡一体化思维就是要同时破除静态与动态两种城乡二元结构，既统筹兼顾当地城乡居民权益又统筹兼顾本地户籍居民与外来流动人口的权益。忽视外来人口权益的城乡一体化，实质上并没有跳出城乡二元结构的传统窠臼。

城乡接合部不仅居住着本地的户籍居民，而且居住着数倍甚至数十倍于当地村民的外来人口，当地原住村民与外来租住户共同构成了城乡接合部的常住人口。这些数量庞大、没有本市户籍的外来常住人口，工作生活在城市，是城市发展不可或缺的重要组成部分，他们为城市的经济发展和持续繁荣做出了巨大贡献，理应享受包括住房在内的基本公共服务。城乡接合部的改造建设，应当统筹兼顾所在村庄全体常住人口的正当权益，而不应只关心当地户籍人口的权益。外来租户的权益同样重要。城乡接合部的改造建设方案，应当以全体常住人口为基本依据来进行全面的规划设计。

城乡接合部改造除了当地户籍居民应当充分参与、发挥主体性作用外，还应当允许租居户共同参与，这样才更能体现以人为本的科学发展观和城乡一体化的本质要求。当地户籍居民与外来租住户具有不同的权利背景和基础，其中最大的权利背景差别在于当地户籍村民拥有集体资产而外来租户没有，但他们也有相同的利益关切即共同的居住生活权益。因此，在城乡接合部改造建设中，应当坚持共同但有差别的原则，充分尊重和保障全体常住人口的权益，使租住户同样获得城乡接合部改造建设的知情权、参与权、表达权和基本的居住权。

具体在拆迁安置补偿上，新的拆迁安置补偿政策应当统筹兼顾外来租户正当权益，实行安置房与公租房建设并重，既要为当地户籍居民建设合理的安置房，也应当为外来租住户建设足够的公租房；既要为当地户籍居民提供住房拆迁补偿，也应为外来租住户提供租房拆迁补偿。凡有大量外来人口的城乡接合部拆迁改造村庄，都应当同时建设针对当地户籍居民的安置房和针对外来人口的公租房，特别是要大量建设主要满足外来人口居住需求的公共租赁房，公共租赁房不应再设户籍限制。在改造时间顺序安排上，应当坚持"先安居、再拆房"的原则，先建设安置房和公租房，再进行旧房拆除改造。

　　住宅权是居民生存权和发展权的重要内容，在城乡接合部改造建设中，保障和改善包括外来租户在内的全体常住人口的居住权益，事关所有居民的体面生活与幸福尊严。

执笔：张英洪

2010 年 5 月 21 日

城乡接合部改造要关注外来人口问题[*]

城乡接合部改造是城市化和城乡一体化发展的必然要求。但如何统筹兼顾被改造村庄外来人口的居住权益等诸多深层次问题，是城乡接合部整体改造建设面临的重大现实课题。最近，我们在海淀、朝阳等地城乡接合部调查时发现，在拆迁安置补偿等问题上，普遍存在重当地居民、轻外来人口的现象，由此引发的许多新的社会问题不容忽视。

一 城乡接合部改造中的外来租户问题突出

城乡接合部改造建设是北京加快推进城市化和城乡一体化的重点和节点。据统计，北京中心城区的城乡接合部现有 227 个行政村，面积约 753 平方公里。2009 年底北京市常住人口 1755 万人，其中外来人口 509.2 万人，占全市常住人口的 29.0%。而全市 88.5% 的流动人口又居住在城乡接合部。

北京去年开始的北坞与大望京村改造，在很大程度上突破了传统征地拆迁模式的框架，在多方面取得了创新性成果，较好地维护和实现了当地农民、居民和村集体的利益，形成了备受社会关注的北坞模式和大望京模式。今年，北京以这两种模式为基础，结合各地实际，对城乡接合部 50 个村庄进行集中整治改造，共涉及 62 万本地户籍人口和 280 万外来流动人口。城乡接合部改造牵涉面广，工作量大，由此产生的经济社会问题也较多，其中外来人口安置问题比较突出。

我们在调查中发现，改造村中当地户籍居民均得到了妥善安置，获得了相应的拆迁补偿款。而外来租户则基本没有纳入安置计划，也没有因租房拆迁获得补偿。比如大望京村当地户籍人口 1692 户共 2998 人，其中居民人口 2100 人，农民 898 人；该村流动登记人口 3 万多人，未登记的估算有近 2 万人，流动人口总数是户籍人口的十多倍。大望京村的拆迁安置补偿明显保障了当地村民的居住权益，甚至让当地村民因拆迁补偿而"一夜暴富"，该村改造一年来，仅当地居民利用拆迁补偿款新购置的小

* 原载北京市农村经济研究中心主办《领导参阅》2010 年第 6 期。

汽车就有 600 多辆。而原本同样生活在该村的约 5 万外来流动人口，他们虽然是当地的常住人口，却没有得到相应的安置，数万外来人口自发向周边村庄扩散。

租住在城乡接合部的外来人口，一般都是当地户籍人口的数倍，主要是"蚁族"、"蜗居"者和农民工，还有部分自主创业人员，他们基本属于低收入群体，城乡接合部相对低廉的房价是他们居住的基本保障。他们当中有的租居长达十年。随着城乡接合部改造的推进，大量外来租户不得不搬迁至更远的郊区租住，由此造成的直接后果，一是增加了搬迁的成本，二是拉长了他们往返租住地与就业地的空间距离，三是失去了他们原本熟悉的生活环境与人际关系，四是加大了租居户子女的上学困难。

外来人口在城乡接合部城乡一体化中未受到平等对待和应有关注，他们在与当地户籍人口权益落差的对比中，会明显感受到城市的社会排斥，由此造成的精神失落和心理压力，会放大他们的生活挫折感，其后果堪忧。

城乡接合部改造不是简单的"拆村"，它实质上是新的社会结构转型与再造。拆村改造在短期内摧毁了长期以来居民共同生活所形成的生活习惯、邻里关系、彼此信任和相互依赖等社会资本，他们一时很难在新建的高楼大厦里寻找到心灵的归宿与寄托。

二　城乡二元结构在新形势下的新延续

城乡接合部改造中的外来人口安置缺位问题，是长期形成的城乡二元结构的典型反映与新的延续。城乡二元结构有静态与动态两种形态，静态的城乡二元结构就是在计划经济体制下基于城乡的地理界限，区别城市与农村、市民与农民两种不同的空间与身份，以此实行不同的公共政策；动态的城乡二元结构是在市场经济条件下原静态城乡二元结构在城市中的新形态，它不仅区别城市与农村、市民与农民，还区别当地户籍原居民与外来新居民，以此实行不同的公共政策。城乡接合部集中了静态城乡二元结构与动态城乡二元结构两种形态。

在城乡一体化进程中，既要破除静态的城乡二元结构，即破除本行政辖区农村与城区、农业户籍人口与非农业户籍人口两种不同身份的社会结构，统筹安排本区域内农村与城区共同发展，平等对待农民与市民的基本权益，这无疑是巨大的社会进步；同时也要破除动态的城乡二元结构，破除动态的城乡二元结构，就是要在革除城市本地农业户籍与非农业户籍人员差别的体制弊端的同时，构建本地户籍居民与外来人口共同生活、互相需要、和谐共处、平等发展的公共政策和制度环境。

外来人口缺乏当地公共事务的知情权和参与权，必然导致其利益难以得到保障。权益权益，有权利才有利益。城乡接合部的外来租住户与当地居民居住在同一村庄之中，构成了村庄生活共同体。由于传统思想观念和体制的束缚，他们被当作"外来人口"对待，缺乏参与当地公共生活的话语权、表达权等权益。在城乡接合部拆迁改造中，他们对拆迁改造方案无权知晓，对由此造成的自身利益损失无从表达，对拆迁所产生的利弊得失无权置喙，其结果是他们被摒弃在城市化和城乡一体化进程之外，从而使原本就属于低收入人群的外来租住户的生存境遇更加恶化，社会地位更加边缘化。忽视外来人口问题的城乡一体化，实质上是城乡二元结构的新延续。

三　主要对策建议

在城乡接合部改造建设中，要关注和解决外来人口的问题，使他们在同一个城市中生活得更加体面、更富有尊严。

第一，加强城乡接合部改造重大经济社会问题研究，树立全面的城乡一体化观念。城乡接合部改造需要相应的政策理论研究的跟进。城乡一体化从地理空间上说，是城市与农村公共制度安排的一体化；从人员身份上说，既是传统农业户籍人口与非农业户籍人口基本权益的均等化，也是城市化进程中城市本地户籍人口与外来人口基本权益的均等化。推进城乡一体化需要树立全面的而不是片面的城乡一体化思维，所谓全面的城乡一体化思维，就是要同时破除静态与动态两种城乡二元结构，既统筹兼顾当地居民和农民权益，又统筹兼顾本地户籍居民与外来流动人口的权益。特别是要重视对城乡接合部在推进城乡一体化过程中的社会重建、产业发展、经济社会结构转型、社会心理以及基本公共服务均等化等问题的研究、分析和预测。

第二，在城乡接合部改造中，要关注全体常住人口的共同利益。城乡接合部不仅居住着本地的户籍居民，而且居住着数倍甚至数十倍于当地村民的外来人口。当地原住居民与外来租住户共同构成了城乡接合部的常住人口。这些数量庞大而没有本市户籍的外来常住人口，工作生活在城市，是城市发展不可或缺的重要组成部分，他们为城市的经济发展和持续繁荣做出了巨大贡献，理应享受包括住房在内的基本公共服务。在城乡接合部改革中，需要关注全体常住人口的共同利益。随着拆迁村租住人口向周边村庄分流扩散，周边村庄和有关部门也需要变被动为主动，及早采取应对措施，切实做好相关社会管理和公共服务工作。

第三，为外来人口参与城乡接合部改造创造条件。充分保障利益相关者参与公共政策的讨论与制定，是现代社会的基本要求与显著特征。城乡接合部改造涉及所在村庄全体常住人口的切身利益，在改造中除了当地户籍居民充分参与、发挥主体性作用外，应当关注外来人口的利益诉求。让外来人口与当地户籍居民共同参与城乡接合部改造，共同建设属于自己的现代城市与美好家园，是贯彻落实以人为本的科学发展观和城乡一体化的生动体现。当然，也必须看到，本地户籍村民与外来人口具有不同的权利背景，其中最大的权利背景在于当地户籍村民拥有集体资产而外来人口没有。但他们作为常住人口，是城市中的平等市民，拥有共同的居住权益，共同参与公共生活，共同分享城市发展的成果与荣耀。在城乡接合部改造中，应当坚持共同但有差别的原则，充分尊重和保障全体常住人口的正当权益，使外来人口同样获得城乡接合部改造建设的知情权、参与权、表达权。

第四，坚持安置房与公租房建设并重。具体到拆迁安置上，应当统筹兼顾外来人口的住房权益，实行安置房与公租房建设并重，既要为当地户籍居民建设合理的安置房，也应当为外来租住户建设足够的公租房。凡有大量外来人口的城乡接合部拆迁改造村庄，都应当同时建设针对当地户籍居民的安置房和针对外来人口的公租房，特别是要大量建设公共租赁房，以满足外来人口的居住需求。公共租赁房不应设户籍限制。在改造时间顺序安排上，应当坚持"先安居、再拆房"的原则，先建设安置房和公租房，再进行旧房拆除改造。同时，在城乡接合部改造中，需要加强基本公共服务设施的配套建设。

执笔：张英洪

2010 年 5 月 27 日

城乡接合部建设中农民利益保障建议

一　主要原因

造成农民利益损失的主要原因，除了市委研究室材料分析的原因外，我们认为还有以下五方面。

1. 传统城市化模式的局限

我们仍然习惯于传统的单中心的摊大饼式的城市化扩张发展模式。这造成城市以中心城市区为核心一圈一圈往外扩张。

2. 对农民的主体性作用尊重不够

没有很好地将政府的主导作用与农民的主体作用结合起来，而是以政府的主导作用排斥或忽视农民的主体作用。城市化发展成为政府的目标而不是农民的意愿。

3. 急功近利的思想观念和政绩导向

现在搞城乡接合部改造，过于强调速度和效率，忽视深层次的体制机制改革，将工作简单化，出现城市化"大跃进"问题。

4. 城乡二元体制改革滞后

我市在推进城乡一体化上成绩显著，有目共睹。但长期形成的城乡二元结构相当复杂，不可能在短期内破除。尤其是我们在城乡接合部建设中，将工作重点放在拆迁上，而轻视相关体制机制的改革创新，这造成的问题不少。在城乡接合部建设中，我们面临的城乡二元体制主要有二元土地制度、二元户籍身份制度、二元社会保障制度、二元社会行政管理体制等。这些二元体制不进行相应改革，农民的利益就很难保障。

5. 农民自身的利益诉求面临多重观念和体制障碍

如在观念上，我们将农民的利益诉求简单地与影响稳定联系起来，以维稳为借口人为压制农民的利益表达；在组织资源上，我们的自组织资源缺乏，无法形成与政府、开发商均衡的利益博弈能力；在制度设计上，农民利益表达渠道不畅。

二　主要建议

除了市委研究室提出的一些好的建议外，我们有如下建议。

1. 将城乡接合部建设中的农民利益保障问题作为一个重点课题进行研究

农民利益保障是一个重大的社会经济问题，涉及面广，比较复杂，建议组织相关部门和人员进行深入系统研究。对城市接合部建设中的农民就业、集体资产、基本公共服务、身份转变、社会管理体制等诸方面需要进行重点研究，实行相应的政策支持，确保农民利益不受损失。

2. 创新城市化发展模式

要变单中心城市发展模式为多中心城市发展模式，放弃摊大饼式的传统城市扩张思路。

3. 正确处理政府主导与农民主体之间的关系

政府主导不是政府包办，也不是政府强迫。政府主导体现在坚持以人为本、切实保障农民利益、维护社会公平正义上。如果损害了农民的利益，造成了社会不公，实质上就没有很好地体现政府的主导作用。

农民的主体作用需要好好地研究与把握。城市化改造其实完全可以发挥好农民的主体作用。延庆张山营镇"上郝庄村现象"说明，在城市化进程中农民能够发挥积极的主导作用，但政府需要对其进行引导和规范。

我们要将过去那种政府要农民城市化，转变为农民自身要城市化，尊重农民的自主选择权。

4. 克服城市化进程中的急功近利倾向

要高度重视城市化"大跃进"的倾向所造成的社会经济后果。要做好各项基础性工作，积极稳妥地推进城市化发展。

5. 将改变城乡二元体制作为城乡接合部建设的重中之重

城乡接合部建设不是简单的拆迁问题，不是将农民房子拆了就完成城市化了。更深层次的问题在于二元体制的改革创新。建议将二元土地制度、二元户籍身份制度、二元社会保障制度、二元社会行政管理体制等作为城乡一体化建设的重点加以研究和改革，以实现城乡一体化。

6. 要高度重视保障农民权利的基础制度建设

权利是农民利益的保障。要保障农民利益，必须切实尊重、保障和实现农民的基本权利。在城市化和城乡一体化建设中，必须切实加强农民的基本权利建设，农民的土地权利、农民的平等权利，农民的知情权、参与权、表达权、监督权、自治权以及生存权和发展权，都需要具体的制度建设加以制度化。

执笔：张英洪

2010 年 6 月 30 日

有效维护农民权益的村庄自主型改造

——北京市高碑店村西区改造调查[*]

城中村改造是加快推进城市化和新农村建设的重要任务。目前全国各地开展的城中村改造，主要有政府主导型、开发商主导型、开发商与政府合作型、开发商与村集体合作型等模式。北京市高碑店村西区旧村改造坚持村"两委"引导服务与村民自主选择相结合，形成了村庄自主型改造的新模式，较好地维护了农民权益，加快了城乡接合部经济发展方式的转变，促进了村庄发展。

一 基本情况

隶属于北京市朝阳区高碑店乡的高碑店村，地处北京市东长安街延长线上，距天安门8公里，有长安街第一村之称，是典型的城乡接合地区。村域面积2.7平方公里，全村3270户，户籍人口6576人，流动人口1万余人。

该村地理位置特殊，京沈铁路、京秦铁路、京通快速路以及通惠河、华北输电线穿过村庄。1983年以来，因华能电厂、北京市高碑店污水处理厂等国家及市重点工程建设征占土地，这个原有2300亩耕地的村庄已失去全部耕地，只剩下80亩工业用地。2002年的五环路及百米绿化带建设，又使该村26家企业被拆迁。高碑店村一度成了"叫农村无农业，称农民无耕地，农转居无工作"的"三无"村。

2002年以来，该村面对"上有高压线、下有排水管"的约束条件，结合自身特点，扬长避短，大力挖掘发展潜力，成功培育出古典家具主导产业，最终跻身京郊百强村之列。2009年该村经济总收入20.76亿元，总利润9995万元，上缴税金3632万元；村集体资产总额26264万元，集体净资产13423.8万元，人均所有者权益167379.1元。

2006年高碑店村被列入北京市80个社会主义新农村建设试点村。2007年高碑店

---

* 原载北京市农村经济研究中心《城乡经济通讯》2010年总第11期。

村由原规划的绿化隔离带地区整体搬迁村调整为就地改造保留村。根据村庄土地利用规划，该村规划西居住区、陶家湾居住区两个居住区以及古典家具文化区、民俗文化聚集区、医药文化交易区三大产业发展区。陶家湾居住区目前尚未启动。西区旧村改造方案于 2008 年通过，2009 年正式启动。

二　西区旧村改造模式的主要内容

作为高碑店村开发建设一部分的西区旧村，面积 15.5 万平方米，1528 户、529 个院，常住人口 2576 人，流动人口 4000 余人。村民住宅建筑面积 10.5 万平方米，单位企业占地 1.4 万平方米，绿化占地面积 1.7 万平方米，道路占地面积 1.9 万平方米。

西区改造建设的特点是形成了村党总支委、村委会引导服务与村民自主选择相结合的村庄自主型旧村改造模式，也就是该村自称的"民办公助"模式。所谓民办，就是村民自己周转、自己拆房、自己筹资，所谓公助，就是实行统一设计、统一施工，统一进行基础设施、公共服务设施建设。村庄自主型改造既不是完全的村"两委"自主改造，也不是纯粹的村民自主改造，而是二者的有机结合。

根据改造方案，西区旧村改造的主要政策如下。第一，改造户每户以现有住宅土地使用证为准，新建住宅占地面积在原有面积上缩减 15%，缩减面积主要用于拓宽道路。新宅可以建三层，但不得超过三层。第二，改造户原住宅是楼房的，村集体对二层给予每平方米 1000 元拆迁补贴，二层以上不给予补贴。改造前住房中属于违章建筑的砖瓦结构房屋，由村集体给予每平方米 150 元拆迁补贴费。第三，新建住宅的建设成本为每平方米 1175 元，其中村民自付每平方米 1025 元，村集体补助每平方米 150 元。第四，对"五保户"，由村集体负责出资建设安置楼，房屋所有权归村集体；对自筹资金不足的户，由村委会提供银行贷款担保，但贷款额度不得超过总建房款的 60%，期限不超过 5 年；村集体投资建设住宅安置楼，安置少数没有经济能力自建楼房的户及需要分家的户，以原住宅建筑面积为准按照 1:1 的比例无偿置换上楼，新房超过原宅面积的，按每平方米 2600 元至每平方米 3000 元购买。对一些原住宅面积较大的户，允许其在村内转让宅基地面积，原规定转让价每平方米不超过 1 万元，现转让价已上升到每平方米 2.8 万元。第五，一期、二期改造的村民，在 2009 年 5 月 1 日之前搬迁的，以土地使用证为依据，每证奖励 2 万元。在 5 月 1 日之后搬迁的，以签订拆迁协议时间为准，每超过 1 天，扣除搬家奖励 1000 元。第六，对少数不愿意参加本次旧村改造的户，允许其保留现有住宅，将来新建时须提出申请，按规定缩减原有宅基地 15% 的面积。第七，旧村改造区的基础设施和公共服务设施投资，由村经济合作社负担 50%，其余部分由政府承担。

三　西区旧村改造实施情况

高碑店村西区旧村改造由北京水利勘探设计公司统一设计，以田华五公司二队为主组建的施工队伍统一施工，北京国电建设工程有限公司统一监理。新建住宅在原址上实行连体排式布局，每一排新宅户户左右连体、前后临街，外观采用古色古香的明清建筑风格，继承和保持了千年古村的文化特色。村党总支委和村委会根据各改造户的实际需求提供相应的服务。村民在改造建设中可以自己选择周转房、自己拆除旧房、自己设计房屋风格、自己筹资建房、自己出租经营。

西区旧村改造共涉及 529 个院，计划三年内完成改造任务。据测算，西区旧村改造需投入道路、上下水、天然气、消防管线、电力改造工程等市政基础设施建设费用2.6 亿元，绿化工程建设费用 660 万元，周转及其他费用 3500 万元，村民房屋建设费用 1.85 亿元。

自 2003 年高碑店村村民代表大会通过西区旧村禁止翻建房屋的决定（危房除外）后，西区已连续 6 年未翻建新房。2009 年 3 月 19 日，高碑店村西区旧村改造工程正式启动，一期、二期工程需拆迁 146 户。2009 年底，共拆迁 315 个院、开工建筑面积 6 万平方米，175 户迁入新楼房。到 2010 年 6 月，一期工程村民已陆续回迁，二期工程主体建设已完成，三期工程已于 2010 年 3 月 1 日开始拆迁。西区改造整体拆除已完成 95%，尚有 12 户暂未达成拆迁协议。

高碑店村将西区旧村改造中每户缩减 15% 的宅基地面积，主要用于拓宽道路。在原址上新建的住宅区，将建成 13 米宽的主路 1 条、8 米宽的路 3 条、6 米宽的路 13 条、5 米宽的胡同路 50 条，做到家家门前有路，户户商铺临街。西区旧村改造后，宅基地面积由 10.5 万平方米减少到 7.2 万平方米，人均宅基地面积由 40.7 平方米减少到 28 平方米；村民人均建筑面积由 40.7 平方米增加到 73.3 平方米，全村绿化率将由 11% 提高到 30%。

四　创新意义和基本经验

高碑店村的村庄自主旧村改造模式，其创新意义和基本经验主要有以下五个方面。

一是保障了农户宅基地的用益物权。这是高碑店村西区旧村改造的亮点之一。有的旧村改造模式使农民腾出宅基地搬迁上楼，农民虽然上了楼，却失去了原有的宅基地。高碑店村的自主改造，总体上使农民在原有的宅基地上建设新楼房，既永久保留了农民的宅基地，又实现了农民上楼。

二是维护了农民的可持续收入。房屋出租是城乡接合部地区农民的主要收入来源。有的旧村改造在拆除农民旧房置换农民上楼后，使农民在一夜之间失去了房屋租金，从而掐断了农民的重要收入来源。高碑店村自主改造后，村民一般将新楼房的一、二层用于出租（也有自主经营），三层自家居住。这不仅保障了农民的出租收入，还明显提高了租金水平。村民新宅一、二层年租金收入有的高达 20 万元。

三是尊重了少数暂时不愿拆迁户的权益。高碑店村西区旧村改造虽然得到大多数村民的赞同、支持与配合，但至今仍有十几户村民没有搬迁。据调查，少数不愿搬迁的农民并不是反对旧村改造，也不是不同意搬迁，只是对拆迁中涉及的一些具体问题尚未达成共识。高碑店村没有简单地对少数暂时不愿拆迁户实行强制性暴力拆迁，而是允许其保持现状，将来翻新需提出申请，每户仍须按其红本面积缩减 15%，水、电、气等市政费用自付。这在一定程度上体现了既尊重多数人意见，又保护少数人利益的民主取向。

四是节省了政府改造拆迁的成本。如果按照政府征地拆迁安置上楼的模式，全村 3200 多户的拆迁安置，需要政府投入大约 40 亿元，平均每户拆迁安置成本 125 万元，农民每户在得到一两套单元房和三四十万元现金补偿后，将失去原有宅基地。高碑店村的自主改造，政府只需投入大约 4 亿元用于水电气热等基础设施和公共服务设施配套建设，就可以完成旧村改造，实现农民生活质量的大幅提升。

五是形成了民主决策的机制。民主决策是高碑店村旧村改造的突出亮点之一。该村坚持将涉及旧村改造的重大问题和村民反映的一些具体问题，全部提交村民代表会议讨论，实行公开透明的民主决策，使村民代表大会成为村民日常生活的重要内容，保障了村民当家作主。在西区旧村改造建设中，已召开村民代表大会 18 次，通过了 31 条提案，真正形成了民主决策、民主管理、民主讨论、民主监督的机制，较好地维护了村民的知情权、参与权、表达权和监督权，从而有效化解了旧村改造过程中的许多矛盾和隐患，推动了旧村改造的顺利进行。

五 四点启示

高碑店村的自主改造模式，给人以下四点启示。

一是要切实维护农民权益。保障农民的物质利益和民主权利，尊重农民和基层的创造精神，是旧村改造必须坚持的重大原则。在城中村改造中，各地要结合实际，充分尊重农民意愿，切实维护农民的根本利益，尤其要保障农民的宅基地用益物权，将城市化进程中的土地增值收益还给农民，保障和实现农民的发展权。是否有效地维护了农民的权益，是检验旧村改造成功与否的重要标志。

二是要始终坚持公平公正。公平公正是社会的基本价值，也是旧村改造必须遵循的基本原则。高碑店村将公平公正原则细化到旧村改造的全过程中，做到改造方案民主讨论通过、改造政策公开透明、村民诉求渠道畅通，最大限度地调动了村民的积极性，从而团结了村民，振奋了精神，凝聚了力量。

三是要建立健全民主制度。民主是现代社会实现善治的基本途径。旧村改造事关每家每户的切身利益，需要全体村民的共同参与。没有健全的民主制度，就不可能倾听民心、尊重民意、维护民利。没有广大村民的积极参与，就不可能有效维护村民的根本利益，也不可能调动村民的积极性。建立健全民主制度，关键是要贯彻落实以人为本的科学发展观，不断创新机制，扩大公众参与渠道，真心实意地维护和实现农民的经济利益与民主权利。

四是要保障基本公共服务。为村民提供公共服务而不是包办代替村民的自主选择，是旧村改造中应当坚持的基本准则。为村民提供基本公共服务主要有两个层面，第一是村集体在其职责范围内为村民提供相关的具体服务，解决村民遇到的实际困难；第二是超越村集体职责之外的基本公共服务，需要各级政府承担公共产品供给的责任，以确保基本公共服务的均等化。

执笔：张英洪

2010 年 8 月 29 日

土地征占、整建制转居与农民市民化

——北京市顺义区卸甲营村调查

城市化是农民转移就业和转变身份的过程，也就是农民市民化的过程。随着城市化的发展，城乡接合部地区的农村不断并入城市版图，成为城市的一部分。北京顺义区南法信镇卸甲营村位于城乡接合部，属于典型的土地全部征占、整建制转居、异地集中安置的城市化发展模式。最近，我们对该村进行了调查。

一 基本情况

顺义区南法信镇卸甲营村位于首都机场附近，整建制拆迁前，村域面积1335.8亩，人口620人，外来人口300人左右，村里以种粮、种树和土地出租为主要生活方式。外来租赁土地的企业5家，土地出租是该村集体经济的主要收入来源。2009年全村总收入1807.25万元，主要是农户经营收入；村集体补贴收入14.25万元，其他收入43万元；村集体资产5224.6万元，其中固定资产16.6万元，流动资产5208万元；现有户籍人口511人，其中劳动力141人，4050人员80人，就业劳动力90人，待业劳动力51人，村民人均纯收入11289元。

卸甲营村属于首都机场东扩建设工程第一批整建制拆迁村。首都机场东扩建设工程是奥运会重点工程，于2004年3月底开工，机场东扩一期工程涉及顺义区3个镇6个村。从2003年11月开始，卸甲营村与龙山、塔河、桃山、冯家营、哨马营5个村全部实行整建制拆迁，6个村共搬迁人口6900余人、民宅拆迁2100余宗、林木伐移364万株、坟墓迁移1万余座，到2006年6月底全部完成搬迁任务。卸甲营村自2004年10月开始拆迁，半个月就完成了搬迁任务。到2008年春节，村民全部新迁到位于顺义城区石园街道办事处的"港馨家园"安置小区居住生活。

二 主要特点、做法和成效

卸甲营村被动城市化的主要特点和做法如下。

1. 土地全部征收

根据《土地管理法》及 2004 年 7 月 1 日施行的《北京市建设征地补偿安置办法》（148 号令），2004 年卸甲营村集体所有土地全部被征收为国有土地。征地补偿标准统一打包，每亩 20 万元；村民宅基地补偿标准为每平方米 1480 元。

2. 整建制转居

根据北京市政府 2004 年 148 号令"逢征必转"的规定，卸甲营村所有村民由农业户籍转为非农业户籍，成为城市居民，一次性完成农民身份的市民化。转非劳动力全部签订自谋职业协议，统一发放就业补助费，最低每人补偿 3.4 万元，最高补偿近 6 万元，一般在 4 万元左右，首都机场没有安置该村人员就业；学生、儿童只办理转为非农业户口手续，不享受转非劳动力安置补偿待遇；女满 50 周岁、男满 60 周岁的"超转人员"，按照《关于征地超转人员生活和医疗补助若干问题意见的通知》（京政办发〔2004〕41 号）享受相关待遇，卸甲村现有"超转人员"80 人，每人享受每月 1030 元的生活补助。

3. 规范拆迁补偿

《北京市集体土地房屋拆迁管理办法》（124 号令）、《北京市宅基地房屋拆迁补偿规则》（京国土房管征〔606〕号）、《北京市房屋拆迁评估规则（暂行）》（京国土房管拆字〔2001〕1234 号）、顺义区《关于集体土地房屋拆迁补偿安置的规定》（顺政发〔2003〕34 号）等政策文件对集体土地房屋拆迁补偿标准做了明确规定。卸甲营村属于顺义区划定的二类地区，普通住宅拆迁补偿指导价标准为 1900—2600 元/m²。卸甲营村民房屋按照统一标准进行评估补偿，因各户条件不同，补偿费并不一样，比如村支书李继军的房屋拆迁补偿的均价为 580 元/m²。村民每户享有 3000 元的搬家补助费，提前搬家的每户奖励 2000 元。

4. 异地集中安置

顺义区对因机场扩建搬迁的村民实行异地集中安置。卸甲村民被统一安置在顺义城区的"港馨家园"安置小区，该安置小区还安置营塔河村、哨马营村、冯家营村共 3000 余户村民。具体住房安置政策是：人均安置房面积 45m²，均价 2100 元/m²；人均 45m² 以上的，均价 3980 元/m²。

5. 统一社会保险

转非劳动力全部纳入城镇社会保险网络，统一参加医疗、养老和失业保险。转非劳动力补缴的社会保障费，由征地单位从征地补偿费中直接拨付给社会保险经办机构。转非劳动力还享受各项就业培训和指导服务；转非劳动力失业的，可办理失业登记，申领失业保险金。

卸甲营村被动城市化的主要成效如下。一是居住和生活环境明显改善。村民集中居住在"港馨家园"安置小区，实现了集中上楼，过上了现代城市社区的生活。二是基本生活有了明确保障。村民纳入城镇社会保障体系，享受城镇职工医疗、养老和失业保险待遇，这有效保障了村民的基本生活。三是身份和生活发生了重大变化。转居后，农民开始脱离传统的乡村生活方式，融入现代城市生活，全体村民实现了市民化。

三 面临的主要问题

当前，卸甲营村面临的主要问题有以下五个方面。

1. 集体资产处置问题

该村现有 5000 多万元的征地补偿款，如何处置村集体资产是一个棘手的大问题。有的主张投资建设，有的主张分配给村民，至今没有定论。根据"村账镇管"，该村的征地补偿款现由镇里统管。村集体每年给村民每人发放大约 4000 元的福利。

2. 长远发展问题

卸甲营村没有集体企业，土地被全部征占后，村集体和村民原来的出租收入来源被切断，全村丧失了可持续发展的空间。以后如何实现长远发展，这是该村面临的最大难题。

3. 融入城市问题

村民搬迁上楼集中居住后，村民对新的城市小区生活感到不太适应，原来熟悉的邻里关系和人际交往网络被割裂，新的生活环境对村民的心理和精神产生了较大冲击。集中上楼居住后，村民生活成本明显上升，如没有稳定的就业和收入来源，村民的生活压力就会加大。

4. 就业困难问题

该村拆迁转居前，有 80% 的村民在机场就业；拆迁转居后，机场不再接受该村转居人员就业，主要是因为居民就业会相应增加机场缴纳社会保险费的成本。加上村民文化程度较低，年龄较大，选择重新就业并不容易。一些村民就在家打麻将混时间。个别村民将补偿款花完了，又没有购买房子，生活陷入困境。

5. 社区管理问题

卸甲营村民虽然没有土地、没有农业，也不再是农民，完全居住、就业和生活在城市，却仍然实行农村管理体制，没有向城市社区体制转变。如何构建与创新社区管理和服务体制，满足转居人员新的生活需要，这对政府的治理提出了新的要求。

四　思考与建议

卸甲营村实行的土地全部征占、整建制转居的城市化模式，既为首都机场扩建和北京奥运会的成功举办做出了重要贡献，也为自身的长远发展留下了难题。村民既全部转变身份实现了市民化，又面临融入城市生活的现实挑战。卸甲营村的城市化案例，为我们推进城市化进程提供了新的思考。

一是如何切实保障农民的生存权和发展权。卸甲营村在城市化过程中，以失去土地为代价换来了社会保障，可以说村民的生存权得到了基本的保障，但村民要以征地补偿费缴纳社会保险费才能获得社会保障，也就是说，村民以自己的财产为自己建立社会保障，这相对于没有为失地农民提供社会保障来说是明显的进步，但从农民作为公民应当享有社会保障权来看却是极不公平的。同时，该村整体搬迁后，村集体和村民永远失去了土地和宅基地，从而也就丧失了以土地和宅基地为基础的发展权，这造成村集体及村民陷入长远发展的困境。在城市化过程中，如何确保农民带着土地和其他集体资产进入城市，实现市民化，是当前推进城市化必须面对和解决的重大问题。

二是如何兼顾原居民与流动人口的正当利益。外来流动人口是城市发展不可或缺的重要组成部分，在推进城市化中，不仅要切实维护原住农民的各项权益，也要切实维护流动人口的正当权益。在以往的城市改造建设中，外来流动人口基本被排除在城市化进程之外，其正当权益普遍受到了忽视。外来流动人口是城市常住人口的重要组成部分，他们为城市的发展做出了重大贡献，理应享受城市市民的基本权益，特别是要将为外来流动人口提供租居房作为城乡接合部建设的一项重要任务。实现外来流动人口的市民化，让外来流动人口共同分享城市发展的文明成果，是坚持以人为本、走新型城市化道路的内在要求。

三是如何使农民融入新的城市生活。城市化不仅是农民转变身份的过程，而且是农民融入城市生活的过程，是农民完全实现市民化的过程。要适应城市化和农民市民化的需要，强化政府社会管理和公共服务职能，创新城市社区管理和服务方式，为融入城市的新市民提供充分而有保障的基本公共服务；通过加强社会建设，为农民融入城市提供新的社会关系网络支持和精神家园；同时要实现基层和社区治理的结构转型，尊重和保障居民参与社区公共事务管理的民主权利。

针对卸甲营村当前面临的实际问题，我们的建议如下。

一是推进集体产权制度改革。按照"资产变股权、农民当股东"的改革方向，结合整建制转居村集体的特点，尽快推进集体产权制度改革，切实保障村民拥有集体资产的权益。

二是积极探索新型集体经济发展之路。要在推进集体产权制度改革的基础上，充分利用已有集体资产，探索信托化经营之路，确保集体资产保值增值，通过发展新型集体经济，拓宽就业渠道，壮大集体经济实力，实现全村的长远发展。

三是创新社会管理体制。要适应整建制转居、农民实现市民化的新要求，适时将农村社会管理体制转变为城市社区管理体制，将全体转居人员全面纳入城市生活保障网络，为转居人员提供充分而有保障的基本公共服务，通过创新基层民主形式，保障和发挥村民的主体作用，促进转居人员有效参与社区公共事务和公共生活，形成新的健康文明的城市社会生活秩序。

调研组组长：张秋锦

调研组成员：刘军萍、

陈水乡、李笑英、刘华、张军、段书贵、张英洪、

陈雪原、朱林、王萍、薄立维、焦庆海、周建林

执笔：张英洪

2010 年 10 月 20 日

天津整合城镇居民医保和"新农合"
制度考察报告[*]

统筹城乡医疗保险制度是破除城乡二元结构、形成城乡经济社会发展一体化新格局的重要内容。我国现行的基本医疗保障体系主要有城镇职工基本医疗保险、城镇居民基本医疗保险、新型农村合作医疗、医疗救助等四大组成部分。近些年来，各地按照统筹城乡发展的要求，加快推进城乡医疗保障制度一体化，不少地方已经或正在将城镇居民医保与"新农合"制度实行整合，构建城乡一体化的基本医疗保险体系。2010年1月1日，天津市正式实施城乡居民统一的医疗保险，完成了城镇居民医保和"新农合"制度的整合，实现了城乡居民基本医疗保险的一体化，成为全国31个省区市中第一个实施城乡居民医疗统筹的省级单位。天津在全国省区市中率先实现城乡居民医疗保险制度整合后，反响强烈，效果明显，其成功经验值得我们借鉴。2010年9月底，我们赴天津进行了考察学习，现将有关情况报告如下。

一 天津统筹城乡居民医保的背景情况

天津市是我国四大直辖市之一，总面积11917.3平方公里，辖15个区、3个县。2009年，全市完成GDP 7500.80亿元，三次产业结构为1.7∶54.8∶43.5。按常住人口计算，财政收入1805亿元。全市常住人口1228.16万人，其中外来人口265.99万人，占全市常住人口的21.7%。全市户籍人口979.84万人，其中农业人口381.31万人，非农业人口598.53万人。城镇居民人均可支配收入21430元，农村居民人均收入10675元。

2001年11月，根据《天津市城镇职工基本医疗保险规定》，实行全市统筹的城镇职工基本医疗保险制度，该制度覆盖国家机关、事业单位、社会团体、民办非企业单位、城镇企业职工和退休人员，原公费医疗并入城镇职工基本医疗保险。天津城镇

---

* 原载北京市农村经济研究中心《调研参考资料》2010年第2期。

职工基本医疗保险实行门（急）诊大额医疗费补助、大额医疗费救助、补充医疗保险和国家公务员医疗补助等办法，形成了"3+1"（城镇职工医保、城镇居民医保、新型农村合作医疗及医疗救助）医疗保障制度体系。

2003年1月16日，国务院办公厅转发卫生部等部门《关于建立新型农村合作医疗制度的意见》，要求从2003年起，各省、自治区、直辖市至少选择2—3个县（市）先行试点，取得经验后逐步推开，到2010年在全国建立基本覆盖农村居民的新型农村合作制度。根据这一精神，2003年天津市开始在东丽区、北辰区、大港区、静海县4个区县进行"新农合"试点，2004年3月，天津市政府批转《天津市新型农村合作医疗管理办法》，2007年在全市12个涉农区县全面推开，实行区县统筹。新型农村合作医疗采取个人、集体和政府多方筹资，各区县人均筹资110—200元不等，人均达到144.5元。其中：农民个人缴费30—60元/人，乡镇投入扶持资金5—50元/人，区县财政补助25—110元/人，市财政补助30—55元/人。个人平均缴费34.9元，乡镇平均投入13.7元/人，区县平均补助48.3元/人，市财政平均补助47.6元/人。"新农合"基金主要补助参合农民的住院医疗费用，住院起付标准各区县不同，按医院级别，一般最低为200元，最高为2000元。最高支付限额，一般为4万元左右，最高10万元。各区县均实行分段报销办法，一般报销30%，最高报销75%。2009年，全市参合人数368万人，参保率达99.02%，覆盖了全市12个涉农区县、162个涉农乡镇（街）、3859个自然村，各区县每人筹资150—240元不等，人均筹资173元，年筹资6.37亿元，基金支出6.18亿元，其中住院支出5.5亿元，门诊家庭账户及其他支出0.5亿元，享受住院补偿40万人次，住院次均补偿1400元，实际报销比例为36.61%。到2009年，基金累计收入18亿元，支出17亿元，结余1亿元。在基金支出中，住院支出14亿元，门诊家庭账户及其他支出3亿元，住院报销累计达到100万人次。"新农合"制度覆盖了全体农村居民，大大地缓解了农民看病难、看病贵问题。

2007年7月10日，国务院发布《关于开展城镇居民基本医疗保险试点的指导意见》，决定从2007年起开展城镇居民基本医疗保险试点，要求有条件的省份选择2—3个城市启动试点，2008年扩大试点，争取2009年试点城市达到80%以上，2010年在全国全面推开，逐步覆盖全体城镇非从业居民。2007年9月，天津市印发《天津市城镇居民基本医疗保险暂行规定》，自2008年1月1日起在全市推行以大病统筹为主的城镇居民基本医疗保险制度，该制度覆盖全市非农业户籍的学生、儿童和其他不属于城镇职工基本医疗保险制度覆盖范围的非从业成年居民。学生、儿童筹资标准为每人每年100元，个人缴纳60元，政府补助40元；非从业城镇成年居民筹资标准为每人每年560元，政府补助标准分三种情况（见表1）。除学生、儿童以外的其他参保城镇居民的补助资金，分别由市政府和区县政府各承担 1/2。当年参保人数 91.57 万人，其中成年居民 13.29 万人，占 14.51%；学生儿童（含新生儿）78.28 万人，占 85.49%。

表 1 2008 年天津市城镇居民基本医疗保险筹资标准

单位：元

	学生、儿童	重度残疾人、低保人员、特困人员、低收入家庭 60 周岁以上老年人	70 周岁以上的老年人	其他非从业城镇居民
筹资标准（每人每年）	100	560	560	560
个人缴费	60	0	120	330
政府补助	40	560	440	230

城镇居民基本医疗保险只有住院报销待遇没有门诊报销待遇。其他城镇居民发生的 10 万元以下的住院医疗费，在三级医院住院发生的医疗费用，起付标准为 500 元，报销比例为 50%；在二级医院住院发生的医疗费用，起付标准为 300 元，报销比例为 55%；在一级医院（社区卫生服务中心）住院发生的医疗费用，报销比例为 60%。学生、儿童发生的 18 万元以下的住院医疗费，报销比例在上述各级医院报销比例的基础上增加 5 个百分点；70 周岁以上老年人住院治疗发生的医疗费（10 万元以下）报销比例，在二级和一级医院（社区卫生服务中心）报销比例的基础上增加 5 个百分点。城镇居民在一个年度内住院治疗 2 次以上的，从第二次住院治疗起，不再收取起付标准的费用（见表 2）。

表 2 2008 年天津市城镇居民基本医疗保险待遇标准

类别	医疗机构	住院医疗保障待遇		
		起付线（元）	报销比例（%）	封顶线（万元）
学生、儿童	一级	0	60 + 5	18
	二级	300	55 + 5	
	三级	500	50 + 5	
其他城镇居民	一级	0	60	10
	二级	300	55	
	三级	500	50	
70 周岁以上老年人	一级	0	60 + 5	
	二级	300	55 + 5	
	三级	500	50	

由城镇职工基本医疗保险、城镇居民基本医疗保障、新型农村合作医疗以及由民

政部门管理的医疗救助，共同构成了医疗保障体系的基本框架，实现了基本医疗制度的全覆盖。但按不同人群和地域设计的基本医疗制度体系，具有人群分割和城乡分割等弊端，其业务管理部门、筹资标准、待遇水平、经办体制、服务方式等方面均不一致，存在个人重复参保、政府重复补贴等问题，社会公平性较差，群众就医不便，制度运行成本较高。为加快推进城乡一体化，实现人人享有基本医疗保障的目标，天津市在统筹城乡医疗保障制度上达成共识，决心率先实现城乡居民医疗保障制度的整合。

二 天津整合城乡居民医保的主要做法

天津市在整合城镇居民基本医疗保险与"新农合"制度上，做了大量艰苦细致的工作，确保了两套制度整合的平稳过渡和有效运行。其主要做法可概括为以下八个统一。

一是统一管理部门。针对城镇居民医保由劳动保障部门管理、"新农合"由卫生部门管理的现状，天津市首先统一管理部门。2008 年 6 月，天津市政府发布《关于新型农村合作医疗制度管理职能划转有关问题的通知》，明确将原来由市、区、县卫生部门管理的"新农合"工作划转交由市、区、县劳动保障部门管理，确立了积极稳妥、工作有序、基金先接、人随事走、原有统筹层次不变的移交原则，市劳动保障局、市财政局、市卫生局制定了移交实施方案，确保交接工作期间"工作不断、队伍不乱、政策不变、待遇不减"。到 7 月底，两套管理机构和工作人员实行了合并，顺利实现了政策、基金、人员、经办和财产的平稳移交。

二是统一医保名称。2009 年 4 月，天津市政府印发《天津市城乡居民基本医疗保险规定》，将新型农村合作医疗和城镇居民基本医疗保险统一定名为城乡居民基本医疗保险，城乡居民基本医疗保险实行全市统筹，建立城乡居民基本医疗保险基金，纳入社会保障基金财政专户，统一管理。该规定自 2010 年 1 月 1 日起施行。至此，天津市实现了城乡居民基本医疗保险的制度统一。

三是统一筹资标准。学生、儿童每人每年 100 元，其中个人缴费 50 元，政府补助 50 元；重度残疾、享受低保待遇和特殊困难家庭的学生、儿童，个人不缴费，由政府全额补助。其他城乡居民筹资标准分为三档，一档为每人每年 560 元，其中个人缴纳 330 元，政府补助 230 元；二档为每人每年 350 元，其中个人缴纳 160 元，政府补助 190 元；三档为每人每年 220 元，其中个人缴纳 60 元，政府补助 160 元（见表3）。重度残疾人、享受低保待遇的人员、特殊困难家庭人员和城镇低收入家庭 60 周岁以上的老年人，个人不缴费，由政府按照 220 元缴费档次给予全额补助。

表 3　2010 年天津市城乡居民基本医疗保险筹资标准

单位：元

	学生、儿童	一档	二档	三档
筹资标准（每人每年）	100	560	350	220
个人缴费	50	330	160	60
政府补助	50	230	190	160

四是统一待遇水平。在一级医院和社区医疗机构就医发生的门（急）诊医疗费用，起付标准为 800 元，最高支付限额为 3000 元，按照缴费档次的高低，分别补助40%、35% 和 30%。在住院医疗保险待遇上，学生、儿童最高支付限额为 18 万元，平均报销比例为 60%。成年居民按照 560 元筹资标准缴费的，最高支付限额为 11 万元，平均报销比例为 60%；按照 350 元筹资标准缴费的，最高支付限额为 9 万元，平均报销比例为 55%；按照 220 元筹资标准缴费的，最高支付限额为 7 万元，平均报销比例为 50%。一级医院（含社区医疗机构）不设起付标准，二级医院起付标准为 300元，三级医院起付标准为 500 元（见表 4）。

表 4　2010 年天津市城乡居民基本医疗保障待遇

	医疗机构	门（急）诊保障待遇			住院医疗保障待遇		
		起付线（元）	报销比例（%）	封顶线（元）	起付线（元）	报销比例（%）	封顶线（万元）
学生、儿童	一级	800	30	3000	0	65	18
	二级				300	60	
	三级				500	55	
560 元档	一级		40		0	65	11
	二级				300	60	
	三级				500	55	
350 元档	一级		35		0	60	9
	二级				300	55	
	三级				500	50	
220 元档	一级		30		0	55	7
	二级				300	50	
	三级				500	45	

此外，参保的城乡居民还享受一级医院和社区医疗机构就医门（急）诊大额医疗费用补助、学生儿童意外伤害保险、生育补助以及医疗救助等医疗保障待遇。

五是统一经办服务。成立市社会保障基金管理中心，统一负责基金管理、人员信息管理、联网医疗费用和城乡居民以及学生、儿童医疗费用的报销工作。同时由"新农合"经办机构、劳动保障服务中心、学生医保服务中心、商业保险公司分别负责组织本区县居民和全市学生、儿童参保登记及承担学生意外伤害附加保险工作。

六是统一医疗机构。在定点医院上，全市设立定点医院 600 家、定点零售药店 130 家，所有参保的居民均可自由选择到上述定点医院和定点药店就诊购药，实行持卡就医，联网结算。

七是统一信息系统。以市人力社保部门医疗保险信息资源为基础，通过扩容建设，将原"新农合"并入城乡居民基本医疗保险信息系统，实现全市医疗机构、参保人员信息、保险基金收缴、支付联网运行。同时与公安部门的身份证数据库进行了信息对接，确保信息的安全准确。

八是统一刷卡就医。全市参保人员统一发放社会保障卡，全面实现刷卡就医；同时实行医保、医疗救助、优抚补助、学生儿童意外伤害附加保险等多种政策补偿"一站式"捆绑服务。

在天津各级各类学校、托幼机构就读的非本市户籍全日制在校学生，港、澳、台地区户籍和外国籍学生、儿童，以及具有天津市蓝印户籍的人员，凡未参加户籍地城、乡居民医疗保险的，均可参加天津市城乡居民基本医疗保险。天津对城乡医疗救助制度也实行了统一。在制度整合和运行中，天津市建立城乡居民基本医疗保险诚信制度，加强统一监管。

三 天津整合城乡居民医保制度的特点、成效与经验

天津市城乡居民基本医疗保险制度整合有四个主要特点。一是一个制度、全市统筹。凡是具有天津户籍的全部农村居民、城镇非从业居民、学生、儿童以及在天津就读的外地户籍和外国学生、儿童，全部纳入保障范围，统一执行一个制度，实行市级统筹。二是多档选择、待遇挂钩。根据城乡居民收入水平的不同，制定了三个参保档次，由城乡居民自主选择缴费，缴费多的待遇相对较高，缴费少的待遇相对较低。三是坚持社区导向，门（急）诊补助。新的制度明确参保人员在一级医院和社区卫生服务中心住院就医不设起付标准，报销比例高于二级、三级医院，引导参保人员在社区医疗机构就医。四是统一管理和经办。各项政策和管理标准统一由人力社保行政部门会同有关部门制定，经办服务按照人员类别和经办服务流程，分别由相关部门负责。

天津市实行城乡居民医保整合以来，制度运行良好，成效显著。2010 年 9 月，全市城乡居民参保人数达到 486 万人，参保率 92%。全年总筹资 8.75 亿元，其中个人缴费 2.76 亿元，占总筹资的 32%；政府补助 5.99 亿元，占总筹资的 68%。一是

减少了重复参保，避免了政府重复补助。天津市原来有 40 万农村居民在参加"新农合"的同时也参加了城镇职工医保和农民工医保，另有近 4 万人跨区县重复参保。整合后，全市统一组织参保，有效整合了参保资源。二是避免了经办管理系统的重复投入。天津市在原医疗保险经办网络的基础上，投入 2000 万元对经办系统软硬件进行提升改造，比新建一套"新农合"信息系统节省资金 3500 多万元。

与"新农合"比较，整合后的城乡居民基本医疗保险制度明显呈现六大优势。一是就医"点"多"目"宽。城乡居民就医定点医院范围、用药药品目录、诊疗项目目录和服务设施目录（简称"三目"）实现了与职工医保资源共享，可选择的定点医院达到 600 家，药品目录药品超 8000 种。二是结算快捷省事。全市所有医保定点医院实现了刷卡就医、联网结算，无论住院、门特和门（急）诊就医，患者不再受区域地域限制。三是门特病种增多。城乡居民门特病种与城镇职工范围相同，特殊病达到 12 种，比"新农合"制度增加 10 种，截至 2010 年 6 月底，门特病就诊已达 17.09 万人次，是 2009 年"新农合"全年 9106 人次的 19.7 倍。四是同享多项医保待遇。城乡居民医保制度不仅保障了居民门（急）诊、住院、门特等基本医疗，增强了个人和家庭抗疾病风险能力，而且建立了学生、儿童意外伤害附加险，对符合计划生育政策的参保居民给予生育补助等。与"新农合"制度相比，城乡居民医保制度实现了居民医疗保险的统一性、完整性。五是一站式就医保障服务。针对城乡居民中的困难群体，实施了医疗救助和优抚对象补助两项就医补助制度，使城乡居民医保制度与城乡居民医疗救助、优抚对象补助制度共同推进，实现联网结算、一站式服务，简化了报销程序，缩短了报销周期，提高了报销效率。六是报销比例更加科学。城乡居民住院报销比例达到 45.63%，比"新农合"时期的 36.61% 提高了 9.02%。

天津市整合城乡居民基本医疗保险制度的基本经验。一是体制顺畅。人力社保部门代表政府实施统一行政管理，以社会保险经办机构为主经办，由涉农区县"新农合"经办机构、区县各级劳动保障服务机构、市人力社保部门与市教育部门联合成立的学生医保服务中心、商业保险公司分别负责组织本区县居民和协助全市学校、托幼机构组织学生、儿童参保。由社会保障基金管理中心统一负责基金管理、人员信息管理、联网医疗费用和城乡居民以及学生、儿童医疗费用的报销工作。既保持了医疗保险管理的连续性，又充分利用医疗保险系统现有资源。二是政策合理。城镇居民医保启动晚于"新农合"，但筹资标准和待遇水平高于"新农合"，拉平差距则意味着不是降低城镇居民的筹资标准，就是提高农民的筹资标准，为解决这个问题，除了学生、儿童的单独标准，天津设计了三个档次，照顾不同收入人群的实际情况，基本满足参保人员的医疗保障需求，增强了政策的合理性和吸引力。三是信息公开。在整合过程中，天津市及时公布和宣传城乡居民医保的相关政策，发布工作动态，使城乡居民了解各项政策规定，充分保障城乡居民的知情权。四是经办高效。天津在理顺经办管理体制的基础上，重点抓参保信息网络系统建设、定点医院联网和社会保障卡发放三个关键环节，提高了经办效率，方便了城乡居民就医。

四　推进北京城乡居民医保整合的几点建议

加快推进城乡居民基本医疗保障制度整合，是北京率先形成城乡一体化新格局的必然要求，是北京深化医药卫生体制改革、保障居民健康权益的重要内容。北京在借鉴天津的经验的同时要结合自身实际，力争尽快实现城乡居民医保的有效整合。我们的建议如下。

1. 基本思路

北京现行的医疗保障体系由城镇职工医保、公费医疗、城镇居民医疗、新型农村合作医疗以及医疗救助构成，这种过度分割的医保制度造成社会的不公平和低效率。将城镇居民医保与"新农合"制度整合为城乡居民医保，将公费医疗并入城镇职工医疗，再将城镇职工医疗与城乡居民医保并轨，实行统一的国民健康保险制度，辅之以医疗救助，这是整个医疗体制改革的大趋势。整合城镇居民医保与"新农合"制度只是实现医疗保障制度一体化的一个重要环节，早整合比晚整合的制度成本要低。整合城镇居民医保与"新农合"制度的基本要求是按照建立城乡居民基本医疗保险一体化的目标，实行全市统筹，实现城镇居民医保与"新农合"的管理体制统一、经办服务统一、政策制度统一。

2. 实施步骤

可分三步走。第一步，实行管理体制的统一。将"新农合"工作的管理职责由卫生部门移交人力社保部门，由人力社保部门统一管理城镇居民医保和"新农合"工作，按照人随事走的原则，将"新农合"工作人员划归人力社保部门统一管理。第二步，实行经办服务的统一。各级成立统一的城乡居民医疗保险经办服务机构，统一参保缴费时间，整合参保信息资源，统一办理参保、报销等相关手续，加强城乡居民医保信息资源整合利用。第三步，实行政策制度统一。制定城乡居民基本医疗保险办法，实行全市统筹，统一缴费和政府补助标准，统一医疗保障待遇。针对各区县及人群的不同情况，设立不同档次的缴费标准及待遇标准。打破区县、城乡界限，所有定点医院对所有参保人员开放，城乡居民统一持卡就医、即时结算。

3. 财政保障

为居民提供健全安全可及的医疗卫生服务，是公共财政的重要职能。整合城乡居民医疗保险是一项重大的民生工程，离不开公共财政的支持。应进一步明确财政投入的职责，在整合城乡居民基本医疗保险制度中，管理机构和经办机构及相关人员的调整、参保人员筹资标准及报销水平的提高、信息系统的改造建设以及特殊困难人群的财政补助等，都需要相应的财政投入。应通过科学测算，核定财政投入比重，合理划分市与区县的财政事权与投入职责。

4.组织领导

整合城乡居民医疗保险制度涉及各区县和卫生、社保、财政、农委等多个职能部门，事关广大城乡居民的切身利益。建议成立由市分管领导挂帅、有关部门参加的领导小组及办公室，统一组织领导，综合协调部署，统筹有序安排。要对整合城乡居民医疗保险进行深入细致的调研，制定科学合理的城乡居民基本医疗保险相关政策制度，确保城乡居民医疗保险制度整合的顺利进行。

执笔：樊汝明、张英洪

2010 年 10 月 9 日

台湾农会考察报告[*]

应台湾农训协会的邀请，北京市城郊经济研究会一行 20 人在曹四发团长的带领下，于 2011 年 8 月 22 日至 8 月 31 日，对台湾进行了考察交流。考察团一行与台湾农训协会、台湾大学农经系等部门进行了座谈，先后参观访问了苗栗县大湖地区农会、南投县名间乡农会、云林县林内乡农会，实地参访了云林县林内乡乌麻村和台一休闲农场等。台湾农民组织相当发达，农会是台湾影响最大的农民组织，至今已有 100 多年的历史。现就台湾农会组织的基本考察情况，报告如下。

一　台湾农会的历史沿革与组织体系

台湾地区的农民组织主要有农会、渔会、农田水利会、农业合作社等，其中农会是台湾地区影响很大、分布很广、功能很齐全的农民组织。

日据时期的 1900 年 9 月，台湾第一个农会成立于台北县三峡镇。1907 年台湾"总督府"公布《台湾农会规则》及《施行细则》，1937 年日本政府公布《台湾农会令》，废止《台湾农会规则》及《施行细则》，建立省县二级制农会。1944 年，日本政府颁布《台湾农业会令》，合并农业组织如信用组合、畜产会、青果组合、米谷、肥料农机具等组合成立农业会为综合功能组织，建立了省县市三级制农业会。

1945 年台湾光复后，台湾当局分别于 1946、1949、1953 年对农会组织进行改组。现行的农会相关规定于 1974 年公布，1981、1985、1988、1991、1994、1999、2000、2001、2004、2007、2011 年先后多次对之进行了修正，相关规定施行细则也先后进行了 10 多次修正。

根据农会相关规定，台湾农会组织按省、县（市）、乡（镇）三级行政区域设立，同一行政区域内只设立一个农会，乡（镇）以下设农事小组。目前，台湾共有 302 个农会，其中设有省农会 1 个，市、县农会 25 个，乡镇农会 276 个。台湾省农

＊　原载北京市农村经济研究中心《调查研究报告》2011 年第 13 期。

会的主管机关为台湾行政主管部门农业委员会，市及县农会的主管机关分别为市、县政府。

台湾农会会员分正式会员和赞助会员两种，年满 20 周岁、户籍在农会组织区域内、实际从事农业的自耕农、佃农，农业学校毕业或有农业专著、发明且从事农业推广工作者，服务于依法登记之农林牧场员工，经审查合格，可以加入基层农会成为正式会员。赞助会员分为个人赞助会员和团体赞助会员，年满 20 周岁、户籍在农会组织区域内，不符合正式会员条件者，加入农会为个人赞助会员；凡依法登记之农业合作组织、公司、行号、工厂，加入当地农会成为团体赞助会员。正式会员有选举权和被选举权，个人赞助会员和团体赞助会员除当选监事外，无选举权和被选举权，其他应享权利与正式会员相同。目前，如表 1 所示，台湾共有农会会员 1945129 人（个），其中正式会员 1033877 人，赞助会员 911252 人（个）。

农会会员每户以一人为限。各级农会均为独立社团法人，彼此之间没有隶属关系。下级农会为上级农会的会员，受上级农会的辅导。

表 1　台湾农会基本情况

单位：个，人（个）

项目				数目
农会	省市县农会			26
	乡镇市区 （基层）	农会		276
		会员	正式会员	1033877
			赞助会员	911252
			合计	1945129
		家事小组		4764

资料来源：2010 年台湾地区农会《台湾各级农会年报》。

二　台湾农会的宗旨任务与治理结构

相关规定中确立农会的宗旨是：保障农民权益，提高农民知识技能，促进农业现代化，增加生产收益，改善农民生活，发展农村经济。

农会的具体任务分为 21 项，主要内容是保障农民权益、农业生产服务、农业供销服务、社会公共服务以及其他公益服务（见表 2）。

表 2　台湾农会的工作任务

主要工作方面	具体工作任务
保障农民权益	1. 保障农民权益、传播农事相关规定及调解农事纠纷

主要工作方面	具体工作任务
农业生产服务	2. 协助有关土地农田水利之改良、水土之保持及森林之培养 3. 优良种子及肥料之推广 4. 农业生产之指导、示范，优良品种之繁殖及促进农业专业区之经营 5. 农业推广、训练及农业生产之奖助事项 6. 农业机械化及增进劳动效率有关事项 7. 辅导并推行共同经营、委托经营、家庭农场发展及代耕业务
农业供销服务	8. 农畜产品之运销、仓储、加工、制造、输出入及批发、零售市场之经营 9. 农业生产资材之进出口、加工、制造、配售及会员生活用品之供销 10. 农业仓库及会员共同利用事业
社会公共服务	11. 会员金融事业 12. 接受委托办理农业保险事业 13. 接受委托协助农民保险事业建设及农舍建设 14. 农村合作及社会服务事业 15. 农村副业及农村工业之倡导 16. 农村文化、医疗卫生、福利及救济事业
其他公益服务	17. 农地利用之改善 18. 农业灾害之防治及救济 19. 代理公库及接受政府或公私团体之委托事项 20. 农业旅游及农村休闲事业 21. 经主管机关特准办理之事项

台湾农会形成了议行分离和理事会、监事会、总干事"三权鼎立"的治理结构（见图 1）。会员（代表）大会为最高权力机构，会员（代表）大会分定期会议与临时会议两种，由理事长召集。省以下各级农会每年召开一次定期会议，经会员（代表）1/3 以上请求或理事长认为必要时召开临时会议。基层农会如因会员众多，召集会员大会确有困难，可由农事小组选任代表，召开代表大会，行使会员大会职权。

农会会员（代表）大会须有各该会议应出席人数的 1/2 以上人员出席，方得开会，出席人 1/2 以上同意，方得决议。会员（代表）大会选任理事会、监事会，讨论决定章程、会员处分、选任人员罢免、经费募集、财产处分以及其他与会员权利、义务有关的重大事项（见表 3）。

会员（代表）大会休会期间，由理事会依会员（代表）大会决议筹划业务，监事会负责监察业务及财务。理事会、监事会任期 4 年，连选连任一次。乡、镇、区农会理事为 9 人，市、县农会理事为 9 人至 15 人，省农会理事为 15 人至 21 人，监事会名额为理事名额的 1/3。各级农会理事、监事中应有 2/3 以上为自耕农、佃农与雇农，理事、监事分别互选一人为理事长与常务监事。

理事会聘任总干事一人，总干事秉承理事会决议执行任务，向理事会负责。

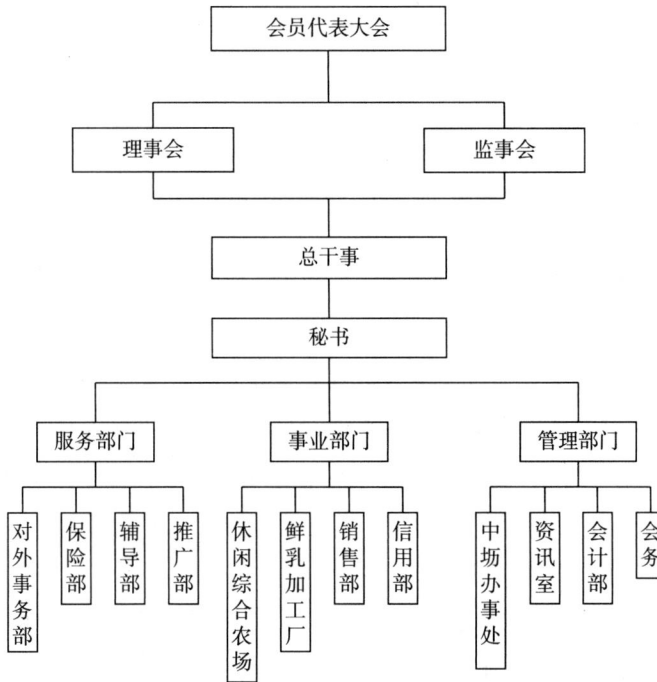

图 1　台湾地区农会组织系统

表 3　台湾会员（代表）大会、理监事会、总干事职权

	职　权
会员（代表）大会	1. 选举或罢免理事、监事及出席上级家传之会员代表 2. 议决入会费、年常会费及事业资金之金额 3. 议决会务、事业计划与报告及年度预决 4. 议决各种章则 5. 议决推广经费之募集及运用 6. 议决对外借款及放款之最高额 7. 议决家传财产之处分 8. 议决会员之处分
理事会	1. 审定会员入会及出会 2. 召集会员（代表）大会 3. 聘任及解聘总干事 4. 审查会务、业务实施计划、预决算及各种章则 5. 提出有关文件送监事会审查 6. 陈报主管机关及上级农会之文件 7. 提报会员（代表）大会决议事项 8. 其他依职权应办事项
监事会	1. 监察理事会执行会员（代表）大会决议案 2. 监察理事会各种会务、事务及会议报告 3. 监察理事会年度决算及会计报告 4. 监察农会财务及财产 5. 监察农会内部稽核及金融检查报告之缺失改善事项

续表

	职　权
总干事	1. 执行理事会之决议 2. 聘雇及解聘、解雇所属员工 3. 指挥监督所属职员推行会务及业务 4. 训练、考核、奖惩所属员工 5. 提报理事会审议之事项 6. 其他依职责应办事项

农会经费收入主要有：入会费、常年会费、事业资金、农业推广经费募集收入、农业金融部分收入、政府补助费、各种事业盈余和其他收入。

农会主管机关对农会不当活动提出警告，有权撤销农会有违规定、妨碍公益或逾越其宗旨、任务的决议。农会理事、监事及总干事如有违反规定、章程，严重危害农会时，主管机关报经上级主管机关核准，对其予以停职或解除职务，农会干部和农会活动如有违反规定者均将承担相应责任。

我们实地考察了云林县林内乡农会，林内乡总面积 3760.35 公顷，共有 10 村，人口数约为 21000 人，居民多以务农为业，为典型农业乡。与其他基层农会一样，林内乡农会设有信用部、推广部、供销部、保险部四大业务部门，日常工作由总干事主持。

农业推广业务由农会的推广部承担，涵盖农业发展、农村建设、农民福利和生产、生活、生态等各个方面。供销业务由农会的供销部承担。工作范围包括畜产品、农产品的运销、仓储、加工、制造、批发、零售，农业生产资料进出口、加工、制造等；农村副业；农业旅游及农村休闲事业等；以及接受主管机关或公司团体之委托事项。金融业务由农会信用部负责，保险部承担各项保险业务（见图 2）。

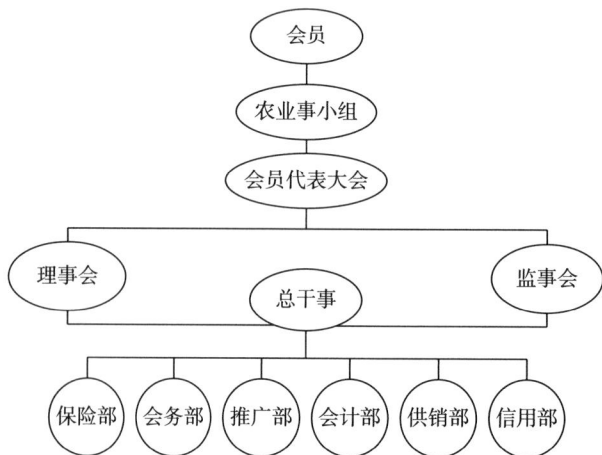

图 2　云林县林内乡农会组织结构

三 台湾农会的主要功能与基本特点

台湾农会具有政治、经济、教育、社会四大功能，主要开展推广、供销、信用、保险四种业务（见图3）。

宗旨	保障农民权益、提高农民知识技能、促进农业现代化、增加生产收益、改善农民生活、发展农村经济。"农会为农民之职业团体，属非营利事业之公益社团法人"
农会功能	农会任务
政治功能 经济功能 教育功能 社会功能	1.保障农民权益、传播农事法令及调解农事纠纷 2.协助有关土地农田水利之改良、水土保持及森林之培养 3.优良种子及肥料之推广 4.农业生产之指导、示范、优良品种之繁殖及促进农业专业区之经营 5.农业推广、训练及农业生产之奖助事项 6.农业机械化及增进劳动效率有关事项 7.辅导并推行共同经营、委托经营、家庭农场发展及代耕业务 8.农畜产品之运销、仓储、加工、制造、输出入及批发、零售市场之经营 9.农业生产资材之进出口、加工、制造、配售及会员生活用品之供销 10.农业仓库及会员共同利用事业 11.会员金融事业 12.接受委托办理农业保险事业 13.接受委托协助农民保险事业建设及农舍建设 14.农村合作及社会服务事业 15.农村副业及农村工业之倡导 16.农村文化、医疗卫生、福利及救济事业 17.农地利用之改善 18.农业灾害之防治及救济 19.代理公库及接受政府或公私立团体之委托事项 20.农业旅游及农村休闲事业 21.经主管机关特准办理之事项

图3 台湾农会的功能与任务

农会的经济性功能主要体现为办理产销计划保障农民合理利润，提供生产资料及日用品，降低生产成本及生活费用；办理农业机械、加工、仓储及设施共同利用；为农民提供金融支持；办理农业保险等；为一家一户的农民提供了完整的产前、产中和产后服务。农会有效地将小农户和大市场连接起来，促进了现代农业发展，维护了农民利益。

农会的政治性功能主要体现在，它起到了政府部门与农民沟通的桥梁作用，既协助政府部门贯彻落实农业政策，承担了许多应该由政府部门承担的功能；又代表农民反映诉求，发挥农民的主体性作用，增强农民的自治能力，保障与维护了农民的各项权益。

农会的教育功能包括各种农事推广、成立辅导产销班、家政推广等，负责农村的农民、妇女、青少年的教育推广，提升会员的知识和技能。农会每年由经费盈余拨付训练经费，并由管理机关监督考核。台湾的农训会专门从事教育培训业务。农会的教育培训对提高台湾农村的文化水准发挥了重要作用。

农会的社会功能主要包括农村合作及社会服务、解决纠纷、医疗卫生、社会福利及救济等。农会会事小组和各种业务的产销班,形成了农村社会的基本网络,农村中的婚丧喜庆、祭祀活动,均由农会组织,农会对于传承农村文化、增进农村居民共识和生活认同等不可或缺。

台湾农会的主要特点有以下四个方面。

一是组织发达。台湾农会组织遍布台湾各地,基层农会覆盖了几乎所有的农户。据统计,99%的农户加入了农会。台湾总面积约3.6万平方公里,总人口2300万人,农户78万户,农业劳动力74万人,农业人口约400万人。台湾农业人口占总人口的17%,虽然人数少,但影响大。台湾农业现代化程度高,农民权益得到有效维护,这主要得益于发达的农会组织。有人认为,没有农会就没有台湾的现代化。

二是依规运行。"无规矩不成方圆"。个人和组织运行需要基本行为规则。台湾制定了一系列有关农会组织的规定,农会的各项活动都有明确的依据和界限。100多年来,台湾的农会规定不断完善,现行的农会有关规定已进行了十多次修正。将农会的活动纳入制度轨道,既有效保障了农民的权益,又有效地维护了社会的秩序;既分担了政府部门的部分职责,又壮大了农民的自治能力;既体现了政府的施政目标,又畅通了农民的正当诉求,从而确保了政府、农民与社会的良性运行。

三是管理民主。从省农会到乡镇农会,各级农会均实行民主管理,真正体现农会的"农有、农治、农享"的要求,防止了农会干部的内部控制和对农民利益的损害。例如,农会理事会、监事会都由民主选举产生,任期受到限制(只能连任一次),废除了终身制。总干事的聘任须经全体理事1/2以上人员决议行之,其解聘须经全体理事2/3以上人员决议通过。监事会有效行使监察权,主管部门对农会的违规或不当活动与行为有监督纠正之权。农会干部如有违反规定、章程等行为,将被解除职务,并承担相应的责任。

四是服务有力。台湾农会是一个综合性的农民合作组织,一切以农民利益为依归。农民的需求是农会业务发展的导向,农会的基本宗旨就是为农民的生产生活提供全方位的服务。农会既为农民的生产提供产前、产中、产后服务,又为农民生活提供各种所需服务。农会对农民的各项服务相当周到有力。农民与农会的关系,被形象地概括为这么几句话:"有事找农会,没事农会坐";"有货卖农会,没货农会买";"有钱存农会,没钱农会借";"有险找农会,没险农会买"。在台湾,可以说,农会离不开农民,农民离不开农会。

四 几点启示

台湾的农会组织给人印象很深,有值得学习和借鉴的地方。

一是农民合作组织是发展市场经济的内在需要。在市场经济发展中，农民如果不能组织起来，必然成为市场竞争中的弱者。同时，农业要实现现代化，必然要建立起完善的社会化服务体系，而农业社会化服务体系建设，离不开农民合作组织的发展，特别是综合性的农会组织的发展。我们需要在继续发展农民专业合作社的同时，借鉴台湾地区的经验，结合实际，大力发展多种形式的农民合作组织，包括综合性的农民合作组织。

二是农民合作组织是实现政府与农民沟通的有效载体。台湾农会的发展经验表明，农会既承担了政府的部分重要职责，又维护了农民的合法权益，是政府与农民联系的有效纽带，是政府联系农民群众的重要组织载体。在现代社会中，如果没有农会这一中介组织，政府与农民之间缺乏缓冲带，容易造成政府包办一切，抑制农民主体性作用的发挥，损害农村社区的自治功能。我们需要进一步转变观念，提高认识，重新认识农会的积极作用，探索创办适应首都现代农业发展和农民需求的农民协会组织，分担政府的部分职能，培育和发展农民自治功能，切实维护农民的权益。

三是农民合作组织需要在民主法制的框架内运行。台湾农会实行民主管理，体现和反映农民的诉求，做到了"农有、农治、农享"。台湾还制定了比较完善的农民合作组织相关规定，明确了农民合作组织的宗旨和活动范围，使农民合作组织有规可依，依规行动。这有利于提高农民合作组织的规则意识，有利于维护社会的正常秩序。我们需要进一步增强民主法制观念，提高建设民主法制的能力。在发展农民组织上，既要将农民组织的发展纳入现代民主法制的轨道，又要确保农民合作组织本身在现代民主法制的框架内运行。

执笔：张英洪

京津沪渝城乡居民基本医疗保险政策比较[*]

建立城乡统一的居民基本医疗保险制度，使城乡居民病有所医，切实保障和实现城乡居民的健康权益，是统筹城乡发展、加快实现城乡基本公共服务均等化的重要内容。1998 年国务院提出建立城镇职工基本医疗保险制度，2003 年国务院提出开展新型农村合作医疗试点，2007 年国务院提出建立城镇居民医疗保险试点。2009 年 3 月中共中央、国务院印发《关于深化医药卫生体制改革的意见》，推出新医改，提出把基本医疗卫生制度作为公共产品向全民提供。2010 年 10 月 28 日，十一届全国人大常委会第十七次会议通过《中华人民共和国社会保险法》，为建立和完善基本养老保险、基本医疗保险、工伤保险、失业保险、生育保险等社会保险制度提供了法律保障。北京市农村经济研究中心新型城市化发展路径研究课题组就京、津、沪、渝四个直辖市的城乡居民基本医疗保险政策做了些简要比较分析，以供参考。

一　北京城乡居民医疗保险政策

2002 年，北京市在大兴、怀柔开展"新农合"医疗试点。2003 年 6 月 27 日，北京市政府办公厅转发《北京市建立新型农村合作医疗制度的实施意见》，在全市推行新型农村合作医疗制度，实行区县统筹。到 2010 年，北京市 13 个涉农区县中有 11 个区县的人均筹资标准为 520 元，海淀区为 670 元，朝阳区达到 720 元（见表 1）。

表 1　2010 年北京市各区县"新农合"人均筹资标准

单位：元

区县	人均筹资	市级财政	区县财政	乡镇财政	村集体	个人
朝阳区	720	100	280	115	105	120
海淀区	670	100	450	—	120	

---

[*] 原载北京市农村经济研究中心《调查研究报告》2011 年第 15 期。本文是北京市农村经济研究中心 2011 年重点课题"新型城市化发展路径问题比较研究"阶段性成果之一。

续表

区县	人均筹资	市级财政	区县财政	乡镇财政	村集体	个人
丰台区	520	105	165/185	70/60	70/60	110
通州区	520	175	140	140	—	65
顺义区	520	175	165	115	5	60
大兴区	520	175	285	—		60
昌平区	520	225	205	30	—	60
房山区	520	225	190	55	—	50
怀柔区	520	135	201	134	—	50
密云县	520	225	160	85	—	50
门头沟区	520	225	225	20	50	
平谷区	520	225	185	70	—	40
延庆县	520	225	260	—	—	35

资料来源：北京市农村经济研究中心重点课题成果《北京城镇居民基本医疗保险与"新农合"制度整合研究》，2011 年 2 月。

2010 年，北京各区县"新农合"的住院报销与门诊报销政策，见表 2、表 3。

表 2 2010 年北京市各区县"新农合"住院报销政策

单位：元，%

区县	乡镇卫生院、社区中心		二级医院		三级医院		封顶线
	起付线	报销比例	起付线	报销比例	起付线	报销比例	
朝阳区	0—50000	60	3000—50000	60	3000—50000	60	170000
	50000 以上	70	50000 以上	70	50000 以上	70	
海淀区	1300	60	1300	60	1300	55	180000
丰台区	0	70	500	60	1300	45	180000
通州区	0—5000	65	300—5000	50	1000—5000	40	180000
	5001—30000	75	5001—30000	60	5001—30000	45	
	30000 以上	80	30000 以上	65	30000 以上	50	
顺义区	300	72	800—20000	65	1300—20000	55	180000
	—	—	20001—50000	70	20001—50000	60	
	—	—	50000 以上	77	50000 以上	67	
大兴区	0	80	500—10000	70	2000—10000	40	180000
	—	—	10001—40000	75	10001—40000	50	
	—	—	40000 以上	80	40000 以上	55	
昌平区	200	75	600	65	1000	50	180000

续表

	乡镇卫生院、社区中心		二级医院		三级医院		封顶线
	起付线	报销比例	起付线	报销比例	起付线	报销比例	
房山区	200—5000	75	500—10000	55	1000—20000	45	180000/250000
	5000 以上	80	10001—20000	60	20001—30000	50	
	—	—	20000 以上	65	30000 以上	55	
怀柔区	0	70	0	60	0	50	180000
密云县	0	75	500—10000	65	1000—10000	55	180000
	—	—	10001—30000	70	10001—30000	65	
	—	—	30000 以上	85	30000 以上	75	
门头沟区	—		500	60	1300	40	180000
平谷区	0—2000	65	650—5000	60	1300—10000	50	180000
	2001—10000	75	5001—20000	70	10001—30000	60	
	10000 以上	90	20000 以上	80	30000 以上	70	
延庆县	0—5000	75	0—5000	60	0—5000	45	180000
	5001—30000	85	5001—30000	75	5001—30000	65	
	30000 以上	95	30000 以上	85	30000 以上	85	
最低	0	60	0	50	0	40	170000
	8 个区县	2 个区县	2 个区县	通州区	2 个区县	3 个区县	朝阳区
最高	1300	95	3000	85	3000	85	250000
	海淀区	延庆县	朝阳区	2 个区县	朝阳区	延庆县	房山区

注：房山区封顶线 16 岁以下 25 万元，16 岁以上 18 万元。

资料来源：北京市农研中心研究调研课题成果《北京城镇居民基本医疗保险与"新农合"制度整合研究》，2011 年 2 月。

2007 年 6 月 7 日，北京市政府印发《关于〈建立北京市城镇无医疗保障老年人和学生儿童大病医疗保险制度实施意见〉的通知》（京政发〔2007〕11 号），在全国率先建立城镇居民"一老一小"大病医疗保险制度。2008 年 6 月 6 日，北京市政府发布《关于建立北京市城镇劳动年龄内无业居民大病医疗保险制度的实施意见》（京政发〔2008〕24 号），正式建立"无业居民"大病医疗保险制度。

2010 年 12 月 3 日，北京市政府发布《关于印发〈北京市城镇居民基本医疗保险办法〉的通知》（京政发〔2010〕38 号），将城镇"一老一小"和"无业居民"大病医疗保险进行整合，自 2011 年 1 月 1 日起实行。整合后的城镇居民医疗保险补助由原来的"一老"每人每年补助 1500 元、"一小"每人每年补助 50 元、无业居民每人每年补助 100 元，统一为每人每年补助 460 元（见表 4）。

表3 2010年北京市各区县"新农合"门诊报销政策

单位：元，%

区县	村卫生站、卫生室			乡镇卫生院、社区中心			二级医院			三级医院		
	起付线	报销比例	封顶线	起付线	报销比例	封顶线	起付线	报销比例	封顶线	起付线	报销比例	封顶线
丰台区	0	40	220	0	40	220	0	40	220	0	40	220
通州区	0	40	3000	0	40	3000	0	35	3000	0	35	3000
顺义区	0	50	3000	300	50	3000	300	35	3000	300	35	3000
大兴区	0	50	$150 \times N$	0	50	$150 \times N$	0	50	$150 \times N$	0	50	$150 \times N$
昌平区	0	50	3000	0	50	3000	1000	40	10000	1000	35	10000
房山区	—	—	—	100	55	3000	400	45	6000	1000	35	10000
怀柔区	0	35		0	40	600	0	40	600	0	40	600
密云县	0	35		0	4 项 100 / 6 项 50 / 药费 35		0	2 项 50 / 4 项 40		0	40	
门头沟区	—	—	—	300	50	200	300	50	200	300	50	200
平谷区	0	45	3500	0	45	3500	0	30	3500	0	30	3500
延庆县	300	45	3500	300	45	3500	300	45	3500	300	45	3500
朝阳区	各乡镇制定政策，19个乡镇15种政策											
海淀区	各乡镇制定政策，7个乡镇9种政策											

注：大兴区封顶线为家庭参合人数（N）乘以150元。

资料来源：北京市农研中心研究调研课题成果《北京城镇居民基本医疗保险与"新农合"制度整合研究》，2011年2月。

表 4　2011 年北京市城镇居民基本医疗保险主要政策

类别		参保范围	缴费情况（每人每年）			保障待遇（住院）			保障待遇（门诊）		
			缴费标准（元）	个人缴纳（元）	财政补助（元）	起付线（元）	报销比例（%）	封顶线（万元）	起付线（元）	报销比例（%）	封顶线（元）
"一老"		北京市非农户籍、男年满 60 周岁（含）、女年满 50 周岁（含）	760	300	460	首次 1300 其余 650	60	15	650	50	2000
"一小"		北京市非农户籍的学生、儿童	560	100	460	650	70	17	650	50	2000
城镇无业居民	无业居民	北京市非农户籍、男 16—60 周岁、女 16—50 周岁的城镇无业居民	1060	600	460	首次 1300 其余 650	60	15	650	50	2000
	其中：残疾人		460	0	460						

资料来源：根据相关政策文件整理。

二　天津城乡居民医疗保险政策

2003 年天津市开始在东丽区、北辰区、大港区、静海县 4 个区县进行"新农合"试点，2004 年 3 月，天津市政府批转《天津市新型农村合作医疗管理办法》，2007 年在全市 12 个涉农区县全面推开，实行区县统筹。

2007 年 9 月，天津市印发《天津市城镇居民基本医疗保险暂行规定》，自 2008 年 1 月 1 日起在全市推行以大病统筹为主的城镇居民基本医疗保险制度，该制度覆盖全市非农业户籍的学生、儿童和其他不属于城镇职工基本医疗保险制度覆盖范围的非从业成年居民。

2008 年 6 月，天津市政府发布《关于新型农村合作医疗制度管理职能划转有关问题的通知》，将原来由市、区、县卫生部门管理的"新农合"工作划转交由市、区、县劳动保障部门管理。2009 年 4 月，天津市政府印发《天津市城乡居民基本医疗保险规定》，自 2010 年 1 月 1 日起，天津率先实现城乡居民基本医疗保险整合，实行全市统筹。

天津城乡居民基本医疗保险整合后的筹资标准分为三档，一档为每人每年 560 元，其中个人缴纳 330 元，政府补助 230 元；二档为每人每年 350 元，其中个人缴纳 160 元，政府补助 190 元；三档为每人每年 220 元，其中个人缴纳 60 元，政府补助 160 元。重度残疾人、享受低保待遇的人员、特殊困难家庭人员和城镇低收入家庭 60 周岁以上的老年人，个人不缴费，由政府按照 220 元缴费档次给予全额补助。学生、儿童每人每年 100 元，其中个人缴费 50 元，政府补助 50 元（见表 5）。

表 5　2010 年天津市城乡居民基本医疗保险筹资标准

单位：元

筹资标准	学生、儿童	一档	二档	三档
每人每年	100	560	350	220
个人缴费	50	330	160	60
政府补助	50	230	190	160

资料来源：根据相关政策文件整理。

在报销待遇上，天津市按筹资标准档次以及医院级别的不同，规定不同的标准。在一级医院和社区医疗机构就医发生的门（急）诊医疗费用，起付标准为 800 元，最高支付限额为 3000 元，按照缴费档次的高低，分别补助 40%、35% 和 30%。在住院医疗保险待遇上，学生、儿童最高支付限额为 18 万元，平均报销比例为 60%。成年居民按照 560 元筹资标准缴费的，最高支付限额为 11 万元，平均报销比例为 60%；按照 350 元筹资标准缴费的，最高支付限额为 9 万元，平均报销比例为 55%；按照 220 元筹资标准缴费的，最高支付限额为 7 万元，平均报销比例为 50%。一级医院（含社区医疗机构）不设起付标准，二级医院起付标准为 300 元，三级医院起付标准为 500 元（见表 6）。

表 6　2010 年天津市城乡居民基本医疗保障待遇

	医疗机构	门（急）诊保障待遇			住院医疗保障待遇		
		起付线（元）	报销比例（%）	封顶线（元）	起付线（元）	报销比例（%）	封顶线（万元）
学生、儿童	一级	800	30	3000	0	65	18
	二级				300	60	
	三级				500	55	
560 元档	一级		40		0	65	11
	二级				300	60	
	三级				500	55	
350 元档	一级		35		0	60	9
	二级				300	55	
	三级				500	50	
220 元档	一级		30		0	55	7
	二级				300	50	
	三级				500	45	

资料来源：根据相关政策文件整理。

三 上海城乡居民医疗保险政策

自 1958 年建立合作医疗制度以来，上海农村合作医疗一直未中断。1997 年，上海市政府批转市农委、市卫生局、市财政局《关于改革和完善本市农村合作医疗制度的意见》（沪府〔1997〕13 号），进一步改革和完善了农村合作医疗制度；2002 年 9 月 19 日，上海市政府批转市政府体改办等四部门《关于巩固和完善本市农村合作医疗补充意见》（沪府〔2002〕94 号），强调提高农村合作医疗的参与率，完善管理体制，强化农村合作医疗基金的筹措机制；2006 年 1 月 23 日，上海市政府办公厅转发市卫生局等四部门《关于提高本市农村合作医疗保障水平意见》（沪府办发〔2006〕4 号），把提高合作医疗筹资水平作为一项重要任务；2008 年 11 月，上海市政府办公厅转发市卫生局、市农委等五部门《关于加强和完善本市新型农村合作医疗工作的意见》（沪府办〔2008〕55 号），提出逐年增加财政补助，提高统筹层次和补偿水平，逐步实行区（县）统筹，建立全市统一的补偿标准。2010 年 3 月 8 日，上海市卫生局印发《关于本市新型农村合作医疗参保农民跨区就医的试行意见》，允许本市长期跨区人户分离的参合农民跨区就医。

上海市 10 个涉农区县的"新农合"政策并不一致。以上海市崇明县为例，2010 年，崇明县农村合作医疗基金继续实施县级统筹，个人缴费为 140 元，村集体扶持每人 10 元，市财政补贴每人 100 元，县财政补助每人 200 元，乡镇财政扶持每人 115 元。

表7 2010 年上海市崇明县"新农合"筹资标准

单位：元

	人均筹资	市级财政	区县财政	乡镇财政	村集体	个人
崇明县	565	100	200	115	10	140

资料来源：根据相关政策文件整理。

崇明县"新农合"补偿主要有门诊补偿、住院补偿。门诊补偿：在村卫生室就诊，补偿 80%；在乡镇社区卫生服务中心就诊，补偿 70%；在县级医疗机构就诊，补偿 50%；在市级医疗机构就诊，补偿 40%；村卫生室门诊费用每次限额 30 元，每月就诊不超过 5 次，乡镇级及以上医疗机构门（急）诊费用每次限额 120 元，每月就诊不超过 5 次；全年门（急）诊补偿累计封顶额为 1200 元。住院补偿：在乡镇社区卫生服务中心就诊，补偿比例为 70%；在县级医疗机构就诊，补偿比例为 50%；在市级医疗机构就诊，补偿比例为 40%。岛外门诊和住院未办理县级医院转诊手续的，或开具非医保格式的发票和无用药明细的，补偿比例相应下降 10 个百分点。补偿封顶额为 50000 元（见表8）。

表 8　2010 年上海市崇明县"新农合"补偿标准

单位：%，元

医疗机构	门（急）诊补偿标准			住院补偿标准	
	报销比例	限制条件	封顶线	报销比例	封顶线
村卫生室	80	每次限 30 元，每月就诊不超过 5 次	全年门（急）诊补偿累计封顶额为 1200	—	50000
乡镇社区卫生服务中心	70	每次限 120 元，每月就诊不超过 5 次		70	
县级医疗机构	50	—		50	
市级医疗机构	40	—		40	

资料来源：根据相关政策文件整理。

2007 年 12 月 8 日，上海市政府印发《上海市城镇居民基本医疗保险试行办法》（沪府发〔2007〕44 号），正式建立城镇居民医疗保险制度，自 2008 年 1 月 1 日起施行。城镇居民医保基金的筹资标准以及个人缴费标准，按照参保人员的不同年龄分段确定，暂定为：70 周岁及以上人员，筹资标准为每人每年 1500 元，其中个人缴费 240 元；60 周岁及以上、不满 70 周岁人员，筹资标准为每人每年 1200 元，其中个人缴费 360 元；超过 18 周岁、不满 60 周岁人员，筹资标准为每人每年 700 元，其中个人缴费 480 元；中小学生和婴幼儿，筹资标准为每人每年 260 元，其中个人缴费 60 元。参保人员个人缴费以外资金，由政府财政补贴资金等支付。2011 年和 2012 年的缴费标准均做了调整，2012 年城镇居民医保的个人缴费标准与 2011 年相同（见表 9）。

表 9　2008—2012 年上海市城镇居民基本医疗保险缴费标准

单位：元

年龄分段	2008—2010 年		2011 年		2012 年	
	筹资标准	个人缴费	筹资标准	个人缴费	筹资标准	个人缴费
70 周岁及以上人员	1500	240	2800	310	3000	310
60 周岁及以上、不满 70 周岁人员	1200	360	2200	460	3000	460
超过 18 周岁、不满 60 周岁人员	700	480	1200	620	1500	620
中小学生和婴幼儿	260	60	590	80	680	80

资料来源：根据相关政策文件整理。

《上海市城镇居民基本医疗保险试行办法》规定的医保待遇是：70 周岁及以上的人员，住院支付 70%，门诊急诊支付 50%；60 周岁及以上、不满 70 周岁的人员，住院支付 60%，门诊急诊支付 50%；超过 18 周岁、不满 60 周岁的人员，住院支付

50%，门诊急诊医疗费年度累计超过 1000 元以上的部分支付 50%；中小学生和婴幼儿，住院支付 50%，门诊急诊支付 50%（见表 10）。

表 10　2008—2009 年上海市城镇居民基本医疗保险待遇

单位：%

年龄分段	住院报销	门（急）诊报销	社区卫生服务中心或一级医疗机构报销
70 周岁及以上人员	70	50	60
60 周岁及以上、不满 70 周岁人员	60	50	60
超过 18 周岁、不满 60 周岁人员	50	50（起付线 1000 元）	60
中小学生和婴幼儿	50	50	60

资料来源：根据相关政策文件整理。

2011 年上海城镇居民医保的门诊急诊待遇做了调整，住院医疗待遇维持 2010 年的政策不变；2012 年上海城镇居民医保的住院医疗待遇做了调整，门诊急诊医疗待遇与 2011 年政策一致（见表 11）。

表 11　2011—2012 上海市城镇居民基本医疗保险待遇

单位：元，%

年龄分段	医疗机构	2011 年			2012 年		
		门（急）诊待遇		住院待遇	门（急）诊待遇	住院医疗待遇	
		起付线	报销比例	报销比例		起付线	报销比例
70 周岁及以上人员	一级	300	65	70	继续按照 2011 年标准执行	50	85
	二级		65			100	75
	三级		50			300	65
60 周岁及以上、不满 70 周岁人员	一级	300	65	60		50	85
	二级		65			100	75
	三级		50			300	65
超过 18 周岁、不满 60 周岁人员	一级	1000	65	50		50	75
	二级		55			100	65
	三级		50			300	55
中小学生和婴幼儿	一级	300	65	50		50	75
	二级		65			100	65
	三级		50			300	55

说明：2012 年，上海城镇重残无保人员，基金支付比例从 70% 调整为：在社区卫生服务中心（或者一级医疗机构）就医的，支付 85%；在二级医疗机构就医的，支付 75%；在三级医疗机构就医的，支付 65%。

资料来源：根据相关政策文件整理。

四 重庆城乡居民医疗保险政策

2003 年 4 月 19 日，重庆市委、市政府印发《关于进一步加强农村卫生工作的决定》（渝委发〔2003〕10 号），提出从 2003 年起，各级财政按照分级负担的原则，每年对参加新型农村合作医疗的农民给予每人不少于 10 元的补助，农民个人缴纳的合作医疗经费每人每年不低于 10 元。2004 年 2 月 17 日，重庆市政府办公厅印发《重庆市新型农村合作医疗暂行管理办法》（渝办发〔2004〕36 号），提出以区县为单位进行统筹，到 2010 年，新型农村合作医疗制度基本覆盖全市农村居民。

2007 年 9 月 7 日，重庆市政府印发《关于开展城乡居民合作医疗保险试点的指导意见》（渝府发〔2007〕113 号），开展重庆市城乡居民合作医疗保险试点，2007 年在江北区、九龙坡区、南岸区、永川区和南川区启动试点，2008 年扩大试点范围，2009 年试点区县达到 80% 以上，2010 年在全市建立城乡居民合作医疗保险。参保范围是具有本市城乡户籍的农村居民和不属于城镇职工医疗保险覆盖范围的城镇居民，包括中小学阶段的学生，职业高中、中专、技校学生和少年儿童，以及其他非从业城镇居民。城乡居民合作医疗保险实行区县统筹，全市分两档实行统一的筹资标准，一档筹资水平为每人每年 50 元，二档筹资水平为每人每年 160 元。财政对农村居民的补助按新型农村合作医疗标准执行，对城镇居民的补助标准为每年人均不低于 40 元。2009 年 11 月 20 日，重庆市人力资源和社会保障局等五部门联合印发《关于将大学生纳入城乡居民合作医疗保险的实施意见》，政府补助每人每年 80 元，个人缴费一档每人每年 20 元，二档每人每年 120 元。

2009 年 9 月 27 日，重庆市政府印发《关于调整我市城乡居民合作医疗保险管理体制的意见》（渝府发〔2009〕93 号），将"城乡居民合作医疗保险"和"新型农村合作医疗"统一为"重庆市城乡居民合作医疗保险"。城乡居民合作医疗保险由人力社保（劳动保障）部门统一负责管理，划转合并后的经办管理机构依照《公务员法》管理，逐步实现全市统筹和城乡居民跨区参保就医"一卡通"。

2010 年 9 月 29 日，重庆市政府办公厅印发《关于进一步完善城乡居民合作医疗保险制度的指导意见》（渝办发〔2010〕283 号），决定从 2010 年起，财政对参保居民补助标准由每人每年 80 元提高到每人每年 120 元。其中，中央财政补助每人每年 60 元，市、区县（自治县）两级财政补助每人每年 60 元。市、区县（自治县）两级财政按实际参保人数承担补助资金，市级财政对主城各区补助 50%，国家和市级扶贫开发工作重点区县（自治县）补助 90%，其他区县（自治县）补助 75%。区县（自治县）财政补助资金须在每年 6 月 30 日前拨付到居民医保基金财政专户。参保居民个人缴费标准从 2011 年起一档由每人每年 20 元提高到每人每年 30 元，二档仍按每人每年 120 元执行（见表 12）。

表 12　2010 年重庆市城乡居民合作医疗保险筹资标准

单位：元

分档	人均筹资	中央财政补助	市、区县财政补助	个人缴费
一档	140	60	60	20
二档	240	60	60	120

资料来源：根据相关政策文件整理。

重庆市人民政府办公厅《关于进一步完善城乡居民合作医疗保险制度的指导意见》（以下简称《指导意见》）对参保居民住院起付线、封顶线和报销比例也做了新的调整。第一，将一级医疗机构（含乡镇级医院、社区卫生服务中心）住院起付线统一调整为 100 元，二级医疗机构（含区县级医院）住院起付线统一调整为 300 元，三级医疗机构住院起付线统一调整为 800 元。第二，将一档参保居民住院报销封顶线提高到每人每年 6 万元，二档参保居民住院报销封顶线提高到每人每年 10 万元。第三，将一档参保居民住院报销比例提高为：一级医疗机构 75%—80%，二级医疗机构 55%—60%，三级医疗机构 35%—40%。二档参保居民住院报销比例在一档的基础上提高 5 个百分点。《指导意见》提出 2012 年前建立门诊统筹制度。第一，统一报销比例。一级及以下医疗机构门诊报销比例为 60%，二级医疗机构门诊报销比例为 30%，三级医疗机构门诊报销比例为 15%。一、二档参保居民报销比例相同。第二，统一封顶线。一档封顶线为 50 元/人每年，二档封顶线为 80 元/人每年（见表 13）。

表 13　2010 年重庆市城乡居民合作医疗保险筹资标准

单位：元，%

分档	住院待遇			门诊待遇	
	起付线	报销比例	封顶线	报销比例	封顶线
一档	100	75—80	60000	60	50
	300	55—60		30	
	800	35—40		15	
二档	100	(75—80) + 5	100000	60	80
	300	(55—60) + 5		30	
	800	(35—40) + 5		15	

资料来源：根据相关政策文件整理。

五　小结

近年来，四个直辖市在推进城乡居民基本医疗保险制度建设上取得明显进展，实现了城乡居民基本医疗保险制度的全覆盖，有效保障了城乡居民的健康权益（见表14）。

北京"新农合"实行区县统筹，朝阳和海淀两个区存在乡镇统筹。北京城镇居民基本医疗保险已于2011年实现制度整合，这为城镇居民基本医疗保险与"新农合"的制度整合打下了基础。

天津市已于2010年率先实现城乡居民基本医疗保险的制度整合，整合后实行市级统筹。

上海"新农合"人均筹资水平为全国最高，2010年人均筹资达757.70元，比北京高出202.30元。上海尚未实行城乡居民基本医疗保险制度整合，上海市城镇居民基本医疗保险门诊和住院待遇均未设封顶线。

表14　2009—2010年全国及四个直辖市"新农合"、城镇居民基本医疗保险情况

	年度	县（市、区）数（个）	开展"新农合"县（市、区）数（个）	参加"新农合"人数（万人）	人均筹资（元）	本年度筹资总额（万元）	补偿受益人次（万人次）	城镇居民医保参保人数（万人）
全国总计	2009	2858	2716	83308.66	113.36	9443869.70	75896.25	18100
	2010	2856	2678	83560.00	156.60	13085496.00	108666.00	19472
北京	2009	18	13	274.98	433.37	119168.08	456.23	146
	2010	16	13	278.50	555.40	154678.90	694.50	146
天津	2009	16	12	367.90	172.28	63381.81	390.49	85
	2010	16	—	—	—	—	—	161
上海	2009	18	10	166.55	563.82	93904.22	1594.30	184
	2010	18	10	149.00	757.70	112897.30	2035.20	254
重庆	2009	40	39	2179.20	104.42	227552.06	2919.41	224
	2010	40	39	2200.40	141.50	311356.60	2461.00	407

资料来源：《2010中国卫生统计年鉴》。

重庆已于2009年将"城乡居民合作医疗保险"和"新型农村合作医疗"合并为"重庆市城乡居民合作医疗保险"，实现管理体制的统一。2011年10月24日，重庆市政府办公厅印发《重庆市城镇职工医疗保险市级统筹办法》和《重庆市城乡居民合作医疗保险市级统筹办法》（渝办发〔2011〕293号），提出在2012年底前，实行城乡居民合作医疗保险市级统筹，实现待遇水平、就医管理、基金管理、信息系统和管理体制的统一。

建议北京市进一步加快"新农合"市级统筹步伐，完成城镇居民基本医疗保险与"新农合"的制度整合，实现城乡居民基本医疗保险一体化和均等化。

执笔：张英洪

京津沪渝城乡居民养老保险政策比较[*]

实现城乡居民老有所养，是保障和改善民生的重要任务，也是推进新型城市化和城乡一体化的必然要求。2009 年 9 月 1 日，国务院发布《关于开展新型农村社会养老保险试点的指导意见》（国发〔2009〕32 号），决定从 2009 年起开展新型农村社会养老保险（"新农保"）试点。2011 年 6 月 7 日，国务院印发《关于开展城镇居民社会养老保险试点的指导意见》（国发〔2011〕18 号），决定从 2011 年起开展城镇居民社会养老保险（以下简称"城镇居民养老保险"）试点。至此，我国开始建立覆盖城乡居民的养老保险制度。近年来，全国各地区在建立城乡居民养老保险制度上做了许多新探索，积累了一些新经验。我们拟对四个直辖市的城乡居民养老保险政策（不涉及城镇职工养老保险）做些比较分析，供参考。

一　北京城乡居民养老保险政策

2007 年 12 月 29 日，北京市政府印发《北京市新型农村社会养老保险试行办法》（京政发〔2007〕34 号），自 2008 年 1 月 1 日起施行"新农保"。新型农村社会养老保险基金实行区（县）级统筹。新型农村社会养老保险费采取按年缴费的方式缴纳，最低缴费标准为本区（县）上一年度农村居民人均纯收入的 10%。新型农村社会养老保险待遇由个人账户养老金和基础养老金两部分组成。基础养老金标准全市统一为每人每月 280 元。

2007 年 12 月 29 日，北京市政府印发《北京市城乡无社会保障老年居民养老保障办法》（京政发〔2007〕35 号），自 2008 年 1 月 1 日起，凡具有本市户籍、年满 60 周岁，且不享受社会养老保障待遇的人员，每人每月享受 200 元的老年保障待遇（福利养老金）。

2008 年 12 月 20 日，北京市政府印发《北京市城乡居民养老保险办法》（京政发〔2008〕49 号），自 2009 年 1 月 1 日起施行。北京在全国率先建立城乡一体的居民养

---

* 原载北京市农村经济研究中心《调查研究报告》2011 年第 16 期。

老保险制度，实现了城乡居民养老保障制度一体化。城乡居民养老保险实行个人账户与基础养老金账户相结合，个人缴费、集体补助与政府补贴相结合的制度模式。城乡居民养老保险基金实行区（县）级统筹。城乡居民养老保险最低缴费标准为上一年度农村居民人均纯收入的9%，最高缴费标准为上一年度城镇居民人均可支配收入的30%。城乡居民养老保险待遇由个人账户养老金和基础养老金两部分组成，全市基础养老金标准统一为每人每月280元。享受其他社会养老保障待遇的人员不得享受基础养老金。

2009年12月8日，北京市人力资源和社会保障局、北京市财政局发布《关于对参加城乡居民养老保险的人员给予缴费补贴的通知》（京人社居发〔2009〕191号），从2009年起，对符合参加城乡居民养老保险条件且缴纳了城乡居民养老保险费的人员，给予每人每年30元的缴费补贴。2009年至2011年，北京市城乡居民养老保险缴费标准不变，即最低缴费标准为960元，最高缴费标准为7420元。

从2011年1月1日起，北京市将城乡居民基础养老金从每人每月280元提高到每人每月310元，福利养老金从每人每月200元提高到每人每月230元。表1为2006—2010年北京市参加基本养老保险的总体情况，表2为近年来北京市城乡居民养老保险缴费标准和基础养老金标准。

表1　北京市参加基本养老保险情况

单位：万人，%

年份	参加基本养老保险人数	农村居民参加城乡居民养老保险人数	农民养老保险参保率
2006	604.1	44.8	29.3
2007	671.1	49.1	36.6
2008	758.1	127.5	85.0
2009	827.7	153.9	90.0
2010	982.5	159.3	92.0

注：农村居民参加城乡居民养老保险人数在2007年及以前为参加老农保人数，2008年为参加新农保人数，2009年及以后为参加城乡居民养老保险人数。

资料来源：《北京统计年鉴2011》。

表2　2009—2011年北京市城乡居民养老保险缴费标准和基础养老金标准

单位：元/年，元/月

年份	最低缴费标准	最高缴费标准	基础养老金标准
2009	960	7420	280
2010	960	7420	280
2011	960	7420	310

资料来源：根据相关政策文件整理。

二 天津城乡居民养老保险政策

2007年9月17日，天津市政府印发《天津市农村社会基本养老保障暂行办法》（津政发〔2007〕65号），自2008年1月1日起建立农村社会基本养老保障制度。农村社会基本养老保障制度主要包括农籍职工基本养老保险制度、农村居民基本养老保险制度、农村老年人基本生活费补助制度三部分内容。农籍职工基本养老保险和农村居民基本养老保险实行全市统筹。

农籍职工基本养老保险费以本市上年职工月平均工资为缴费基数，按照8%的比例筹集（其中用人单位缴纳6%，职工本人缴纳2%）。

农村居民基本养老保险实施初期，按每人每月125元的待遇水平确定不同年龄参保人员基本养老保险缴费标准。市和区县政府对参保人员逐年给予补贴，具体补贴标准如下。第一，年满18周岁不满40周岁的，政府补贴缴费额的10%；年满40周岁不满50周岁的，政府补贴缴费额的15%；年满50周岁不满60周岁的，政府补贴缴费额的20%。第二，年满45周岁无子女的人员、完全丧失劳动能力的病残人员和领取最低生活保障金的人员，政府补贴缴费额的30%。政府补贴资金由市财政和区县财政各承担50%，对财政困难的区县，市财政承担70%，区县财政承担30%。

农村老年人基本生活补助费补助标准为：年满60周岁不满70周岁的，每人每月补助30元；年满70周岁不满80周岁的，每人每月补助40元；年满80周岁的，每人每月补助50元。农村老年人基本生活费补助资金，由市财政和区县财政各承担50%。对财政困难的区县，市财政承担70%，区县财政承担30%。

2009年4月17日，天津市政府印发《天津市城乡居民基本养老保障规定》（津政发〔2009〕22号），自2009年1月1日起建立城乡统一的居民基本养老保险制度。城乡居民基本养老保障制度由基本养老保险和老年人生活补助制度构成。参加城乡居民基本养老保险并按规定缴费的，可领取基本养老金；未参加城乡居民基本养老保险和未享受社会养老保障待遇的老年人，可领取老年人生活补助费。城乡居民基本养老保险实行全市统筹。

城乡居民基本养老保险费的缴费基数为上年度本市农村居民人均纯收入，缴费比例为10%—30%。城乡居民基本养老金由个人账户养老金和基础养老金两部分组成，全市统一基础养老金月标准为150元。

未参加城乡居民基本养老保险和无社会养老保障待遇的人员，可享受老年人生活补助待遇，补助标准为：年满60周岁不满70周岁的，每人每月60元；年满70周岁不满80周岁的，每人每月70元；80周岁以上的，每人每月80元。城乡老年人生活补助费实行全市统筹。表3显示了近几年天津市城乡老年人生活补助标准的变化趋势。

表3　天津市城乡老年人生活补助标准

单位：元

年份	年满 60 周岁不满 70 周岁	年满 70 周岁不满 80 周岁	80 周岁及以上
2008	30	40	50
2009	60	70	80
2010	60	70	80
2011	70	80	90

注：天津市享受生活补助待遇的城乡老年人是指未参加城乡居民基本养老保险和无社会养老保障待遇的人员。

资料来源：根据相关政策文件整理。

2009 年 10 月 22 日，天津市政府印发《关于调整完善社会保险制度的意见》（津政发〔2009〕46 号），自 2010 年 1 月 1 日起施行。对参加城乡居民基本养老保险人员，市财政给予每人每年 30 元缴费补贴；增设城乡居民基本养老保险 5% 的缴费档次，参保人员可以按照上年农民人均纯收入的 5% 、10% 、20% 、30% 共四档选择缴纳养老保险费。2009 年，天津市基础养老金为每人每月 150 元，2011 年调整到每人每月 180 元。2009 年至 2011 年天津市城乡居民养老保险缴费标准及基础养老金标准见表4。

表4　2009—2011 年天津市城乡居民养老保险缴费标准及基础养老金标准

单位：元，元/月

年份	按 5% 比例缴费标准	按 10% 比例缴费标准	按 20% 比例缴费标准	按 30% 比例缴费标准	基础养老金标准
2009	—	970	1940	2910	150
2010	530	1060	2120	3180	150
2011	583	1166	2332	3498	180

注：2009—2011 年，天津市城镇居民缴费基数分别为 9700 元、10600 元、11660 元。

资料来源：根据相关政策文件整理。

三　上海城乡居民养老保险政策

1996 年 1 月 15 日，上海市政府第 22 号令发布《上海市农村社会养老保险办法》，自 1996 年 2 月 1 日起实行农村社会养老保险制度（"老农保"）。

2004 年 9 月 29 日，上海市农委等部门发布《关于提高本市老年农民养老水平的实施意见》（沪农委〔2004〕182 号），自 2004 年 1 月 1 日起实施老年农民养老金补贴制度，对年满 65 周岁（含 65 周岁）的农业人员，每人每月实际领取养老金低于 75 元的提高到 75 元。

2010 年 11 月 10 日，上海市政府印发《上海市人民政府贯彻国务院关于开展新型农村社会养老保险试点指导意见的实施意见》（沪府发〔2010〕39 号），提出开展新型农村社会养老保险（"新农保"）试点，2010 年试点范围为浦东新区、松江区和奉贤区。到 2011 年 10 月，上海市实现"新农保"全覆盖。

"新农保"个人缴费标准为每年 500 元、700 元、900 元、1100 元、1300 元五档。按照五档缴费标准，各级政府的对应补贴标准分别为每年 200 元、250 元、300 元、350 元、400 元（见表 5）。对农村重度残疾人，由区县财政和残疾人就业保障金按照每年 900 元为其代缴部分或全部养老保险费。

表 5　2011 年上海市"新农保"个人缴费及政府补贴标准

单位：元/年

缴费档次	个人缴费标准	政府补贴标准
一档	500	200
二档	700	250
三档	900	300
四档	1100	350
五档	1300	400

上海"新农保"基础养老金分两类三个档次。一类是缴费不满 15 年人员，分两个档次，一是年满 60 周岁至未满 65 周岁的，基础养老金标准为每人每月 135 元；二是年满 65 周岁及以上的，基础养老金标准为每人每月 155 元。另一类是缴费满 15 年人员，基础养老金标准为每人每月 300 元。区县政府可适当提高基础养老金标准。目前上海各区县确定的"新农保"基础养老金标准集中在 320 元、330 元、370 元三个档次。

以上海浦东新区为例。2011 年 4 月 15 日，浦东区政府印发《浦东新区新型农村社会养老保险试点办法》（浦府〔2011〕85 号），浦东新区"新农保"个人缴费、政府补贴标准与全市一致，基础养老金标准分为二档，即累计缴费不满 15 年的，基础养老金标准为每人每月 155 元；累计缴费满 15 年的，基础养老金标准为每人每月 370 元（见表 6）。

表 6　2011 年上海市及浦东新区"新农保"养老金待遇标准

单位：元/月

类型	档次	上海市养老金标准	浦东新区养老金标准
缴费不满 15 年	年满 60 周岁至未满 65 周岁	135	155
	年满 65 周岁及以上	155	
缴费满 15 年		300	370

目前上海尚未建立统一的城镇居民养老保险以及城乡居民养老保险制度。有关城镇居民的养老保险政策主要涵盖在"镇保"和城镇高龄无保障老人养老保险政策之中。

2003 年 10 月 10 日，上海市第十二届人大常委会第七次会议通过《〈上海市小城镇社会保险制度的实施方案〉的决定》，同意在本市郊区实施小城镇社会保险制度。2003 年 10 月 18 日，上海市政府印发《上海市小城镇社会保险暂行办法》（沪府发〔2003〕65 号），正式建立小城镇社会保障制度（"镇保"）。

"镇保"适用对象是：郊区范围内用人单位及其具有上海市户籍的从业人员；经市政府批准的其他人员；被征地人员；原已参加农村社会养老保险的用人单位及其从业人员；个体工商户及其帮工、自由职业者、非正规劳动组织从业人员。被征地人员是参加"镇保"的主体（见表 7）。

参加"镇保"的基本养老保险待遇是：缴费年限满 15 年的，养老金按其办理手续时上年度全市职工月平均工资的 20% 计发，缴费年限每增加 1 年，相应增加上年度全市职工月平均工资的 0.5% 的养老金，但最高不超过上年度全市职工月平均工资的 30%。

表 7　上海小城镇养老保险参保人数

单位：万人

	2003 年	2004 年	2005 年	2006 年	2007 年	2008 年	2009 年	2010 年
参加"镇保"人数	2.07	59.21	110.16	139.8	138.64	148.02	155.39	114.44
被征地人员	1.05	14.07	74.38	94.71	92.72	92.95	97.77	96.72
其他	1.02	45.14	35.78	45.09	45.92	55.07	57.62	17.72

资料来源：历年《上海统计年鉴》。

2011 年 6 月 15 日，上海市政府印发《关于本市郊区用人单位及其从业人员参加城镇职工社会保险若干问题的通知》（沪府发〔2011〕29 号），自 2011 年 7 月起，原参加小城镇社会保险的用人单位及人员停止在小城镇社会保险参保缴费，转为参加城镇职工社会保险。

2006 年 8 月 2 日，上海市政府印发《上海市人民政府关于将本市城镇高龄无保障老人纳入社会保障的通知》（沪府〔2006〕81 号），决定从当年 9 月 1 日起，将城镇高龄无保障老人（年满 70 周岁，在上海居住、生活满 30 年，从户籍制度建立起就是本市城镇户籍，且未享受基本养老、医疗以及征地养老待遇的老人）纳入社会保障范围，养老待遇为每人每月 460 元。2008 年 11 月 17 日，上海市人力资源社会保障局等部门发布《关于完善本市城镇老年居民养老保障若干问题处理意见的通知》（沪人社养发〔2008〕3 号），将城镇高龄无保障老人年龄范围调整为年满 65 周岁，居住生活期限调整为满 15 年。自 2008 年 12 月 1 日起，城镇高龄无保障老人养老待遇调整为：年满 70 周岁的城镇老年居民养老待遇每人每月 500 元；年满 65 周岁不满 70 周岁的城镇老年居民养老待遇每人每月 400 元。2011 年，上海对城镇纳入居民养老保障的老年居民发放每人 200 元的一次性补贴。

四 重庆城乡居民养老保险政策

2009 年 6 月 6 日，重庆市人民政府关于印发《重庆市城乡居民社会养老保险试点工作指导意见》（渝府发〔2009〕64 号），开展城乡居民社会养老保险试点工作。

2009 年 9 月 1 日，重庆市政府根据国务院《关于开展新型农村社会养老保险试点的指导意见》精神，印发《关于开展城乡居民社会养老保险试点工作的通知》（渝府发〔2009〕85 号，以下简称《通知》），决定从 2009 年 7 月 1 日起开展城乡居民社会养老保险试点工作，渝府发〔2009〕64 号文件停止执行。《通知》提出，2009 年选择 15 个区县开展试点，到 2012 年覆盖全部区县。城乡居民社会养老保险参保范围为本市户籍的三类人员：年满 16 周岁以上的农村居民、年满 16 周岁以上的城镇灵活就业人员、年满 60 周岁以上的城镇没有享受基本养老保险（退休）待遇的人员。

城镇居民养老保险基金由个人缴费、集体补助、政府补贴构成。年满 16 周岁、不满 60 周岁的人员，年缴费标准分别为 100 元、200 元、400 元、600 元、900 元 5 个档次。年满 60 周岁及以上的人员，不用缴费。

政府在参保人缴费的基础上，每人每年补贴 30 元。对重度残疾人，政府对其缴纳最低标准的保险费再补贴 40 元。政府对缴费补贴的资金，由市和区县财政按比例分担，主城区由市级财政承担 20%、区县级财政承担 80%；贫困区县由市级财政承担 70%、区县级财政承担 30%；其他区县由市级财政和区县级财政各承担 50%。基础养老金标准为每人每月 80 元（见表 8）。

表 8 重庆市城乡居民养老保险缴费标准及基础养老金标准

单位：元/年，元/月

档次	个人缴费标准	政府补贴标准	基础养老金标准
一档	100	30	80
二档	200	30	80
三档	400	30	80
四档	600	30	80
五档	900	30	80

资料来源：作者调查所得。

2010 年 10 月，重庆市将三峡库区和主城区 15 个区县纳入试点范围；2011 年 4 月，将其余 10 区县全部纳入城乡居民保险范围，提前实现全市城乡居民养老保险制度的全覆盖。

五 小结

建立覆盖城乡居民的养老保险制度，是保障和改善民生的重大举措。北京市在全国率先建立"新农保"和城镇居民养老保险制度，并率先实现了城乡居民养老保险制度的一体化，基础养老金处于较高水平。北京市城乡居民养老保险基金实行区（县）级统筹。

天津市几乎与北京同时实现城乡居民养老保险制度的一体化。与北京不同的是，天津市在建立城乡一体化的城乡居民养老保险制度之前，没有建立城镇居民养老保险制度。天津市城乡居民养老保险的基础养老金标准远低于北京。但天津市城乡居民基本养老保险基金实行全市统筹。

目前，上海是四个直辖市中唯一尚未建立城乡统一的居民养老保险制度的城市。上海的"新农保"养老金也未实行全市统一标准，《上海市新型农村社会养老保险办法》正在制订之中。上海也没有明确建立统一的城镇居民养老保险制度。在建立城乡一体化的居民养老保险制度上，上海似乎显得滞后。但上海较早实施了城乡老年人的生活补贴政策。

重庆市在没有分别建立"新农保"和城镇居民养老保险制度的情况下，于 2009 年 7 月一步到位地建立城乡统筹的居民养老保险制度，实行居民养老保险基金的全市统筹，并于 2011 年上半年实现了全市 40 个区县的城乡居民养老保险制度的全覆盖，这体现了重庆市作为全国统筹城乡发展综合改革试验区所具有的制度创新优势。

执笔：张英洪

京津沪渝城乡居民低保政策比较[*]

社会救助是最基础最低层次的社会保障。我国社会救助体系主要包括五保供养、最低生活保障、医疗救助、灾害救助、教育救助、住房救助、流浪乞讨人员救助、临时救助等内容。城乡低保是社会救助体系的重要组成部分。1997 年 9 月 2 日，国务院发布《关于在全国建立城市居民最低生活保障制度的通知》，决定在全国城镇建立最低生活保障制度，提出在 1998 年底以前，地级以上城市要建立这项制度；1999 年底以前，县级市和县政府所在地的镇要建立这项制度。1999 年 9 月 28 日，国务院颁布《城市居民最低生活保障条例》（国务院令第 271 号），标志着城市低保走向规范化、法制化。2007 年 7 月 11 日，国务院发布《关于在全国建立农村最低生活保障制度的通知》（国发〔2007〕19 号），在全国建立农村低保制度。至此，我国最低生活保障制度已经覆盖城乡居民。现对北京、天津、上海、重庆四个直辖市的城乡低保政策做一简要比较分析。

一 北京城乡居民低保政策

1996 年 6 月 20 日，北京市政府转发市民政局、市劳动局、市人事局、市财政局《关于实施城镇居民最低生活保障制度的意见》（京政发〔1996〕15 号），决定从1996 年 7 月 1 日起建立并实施城镇居民最低生活保障制度，确定 1996 年城镇居民最低生活保障线标准为家庭月人均收入 170 元。凡具有本市城镇居民正式户口（不含外地来京就读的在校学生），家庭月人均收入低于当年北京市城镇居民最低生活保障线标准的人员，均属保障范围。最低生活保障金按城镇居民的家庭月人均收入与当年公布的城镇居民最低生活保障线之间的差额确定，差多少补多少。

2000 年 6 月 27 日，北京市政府颁布《北京市实施〈城市居民最低生活保障条例〉办法》（市人民政府令 2000 年第 58 号），明确和规范城镇居民最低生活保障制度。2002 年 6 月 26 日，北京市政府印发市民政局《关于完善城市居民最低生活保障制

　＊　原载北京市农村经济研究中心《调查研究报告》2011 年第 18 期。

度若干意见的通知》（京政发〔2002〕19 号），进一步完善城市居民最低生活保障制度。

2005 年 7 月 13 日，北京市政府批转市民政局《关于建立本市城市居民最低生活保障标准调整机制的意见》（京政发〔2005〕13 号），建立城市居民最低生活保障标准调整机制。2010 年 12 月 24 日，市民政局、市财政局印发《关于调整 2011 年本市城乡低保标准的通知》（京民社救发〔2010〕592 号），2011 年 1 月 1 日起，城市低保标准由家庭月人均 430 元上调为 480 元。2011 年 6 月 23 日，市民政局、市财政局印发《关于调整本市社会救助相关标准的通知》（京民社救发〔2011〕242 号），提出从 2011 年 7 月 1 日起，城市低保标准从家庭月人均 480 元上调为 500 元。各年度北京市城镇居民最低生活保障标准见表 1。

表 1　北京市城镇居民最低生活保障标准

单位：元/月

年份	标准
1996	170
1997	190
1998	200
1999	210/273
2000	280
2001	285
2002	290
2003	290
2004	290
2005	300
2006	310
2007	330
2008	390
2009	410
2010	430
2011	480/500

资料来源：北京市民政局。

2002 年 4 月 27 日，北京市政府批转市民政局《关于建立和实施农村居民最低生活保障制度意见》（京政发〔2002〕15 号），决定从 2002 年度起建立并实施农村居民最低生活保障制度。凡具有北京市农业户口、上年家庭年人均收入低于户籍所在区县当年农村居民最低生活保障标准的农村居民，均纳入当地农村居民最低生活保障范围。农村居民最低生活保障标准由各区县政府确定。

2005 年 4 月 14 日，北京市政府发布《关于推进城乡社会救助体系建设的意见》（京政发〔2005〕8 号），提出完善最低生活保障制度，建立规范的低保标准调整机制。2006 年 4 月 25 日，北京市政府批转市民政局《关于建立本市农村居民最低生活保障标准调整机制的意见》（京政发〔2006〕15 号），建立农村低保标准动态调整机制。

2010 年 12 月 24 日，市民政局、市财政局印发《关于调整 2011 年本市城乡低保标准的通知》（京民社救发〔2010〕592 号），2011 年 1 月 1 日起，农村低保标准由家庭月人均 210 元上调为 300 元。2011 年 6 月 23 日，市民政局、市财政局印发《关于调整本市社会救助相关标准的通知》（京民社救发〔2011〕242 号），从 2011 年 7 月 1 日起，农村低保标准从家庭月人均 300 元上调为 340 元。近年来北京市农村居民最低生活保障标准见表 2。

表 2　北京市农村居民最低生活保障标准

单位：元/年，元/月

年份	年标准	月标准	年份	年标准	月标准
2005	1510	125.83	2009	2040	170.00
2006	1580	131.67	2010	2520	210.00
2007	1630	135.83	2011	3600/4080	300.00/340.00
2008	1780	148.33			

资料来源：北京市民政局。

北京市公布全市农村居民低保的最低标准，各区县自行制定本地农村低保标准，但不得低于全市公布的农村低保标准。在北京 13 个涉农区县中，近郊的朝阳、海淀、丰台三个区已经实现了城乡低保待遇的统一，10 个远郊区县的农村低保标准有所不同（见表 3）。

表 3　北京市及其 13 个涉农区县农村居民最低生活保障标准与人数

单位：元/月，人

类别	2007 年		2008 年		2009 年		2010 年		2011 年
	标准	人数	标准	人数	标准	人数	标准	人数	标准
全市	135.83	77818	148.33	78789	170.00	79821	210.00	76955	300.00/340.00
朝阳区	330.00	1627	390.00	1563	410.00	1635	430.00	1471	480.00
丰台区	330.00	1406	390.00	1377	410.00	1348	430.00	1299	480.00
海淀区	330.00	1451	390.00	1338	410.00	1371	430.00	1005	480.00
房山区	140.00	15891	160.00	16137	170.00	16782	210.00	15840	300.00
通州区	120.00	7522	160.00	7127	170.00	7201	220.00	6903	300.00

续表

类别	2007 年		2008 年		2009 年		2010 年		2011 年
	标准	人数	标准	人数	标准	人数	标准	人数	标准
顺义区	150.00	7743	180.00	7695	210.83	7443	280.00	7359	384.00
昌平区	140.00	3874	160.00	3886	210.00	3220	230.00	3029	300.00
大兴区	120.00	4226	160.00	4376	200.00	4420	240.00	4085	300.00
门头沟区	130.00	2306	170.00	2306	200.00	2493	240.00	2686	300.00
怀柔区	112.50	7667	148.33	8085	170.00	8083	210.00	8145	300.00
平谷区	100.00	9594	150.00	9242	170.00	9516	210.00	8809	300.00
密云县	100.00	6933	150.00	7305	170.00	8191	210.00	8892	300.00
延庆县	91.67	7578	150.00	8352	170.00	8118	210.00	7432	300.00

注：2007 年、2008 年北京市农村居民最低生活保障标准分别为 1630 元/年、1780 元/年。2011 年 7 月 1 日起，北京市农村低保标准从家庭月人均 300 元上调为 340 元，2011 年各区县农村低保标准为 2011 年上半年数据。

资料来源：北京市民政局。

二　天津城乡居民低保政策

1997 年 12 月 16 日，天津市政府发布《天津市城乡居民最低生活保障办法》（津政发〔1997〕92 号），自 1998 年 1 月 1 日起施行城镇居民和农村居民最低生活保障制度。

2001 年 3 月 14 日，天津市政府发布施行《天津市最低生活保障办法》（市政府令第 38 号）。享受最低生活保障待遇的对象是：无劳动能力、无生活来源又无法定赡养、扶养或抚养义务人的；无劳动能力、无生活来源，虽有法定赡养、扶养或抚养义务人，但义务人无赡养、扶养或抚养能力的；各级民政部门管理的原特殊救济对象。居民最低生活保障所需资金，由市和区、县政府各按 50% 的比例承担；村民最低生活保障资金由区县政府以及乡镇政府和村委会共同承担，分担比例由区县政府确定。

天津市居民最低生活保障标准的确定和调整，由天津市民政部门会同有关部门研究制定，报市政府批准后执行。天津市村民最低生活保障标准由区、县民政部门会同有关部门研究制定，报本区、县政府批准并由区、县政府报市政府备案后公布执行。居民、村民最低生活保障标准，根据经济发展水平做适时调整。居民、村民享受的最低生活保障金，由街道办事处或乡、镇政府根据居民、村民最低生活保障标准与申请人家庭人均收入差额核算后，报区、县民政部门核准。

天津市按照城乡困难人员致贫原因、身体状况、劳动能力、困难程度和自救能力的具体情况，实施分类救助，先后出台有关城乡低保分类救助的政策，如《关于享受最低生活保障待遇人员实行分类救助的通知》（津民发〔2005〕33 号）、《关于建立和完善城乡最低生活保障分类救助政策的通知》（津民发〔2007〕78 号、津财社联〔2007〕102 号）、《关于调整城乡困难群众生活救助政策有关问题的通知》（津民发〔2008〕85 号）、《关于完善城乡分类救助政策的通知》（津民发〔2010〕102 号）。

天津市城市居民低保标准实行全市统一，并根据经济社会发展情况进行调整。从 1998 年到 2011 年，天津先后 9 次提高城市居民最低生活保障标准。天津市历年城市居民最低生活保障标准见表 4。

表 4　天津市历年城市居民最低生活保障标准

单位：元

时间	标准	政策依据
1998 年 1 月 1 日—1999 年 6 月 30 日	185	津民社字〔1997〕156 号
1999 年 7 月 1 日—2004 年 6 月 30 日	241	津民社字〔1999〕73 号
2004 年 7 月 1 日—2006 年 6 月 30 日	265	津民发〔2004〕143 号
2006 年 7 月 1 日—2007 年 5 月 30 日	300	津民发〔2006〕56 号
2007 年 6 月 1 日—2007 年 12 月 31 日	330	津民发〔2007〕40 号
2008 年 1 月 1 日—2008 年 6 月 30 日	345	津民发〔2008〕21 号 津财社联〔2008〕32 号
2008 年 7 月 1 日—2009 年 3 月 31 日	400	津民发〔2008〕85 号
2009 年 4 月 1 日—2010 年 3 月 31 日	430	津民发〔2009〕39 号 津财社联〔2009〕69 号
2010 年 4 月 1 日—2011 年 3 月 31 日	450	津民发〔2010〕55 号
2011 年 4 月 1 日—	480	津民发〔2011〕23 号

资料来源：天津市民政局。

1997 年天津市政府发布的《天津市城乡居民最低生活保障办法》（津政发〔1997〕92 号），同步建立农村居民最低生活保障制度，天津现行农村居民最低生活保障的主要政策依据是 2001 年发布的《天津市最低生活保障办法》（市政府令第 38 号）。

天津市各区县农村居民低保标准各异。2007 年 3 月 6 日，天津市民政局、市财政局发布《关于进一步完善我市农村最低生活保障制度有关问题的通知》（津民发〔2007〕14 号、津财社联〔2007〕18 号），决定建立农村最低生活保障标准指导线制度。从 2007 年 1 月 1 日起，天津市农村最低生活保障标准指导线为年人均 1500 元。各区县根据本地区农民人均纯收入、消费水平、经济发展水平等因素，在指导线的基础上上浮，制定本区县农村最低生活保障标准。从 2007 年 1 月起，天津市参照城镇最低生活保障资金补助办法，开始对农村最低生活保障资金按比例进行财政补助，同时取消农村最低生活保障资金村级负担部分，区县、乡镇负担比例由各区县政府制定。

2007 年以来，天津市农村最低生活保障标准指导线每年都做调整。2011 年 3 月 17 日，天津市民政局发布《关于调整社会救助标准的通知》（津民发〔2011〕23 号），从 2011 年 4 月 1 日起，农村居民最低生活保障标准由每人每月 250 元调整为 280 元。天津市历年农村最低生活保障标准指导线见表 5。

表 5　天津市历年农村最低生活保障标准指导线

单位：元/月/人

	2007 年	2008 年	2009 年	2010 年	2011 年
农村最低生活保障标准指导线	125	135/200	230	250	280

资料来源：天津市民政局。

三　上海城乡居民低保政策

1993 年 5 月 7 日，上海市民政局、财政局、劳动局、人事局、社会保险局、总工会联合发布《关于本市城镇居民最低生活保障线的通知》（沪民救〔1993〕17 号），决定从 1993 年 6 月 1 日起实施城镇居民最低生活保障制度，低保标准为月人均 120 元。政府负责的城镇居民最低生活保障的对象，其低保资金列入区（县）财政预算；单位负责的职工家庭最低生活保障的对象，其低保资金列入企业的福利费开支项目。

1996 年 11 月 4 日，上海市政府发布《上海市社会救助办法》（沪府发〔1996〕60 号），自 1997 年 1 月 1 日起施行。凡具有本市户籍的城乡居民，在其个人或者家庭生活水平低于最低生活保障标准时，有依照本办法申请社会救助和获得物质帮助的权利。最低生活保障标准按照城乡有别、地区有别的原则，由市民政局会同有关部门拟订，报市政府批准后公布执行。

1999 年 9 月 15 日，上海市民政局等五部门发布《关于完善本市城镇居民最低生活保障制度的通知》（沪民救发〔1999〕第 32 号、沪财社〔1999〕第 42 号），决定从 1999 年 10 月 1 日起，原由单位负担的保障金调整为由市、区（县）财政负担。职工家属最低生活保障所需经费，由市、区（县）两级政府按各 50% 的比例负担。最低生活保障对象实行全员覆盖，只要是城镇居民家庭人均收入低于本市低保标准的，都可以获得政府的救助。

1999 年 10 月 26 日，上海市民政局发布《关于做好本市社会救助政策衔接工作应注意的若干问题的通知》（沪民救发〔1999〕37 号），对相关政策衔接做了具体规定。

1993 年以来上海市城镇居民最低生活保障标准见表 6。

表6 上海市历年城镇居民最低生活保障标准

单位：元/月

时间	标准	时间	标准
1993 年 6 月 1 日起	120	2002 年 8 月 1 日起	290
1994 年 7 月 1 日起	135	2005 年 8 月 1 日起	300
1995 年 4 月 1 日起	165	2006 年 8 月 1 日起	320
1996 年 4 月 1 日起	185	2007 年 8 月 1 日起	350
1997 年 4 月 1 日起	195	2008 年 4 月 1 日起	400
1998 年 4 月 1 日起	205	2009 年 4 月 1 日起	425
1999 年 4 月 1 日起	215	2010 年 4 月 1 日起	450
1999 年 7 月 1 日起	280	2011 年 4 月 1 日起	505

注：1999 年城镇居民低保标准调整 2 次，2000 年、2001 年、2003 年、2004 年未做调整。
资料来源：上海市民政局救济救灾处。

1994 年，上海市政府办公厅转发市农委等三部门《关于做好本市农村扶贫工作的意见》（沪府办发〔1994〕15 号），开始建立农村居民最低生活保障制度。农村居民最低生活保障标准分为近郊（浦东新区、闵行区、嘉定区、宝山区）、远郊（南汇区、奉贤区、金山区、青浦区、松江区）、海岛（崇明岛、横沙岛、长兴岛）三种。农村低保金由县（区）、乡（镇）、村三级按 4：4：2 的比例落实，所需经费分别列入县（区）、乡（镇）财政预算。1999 年农村低保资金由县（区）、乡（镇）各承担 50%。1996 年 11 月 4 日，上海市政府发布的《上海市社会救助办法》（沪府发〔1996〕60 号），将农村居民与城镇居民共同纳入社会救助制度体系。

2002 年 6 月 11 日，上海市政府办公厅转发市民政局等三部门《关于确保本市郊区农村居民最低生活保障意见的通知》（沪府办〔2002〕40 号），决定从 2002 年起，上海市郊区农村居民最低生活保障标准由原近郊、远郊、海岛三条标准线归并为郊区、海岛两条最低生活保障标准线。城镇居民最低生活保障标准与郊区农村居民最低生活保障标准的比例关系确定为 1.5：1 左右；城镇居民最低生活保障标准与海岛农村居民最低生活保障标准的比例关系确定为 1.7：1 左右。

2005 年 7 月，上海市民政局、市财政局联合下发《关于调整本市农村居民最低生活保障标准的通知》（沪民救发〔2005〕40 号），提出从 2005 年 8 月 1 日起，统一农村居民最低生活保障标准，农村低保标准与城镇低保标准按 1：1.5 的比例确定。

2009 年 6 月 24 日，上海市民政局发布《关于进一步做好本市农村最低生活保障工作有关事项的通知》（沪民救发〔2009〕40 号），自 2009 年 7 月起，农村最低生活保障金发放方式由以前的按年发放改为统一实行按月发放。

1993 年以来上海市农村居民最低生活保障标准见表7。

表7 上海市历年农村居民最低生活保障标准

单位：元/年

时间	标准	时间	标准
1993 年 1 月 1 日起	近郊　850 远郊　750 海岛　700	2002 年 1 月 1 日起	郊区　2240 海岛　1980
1996 年 4 月 1 日起	近郊　1700 远郊　1500 海岛　1300	2005 年 8 月 1 日起 2006 年 7 月 1 日起	2340 2560
1999 年 4 月 1 日起	近郊　1800 远郊　1600 海岛　1400	2007 年 7 月 1 日起 2008 年 4 月 1 日起 2009 年 4 月 1 日起	2800 3200 3400
1999 年 7 月 1 日起	近郊　2200 远郊　2000 海岛　1800	2010 年 4 月 1 日起 2011 年 4 月 1 日起	3600 4320

注：1999 年农村居民低保标准调整 2 次，2000 年、2001 年、2003 年、2004 年未做调整。1993 年起，农村低保标准分近郊、远郊、海岛三类，2002 年起农村低保标准分郊区、海岛二类，2005 年起，农村低保标准实行统一。

资料来源：上海市民政局救济救灾处。

四 重庆城乡居民低保政策

1996 年 6 月 28 日，重庆市政府颁布《重庆市城市居民最低生活保障暂行办法》（渝府发〔1996〕100 号），决定从 1996 年 7 月 1 日开始，对渝中区、沙坪坝、江北、大渡口、九龙坡、南岸、北碚、万盛、双桥、渝北、巴南区城区常住非农户口且家庭月人均收入低于保障标准的城市居民实施城市居民最低生活保障。最低生活保障线标准每人每月 120 元，保障资金实行分级负担，由市、区财政各负担 50%。

1998 年 2 月 13 日，重庆市政府印发《关于建立健全城市居民最低生活保障制度的通知》（渝府发〔1998〕10 号），决定在 1999 年 6 月前，全市各区县普遍建立健全城市居民最低生活保障制度。

2002 年 3 月 28 日，重庆市政府发布《重庆市实施〈城市居民最低生活保障条例〉办法》（渝府令第 129 号），凡具有重庆市非农业户口、共同生活的家庭成员月人均收入低于当地城市居民最低生活保障标准的，均可申请享受最低生活保障待遇。

2005 年 1 月 19 日，重庆市政府印发《关于加快建立新型社会救助体系的意见》（渝府发〔2005〕21 号），提出进一步完善城市最低生活保障制度，到 2010 年在全市基本建立起新型社会救助体系。

2008 年 7 月 25 日，重庆市人大常委会公布《重庆市城乡居民最低生活保障条例》，在地方立法上实现了城乡居民最低生活保障制度的城乡统筹。

2011 年 10 月 14 日，重庆市政府发布《关于进一步做好城乡居民最低生活保障工作的通知》（渝府发〔2011〕81 号）、《关于规范社会救助标准制定和调整工作的意见》（渝府发〔2011〕82 号）、《关于提高城乡低保城市"三无"人员和农村五保供养对象保障标准的通知》（渝府发〔2011〕83 号）三个文件，决定从 2011 年 10 月 1 日起，调整城乡低保、城市"三无"、农村"五保"人员的保障标准，到 2015 年，力争将城乡低保标准缩小到 1.5 倍之内。

2011 年调整后的重庆城市低保标准是：渝中区、大渡口区、江北区、沙坪坝区、九龙坡区、南岸区、北碚区、万盛区、双桥区、渝北区、巴南区等 11 个区及北部新区城市居民最低生活保障线标准提高到每人每月 320 元；万州区、南川区、涪陵区、江津区、合川区、永川区、长寿区、綦江县、潼南县、铜梁县、大足县、荣昌县、璧山县等 13 个区县城市居民最低生活保障线标准提高到每人每月 305 元；黔江区、梁平县、城口县、丰都县、垫江县、武隆县、忠县、开县、云阳县、奉节县、巫山县、巫溪县、石柱县、秀山县、酉阳县、彭水县等 16 个区县城市居民最低生活保障线标准提高到每人每月 290 元。

1996 年以来，重庆城镇居民最低生活保障标准见表 8。

表 8　重庆市历年城镇居民最低生活保障标准

单位：元/月

类别		1996 年 7 月	1998 年 3 月	1999 年 7 月	2002 年 1 月	2004 年 10 月	2006 年 7 月	2008 年 4 月	2010 年 10 月	2011 年 10 月
全市平均		**120**	**119**	**129**	**143**	**161**	**178**	**230**	**260**	**303**
一小时经济圈	渝中区	120	130	169	185	195	210	260	290	320
	大渡口区	120	130	169	185	195	210	260	290	320
	江北区	120	130	169	185	195	210	260	290	320
	沙坪坝区	120	130	169	185	195	210	260	290	320
	九龙坡区	120	130	169	185	195	210	260	290	320
	南岸区	120	130	169	185	195	210	260	290	320
	北碚区	120	130	169	185	195	210	260	290	320
	渝北区	120	130	169	185	195	210	260	290	320
	巴南区	120	130	169	185	195	210	260	290	320
	万盛区	120	130	169	185	195	210	260	290	320
	双桥区	120	130	169	185	195	210	260	290	320
	涪陵区		80	130	145	160	175	230	260	305
	长寿区			130	145	160	175	230	260	305
	江津区			130	145	160	175	230	260	305

续表

类别		1996 年 7 月	1998 年 3 月	1999 年 7 月	2002 年 1 月	2004 年 10 月	2006 年 7 月	2008 年 4 月	2010 年 10 月	2011 年 10 月
一小时经济圈	合川区			130	145	160	175	230	260	305
	永川区			130	145	160	175	230	260	305
	南川区			104	115	140	155	210	240	305
	綦江县			130	145	160	175	230	260	305
	潼南县			130	145	160	175	230	260	305
	铜梁县			130	145	160	175	230	260	305
	大足县			130	145	160	175	230	260	305
	荣昌县			130	145	160	175	230	260	305
	璧山县			130	145	160	175	230	260	305
	北部新区			169	185	195	210	260	290	320
渝东北翼	万州区		80	104	115	140	175	230	260	305
	梁平县			104	115	140	155	210	240	290
	城口县			104	115	140	155	210	240	290
	丰都县			104	115	140	155	210	240	290
	垫江县			104	115	140	155	210	240	290
	忠县			104	115	140	155	210	240	290
	开县			104	115	140	155	210	240	290
	云阳县			104	115	140	155	210	240	290
	奉节县			104	115	140	155	210	240	290
	巫山县			104	115	140	155	210	240	290
	巫溪县			104	115	140	155	210	240	290
渝东南翼	黔江区		80	104	115	140	175	230	260	290
	武隆县			104	115	140	155	210	240	290
	石柱县			104	115	140	155	210	240	290
	秀山县			104	115	140	155	210	240	290
	酉阳县			104	115	140	155	210	240	290
	彭水县			104	115	140	155	210	240	290

资料来源：重庆市民政局最低生活保障事务中心，感谢姚力的大力支持。

2003 年 7 月，重庆市在南岸区、双桥区开始试点建立农村低保制度。南岸区政府出台了《重庆市南岸区人民政府关于建立农村最低生活保障制度的通知》，双桥区政府出台了《重庆市双桥区人民政府关于建立农村最低生活保障制度的通知》，对农村低保制度试点做出了具体部署。

2005 年 1 月 19 日，重庆市政府印发《关于加快建立新型社会救助体系的意见》

（渝府发〔2005〕21 号），提出逐步建立农村最低生活保障制度，已建立农村最低生活保障制度的地方，要总结经验、完善政策、规范管理；主城区和有条件的区县（自治县、市）要积极探索建立与当地经济发展水平相适应的农村最低生活保障制度；尚不具备条件的地方，要进一步巩固完善农村特困户救助制度。

2006 年 7 月 27 日，重庆市政府办公厅发布《关于加快建立农村居民最低生活保障制度的通知》（渝办发〔2006〕179 号），提出尚未建立农村居民最低生活保障制度的区县要尽快建立农村居民最低生活保障制度。2006 年 11 月 28 日，重庆市政府发布《关于全面建立农村居民最低生活保障制度的意见》（渝府发〔2006〕149 号），要求从 2007 年 1 月起，全面建立和实施农村居民最低生活保障制度。2007 年全市农村居民最低生活保障标准不低于每人每年 700 元。到 2007 年底，重庆市 39 个涉农区县已全面建立了农村低保制度。

2008 年，重庆市民政局、市财政局印发《关于做好城乡居民最低生活保障调标工作的通知》（渝民发〔2009〕92 号），规定农村低保按照统筹城乡发展要求，将保障标准由原一个标准调整为按城市标准 50% 确定的三个标准。2009 年 9 月，重庆市民政局、市财政局印发《关于进一步做好城乡居民最低生活保障分类重点救助工作的通知》（渝民发〔2009〕92 号），将全市城乡低保分类救助对象扩大到城市"三无"人员、城乡低保中 70 岁以上老年人、重病人员、残疾人员、学龄前儿童。

2011 年 10 月，重庆市对城乡低保标准做了新的调整，调整后的农村低保标准是：大渡口区、江北区、沙坪坝区、九龙坡区、南岸区、北碚区、万盛区、双桥区、渝北区、巴南区等 10 个区及北部新区农村居民最低生活保障线标准提高到每人每月 170 元；万州区、涪陵区、江津区、合川区、永川区、长寿区、綦江县、潼南县、铜梁县、大足县、荣昌县、璧山县等 12 个区县农村居民最低生活保障线标准提高到每人每月 160 元；南川区、黔江区、梁平县、城口县、丰都县、垫江县、武隆县、忠县、开县、云阳县、奉节县、巫山县、巫溪县、石柱县、秀山县、酉阳县、彭水县等 17 个区县农村居民最低生活保障线标准提高到每人每月 150 元。

2003 年以来，重庆市农村居民最低生活保障标准见表 9。

表 9　重庆市历年农村居民最低生活保障标准

单位：元/年

类别	2003 年	2004 年	2005 年	2006 年	2007 年	2008 年	2010 年	2011 年
全市平均	713	756	938	984	791	1369	1612	1896

类别		2003 年	2004 年	2005 年	2006 年	2007 年	2008 年	2010 年	2011 年
一小时经济圈	大渡口区		800	1000	1000	1260	1600	1800	2040
	江北区		800	800	1000	1400	1600	1800	2040
	沙坪坝区				1000	1200	1600	1800	2040
	九龙坡区			1000	1000	1200	1600	1800	2040
	南岸区	800	800	1000	1200	1200	1600	1800	2040
	北碚区				1000	1000	1600	1800	2040
	渝北区			1000	1000	1000	1600	1800	2040
	巴南区				800	800	1600	1800	2040
	万盛区					700	1600	1800	2040
	双桥区	625	625	825	825	825	1600	1800	2040
	涪陵区					800	1400	1600	1920
	长寿区					800	1400	1600	1920
	江津区					800	1400	1600	1920
	合川区					800	1400	1600	1920
	永川区				800	800	1400	1600	1920
	南川区					700	1200	1400	1800
	綦江县					700	1400	1600	1920
	潼南县					700	1400	1600	1920
	铜梁县					700	1400	1600	1920
	大足县					700	1400	1600	1920
	荣昌县					700	1400	1600	1920
	璧山县					800	1400	1600	1920
	北部新区				1200	2520	1600		
渝东北翼	万州区					700	1400	1600	1920
	梁平县					700	1200	1400	1800
	城口县					700	1200	1400	1800
	丰都县					700	1200	1400	1800
	垫江县					720	1200	1400	1800
	忠　县					700	1200	1400	1800
	开　县					700	1200	1400	1800
	云阳县					700	1200	1400	1800
	奉节县					700	1200	1400	1800
	巫山县					700	1200	1400	1800
	巫溪县					700	1200	1400	1800

续表

类别		2003 年	2004 年	2005 年	2006 年	2007 年	2008 年	2010 年	2011 年
渝东南翼	黔江区					700	1400	1600	1800
	武隆县					700	1200	1400	1800
	石柱县					700	1200	1400	1800
	秀山县					700	1200	1400	1800
	酉阳县					700	1200	1400	1800
	彭水县					700	1200	1400	1800

资料来源：重庆市民政局最低生活保障事务中心，感谢姚力的大力支持。

五 小结

第一，低保建立时间。20 世纪 90 年代我国建立城市低保制度。上海市于 1993 年 6 月在全国最早建立城市低保制度。北京和重庆均于 1996 年 7 月建立城市低保制度，天津于 1998 年建立城市低保制度。上海、天津、北京和重庆分别于 1994 年、1997 年、2002 年和 2003 年建立农村低保制度。各直辖市和省会城市最低生活保障制度创建时间见表 10。

表 10　直辖市和省会城市最低生活保障制度创建时间比较

城　市	创建时间	城　市	创建时间	城　市	创建时间	城　市	创建时间
北　京	1996 年 7 月	上　海	1993 年 6 月	武　汉	1996 年 3 月	昆　明	1996 年 7 月
天　津	1998 年 1 月	南　京	1996 年 8 月	长　沙	1997 年 7 月	拉　萨	1997 年 1 月
石 家 庄	1996 年 1 月	杭　州	1997 年 1 月	广　州	1995 年 7 月	西　安	1998 年 1 月
太　原	1997 年 7 月	合　肥	1996 年 7 月	南　宁	1995 年 9 月	兰　州	1998 年 1 月
呼和浩特	1997 年 1 月	福　州	1995 年 1 月	海　口	1995 年 1 月	西　宁	1997 年 8 月
沈　阳	1995 年 3 月	南　昌	1997 年 1 月	成　都	1997 年 7 月	银　川	1998 年 1 月
长　春	1996 年 7 月	济　南	1996 年 7 月	重　庆	1996 年 7 月	乌鲁木齐	1998 年 1 月
哈 尔 滨	1997 年 4 月	郑　州	1996 年 8 月	贵　阳	1998 年 1 月		

资料来源：民政部救灾救济司。

第二，城乡低保标准。截至 2011 年 10 月，在四大直辖市中，上海市的城乡居民低保标准最高，分别为每人每月 505 元、360 元，北京市城乡居民低保标准次之，分别为每人每月 500 元、340 元，比上海城乡居民低保标准每人每月分别低 5 元和 20 元。天津市的城乡居民标准低于上海和北京水平，重庆市城乡居民低保标准在四个直辖市中处于最低水平。

北京、天津、上海的城市居民低保在全市实行统一标准。北京农村居民低保标准尚未统一，目前存在三个标准。天津市农村居民低保标准也未统一，2007 年以来天津市每年出台农村最低生活保障标准指导线，各区县农村低保标准不低于全市指导线，天津已建立城乡居民统一的低保制度框架。上海自 2005 年起，对农村居民最低生活保障标准实行了统一。重庆市的城市居民低保标准和农村居民低保标准均未实现全市统一。表 11、表 12 显示了 2011 年 10 月四大直辖市城乡低保标准和 2011 年 9 月 36 个中心城市的低保标准。

表 11　四大直辖市城乡低保标准比较（2011 年 10 月）

单位：元/月

城市	城市居民最低生活标准	农村居民最低生活标准
北京	500	340
天津	480	280
上海	505	360
重庆	303	158

注：重庆市城乡居民标准为全市平均数。

资料来源：根据相关资料整理。

表 12　36 个中心城市低保标准（2011 年 9 月）

单位：元/月

城　市	低保标准	城　市	低保标准
北　京	500	广　州	480
天　津	480	南　宁	300
石家庄	340	海　口	352
太　原	330	重　庆	290
呼和浩特	380	成　都	330
沈　阳	380	贵　阳	300
长　春	350	昆　明	310
哈尔滨	360	拉　萨	360
上　海	505	西　安	360
南　京	500	兰　州	306
杭　州	525	西　宁	238
合　肥	320	银　川	265
福　州	多人户：290 单人户：320	乌鲁木齐	256
南　昌	350	大　连	420
济　南	400	青　岛	350
郑　州	340	宁　波	440

续表

城　市	低保标准	城　市	低保标准
武　汉	360	深　圳	450
长　沙	350	厦　门	一人户：350
			两人户：325
			多人户：300

资料来源：中国社会救助网，http://www.dibao.org/item/77789b26 - 7141 - 4ba2 - 8dbb - 21b45cc37846.aspx。

　　第三，城乡低保覆盖面。在四个直辖市中，城市居民低保覆盖率最高的是重庆，其次是天津。北京的城市居民低保覆盖率最低，只有1.38%，分别比上海、天津和重庆低1.43、1.89和4.11个百分点。农村居民低保覆盖率最高的也是重庆，其次是上海，北京比天津略高，但比上海和重庆分别低2.30和2.45个百分点（见表13）。

表13　2010年城乡居民低保人数及低保覆盖率

单位：人，%

城市	城市居民低保人数	城市非农户籍人口数	城市居民低保覆盖率	农村居民低保人数	城市农业户籍人口数	农村居民低保覆盖率
北京	137024	989.50万	1.38	76955	268.30万	2.87
天津	197908	604.42万	3.27	86140	380.43万	2.26
上海	353246	1254.95万	2.81	81297	157.37万	5.17
重庆	607672	1107.00万	5.49	1168799	2196.45万	5.32

资料来源：根据相关统计年鉴等资料整理。

执笔：张英洪

推进首都城乡基本公共服务均等化的
重点与难点[*]

　　北京基本公共服务建设有两大主要目标。一是实现城乡基本公共服务均等化。2008 年 12 月 25 日，北京市委十届五次全会通过《中共北京市委关于率先形成城乡经济社会发展一体化新格局的意见》，提出要"推进城乡基本公共服务均等化"。二是北京基本公共服务达到中等发达国家水平。2011 年 6 月 3 日，北京市委十届九次全会通过《中共北京市委关于加强和创新社会管理全面推进社会建设的意见》，明确提出："今后五年，北京基本公共服务水平居全国前列并达到中等发达国家水平。"

　　2011 年 10 月，《北京市"十二五"时期社会公共服务发展规划》提出了"到 2015 年，基本构建起与首都功能定位和中国特色世界城市建设目标相适应的社会公共服务体系，基本公共服务水平位居全国前列并达到中等发达国家水平，基本实现学有所教、劳有所业、病有所医、老有所养、难有所助、住有所居，人民更加幸福安康，社会更加和谐稳定"的总体目标。

　　近五年来，北京市社会公共服务总体水平显著提升，社会公共服务体系日趋完善，基础教育、医疗卫生、文化体育、公共安全等服务资源人均拥有量和保障水平全国领先，一些指标接近或达到发达国家水平。基本公共服务均等化也取得新成效，城乡、区域和群体之间基本公共服务水平差距不断缩小。但与发达国家相比，北京依然有不小差距。社会公共服务涉及公共教育、公共卫生和基本医疗、公共就业、社会保障、社会福利和社会救助、公共文化、公共体育、公共安全等服务。在此，笔者主要分析一下北京市社会公共服务在基础教育、医疗卫生和社会保障三个重点方面的发展现状。

---

　　* 该文是 2012 年 11 月 18 日张英洪在北京市社会科学界联合会、北京市中国特色社会主义理论体系研究中心、《中国特色社会主义研究》杂志社联合主办的城乡一体化与首都"十二五"发展论坛上的发言。

一 北京市基本公共服务的发展现状

1. 基础教育

公共教育发展的一个基本指标是，教育支出要占 GDP 的 4%。从国际情况看，2008 年，全世界教育公共支出占 GDP 的平均比例为 4.6%；中等收入国家教育公共支出占 GDP 的平均比例为 4.5%；上中等收入国家教育公共支出占 GDP 的平均比例为 4.6%，教育公共支出占政府总支出的平均比重为 14.0%；高收入国家教育公共支出占 GDP 的平均比重为 5.4%，教育公共支出占政府总支出的平均比例为 12.6%。

北京市 2011 年教育支出占全市 GDP 的比重是 3.20%，16 个区县教育支出的比重不一样，也很不均衡，最高值和最低值相差 8.5 个百分点（详见表1）。

表1　2009—2011 年北京各区县教育财政支出情况

单位：%，元

	占 GDP 比重			占财政支出比重			按常住人口人均支出		
	2009	2010	2011	2009	2010	2011	2009	2010	2011
全市	3.01	3.19	3.20	15.77	16.57	16.03	2083.58	2294.79	2576.43
东城区	2.10	2.04	2.15	21.51	21.59	21.21	2720.62	2715.26	3167.21
西城区	1.38	2.02	1.64	14.64	18.00	16.73	2010.20	3341.66	3119.21
朝阳区	1.32	1.35	1.44	22.45	22.56	21.88	990.60	1069.02	1286.31
丰台区	2.25	2.29	2.16	17.19	19.86	16.96	775.81	795.04	838.01
石景山区	2.13	2.15	2.22	15.80	14.84	15.53	873.49	1032.44	1123.28
海淀区	1.32	1.41	1.40	17.49	18.05	18.26	1046.20	1188.94	1310.44
房山区	4.01	4.18	3.66	15.07	19.36	13.02	1290.71	1643.22	1573.74
通州区	2.82	3.22	2.99	11.18	14.97	14.72	720.07	938.50	957.08
顺义区	1.47	1.67	1.58	12.40	15.22	12.88	1386.41	1652.59	1752.96
昌平区	2.70	2.40	2.76	13.73	13.05	15.08	904.36	578.10	721.80
大兴区	4.07	4.31	4.64	14.29	18.61	17.91	951.21	985.00	1140.15
门头沟区	6.37	6.69	7.01	12.79	12.64	13.22	1701.50	1993.93	2471.29
怀柔区	4.72	4.85	5.06	12.66	11.38	12.14	1633.63	1924.88	2302.61
平谷区	6.29	8.72	6.41	13.52	19.65	15.06	1575.57	2471.78	2094.04
密云县	5.96	5.98	5.44	12.51	13.69	12.55	1554.72	1806.24	1873.12
延庆县	9.62	10.92	9.88	13.67	16.93	14.70	2053.68	2331.55	2349.75
区县最大值	9.62	10.92	9.88	22.45	22.56	21.88	2720.62	3341.66	3167.21
区县最小值	1.32	1.35	1.40	11.18	11.38	12.14	720.07	578.10	721.80
最大值/最小值	7.29	8.09	7.06	2.01	1.98	1.80	3.78	5.78	4.39
全距	8.30	9.57	8.48	11.27	11.18	9.74	2000.55	2763.56	2445.41

关于学前教育，谈一个数字，我们就会体会很深。1979 年北京常住人口 870 多万，但是幼儿园有 5074 所，随着这些年城市化的推进，人口向北京集中，到 2011 年达到了 2000 多万人口，但是幼儿园却减少到 1305 所，北京的幼儿园资源已经不适应人口资源的需要，入园非常困难。大家都有这个体会。

关于基础教育未来发展方面，我们认为除了义务教育均衡发展以外，北京市还有两个突破口，一是将学前教育和高中教育全部纳入免费教育范围；二是对中小学生全部推行免费午餐制度。当然，目前的应试教育需要根本性的改革。

2. 医疗卫生

关于公共卫生和基本医疗的发展，国际上有两个基本指标。第一个是医疗卫生支出占 GDP 的比重。据世界银行《2010 年世界发展指标》，低收入国家和中等收入国家的医疗卫生支出占 GDP 的百分比均达到 5.4%，高收入国家医疗卫生支出占 GDP 的百分比达到 11.2%。2009 年，中国卫生总费用占 GDP 的比重是 5.15%，北京市卫生总费用占 GDP 的比重达到了 6.03%，这是比较高的，但是这个数据包含一些中央国家机关在北京的支出，这是由中央政府出的钱，扣除这个因素，北京市的比重又低于这个数字。

第二个基本指标是个人负担医疗费用的比例。从国际水平看，2000 年，世界平均个人自负医疗费用比例为 38.2%，发达国家平均个人自负医疗费用比例为 27%，转型国家平均个人自负医疗费用比例为 30%，最不发达国家平均个人自负医疗费用比例为 40.7%。

以"新农合"为例，2007—2011 年，北京市"新农合"门诊实际补偿率分别为 38.46%、33.16%、34.19%、36.54%、37.54%；2004 年至 2011 年，北京市"新农合"住院实际补偿率分别为 33.66%、29.53%、31.67%、44.50%、48.39%、47.59%、49.25%、49.00%。"新农合"门诊和住院实际补偿率均未达到 50%，也就是说，参合农民就医个人门诊负担在 60% 以上，个人住院负担在 50% 以上。

根据世界卫生组织的定义，如果一个家庭总的自费医疗支出超过了非生存必需支出（即家庭总支出减去食品支出）的 30%，就意味着发生了"灾难性医疗支出"。所以，我们建议北京市要进一步扩大医保保险范围，提高医疗报销比例，使参保人员就医的实际报销比例达到 70% 以上。

3. 社会保障

社会保障涉及的内容非常多，如医疗保险、养老保险、社会救助、社会福利等。北京的城乡基本医疗保险标准每年都在提高，其在全国都是领先水平。2012 年，北京市城镇低保标准达到了每人每月 520 元，农村调整到每人每月 380 元。但与全国其他直辖市相比，北京市城乡居民低保覆盖率是比较低的。以 2010 年为例，北京市城市居民低保覆盖率只有 1.38%，农村居民低保覆盖率只有 2.87%，同期重庆城乡居民低保覆盖率最高，分别是 5.49%、5.32%。相比之下，北京市还有很大的差距。

在城乡低保方面，建议北京市将城镇低保覆盖率从现在的不到 2% 扩大到 5% 以上。将农村低保覆盖范围由现在的 3% 左右扩大到 10% 左右，特别是要考虑将农村低收入农户逐步全面纳入低保范围。

《中国发展报告 2008/09》提出将全国 5% 的人口（约 7000 万人）纳入低保范围。北京市如按 5% 的比例计算，以第六次人口普查数为例，北京市 1961 万人的常住人口，应当将 98.05 万人纳入低保范围；如按 1265.7 万人的户籍人口计算，应将 63.29 万人纳入低保范围。以 2010 年北京户籍人口为例，如将城镇低保扩大到 5%，北京市非农业户籍人口 989.5 万人中将有 49.48 万人享有城镇低保；如将农村低保扩大到 10%，北京市农业户籍人口 268.3 万人中将有 26.83 万人享受农村低保。

另外，建议北京市率先建立普惠型的现代福利制度。除了健全特殊人群的福利制度外，要借鉴发达国家和地区的普遍做法，加快建立家庭福利、青年福利、少年儿童福利、生育福利等现代普惠型的福利制度，将北京率先建设为现代社会福利之都。

二 北京基本公共服务发展的难点与思考

（一）难点一：提高基本公共服务支出的比例

在市场经济发达国家，财政用于社会保障等公共服务的支出比例较高。据有关研究，2004 年，美国联邦政府支出的 45% 用于社会保障和医疗卫生等方面的公共服务，其中用于社会保障的财政支出占总支出的 21.6%，而用于行政公务的支出只占总支出的 10%。2002 年美国州和市县镇政府用于教育卫生、各种社会保障和社会管理的支出比例高达 70% 以上，行政公务费用只占 16%。2001 年澳大利亚政府用于社会保障和福利的支出占总支出的 24.2%。我国的行政费用非常高，所以党的十八大提出要降低行政管理成本，通过财政体制改革，提高公共服务支出水平。

2010 年，我国用于社会保障和就业的支出只占总支出的 7.8%。北京市用于社会保障和就业的支出占总支出的 8.7%，比全国平均水平高，但远远低于市场经济发达国家的水平。2010 年纽约市的财政支出结构中，健康福利支出占 23.95%，教育支出占 33.73%。北京市要建设世界城市，就要更多地在基本公共服务上跟世界城市比较。从财政支出结构可以看出，我们和他们的差距还是很大的。2010 年，我们的教育支出只占财政支出的 13%，社会保障和就业支出占 8.3%，医疗卫生支出占 5.9%，远远低于纽约市的支出结构比例。

（二）难点二：调整土地出让收入结构

北京每年的土地出让收入上千亿元，且没有纳入财政预算。优化这方面的支出结构对于改善北京的公共服务水平具有非常重要的作用。2010 年，北京市土地出让金达到了 1240 多亿元，这是个庞大的数字，这个数字是怎么支出的？根据统计，2009 年北京市土地出让金支出中，用于征地或者拆迁补偿的只占 1.7%，大部分用于城市建设支出。关于土地出让金，中央有四个明确的比例要求我们都没有达到，一个是土地出让收益不低于 10% 用于农业土地开发；二是土地出让收益不低于 10% 用于保障性住房建设；三是土地出让收益不低于 10% 用于农田水利建设；四是按照 10% 的比例提取教育基金。所以土地出让金的管理要纳入预算，进行改革。当然我们需要统筹各个部门、各个行业，不断深化改革，才能解决这个问题。

（三）难点三：实现首都基本公共服务向全部常住人口的全覆盖

这些年笔者在做研究的时候一直持有一个基本观点，就是全部常住人口都应当享受基本公共服务。北京市常住人口已有 2000 多万人，我们的基本公共服务应该向 2000 多万的常住人口全覆盖。这次党的十八大报告专门提出，基本公共服务要向全部常住人口全覆盖。这与笔者前几年的研究观点非常一致。

北京作为一个特大城市、国家首都，拥有大量的外来人口，据第六次人口普查，北京外来人口占全部常住人口比重达到了 39% 以上。如果不能保障包括农民工在内的外来流动人口享受基本公共服务，北京很难真正率先实现城乡一体化。

2010 年，笔者在新型城市化研究中提出要破除双重二元结构，除了农民跟市民不平等的城乡二元结构外，在城市内部还存在本地户籍人和外地人公共服务的不平等。北京市的城乡结构是双重二元结构交织在一起的。

上次李克强总理在北京考察时专门提出来要破除北京市的新二元结构。如何破除，这是一个难点。2011 年笔者研究新型城市化，就提出要实现统筹城市发展的第二次跨越。北京市已实现第一次跨越，把北京郊区的 300 万名农民纳入统筹城乡发展的框架中。但是我们还有七八百万的外来人口，也要纳入统筹城乡发展事业中，实现基本公共服务向全部常住人口的全覆盖。要把农民工等外来人口纳入统筹城乡发展的框架之中，使之平等享有基本公共服务，真正打破城市内部的二元结构，实现全面的城乡一体化。

（四）难点四：加强制度建设

城乡基本公共服务均等化是城乡一体化的重要内容，城乡二元结构的实质就是农民享受不平等的基本公共服务，城乡一体化的实质就是要实现基本公共服务的全覆盖，要像党的十八大提出的那样，实现权利平等、机会平等、规则平等。

我们很多地方现在热衷于推动农民集中上楼，对体制机制建设兴趣不大。在城乡一体化中如何加强制度建设，这是一个难点。我们发现，一些地方对农民集中上楼式的新农村建设兴趣比较高，这方面引发的问题较多，争议也比较大。这种损害农民财产权利、违背农民意愿的新农村建设也好，城乡一体化发展也好，让笔者感到很忧虑。

笔者认为，城乡一体化的关键是要建立城乡平等的开放的制度体系，使所有城乡居民都公平享有基本的公共服务，这是一个真正的难点。北京还需要做的是，成立城乡一体化发展的协调组织机构。我们到重庆、成都、温州、浙江等地考察，他们都成立有专门的城乡一体化机构，党政一把手亲自牵头管理。我们北京的城乡一体化也在推进，但没有统一的政策制度研究与行动部署，许多行动是比较分散，以至于大家各自为政。我们成立有新农村建设办公室，有城乡接合部建设办公室，但这都不是城乡一体化的协调机构。我们要加快实现北京市城乡基本公共服务均等化，构建城乡一体化发展格局，因而成立一个城乡一体化的统一机构，加强政策制度的顶层设计，这是非常必要的。

执笔：张英洪

推进北京市户籍制度改革的思考和政策建议[*]

20世纪90年代以来，北京市开始推行一些户籍制度改革政策，特别是逐步放开了人才进京的户口限制，但相对于广州、上海、重庆、成都等其他大城市来说，北京户籍制度改革力度不大，至今仍然没有实行居住证制度，没有取消户口分类，户口准入限制依旧存在且严格。对农民工等外来流动人口的户籍制度改革基本上没有突破。北京市从1986年开始实施流动人口暂住证制度，至今未能像广东、浙江、上海等地改为居住证制度。近年来，北京市因人口压力不断增大，开始强化"以业控人""以房管人""以水控人"，进一步严格户籍准入和指标调控。这些户籍限制政策与北京市统筹城乡发展、实现城乡一体化的长远目标是不相适应的。一方面，这难以阻止城市人口的膨胀，高校毕业生千方百计留在北京，流动人口涌入北京的动力也十分强劲；另一方面，户籍限制使流动人口无法取得合法的"市民"身份，难以获得与城市居民平等的发展机会和社会地位，难以与城市居民在文化观念、思想意识上融为一体。

一 北京市户籍制度改革面临的主要障碍

改革开放以来，北京市户籍制度改革并没有实质性突破，也没有达到控制人口规模的预期效果，主要原因在于北京市户籍管理制度存在一些深层次的矛盾和障碍。

1. 户籍制度改革的观念障碍

在我国，户籍制度因城市规模大中小不同而存在不同的改革条件。即中小城市的户籍改革环境相对宽松，没有太多的制度限制，如小城镇户口政策，国务院办公厅2012年2月公布的《关于积极稳妥推进户籍管理制度改革的通知》中允许来自农村的务工人员获得中小城市的户口政策等。而大城市和特大城市的户籍改革相对困难，主要是人们认为大城市和特大城市已经过于拥挤，城市承载力有限，因而户籍改革难以推进。在这种观念影响下，像北京这种特大城市的户籍制度改革就显得更加困难。

---

[*] 原载北京市农村经济研究中心《调查研究报告》2012年第34期。

事实上，人口流动的规律是由资源配置的情况来决定的，在中国，资源配置过于向城市、大城市集中，城市越大，各类资源配置越优越，对流动人口的吸引力也就越大。不改变资源配置而一味地靠户籍限制人口是难以达到预期效果的。事实上，在北京的常住人口中，有的已经买了房子，有的买了车子，有的已经结婚生子，他们享受着北京提供的部分公共服务，只是没有户籍而已。这种户籍限制已经没有多大的实际意义。

2. 户籍制度改革的视野障碍

北京市在人口管理和人口规模控制上长期局限在北京市行政空间区域内，缺乏在更大的范围内缓解城市压力的视野。一方面，北京市没有在本市行政区域内统筹人口布局，未能有效构建城市多中心发展格局。另一方面，北京没有有效利用和发展首都圈的特殊作用，以北京为核心的环首都圈发展滞后。北京市在城市规划发展中也曾试图通过在本市行政区域内发展卫星城、中心镇来改变人口布局，也曾就京津冀城市群发展做出过种种协调和努力，但始终没有改变围绕北京中心城区形成的"单中心"格局，首都圈的发展效果没有充分体现出来。北京"单中心"的城市发展格局，使过多的公共资源集中在中心城区，基本公共服务资源配置不合理，人口不能有效向城市郊区以及首都圈范围内分流和疏解，导致北京城市核心区、城市功能拓展区、城市发展新区和生态涵养区人口分布严重不均衡，首都圈发展滞后，造成城市核心区的人口过度集中，城市交通严重拥堵，"大城市病"暴发，人口、资源、环境压力巨大，这些反过来又促使人们加强人口控制和户籍管理。

3. 户籍制度改革的思路障碍

在全国各地为适应经济和社会发展需要而开展户籍改革的潮流中，北京市的户籍改革始终没有突破性进展。现有的户籍改革思路仍然受到传统的严格控制人口流动思维的严重制约。在对外来人口问题上，北京市主要通过行政手段控制外来人口增长，对外来流动人口的管理还主要侧重于治安管理，而不是侧重于提供公共服务、促进农民工等外来人口市民化。这种人口管理方法实质上是以"堵"为主，试图通过抬高户籍门槛阻止人口规模的膨胀。在对待本市农业人口问题上，北京市主要采取传统的"农转非"政策，特别是在征地过程中，加大了失地农民的"农转非"工作力度，促使部分农业人口转为非农业人口。

二 北京市户籍制度改革的必要性

长期以来，北京实行最严格的户籍管理制度。这种状况到了必须改革的时候。改革户籍制度，既是时代发展的需要，也是北京自身发展的需要。

1. 户籍制度改革是城乡一体化的需要

城乡二元结构是我国经济社会发展最基本的体制矛盾，破除城乡二元结构，加快形成城乡经济社会发展一体化新格局，是我国当前和今后一段时期改革发展的战略任务。北京与全国各大城市一样，都存在双重二元结构，即传统的以农业人口与非农业人口划分为基础建立的静态城乡二元结构和改革开放以来以城市本地户籍和外来流动人口划分为基础建立的动态城乡二元结构。双重二元结构交织在一起，共同构成了城市化和城乡一体化面临的重大体制障碍。① 2012 年 9 月 25 日，李克强副总理在全国资源型城市与独立工矿区可持续发展及棚户区改造工作座谈会上强调"破解城市内部二元结构难题，走新型城镇化道路"②。2008 年，北京市明确提出率先形成城乡经济社会发展一体化新格局。城乡一体化的基本要求是破除城乡二元体制，户籍制度是城乡二元体制的基础性制度，必须进行改革。北京如果不改革城乡二元户籍制度，就不可能真正形成城乡一体化新格局。

2. 户籍制度改革是建设世界城市的需要

2009 年，北京市提出建设世界城市的战略目标。2012 年 6 月，北京市第十一次党代会明确将建设中国特色世界城市作为奋斗目标。建设中国特色世界城市，是《北京城市总体规划》的战略部署，是新世纪中央对北京工作的要求，也是首都人民的新期盼。北京建设世界城市，归根到底是为人民谋福祉，一切为了人民，一切依靠人民，一切发展成果由人民共享。北京要敞开胸怀面向世界、包容世界，首先就要敞开胸怀面向全国、包容全国，做不到这一点，就不可能建成真正的世界城市。现行的户籍制度将一个城市里的所有居民划分为农业户口、非农民户籍以及本市户籍和非本市户籍，并以此为依据配置公共服务，这与建设中国特色世界城市的目标不相适应。建设城乡一体化的户籍登记制度，使全体市民拥有平等的户籍身份，是北京建设世界城市的内在需要，也是"爱国、创新、包容、厚德"北京精神的体现。

3. 户籍制度改革是社会公平正义的需要

公平正义是社会主义的本质特征，是社会和谐的基本要求。城乡二元户籍制度的本质是将公民按户籍划分不同的身份，不同的户籍身份享受不同的权利，从制度上造成了人与人之间的不平等。传统的户籍制度是在计划经济体制下建立的，虽然在加强人口管理和控制等方面也发挥了重要的作用，但从根本上说城乡二元户籍制度违背了社会公平与正义原则。正如罗尔斯（John Rawls）指出的那样："正义是社会制度的首要价值，正像真理是思想体系的首要价值一样。一种理论，无论它多么精致和简

---

① 参见张英洪《城乡一体化的根本：破除双重二元结构》，载《调研世界》2010 年第 12 期。
② 《李克强：破解城市二元结构难题 走新型城镇化道路》，中华人民共和国中央人民政府网，http://www.gov.cn/ldhd/2012-09/26/content_2233133.htm。

洁,只要它不真实,就必须加以拒绝或修正;同样,某些法律和制度,不管它们如何有效率和有条理,只要它们不正义,就必须加以改造或废除。每个人都拥有一种基于正义的不可侵犯性,这种不可侵犯性即使以社会整体利益之名也不能逾越。因此,正义否认为了一些人分享更大利益而剥夺另一些人的自由是正当的,不承认许多人享受的较大利益能绰绰有余地补偿强加于少数人的牺牲。"① 改革户籍制度,确保公民的身份平等与权利平等,是实现社会公平正义的必然要求,是坚持依法治国基本方略、建设社会主义法治国家的必然需要,也是新时期贯彻科学发展观的必然要求。首都北京作为全国的首善之区,更加需要在促进社会公平正义上走在全国前列,更加需要在建设社会主义法治国家实践中做出示范,因而更加需要在户籍制度改革上迈出新步伐。

4. 户籍制度改革是北京自身发展的需要

在计划经济体制环境中,一般的观念倾向于在严格户籍控制的前提下促进北京的发展。事实上,控制户籍对北京的发展弊大于利。综观北京几十年的发展,恰恰是人口的迅速增长与北京的经济发展成正比。从横向上看,几乎所有人口规模较大的城市的经济发展实力也较强,上海、广州、深圳等特大城市莫不如此。况且,新的发展不仅是经济的发展,也是政治、社会、文化、生态和人的全面发展。北京要建设世界城市,做大做强经济实力,没有足够人口支撑和人力资源保障是不可能实现的。北京的人口老龄化严重,正是大量外来人口的流入,缓解了北京城市人口老龄化带来的严重挑战。源源不断的外来人口的流入,为北京的创业和创新精神注入了新的活力。北京要坚持按照首善之区的高标准要求自身发展,也必须在政治建设、社会建设等方面有新的突破和建树,在建设物质文明的基础上,建设政治文明、精神文明、社会文明和生态文明,以保障每个人的自由、尊严和幸福。这些都需要深入推进户籍制度改革。

三 推进北京市户籍制度改革的政策建议

在我国市场化、工业化、城镇化、国际化和城乡一体化深入发展的新阶段,北京的户籍制度不是要不要改革的问题,而是如何进行改革的问题。我们对如何推进北京的户籍制度改革,提出如下政策建议。

1. 将户籍制度改革提上公共政策议程,统筹制定户籍制度改革方案

北京市的户籍制度改革尚未引起足够重视。近些年来,全国各地的户籍制度改革快速推进,而北京的户籍制度改革明显滞后,至今没有统筹改革户籍制度的周密计划。当前,北京在户籍制度改革上,对本市户籍农业人口,主要推行"农转非"政

---

① 〔美〕约翰·罗尔斯:《正义论》,何怀宏、何包钢、廖申白译,中国社会科学出版社,1988,第3—4页。

策，对征地后的失地农民实行"逢征必转"政策等；在对外来人口户籍改革上，北京提出实行居住证制度。这些户籍政策没有跳出城乡二元结构的框架。2011年通过的《北京市国民经济和社会发展第十二个五年规划纲要》（以下简称《纲要》）没有将户籍制度改革作为一项重要任务进行规划，而是强调"把控制人口无序过快增长作为经济发展的重要原则"。《纲要》提出："坚持控制总量、优化结构，在严格执行准入政策同时，实行户籍指标调控。""合理配置进京户籍指标，优先解决好符合首都发展需要的专业管理和技术人才的落户需求。""实施居住证制度"，"实行人口总量调控的属地责任，落实区县政府人口服务管理目标责任制"。这说明北京还没有将户籍制度改革纳入改革议程。但是，没有户籍制度改革，北京又怎能率先形成城乡一体化新格局？北京要真正形成城乡一体化新格局，必须将户籍制度改革提上改革议程，进行认真研究、周密部署、统筹安排，根据城乡一体化发展的要求，统一制定北京市户籍制度改革方案，有序推进。

2. 针对具有北京本市户籍的城乡居民，户籍改革可以一步到位推进，废除城乡二元户籍制度，建立城乡一体的户口登记制度

北京的全部常住人口，可分为北京户籍的人口和没有北京户籍的外来流动人口，而拥有北京户籍的人口，又可分为农业户籍的人口和非农业户籍的人口。针对上述人口身份的不同现状，在过渡时期应进行分类改革。针对拥有北京市户籍的人口，户籍改革相对比较容易。户籍改革的要点如下。

一是取消农业户口与非农业户口的划分，统一登记为北京市居民户口。现行的"农转非"政策、征地"农转居"政策予以废止，彻底改革城乡二元户籍制度，建立城乡一体化的户口登记制度。

二是原农业户口人员所享有的农村土地承包经营权、宅基地使用权、林权、集体资产及其收益权、有关农业补贴政策等保持不变，不因户籍改革而变动。但要深化农村产权制度改革，规范和允许农民通过市场机制依法、自愿实行农村产权的交易。

三是征占农民土地应按照公正合理的原则给予财产补偿，不再与户口身份挂钩。新生婴儿统一登记为居民户口，保障其对农村集体产权的继承权等财产权利。

四是加快实现城乡基本公共服务均等化，确保农民与其他所有的职业阶层一样，公平享有基本公共服务。户籍改革后，农民只是一种职业，不再保留户籍身份。

3. 针对没有北京市户籍的外来人口，户籍改革可以分步有序推进，逐步实现农民工等外来流动人口的市民化

外来人口已经占到北京市全部常住人口的1/3以上，是北京人口的重要组成部分。由于长期的城乡二元户籍制度的影响，近千万的外来人口工作、生活在北京，是北京的新市民，但他们因为没有北京市户口而不能名正言顺地成为北京的市民。户籍

制度的目标就是要赋予外来人口市民身份，推动农民工等外来人口的市民化，最终实现自由迁徙。在促进和实现外来流动人口市民化进程中，可以分步推进户籍制度改革。

第一，按照"北京市'十二五'规划纲要"的规定，将长期实行的外来人口暂住证制度改为居住证制度。实行居民证制度后，赋予取得居住证的人员有关社会保障等基本公共服务待遇。居住证制度应当覆盖投资移民、知识移民和劳力移民等人群。凡签订正式劳动合同一年以上的农民工，应当取得居住证。作为户籍制度改革的过渡政策，居住证制度要赋予居住证取得者"准市民"身份和待遇。

第二，凡取得居住证一年或三年以上者，可以办理常住户口手续，从"准市民"身份转为正式市民身份，享受包括社会保障和住房保障在内的市民完全待遇。

第三，居住证持有者在转为常住户口半年或一年后，可以申请办理家属落户手续，以此保护家庭，促进社会和谐。

4. 跨省、自治区和直辖市的流动人口户籍改革，需要国家从顶层设计上统筹全国社会保障的统一接续

在市场化、城市化进程中，跨省、自治区和直辖市的人口流动问题，不是一个省、自治区和直辖市能够有效解决的，北京也不能单独解决进入北京的全部流动人口问题，因而必须要有国家层面的顶层设计和统筹安排。

首先，国家要制定和出台全国统一的户籍法律，保障公民在全国范围内的迁徙自由权。就是说，公民不能因为流动到另一行政区就丧失了公民权。加强公民权建设，确保任何一个公民在全国范围内平等享有公民权利，是现代国家的重大职责，这项工作不能只寄希望于地方政府。

其次，加快推进全国基本公共服务均等化建设，要像党团组织关系在全国顺利接续一样，建立全体公民的社会保障在全国范围内的统一接续制度，使社会保障跟着公民走，就像党团组织关系跟着当事人走一样顺畅便利。

最后，进一步完善公共财政制度，中央财政对在全国跨省级行政区流动迁移的人员的社会保障待遇给予相应的补贴，以此减轻迁入地的财政压力。

5. 北京要从本市全部行政区域、首都圈、京津冀城市群等空间层次上进行人口布局与调控，同时要进行产业布局和公共资源配置的相应调整

人是经济社会发展的第一资源，是最宝贵的资源。但随着北京大城市病的日益突出，人们淡忘了人口大量集中所创造的巨大财富以及所产生的巨大效益，却对聚集的大量人口表示厌烦。这确实是城市在发展中面临的一个重大问题。但是，市场化、城市化进程使人口聚集又成为普遍规律，而且，越是大城市，就越具有人口吸引力，这是不以人的意志为转移的人口迁移规律。这就是长期以来北京实行最严格的人口控制

政策，结果并没有有效控制人口集中的重要原因。虽然现在北京的城市病已经使人烦恼，但北京的人口聚集不会终结，在以后的十年左右的时间里，北京人口增长到3000万人左右是可能的。

面对北京人口聚集增长的现实，靠行政手段限制人口进入，对流入北京的外来人口拒绝给予市民身份和待遇，虽是长期实行的政策，却并不是合适的选择。在市场化和城市化进程中，人口的流向集中程度，主要取决于产业布局和公共资源的分布。如果产业布局不做调整，公共资源配置不做调整，要想单纯以行政手段控制人口，既难以达到目的，也不合乎社会正义。北京作为首都，在新的发展时期，在对待人口调控上，要改变传统的思维惯性，变限制为疏导，变集中为分散，建设一个去特权化的公平包容的特大城市。

一方面，北京要切实从整个行政区范围内对产业布局和公共资源投入进行新的调整，从而引导人口向郊区新城、小城镇集中。从北京行政区域来说，北京本身也是一个城市群，即由中心城区、新城、郊区小城镇和新型农村社区组成的城市群。只要中心城区的产业和公共资源有效地向郊区新城、小城镇转移，人口就会相应地从中心城区向郊区疏解。北京要真正建设数个城市副中心，分担中心城区的功能与压力。

另一方面，北京要从首都圈、京津冀城市群和环渤海城市带这个更大的空间范畴内统筹产业布局和公共资源配置，从而引导人口的合理布局与聚集。学界认为，首都圈由北京市与河北省的廊坊、保定、承德、张家口4市组成；京津冀城市群（也称京津冀都市圈）包括北京市、天津市以及河北省的石家庄、廊坊、保定、唐山、秦皇岛、沧州、张家口、承德8市。北京的人口布局和户籍改革，应当有效结合首都圈、京津冀城市群以及环渤海城市带进行产业布局与公共资源配置的统筹谋划。

执笔：张英洪

北京市外来农民工基本公共服务政策研究[*]

根据 2010 年第六次人口普查结果，北京市外来人口为 704.5 万人，占常住人口的 35.9%。其中，外省区市来京农民工约为 380 万人，占北京市外来人口的 53.9%，占北京全部常住人口的 19.4%，比 5 年前的第五次人口普查时净增长 100 万人。2012 年 11 月，党的十八大明确提出要"有序推进农业转移人口市民化，努力实现城镇基本公共服务常住人口全覆盖"[①]。近些年来，北京市在为外来人口提供基本公共服务上已经做出了诸多努力，但与党的十八大提出的"实现城镇基本公共服务常住人口全覆盖"的目标要求还有不小差距。作为全市常住人口的外来农民工，如何平等享有基本公共服务，是首都改革发展面临的现实课题。

一 北京市外来农民工公共服务基本情况

1. 劳动就业政策及成效

（1）促进就业方面

2002 年以来，北京市认真落实"公平对待，合理引导，完善管理，搞好服务"的方针，不断出台完善就业政策，强化农民工就业服务，确保劳动者平等获得就业机会的权利。

"十五"期间，北京市逐步清理和取消了 20 世纪 90 年代出台的多项外来农民工就业管理限制、收费和歧视性政策。2002 年 3 月，北京市修改《北京市外地来京务工经商人员管理条例》部分条款的议案，删除了"务工经商人员应当向基层外来人员管理机构或者劳动行政管理机关缴纳管理服务费"的条款。2003 年 7 月《北京市劳动和社会保障局关于加强外地来京务工人员就业服务工作的通知》（京劳社就发〔2003〕121 号），取消了用人单位使用外地来京务工人员计划审批和岗位（工种）

---

[*] 原载北京市农村经济研究中心《调查研究报告》2013 年第 56 期。

[①] 胡锦涛：《坚定不移沿着中国特色社会主义道路前进，为全面建成小康社会而奋斗——在中国共产党第十八次全国代表大会上的报告》，人民出版社，2012，第 23 页。

限制。2004 年 5 月，北京市人大常委会第十二次会议取消了"外来人员就业证"；北京市政府第 24 次常务会议废止了《北京市外地来京人员务工管理规定》。2005 年 3 月，北京市十二届人大常委会第十九次会议审议废止了《北京市外地来京务工经商人员管理条例》。在此基础上，以"输入有基地、岗前有培训、劳动有合同、工作有保险、维权有保障"为目标，以促进农民工有序流动为重点，不断健全职业培训、就业服务、劳动维权三位一体的工作机制，通过开展"春风行动"等专项服务活动，为农民工提供岗位信息、就业推荐、职业指导、政策咨询、招聘洽谈等免费就业服务，大力促进农民工就业。北京市加强来京务工人员流动情况监测，及时了解掌握春节前后外来农民工进出京情况，搭建农民工求职绿色通道，在农民工进出京的火车站、长途汽车站设立就业服务站，为北京外来务工人员第一时间送上服务并及时引导，利用宣传海报、公交站台广告、移动传媒、广播电视等媒介，广泛宣传农民工求职务工常识、岗位信息以及劳动维权知识等内容。同时，大规模开展清理拖欠农民工工资行动，建立了最低工资制度、最低工资标准正常调整机制和农民工工资支付保障机制，切实维护农民工合法权益。据调查，北京市外来农民工合同签订率达到 69%，基本实现"无拖欠工资"目标。

近年来，北京市家政服务业快速发展，吸引了大量劳动力特别是外来农民工就业。在 40 万名从业人员中，90% 是外来农民工（主要来自甘肃、四川、安徽、山东及河北等地）[①]。为促进全市家政服务企业健康发展，2011 年，北京市出台《关于鼓励发展家政服务业的意见》（京政办发〔2011〕23 号）（简称"家七条"），分别从鼓励实行员工制管理、加大扶持力度、维护从业人员合法权益等七个方面提出了政策和鼓励措施。对符合条件的员工制家政服务企业，给予必要的资金扶持、税收减免优惠、培训补贴和社会保险补贴；完善政府间劳务协作机制，通过政府间签订协议、给予适当支持的方式，在全国劳动力主要输出省份和北京市对口援助地区，建立一批家政服务员输入基地；同时，建立了家政服务员持证上岗制度，提高家政服务员服务水平；采取多种措施，加强家政服务员权益维护。为切实加大对家政服务人员的权益维护力度，推动企业为家政服务人员"签合同、上保险、保工资"，2012 年，北京市人力资源和社会保障局出台《关于鼓励家政服务企业实行员工制管理的试点意见》，择优认定一批具有典型示范作用的家政服务企业作为员工制家政服务试点企业，进一步加大对员工制家政服务企业的支持力度。比如，加大社会保险补贴力度，第一年为全额补贴，此后逐年降低，分别为 80%、60%、50%、50%；优先为员工制企业开展免费的职业技能培训和鉴定；与企业共建劳务输出基地；建立"绿色通道"，提供政

---

① 《北京市关于鼓励发展家政服务业的意见》新闻发布会，搜狐资讯，2011 年 5 月。

策咨询、人才引进、技能鉴定、职称评审等全方位的上门服务；加大对员工制服务企业的宣传推荐力度等，鼓励员工制家政服务企业做大做强。

（2）职业培训方面

1995 年北京市《关于对外地来京务工经商、从事家庭服务工作人员进行职业技能培训和就业资格认定的通知》（京劳培发〔1995〕208 号）提出，"在本市允许使用外地人员的行业、工种范围内，从事技术性工种岗位的务工人员、家庭服务员均需经过相应专业（工种）的职业技能培训，取得《北京市就业转业训练结业证书》后，方可办理《北京市外来人员就业证》"。2001 年《北京市劳动和社会保障局关于大力推进社区就业培训有关问题的通知》（京劳社培发〔2001〕111 号）要求"建立社区服务从业人员持证上岗制度，凡从事社区服务的失业人员、下岗职工、本市其他从业人员以及外地北京务工人员，均须接受社区就业培训，实行持证上岗"。2003 年《北京市劳动和社会保障局关于做好外地进京务工人员职业培训服务工作的通知》（京劳社培发〔2003〕137 号）要求"企业、事业单位已招用的未取得国家职业资格证书的农民工，用人单位应利用本单位、本行业的职业培训机构或委托经劳动保障部门资质认定的职业技能培训机构对使用的农民工进行职业技能培训，取得相应职业资格证书后，方可上岗"。

2006 年，北京市印发《关于加强外来农民工职业技能培训工作有关问题的通知》（京劳社培发〔2006〕117 号），正式启动外来农民工技能提升培训工程，利用中央财政补助资金，建立外来农民工职业技能培训补贴制度。2007 年，印发《关于加强外来农民工培训补贴政策工作有关问题的补充通知》（京劳社培发〔2007〕56 号），在培训机构资质认定、培训层次、工作标准、补贴标准、享受补贴的条件、资金申请等各环节上提出要求。2009 年，印发《关于实施外来农民工职业技能特别培训计划的通知》（京人社办发〔2009〕16 号），在家政、护理等行业启动外来农民工职业技能特别培训计划。此后，不断提高培训补贴标准，按《关于调整本市城镇失业人员、农村劳动力职业技能培训补贴标准的通知》（京人社能发〔2011〕253 号），初级培训 1500 元/人，中级 1800 元/人；岗前培训，家政服务员为 650 元/人，护理员为 900元/人。

同时，积极探索家政服务培训工作的新模式。员工制家政服务企业与非员工制家政服务企业针对外来农民工的培训政策在人员范围、培训机构认定、培训机构范围、培训类型、补贴标准、考核标准、培训补贴申请、签订补贴申请以及教材、证书方面有明显区别。

通过开展职业培训，外来农民工的就业技能和薪酬水平得到有效提升。根据调查，取得职业资格证书的外来农民工月均收入为 3894 元，没有相关证书的仅为 2752

元，两者差距千元以上。职业技能对薪酬的显著影响带动了农民工参加各类培训。

2. 社会保障政策及成效

北京市在外来农民工社会保障方面，主要按照"低门槛、低缴费、保大病、保当期"的原则，采取优先推进工伤保险和医疗保险的政策，并在此基础上，逐步消除保险待遇差别，使农民工享受与城镇职工同等的待遇。特别是 2011 年 7 月 1 日起施行《社会保险法》后，为落实打破"身份、户籍、地域"界限的要求，北京市稳步推进外来农民工参保工作，目前除失业保险外，外来农民工其他各项社会保险都已经实现了与本市城镇职工待遇平等。整体而言，北京市农民工的社会保障政策经历了从无到有、从自愿参保到强制参保、从制度单设到城乡一体的转变。

在养老保险方面。北京于 1999 年建立起农民工养老保险制度①，农民工以上年本市职工最低工资标准为缴费基数，按照城镇职工的缴费比例（28%）缴纳养老保险费，但只享受一次性养老待遇。待遇由两部分组成，第一部分是把个人账户储存额及利息一次性支付给本人；第二部分是按缴费年限，每满一个缴费年限，发给一个月相应缴费年份的本市职工最低工资。其特点为：低门槛进入、低待遇享受。2010 年 1 月，北京市根据《城镇企业职工基本养老保险关系转移接续暂行办法》（国办发〔2009〕66 号文件），出台《关于农民工养老保险参保有关问题的补充通知》，对农民工参加养老保险做出强制性规定，统一了农民工与城镇职工的参保政策，规定农民工自 2010 年 1 月起按照城镇企业养老保险规定缴费，本市基本养老保险最低缴费基数为上一年本市职工月平均工资的 60%，为平稳过渡，最低缴费基数的调整实行五年过渡，目前为本市上一年社平工资的 40%（1490 元），上限为本市上一年社平工资的 300%（目前为 11178 元）。这意味着社会保险首次打破了职工的城乡身份界限，实现了城乡职工"同保险、同待遇"。《社会保险法》实施后，北京市大力推进农民工参保的扩面工作，截至 2012 年 9 月底，北京市已有 172.3 万名农民工被纳入本市

---

① 1999 年北京印发《农民合同制职工参加北京市养老、失业保险暂行办法的通知》（京劳险发〔1999〕99 号），针对 99 号文在执行过程中出现的问题，2001 年 8 月出台《北京市农民工养老保险暂行办法》（京劳社养发〔2001〕125 号），取消了个人账户可提前领取的规定，重新规定只有在农民工达到养老年龄时，才能领取个人账户存储额；若是回到农村，则将其个人账户封存，待重新就业后启用。同时，对农民工享受的一次性养老待遇组成部分中的第二部分进行了修订，提高了这部分的待遇水平，除个人账户存储额及利息一次性全额支付给本人外，按其累计缴费年限，累计缴费满 12 个月（第 1 个缴费年度），发给 1 个月相应缴费年度的本市职工最低工资的平均数，以后累计缴费年限每满一年（按满 12 个月计），以此为基数，增发 0.1 个月相应缴费年度的本市职工最低工资的平均数。125 号文出台不到两个月，又发布了《关于〈北京市农民工养老保险暂行办法〉的补充通知》（京劳社养发〔2001〕156 号），156 号文只补充了一处说明："农民工参加本市养老保险社会统筹后，与用人单位终止、解除劳动关系时，经本人申请，单位同意，可以一次性领取养老保险费，终止其养老保险关系。今后再次参加本市养老保险社会统筹的，按新参加人员办理。"156 号文的出台，又放开了个人账户存储额提前领取的条件，允许提前领取。

城镇职工养老保险体系，其中外来农民工 127.3 万人。

在医疗保险方面。2004 年，北京市颁布《北京市外地农民工参加基本医疗保险暂行办法》（京劳社办发〔2004〕101 号），按照"低门槛、保大病、保当期"的原则，在全国率先建立了农民工大病医疗保险制度，要求外地农民工参加基本医疗保险和大额医疗互助保险。用人单位以上年本市职工月平均工资的 60% 为缴费基数，按 2%① 的比例缴纳保险费，其中 1.8% 划入基本医疗保险统筹基金，0.2% 划入大额医疗互助资金，外地农民工个人不缴费，不建个人账户。报销范围是住院治疗的医疗费用及恶性肿瘤放射治疗和化学治疗、肾透析、肾移植后服抗排异药的门诊医疗费用；在起付标准 1300 元以上的医疗费用，由统筹基金和农民工按比例分担，超过统筹基金最高支付限额 5 万元以上的医疗费用，由大额医疗互助基金负担 70%，农民工负担 30%；大额医疗互助基金最高支付限额为 10 万元。外地农民工就医，可以选择四家本市基本医疗保险定点医疗机构作为本人就医的定点医疗机构，另外还可以直接到本市定点中医医疗机构和定点专科医疗机构就医。

2012 年，为落实《社会保险法》的要求，北京市出台《关于本市职工基本医疗保险有关问题的通知》（京人社医发〔2012〕48 号）和《关于农民工参加基本医疗保险有关问题的通知》（京社保发〔2012〕17 号），规定自 2012 年 4 月 1 日起，按照《北京市外地农民工参加基本医疗保险暂行办法》（京劳社办发〔2004〕101 号）参加医疗保险的农民工，统一按照城镇职工缴费标准缴费，即医疗保险费由用人单位和个人共同缴纳，其中用人单位按全部职工缴费工资基数之和的 10% 缴纳；农民工个人按本人上一年月平均工资的 2% 和每人每月 3 元缴纳。将农民工大病医保制度与城镇职工医保制度相统一，实现了农民工与城镇职工在缴费标准、个人账户、计算年限、享受待遇等方面的统一。截至 2012 年 9 月底，北京市按 12% 比例缴费（单位 9%＋1%，个人 2%＋3 元）的农民工达到 178.6 万人，其中外地农民工 132.8 万人。

在工伤保险方面。1999 年，北京市政府颁布了《北京市企业劳动者工伤保险规定》（市政府令第 48 号），自 2000 年 4 月 1 日起进行工伤保险制度改革，建立企业职工工伤保险费用社会统筹制度。2004 年 7 月，颁布《北京市外地农民工参加工伤保险暂行办法》，将外地农民工纳入工伤保险体系。用人单位以农民工上年度平均工资为缴费基数，按照一定费率缴费，农民工个人不缴费，工伤保险待遇享受与城镇职工完全相同。2007 年以来新开工建设项目的农民工已经全部参加了工伤保险。截至 2012 年 9 月底，农民工参加工伤保险的有 178.1 万人，其中外地农民工 132.3 万人。

---

① 为应对国际金融危机的影响，2009 年起，北京市劳动和社会保障局实施"一升一降、一统一分、一抓一放"六大措施，其中"一降"为五项社保费率集体减负，农民工大病医疗保险费率由 2% 调整到 1%。

在失业保险方面。根据国家《失业保险条例》的原则要求，1999 年 11 月实行的《北京市失业保险规定》，将农民工纳入失业保险范围内，农民工本人无须缴纳失业保险费，但其失业保险待遇则由一次性补助替代按月领取的失业保险金，其标准为本市职工最低工资的 40%。截至 2012 年 9 月底，农民工参加失业保险 164.6 万人，其中外地农民工 120.9 万人。

3. 子女教育政策及成效

2002 年《北京市对流动人口中适龄儿童少年实施义务教育的暂行办法》（以下简称《暂行办法》）首次对农民工子女教育做出正式规定。该办法规定"流动儿童少年中凡在户籍所在地有监护条件的，应当回户籍所在地接受义务教育；户籍所在地没有监护条件，且其父母在北京居住半年以上并已取得暂住证的，可以申请在本市中小学借读，接受义务教育"，"流动儿童少年可持在京借读批准书和原就读学校出具的学籍证明，到暂住地附近学校联系借读，经学校同意后即可入学"，"流动儿童少年在本市公办中小学借读，学校可按照有关规定向其收取借读费和相应的杂费"。

2004 年北京市教委、市发展改革委等 10 所单位共同发布《关于贯彻国务院办公厅进一步做好进城务工就业农民子女义务教育工作文件的意见》，免除了全市实施义务教育的公办小学和初中对符合来京务工就业农民子女条件的借读生收取的借读费，同时规定各区县政府负责保证公办中小学办学所需正常经费，区县财政要按学校实际在校学生人数和定额标准划拨生均经费。这较 2002 年的《暂行办法》有了一些改变，但农民工仍需自己到暂住地附近的公办小学、初中或经批准的民办学校联系子女就读相关事宜，这意味着决定权仍然掌握在他们所联系的学校手里，农民工子女虽然名义上有学上，实质上却可能没有学校收。

针对这些不足，2008 年《北京市教育委员会 北京市财政局关于进一步做好来京务工人员随迁子女在京接受义务教育工作的意见》着重明确了对农民工子女接受义务教育工作的管理责任和投入力度。一是规定坚持"属地管理"和"公办学校接收"的原则，进一步强化了区县政府对农民工子女接受义务教育的主要责任，同时规定将富余且安全的公办学校校舍，优先用于接收农民工子女就读。二是切实保障按公办学校实际在校人数核拨公用经费和核定教师编制，并规定在年度预算中安排专项经费对接收农民工子女比较集中的区县给予重点倾斜，调动公办学校接收农民工子女就读的积极性。2009 年《北京市人民政府办公厅关于贯彻国务院做好免除城市义务教育阶段学生学杂费工作文件精神的意见》中进一步规定免除民办学校、审批合格自办学校中持有相关证明材料的农民工子女学杂费和借读费。2010 年北京市下发《北京市教育委员会关于认真做好来京务工人员随迁子女入学登记和宣传工作的通知》，要求各区县教委做好"来京务工人员随迁子女在京接受义务教育政策宣传卡"和"来京务工人员随迁子女入学登记卡"的组织填写工作。《北京市中长期教育改革和发展规划纲要（2010—2020）》进一步阐述了今后 10 年北京市政府将如何增强农民工子女接受教育的能力，包括将农民工子女接受义务教育工作纳入公共财政体系保障范畴，加强农民工子女融入首都生活的教育，注重他们的学习能力、心理素质、生活习惯的培养等。

在子女升学方面，2010 年北京市教委发布"小升初"及小学入学政策，规定本市户籍学生和来京务工人员随迁子女均按照"免试、就近入学"原则开展，并要求各区县负责解决外来务工人员子女入学问题。2012 年《北京市随迁子女升学考试工作方案》将其扩展到了初中毕业后的升学及后续学习问题，其中规定了近期实行的过渡期升学考试措施，可谓新的突破。该方案规定，自 2013 年起，凡进城务工人员持有有效北京市居住证明，有合法稳定的住所，合法稳定职业已满 3 年，在京连续缴纳社会保险已满 3 年，其随迁子女具有本市学籍且已在京连续就读初中 3 年学习年限的，可以参加北京市中等职业学校的考试录取；自 2014 年起，凡进城务工人员持有有效北京市居住证明，有合法稳定的住所，合法稳定职业已满 6 年，在京连续缴纳社会保险已满 6 年，其随迁子女具有本市学籍且已在京连续就读高中阶段教育 3 年学习年限的，可以在北京参加高等职业学校的考试录取；学生从高等职业学校毕业后，可以参加优秀应届毕业生升入本科阶段学习的推荐与考试录取。自 2014 年起，凡进城务工人员持有有效北京市居住证明，具有合法稳定职业及合法稳定住所，其随迁子女具有本市学籍且已在京连续就读高中阶段教育 3 年学习年限的，可选在京借考高考，北京市按教育部相关文件规定、经学生户籍所在省同意后为学生提供高考文化课在京借考服务，学生回户籍所在省参加高校招生录取。

4. 住房保障政策及成效

北京市政府 2011 年 10 月正式公布《关于加强本市公共租赁住房建设和管理的通知》，通知规定外来人员持续稳定工作一定年限无住房可申请公租房。首先，由于主要体现对流动人口解决暂时居住问题的支持，故无租金补贴政策。其次，没有设定统一收入标准和工作时限，由各区县确定，原因是各区县实际情况不同。如旧城区本身就要疏散人口，标准可能会定高一些；新城由于有产业园区，希望吸引外来人才，标准可能会宽一些。这样各自制定标准会更符合实际要求①。2012 年 8 月，石景山区首次正式受理外地人租房申请，但保障对象规定为在石景山区行政区域内连续稳定工作 5 年以上，或经相关部门认定的专业人才，并符合北京市公共租赁住房标准的家庭。

---

① 新浪房产专题，http://bj. house. sina. com. cn/zhuanti/wlrysqgzf/；腾讯房产专题，http://house. qq. com/zt2011/gongzufang/。

实际上这一规定将一大批层次较低的从事体力劳动的农民工排除在外，且到目前为止，除石景山区外仍无其他区给出农民工等外来人口申请公租房的具体政策。

2012 年北京市民政局等六部门发布的《关于推进城乡社区自治组织全覆盖的指导意见》中提出，流动人口聚居区，指居住一年以上的流动人口占全体居民 20% 以上的新建住宅区。1000 户以上的流动人口聚居区，应及时设立社区居委会。居委会下可增设流动人口管理服务委员会，加强对流动人口信息的采集更新，在治安管理、计划生育、医疗卫生等方面为流动人口提供便捷优质的服务；同时还有责任鼓励和引导流动人口参与社区的建设及管理。

二　北京市外来农民工公共服务存在的主要问题

1. 相关就业服务与本地城镇户籍人口和本地农民工差距较大

北京市自 2003 年取消用人单位使用外地来京务工人员计划审批和岗位（工种）限制后，只在 2011 年和 2012 年为发展北京市的家政服务业出台了鼓励实行员工制管理、维护外地农民工合法权益的政策和措施。而对于本地农民工，自 1998 年至今，北京市下发的促进就业及就业失业管理援助的文件共计 12 份，包括建立农村富余劳动力就业登记制度，形成区县乡镇村三级就业服务组织管理网络，将绿化隔离矿山关闭保护性限制地区农村劳动力纳入困难群体援助范围，建立"零就业家庭"就业援助制度，建立"纯农就业家庭"转移就业援助制度，将建设征地、土地储备或腾退、整建制农转非、山区搬迁、绿化隔离建设等地区的农村劳动力纳入城镇失业登记范围，享受城镇促进就业帮扶政策，鼓励用人单位招用农村就业困难人员的相关优惠政策等。同时城镇就业困难人员还享受社会保险补贴以及特困人员的托底安置服务。可以看出，北京市对外来农民工和当地城镇户籍人口、本地农民工在就业服务理念上存在差别，对后两者是从保护其生存权和发展权出发的重视与保护，对外来农民工则是从北京市经济发展与行业繁荣角度出发的培训与使用。

2. 外来农民工参保率低，缴费标准低，缺乏失业保险

首先，外来农民工的参保率、缴费标准较低。从参保率来看，外来农民工养老、医疗、工伤保险的参保率在 35% 左右，其中养老保险参保率最低，相比较而言，本地农民工的养老、医疗、工伤保险参保率均超过 90%，差距明显。外来农民工参保率低的原因主要有四个。一是用人单位不愿为农民工办理保险。北京市的外来农民工所在单位多为民营、外资、乡镇企业或个体工商户，主要集中在建筑、餐饮、服装等技术含量较低的劳动密集型行业。这些用人单位为追求利润，千方百计减少人工成本，主观上不愿为农民工办理社会保险。二是流动性高给农民工参保造成障碍。对于就业稳定性不高的农民工而言，由于从事工作技能不高，工资低、劳动强度大，且易

受到不平等对待，为寻找更好的工作机会，多数人频繁流动，不能被有效纳入社会保障中。三是农民工对现行社会保险制度缺乏信任。由于现行养老保险制度规定按月享受基本养老金的最低缴费年限为 15 年，而农民工流动频繁，如果不能及时有效转移接续，多数很难达到该年限标准。所以农民工在离开参保地时普遍不愿将钱放在社保机构，一般都选择退保。四是政策宣传投入不到位。由于对于相关政策的宣传投入不足，宣传的形式、范围缺乏广泛性、针对性和现实性，宣传的效果也不够理想。目前，在农民工中并没有形成一个参加社会保险的舆论氛围，这不利于各有关方面和农民工自身运用法律手段和相关的政策规定进行维权。

从缴费标准来看，虽然目前北京市在养老、医疗、工伤和生育保险上已经实现了农民工与城镇职工的统筹，但在缴费标准上仍然存在较大差距。以养老保险为例，2012 年北京市各类参保人员养老保险缴费系数下限是 1869 元，上限是 14016 元，二者相差 6.5 倍，而与养老保险缴费额密切相关的是达到法定退休年龄后领取养老保险的金额，这在一定程度上决定了农民工与城镇职工在老年生活保障上的差距。

其次，北京市的失业保险制度未实现统一。目前，北京市农民工失业保险制度与城镇职工失业保险制度还未实现统一，养老、医疗、工伤、生育等其他"四险"都是同城待遇，唯独失业保险不能享受到与城镇职工同等的待遇，主要原因是受《失业保险条例》限制。1990 年颁布的《失业保险条例》规定农民工参加失业保险由单位缴费，农民工个人不缴费，其失业保险待遇由一次性补助替代按月领取的失业保险金，一直沿用至今。

3. 外来农民工被排除在北京市社会救助体系外

社会救助是居民生存权的基本保障，生存权和发展权是现代社会公民的基本权利，获取社会救助是公民的一项基本权利，它在社会保障体系中发挥着重要的兜底作用。

根据北京市政府 2013 年 8 月下发的《关于进一步加强和改进社会救助工作的意见》，北京市将在"十二五"期间实现低保与医疗、教育等专项救助制度的有机衔接，贫困无业家庭无力参加社会保险可以获得资助，同时北京将推动社会救助从生存型向发展型转变，切实维护困难群众基本生活权益。"十二五"末期，北京市城乡最低生活保障标准将实现一体化。其中，北京市社会救助体系包括生活苦难补助、临时救助、最低生活保障、住房救助、教育救助、灾民救助、医疗救助以及社会互动等 8 项内容。但查看相关内容，仍是基于户籍制度之上，并未提到流动人口或外来农民工，可以说，从北京市的社会救助体系建设来看，外来农民工由于没有北京市户籍，是完全被排除在体系之外的。

4. 农民工子女实际上没有与北京孩子平等的就学条件

主要体现在四个方面。一是学校仍掌握着农民工子女能否就学的决定权。虽然北京市在农民工子女教育方面出台多项政策，并在不断更新政府的服务管理思路，改善农民工子女的就学环境，包括免收借读费、学杂费，并将随迁子女接受义务教育纳入公共财政保障等。但从根本上来讲，2002 年出台的《北京市对流动人口中适龄儿童少年实施义务教育的暂行办法》中"流动儿童少年可持在京借读批准书和原就读学校出具的学籍证明，到暂住地附近学校联系借读，经学校同意后即可入学"的政策并未动摇，也就是说，农民工子女是否可以到所联系学校就读的决定权仍掌握在学校手中，农民工子女有的只是就学的权利，但没有平等的选择机会，也即，农民工子女与北京孩子享受的就学机会并不完全平等。

二是农民工子女学习环境相对较差、教学质量不高，尤其是就读于民办学校和打工子弟学校的孩子。2012 年北京市义务教育阶段来京务工人员随迁子女 49 万人，其中公办学校接收比例达到 74.7%，北京市各区县在积极采取措施，挖掘公办学校资源，扩大公办学校接收数量，这些举措及所取得效果均走在全国前列。但不可忽视的是，来京务工人员所处的社会地位低、拥有的社会资源少，因此来京务工人员随迁子女公办学校接收比例这一总的数字可能与农民工子女的公办学校就学率相去甚远（目前尚没有农民工子女就学率的确切数字）。同时，北京的大多数农民工都居住在城乡接合部，工作地点经常发生变化，子女的流动性也随之较大，子女符合借读条件的所占比例较低，而且即使是这些地区的公办教育资源，与市区相比仍是少且落后，更勿论就读于民办学校或打工子弟学校的农民工子女，他们所拥有的是简陋的教学设施、良莠不齐且流动性很大的教师队伍。对农民工子女，尤其是外地农民工子女来说，与教育机会不平等相伴而生的是教育资源的不平等。

三是农民工子女学前教育质量低，安全隐患多。学前教育是基础教育的基础，对于孩子一生的成长有着至关重要的作用，但由于其不属于义务教育范畴，且北京市公立幼儿园目前严重供不应求，北京市学前教育相关文件中几乎没有提及农民工子女。一般来说，公办幼儿园或教学条件较好的私立幼儿园与北京城镇户籍、经济条件好的家庭挂钩，农民工子女多数就读于价格低廉的私立幼儿园。这些幼儿园大多办园资质不足、教育质量较差、条件简陋，存在安全隐患。

四是农民工子女异地升高中问题仍是无解。2010 年北京市教委发布了"小升初"及小学入学政策，规定本市户籍学生和来京务工人员随迁子女均按"免试、就近入学"原则开展，统一了城乡儿童义务教育阶段的就学方式。但农民工子女异地高考即在京参加高考的问题并没有得到解决。2012 年《北京市随迁子女升学考试工作方案》规定了符合条件的农民工子女可以参加中等职业学校、高等职业学校的考试录取，但仍不可升高中，也不能参加北京市高考。

5. 农民工居住条件差、环境恶劣，缺乏托底保障

北京市农民工的调查数据显示，外来农民工的住宿形式目前仍以集体宿舍和自己租房为主，由于目前住房租赁市场的不健全以及农民工的省钱心理，他们往往选择租住最便宜的房子，包括地下室、工棚、隔断间等，居住条件差、环境恶劣，不安全性强。在调查中，他们回答在住房上最期望获得的帮助是"提供廉租房"，占比为48.4%；其次是期望"稳定房租"，占比为27.7%。

就实际情况来看，目前北京市虽然已出台政策允许外来农民工参与申请公租房，但只有石景山区出台详细细则允许符合条件的农民工参与摇号，且租金不享受政府补贴；此外，北京市的出租房屋租金持续上涨，这无疑加大了外来农民工的生存压力，而目前的住房政策并没有将农民工纳入住房补贴范围。近些年来引起社会高度关注的"蚁族""蜗居""胶囊公寓"等社会现象，正是外来农民工等流动人口群体缺乏体面居住条件的现实反映。

三　完善北京市外来农民工基本公共服务的对策建议

北京市要实现城镇基本公共服务常住人口全覆盖的目标，必须将农民工全面、平等地纳入城镇基本公共服务保障范围，不应有任何政策制度上的歧视。

1. 不断完善外来农民工平等就业政策

首先，在就业政策方面，应改变对外地农民工的"用人观念"，坚持以人为本，保障公民权利，从促进和帮助外地农民工更好就业、提高收入的角度逐步完善针对外地农民工的就业政策，在公平的基础上追求效率。

其次，在就业服务方面，一是建立健全农民工就业培训工作网络，完善公共就业服务的信息化手段，动态掌握农民工就业信息，促进农民工就业培训制度化；二是充分利用社会现有教育资源，委托具有一定资格条件的各类职业培训机构开展培训工作；三是引进和培育高等技术人才、稀缺岗位人才，在对高端人才的使用和管理过程中，发挥人才示范效应，进而带动农民工素质的整体提高；四是加大公共财政用于农民工培训的比例，将农民工培训全面纳入城镇职工培训体系。

最后，在提供农民工就业信息服务上，一是要进一步拓宽农民工获取就业信息的渠道，建立健全农民工求职信息系统，并在农民工较为集中的区域建立职业中介园区，引导农民工合理流动。二是政府部门要进一步完善管理服务，既要为农民工从事非正规就业做好服务工作，又要加强对非正规就业用人单位和雇主的管理和监督，运用行政、法律手段规范劳资关系，杜绝各种对农民工侵权事件的发生。特别是要按照国际劳工组织的普遍做法，全方位保护农民工的各项合法权益。三是推行和完善新型

劳务用人机制，引导和规范农民工与企业的双向自主选择权。

2. 将农民工平等纳入城镇社会保障体系，实现社会保险制度的跨省转移接续

首先，目前由于社会保险没有实现全国统筹，在跨省转移接续不顺畅的前提下，农民工群体工作不稳定、流动性强的特点决定了农民工入保意愿低、用人单位逃避责任空间大。要提高外地农民工社会保险覆盖率，决定性前提是实现社会保险的跨省转移接续、全国统筹。据此，中央政府要积极承担社会保障责任，尽快从全国层面统筹谋划，加强社会保障制度建设，提高社会保险统筹层次，由人力资源和社会保障部实行统一收缴、管理、运营、结算和发放，使各省区市、城乡间社会保险的转移接续顺畅有序；进一步完善公共财政制度，中央财政要对在全国跨省级行政区流动迁移人员的社会保障待遇给予相应补贴，减轻流入地的财政压力。

其次，北京市应进一步完善社会保障政策制度，全面实现农民工享有平等的社会保险权利。要加强对用人单位缴纳职工社会保险的监管力度，加大基本养老保险扩面力度，扩大"三险一金"覆盖范围，继续从制度全覆盖向人群全覆盖努力，逐步提高缴费标准；积极探讨建立失业保险的城乡统筹，进一步健全和完善城乡统一的社会保险体系。

3. 将外来农民工平等纳入社会救助体系

社会救助是基本公共服务的重要组成部分，在社会保障体系中起"兜底"作用。外来农民工属于社会中下阶层群体，他们所从事的多为脏、累、重、险的工作，工作条件相对比较恶劣，职业病发生率较高，且大部分属于非正规就业，没有与用人单位签订正式的劳动合同，这种弱势地位使其极容易陷于贫困，因此对社会救济有着迫切需要。

北京市不能漠视或故意忽视外来农民工的这一重要需求，而应正视问题并对此予以解决。第一步应通过部门联动，排查确定处于北京市最低生活保障线以下的外来农民工的数量、人口学特征、需求。在摸底排查结束后，可根据农民工数量、特征、需求，从外来农民工亟须的失业救助、医疗救助、住房救助等专项救助着手，按照"先专项，后低保"的原则，分群体、分步骤、分阶段地将稳定就业的外来农民工纳入北京市社会救助体系，为外来农民工提供有效率的"兜底"保障，以保障农民工最基本的生存权利，减少社会不稳定因素。

4. 确保农民工子女享受平等的受教育权利

首先，农民工子女的义务教育政策应以公平为首要的价值目标，农民工子女应与北京孩子享受平等的就学机会和资源，就学的自主选择权需掌握在学生和家长手里，而非学校。

其次，加快推进基础教育均衡发展。不断提升农民工子女就学的公办学校的教学

质量，包括资金投入、硬件设施和教师配置等方面，需要进一步完善政策制度，同时也要重视农民工子女就学软环境的营造。农民工子女一般集中在城乡接合部的公办学校中，对于这些学校必须增加市一级的财政投入，帮助其达到城市学校的标准化水平。在师资方面，应通过提高待遇等方式吸引优秀教师，实行教师在城乡学校之间的正常轮岗交流。

最后，积极鼓励社会力量办学。要降低民办学校的办学门槛，鼓励社会力量参与创办多种形式的民办学校，包括社区学校、打工子弟学校等，以接纳更多的农民工子女上学。应不断提升这类学校的教育能力，并制定优惠政策扶持民办学校的正常发展。

要适应城市化和人口流动的现实需要，从维护公民受教育权和实现公平正义的角度，积极探索解决农民工子女学前教育问题，规范私立幼儿园的办学标准，把关其办学质量。探索进行农民工子女参加北京市中考、高考的制度改革。北京不应建设成一座特大的特权城市，而应建设成一座在公平正义基础上更加体现包容性的现代文明城市。北京精神中的包容，需要具体的政策制度来体现。

5. 将农民工平等纳入城镇住房保障体系

为农民工提供基本而体面的住房保障，是政府保障农民工居住权的重要职责。要实现城镇基本公共服务常住人口全覆盖，必须将为农民工提供住房保障作为城镇住房政策的重中之重。

首先，逐步将农民工全面纳入公租房保障范围。要从根本上转变公租房建设的指导思想，明确将农民工作为公租房保障的主要对象。对于无住房的本地农民工和在北京市稳定就业的外地农民工，只要签订正式劳动就业合同，就可以申请公租房，给予同等市民待遇。

鉴于农民工聚居区以城乡接合部为主，应当加大农村集体建设用地发展租赁住房的试点和推广政策，进一步改革土地制度，创新集体建设用地利用方式，规范集体建设用地建设租赁住房政策，加强和完善相关管理制度。在投资形式上可借鉴浙江省公租房建设经验，鼓励和引导民间资本参与，尤其是引导用工单位、村集体等各类投资主体参与建设，出台鼓励公共租赁住房建设和运营的相关优惠政策，统一纳入北京市公共租赁住房管理，优先向出资用工单位符合条件的职工出租。同时要在农民工聚居的公租房区域按照实际需求和健康标准建设生活服务配套设施，使公租房达到改善农民工居住环境、提高生活质量的目的。

其次，应扩大公积金制度覆盖面，将农民工全面纳入其中，充分发挥住房公积金制度的住房保障属性。所有正式用人单位，都必须将符合条件的农民工纳入住房公积金制度范围内。

　　最后，规范农民工住房租赁市场，为农民工平等提供住房补贴。公租房等保障性住房起的是托底作用，对于北京市 400 万名农民工来说，绝大部分人的住房问题的解决靠的是租赁市场。目前北京市的住房租赁市场仍处于发展初期，农民工租住房屋往往环境恶劣，安全性差。有关部门应大力规范房屋租赁市场，积极落实《北京市人民政府办公厅关于进一步规范房屋租赁市场稳定房屋租金工作的意见》（京政办发〔2012〕20 号）的有关规定，各区县成立国有房屋租赁经营机构，业务对象限定为农民工群体，业务内容以农村富余房屋集体出租、单位闲置房屋低价出租为主。同时，要将农民工全面纳入城镇住房补贴政策体系，使农民工与其他城镇职工一样公平享受住房政策补贴。

执笔：张英洪、刘妮娜、赵金望、齐振家

赋予和保障农民对集体资产的财产权利[*]

党的十八届三中全会通过的《中共中央关于全面深化改革若干重大问题的决定》提出：要"赋予农民更多财产权利，保障农民集体经济组织成员权利，积极发展农民股份合作，赋予农民对集体资产股份占有、收益、有偿退出及抵押、担保、继承权"。这是全面深化农村改革、维护和发展农民权益、推进新型城镇化和城乡一体化的重大举措，具有深远的现实意义。

一 农民财产权的缺失和不平等是"三农"问题的重要根源

秘鲁经济学家德·索托在《资本的秘密》一书中揭示，发展中国家贫穷的重要原因是没能把资产转化为资本，缺乏财产权的表达机制。我国"三农"问题的一个重要根源就是农民缺乏财产权，既缺乏与城镇居民平等的财产权，又缺乏农村集体产权在市场化和城市化进程中的法律表述机制。

制约我国"三农"发展的两个最基本的体制因素，一是农村集体所有制，二是城乡二元结构。农村集体所有制最大的问题是财产权利归属不清晰，城乡二元结构的最大问题是公民权利不平等。在工业化、市场化、城镇化进程中，上述两个体制因素所蕴含的矛盾和问题日益突出。在改革进程中，农民对集体资产的财产权利既有产权不清晰问题，也有城乡产权地位不平等问题，还有财产权利法律保护不力的问题。解决"三农"问题有两个最基本的方面，一是要改革农村集体所有制，推进和深化农村集体产权制度改革，赋予农民充分的财产权利；二是要破除城乡二元结构，推进城乡一体化，赋予农民平等的公民权利。

从广义上说，农村集体资产包括农村集体所有制的全部资产，即包括承包地、林地、宅基地和其他集体建设用地等资源性资产以及集体企业经营性资产和集体公益性资产。截至 2013 年底，除了 62 亿亩农用地等资源性资产外，全国农村集体账面资产总额达到 2.4 万亿元，村均 408.4 万元。以北京市为例，2013 年底，北京市乡村集体

---

* 原载《2014 北京农村经济发展报告》（第三分册·农村改革与集体经济发展），2015。

资产总额 5049 亿元，人均集体资产 15.9 万元。在北京市乡村集体资产中，乡镇级集体资产 2034.2 亿元，平均每乡镇 10.4 亿元；村级集体资产 3014.8 亿元，平均每村7565.4 万元。全市农村集体净资产 1751.5 亿元，人均净资产 5.5 万元。这些集体资产都是广大农民的宝贵财富。我们的一个基本判断是，只要将农民的集体"死资产"变成农民的"活财产"，农民的收入和财富将明显增长，特别是大城市郊区农民的收入完全可能接近甚至超过市民收入。

以此看来，我国农民拥有巨额的集体资产，也具有将巨额集体资产转化为自身财富的巨大潜力。在全面深化改革中如果能将巨额的集体资产转化为农民的财产权利，中国农民的面貌将发生根本性的巨大变化，农民增收致富之路将呈现出前所未有的广阔前景。

二　损害和制约农民集体财产权利实现的主要因素

农村集体产权制度改革是将传统的"共同共有"的集体产权改革为"按份共有"，其基本方向是"资产变股权、农民当股东"。以股份合作制的方式推进农村集体产权制度改革，是使农民对集体资产拥有财产权利最有效的方式。

目前，就全国来说，农民对集体资产的财产权利存在两种基本类型。

一种是还没有进行农村集体产权改革的地区。据统计，截至 2013 底，全国已有27 个省份开展了农村集体产权制度改革试点，有 2.4 万个村和 8449 个组完成了改革。但这只占全部行政村的 4.5%。就是说，全国 95.5% 的村集体产权改革还没有启动，绝大多数农民对集体资产的财产权利是虚置的、模糊的。

另一种是基本完成农村集体产权改革的地区。北京、上海以及珠三角、成都、苏州等地，农村集体产权制度改革覆盖面已达 95% 以上。已经基本完成农村集体产权改革的地区主要集中在沿海经济发达地区和大城市郊区。以北京为例，到 2013 年底，全市累计完成农村集体经济产权改革的单位达到 3873 个，其中村级 3854 个，乡级 19个，村级完成集体产权改革的比例达到 97%，全市已有 324 万名农村居民成为股东，有 1267 个村共 133 万人实现了股份分红，分红总额达到 34.8 亿元，人均分红2617 元。

全面认识农民对集体资产的财产权利存在的问题，不能仅从农经部门掌握的账面集体资产数额去理解，也不能仅从已完成农村集体产权改革的乡村去理解，我们必须从更广泛的视野和范围全面认识农民集体财产权利面临的问题。农民集体财产权利是农民对全部集体所有资产拥有的财产权利。损害和制约农民集体财产权利实现的主要因素有以下三个大的方面。

一是农村集体产权改革的滞后性。传统的农村集体产权具有共同共有以及社区封闭的特性，随着改革的不断推进，传统农村集体产权制度与市场化、城镇化发展产生了明显的冲突，但相应的农村集体产权制度改革又明显滞后，这种滞后性既体现为广大中西部农村地区集体产权制度改革至今未能全面启动，还体现为已经启动集体产权制度改革的地区因为种种因素的制约而未能全面深化，存在集体产权改革不到位、不深入、不全面等问题。从总体上看，我国农村集体产权制度改革远远滞后于市场化、城镇化发展的现实需要，滞后于广大农民对财产权的现实要求。

二是传统工业化、城镇化发展模式的掠夺性。传统工业化、城镇化模式是在农村集体产权归属不明的条件下推进的，其突出特点是对农村集体资产的大量侵占，造成了农村集体资产的惊人流失。新中国成立 60 多年来，农村和农民先后被两种剪刀差"剪去"了巨额的财富。据研究，1952—1986 年，由于工农产品价格剪刀差，农民为国家的工业化多付出了 5823.74 亿元，1978—1991 年，工农产品价格剪刀差达 12246.6 亿元；改革开放以来的 30 多年，农民在城市化中被剥夺土地级差收入高达 30 多万亿元。在征地产生的土地增值分配中，投资者拿走了 40%—50%，政府拿走了 20%—30%，村级组织留下了 25%—30%，农民拿到的补偿款只占整个土地增值收益的 5%—10%。试想，如果没有"两把剪刀"持续 60 多年对农民集体资产的剥夺，如果农民能获得公平的土地增值收益，那么农民的收入会怎么样？

三是乡村治理机制的不适应性。改革开放以来，乡村治理机制虽然发生了很大的变化，但对于农民群众对集体财产权利的诉求仍然存在许多不适应性。在未启动农村集体产权制度改革的乡村，集体产权归属不清晰。在已经开展农村集体经济产权改革的乡村，农民对集体资产的产权开始明晰，但也存在不少深层次问题。总体上说，乡村治理体制并没有按照集体产权制度改革的需要而进行相应的改革。在不少地方，集体产权制度改革了，但乡村治理机制并没有变，农民并没有真正行使民主权利，农民仍然缺乏相应的知情权、表达权、参与权、监督权，农民对集体资产的主人翁地位并没有得到很好的体现和保障。在经济发达地区的农村，乡村干部侵吞集体资产的案件频发，寻租腐败案件不断。此外，由于城乡二元结构和政经不分的影响，政府提供的公共物品和公共服务未能延伸覆盖到乡村社区，集体经济组织长期承担了本应由政府承担的农村社区公共物品和公共服务职责，这本身是政府对集体资产的变相平调。

三　赋予和保障农民对集体资产的财产权重在深化改革

赋予和保障农民对集体资产的财产权利，是国家治理体系和治理能力现代化建设的重要内容。我们考察分析农民对集体资产的财产权利，不能局限于农民对集体资产中的一部分的占有、收益等权利。我们的视角是，农民必须对包括承包地（耕地、林地、草地等）、宅基地、集体建设用地、账面集体资产等在内的全部集体所有制资产拥有财产权利。这就需要我们从推进国家治理现代化的高度，全面深化农村集体产权制度改革，加快推进以财产权利为重点的现代国家制度建设。

一是赋予和保障农民对集体资产的占有权、收益权。其一，农民对承包地的占有权、收益权得到了法律的确认，但法律保障不力。《物权法》规定土地承包经营权人对承包地（耕地、林地、草地等）享有占有、收益的权利。比如北京市通过确权确地、确权确股、确权确利等主要方式赋予和保障农民对承包地的占有权、收益权。但目前对农民承包地占有权、收益权的侵害主要有三个方面的挑战。第一个方面是传统城镇化中的征地模式通过强行征地和土地国有化，损害农民对承包地的占有权和收益权。第二个方面是地方政府以政绩为导向的土地流转，侵占了农民对承包地的占有权、收益权。第三个方面是承包期限问题。比如耕地承包期如何从 30 年不变到长久不变，至今没有明确的定论，农民对承包地的占有权、收益权面临新的不确定性。法律已经赋予了农民对承包地的占有权，但法律对农民承包地占有权、收益权的保护明显滞后。既要赋权，也要护权，是当前全面深化改革的重要课题。在赋予和保护农民对承包地的占有权、收益权上，重在通过改革强化法律保障。必须尽快改革现行的征地模式，纠正和制止地方政府将土地流转作为政绩导向，明确第二轮承包期到期后农户对承包地的承包期自动延期，将承包合同上的承包期从"30 年"改为"长久"，进一步完善和健全收益分配权。特别是在如何实行承包地长久不变问题上，有一种观点认为在第二轮承包期届满后应重新分配一次土地后再实行长久不变。这与《物权法》规定的承包期届满由土地承包经营权人按照国家有关规定继续承包不相吻合，与赋予农民长期而有保障的土地使用权原则不相吻合。其二，农民对宅基地的占有权得到了法律的确认，但法律没有赋予农民对宅基地的收益权。在宅基地财产权问题上，既存在赋权不足的问题，又存在护权不力的问题。《物权法》规定宅基地使用权人享有对宅基地的占有权、使用权，但没有赋予农民对宅基地的收益权。宅基地应当有序进入市场，必须进一步深化宅基地制度改革，通过修改法律，既赋予农民对宅基地的收益权，又赋予农民对宅基地的转让权。在赋予农民合法获得宅基地及住房收益权后，可以开征宅基地及住房收益相关税收。农户转让宅基地及住房，在缴纳正当税收后，集体经济组织不得再分配其宅基地。在城镇化进程中出现的一些强征强拆、并村撤村、强迫农民上楼现象，构成了对农民宅基地权利的重大侵害。其三，农民对宅基地以外的集体建设用地占有权、收益权不明。《物权法》规定的建设用地使用权人对建设用地享有占有、使用和收益的权益，但这只限于国有建设用地，而对农村集体建设用地则没有赋权。党的十八届三中全会明确提出建立城乡统一的建设用地市场，允许农村集体经营性建设用地出让、租赁、入股，实行与国有土地同等入市、同权同价。落实这一政策突破，需要更具体的政策规定和立法保障。除宅基地以外的农村集体建设用地，不太便于让农户分散占有，但可以通过确权改革，健全收益分配机制，明确农民股权和收益权。其四，农民对集体经济组织账面资产的占有权、收益权存在不同的情况。在没有开展农村集体经济组织产权制度改革的地区，集体经济组织账面资产的权属不清，农民事实上丧失对了集体经济组织账面资产的占有权、收益权。对于这种情况，应对的关键在于启动和推进农村集体经济组织产权制度改革，明确农民对集体经济组织账面资产的占有权、收益权。已经开展和完成农村集体经济组织产权制度改革的地区，实行了"资产变股权、农民当股东"，农民基本上享有对集体经济组织账面资产的占有权、收益权。当然，在有的改制地区，由于集体股所占比例较大，收益分配机制不健全，新型集体经济组织法人治理结构不完善，农民对集体经济组织账面资产的占有权、收益权也存在不充分的问题，这需要继续深化和完善相关改革。

二是赋予和保障农民对集体资产的有偿退出权和继承权。第一，农民对承包地的有偿退出权和继承权问题。《农村土地承包法》规定承包方全家迁入设区的市，转为非农业户口的，应当将承包的耕地和草地交回发包方，承包方不交回的，发包方可以收回。这条规定限制和剥夺了农民对承包地的有偿退出权。应当尽快修改或废止上述规定，建立承包地有偿退出市场机制，明确农民可以带着集体资产进入城市，走保障农民财产权利的新型城镇化道路。《继承法》和《农村土地承包法》只规定承包收益的继承权，没有规定承包地的继承权。一些地方开展的"增人不增地、减人不减地"试点就具有家庭承包地继承的性质。应当修改《继承法》和《农村土地承包法》，赋予农民对承包地的继承权。在第二轮承包期间，继承人继承被继承人所剩承包年限的承包地，第二轮承包期满后，永久继承承包地。第二，农民对宅基地的有偿退出权和继承权问题。目前有关宅基地的制度建设是土地制度中最滞后的，既没有宅基地方面的全国性专项立法，又缺乏与时俱进的宅基地政策制度创新。无论从法律上还是政策上，都没有赋予农民对宅基地有偿退出权和继承权。现行的宅基地政策制度主要内容是一户一宅，一宅两制，规定面积，限制流转，福利分配，无偿收回。《物权法》将宅基地定性为用益物权，但没有赋予农民对宅基地的收益权和转让权。《继承法》也没有规定宅基地的继承权。迄今为止的有关宅基地政策的主旨是限制、控制农民对宅基地的财产权利。应当修改《物权法》，赋予农民对宅基地的收益权和转让权，允许宅基地进入市场自由流转。在市场化和城镇化进程中，要转变观念，加快宅基地的专门立法，赋予和保障农民对宅基地的完整物权。第三，农民对集体经济组织账面资产的有偿退出权和继承权问题。在没有开展农村集体经济组织产权制度改革的地区，农民无所谓有偿退出权和继承权。在已经开展农村集体经济组织产权制度改革的地区，在股权管理上，大多数地方不准退股，但可以在内部转让股权；有的地方固化股权，实行"生不增、死不减、入不增、出不减"，赋予了农民对股权的继承权，有的地方实行股权的"生增死减"，等等。从全国来说，至今没有统一规范的股权管理办法。应当根据形势发展的需要，制定出台全国统一的农村集体经济组织股权管理办法，明确赋予农民对集体股权的有偿退出权和继承权。

三是赋予和保障农民对集体资产的抵押、担保权。第一，农民对承包地的抵押、担保权问题。《物权法》《担保法》都规定耕地等集体所有的土地使用权不得抵押。这是对农民集体财产权利的法律限制。党的十八届三中全会首次明确赋予农民对承包地占有、使用、收益、流转及承包经营权抵押、担保权能。中央赋予承包经营权抵押、担保权能后，需要制定相关的具体政策和基础制度跟进才能实现目标。首先是要对承包经营权进行确权登记颁证；其次是要改革农村金融体制，特别是要借鉴东亚综合农协的成功经验，积极稳妥发展农民合作金融，创新适应农村特点和实际的承包经营权抵押、担保方式。第二，农民对宅基地的抵押、担保权问题。《物权法》《担保法》同样规定宅基地使用权不得抵押。党的十八届三中全会对宅基地制度改革比较慎重，提出"慎重稳妥推进农民住房财产权抵押、担保、转让"，没有涉及宅基地使用权的抵押、担保。这与整个宅基地制度改革没有取得突破有关。从城镇化发展的形势来看，我们需要对宅基地制度进行重大改革和突破，这种改革与突破需要吸收各地试点和自发探索的经验做法，总的趋势是赋予农民对宅基地完整的用益物权，允许宅基地进入市场流转，使宅基地与宅基地上的住房名正言顺地成为农民的合法财产。只有在此基础上，才能赋予农民对宅基地及宅基地上的住房的抵押、担保权。据报道，最近，北京市海淀区东升镇集体所有的东升科技园11栋房屋首次获得房产证，并首次从民生银行获得3亿元贷款。这说明，通过改革试点，农村集体土地上的房屋完全可以颁发房产证并进行抵押贷款融资。第三，农民对集体资产股权的抵押、担保权问题。在我国现行金融体系中，不要说集体经济组织的股权，就是国有企业的股权抵押、担保都面临很大问题。实现集体资产股权的抵押、担保权，重在创新金融体制机制。解决集体资产股权的抵押、担保问题，需要区分集体股与个人股，同时要区分商业银行与农民合作银行。集体股相对来说资产数量较大，如果集体经济组织具有较好的经营绩效，商业银行应当改变现行的抵押贷款方式，降低对集体股进行融资的门槛；个人股相对来说资产数量较小，商业银行可能认为其抵押融资的风险较大而不会轻易接纳个人股抵押融资。实现集体资产股权抵押、担保的另一条可行路径，就是发展农民信用合作组织，在农村内部开展集体资产股权的抵押、担保，这可能是一条成本和风险相对较小的路径。但发展农村信用合作组织必须根据农村和农民的特点与实际情况，不必照搬商业银行的经办模式，但可以借鉴商业银行成熟的管理方式。这些都需要通过试点进行探索和总结。无论如何，要实现集体资产股权的抵押、担保，不仅需要创新金融体制，而且要从国家治理现代化的高度，全面深化改革，赋予和保障农民对全部集体产权的财产权利。

执笔：张英洪

2014 年 5 月 21 日

不断促进农民的全面发展

促进人的全面发展，是马克思主义的基本观点，是我国农村改革取得成功的基本经验，也是新时代全面深化农村改革的根本要求。

在《共产党宣言》中，马克思、恩格斯明确提出取代资本主义旧社会的社会主义新社会是"自由人的联合体"。在《资本论》中，马克思又进一步指出社会主义新社会将"以每个人的全面而自由的发展为基本原则"。通过消灭剥削和束缚人的旧制度，将劳动人民解放出来，进而解放全人类，实现每个人自由而全面发展，是马克思、恩格斯追求的理想社会的崇高目标，是马克思主义的根本价值所在。促进人的全面发展，必须尊重和保护人民群众的根本利益。马克思指出："人们奋斗所争取的一切，都同他们的利益有关。"他还说："'思想'一旦离开'利益'，就一定会使自己出丑。"从根本上说，马克思主义政党就是维护和发展人民群众根本利益的政党。正如习近平总书记在庆祝改革开放40周年大会的讲话中所说的那样，必须以最广大人民根本利益为我们一切工作的根本出发点和落脚点，坚持把人民拥护不拥护、赞成不赞成、高兴不高兴作为制定政策的依据，顺应民心、尊重民意、关注民情、致力民生。[①]

促进农民的全面发展，是我国农村改革取得巨大成就的基本经验。我国农村改革的过程，实质上就是不断维护和发展农民基本权利的过程，就是持续促进农民自由而全面发展的过程。1978年12月召开的党的十一届三中全会提出，必须在经济上充分关心农民的物质利益，在政治上切实保障农民的民主权利。改革开放的伟大实践表明，尊重和保障农民的各项基本权利，是我国农村改革的一条红线，也是我国农村改革发展取得巨大成就的基本经验。改革开放40多年来，我国在经济上，通过实行家庭联产承包责任制，建立健全社会主义市场经济体制，不断赋予农民生产经营自主权、土地承包经营权、宅基地使用权、集体收益分配权等财产权利以及农民进城务工经商择业创业自主权等；在政治上，通过废除人民公社体制，实行村民自治，发展基层民主，赋予和保障农民的民主选举、民主决策、民主管理、民主监督等权利；在社

---

① 《十九大以来重要文献选编》（上），中央文献出版社，2019，第730页。

会上，通过改革户籍制度，建立健全"新农合""新农保""农村低保"等社会保障体系，推进城乡基本公共服务均等化，保障和实现农民城乡迁徙权以及医疗、养老等社会保障权利；等等。改革开放的经验证明，维护和发展农民权利，促进了农民的全面发展，推动了社会的文明进步。

不断促进农民的全面发展，是新时代全面深化农村改革的根本要求。俗话说，民之所好好之，民之所恶恶之。改革开放是顺应民心的伟大事业。40多年改革开放的伟大实践充分证明，凡是尊重和维护农民权利的公共政策，就能得到农民群众的热情欢迎和衷心拥护；凡是忽视和侵害农民权利的公共政策，就会遭到农民群众的强烈反对和坚决抵制。是否有利于维护和发展农民权利、促进农民的全面发展，是检验和判断农村改革成败得失的基本标准。中国特色社会主义建设已进入新时代，解决新时代的"三农"问题、做好新时代的"三农"工作、实施新时代的乡村振兴战略，推动农业全面升级、农村全面进步、农民全面发展，必须以习近平新时代中国特色社会主义思想为指导，坚持以人民为中心的发展思想，不断实现农民对美好生活的向往，全面深化农村改革开放，推进以宪法为核心的民主法治建设，建立健全党组织领导的自治、法治、德治相结合的乡村治理体系，打造充满活力、和谐有序的善治乡村。为此，我们必须认识和面对农民的三重身份，维护和实现农民的三重权利，加快构建城乡整合发展的体制机制和政策体系。第一，农民作为国家公民，拥有公民身份，享有公民权。保障和实现农民的公民权利，必须坚持全面依法治国，进一步树立《宪法》权威，强化《宪法》实施，确保农民充分享有和行使《宪法》赋予公民的基本权利和自由。第二，农民作为集体经济组织成员，拥有社员身份，享有成员权。保障和实现农民集体经济组织的成员权利，必须全面深化集体产权制度改革，加强集体经济组织的立法建设，合理界定集体经济组织成员身份，发展壮大集体经济，维护和保障集体经济组织成员的财产权利和民主参与权利。第三，农民作为村庄社区居民，拥有村民身份，享有村民权。保障和实现农民的村庄社区自治权利，必须坚持党的领导、人民当家作主、依法治国有机统一，深入发展基层民主，健全村民自治制度，创新村民自治方式，依法保障村民对村庄社区公共生活的民主选举、民主决策、民主管理、民主监督的权利。农民应当享有的这三重权利是交织在一起的，具体体现为人的权利、财产的权利、公共治理的权利三大类。维护和发展农民权利的过程，就是不断实现农民对美好生活向往的过程，就是不断促进农民自由而全面发展的过程，也就是不断实现中华民族伟大复兴的过程。

执笔：张英洪

2019 年 1 月 4 日

第四篇

新型城市化与制度创新

走新型城市化道路的几点思考[*]

　　城市化是"十二五"时期北京经济社会发展的重要推动力。北京要顺利实现"人文北京、科技北京、绿色北京"的战略任务和建设中国特色世界城市的战略目标，必须坚持以科学发展为主题，以转变经济发展方式为主线，突出首都特点，走以人为本的新型城市化道路，更加注重体制机制建设，更加注重创新驱动，使郊区农民在城市化和城乡一体化进程中成为有资产、有住房、有社保、有工作的新市民，保障农民带着资产和尊严进入城市化，使全体市民共享首都改革发展的成果。

一　新型城市化是空间布局合理的城市化

　　北京作为国家首都和特大城市，在快速城市化的进程中，正面临严重拥堵等"大城市病"的严峻挑战。防止和治理"大城市病"，需要从战略上进一步优化城市空间布局。城乡接合部城市化建设是首都城市化的重要组成部分，必须放在首都城市化总体布局中予以谋划。

　　一是从"大北京"的视野推进首都圈的发展。北京要建设世界城市，必然要把加快京津冀城市群和环渤海城市带建设作为推进城市化的主体形态，形成以北京、天津为双核，以其他城市和小城镇为网络，高效协调宜居可持续的城市化空间布局，打造富有世界魅力和东方特色的首都圈。作为13亿人口大国的首都，北京具有极强的人口集聚效应，北京的城市化发展实际上有三个层次的含义：在行政区域上的"小北京"概念、在京津冀城市群上的"中北京"概念、在环渤海城市带上的"大北京"概念。北京中心城区的人口集聚已近饱和，但这并不意味着京津冀城市群和环渤海城市带的人口集聚已经饱和。首都城市群要与长三角、珠三角城市群齐头并进共同发展，人口的进一步聚集不可避免，这既是市场经济发展的必然结果，也是首都城市群

---

　　* 原载北京市农村经济研究中心《调查研究报告》2011年第9期。此文系北京市农研中心2010年度课题"北京城乡接合部经济社会发展问题研究"总报告《走以人为本的新型城市化道路——北京市城乡接合部经济社会发展问题调研报告》的第四部分。

发展的必然要求。未来十几年之内，北京市的人口规模可能突破 3000 万人，中国三大城市群的人口都将超过一亿人。河北省正在打造"环首都经济圈"，京津冀城市群的发展将明显提速。北京的发展既要从行政区域上考虑首都的发展，更要从城市群战略上谋划首都圈的发展，应在此基础上统筹调控人口增长，引导人口在首都城市群各大中小城市合理分布和相应集中。

二是切实从"摊大饼"式的城市扩张转向多中心的城市布局。"摊大饼"式的城市扩张，使城市边界无限膨胀，造成一系列严重的"城市病"，一直备受批评。北京早已认识到"摊大饼"的弊端，在最近两个城市总体规划中分别提出建设卫星城、新城以分担中心城区的压力，但北京在总体上仍然沿袭"摊大饼"式的圈层扩张模式，交通拥堵等"城市病"日益严重。一方面，这是没有从首都城市群这个大视野出发进行有效的产业和人口的统筹规划；另一方面，北京 11 个新城没有切实发挥分担中心城区功能的应有作用，多中心的城市布局尚未真正形成。"十二五"时期，要坚决放弃"摊大饼"式的城市扩张模式，合理确定城市开发边界，防止中心城区不断向外过度扩张，加快形成多中心的城市发展与治理结构。重点加快城中村改造，城乡接合部的边界要保持相对稳定。加快推动京津冀城市群和环渤海城市带的大中小城市发展，使北京城市功能在更大范围内得到有效疏散，夯实北京建设世界城市的基础，同时增强首都对周边地区的辐射力和带动力，形成资源共享、功能互补、相互依存与共同发展的首都城市群新格局。

三是从战略上加快新城建设。北京构建多中心城市发展与治理结构，关键是要加快北京的新城与小城镇建设，将新城与小城镇作为首都城市化建设的重中之重切实加以推进，使之发展为有效分担中心城区功能的大中城市。新城要建设为有效承担疏解中心城功能的现代化国际新城，重点是加强规划引导，发展适宜产业，完善基础设施，加快教育、行政、医疗卫生等公共服务向新城配置，鼓励就近就业，促进职居统一，使新城有产业、有服务，避免将新城建设为功能单一的"睡城"。

二 新型城市化是维护农民权益的城市化

城市化不能以剥夺农民的权益为代价。传统的城市化过度损害农民利益，特别是侵害农民的土地权益和集体资产权益，造成了大量的失地农民，失地农民不能顺利转变为市民，造成了许多经济社会问题。新型城市化是切实维护农民权益的城市化，是让农民在自己的土地上富裕起来的城市化，是实现农民市民化的城市化。

一是充分发挥农民的主体作用。城市化是农民土地非农化和农民身份市民化的过程，城市化是农民自己的事业。政府不能代民做主，强迫农民集中上楼，强制推进城市化。要切实改变将农民排除在外的城市化、代农民做主的城市化、不顾农民意愿的城市化、剥夺农民利益的城市化，使传统的农民被动城市化全面转变为农民主动城市化。在政府规划的引导下，尊重农民的自主权，发挥农民的主体作用，使农民真正成为城市化建设的主人，成为自己幸福生活的缔造者。政府要着重提供规划控制和政策法律的引导规范，负责提供公共产品和公共服务。

二是切实将土地的增值收益还给农民。城市化的核心是土地问题，关键是产业发展问题。2007年3月温家宝总理在会见中外记者时说："土地出让金主要应该给予农民。"① 2010年10月，党的十七届五中全会通过的《中共中央关于制定国民经济和社会发展第十二个五年规划的建议》提出将土地增值收益主要用于农业农村。2010年12月，中央农村工作会议提出土地出让收益重点投向农业土地开发、农田水利和农村基础设施建设，确保足额提取、定向使用。2010年，北京市的土地出让金已达到1639.4亿元，创历史新高。在推进城市化进程中，要明确土地出让金主要用于农业农村的详细内容，特别是要支持都市型现代农业服务体系建设、农业专业合作组织和生态文明建设，改善农村基础设施和公共服务设施，实现基本公共服务均等化。城乡接合部建设要给农民留足产业用地，推行和规范农民利用集体建设用地发展公共租赁房，保障和实现农民的土地发展权。

三是要有效保障农民带着集体资产进城。如何让农民带着集体资产进城，是城市化进程中的重大问题。要按照社区股份合作制的基本模式，全面推行集体产权制度改革，实现"资产变股权、农民当股东"，让农民拥有实实在在的集体资产份额，享有集体资产增值收益。要突破农民集体资产股权受到多方限制的封闭局面，赋予农民对个人股权享有占有、使用、收益和处分的完整权能，农民股权可以转让、抵押、担保和继承。农民享有的集体资产股权不受"农转居""农转非"等影响，农民可以带着集体资产股权进入城市，成为市民。农民享有的股权只能通过自愿转让和市场机制退出。

三 新型城市化是善待外来人口的城市化

因城乡二元体制的影响，外来流动人口没有真正融入城市成为市民，这使传统城市化成为一种特殊的"半城市化"。新型城市化需要重新认识和公平对待外来流动人口。公平对待外来流动人口，不只是加强对外来流动人口的管理，更重要的是要维护外来人口的平等权益和尊严，构建公正的社会制度，实现外来流动人口的市民化，实现"同城同权同尊严"，使外来流动人口共享城市发展的成果。

① 《国务院总理会见中外记者（2006年3月14日）》，共产党员网，http://12371.cn/2013/02/21/ARTI/361428948392535.shtml。

一是破除双重二元结构。城乡接合部存在静态与动态双重城乡二元结构。静态城乡二元结构就是基于农民与市民两种不同的户籍身份,以市民与农民两种权利不平等的制度体系,实行"城乡分治、一国两策"。动态城乡二元结构是基于本地居民与外来流动人口两种不同的身份,建立本地户籍居民与外来流动人口两种权利不平等的制度体系,实行"城市分治、一市两策"。在城乡接合部地区,双重二元结构交织在一起,共同构成了城市化和城乡一体化面临的重大体制障碍。推进城市化和城乡一体化,必须破除双重二元结构,公平对待郊区农民和外来流动人口,促进农民与流动人口的市民化,在城乡接合部地区率先实现基本公共服务均等化。

二是要重新认识人口流动。对于现代城市来说,其居民只应有职业的差别,而不应有对身份的歧视;移居城市的居民也只应有先后之分,不应有内外之别。在同一座城市中,每一个人都应完全平等。以农民工为主体的流动人口,是北京人口的重要组成部分,对北京的经济社会发展做出了重要贡献。流动人口是移居北京的新市民,是北京发展的重要力量,是拥有人力资本的新市民。在对待流动人口问题上,传统的思维和做法是加强控制和治安管理。但简单限制流动人口的举措,既不利于保障公民的居住和迁徙自由权,也不利于形成城乡一体化新格局,应当将流动人口视为城市的常住人口,平等对待。

三是切实改革城乡二元户籍制度。户籍制度改革的目标是消除户籍歧视,实现身份平等,建立城乡统一的居住证制度,保障公民的居住和迁徙自由权。现在全国各地的户籍制度改革明显加快,特别是成都市户籍制度改革在实现公民迁徙自由上取得了重大突破。北京市推进新型城市化,要借鉴各地户籍改革的有益经验,结合首都的实际,积极稳妥地推进户籍制度改革,尽快赋予流动人口平等的市民身份,使外来流动人口真正成为首都的新市民。要将外来流动人口纳入基本公共服务保障体系。外来流动人口在北京创造财富,缴纳税金,应当平等享有公共服务,要逐步将流动人口纳入就业、教育、医疗、社保、住房等基本公共服务保障体系,实现基本公共服务对流动人口的全覆盖,让公共财政的阳光同样照耀流动人口。

四 新型城市化是产业结构优化的城市化

城市化的过程本身也是产业结构不断优化升级的过程。早在1995年,北京的服务业比重超过50%,形成了"三二一"的现代产业格局。到2009年,北京三次产业结构比为1.0:23.5:75.5,已接近发达国家水平。但从产业区域布局来看,北京GDP 70%左右集中于首都功能核心区和城市功能拓展区。2008年,首都功能核心区、城市功能拓展区、城市发展新区和生态涵养区的GDP分别占全市GDP的比重为24.5%、45.2%、18.2%和4.2%。在新型城市化进程中,北京的产业结构优化升级的任务和空间仍然很大。

一是强化大首都圈产业布局。首都的产业结构优化不仅要着眼于北京市的行政区域，更要从首都圈这个大的范围进行统筹协调，统一产业布局，促进区域协调发展，增强首都圈与长三角、珠三角的竞争力。作为京津冀城市群和环渤海城市带的首位城市，北京具有进一步优化产业结构空间分布、完善城市功能、增强特大城市辐射力的巨大优势，关键是要围绕首都圈一体化发展进行城市群内各城市功能定位和产业布局，优化产业结构。特别是要着眼于创新驱动，按照"优化一产、做强二产、做大三产"的思路，积极发展高新技术产业和战略性新型产业，大力发展适应首都发展的现代服务业，推动服务业转型升级，形成与北京城市功能相契合、符合科学发展观的现代产业格局和合理的产业空间布局。

二是推进都市型现代农业发展。在我国城市区域内，农业是城市的重要基础性产业。北京的农业，是一二三产业相融合的产业，具有生产、生活、生态等多种功能，是新型城市化进程中必须进一步发展壮大的基础产业，也是首都实现可持续发展不可取代的优势产业。发展都市型现代农业，既要从生产力层面进一步发掘都市农业的新功能、新业态，完善都市型现代农业的实现形式，促进籽种农业、循环农业、休闲农业、会展农业等新突破；也要从生产关系层面加快体制机制创新，特别是要加快建立健全都市型现代农业服务体系，发展和壮大以农民合作经济组织为基础的产前、产中和产后服务，形成适应北京都市型现代农业发展的社会化服务产业。

三是大力发展民生产业。发展经济、推进城市化的根本目的在于改善民生，保障和改善民生也是加快转变经济发展方式的根本出发点和落脚点。"十二五"时期，优化产业结构，关键是要大力发展以保障和改善民生为重点的民生产业，特别是要完善社区公共服务业。通过发展民生产业，进一步扩大就业机会，加快推进农民转移就业，大力开发公益性就业岗位，努力解决城市化中的农民就业问题。在保障就业的基础上，进一步调整收入分配格局，缩小城乡居民收入差距，实现共同富裕。

五　新型城市化是生态环境友好的城市化

传统的工业化、城市化道路在创造巨大财富的同时，对人们赖以生存和发展的自然环境造成了严重的破坏。新型城市化必须坚持全面、协调和可持续的原则，走资源节约型与环境友好型道路，不断提高生态文明水平，努力建设绿色北京、健康北京和宜居城市，确保城市使人们的生活更加美好。

一是加快转变经济发展方式。加快转变经济发展方式是"十二五"时期推动科学发展的主线，也是建设资源节约型、环境友好型社会的根本保证。要切实改变传统的高能耗、高污染、高排放、低效益的经济发展模式，树立绿色、低碳、可持续的发展理念，按照高端、高效、高辐射力的发展方向，调整产业结构，培育以绿色产业为主的新经济增长点，推动绿化发展，构建完善的山区绿屏、平原绿网、城区绿景三大生态系统，实现绿色生产、绿色消费、绿色环境的统一，促进人与自然环境的和谐共存。

二是实现城市与乡村的融合。城市化不是城市消灭农村、城市吞并农村、城市污染农村，而应当是城乡一体、城乡互补、城乡融合。城乡融合的城市就是田园城市，正如著名的城市规划思想家霍华德所说的那样，城市和乡村必须成婚，这种城乡的结合将迸发出新的希望、新的生活、新的文明。在城市化和城乡一体化中，北京建设宜居的田园城市，要切实保护农村的自然景观，不能以城市人的眼光去强制改变乡村人的生活方式。要进一步加强绿化隔离带建设，真正发挥绿化隔离带的"绿化"与"隔离"双重功能，在建设一批城市绿色生态走廊的同时，以绿化隔离带阻止城市"摊大饼"式的无限扩张。

三是进一步提升生态涵养功能。北京的生态涵养区具有涵养水源、防风固沙、美化环境等重要功能，是首都最重要的生态屏障。要加快绿色北京建设，进一步提升生态涵养功能，着力构建可持续的生态涵养体系，发展与生态涵养相吻合的生态友好型产业，禁止破坏性开发。要进一步认识农业的生态价值，农业的价值不只是简单地体现在生产产值上，2009年北京农业产值已下降到占全市GDP的1%以下，但这没有计算农业的生态价值，据测算，2008年北京的农业生态服务价值高达6297.19亿元。要进一步完善生态补偿机制，生态涵养区为城市提供的水源、清新的空气、绿色的环境是无价之宝，要加大转移支付力度，加强农业基础地位，推进集体林权与集体资产改革，切实保护生态涵养区农民种粮护林的积极性。

六 新型城市化是发展民主法治的城市化

贯彻依法治国基本方略，推进依法行政，建设法治政府，是我们党治国理政从理念到方式的重大变化，具有划时代的重要意义。城乡接合部城市化建设事关城乡居民的切身利益，是重大的公共政策，要纳入民主法治的轨道。为人民谋福利、办好事的权力也必须受到严格的制约和监督。要以民主法治的方式推进城市化，以城市化来提升民主法治水平，使城市化与民主化相互促进，城市建设与法治建设齐头并进。各级政府要坚持依法行政，将民主法治理念贯穿到城乡接合部建设中去，将城乡接合部建设作为加快建设法治政府和服务型政府的重要内容，不断提高政府公信力和执行力，实现法治框架下的城乡善治，切实保护公民的基本权利和自由，维护社会的公平正义，不断提高市民的幸福指数，使首都市民在民主法治的保障下生活得更加幸福、更有尊严。

一是公开透明，民主参与。城乡接合部城市化建设事关城乡居民的切身利益，有关规划、实施方案和其他规划性文件，都要向社会公开。公开、参与是提高决策民主化、科学化、法治化的基本保障。要坚持以公开为原则、不公开为例外。要把公众参与、专家论证、风险评估、合法性审查和集体讨论决定作为有关城市化建设重大决策的必经程序，未经公开征求意见、合法性审查、集体讨论的，不得发布施行。没有法律、法规、规章依据，政府有关部门不得做出影响公民、法人和其他组织权益或者增加其义务的决定。实行民主好处多，城乡接合部城市化建设要广泛实行民主，扩大公众参与，保障居民的知情权、参与权、表达权和监督权。要发挥村民自治在城乡接合部城市化建设中的应有作用。

二是定期清理，废止旧规。要根据《国务院关于加强法治政府建设的意见》（国发〔2010〕33 号），建立规章和规范性文件定期清理制度，对规章一般每隔 5 年、规范性文件一般每隔 2 年清理一次，清理结果要向社会公布。城乡接合部城市化建设涉及征地、拆迁补偿、人员安置、社会保障等诸多方面，不少政策文件时间跨度较大，与当前的新情况、新形势不相适应，应当组织有关部门一一进行清理，废除或修改已不适应于当前城市化和城乡一体化发展需要的规章制度。根据新的发展形势与要求，建议对《北京市农村集体资产管理条例》《北京市撤制村队集体资产处置办法》《北京市集体土地房屋拆迁管理办法》《北京市建设征地补偿安置办法》等法规进行重新修订。

三是与时俱进，依法行政。与过去在城乡二元结构背景下推进城乡接合部城市化建设不同，现在是在城乡一体化的背景下推进城乡接合部城市化建设。城乡接合部的城市化不是简单的大拆大建，必须更加注重城乡一体化的体制机制建设，更加注重城乡接合部率先形成城乡经济社会发展一体化新格局，在城乡规划、产业布局、基础设施建设、公共服务一体化等方面实现新突破。当前迫切需要根据党的十七届三中全会精神以及《物权法》等相关法律，重新制定和出台一批新的政策法规，使城市化和城乡一体化有法可依，各级政府部门依法行政，农民群众依法参与，确保城乡接合部城市化建设走上现代法治的轨道。

执笔：张英洪

京津沪渝蓉穗城市化进程比较*

城市化是我国经济社会发展的强大动力。为把握各地城市化进程，我们选择土地城市化、人口城市化和城乡居民收入差距三个重要指标，对北京市及天津、上海、重庆、成都、广州的城市化进程做一量化比较分析，供参考。

一　土地城市化进程

城市化进程的一个重要方面是城市面积的扩大。从 2000 年到 2010 年的十年间，全国城市建成区面积从 22439.28 平方公里扩大到 40058.00 平方公里，增长了78.52%；北京、天津、上海、重庆、成都、广州 6 个城市的市区建成区面积分别增长了 176.64%、77.90%、81.60%、232.14%、90.04%、115.08%，北京、重庆、广州的建成区面积增长幅度最大。全国及各城市建成区面积增长情况见表1。

表 1　全国及各城市建成区面积增长情况

单位：平方公里，%

地区	2000 年	2010 年	增长率
全国	22439.28	40058.00	78.52
北京	488.00	1350.00 *	176.64
天津	386.00	686.70	77.90
上海	550.00	998.80	81.60
重庆	262.00	870.20	232.14
成都	231.00	439.00 *	90.04
广州	431.00	927.00 *	115.08

注：标注 * 的数据为 2009 年数据，北京、成都、广州的增长率为 2009 年比 2000 年的增长率。

资料来源：根据《中国城市统计年鉴》（2001 年、2010 年、2011 年）、《2011 年中国统计年鉴》相关数据整理。

---

* 原载北京市农村经济研究中心《调查研究报告》2012 年第 2 期。

二 人口城市化进程

城市化的本质是人口的城市化，即农民的市民化，就是农民进入城市并成为市民的过程。测度人口城市化的重要指标是城市化率，目前通用的城市化计算方法有两种：

1. 城市化率＝城镇人口÷总人口×100%，现在统计部门均采用这种计算方法；

2. 城市化率＝非农业人口÷户籍总人口×100%，中国国际城市化发展战略委员会主张采用这种计算方法，并采用这种计算方法发布中国城市化率白皮书。

我们同时采用上述两种方法对2010年全国及六大城市的城市化率进行统计汇总后发现，2010年全国城镇人口占总人口的比重为49.95%，非农业人口占总人口的比重为34.17%，以非农业人口口径统计的城市化率，比以城镇人口口径统计的城市化率低15.78个百分点。

从2000年到2010年，北京、天津、上海、广州、成都的常住人口增长率远高于户籍人口增长率，重庆是唯一例外，因为重庆是一个农村地区和农村人口比例很大的西部城市，离开重庆外出的农村人口较多。从两种口径统计的城市化率来看，一般是以城镇人口为统计口径的城市化率高于以非农业人口为统计口径的城市化率。因为各大城市都吸纳了大量的外来人口，而外来人口大多没有获得城市市民身份。上海和广州的两种口径统计的城市化率比较接近，因为上海和广州的农业人口所占比例较小。全国及六大城市人口城市化率如表2所示。

表2 全国及六大城市人口城市化率比较情况

单位：万人，%

地区	2000 年		2010 年		总（常住）人口增长率	户籍人口增长率	2010 年城镇人口占总（常住）人口比重	2010 年非农人口占户籍总人口比重
	总（常住）人口	户籍总人口	总（常住）人口	户籍总人口				
全国	126743.00	—	134531.39	—	6.15	—	49.95	34.17
北京	1363.60	1107.50	1961.90	1257.80	43.88	13.57	85.96	78.67
天津	1001.00	912.00	1299.00	984.85	29.77	7.99	79.57	61.37
上海	1608.60	1321.63	2302.66	1412.32	43.15	6.86	89.30	88.86
重庆	2849.00	3091.09	2885.00	3303.45	1.26	6.87	53.00	33.51
成都	1110.85	1013.35	1404.76	1149.00	26.46	13.39	65.51	56.60
广州	994.30	700.69	1270.96	806.14	27.82	15.05	83.78	89.58

说明：作为西部地区的重庆，因人口大量外出，到沿海地区打工，故常住人口少于户籍人口。

资料来源：根据相关统计年鉴整理。

我们发现，以上两种城市化率的计算方法均没有反映城市化进程中农民的市民化水平。以城镇人口口径计算的城市化率，将在城镇居住半年以上的农民工等外来人口统计为城镇人口，而这部分人并没有享有所在地城市的市民身份和基本公共服务待遇，也就是说并没有实现市民化。以非农业人口统计的城市化率，其计算公式中的总人口只是户籍总人口而不是常住人口，这在计算全国总人口时问题不大，因为全国的户籍总人口基本上等于常住人口。但各个城市的户籍总人口与常住人口差距较大。以非农业人口统计的城市化率没有将未获得城市户籍的农民工等外来人口统计在城市总人口范围之内，也就是说此方法计算的基础只是户籍总人口而不是常住人口，由此得出的城市化率也未能充分反映各个地区的人口城市化水平。

为此，我们提出市民化率这一指标来衡量和测度全国及各地区的人口城市化的质量。市民化率就是一个地区或城市中享受市民待遇的人口占全部常住人口的比重。其计算公式是：

$$市民化率 = 享受市民待遇人口 ÷ 常住人口 × 100\%$$

在目前城乡二元户籍制度还没有破除的情况下，一个地区或城市往往以非农业户籍作为享受市民待遇的依据。因而一个简便的计算市民化率的公式是：

$$市民化率 = 非农业人口 ÷ 常住人口 × 100\%$$

以此公式计算，2010年，全国的市民化率为34.17%，北京、天津、上海、重庆四个直辖市的市民化率分别只有50.44%、46.53%、54.50%和38.37%（见表3）。

表3　2010年全国及四个直辖市的市民化率

单位：万人，%

地区	（1）总人口或常住人口	（2）非农业人口	（3）市民化率（非农业人口占总人口或常住人口比重）
全国	134531.39	45963.70	34.17
北京	1961.90	989.50	50.44
天津	1299.00	604.42	46.53
上海	2302.66	1254.95	54.50
重庆	2885.00	1107.00	38.37

注：（1）中全国为总人口数据，四个直辖市为常住人口数据；（3）中全国的市民化率为非农业人口占总人口的比重，四个直辖市为非农业人口占常住人口的比重。

资料来源：根据相关统计年鉴整理。

三　城乡居民收入差距变化趋势

缩小城乡居民收入差距是推进新型城市化和城乡一体化的重要任务。"十一五"

时期，全国城乡居民收入比从 3.28 缩小到 3.23，北京市城乡居民收入比从 2.23 缩小到 2.19，天津市城乡居民收入比从 1.80 扩大到 2.06，上海市城乡居民收入比从 2.24 扩大到 2.32，重庆市城乡居民收入比从 4.03 缩小到 3.62，成都市城乡居民收入比从 2.61 缩小到 2.54，广州市城乡居民收入比从 2.55 缩小到 2.42。2010 年，六大城市中只有重庆的城乡居民收入比在 3 以上，高于全国；其他五个城市城乡收入比在 2 与 3 之间，其中天津市城乡收入比值最小，只有 2.06。全国及六大城市城乡居民收入变化趋势见表 4。

四　小结

全国及北京、天津、上海、重庆、成都、广州六大城市在城市化进程中有四个共同点。

一是城市建成区面积不断扩大，城市人口迅速增加。2010 年全国城市建成区面积比 2000 年增长了 78.52%，但城镇人口只增长了 45.90%。

二是土地城市化的速度远快于人口城市化的速度。2010 年与 2000 年相比，全国城市建成区面积增长率高于城镇人口增长率 32.62 个百分点。

三是农民的市民化进程严重滞后于农民进入城市的进程。2010 年全国城镇人口占总人口的比重为 49.95%，但非农户籍人口只占总人口的 34.17%，相差 15.78 个百分点。2010 年，北京、天津、上海、重庆四个直辖市的市民化率分别只有 50.44%、46.53%、54.50% 和 38.37%。

四是城乡居民收入差距较大。全国及六大城市城乡居民收入差距比都在 2 以上。2010 年，北京、天津、上海、重庆、成都、广州的城乡居民收入差距比分别为 2.19、2.06、2.32、3.62、2.54、2.42，重庆市城乡居民收入比值最大，为 3.62。天津市城乡居民收入比值最小，为 2.06；北京次之，为 2.19。

五　启示和建议

通过上述对城市化进程的比较分析，我们认为应当把实现农民市民化作为以人为本的新型城市化的战略目标。

城市化不是城市发展，城市化的本质是人口的城市化，也就是农民的市民化。农民市民化就是进入城市就业定居生活的农民获得市民身份，享受市民待遇，真正融入城市社会，成为城市的新市民。现有城市化存在三个重大误区：一是将城市化等同于城市建设；二是要农民土地不要农民，要劳动力不要劳动者；三是对农民工等外来流动人口的管理重在治安管理而不是重在提供公共服务。

改革开放以来我国城乡关系的第一个重大调整就是允许农民进城务工，这在造就

表4 全国及六大城市城乡居民收入变化趋势

单位：元

地区	2006年 城镇居民人均收入	2006年 农民人均纯收入	2006年 城乡居民收入比值	2007年 城镇居民人均收入	2007年 农民人均纯收入	2007年 城乡居民收入比值	2008年 城镇居民人均收入	2008年 农民人均纯收入	2008年 城乡居民收入比值	2009年 城镇居民人均收入	2009年 农民人均纯收入	2009年 城乡居民收入比值	2010年 城镇居民人均收入	2010年 农民人均纯收入	2010年 城乡居民收入比值
全国	11759	3587	3.28	13876	4140	3.35	15781	4761	3.31	17175	5153	3.33	19109	5919	3.23
北京	19978	8620	2.23	21989	9559	2.30	24725	10747	2.30	26738	11986	2.23	29073	13262	2.19
天津	14283	7942	1.80	16357	8752	1.87	19423	9670	2.01	21402	10675	2.00	24293	11801	2.06
上海	20668	9213	2.24	23632	10222	2.31	26675	11385	2.34	28838	12324	2.34	31838	13746	2.32
重庆	11570	2874	4.03	13715	3509	3.91	15709	4126	3.81	16588	4621	3.59	19100	5277	3.62
成都	12789	4905	2.61	14849	5642	2.63	16943	6481	2.61	18659	7129	2.62	20835	8205	2.54
广州	19851	7788	2.55	22469	8613	2.61	25317	9828	2.58	27610	11067	2.49	30658	12676	2.42

资料来源：根据历年《中国统计年鉴》以及历年各有关城市统计年鉴资料整理。

城市繁荣发展的同时，也造成了现有城市化的最大弊端，即没有从制度上实现农民的市民化。现在迫切需要进行城乡关系的第二次重大调整，即在允许农民进城务工的基础上，实现进城农民工的市民化，从根本上解决和消除农民工问题。

为此，我们的建议如下。

一是进一步转变观念，实现统筹城乡发展的第二次大跨越。党的十六大正式提出统筹城乡发展以来，各个城市实现了统筹城乡发展的第一次大跨越，把郊区农民纳入城乡统筹发展的制度框架之中，将城市基本公共服务向郊区农村延伸，逐步实现公共财政向郊区农民覆盖，树立起农民也是市民的观念。从此，各个城市的市长不再只是市区居民的市长，也是郊区农民的市长。实现统筹城乡发展的第二次大跨越，就是要将农民工等外来流动人口纳入统筹发展的制度框架，树立农民工等外来人口是城市的新市民的观念，实现基本公共服务向城市全部常住人口的全覆盖，保障农民工等外来流动人口享受基本公共服务，成为新市民。各个城市的市长不再只是户籍居民的市长，而且是城市全部常住人口的市长。

二是将推进农民市民化作为城市支持农村最重要的实现方式。党的十六大以来，党和国家明确提出工业反哺农业、城市支持农村的基本方针。在工业反哺农业、城市支持农村的方式选择中，不可能再找到或利用"剪刀差"的方式。我们认为，实现亿万进城农民的市民化是城市支持农村最重要、最有效的实现方式。因此，应当将农民市民化提上战略高度加以贯彻落实。

三是将市民化率作为衡量城市化质量的主要指标。现有的城市化率指标不能真实地反映城市化的质量。我们提出并建议采用市民化率（即一个地区或城市中享受市民待遇的人口占全部常住人口的比重）作为衡量城市化质量的主要指标。

四是允许和鼓励农民从个体进城向家庭式迁居城市的转变。我国现有的城市化发展模式，对家庭形成了空前的巨大冲击与破坏。城市将农村中的青壮年劳动力大量吸走，却将老人、妇女和儿童留在农村，产生了普遍的农村留守老人、留守妇女、留守儿童等农村社会问题。我们建议积极创造条件，允许和鼓励农民从个体进城务工向家庭式迁居城市生活转变，为迁居城市的农民工家庭所有成员提供就学、就业、就医、养老、住房等基本公共服务保障。全面创新社会管理，尽快修复被畸形城市化破坏了的家庭的基本功能，重塑中华家庭美德，再造中华文明。

执笔：张英洪

维护农民集体资产权益是推进城市化的
重要前提和目标[*]

走城乡融合、切实维护农民集体资产权益的城市化道路，是落实科学发展观、转变经济发展方式的重要内容。首都的农民是拥有集体资产的市民。在城市化进程中，如何让农民变为拥有集体资产的市民，使农民带着资产和尊严进城，不仅是重大的经济问题，也是重大的社会政治问题。

一　集体资产是农民的宝贵财富

首先，集体资产是农民拥有的最重要的财产。农村集体资产包括集体所有的土地等自然资源，以及集体所有的各种流动资产、长期投资、固定资产、无形资产和其他资产。农村集体资产属于集体经济组织全体成员集体所有，是农民的最大财产。2009年，北京市农村集体资产总额达到 2972.4 亿元，人均 92589.6 元；净资产总额 1206.6 亿元，人均 37585.7 元。此外，农民还拥有 300 多万亩耕地、1000 多万亩集体林地、200 多万亩集体建设用地、130 多万亩宅基地等丰富的资源性资产。

其次，集体资产是农民增加财产性收入的主要来源。在市场经济发达国家，财产性收入是居民家庭收入的重要组成部分，例如美国居民的财产性收入占其全部收入的比重高达 40%。2009 年，我市农民家庭人均财产性收入达到 1402 元，占其全部收入的比重达到 11.7%，但总的来说所占比例太小，与其拥有的集体资产相比还很不协调，利用集体资产增加农民财产性收入的空间和潜力非常巨大。

最后，集体资产是农民实现发展权的物质基础。集体资产既是维护农民生存权的重要保障，又是实现农民发展权的物质基础。改革开放以来，北京市一些村庄充分利用集体资产优势，实现了村庄的跨越式发展。如昌平区郑各庄村，集体资产从 1998 年的 3600 万元增加到 2009 年的 50 亿元，人均现金收入 35000 元，人均集体福利

---

* 原载北京市农村经济研究中心主办《领导参阅》2010 年第 9 期。

5500 元。郑各庄村充分利用集体资产的优势，使村民在自己的土地上实现了城市化，过上了富裕的现代生活。

二 警惕对集体资产的侵害和掠夺

对农村集体资产的侵害和掠夺主要有以下三个大的方面。

一是公权力的侵害。有的地方擅自撤并集体经济组织，造成集体经济主体缺位，平调集体资产，造成集体资产流失。有的在城市化过程中片面强调土地腾退，强制征地拆迁，严重剥夺了农民的土地收益，引发了新的群体性事件。有的不顾实际，大搞农村集中居住，强制农民集中上楼，实质上剥夺了农民的宅基地用益物权。

二是资本的掠夺。资本往往以开发的名义，采取与少数部门结盟、与基层干部合谋等方式对集体资产进行掠夺。一些地方在以资本为主导的土地流转、集体企业重组、房地产开发、旧村改造、新农村建设中，大量掠夺集体资产，严重损害了农民的利益。

三是部分村干部的侵占。由于基层民主制度建设的滞后，农民难以充分行使对集体资产的所有权、管理权、收益权和监督权，大量的集体资产实质上掌握在少数乡镇干部和村干部手中。在一些地方，少数村干部侵吞、私分、挪用、挥霍集体资产的手段层出不穷。一些农村集体资产经营管理存在的"三高"（高积累、高管理成本、高集体股）、"两低"（低收益分配和低管理水平）现象，反映了对出资人的不尊重，损害了农民的集体资产权益。

三 维护农民集体资产权益的五点建议

第一，全面推进集体经济产权的股份化改革，建立完善的法人治理结构。"十二五"时期要全面推进和完成农村集体经济产权制度改革的任务，使全体农民真正成为集体资产的所有者和受益者。完成产权改革的集体经济组织，要按照"产权明晰、权责明确、政企分开、管理民主"的要求，全面推行现代企业制度，构建适应集体经济发展需要的法人治理结构，健全集体经济的管理体制和运行机制，确保农民的集体资产不被少数人控制、少数人利用、少数人受益。

第二，大力加强农村集体资产的市场化配置，健全农村的市场体系。在集体资产经营管理中发挥市场在资源配置中的基础性作用，只有集体资产实现了市场化的配置，才能最大限度地发展农村经济，保护农民集体资产的经济权益。重点是要建立健全城乡统一的建设用地市场，保障农户宅基地用益物权，规范健全承包地和林地的流转市场。

第三，积极探索农村集体资产的信托化经营，创新资产经营管理方式。对农民集体资产进行信托化经营和管理，是改变农民弱势地位、确保农民集体资产保值增值的现实选择和有效途径。当前要积极探索和规范土地信托中心、土地银行、土地信托合作社等信托业务的发展，要着力开展农村集体资产信托化经营管理的调研和政策制定工作，开创农村集体资产经营管理的新局面。

第四，切实推行农村集体资产的民主化管理，杜绝少数人代民做主。集体资产作为农民集体所有的重要财产，必须实行广泛的民主管理，坚持公开透明，防止少数包办代替、内部人操作控制。集体资产的年度财务预算和决算、年度收益分配方案等重大事项，都要依法召开全体村民会议或村民代表会议，履行民主程序，保障农民对集体资产管理的知情权、参与权、表达权和监督权。

第五，加强农村集体资产的法制化建设，强化政府的监督管理职责。要将集体资产管理全面纳入法制保障的轨道，要根据农村改革发展的需要，制定农村集体资产管理的法律法规体系，重新修订《北京市农村集体资产管理条例》，以制度管权、管事、管人。在集体资产监管上，可借鉴国有资产监督管理体制的有益经验，成立集体资产监督管理机构，加强对集体资产的监督管理，确保集体资产保值增值。

执笔：张英洪

2010 年 10 月 8 日

把实现农民市民化作为新型城市化的战略目标

城市化不是城市发展，城市化的本质是人口的城市化，也就是农民的市民化。农民市民化就是进入城市就业定居生活的农民获得市民身份，享受市民待遇，真正融入城市社会，成为城市的新市民。农民市民化并不是要将全部农民都实现市民化，而是要将包括城郊农村地区就地城市化的农民和其他广大农村地区异地进城的农民工及其子女后代（所谓新生代农民工）实现市民化。对于未迁入城市就业生活而在农村从事农业的职业农民，应当享受均等的基本公共服务。

一 现有城市化存在几个重大误区

一是将城市化等同于城市建设。城市化就是要让进入城市的农民成为市民，而城市建设是指城市基础设施的改善、城市建成区的扩大、城市经济的增长、城市社会管理的完备等方面。应该说我国的城市建设取得了举世瞩目的重大成就，但城市化的成就却远为逊色。

二是要农民土地不要农民，要劳动力不要劳动者。城市的扩张需要大量的土地供给，于是，近郊农村的大量土地被低价征收转变为城市用地，但被征收土地上的农民却没有相应地实现市民化，这造就了数以千万计的失地农民。同时，城市的经济发展需要大量的廉价劳动力供给，于是，全国农村的大量青壮年农民进入城市务工就业，但进城务工就业的劳动力却没有相应地实现市民化，这造就了数以亿计的农民工。中国的失地农民问题和农民工问题，都是畸形的城市化发展模式的产物。

三是对农民工等外来流动人口的待遇重在治安管理而不是重在提供公共服务。长期以来，各个城市对涌入的大量农民工等外来流动人口，主要采取治安管理的方式进行社会管理，而不是将之视为移居城市的新市民从而提供基本的公共服务。

将进城农民不是变为新市民而是变为农民工的城市化模式，将原有的城乡二元结构在城市内部进行重新复制，形成了新的城市内部二元结构，即城市户籍人口为一元、农民工等外来人口为一元的新的城市二元结构。

改革开放以来我国城乡关系的第一个重大调整就是允许农民进城务工，这在造就城市繁荣发展的同时，也造成了现有城市化的最大弊端，即没有从制度上实现农民工的市民化。现在迫切需要进行城乡关系的第二次重大调整，即在允许农民进城务工的基础上，实现进城农民工的市民化，从根本上解决和消除农民工问题。

二　政策建议

一是进一步转变观念，实现统筹城乡发展的第二次大跨越。长期的城乡二元结构使城市政府只负责城市非农业人口的公共服务，而将城郊区农民排除在外。党的十六大正式提出统筹城乡发展以来，各个城市实现了统筹城乡发展的第一次大跨越，把郊区农民纳入城市统筹发展的制度框架之中，将城市基本公共服务向郊区农村延伸，逐步实现公共财政向郊区农民覆盖。农民也是市民的观念树立起来了。从此，各个城市的市长不再只是市区居民的市长，也是郊区农民的市长。实现统筹城乡发展的第二次大跨越，就是要将农民工等外来流动人口纳入统筹发展的制度框架，树立农民工等外来人口是城市的新市民的观念，实现基本公共服务向城市全部常住人口的全覆盖，保障农民工等外来流动人口享受基本公共服务，成为新市民。各个城市的市长不再只是户籍居民的市长，而且是城市全部常住人口的市长。

二是将推进农民市民化作为城市支持农村最重要的实现方式。改革开放以前，农村长期以工农产品价格"剪刀差"的方式支持城市；市场化改革以来，农村又事实上以城乡土地价格"剪刀差"的方式继续支持城市。此外，农村还在以源源不断地向城市输送青壮年劳动力的方式支持城市发展。党的十六大以来，党和国家明确提出工业反哺农业、城市支持农村的基本方针。在工业反哺农业、城市支持农村的方式选择中，不可能再找到或利用"剪刀差"的方式。我们认为，实现亿万进城农民的市民化是城市支持农村最重要、最有效的实现方式。因此，应当将农民市民化提上战略高度加以贯彻落实。

三是将市民化率作为衡量城市化质量的主要指标。现有的城市化率指标不能真实地反映城市化的质量。我们提出并建议采用市民化率（即一个地区或城市中享受市民待遇的人口占全部常住人口的比重）作为衡量城市化质量的主要指标。为提高城市化的质量，需要加快推进户籍制度改革，废除城乡二元户籍制度，实行以居住地为主要依据的城乡统一的户籍登记制度，加快实现城乡基本公共服务均等化，加快推进公共财政体制改革，加快建立公共服务型政府。尤其要适应城市化和人口全国性流动的现实需要，尽快实现城乡社会保障的全国统筹和接续。在农民工市民化进程中，国家调节城市人口规模最有效的办法，不是恢复计划经济时代严格的人口控制，而是对产业发展、公共投资和公共资源在各个城市与地区之间合理布局。在市场经济条件下，如果任何一座大城市既希望高度集中公共资源，做大 GDP，又希望人口不要过度集中，则是一种难以破解的城市化悖论。

四是允许和鼓励农民从个体进城向家庭式迁居城市的转变。家庭是一个社会的基本细胞，家庭的和谐是社会和谐的基础。家庭承担了三个最基本的社会职能：对上赡养老人，对下抚育孩子，中间是夫妻生活。所以，中国传统文化高度重视家庭，国际社会也将保护家庭作为一项重要的国际准则。我国现有的城市化发展模式，对家庭造成了空前的巨大冲击与破坏，造成妻离子散、母子分离。城市将农村中的青壮年劳动力大量吸走，却将老人、妇女和儿童留在农村，产生了普遍的农村留守老人、留守妇女、留守儿童等农村社会问题，城市中则大量滋生了城市社会丑恶现象。这些农村社会问题和城市社会问题，都是畸形的城市化发展模式的产物。不改变这种城市化模式，就不可能解决上述社会问题。我们要想在经济繁荣发展中提升中华民族的道德文化水平，增强城乡居民在发展中的幸福感，就必须切实保护家庭，彻底改变破坏家庭的城市化，走以人为本的新型城市化之路。我们建议积极创造条件，允许和鼓励农民从个体进城务工向家庭式迁居城市生活的重大转变，各个城市都要为迁居城市的农民工家庭所有成员提供就学、就业、就医、养老、住房等基本公共服务保障。鼓励企业实行终身雇佣制，按照国际劳工标准保障和落实农民工权益。要全面创新社会管理，尽快修复被畸形城市化破坏了的家庭的基本功能，重塑中华家庭美德，再造中华文明。

新型城市化既是一种发展理念，也是一种实践创新。中国正在走向一个与几千年乡村社会完全不同的城市社会。城市化正在考验着中国，考验着中国人的智慧与能力，也考验着中国人的良知与责任。

执笔：张英洪

2012 年 4 月 28 日

城市化进程中土地政策创新比较[*]

　　土地制度是一个国家最重要的基础制度之一。我国现行土地制度由一系列法律法规和政策组成，其中有三个基本方面。一是国家建立土地公有制，城市土地实行国家所有，农村土地实行集体所有，以此为基础，建立了城乡二元土地制度。二是任何单位和个人进行建设需要使用土地的，必须依法申请国有土地，以此为依据，建立了以政府征地为合法通道的土地"农转非"制度。三是实行最严格的土地管理制度、最严格的耕地保护制度、最严格的节约用地制度。现行土地制度与快速城市化之间的矛盾日益突出，这是地方政府在城市化进程中探索土地政策创新总的制度背景。近年来，各地在城市化进程中积极探索土地制度创新的路子，例如天津的"宅基地换房"、浙江嘉兴的"两分两换"、成都的"三个集中"、重庆的"地票"交易、广东的"集体建设用地入市"等就是土地政策创新的典型。

一　天津的"宅基地换房"

　　2009 年，天津市总面积 11760 平方公里，其中建成区面积 662 平方公里；当年土地征收面积 106.8769 平方公里，其中征收耕地面积 48.0369 平方公里；当年出让土地面积 56.9372 平方公里，出让土地成交价款 5719610.04 万元（见表 1）。

　　作为北方经济中心的天津市，在城市化进程中探索出以宅基地换房的土地政策创新路子。

表 1　2009 年天津市土地面积及土地征收情况

单位：平方公里，万元

总面积	建成区面积	城市建设用地面积	土地征收		出让土地	
			总面积	耕地面积	面积	成交价款
11760	662	662	106.8769	48.0369	56.9372	5719610.04

资料来源：《中国城市统计年鉴 2010》《中国国土资源统计年鉴 2010》。

---

* 载北京市农村经济研究中心《调查研究报告》2011 年第 17 期。

（一）以宅基地换房的政策背景

2004 年 10 月 21 日，国务院印发《关于深化改革严格土地管理的决定》（国发〔2004〕28 号），提出："鼓励农村建设用地整理，城镇建设用地增加与农村建设用地减少相挂钩。"2005 年 10 月 11 日，国土资源部印发《关于规范城镇建设用地增加与农村建设用地减少相挂钩试点工作的意见》（国土资发〔2005〕207 号），要求已经申请开展试点工作的天津、浙江、江苏、安徽、山东、湖北、广东、四川等省（市），按要求严格筛选试点项目区，认真编制试点工作总体方案。

2006 年 2 月 22 日，天津市发展改革委印发《关于在全市开展以宅基地换房的办法进行示范小城镇建设试点工作的意见》（津发改区县〔2006〕70 号），提出以宅基地换房的办法是城市周边地区建设示范小城镇所遵循的基本模式。

2006 年 4 月 14 日，国土资源部下发《关于天津等五省（市）城镇建设用地增加与农村建设用地减少相挂钩第一批试点的批复》（国土资函〔2006〕269 号），天津与江苏、山东、湖北、四川被列为第一批挂钩试点。天津市被列为第一批挂钩试点的项目区 9 个，使用周转指标 828 公顷。

2006 年 5 月 26 日，国务院下发《关于推进天津滨海新区开发开放有关问题的意见》（国发〔2006〕20 号），支持天津滨海新区进行土地管理改革。

在此背景下，天津市实行以宅基地换房的土地政策创新路径来推进城市化。2005 年天津首批推出三镇两村试点；2007 年天津第二批推出九镇三村试点；2009 年 4 月天津推出第三批 12 个镇进行以宅基地换房试点。在 2010 年上海世博会上，天津的以宅基地换房成为参展项目。

（二）以宅基地换房的基本内容

以宅基地换房，是指在国家现行政策的框架内，通过对农民宅基地（包括村庄集体建设用地）的整理，以不减少耕地为前提，高标准规划建设一批现代化、有特色、适于产业聚集和生态宜居的新型小城镇，农民以其宅基地，按照规定的置换标准无偿换取小城镇中的一套住宅，迁入小城镇居住，原有的宅基地由村民委员会组织农民整理复耕后，实现耕地的占补平衡。

以宅基地换房是国土资源部确定的城乡建设用地增减挂钩试点的重要内容，城乡建设用地增减挂钩是指依据土地利用总体规划，将若干拟整理复垦为耕地的农村建设用地地块（即拆旧地块）和拟用于城镇建设的地块（即建新地块）等面积共同组成建新拆旧项目区，通过建新拆旧和土地整理复垦等措施，在保证项目区内各类土地面积平衡的基础上，最终实现增加耕地有效面积，提高耕地质量，节约集约利用建设用地，城乡用地布局更合理的目标。

以天津市第一个以宅基地换房的试点镇——华明镇为例。2005 年 10 月,天津市政府印发《关于同意在东丽区华明镇实施以宅基地换房开展示范小城镇建设工作的批复》,批准华明镇推行以宅基地换房试点。华明镇宅基地换房项目从 2005 年开始规划,2006 年 4 月动工,2007 年 9 月完工。该镇 12 个村,总人口 4.2 万人,共有宅基地 12071 亩,新建示范小城镇用于农民住宅建设和服务设施配套 3476 亩,可腾出建设用地 8595 亩,其中 4000 亩用于产业发展,4000 亩用于挂牌出让,土地增值收益用于农民回迁住房建设及社区整体配套建设。

根据华明镇宅基地换房政策规定,农民按照 30 平方米/人的标准置换小城镇商品房,一户最多可换取 3—4 套房,超出面积部分,给予货币补偿。如某三口之家,原有农房 50 平方米,按人均标准应得 90 平方米,那么其换取的 90 平方米房屋中,50平方米不用出钱,而对于超出的 40 平方米,该农户则需缴纳 400—600 元/平方米的差价补偿。如果村民的房子是楼房,其获得商品房之后,还可获得政府给予的 300—400 元/平方米的补贴。如果村民原来的房子是土坯房,其在获得新房后需向政府缴纳 200 元/平方米的差价补偿。

二 浙江嘉兴的"两分两换"

2009 年,浙江省总面积 104122 平方公里,其中城市建成区面积 1388 平方公里;当年土地征收面积 241.3572 平方公里,其中征收耕地面积 149.8099 平方公里;当年出让土地面积 126.7599 平方公里,出让土地成交价款 25462580.73 万元。2009 年,嘉兴市总面积 3915 平方公里,城市建成区面积 82 平方公里,当年出让土地 17.8535平方公里,出让土地成交价款 1903935.08 万元(见表 2)。

作为我国工业化、城市化发展最快的地区之一,浙江省推行了土地发展权转移和交易的"浙江模式"。浙江嘉兴市在城市化进程中以"两分两换"的土地政策创新而受人关注。

表2 2009 年浙江省及嘉兴市土地面积及土地征收情况

单位:平方公里,万元

	总面积	建成区面积	城市建设用地面积	土地征收		出让土地	
				总面积	耕地面积	面积	成交价款
浙江省	104122	1388	1388	241.3572	149.8099	126.7599	25462580.73
嘉兴市	3915	82	82	—	—	17.8535	1903935.08

资料来源:《中国城市统计年鉴 2010》《中国国土资源统计年鉴 2010》。

(一)嘉兴"两分两换"的政策背景

早在 1999 年 12 月,浙江省委、省政府印发《浙江省城市化发展纲要》(浙委

〔1999〕41号），明确将积极推进城市化作为浙江跨世纪发展的战略选择，提出深化土地管理制度改革，实行跨地区调剂土地整理折抵的建设用地指标和异地垦造耕地政策，对按规划集中迁建的农村居民点和工业企业，已经退宅还田、退建还耕的面积，可在新址等量置换农用地作为新的建设用地。

2005年1月10日，浙江省委、省政府印发《浙江省统筹城乡发展推进城乡一体化纲要》（浙委发〔2004〕93号），对大力推进城市化、加大统筹城乡发展力度、加快推进城乡一体化进程做了一系列政策规定。

2007年9月3日，嘉兴市政府印发《嘉兴市城乡居民社会养老保险暂行办法》，在全国范围内率先从制度层面构建了"全民社保"体系。2008年4月，嘉兴被浙江省委、省政府列为三大省级统筹城乡综合配套改革试点之一，开展以"两分两换"为重要内容的土地制度改革。三年来，嘉兴市实施了以优化土地使用制度为核心，联动推进就业、社会保障、户籍制度、新居民管理、涉农体制、村镇建设、金融体系、公共服务、规划统筹等九项改革，形成了"十改联动"的统筹城乡发展新模式。

嘉兴市开展"两分两换"土地制度改革政策，自2008年5月至2010年8月底，已签约换房（或搬迁）的农户达18697户，完成农房拆迁14644户，流转土地承包经营权9万亩。嘉兴市提出到2012年，全市有1/3以上的农民实现向城镇和中心村集聚。

（二）"两分两换"的基本内容

"两分两换"是嘉兴市统筹城乡综合配套改革的总体思路。所谓"两分两换"，就是将宅基地与承包地分开，搬迁与土地流转分开，以宅基地置换城镇房产，以土地承包经营权置换社会保障，推进农民集中居住，转换生活方式。"两分两换"的实质内容是"两换"，"两换"的核心是宅基地换房。

"两分两换"的主要做法是：以深化土地使用制度改革为突破口，以农民自愿为原则，通过政府主导、政策激励等手段，对农民原有住房和宅基地的节约使用进行合理补偿，换取新居住点的国有土地公寓房或集体土地联排房，促进人口向城镇和新社区集聚；将土地承包经营权统一流转、统一收储、统一发包，换取土地流转收益和社会保障，促进土地向种养大户和经营能手集中，加速农民向第二、第三产业转移。

以嘉兴市善县姚庄镇为例，该镇试点区域农户4805户共18049人，户均3.8人，户均住房187平方米，户均生产性服务用房104平方米，户均宅基地775.3平方米。其试点目标是计划用8—10年时间，分期建设集镇规划区内0.98平方公里的城乡一体新社区，引导农户集聚居住。在安置面积上，标准公寓房按规定认定的人口，人均40平方米标准面积，以建筑安装成本价1000元/平方米置换，每户超标准面积控制在40平方米以内，以综合价1600元/平方米置换；复式公寓房面积标准为大户85平方米、中户 75 平方米、小户 60 平方米，置换价格按招投标价格；在优惠政策上，给予农民一定旧房补助和集聚奖励等"两补两奖"。该镇 67.5% 的农村劳动力从事第二、第三产业，80% 以上的农村住房建于 20 世纪八九十年代，"两分两换"只是进行了农村住房置换城镇房产，没有实施承包地置换社会保障。

嘉兴市南湖区七星镇用土地承包经营权换社保的具体政策是，以农户为单位到二轮承包期止，土地承包经营权有偿流转费按每年每亩 700 元的标准为基数，以后每年递增 50 元。土地承包经营权流转后，将农户纳入城乡居民社会养老保险，以政策认定的人口，对 16 周岁以上（含 16 周岁）每人补 12000 元，16 周岁以下每人补 4000元进行参保。60 周岁以上农民一次性办理城镇居民社会保险手续，次月起享受城乡居民社会养老保险中的城镇居民养老保险待遇；16 周岁以上（含 16 周岁）、60 周岁以下的农民直接按城镇居民缴费基数办理年度缴纳手续。

三　成都的"三个集中"

2009 年，成都市总面积 12121 平方公里，建成区面积 439 平方公里，城市建设用地面积 418 平方公里，当年出让土地面积 33.6160 平方公里，出让土地成交价款4343506.44 万元（见表 3）。

成都市在推进城市化和城乡一体化过程中，推行以"三个集中"为核心的土地创新政策。

表 3　2009 年成都市土地面积及土地征收情况

单位：平方公里，万元

总面积	建成区面积	城市建设用地面积	土地征收		出让土地	
			总面积	耕地面积	面积	成交价款
12121	439	418	—	—	33.6160	4343506.44

资料来源：《中国城市统计年鉴 2010》《中国国土资源统计年鉴 2010》。

（一）"三个集中"的政策背景

成都市的统筹城乡发展走在全国前列，而推行统筹城乡发展的具体路径就是实施"三个集中"。2002 年 11 月，党的十六大报告首次提出"统筹城乡经济社会发展"。2003 年 3 月，成都市委、市政府确定双流、大邑等五个区县为加快城市化进程的试点。

江苏省吴江市最早提出工业向规划区集中、农民居住区向新型社区集中、农业用地向适度规模经营集中等"三个集中"。2003 年，成都市双流县相关人员前往江苏省吴江市考察，提出以"三个集中"的具体路径推进城市化和城乡一体化。

2004 年 2 月，成都市委、市政府发布《关于统筹城乡经济社会发展推进城乡一体化的意见》，进一步加快推进城市化和城乡一体化。2005 年 10 月，国土资源部印发《关于规范城镇建设用地增加与农村建设用地减少相挂钩试点工作的意见》（国土资发〔2005〕207 号），成都成为国土资源部首批确定的城乡建设用地增减试点地区之一。

2007 年 6 月 7 日，国家发展改革委下发《关于批准重庆市和成都市设立全国统筹城乡综合配套改革试验区的通知》，成都与重庆被列为全国统筹城乡综合配套改革试验区。2007 年 7 月 19 日召开的中共成都市十一届二次全委（扩大）会议提出要用"全域成都"的理念实施城乡统筹。2007 年 7 月 28 日，成都市委、市政府发布《关于推进统筹城乡综合配套改革试验区建设的意见》，提出加快新型工业化、农业现代化和新型城市化进程，必须深入统筹推进"三个集中"，力争到 2017 年，"三个集中"取得显著成效，工业集中度达到 80%，城市化率达到 70%，土地规模经营率达到 75%。2008 年 6 月，国土资源部出台《关于实行保障灾后恢复重建特殊支持政策的通知》（国土资发〔2008〕119 号），明确提出扩大城乡建设用地增减挂钩试点支持灾后重建。成都市在实践中创造了统规自建、统规统建、城乡联建等方式集中建设农村居住社区。2008 年 10 月 13 日，成都农村产权交易所正式挂牌，成为全国首家综合性农村产权交易所。2008 年 10 月，成都锦江区仿照国有土地的出让方式，挂牌出让两宗集体建设用地。2009 年 5 月，国务院批复《成都市统筹城乡综合配套改革试验总体方案》，允许其在土地制度等九个方面先行先试。

（二）"三个集中"的基本内容

成都的"三个集中"，就是工业向园区集中、农民向城镇集中、土地向规模经营集中。"三个集中"都涉及土地制度的创新。成都的土地制度创新充分运用城乡建设用地增减挂钩试点政策，积极实施农地整理和村庄整理，为城市化发展提供土地占补平衡指标。

以工业向园区集中的典型——蛟龙工业港为例，该工业园区的土地占用模式主要有两种。一是租用农民土地模式。蛟龙公司早期建青羊园区时租用农民土地，具体操作是农民将土地承包经营权还给村集体，村集体将土地出租给蛟龙工业港，蛟龙工业港对农民进行补偿安置。如 2000 年 4 月 30 日蛟龙公司与成都市青羊区文家乡政府企业管理办公室签订集体土地租用合同规定，蛟龙公司租用文家乡大石桥村五组、一组、二组土地 500 亩，租期 50 年，租地费 1500 元/亩，每五年递增 200 元，但不得超过 3500 元。二是农民以土地入股模式。蛟龙公司在双流县建工业园区时采用农民以土地入股作价模式，每年按土地股份给农民分红。如 2005 年 7 月 1 日蛟龙公司与双流县东升镇普贤村一组签订集体建设用地权作价入股协议，将 2.39 亩土地入股，每亩为一股,每年按大米 600 公斤/亩分红,大米保底价 2 元/公斤,大米市场价超过 2.6 元/公斤时按市场价计算,每股固定分红每三年递增 5%,土地入股期限 50 年。蛟龙公司以租用或土地入股方式取得农民土地后,建设标准厂房转租给中小企业,收取租金。

农民向城镇集中的方式主要是以城乡建设用地增减挂钩试点为政策依据,通过村庄整理,将农民集中到城镇居住。成都市新津县普兴镇是通过土地整理实行农民集中居住的典型。作为该镇土地整理项目涉及的三个村之一的袁山村,共 371 户、1008 人。2007 年,该村通过"自愿搬迁、统规自建"的方式,实现第一期集中居住 172 户、458 人;2009 年,第二期集中农户 168 户、450 人,农民集中居住度达 90% 以上。

成都通过促进农民承包地向适度规模经营集中,已形成了土地股份合作社经营模式、土地股份公司经营模式、家庭适度规模经营模式、"土地银行"经营模式、业主租赁经营模式、"大园区 + 小业主"经营模式、"两股一改"经营模式等七种规模经营模式。以崇州市怡顺土地承包经营股份合作社为例,2010 年 5 月,崇州市桤泉镇生建村 22 户农户将确权后的 124.97 亩承包土地以入股方式组建土地股份合作社,入股土地面积 124.97 亩,按 0.01 亩折成一股,共折股 12497 股,合作社实行种子、肥料、农药的"三统购"和机耕、机防、机收、田管的"四统一",年终经营纯收入的 90% 用于土地入股分红,10% 作为公积金、风险金和工作经费。

四 重庆的"地票交易"

2009 年,重庆市总面积 82826708 平方公里,其中建成区面积 708 平方公里;当年土地征收面积 130.9056 平方公里,其中征收耕地面积 66.8815 平方公里;当年出让土地面积 36.8493 平方公里,出让土地成交价款 3886650.28 万元(见表 4)。

作为我国中西部地区唯一的直辖市和全国城乡统筹综合改革试验区,重庆市在城市化进程中创造了"地票"交易的土地政策。

表 4　2009 年重庆市土地面积及土地征收情况

单位:平方公里,万元

总面积	建成区面积	城市建设用地面积	土地征收		出让土地	
			总面积	耕地面积	面积	成交价款
82826708	708	694	130.9056	66.8815	36.8493	3886650.28

资料来源:《中国城市统计年鉴 2010》《中国国土资源统计年鉴 2010》。

(一)"地票交易"的政策背景

重庆市集大城市、大农村、大库区、大山区和民族地区于一体,城市化水平较低，而在加快推进城市化方面却面临城乡二元体制和土地制度的严格约束。2003 年 6 月 27 日，中共重庆市二届三次全会通过《关于加快实施城镇化战略的决定》，提出用好用活土地政策，实行建设用地指标周转。

2007 年 6 月 7 日，国家发展改革委印发《关于批准重庆市和成都市设立全国统筹城乡综合配套改革试验区的通知》（发改经体〔2007〕1248 号），重庆被批准为全国城乡统筹综合改革试验区。

2008 年 6 月 27 日，国土资源部发布《城乡建设用地增减挂钩试点管理办法》（国土资发〔2008〕138 号），进一步规范城乡建设用地增减挂钩试点。2008 年 12 月 2 日，重庆市政府发布《重庆市农村土地交易所管理暂行办法》（渝府发〔2008〕127）。2008 年 12 月 4 日，重庆市成立全国首家也是迄今（2011 年）唯一的农村土地交易所，主要开展实物和地票两类交易。实物交易指农村集体土地使用权或承包经营权交易，指标交易指建设用地挂钩指标交易。

2009 年 1 月 26 日，国务院出台《关于推进重庆市统筹城乡改革和发展的若干意见》（国发〔2009〕3 号），要求重庆建立统筹城乡的土地利用制度，稳步开展城乡建设用地增减挂钩试点。2009 年 4 月 28 日，国务院办公厅下发《关于重庆统筹城乡综合配套改革试验总体方案的复函》（国办函〔2009〕47 号），正式批复《重庆市统筹城乡综合配套改革试验总体方案》，要求重庆市重点围绕推进城乡经济协调发展、推进城乡劳务经济健康发展、推进土地流转和集约利用"三条主线"，探索建立统筹城乡发展的新机制。

（二）"地票交易"的基本内容

"地票"是指包括农村宅基地及其附属设施用地、乡镇企业用地、农村公共设施和农村公益事业用地等农村集体建设用地，经过复垦并经土地管理部门严格验收后产生的指标。"地票"交易是以票据的形式通过重庆农村土地交易所在全市范围内公开交易农村建设用地指标的行为。"地票"购买者包括土地储备机构、园区建设单位、民营企业、国有企业、自然人。购得的"地票"可以纳入新增建设用地计划，增加等量城镇建设用地。与中国现有"先占后补"的用地模式相比，"地票"交易制度是"先复垦后用地"，在增加城镇用地的同时实现了对耕地面积的保护。

重庆"地票"交易的主要做法如下。一是设立专门的农村土地交易所，集中从事"地票"交易。重庆市规定在主城区，国家计划指标只能用于工业、公共设施等项目，经营性用地必须通过"地票"取得。二是制定土地交易规章制度。重庆市制定《农村土地交易所管理暂行办法》《农村土地交易所交易流程（试行）》等法规文件和操作规程。"地票"须符合两个前提：第一，凡农村集体经济组织申请耕地复垦，必须经 2/3 以上成员或者 2/3 以上成员代表同意；第二，凡农户申请宅基地复垦，必须有其他稳定居所、有稳定工作或生活来源，并且有所在集体经济组织同意复垦的书面材料。三是建立利益分配机制。重庆市制定出全市统一的农村土地基准价格。2010年9月，重庆市政府出台文件，规定"地票"收入85%归农民个人，15%归村集体，用于农村基础设施、公共服务和农民社会福利。2011年7月21日，中共重庆市委三届九次全会通过《关于缩小三个差距促进共同富裕的决定》，提出完善"地票"交易制度，确保净收益的85%直补农民，15%划归农村集体经济组织。

截至2011年上半年，重庆市农村土地交易所已进行23场地票交易，成交价款103.29亿元。

五　广东的"集体建设用地入市"新政

2009年，广东省总面积179376平方公里，其中建成区面积3185平方公里，城市建设用地面积2686平方公里；当年土地征收面积113.1653平方公里，其中征收耕地面积29.8285平方公里；当年出让土地面积96.9256平方公里，出让土地成交价款13323684.83万元。广州市总面积7434平方公里，其中建成区面积927平方公里；2009年出让土地面积17.3575平方公里，出让土地成交价款5514884.19万元（见表5）。

广东省率先出台了在全省允许农村集体建设用地入市的土地新政。

表5　2009年广东省、广州市土地面积及土地征收情况

单位：平方公里，万元

	总面积	建成区面积	城市建设用地面积	土地征收		出让土地	
				总面积	耕地面积	面积	成交价款
广东省	179376	3185	2686	113.1653	29.8285	96.9256	13323684.83
广州市	7434	927	—	—	—	17.3575	5514884.19

资料来源：《中国城市统计年鉴2010》《中国国土资源统计年鉴2010》。

（一）"集体建设用地入市"的政策背景

作为我国改革开放的前沿地带和经济发达地区，广东省的农村集体建设用地流转早在改革开放之初就已经出现。1978年，广东东莞的虎门镇兴办了全国第一家来料加工港资企业，租用当地村民祠堂来建设厂房，这是较早的农村集体建设用地"入市"案例。20世纪80年代，广东省在发展乡镇企业时大量租用农村集体建设用地兴建厂房。20世纪90年代，广东南海发展土地股份合作制，将土地或厂房出租给企业使用，创造了以集体土地启动工业化的典型模式。

随着工业化、城市化进程的加快，广东省对集体土地进入市场的要求日益迫切，集体土地的事实流转比较普遍。2001年10月31日，广东省政府办公厅印发《广东

省城市化"十五"计划》（粤府办〔2001〕98 号），提出建立有利于城镇发展的土地使用制度，在城镇建设用地范围内，允许集体土地使用权依法流转，以作价入股、联营等方式共同举办企业等政策。2004 年 3 月 28 日，广东省委、省政府印发《广东省城镇化发展纲要》、《关于推进城镇化的若干政策意见》（粤发〔2004〕7 号），提出建立农村集体土地使用权有偿流转制度，实现农民土地使用权的资本化，创新土地利用管理制度。

2005 年 6 月 23 日，广东省政府发布《广东省集体建设用地使用权流转管理办法》（省政府令第 100 号），允许集体建设用地与国有土地一样进入市场交易。广东由此成为全国第一个在全省范围内推行集体建设用地使用权流转的省份。2007 年 2 月 8 日，广东省政府办公厅印发《广东省城镇化发展"十一五"规划》（粤府办〔2007〕9 号），进一步明确在符合城镇总体规划和土地利用总体规划的前提下，允许集体土地通过出让、出租、转让、转租和抵押的方式进入市场。

2011 年 9 月 13 日，广州市政府办公厅印发《广州市集体建设用地使用权流转管理试行办法》，为农村集体建设用地进入市场提供了通道，这标志着广州市集体建设用地流转的合法化。

（二）"集体建设用地入市"的基本内容

集体建设用地使用权流转是在集体建设用地所有权不变的前提下，集体建设用地使用权以有偿方式发生转移、再转移，包括出让、出租、转让、转租、抵押等形式。集体建设用地入市，使用地企业和单位不仅可以购买国有土地，还可以购买集体建设用地，从而打破了长期以来国家垄断土地一级市场的局面，这是我国土地政策的重大突破，对于保障农民以土地分享工业化和城镇化成果，具有里程碑式的意义。

申请使用集体建设用地的建设项目有三类：一是兴办各类工商企业，包括国有、集体、私营企业，个体工商户，外资投资企业（包括中外合资、中外合作、外商独资企业，"三来一补"企业），股份制企业，联营企业等；二是兴办公共设施和公益事业；三是兴建农村村民住宅。

集体建设用地使用权出让、出租应具备的条件是：持有集体土地所有权证；持有集体土地使用权证；取得合法的集体建设用地批准文件；取得有效的用地规划许可文件；取得本集体经济组织出具的同意流转的书面证明材料；法律、法规规定的其他要件。出让、出租和抵押集体建设用地使用权，须经本集体经济组织成员的村民会议 2/3 以上成员或者 2/3 以上村民代表的同意。

集体土地所有权人出让、出租集体建设用地使用权所取得的收益，归拥有集体土地所有权的集体经济组织成员集体所有，纳入其集体财产统一管理。其中 50% 以上应当存入规定的银行专户，专项用于本集体经济组织成员的社会保障支出，不得挪作他用。

广东集体建设用地入市的一条重要限制是禁止开发房地产和住宅项目。如果集体建设用地用于商品房地产开发和住宅建设，或不按照批准的用途使用集体建设用地，将按违法用地和违法建设相关规定对相关人员及单位进行查处。

六 土地政策创新的简要评析

土地制度是城市化的关键因素之一。我国现行的土地制度是在计划经济时期形成和固定下来的，随着市场化改革的推进，我国的土地制度既有朝着市场化改革的相应调整，也有不断强化计划管理的态势。在土地资源的配置中，市场尚未发挥应有的基础性作用。现行的土地制度已经很不适应市场化、工业化、城市化和城乡一体化发展的需要，正在修改之中的新《土地管理法》尚未出台。这使地方政府在追求快速发展和面临制度约束的背景下，推出了形形色色的土地创新政策。

北京与全国一样，在土地制度创新上也有新的探索和实践，比如众所周知的郑各庄村在集体土地上实现的自主城市化模式，唐家岭村在集体土地上建设公共租赁房试点等，都是土地政策创新的样本。但这种土地政策创新更多的是一种个案实践，而没有上升到规范的政策和制度层面。

各地在土地政策创新上，既有适应城市化和城乡一体化发展需要的新突破、新经验，也存在一些新问题、新困惑，主要有以下三个主要方面。

（一）适应了城市化发展的需要，但强化了行政手段配置土地资源

我国正处于快速的城市化发展阶段，推进城市化既是经济社会发展的必然趋势，也是经济社会发展的强大动力。快速城市化对土地的需求日益增强，而现行的土地制度对城市化用地构成了刚性制约，各个城市都面临着建设用地指标紧缺的困扰。地方政府推动的土地政策创新，都是在城市化用地饥渴与土地制度严格控制的双重压力下做出的探索，是城市化发展的必然选择。

但无论以宅基地换房，还是城乡建设用地增减挂钩，都是政府强力主导的行政行为，而不是尊重农民意愿和价值规律的市场行为。由政府配置城乡土地资源而不是发挥市场在土地资源配置上的基础性作用，是土地政策创新面临的一个共同难题。重庆的"地票"交易和广东的集体建设用地入市政策符合市场化改革的方向，但其受宏观集体土地交易市场缺失的制约，在实际运行方面面临多重困境。

（二）促进了农民的集中居住，但出现了损害农民权益的新动向

促进农民向城镇集中居住，本来是城市化发展的自然结果和必然要求。天津的"宅基地换房"、浙江嘉兴的"两分两换"、成都的"三个集中"等在一定程度上体现

了城市化对人口集中居住的内在要求，满足了农民从农村迁居城镇的生活需要。但违背农民意愿和社会发展规律的政府强制城镇化，必然适得其反，造成严重的社会问题。

各地方政府推进农民向城镇集中居住弥补了城镇建设用地指标的短缺，同时获得了土地财政的巨大收益。但排斥市场选择、违背农民意愿的政府强制农民集中居住行为，严重侵害农民的土地权益和其他权益。近年来，在全国不少地方出现了以侵占农民宅基地和强拆农民住宅为主要标志的拆村并居、强迫农民集中上楼的城市化运动。2010 年 11 月 10 日，国务院总理温家宝主持召开国务院常务会议，明确提出要充分尊重农民意愿，涉及村庄撤并等方面的土地整治，必须由农村集体经济组织和农户自主决定，不得强拆强建，坚决防止违背农民意愿搞大拆大建。

（三）突破了现行土地法规限制，但削弱了依法行政的社会基础

从总体上说，土地制度的变迁远远滞后于市场化、工业化、城市化和城乡一体化发展的步伐，致使土地问题成为社会矛盾的焦点。地方土地政策创新是对现行土地制度的突破，具有重要的实践意义。中国的改革发展，就是不断突破旧体制的创新过程。改革创新始终是我国经济社会发展的强大动力。

但是，国家法律未予修改而允许地方进行违法式政策创新的发展模式，势必严重削弱依法行政的社会基础，致使现代化法治国家建设进程受阻，其后果堪忧。从法理上说，即使国土资源部也无权批准超越《土地管理法》的试点项目。妥善处理改革创新和依法行政的关系，既要鼓励和保护改革创新的积极性，又要坚持依法治国、建设现代法治国家的基本方略，这是新时期我国改革发展的重大课题。当前，我们迫切需要按照党的十七届三中全会精神，加快土地制度的立法建设，将成功的实践探索制度化。

执笔：张英洪

推进城乡接合部城市化建设的政策建议

城乡接合部建设面临双重任务，既要推进城市化，实现农村向城市的社会转型，让农民享受现代城市文明成果；又要推进城乡一体化，破除城乡二元结构，形成城乡经济社会发展一体化新格局，实现城乡融合、和谐发展。城乡接合部建设总的要求是，率先构建城乡一体化的体制机制，率先实现基本公共服务均等化。为此，我们就城乡接合部城市化建设提出如下政策建议。

一 加快土地制度创新，维护农民的土地财产权益

土地是农民最重要的生产资料和生活保障，也是农民生存和发展最重要的财产。在城市化进程中，要加快土地制度创新，维护农民的土地权益。

一是改革征地制度，创新和完善征地补偿机制。将征地严格控制在公共利益的范围之内，非公共利益需要占用农村集体土地的，应实行市场交易的办法，由用地单位与村集体及农民平等谈判，公平交易，政府收取相关土地税费，公正保护双方的合法权益。特别是重点工程占有农民土地的，更要足额公平补偿，要改变长期以来重点工程建设占地反而给农民补偿严重不足的做法。确因公共利益征收农村集体土地的，也要按照同地同权原则以市场价格给予农村集体组织和农民个人公正合理的补偿。在绝大多数情况下，凡需要占用农村集体土地的，一般实行土地租赁或土地入股等形式，保障农民集体土地所有权性质不变，维护农民利益的长远发展。完善土地储备制度，将土地增值收益主要用于农村的基础设施和公共服务。政府除收取土地税费外，不再从经营土地中获利。土地储备成本中，农民拆迁补偿和就业安置费用占很大比重。建议采用产权置换的方式，减少政府征地数量，降低征地成本。土地储备项目为农民预留产业用地，可采取代征为国有土地，再交由农民使用的方式。对农民拆迁住房补贴面积较多的，可通过产权置换的办法，将其转换成集体经济组织建设的租赁房或商铺房（广州允许农民以 2∶1 将拆迁房置换为商铺房）。

二是允许和规范农村集体建设用地流转。农村集体建设用地流转已是大势所趋，不可阻挡。城乡接合部地区的集体建设用地直接入市的要求最迫切，当务之急是尽快

出台《北京市农村建设用地流转管理办法》，对集体建设用地流转进行统一的规范、引导、保护和管理，建设城乡统一的建设用地市场，允许农民通过多种方式开发经营集体建设用地，维护农民的土地发展权，让农民分享城市化中土地增值的收益。通过村集体和农民进行土地开发建设，可以保障农民参与城市化进程，解决农民的长远生计问题。凡是外来流动人口比较集中的城乡接合部地区，可根据实际情况鼓励和规范农民大力建设公共租赁房，重点解决流动人口的居住问题，增加村集体和农民的财产性收入，同时也促进原有"瓦片经济"向新型服务经济升级转换，促进郊区发展方式转变。公共租赁房收入应在村集体和农民之间进行公平的分配。

三是保障农民宅基地用益物权，实行农民宅基地的商品化。农民对宅基地依法享有占有、使用、收益的权利，在城市化进程中必须切实加以保护，特别是要尊重和保护农民对宅基地和房屋当家作主的权利，要防止以旧村改造、村庄整理、城乡建设用地增减挂钩等名义，对农民宅基地的新一轮掠夺，切实遵守《宪法》第39条"公民的住宅不受侵犯"，禁止任何违背农民意愿、侵害农民财产权和人身权的强制拆迁。以宅基地换房使农民上楼后永远失去了宅基地，但其宅基地权益没有得到充分的补偿。旧村改造应在尊重农民意愿的前提下，实行农民以房换房、以宅基地换宅基地等办法。凡是仍然从事农业生产的农户，不宜提倡集中上楼。对于已无农业又无耕地的城中村，可以实行农民集中上楼，但应充分尊重农民意愿，保障农民的宅基地用益物权。现行有关严格限制农民宅基地流转的政策制度，要予以改变。城乡接合部地区的农民住宅在进行确权、登记、颁证后，可以合法有序地进入市场流转，率先实行商品化。

四是加快完成农村土地确权、登记、颁证工作。确权是维护和发展农民权益的前提和基础，应由市政府统一组织协调有关职能部门对农村的承包耕地、林地、宅基地、集体建设用地等进行权威性的确权、登记、颁证工作，确定村集体对土地的所有权和农民对土地的使用权，争取在两年内全部完成，统一颁发市政府印制的农村土地权属证书。对城乡接合部地区存在土地承包关系的村以及郊区其他村，统一更换土地承包经营权证书，将承包期由原确定的"30年"更改为"长久"，要警惕一些基层干部误解或曲解党的十七届三中全会关于"现有土地承包关系要保持稳定并长久不变"的精神，防止出现第二轮承包30年到期后再重新调整土地承包关系的倾向，同时要纠正和制止一些地方在租用农民承包地时以30年为期支付所剩年限租金从而损害农民承包地权益的做法。

二 深化集体产权改革，保障农民带着集体资产进城

按照社区股份合作制的基本模式，全面推行集体产权制度改革，实现"资产变股权、农民当股东"，让农民拥有实实在在的集体资产份额，享有集体资产增值收益。

一是全面推进集体产权改革。集体产权改革是有效推进城市化建设的基础工程，必须加快推进，保障农民的集体资产不受损害。首先，对城乡接合部地区尚未进行集体产权改革的村，要抓紧实行集体产权改革。在我们调查的 26 个村中尚有 8 个村没有启动集体产权改革，另有 5 个村尚未完成集体产权改革。从北京全市来看，山区和平原区县的集体产权改革进展较快，近郊区集体产权改革相对缓慢，朝阳、海淀等地集体资产总量和集体收入都较大，但集体产权改革却明显滞后。近郊区是城乡接合部的重点地区，要加快推进集体产权改革。其次，着手推进乡镇集体产权改革。2009 年底，北京市乡镇集体资产（不含村级）1368 亿元，占全部集体资产 2972 亿元的 46%。到 2009 年底，全市只完成 5 个乡镇级集体资产改革。要将乡镇集体产权改革作为下一步集体产权改革的重点。最后，要将土地、林地等资源性集体资产全面纳入农村集体产权改革范围。

二是妥善处理征地补偿费。征地补偿费归村集体经济组织所有，区县和乡镇不得截留村征地补偿费，征地补偿费应主要用于被征地农民的生产生活安置与保障。对于存量集体资产如何处置的问题，首先应充分尊重村民的意见，进行民主决策，既可以公平分配部分集体资产，也可以将集体资产量化入股进行投资经营。

三是降低集体股比例。有的村集体股比例很高，远超过 30% 集体股的一般规定。应降低集体股比例，在条件成熟的地方也可尝试取消集体股设置。对集体股要强化账目公开和民主监督。

四是完善农民拥有集体资产股权权能。突破农民集体资产股权受到多方限制的局面，赋予农民对个人股权的占有、使用、收益和处分的完整权能，农民股权可以转让、抵押、担保和继承。农民享有的集体资产股权不受"农转居""农转非"等影响，农民可以带着集体资产股权进入城市，成为市民。"农转居""农转非"后，农民享有的集体资产股权保持不变，作为股东，农民继续享有集体资产收益，不得以任何行政手段予以剥夺。这既可避免强制"农转非"和为获取集体资产股权而进行"非转农"等现象，同时，也为城乡接合部地区的农村与城市管理体制实现并轨打开方便之门。农民股权的转让只能通过个人自愿或市场机制予以实现，原村集体经济成员在同等条件下拥有优先购买权。

五是创新集体资产管理体制，强化政府监管。集体资产作为农民集体所有的重要财产，必须加强民主法治建设，坚持公开透明、民主管理，防止少数人包办代替、内部人操作控制，确保农民的集体资产不被少数人控制、少数人利用、少数人受益。在集体资产监管上，可借鉴国有资产监督管理体制的经验，选择一个区县试点建立集体资产监督管理机构，探索加强对集体资产的监督管理经验。集体资产监督管理机构的职责在于维护集体和农民的集体资产权益，防止集体资产流失，实现集体资产保值增值。

三　充分利用区位优势，培育和发展优势特色产业

城乡接合部既具有"城"的优势，又具有"乡"的优势，还具有"城与乡"接合的优势。城乡接合部要充分利用和挖掘独特的区位优势，培育和发展符合自身条件与实际的优势特色产业，以产业带动就业，创造更多的就业机会。

一是将传统的"瓦片经济"改造升级为现代租赁业。对城乡接合部"瓦片经济"要正确看待，充分认识其在增加村集体和农民收入、拓展农民就业渠道、带动服务业发展、为外来流动人口提供居住保障等方面的积极作用，同时也要正视其管理失序、环境脏乱差和安全隐患等问题。城乡接合部集聚了大量的流动人口，房屋出租需求巨大。对城乡接合部和城中村进行改造，不是消除房屋租赁业，而是提升房屋租赁业。要大力发展公共租赁房，将公共租赁房作为城乡接合部建设的重要内容纳入建设规划，进行统筹安排，取消户籍限制，将外来流动人口列为公租房保障的主要对象。鼓励村集体经济组织自主建设公租房，积极开展公共租赁房服务，公租房的收益归村集体和农民所有，保障农民公平分享房屋出租收入。

二是完善社区服务功能，大力发展社区服务业。凡是有人群集聚的地方，就有服务需求，有服务需求就有就业机会。城乡接合部是人口大量集聚生活的地区，有旺盛的服务需求。城乡接合部每一个社区，都应当规划建立超市、商店、幼儿园、学校、医疗诊所、体育场馆、图书室、环境卫生、治安岗亭、公共交通等公共服务机构和设施，形成功能完备的优良生活社区。传统的城中村改造在规划建设中忽视公共服务设施用地，既给当地居民带来巨大的生活不便，又抑制了社区服务业的正常发展。凡是涉及征地的，要严格执行落实"谁征地，谁转工，谁安置"的政策，同时加强就业培训，保障和促进"农转居"人员就业。

三是发展都市型现代农业社会化服务产业。城乡接合部在发展都市型现代农业社会化服务上具有一定条件，特别是一些被征地村集体和农民，可以克服其文化水平不高等导致就业困难的劣势，发挥其熟悉农业农村的优势，利用征地补偿款或其他集体资产，组成从事农业社会化服务的专业合作社，为小农户对接大市场提供多种形式的生产经营服务。政府对农业社会化服务专业合作社应给予重点扶持，积极培育规范的农民专业合作社。城乡接合部地区还可以利用自身优势，发展物流业、民俗旅游业、生态服务业以及其他特色产业。

四　加快财政体制改革，实现基本公共服务均等化

公共财政体制是确保"发展成果惠及全体人民"的重要制度安排。北京作为特大城市，坚持工业反哺农业、城市支持农村和多予少取放活的方针，具有两个层面的

政策含义：从全国来说，北京要支持全国农村的发展；从全市来说，北京要支持郊区农村的发展。就全市来说，北京实行以城带乡、城市支持农村的重要方式，就是将基础设施和公共服务向农村延伸，推进城乡基本公共服务全覆盖和均等化；就全国来说，北京要实行以城带乡、城市支持农村，最直接的方式就是将来自全国各地的农民工等外来流动人口纳入首都基本公共服务保障体系。北京是典型的大城市、小农村，2000多万城市人口中只有200多万农业人口，其完全有能力和责任加快实现城乡基本公共服务均等化。"十二五"时期，北京应当率先全面实现城乡基本公共服务均等化的目标任务。

一是将城乡接合部基本公共服务均等化作为城乡一体化的突破口和示范区。城乡接合部地区基础设施与公共服务的短缺和矛盾相当突出。实现城乡社会保障等基本公共服务均等化，比起大拆大建式的拆村运动，构建城乡一体化的体制机制对社会的文明进步更具有长远的实质意义。北京在已经实现养老保险、义务兵优抚费、残疾人救助、丧葬补贴等全市城乡统一的基础上，加快实现城乡医疗保险、低保、住房保障等制度的一体化。要逐步将高中教育、学前教育等纳入免费教育范围，率先建立与首都经济发展相适应的普惠型社会福利制度，将首善之区建设成幸福城市。

二是切实减轻集体经济组织承担公共产品供给压力。城乡接合部地区存在的一个突出问题是，由村集体承担的公共产品和服务压力过大，政府提供的公共产品和服务严重不足。城乡接合部地区的市政基础设施、公共服务设施以及社会保障等应纳入政府公共财政保障范围。有条件的村集体经济组织在政府提供公共产品和服务的基础上，承担提供集体公共品和改善村民福利的责任。

三是将征地补偿与社会保障脱钩。随着城乡一体化的快速发展，北京城乡居民的社会保障已经或正在实现城乡全覆盖和制度统一。农民无论是否被征地，无论是否居住在城市，都平等享有社会保障权。以征地补偿款抵扣农民社会保障的做法要予以改变。

四是全面解决历次征占土地造成失地农民社会保障缺失等遗留问题。从以工业反哺农业、城市支持农村的新要求出发，适当减免"农转居"人员进入城镇社会养老保险体系所应补缴的社会保险费用。对在历次征占农民土地中，"农转居"、"农转工"、超转人员、自谋职业人员因社会保险费用补缴困难等因素而未能真正纳入城镇社保体系的，可由政府从土地出让金中给予适当补助，确保所有失地农民人人享有公平的社会保障权益。探索和创新将土地出让金主要用于农业农村的有效途径和方式，并着力解决被征地农村的基础设施和公共服务设施建设，改善基本公共服务。

五是提高社会保障等基本公共服务支出占财政支出的比重。在市场经济发达国家，社会保障和福利支出占财政支出的平均比重在30%—50%，有的在60%以上。

例如，2004 年美国联邦政府用于社会保障和医疗卫生等公共服务的支出占总支出的
45%，各州和地方政府用于教育、卫生和社会保障的支出比例高达 70%。2009 年北
京市用于社会保障、就业和医疗卫生的支出占总支出的比重仅为 14.2%，与发达国
家的差距十分明显。要进一步优化财政支出结构，提高社会保障等基本公共服务支出
占财政支出的比重，将全市用于社会保障、就业和医疗卫生的支出占总支出的比重提
高到 30% 以上，建设真正的民生财政，建设真正的为人民谋福利的政府。

五 着力改革户籍制度，促进农民和外来人口市民化

户籍改革的目标是消除户籍歧视，实现身份平等，建立城乡统一的居住证制度，
保障公民的居住和迁徙自由权。城乡接合部的户籍改革，既要赋予本市户籍农民市民
身份，又要赋予外来流动人口市民身份，实现全体常住人口的"同城同权"，同享
尊严。

一是取消传统的农业户籍与非农业户籍的划分，实行城乡统一的户口登记制度。
首都的农民是北京的市民，在户口登记上一律登记为北京市居民。健康的城市化应当
是土地城市化与人口城市化协调发展的过程。与全国其他地区一样，北京的人口城市
化远滞后于土地城市化。从 1981 年到 2008 年，北京的城市建成区面积由 349 平方公
里增加到 1310.9 平方公里，增长 275.6%；城市人口由 466.4 万人增加到 1439.1 万
人，增长 208.6%。人口城市化率滞后于土地城市化率 67 个百分点。从 1980 年到
2009 年，北京市常住人口由 904.3 万人增加到 1755 万人，而农业户籍人口只从
375.28 万人减少到 273.9 万人，30 年中农业人口只减少了大约 100 万人，平均每年
只有 3 万多农业人口转为非农业人口。2009 年北京三次产业结构比为 1.0∶23.5∶
75.5，第一产业从业人员 62.2 万人，大约有 210 万农业户籍人口没有从事第一产业，
但他们还是农业户籍人口，这是传统城乡二元户籍制约的结果。应按居住地进行户口
登记，实行城乡统一的户口登记制度。

二是户籍改革既赋予农民与市民平等的社会保障等权利，又保障农民享有包括承
包地、宅基地等在内的集体资产权益。农民的市民化不能以剥夺农民原享有的集体资
产等财产权利为代价，同时农民应平等享有社会保障等市民待遇。因为现代国家的公
民，无论从事何种职业，无论生活在城市或农村，都平等享有国家提供的社会保障。
不得强制实行"农转非"，也不得阻止实行"非转农"。"农转非"或"非转农"实
质上是户籍改革的误区，其要害在于强化传统的城乡二元户籍制度，与城市一体化相
背离。户籍改革的关键是要将户口与社会福利脱钩，使之回归人口信息登记的功能。

三是实行专业农户登记制度。将国家有关支农惠农政策与专业农户挂钩，与户籍
脱钩。通过平等的户籍改革，实现农民只是一种职业而不再是一种身份。人口统计口

径不再区分农业户籍与非农业户籍，全体城乡居民均为北京市市民，市民只是在居住地域上分为城镇人口与农村人口，职业上可分为从事农业的人口以及从事其他各类职业的人口。

四是要重新认识和公平对待外来流动人口，逐步实现农民工等外来流动人口的市民化。数百万农民工等外来流动人口，是北京人口的重要组成部分，已经和正在对北京的经济社会发展做出重要贡献。在对待农民工等外来流动人口问题上，传统的思维和做法是加强控制和治安管理。以农民工为主体的外来人口是城市的新移民和新市民，是首都可持续发展不可或缺的宝贵人力资源，应当赋予他们平等的市民身份，要将在北京有稳定就业和居住地的外来流动人口逐步登记为北京市居民户口，使之平等享受就业、教育、医疗、社保、住房等基本公共服务。

六　创新社会管理体制，推进城乡社会管理一体化

建立城乡接合部一体化的社会管理体制，重在以下三个方面的创新。

一是创新人口管理体制。将传统的以户籍为核心的管理体制改革为以居住地为基础的管理体制，实行人口属地化管理，打破城乡分治、人户分离的多元社会管理体制，建立新型的以居住地和身份证为基础、没有户籍身份限制的城乡一体化现代社会管理体制，保障外来流动人口的基本权益。

二是整建制转居要保障村集体和农民的集体资产权益。在撤村转居前，应当对集体资产进行社区股份合作制改革，明确集体经济组织成员的资产份额，量化股份，固化股权，改制后的股东可以将股权进行转让、继承和赠与。完成社区股份合作制改革后，可撤销村委会设置，也可将村委会改组为农工商公司，总的要求是实行政企分开、政社分开，村委会原公共事务管理和自治职能并入居委会。

三是实行社区治理的民主化。与村委会的管理封闭性不同，改居后的社区体制，要建设成更加体现开放、民主和自治功能的管理与服务体制。社区内的所有居民都有权利和责任共同参与社区公共事务。要积极鼓励社会组织参与社区公共事务的治理，促进社会建设，构建新型的社区公共治理结构。要全面推进网格化社会服务管理体系建设，完善城乡接合部地区的社区化管理体制与服务方式，更加突出公共服务，更加突出保障和改善民生，更加突出以维权促维稳，更加突出体制机制创新，逐步实现城乡社会管理与服务的一体化，使首善之区的全体居民，都能成为首都建设的主人，共同享有城市文明的荣耀。

执笔：张英洪

2010 年 12 月

上海利用农村集体建设用地
建设租赁房试点考察报告[*]

在城市化和城乡一体化进程中，经济发达地区特别是外来流动人口较多的大中城市，如何开发利用农村集体建设用地，发展农村集体经济，促进农民增收，同时为外来流动人口满足住房需求，创新农村土地使用制度，是一个重大而紧迫的现实课题。2011 年，中央批准北京和上海开展利用农村集体建设用地建设租赁房试点工作。最近，我们对上海市利用农村集体建设用地建设租赁房情况进行了考察学习。

一 基本情况

上海早在 2003 年就开始将一些农村作为利用集体建设用地建设租赁住房试点，住房对象主要为工业园区的来沪务工人员，效果很好。2009 年上海出台《关于单位租赁房建设和使用管理的试行意见》，提出"农村集体经济组织利用农村集体建设用地建设，主要定向提供给产业园区、产业集聚区内员工租住的市场化租赁宿舍"。2010 年 9 月，上海市政府批转《本市发展公共租赁住房的实施意见》（沪府发〔2010〕32 号），提出"综合利用农村集体建设用地，适当集中新建"。2011 年 7 月，上海市政府办转发《关于积极推进来沪务工人员宿舍建设的若干意见》（沪府办发〔2011〕39 号），规定："对利用农村集体建设用地建设的，鼓励充分利用闲置的存量建设用地，在符合规划的前提下，以使用集体土地方式办理有关手续，不改变原建设用地用途，不改变集体土地性质。"

由于上海在利用集体建设用地建设租赁住房上已有政策措施和实践探索，因此，当 2011 年中央批准上海与北京开展利用集体建设用地建设租赁住房试点后，上海能够迅速在 8 个区 22 个村推进工作。上海的试点项目主要有两大类，一是产业园区类，二是零散地块类。目前，各试点实施方案正在申报之中，已有 1 个区完成方案申报工

---

* 原载北京市农村经济研究中心《调查研究报告》2012 年第 11 期。

作。上海利用集体建设用地建设租赁住房的试点工作正在推行之中，有关进展情况需要继续关注。

目前，上海利用集体建设用地建设租赁住房最有代表性的项目，是闵行区七宝镇联明村的租赁房试点项目"联明雅苑"。

二 主要做法和特点

以闵行区七宝镇联明村的租赁房试点项目"联明雅苑"为例，该项目的主要做法和特点有以下五个方面。

第一，建设主体为村集体。联明村成立"上海联明实业总公司"承担项目建设任务。项目于 2008 年 9 月开工，2010 年 6 月竣工，总投资 9300 万元，村民出资 8000 万元，占 86.02%。"联明雅苑"小区建筑面积 25665 平方米，可供出租的房屋有 404 套。

第二，出租对象为外来务工人员。主要为七宝镇辖区内各优质企事业单位员工。以企业租借为主，其中企业纳税 100 万元以上的单位可优先租用，目前不接受来沪人员个人承租。

第三，出租形式多样化。主要有家庭户和集体户两种居住形式，一室户限 3—4 人居住，二室户限 6—8 人居住，承租合同实行年签制。

第四，配套生活设施与公共服务齐全。租赁住房均为精装修，小区设有便民服务窗口，集中办理入住手续；建有图书室、篮球场等，安装电子安保监控系统，实行智能化安全管理；聘用具有资质的物业公司负责物业管理；小区管理方和租户共同制定居住公约，实行租客自治。

第五，租金收益村民共享。租金收益主要按两部分进行分配，一是联明村每年以稍高于银行的利率向出资村民支付 7% 的年息，二是将年租金扣除物业管理成本后集中分配给村民。

三 初步成效

上海利用集体建设用地建设租赁住房，是城市化和城乡一体化进程中农村土地制度的重要创新，已取得初步成效。在国土资源部正式批准试点以前，上海就已经从政策和实践两方面自行开展了利用集体建设用地建设租赁住房试点工作，在国土资源部正式批准试点后，试点工作迅速在 8 个区 22 个村较大范围铺开，目前上海已有部分试点项目完成申报等手续，正在加紧推进试点工作。

"联明雅苑"项目是上海市利用集体建设用地建设租赁住房的典型代表，为利用集体建设用地建设租赁房积累了初步经验。位于闵行区七宝镇联明村的"联明雅苑"租赁房试点项目，已于 2010 年 9 月 1 日投入使用，到 2011 年 4 月底已全部出租，出租率为100%。以目前租赁价格计算，年租金收入约850万元，支付村民出资年息560万元，物业管理等成本180万元。

上海试点项目具有积极的现实意义。一是有利于发展壮大农村集体经济，培育新的经济增长点；二是有利于增加农民收入特别是财产性收入；三是有利于缓解外来务工人员的住房困难，改善居住环境，提高外来人口的服务与管理水平；四是有利于完善农村土地制度，促进城乡资源融合与统筹发展。

四　对北京的启示

上海开展利用集体建设用地建设租赁住房试点工作对北京的主要启示如下。

一是要勇于实践创新和政策创新。上海在中央批准试点前就已经开始先行先试，这为较大范围推行试点工作积累了相应的政策与实践经验。北京正处在建设世界城市和推进城乡一体化的新时期，迫切需要提升和探索新的发展思路。

二是要创新维护农民权益的体制机制。上海在试点工作中充分尊重农民的自主性，不搞行政命令强行推行，主要在破除城乡二元体制、形成城乡一体化发展新格局上加强体制机制建设，为新时期农村集体经济发展拓展了新的发展空间与政策体制环境。对北京来说，不仅需要继续突出强调维护农民权益，更需要进一步建立有利于维护农民合理分享公共租赁房收益的体制机制，确保农民权益有稳定的制度保障。

三是切实解决外来务工人员的实际问题，改善公共服务。上海明确将外来务工人员作为租赁住房建设的保障对象，打破了长期以来的户籍限制，体现了城乡一体化发展的内在要求。北京与上海一样，有数百万外来务工人员，他们的居住权益值得进一步关注和获得切实保障。

四是要深入研究和解决一些深层次问题。利用集体建设用地建设租赁住房，是在现行制度框架内的重大创新，需要诸多相关政策制度的综合改革，例如税收问题，"小产权房"问题，租金收入合理分配问题，村集体内部民主管理问题，农民与租户合作共管、和谐相处等问题，都需要认真对待，深入研究，妥善解决。

执笔：张英洪

北京市与世界城市财政支出结构比较分析[*]

近十年来，北京经济持续快速增长，地区生产总值增长近 4 倍，人均 GDP 超过 1 万美元。在经济增长的强力推动下，北京市财政规模迅速扩大，有力地促进了北京各项社会事业的协调健康发展，实现了财政运行与经济发展的良性互动，使北京在基础设施建设、综合经济实力、国际化程度等方面都有了长足进步。2008 年北京奥运会的成功举办，更令北京现代化建设进入了一个新的发展阶段。为此，北京市政府提出要瞄准世界城市建设高端形态的北京，以更高的标准推动首都社会经济发展。

世界城市建设目标的提出开启了北京发展的新纪元，也决定了北京财政发展的全新战略及投入重心，即以政治、经济、文化、社会、生态文明"五位一体"为核心，推动城市之间、城乡之间、区域之间，乃至国家之间的互动和共赢，努力增进北京在全球范围内的控制力和影响力，将北京打造成享誉世界的国际金融中心、国际决策控制中心、国际高端企业总部汇集中心、国际活动聚集地以及国际高端人才聚集中心。

然而，要建成全球顶级的世界城市，北京在财政总量、财政支出结构、重点投入方向等方面与世界城市相比，还存在许多不足和欠缺，需要进一步改革、完善和提高。

一　世界城市财政总量差异分析

生产力发展水平是决定城市经济能力及城市财政规模的重要因素。在城市产生和发展的初期，偏小的城市规模和偏低的生产力水平决定了城市的财政规模有限，城市承担的支出责任也相对较少。

当城市进入发达时期，随着城市人口的迅速膨胀以及工业化程度的不断提高，各种社会矛盾日趋激化，原来由私人部门进行的若干活动，逐渐由政府承担，使政府在一般行政、公安司法、经济管理和社会协调等方面的支出扩大，政府对治安、文化、社会福利等方面的支出成倍增长。因此，在这一阶段，城市的财政规模会有较大幅度

---

[*]　原载北京市农村经济研究中心《调查研究报告》2012 年第 20 期。

的扩大。工业化高度发达的东京、纽约等城市，其财政收支规模就远远大于仍处于发展之中的北京。

在全球城市排名中名列前茅的东京，其 GDP 和财政规模在各世界城市中也居于第一：2010 年，东京的地区生产总值为 31395 亿美元，财政收入为 682.60 亿美元，分别是北京市的 15.1 倍和 1.8 倍；纽约市的地区生产总值为 27165 亿美元，财政收入为 588.33 亿美元，分别是北京的 13.0 倍和 1.6 倍（见表 1、图 1）。

表 1　2010 年世界城市 GDP 和财政规模

单位：亿美元，万

	GDP	人口	财政收入
东京	31395	1319	682.60
纽约	27165	1940	588.33
伦敦	7303	1185	158.51 *
北京	2085	1962	378.45

* 注：伦敦的财政收入数据仅为伦敦市级政府财政收入。伦敦实行双层政府管理体制，各区政府具有较高管理权限，预算独立，不包含于市财政之中。因此，该数据与其他城市不具有可比性。

资料来源：各城市政府官网。

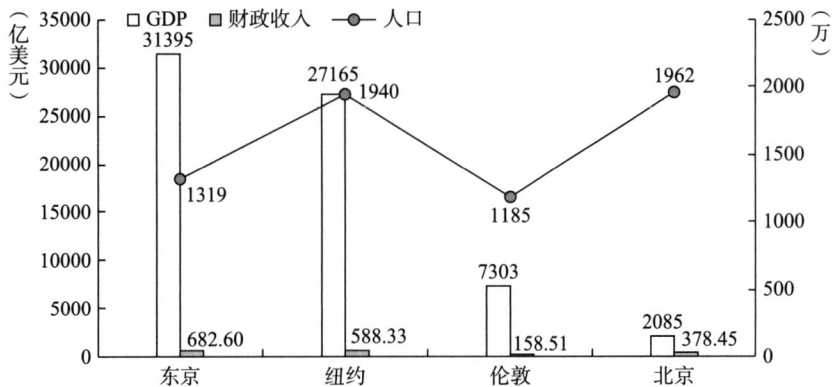

图 1　2010 年世界城市 GDP 和财政规模

今后，随着北京城市经济的快速发展，城市规模不断扩大，城市对公共产品和公共服务的需求也会不断增加，北京市的地区生产总值还将进一步提高，财政收支规模还将进一步扩大，与纽约、东京、伦敦的差距也将逐步缩小。

二　财政支出结构及重点投入方向比较分析

经济理论与实践表明，城市财政支出结构在不同阶段具有不同的特点。在城市经济发展初期，为了给生产性投资创造一个良好的环境，城市政府要为经济发展提供相应的基础设施,如道路、运输、电力、供水、环境卫生、通信等,同时,还要支持基础产业、新兴产业的发展以及经济结构的调整。在这一时期,基础设施等方面的公共投资支出比率较高,投资性支出占整个财政支出的比重较大。

当城市经济发展到比较成熟的阶段以后,伴随着经济的增长,将会出现日益复杂的社会经济组织,要求政府提供各种管理服务来协调和处理增长所引起的各种矛盾和问题,如交通、公共安全、教育、环境保护、医疗和社会福利等,这将引起政府各种管理支出的增加,从而导致整个公共消费支出的迅速增长。

处于不同城市发展阶段的纽约、东京、伦敦和北京,其财政支出结构也呈现出与其发展阶段相一致的特点。

1. 纽约城市财政支出结构

纽约是经济高度发达的城市,教育、医疗、社会福利、社会安全在其财政支出中所占比重较大,2010 年纽约市教育支出、健康和社会福利支出、公共安全支出分别占到财政总支出总额的 34.29%、21.43%、23.59%(见表 2、图 2)。

表 2 2010 年纽约市财政支出结构

单位:百万美元,%

项目	支出规模	支出比重
公共安全支出	14769	23.59
警察	7913	12.64
消防	3057	4.88
监狱	1732	2.77
卫生	2067	3.30
健康和社会福利支出	13415	21.43
儿童服务部门	2748	4.39
社会服务部门	8200	13.10
流浪者救济部门	701	1.12
医院和健康部门	1766	2.82
教育支出	21463	34.29
其他机构支出	9074	14.50
竞选支出	679	1.08
其他支出	3198	5.11
合计	62598	100.00

资料来源:纽约市政府官网。

从财政支出结构来看,纽约是经济发展最为成熟的城市,其支出以公共安全、教育,以及健康和社会福利为主,这三项支出占到纽约财政支出总额的 79.31%。与此

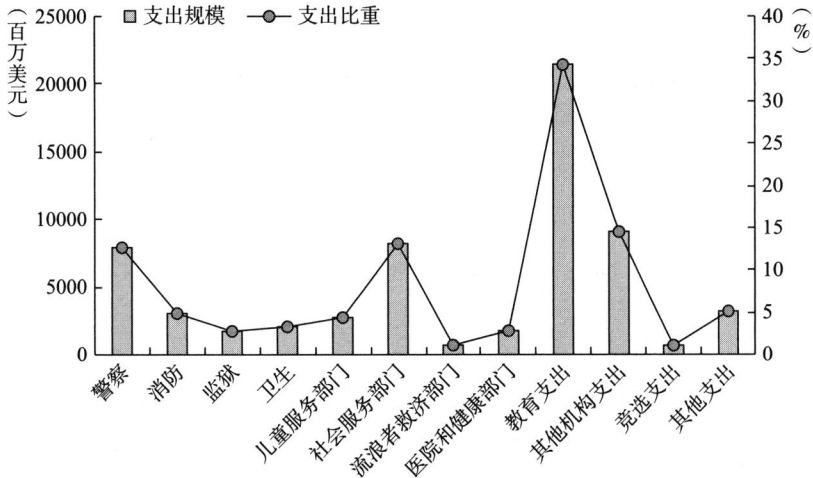

图 2　2010 年纽约市财政支出结构

同时，纽约基础设施建设投资相对较少，用于高速公路修建等方面的投资不足财政支出的 3%。纽约绝大部分基础设施建设资金都是通过政府的政策引导，运用市场化手段进行筹集的。

2. 东京城市财政支出结构

日本东京同样也是高度发达的世界城市，但其支出结构与纽约相比存在一定差异。东京在公共安全、社会福利和教育等方面的支出比重略低于纽约，约占全部财政支出的 45.3%。但东京市政工程投资规模较大，其支出约占到全部财政支出的 14.5%，是支出比重第二高的项目，仅次于教育支出（见表 3、图 3）。

表 3　2010 年东京都财政支出结构比重

单位：%

项目	支出比重
总服务支出	6.0
社会福利支出	12.2
公共健康和卫生	3.9
劳务支出	0.7
农业、林业、渔业支出	0.3
工商业支出	5.0
市政工程支出	14.5
警察支出	10.2
消防支出	3.6
教育支出	15.4

续表

项目	支出比重
灾害重建	0.0
债务支出	9.3
其他支出	4.5
特别财政调节支出	14.4
合计	100.0

资料来源：东京都政府官网。

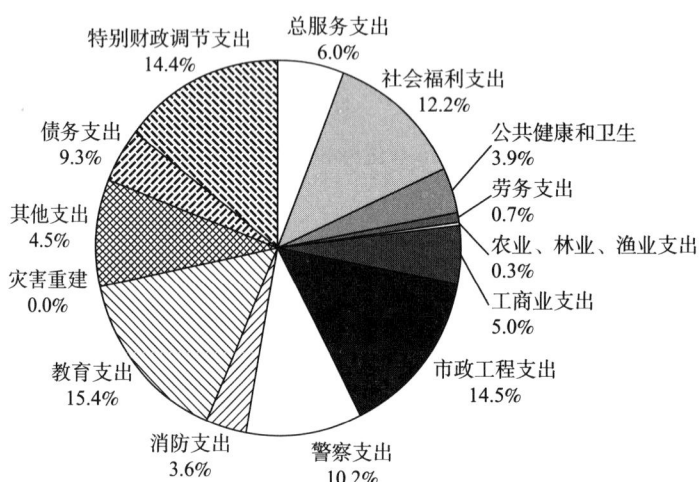

图3　2010年东京都财政支出结构比重

东京是世界上人口数量最多、人口密度最大的城市之一。为了保障城市公共交通、生活环境的不断改善，政府每年都要拨出大量的财政资金进行市政建设。以地铁、新干线、高速公路、港口、机场、桥涵、地下公用通道为主的交通基础设施建设，大大提高了东京城市内部、东京与其他城市以及与国际的运转效率，不仅方便了工作与生活，有效地促进了生产力的提高，还为东京成为国际物流中心、国际高端企业总部汇集中心、国际活动聚集地，以及国际旅游中心创造了条件。

东京临海副都心还历时7年、耗资3500亿日元建成了总长度16公里的"共同沟"，这是世界上规模最大、充分利用地下空间将各种基础设施融为一体的建设项目。"共同沟"是一条距地面10米、宽19.2米、高5.2米的地下管道井，把上水管、中水管、下水管、煤气管、电力缆、通信电缆、通信光缆、空调冷热管、垃圾收集管等九种城市基础设施管道科学、合理地分布其中，有效利用了地下空间，美化了城市环境，避免了乱拉线、乱挖路现象，方便了管道检修，使城市功能更趋完善。在"共同沟"里，中水管对污水处理后再进行回用，有效地节约了水资源；空调冷热管分别提供7℃至15℃和50℃至80℃的水，使制冷、制热实现了区域化；垃圾收集管采取吸尘式，以90—100公里/时的速度将各种垃圾通过管道送到垃圾处理厂。"共同沟"已成为现代都市基础设施建设的理想模式，对于北京来说具有极强的借鉴意义。

3. 伦敦城市财政支出结构

伦敦实行特殊的双层政府管理体制，市、区两级政府支出责任明确、各有侧重。市政府的主要职责为：交通运输、土地规划、经济发展、环境保护、社会治安、消防、文化和公众健康。区级政府则主要承担本区的日常事务，如教育、社会服务（儿童保护、日常护理和家政服务等）、住宅建设、公路维护、区域规划、街道清扫和垃圾处理、文化和休闲产业（图书馆）。

依据职责范围，伦敦市政府的财政支出对象包括：伦敦警察总局、消防和应急策划局、市长办公室、交通局和发展局，其中支出规模最大的是交通局和警察总局，两部门支出占到全市财政支出的90%以上（见表4、图4）。

表4　2011年伦敦市政府财政支出结构

单位：百万英镑，%

项目	财政支出	比重
伦敦警察总局	3572.3	27.27
消防和应急策划局	459.6	3.51
市长办公室	256.9	1.96
交通局	8595.0	65.61
发展局	216.7	1.65
合计	13100.5	100.00

资料来源：大伦敦管理局。

伦敦市财政支出结构与纽约近似，公共安全支出也占据了极其重要的位置，伦敦的警察及消防支出约为全部财政支出的31%，是三大世界城市中占比最高的。伦敦市级财政支出结构中的一个非常鲜明的特点就是交通支出庞大，占据了财政支出总额的60%以上。伦敦的交通支出实质上包含两方面内容：一是城市交通基础设施建设，如增加地面及地下铁路服务、完善巴士服务、完善道路网络管理；二是交通设备低碳环保的实现，如为步行和自行车出行创造条件、减少公共设施的二氧化碳排放量、改善交通管理、实行绿色采购等。

伦敦财政支出的另一大特点是设立了专门的市长预算，其目的在于从宏观以及维护大伦敦整体利益的角度出发，统一调度资金，优先解决城市发展中最急迫的社会经济问题。如伦敦的环境改善及可持续发展，增进公共安全，增加就业机会，提高劳动生产力，促进伦敦世界城市建设以及奥运会、残奥会的举办，消除社会不平等现象，

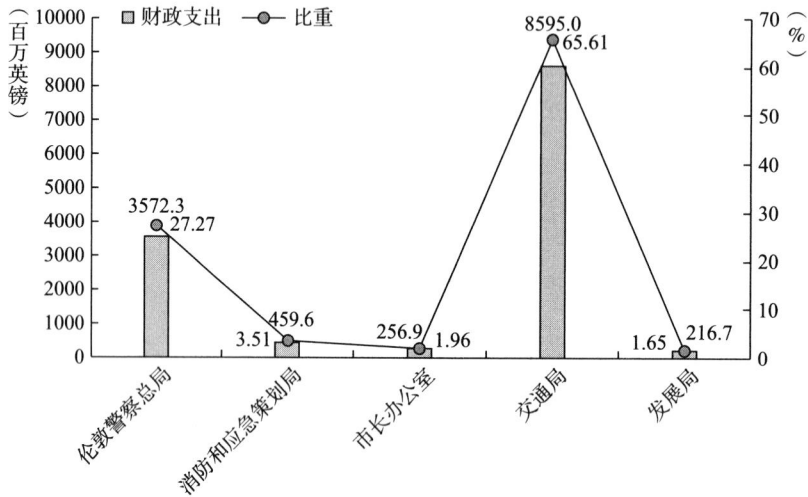

图 4　2011 年伦敦市政府财政支出结构

增加公用房屋供应等。

4. 北京城市财政支出结构

2010 年，北京市财政支出 4065 亿元，比上年增长 44.1%，主要支出内容有：教育、城乡社区事务、一般公共服务、社会保障和就业、医疗卫生和农林水事务等（见表 5）。

表 5　北京市 2009—2010 年财政支出结构

单位：万元，%

	绝对数		2010 年与 2009 年同期百分比	构成	
	2010 年	2009 年		2010 年	2009 年
合计	40649711	28208643	144.1	100.0	100.0
一般预算支出	27173174	23193658	117.2	66.8	82.2
一般公共服务	2395705	2122099	112.9	5.9	7.5
教育	4502155	3656677	123.1	11.1	13.0
科学技术	1789154	1263072	141.7	4.4	4.5
文化体育与传媒	793630	747524	106.2	2.0	2.6
社会保障和就业	2758992	2342924	117.8	6.8	8.3
医疗卫生	1868247	1666270	112.1	4.6	5.9
环境保护	608541	540459	112.6	1.5	1.9
交通运输	1549851	1470666	105.4	3.8	5.2
城乡社区事务	2943014	3478192	84.6	7.2	12.3

	绝对数		2010年与2009年同期百分比	构成	
	2010年	2009年		2010年	2009年
农林水事务	1586398	1420063	111.7	3.9	5.0
政府性基金支出	13476537	5014985	268.7	33.2	17.8

资料来源：北京市统计局。

北京是一个正在蓬勃发展的城市，社会对基础设施（如公路、铁路、桥梁、法律和秩序、电力、环境卫生、供水系统、通信网、教育等）的需求巨大，这使北京的基础设施建设支出不断上升，其占比由2006年的7.0%上升到2010年11.8%，5年增长了近70%，基础设施建设支出是北京市财政支出中规模最大的项目之一。

然而，北京在教育、医疗、社会保障和公共安全等方面的支出还较为薄弱，上述各项支出合计仅占财政总额的35%，低于东京和伦敦，仅为纽约的45%，这表明北京市的财政支出结构及重点投入方向与发达城市，特别是与世界城市相比还有一定差距，还需要围绕世界城市对城市各项功能的具体要求，予以不断的调节与改善。

三 完善财政支出及其管理体制，加速北京世界城市的发展进程

建设世界城市是北京推动首都城市战略转型和经济发展方式转变的必由之路。世界城市作为一种发展方向，要求经济社会的发展必须是高端、低碳、集约和多元的。因此，北京财政应以公共需要和公共安全为核心，不断完善财政政策、优化财政支出结构，努力将北京打造成享誉世界的国际金融中心、国际决策控制中心、国际高端企业总部汇集中心、国际活动聚集地和国际高端人才聚集中心。为此，北京市财政应做到以下方面。

1. 实施交通优先战略，加大基础设施投入，加快基础设施建设步伐

城市基础设施建设是构建世界城市的物质基础，世界城市必须有现代化的基础设施作为保证。东京和伦敦的经验表明，世界城市一定是世界交通的重要枢纽，没有现代化的大交通体系就没有现代化的城市生活。因此，在建设世界城市的过程中，北京市仍应将重点放在道路、桥梁、航空港等项目的建设之上，以构筑现代化的城市大交通体系。

从理论上说，交通设施的建设和维护应是地方政府的主要职责，体现着地方政府的职能和作用。但是，作为准公共产品，城市交通还具有一般商品的特性，这使得在交通建设中引入市场机制成为可能。对这类产品，良好的公共政策和明智的公共管理体现为有步骤地引入竞争机制，其中政府的职责便是将竞争特有的降低成本的作用与政府的监督和控制有机结合起来，以保证服务质量的提高及运营结果的公益性和社会

性。在基础设施领域，以租赁和特许经营权等方式激励私人企业参与经营已被越来越多的国家和地区接受。

因此，在加大政府对基础设施建设投入的同时，还应充分发挥财政资金的导向作用，以 PPP（公私合伙）、BOT（建设—经营—转让）、TOT（转让—经营—转让）、PFI（私人主动融资）、BT（建设—移交）、CDM（清洁发展机制）等形式，将民间部门的资金、技术、经营管理引入北京的基础设施建设和管理，以促进北京基础设施建设的快速发展。

2. 加大教育和科技投入，培养和吸引世界级高端人才

世界城市的建设离不开人才，特别是高端人才的储备和培养。高端人才是世界城市建设的直接推动力，是吸引城市投资、集聚资本、促进城市科技创新、推动城市产业升级、实现城市价值增长的催化剂。

国际上考量一个地区高端人才对经济的贡献程度通常以"人才贡献率"为指标，即人才对经济社会发展做出的突出贡献在全社会创造财富中占有的比重。目前，纽约、伦敦、东京等世界城市的人才贡献率大多在60%以上。据统计，2010年北京市人才贡献率为40.6%，与世界城市相比还有不小的差距。[①]

教育是基础，科技是关键，丰富的科技资源与优质的教育资源是聚集和吸引高端人才的两大基础。不断形成吸引、培育和使用高端人才的机制与环境，对于北京的世界城市建设来说至关重要。

为此，在未来若干年间，北京市还应根据建设世界城市的要求，加大教育、科技投入，建立和完善人才投入增长机制，努力将北京市打造成中国乃至世界高端人才汇集的中心。

3. 加大人文领域投入，加强北京城市的国际控制力和影响力，使北京成为国际总部集聚地和国际活动聚集地

总部组织通过对全球资源的配置实现对全球政治、经济、文化的控制和影响，城市拥有的总部越多，对全球的控制力也就越强。因此，要增强北京的城市控制力和影响力，还需大力吸引国际总部落户北京。

然而，总部组织所在地除了要有良好的区位优势、便利的交通设施、专业化服务支撑体系外，更重要的是要有宽容的多元文化。纽约就是因其文化的多样性、包容性，长期位列世界城市排名第一。

从某种意义上来说，北京成为世界城市，在城市硬件和经济上面临的挑战相对直接，而在文化上面临的争夺和竞争则将更为持久和深刻。由此，未来北京能否实现中

---

① 《北京"智力"贡献率超过40%》，《北京商报》2012年7月2日。

国传统文化精华与世界优秀文化的有效融合，能否在城市运营和治理、环境保护、市民生活等方面提供 21 世纪城市生活的样板，能否在营造创新氛围、孕育时尚观念、繁荣文化艺术等方面体现 21 世纪的潮流，能否在提升文化创意产业的规模、层次和国际化水平等方面引领世界潮流，就成为决定北京能否成为具有全球文化吸引力、影响力的国际活动聚集地及国际总部集聚地的关键。

无论文化是一个经济产业部门，还是一项社会公益事业，政府都有责任维护和促进它的发展。文化是一个经济产业部门，政府有责任营造一个适宜文化相关产业发展和企业公平竞争的外部环境；文化是一项社会公益事业，政府有责任投入社会资源促进它的发展。因此，北京不仅需要改进和完善文化事业，使其充满活力和凝聚力；更需要运用财政、税收等手段制定配套的文化发展政策，整合文化资源、优化发展环境，形成一个门类齐全、结构合理、供需关系平衡，政府宏观调控与市场机制相结合，并且与世界文化中心地位和功能相适应的首都文化市场体系，为北京世界文化之都的建设创造良好的条件。

4. 加强城市公共安全投入，为世界城市建设提供稳定的外部环境

北京自 2003 年"非典"疫情后强化了综合减灾应急机制的建设，在"十五"及"十一五"期间重点构建了五大应急体系：应急管理体系、应急预案体系、信息共享交换网络体系、公众报警服务体系和法规政策体系；加强了七大应急机制建设：预测预警、信息报告、应急决策和处置、信息发布、社会动员、恢复重建、调查评估。

然而，北京与世界城市相比在安全水准及综合应急能力上还有不少差距，不仅迄今没有国家综合减灾基本法及北京防灾减灾条例等综合法律法规，现有的安全建设也多为应急预案层面上的临时措施。面对事故灾难不断增长、自然灾害防范能力不足、公共卫生事件频繁出现的客观现实，北京急需完善城市公共安全体系的建设。

城市安全系统的完善和建设需要大量资金，由于这种投入具有明显的公益性、战略性和社会性，市场机制的调节作用在其中极为有限，对这类设施不能以其收益作为衡量支出的标准，而应以地方经济规模的扩大、地方经济发展速度和居民生活水平提高的需要作为确定支出规模的标准。因此，关于城市安全系统的支出，作为主体的政府投入具有决定性的作用，这类支出在地方财政支出中应随收入的提高而不断增长和扩大。

5. 加大财政投入，建设低碳宜居的世界城市

全球金融风暴以来，经济发展模式的转型被提上前所未有的高度，以低能耗、低污染、低排放为基础的"低碳产业模式"成为未来经济的主流模式。在这种背景下，"低碳世界城市"已成为北京发展的题中之义。

北京仍处于城市化、工业化的发展阶段，产业结构有待进一步优化升级，第三产

业的比重需要进一步提高；工业节能、建筑节能、交通节能、居民生活节能有待进一步加强。因此，北京要创建 21 世纪的世界城市，就不能复制其他世界城市先发展、后治理的模式，而要走低碳发展、绿色发展和循环经济发展的道路。

财政政策是政府进行宏观调控、合理配置资源的重要手段，在发展低碳经济的过程中同样起着至关重要的作用。因此，要建设低碳北京，必须构建合理的财税政策体系，以提高对资源的合理利用程度、增强对环境的保护力度，约束人们浪费资源与破坏环境的行为。如运用财政补贴、税收支持政策，鼓励企业发展低碳经济；完善政府低碳采购制度；征收生态环境补偿费；增列低碳经济发展预算项目等。

6. 利用财政激励机制，促进国家创新中心的建设

作为推动城市发展和实现城市转型的主导力量，创新极大地改变着城市的空间形态、功能结构和发展模式。为此，北京市政府提出，要在未来 5 年内统筹 500 亿元财政资金搭建首都创新资源平台，通过"创新驱动"转变北京市的经济发展方式，促进产业结构升级，逐步将北京建设为"具有全球影响力的科技创新中心""国家科技金融创新中心"，以及"国家创新中心"。

财政政策同样是政府促进创新体系发展最重要的激励手段之一，其内在制度构成，如税收优惠、公共投资和财政补贴等，都会对创新体系带来显著影响。因此，完善税收优惠、确定合理的税收水平、提供适当的财政补贴和财政拨款，保证各型各类主体都能因创新活动而获得合理的经济利益，是北京市制定创新财政激励政策的关键之所在。

执笔：童伟、张英洪

北京市土地出让金问题研究[*]

解决"三农"问题必须跳出"三农"看"三农"。土地出让金问题就是事关"三农"的一个重大问题。近 10 年来，北京市土地出让金收入增长迅速，其占北京市财政收入的比重由 2006 年的 0.7% 上升到 2010 年的 32.6%，增长了 45.6 倍，成为政府可自由支配财政收入的最大来源。然而土地出让金在为北京市财政带来丰厚收入的同时，也引发了不少问题，主要是土地出让金支出缺乏严格监管，土地收益流失严重；成本核算与收益分配机制不严密，支出效益下降；城乡支出结构失衡，人为拉大城乡收入差距等。基于此，我们课题组以土地出让金收益分配为核心，对土地出让金收益分配中存在的问题进行了系统研究。

一 北京市土地出让金收支情况分析

（一）北京市财政收支总体情况分析

"十一五"时期，北京经济得到快速发展，地区生产总值由 2006 年的 8117.8 亿元增长到 2010 年的 14113.6 亿元，增长了 73.9%，年平均增长 14.8%。与 GDP 发展速度相比，北京市财政收支的增长速度更高，5 年间，财政收入由 1235.80 亿元增长到 3810.91 亿元，增长了 208.4%，年平均增长 32.5%，是 GDP 增速的 2.2 倍；财政支出增长由 1411.30 亿元增长到 4064.97 亿元，增长了 188.0%，年平均增长 30.3%，是 GDP 增速的 2.0 倍（见表 1、图 1）。

表 1 北京市 2006—2010 年财政收支情况

单位：亿元，%

年度	财政收入	财政收入增长率	财政支出	财政支出增长率	GDP	GDP 增长率
2006	1235.80	22.7	1411.30	24.1	8117.8	13.0
2007	1882.04	52.3	2067.70	46.5	9846.8	14.5

---

* 原载北京市农村经济研究中心《调查研究报告》2012 年第 21 期。

年度	财政收入	财政收入增长率	财政支出	财政支出增长率	GDP	GDP 增长率
2008	2282.04	21.3	2400.93	16.1	11115.0	9.1
2009	2678.77	17.4	2820.86	17.5	12153.0	10.2
2010	3810.91	42.3	4064.97	44.1	14113.6	10.3

资料来源：北京市统计局。

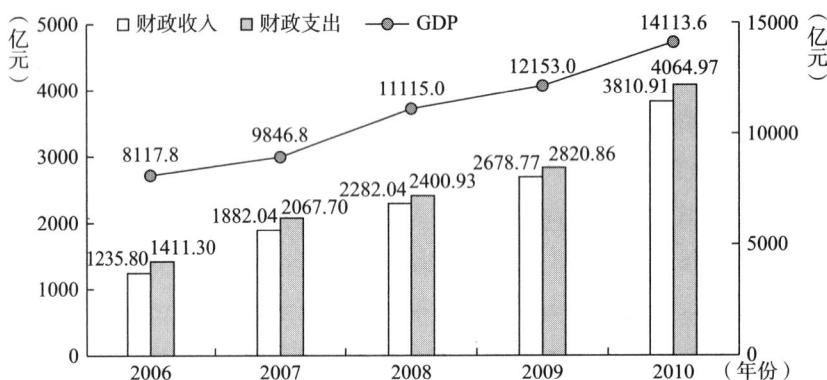

图 1　北京市 2006—2010 年财政收入情况

北京市财政收入和支出的增长速度高于地区生产总值的增长速度，使其分别占 GDP 的比重不断提高，分别由 2006 年的 15.2% 和 17.4% 提高到 2010 年的 27.0% 和 28.8%，分别增长了 11.8 和 11.4 个百分点（见表 2、图 2）。

表 2　北京市 2006—2010 年财政收支占 GDP 的比重

单位：%

年度	地方财政收入占比	地方财政支出占比
2006	15.2	17.4
2007	19.1	21.0
2008	20.5	21.6
2009	22.0	23.2
2010	27.0	28.8

资料来源：北京市统计局。

（二）北京市土地出让金收入情况分析

北京市财政收入由两部分组成：其一，一般预算收入；其二，政府性基金收入。"十一五"时期，北京市一般预算收入增长情况稳定，由 1117.15 亿元增长到 2353.93 亿元，增长了 110.71%。同期，政府性基金预算收入大幅度提高，由 118.63

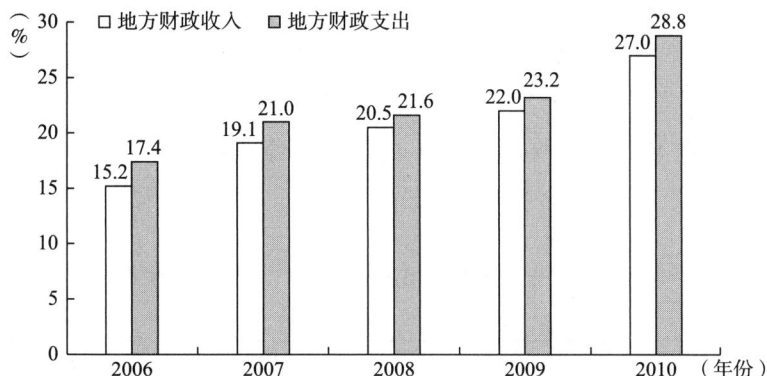

图 2 北京市 2006—2010 年财政收支占 GDP 的比重

亿元增长到 1456.98 亿元，增长了 1128.17%，是一般预算收入增速的 10.19 倍（见表 3 和图 3）。

表 3 北京市 2006—2010 年财政收入分类情况

单位：亿元

年度	财政收入	一般预算收入		基金预算收入
		税收收入	非税收入	
2006	1235.80	1076.82	40.33	118.63
2007	1882.04	1435.67	56.97	389.40
2008	2282.04	1775.58	61.75	444.71
2009	2678.77	1913.97	112.84	651.96
2010	3810.91	2251.59	102.34	1456.98

资料来源：北京市统计局。

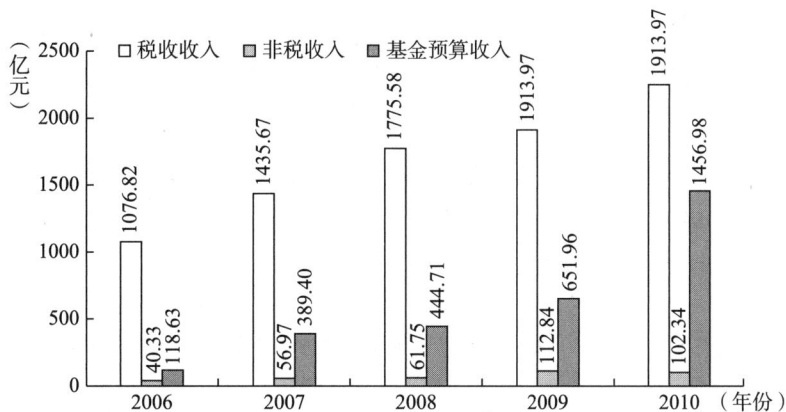

图 3 北京市 2006—2010 年财政收入分类情况

北京市政府性基金收入大幅度提高的主要原因就在于土地出让金收入的快速增长。2006年，北京市土地出让金收入9.09亿元，占当年政府性基金收入的7.66%；2010年北京市土地出让金收入已增至1242.00亿元，比2006年提高了136倍，占当年政府性基金收入的比重也上升到85.24%，提高了10倍有余（见表4、图4）。

表4　北京市2006—2010年土地出让金收入占政府性基金收入比重

单位：亿元，%

年度	政府性基金收入	土地出让金收入	土地出让金收入占政府性基金收入比重
2006	118.63	9.09	7.66
2007	389.40	275.23	70.68
2008	444.71	324.30	72.92
2009	651.96	477.27	73.21
2010	1456.98	1242.00	85.24

资料来源：北京市统计局。

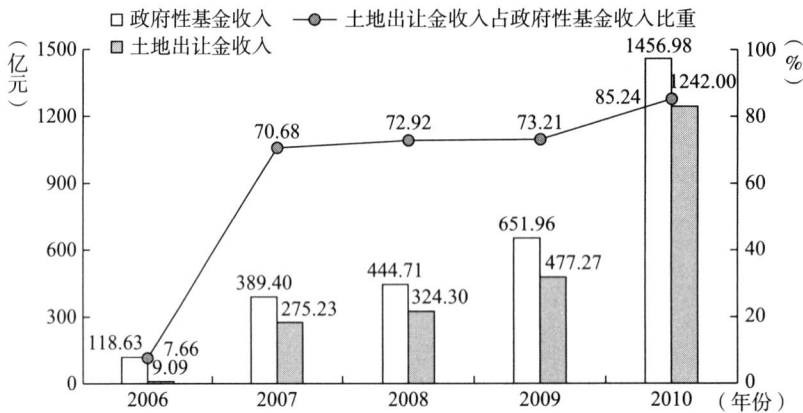

图4　北京市2006—2010年土地出让金收入占政府性基金收入比重

土地出让金收入的不断提高，使其占财政收入的比重也不断走高。由2006年的0.74%提高到2010年的32.59%，增长了31.85个百分点，提高了43.04倍，占到全市财政收入总额的近1/3（见表5、图5）。

表5　北京市2006—2010年土地出让金收入占财政收入的比重

单位：亿元，%

年度	财政收入	土地出让金收入	土地出让金收入占财政收入比重
2006	1235.80	9.09	0.74

年度	财政收入	土地出让金收入	土地出让金收入占财政收入比重
2007	1882.04	275.23	14.62
2008	2282.04	324.30	14.21
2009	2678.77	477.27	17.82
2010	3810.91	1242.00	32.59

资料来源：北京市统计局。

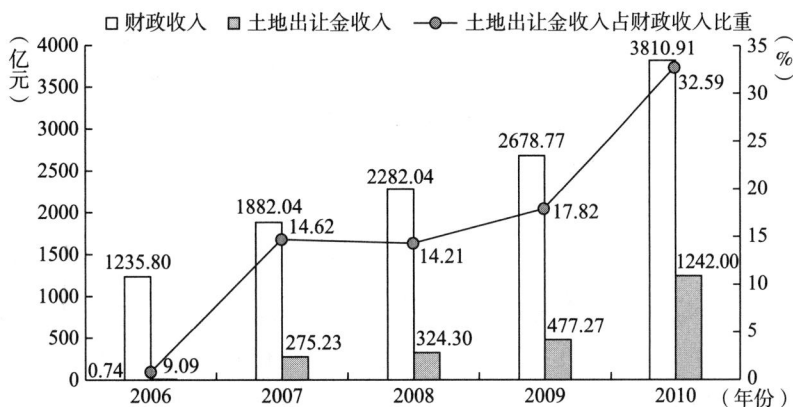

图 5　北京市 2006—2010 年土地出让金占财政收入比重

（三）北京市土地出让金支出情况分析

1. 土地出让金支出范围分析

虽然土地出让金收入在地方财政收入中所占比重居高不下，但长期以来土地出让金尚未纳入各级人大代表审议的预算报告草案之中，土地出让金的支出效益不够透明。

2006 年底，国务院和国土资源部分别发布《关于规范国有土地使用权出让收支管理的通知》（以下简称"通知"）和《国有土地使用权出让收支管理办法》，对土地出让收入管理制度进行了规范性改革。

按此政策规定，全部土地出让收入都需缴入地方国库，纳入地方政府性基金预算，实行"收支两条线"管理，与一般预算分开核算，专款专用。"通知"明确规定土地出让金支出的范围为：其一，征地和拆迁补偿支出，包括土地补偿费、安置补助费、地上附着物和青苗补偿费、拆迁补偿费；其二，土地开发支出，含前期土地开发性支出以及财政部门规定的与前期土地开发相关的费用，如与前期土地开发相关的道路、供水、供电、供气、排水、通信、照明、土地平整等基础设施建设支出，以及与前期土地开发相关的银行贷款本息等支出；其三，支农支出，包括用于保持被征地农民原有生活水平补贴支出、补助被征地农民社会保障支出、农业土地开发支出，以及农村基础设施建设支出，如用于农村饮水、环境、卫生、教育以及文化建设等基础设施建设支出；其四，城市建设支出，包括完善国有土地使用功能的配套设施建设，以及城市基础设施建设支出，如城市道路、桥涵、公共绿地、公共厕所、消防设施等基础设施建设支出；其五，其他支出，包括土地出让业务费、缴纳新增建设用地有偿使用费、国有土地收益基金支出、城镇廉租住房保障支出以及支付破产或改制国有企业职工安置费用等。

综合起来看，土地出让收入使用范围包括以下十个方面：一是征地和拆迁补偿支出；二是土地开发支出；三是补助被征地农民社会保障等支出；四是农村基础设施建设支出；五是农业土地开发支出；六是城市建设支出；七是耕地开发、土地整理、基本农田建设和保护支出；八是城镇廉租住房保障支出；九是土地出让业务支出；十是破产或改制国有企业职工安置等支出。

2. 全国土地出让金支出情况分析

2010 年 4 月，财政部首次公布了《2009 年全国土地出让收支基本情况》。这是我国第一次公开发布土地出让金的支出情况。据统计，2009 年全国土地出让签订合同总价款 15910.2 亿元，当年实际入库收入 14239.7 亿元，占合同总价款的 89.5%。土地出让收入国库数额与合同总价款数额存在约 1700 亿元的土地出让收支结余，按规定结转下年继续使用。

2009 年全国土地出让金支出 12327.10 亿元，比上年增长 28.9%，其中用于征地和拆迁补偿支出 4985.67 亿元，约占支出总额的 40.44%；用于城市土地开发支出 1322.46 亿元，约占支出总额的 10.73%；用于城市建设支出 3340.99 亿元，约占支出总额的 27.10%；用于农村基础设施建设支出 433.10 亿元，约占支出总额的 3.51%；用于补助被征地农民 194.91 亿元，约占支出总额的 1.58%；用于土地出让业务支出 86.89 亿元，约占支出总额的 0.70%；用于廉租住房保障支出 187.10 亿元，约占支出总额的 1.52%；用于耕地开发、土地整理、基本农田建设和保护支出 477.56 亿元，约占支出总额的 3.87%；用于农业土地开发支出 107.25 亿元，约占支出总额的 0.87%；用于地震灾后恢复重建、破产或改制国有企业职工安置等支出 1191.17 亿元，约占支出总额的 9.66%。2009 年全国土地出让金支出情况详见表 6 和图 6。

表6 2009 年全国土地出让金支出情况

单位：亿元，%

	支出	占比
土地出让金支出	12327.10	100.00
征地和拆迁补偿	4985.67	40.45

续表

	支出	占比
城市建设	3340.99	27.10
城市土地开发	1322.46	10.73
地震灾后恢复重建、破产或改制国有企业职工安置	1191.17	9.66
耕地开发、土地整理、基本农田建设和保护	477.56	3.87
农村基础设施建设	433.10	3.51
补助被征地农民	194.91	1.58
廉租住房保障	187.10	1.52
农业土地开发	107.25	0.87
土地出让业务	86.89	0.71

资料来源：财政部网站。

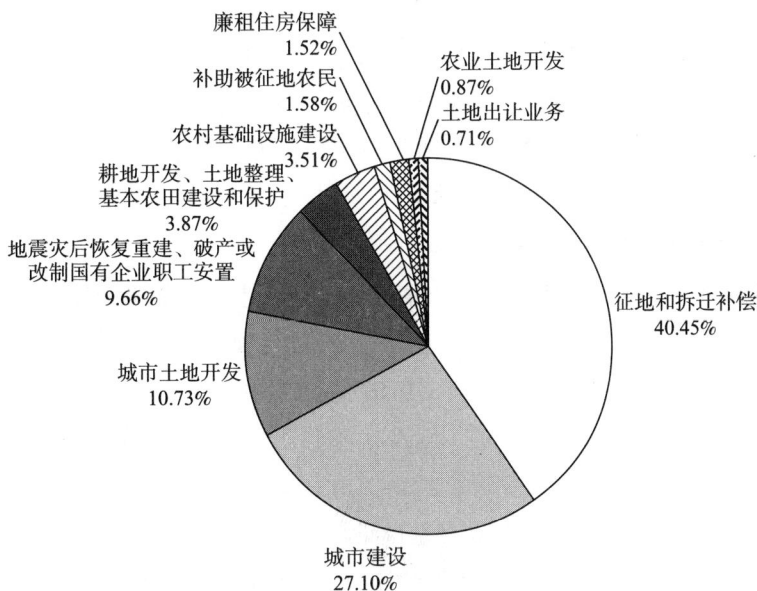

图6　2009年全国土地出让金支出结构

资料来源：财政部网站。

2010年，全国土地出让金收入29109.94亿元，完成预算的213.2%，主要是土地供应增加、地价总体水平上升以及收入管理加强等因素所致。土地出让金支出26975.79亿元，其中征地和拆迁补偿等成本性支出13395.60亿元，约为支出总额的49.66%；农村基础设施建设和补助被征地农民等支出2248.27亿元，约为支出总额的8.33%；廉租住房保障支出463.62亿元，约为支出总额的1.72%；地震灾后恢复重建、破产或改制国有企业职工安置支出3336.63亿元，约为支出总额的

12.37%；城市建设支出 7531.67 亿元，约为支出总额的 27.92%（见表 7）。[①]

表 7　2010 年全国土地出让金支出情况

单位：亿元，%

项目	支出	占比
土地出让金支出	26975.79	100.00
征地和拆迁补偿	13395.60	49.66
城市建设	7531.67	27.92
地震灾后恢复重建、破产或改制国有企业职工安置	3336.63	12.37
农村基础设施建设和补助被征地农民	2248.27	8.33
廉租住房保障	463.62	1.72

资料来源：财政部网站。

与 2009 年相比，2010 年全国土地出让金支出增长了 118.8%，征地和拆迁补偿支出所占比重略有增长，增长了 9.21 个百分点，农村基础设施建设和补助农民等支出增长了 3.24 个百分点。廉租住房保障支出所占比重略有上升，增长了 0.2 个百分点，破产或改制企业土地出让收入用于职工安置支出增长幅度较大，增长了 180.11%，用于城市建设的支出继续上升，增长了 125.43%。

3. 北京市土地出让金支出情况分析

在财政部公布全国土地出让金支出情况后，北京市也于 2010 年在《2010 年北京财政年鉴》上发布了北京市 2009 年土地出让金支出情况。

2009 年，北京市土地出让金支出 310.07 亿元，主要支出方向为：征地和拆迁补偿支出 5.12 亿元，约为支出总额的 1.65%；城市土地开发以及耕地开发、土地整理、基本农田建设和保护支出 87.52 亿元，约为支出总额的 28.23%；城市建设支出 138.62 亿元，约为支出总额的 44.71%；农村基础设施建设支出为 39.43 亿元，约为支出总额的 12.72%；补助被征地农民支出 0.60 亿元，约为支出总额的 0.19%；土地出让业务支出 1.47 亿元，约为支出总额的 0.47%；廉租住房保障支出 25.94 亿元，约为支出总额的 8.36%；农业土地开发支出 0.99 亿元，约为支出总额的 0.32%；用于地震灾后恢复重建、破产或改制国有企业职工安置等支出 0.06 亿元，约为支出总额的 0.02%；其他支出 10.32 亿元，其中用于改善首都环境质量支持污染企业搬迁 2.51 亿元，约为支出总额的 0.81%。2009 年北京市土地出让金支出情况见表 8 和图 7。

[①]　叶檀：《房地产溢价下降 土地财政将成鸡肋》，地产中国网，http://house.china.com.cn/fujian/view，2012 年 3 月 7 日。

表 8　2009 年北京市土地出让金支出情况

单位：亿元，%

项目	支出	占比
土地出让金支出	310.07	100.0
征地和拆迁补偿	5.12	1.65
城市建设	138.62	44.71
土地开发	87.52	28.23
城市土地开发	61.02	19.68
耕地开发、土地整理、基本农田建设和保护	26.50	8.55
地震灾后恢复重建、破产或改制国有企业职工安置	0.06	0.02
农村基础设施建设	39.43	12.72
补助被征地农民	0.60	0.19
廉租住房保障	25.94	8.36
农业土地开发	0.99	0.32
土地出让业务	1.47	0.47
其他	10.32	3.33
改善首都环境质量支持污染企业搬迁	2.51	0.81

资料来源：《北京财政年鉴（2010）》。

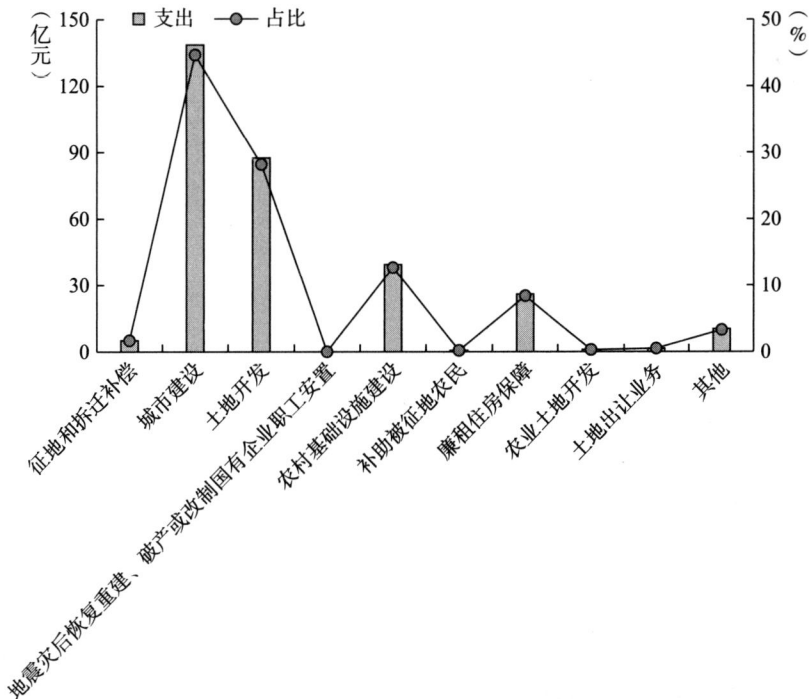

图 7　2009 年北京市土地出让金支出情况

二 土地出让金支出结构特点分析

从全国及北京市土地出让金支出数据可以发现，北京市与全国土地出让金支出结构存在一定差异：第一，在全国土地出让金支出结构中居于首位，占据了约一半比重的征地和拆迁补偿支出，在北京市土地出让金支出中仅占很小的份额，为全市土地出让金支出的 1.65%；第二，在全国土地出让金支出结构中居于第四位，占据 10% 左右的地震灾后恢复重建、破产或改制国有企业职工安置等支出，在北京市土地出让金支出中居于末位，占 0.02%；第三，北京市在城市土地开发以及耕地开发、土地整理、基本农田建设和保护等方面投入了大量资金，其占土地出让金支出的比重（28.23%）约为全国平均水平（14.60%）的 2 倍；第四，北京市在廉租住房保障方面的支出也要远高于全国平均水平，为全国平均水平（1.52%）的 5.5 倍（见表9）。

表9　2009 年全国和北京土地出让金支出占比 *

单位：%

项目	全国	北京
土地出让金支出	100.00	100.00
征地和拆迁补偿	40.45	1.65
城市建设	27.10	44.71
城市土地开发	10.73	19.68
地震灾后恢复重建、破产或改制国有企业职工安置	9.66	0.02
耕地开发、土地整理、基本农田建设和保护	3.87	8.55
农村基础设施建设	3.51	12.72
补助被征地农民	1.58	0.19
廉租住房保障	1.52	8.36
农业土地开发	0.87	0.32
土地出让业务	0.71	0.47
其他	—	3.33

* 根据本报告中表6和表8数据测算得出。

在土地出让金支出结构中，北京市和全国虽然有一定的差异，但也存在一些具有共性的问题。

1. 建设性支出所占比重较高

不论在全国还是在北京市的土地出让金支出中，所占比重非常大的项目都有城市建设支出和土地开发支出。2009 年全国城市建设支出和城市土地开发支出占到全部土地出让金支出的 37.83%，北京此两项支出之和占到当年全市土地出让金支出总额的 64.39%。

2. 支农支出比重过低

支农支出主要指农业土地开发资金、补助被征地农民社会保障支出、保持被征地农民原有生活水平补贴支出以及农村基础设施建设等方面的支出。2009 年，全国土地出让金支出中用于农村基础设施建设、补助被征地农民、农业土地开发的支出，仅占全部支出的 5.96%，约为建设性支出的 1/6。同期，北京市用于此三项支农支出的资金占到全部土地出让金支出的 13.23%，约为建设性支出的 1/5。土地出让收益支出使用中严重的城乡歧视，进一步加重了农村基础设施建设的滞后，使城乡发展水平被进一步拉大。

3. 保障性住房支出偏低

目前，有不少学者认为，我国房价居高不下在很大程度上与政府的巨额土地出让金有关系。因此，政府应加大土地出让金支出对保障性住房建设的倾斜，以更好地解决中低收入家庭的住房问题。但在实际的土地出让金支出中，用于保障性住房建设的资金比重还很低，2009 年，全国用于廉租住房保障支出仅占全部土地出让金支出的 1.52%，约为建设性支出的 1/25；北京市用于廉租房建设的支出比重要大大高于全国，约为全市土地出让金支出的 8.37%，但仍低于国家发展改革委提出的 10% 的最低标准，也仅约为全市建设性支出的 1/7。

三 优化土地出让金支出结构，完善土地出让金支出管理

从前述论证可以发现，目前在全国和北京市的土地出让金支出中，绝大部分资金都被用于城市基础设施建设，对农业、农村投入严重不足，对被征地农民的补偿较低。要从根本上改变土地出让金取之于农、用之于城的不合理支出取向，就需要明确土地出让金的公共支出方向，取之于民，用之于民，应突出土地出让金支出的公平性与公益性，压缩城市基础设施建设支出，进一步优化土地出让金支出结构，加大对农村、农业和农民的支出，加大城市廉租房建设支出。

1. 严格遵守相关法律法规，保障土地出让金支出的公平性与公益性

近年来，为加强对土地出让金的支出管理，中央政府及各个部门先后出台了多项政策法规，对土地出让金的支出范围及支出比例进行了进一步的规范。依据这些法规，土地出让支出须首先满足以下四项法定支出：第一，将土地出让纯收益不低于 15% 的比例用于农业土地开发；第二，将土地出让收益不低于 10% 的比例用于保障性住房；第三，提取 10% 的土地出让收益用于农田水利建设；第四，按 10% 的比例计提教育资金。

由此，应严格遵守国家相关法律法规，将土地纯收益 45% 以上的部分用于满足

公益性公共产品的供给与支出。

2. 土地出让金支出重点向"三农"倾斜

要按照"十二五"规划的总要求，明确将土地增值收益主要用于农业农村，维护农民的土地财产权，改善农民的生活条件。对农民而言，一旦失去土地，也就失去了土地福利。要切实保障农民的土地财产权益，提高农民的社会保障水平。要出台相关政策，从制度上保障农民分享城市化过程中的土地增值收益。

农业土地开发不仅能增加有效耕地面积，缓解人地矛盾，而且还可以提高耕地质量，改善生产条件。要严格按照《国务院关于将部分土地出让金用于农业土地开发有关问题的通知》的要求，将土地出让纯收益的 15% 安排用于农业土地开发。提取的农业土地开发资金，全部作为地方农业综合开发资金来源，专项用于本地区农业综合开发。

此外，还应逐步提高用于农业土地开发和农村基础设施建设的土地出让金支出比重，以改善农民的生产、生活条件和居住环境，提高农民的生活质量和水平。

土地出让金主要给予"三农"，不但可以很好地解决征地补偿费偏低的不合理问题，充分体现公平原则，而且还将在很大程度上抑制"以地生财"和新的"以农支城"等不利于"三农"发展的现象。只有这样，才能从根本上保护农民的利益，支持新农村建设。

3. 加大土地出让金对保障性住房建设的支出

住房保障是社会福利体系的重要组成部分，是政府将公共资源公平、合理、高效地配置给低收入群体、改善其生活水平的关键。

近年来，北京市积极探索建立符合首都实际需求的住房保障政策体系，不断加大保障性安居工程实施力度，加快解决中低收入家庭住房困难问题，使城市住房保障工作有了很大进展。2010 年，北京市新建和收购政策性住房 22.5 万套，占全市住宅新开工套数的 61.5%，竣工各类政策性住房 5 万套，完成年度计划的 108.7%，公共租赁住房落实房源 2.6 万套，廉租住房基本实现了实物配租、应保尽保；2011 年，北京市新开工建设各类保障性住房 23 万套，竣工 10 万套，住房保障覆盖范围进一步扩大；2012 年，北京市继续大力推进保障性安居工程建设，新开工建设、收购各类保障性住房 16 万套，拟竣工保障性住房 7 万套，与此同时，还将完成"三区三片"棚户区改造任务，全面启动新增五片棚户区改造工作。而在整个"十二五"期间，北京市计划将新建、收购保障性住房 100 万套，为 10 万户家庭发放租金补贴；各类保障性住房要占到所有住房的 60%，其中公租房要占到公开配租配售保障性住房的 60%。

加快保障性住房建设是保障和改善民生的重要工作。据有关机构测算，北京市建设公共租赁住房的年均建设成本为 488 亿—686 亿元，[1] 相当于 2011 年北京市财政收入的 20% 左右，是 2009 年廉租住房支出的 10—20 倍。2012 年，北京市财政部门安排保障性安居工程专项资金 113.97 亿元，包括中央补助专项资金 7.97 亿元，地方政府债券 6 亿元，廉租住房（公共租赁住房）专项资金 100 亿元，并计划再通过北京市保障性住房建设投资中心筹集 150 亿元，使整体资金达到 250 余亿元。[2] 但与所需资金相比，仍存在 200 亿—400 亿元的资金缺口。

在此情况下，提高土地出让金用于建设保障性住房的比例已变得势在必行。目前，在国内已有不少地方开始这方面的改革，如陕西省已经将土地出让金用于建设保障性住房的比例提高到 20%，山西省政府明确要求，土地出让净收益用于廉租房建设的资金不得低于 20%。2010 年，北京市委书记刘淇在北京金融工作局组织的"北京市服务在京金融机构座谈会"上曾指出，政府应将土地出让收入的一半以上返还保障性住房的建设中。由此，北京市用于保障性住房建设的土地出让金不仅应达到《廉租住房保障办法》规定的 10% 的最低标准，还应将其逐步提高至 20%—50%，使保障性住房建设资金得到充分保障。

4. 加强土地出让金收支管理与监督

根据《中华人民共和国预算法》规定，地方政府的一般预算支出需提交地方人大常委会审议，但政府性基金则游离于各级人大的监督之外。这部分脱离各级人大监督的资金，已成为预算管理与监督的一个巨大黑洞。缺乏有效监督的土地出让金制度，为寻租活动提供了巨大的活动空间。应尽快将土地出让金的收支全面纳入各级人大的预算监督之中，实现土地出让金收支的合法、公开和透明。

执笔：童伟、张英洪

---

① 《保障性住房建设的资金供求》，《中国房地产报》，http://www.admaimai.com/newspaper.htm，2012 年 5 月 17 日。

② 《北京保障房建设步入快车道》，《北京日报》，http://bjrb.bjd.com.cn/html.htm，2011 年 10 月 27 日。

北京市撤村建居调研报告*

  撤村建居是城市化进程中的重大现实问题，涉及村民群众的切身利益，事关城乡基层治理的结构转型。改革开放以来，随着城市化的快速发展，北京市城市规划区内以及城乡接合部地区的大量村庄被城市化，一些村庄土地被征占，村民被转为城镇居民，传统村庄被拆迁，出现了一大批无农业、无农民、无农村的"三无"村。但全市尚缺乏撤村建居的统一政策制度安排，致使撤村建居工作明显滞后于城市化进程，各地撤村建居政策不一，做法各异，村集体和村民群众的正当利益得不到有效保障和维护，出现了不少有名无实的"空壳"村、村居并存的混合村，给城乡社区治理带来了严重挑战。为切实有效开展撤村建居工作，与时俱进推进新型城市化，分类推进乡村振兴战略，实现城市化村庄的转型发展，提升首都超大城市基层治理现代化水平，最近，北京市民政局、北京市农研中心组织联合调查组，对全市撤村建居基本情况进行了摸底调查，并深入大兴、通州、顺义、朝阳等区与有关部门以及乡镇和村干部进行座谈交流，形成了调研报告。

一 北京市撤村建居基本情况

  改革开放以来，特别是 20 世纪 90 年代以来，北京市的城市化进程明显加快，2018 年北京市常住人口城镇率从 1990 年的 73.48% 提高到 86.5%，略低于上海；建成区面积从 1990 年的 339.4 平方公里扩大到 1485 平方公里，超过上海位居全国第一。城市化的快速发展，使京郊乡镇及村委会数量急剧下降，相应的城市居委会个数迅速增加。从 1984 年到 2019 年，全市乡镇从 365 个减少到 181 个，减少了 184 个，村委会从 4398 个减少到 3891 个，减少了 507 个，城市居委会从 2888 个增加到 3231 个，增加了 343 个。据北京市"三农普"数据，2016 年在全市 3925 个村中，无农业、无农村、无农民，仅保留村委会牌子的村有 103 个。另据北京市农研中 2018 年百村千户调查数据，全市无农业、无农民、无农业的"三无"村有 56 个。

---

* 原载《北京调研》2020 年第 2 期。

* 原载《北京调研》2020 年第 2 期。

我们通过调查发现，从 2017 年底到 2019 年底，全市 3891 个村（含平谷区熊儿寨乡东长峪村，该村原村民已经大部分多年失去联系，但还有部分林地等村集体资产）先后撤了 42 个村，其中，朝阳区 10 个、海淀区 21 个、丰台区 7 个，还有密云区 2003 年撤的 4 个村（在 2019 年村委会换届选举前一直没有注销）。从本次全市摸底汇总数据看，全市共有 261 个村需要撤销村委会建制，其中，大兴区因新机场建设有 65 个村、顺义区有 59 个村、房山区有 43 个村、通州区因城市副中心建设有 35 个村、朝阳区有 5 个村、海淀区有 6 个村、丰台区有 14 个村、门头沟区有 10 个村、昌平区有 3 个村、平谷区有 1 个村、怀柔区有 11 个村、延庆区有 9 个村，是近期可以撤销村委会建制的城市化村庄，但撤村面临许多复杂的情况，需要高度重视，慎重对待，有序推进。

二　撤村建居存在的主要问题

撤销建居是一项综合性、系统性、复杂性的重大改革工程，涉及面比较广，存在的问题比较多，从调查的情况来看，主要有以下七个方面。

（一）撤村建居条件有待完善

2012 年 3 月 29 日，北京市民政局、北京市委农工委等六部门联合印发《关于推进城乡社区自治组织全覆盖的指导意见》（京民基发〔2012〕108 号）规定撤销村委会建制的四个条件：一是村民全部转为居民；二是村集体土地被征占；三是集体资产处置完毕，或者已经完成集体经济产权制度改革，成立新的集体经济组织；四是转居村民全部纳入城镇社会保障体系。这一规定对当时完全符合条件的村实现撤村建居发挥了积极作用，但对于基本符合或者总体上符合却并未完全符合条件的村实行撤村建居则造成了一些障碍，比如有的村大部分土地被征后，只剩下一些边角地没有被征用，有的村大部分村民已转为城镇居民而只有极少数村民未转为城镇居民，依此规定则不能撤村建居，从而抑制了撤村建居进程，并由此造成许多应该撤销而没有撤销、只保留村委会牌子的"空壳"村、"三无"村。

（二）户籍改革等政策未落地

2014 年 7 月国务院发布的《关于进一步推进户籍制度改革的意见》以及 2016 年 9 月北京市政府发布的《关于进一步推进户籍制度改革的实施意见》，都明确规定取消农业户口和非农业户口划分、统一登记为居民户口。依据新的户籍政策，不能再实行征地农转非的旧政策了。但各地至今仍然惯性地实行征地农转非政策。一些因城市化建设拆迁上楼的村，因为有极少数村民没有转变户籍身份而不能开展撤村建居工作。同时，有的村民还担心撤村建居后将失去原来享有的农村集体资产权益，因而不愿意撤村。有的村则实行村居并行体制，在一个村庄范围内，既有村委会，又建有居委会。

（三） 集体资产处置存在问题

有的村人口不多，集体资产数额也较小，没有条件发展股份合作制经济，在拆迁上楼后，征地补偿费等只能交给村或乡镇集体经济组织作为公共资金，不准分给村民。村干部和村民担心如果撤销村委会建制，他们更加享受不到征地补偿费等集体资产权益了。有的村存在欠债尚未还清；有的村尚未收回对外放债；有的村与乡镇之间存在债务纠纷；有的村集体资产登记在村委会账上，如撤村将资产转移过户到集体经济组织名下则涉及需缴纳契税、印花税等税费；这些都造成一些村干部和村民对撤村建居心存顾虑。

（四） 社保费用趸缴极不合理

2004 年 7 月 1 日起施行的《北京市建设征地补偿安置办法》（俗称 "148 号令"）规定实行 "逢征必保" 政策，即将被征地的农民转为城镇居民并纳入城镇社会保险体系，由村集体趸缴巨额的社会保险费用。村干部和村民对此普遍反映极不合理。例如，大兴区黄村镇北程庄村在 2007 年征地时，农转非人数 265 人，其中转非劳动力 100 多人，超转人员 43 人，村集体从征地补偿款中支付了 2000 多万元的转非劳动力和超转人员的社会保险费用，其中超转人员平均每人缴纳生活补助费和医疗费用 65 万元。丰台区卢沟桥乡三路居村在 2012 年的撤村建居中，认定的超转人员共有 528 人（其中 82 岁以上 19 人），据测算，需一次性趸缴超转费用 3.83 亿元，人均 72 万多元。我们在这次调研座谈中了解到，顺义区仁和镇平各庄村为一名超转妇女缴纳了 775 万元的惊人超转费用，而该超转人员每月只领到 2000 多元的生活和医疗补助。

（五） 历史遗留问题亟待解决

有的村长期以来存在各种各样、五花八门的历史遗留问题，这些问题成为撤村建居的难题。比如有的村虽已拆迁上楼，绝大部分村民也已转居，但居住的回迁楼却没有拿到住房产权证；有的村经批准在集体建设用地上建的自住楼也没有产权证。这些村的干部和村民提出如不解决房屋产权问题，就不愿意撤村建居。

（六） 民生福利事务缺乏衔接

郊区各村基本都建立有各种名目的村级福利，村民担心撤村建居后就会丧失已有的福利待遇。有的对超转人员看病实行社区首诊制意见较大，现行政策规定超转人员转诊必须先到社区卫生院开具证明，这给看急病、重病的超转人员带来了很大麻烦。对超转人员的冬季供暖待遇也没有任何保障。有的村干部担心撤村建居后原有的工资福利待遇可能降低或丧失。还有一些涉及村务和村民生产生活的具体事务需要使用村委会公章才能办理，如撤村建居后，有些事务办理只认村委会公章而不认居委会公章，就会给村民群众带来极大的不便。撤村以前，农村集体经济组织有关事务归乡镇有关部门管理，但撤村建居后农村集体经济组织有关事务到底是归原来乡镇管理还是归新的街道管理，这个问题并不明确，等等。

（七）建居公共管理服务滞后

有的村撤销并建立居委会后，其公共管理服务却没有纳入公共财政保障体系，仍然由原来的村集体经济组织承担居委会的公共管理和服务成本，这明显推卸了政府提供公共产品服务的供给职责，加重了村集体经济组织及其成员的负担，使撤村建居后的原村干部群众意见较大。撤村后如何保障村民就业，保障上楼后的村民的生活来源以及撤村后安置楼房的建筑质量和消防安全等民生问题都需要引起高度重视。

三　推进撤村建居的必要性和重要性

撤村建居是城市化进程中的必然要求，有序推进撤村建居工作，有利于维护和发展村民切身利益，有利于化解城市化的中风险与矛盾，有利于提高首都超大城市治理的综合能力和水平。

（一）推进撤村建居是适应城市化高质量发展的迫切需要

改革开放以来，北京市快速的城市化进程，将大量的农村地区和农村人口卷入城市化的浪潮中，特别是在城市规划区和城乡接合部地区，出现了一大批农村土地被征占、农业产业消失、农民职业和身份转变、村庄结构形态完全改变，但仍然保留村委会建制的有名无实的村，这种不城不乡、亦城亦乡的非正常状况，大大降低了城市化发展的质量，也阻碍了乡村社会向城市社会的转型发展。在新时代要实现城市化高质量发展，必须与时俱进地推进撤村建居工作，使已经城市化了的村庄名正言顺地成为城市社区的有机组成部分。

（二）推进撤村建居是分类实施乡村振兴的必然要求

由于城市化带来的巨大冲击，传统定型的乡村发生了明显的分化。实施乡村振兴战略，必须针对不同村庄的类型，实施不同的公共政策。对于城市规划区和城乡接合部地区已经拆迁上楼的"三无"村或者城市化村庄，不应采取普通村庄的乡村振兴政策模式，而必须提高实施乡村振兴战略的精准性，实事求是地推进撤村建居进程，实现其完全的城市化转型。但由于撤村建居工作的严重滞后，有关部门仍然按照普通村庄的定位进行新农村建设的投入和美丽乡村整治行动，这造成了公共产品投入的扭曲和财政资金的巨大浪费。

（三）推进撤村建居是促进城乡基层善治的重大举措

农村社区与城市社区具有不同的要素禀赋、产业结构、空间形态和现实需求，针对城乡社区的不同问题，只有把准脉、开对处方，才能对症下药。由于一些已符合撤村建居条件的村没有相应地撤销村委会建制，这些已经城市化的"空壳"村仍然在执行农村的相关政策。比如，有的村已经实行了整建制转居，村民身份已经转变为城镇居民身份，却按《村民委员会组织法》的规定开展村委会换届选举；有的"空壳"村则长期没有开展村委会的选举。有的"空壳"村反映，根据农村有关管理要求，他们每年收到上级拨付的用于保障村委会正常运转的数十万元经费，但由于村委会事实上已经基本停止运行，因而没法做到专款专用，为完成任务只好每年重复装修已废弃不用的原村委会办公楼。诸如此类问题，完全是城乡基层治理扭曲变形的重要表现，也是官僚主义引发形式主义、形式主义助长官僚主义的重要表现。名不正则言不顺，言不顺则事不成。只有实事求是、与时俱进地推进撤村建居工作，为符合撤村条件的空壳村"摘帽"、为具备建居条件的城市社区"戴帽"，才能提高北京市城乡基层治理现代化水平，真正实现首都城乡基层善治的目标。

四　思考和建议

撤村建居是一项综合性、全局性、系统性的重大改革工程，也是一项惠及广大村民群众的民生工程，牵一发而动全身，涉及方方面面，既需要加强统一领导，统筹协调，集中发力；也需要全面深化改革，转变思想观念，加强制度建设。具体来说，我们提出如下六个方面的政策建议。

（一）加强市级层面顶层设计，制定撤村建居统一政策

自从城市化启动，就存在撤村建居的客观需要。但长期以来，对于城市化发展导致的撤村建居这一重大改革议程和实践工作，却一直缺乏市级层面的顶层设计，既无全市撤村建居工作的指导意见，也无撤村建居方面的地方性法规。这就造成各地在撤村建居工作上缺乏统一规范，也不利于撤村建居工作的常态化开展，由此积累了不少矛盾，产生了各种应当撤村却没有撤村的"空壳"村、应当理顺而没有理顺的村居混杂村等现象。

一是建议尽快制定全市撤村建居指导意见或全市撤村指导意见，明确撤村的指导思想、基本原则、撤村条件和程序、工作要求等，还可制定全市撤村建居地方性法规，将撤村建居工作全面纳入规范化、制度化轨道。

二是由于撤村建居工作跨越城乡两方面，贯穿市、区、乡镇（街道）、村居四级，涉及组织、民政、农业农村、公安、财政、规划和自然资源、人力社保、税务等

诸多职能部门，事关村民群众的切身利益与社会的和谐稳定，必须加强统一领导，强化统筹协调，形成工作合力。

（二）适应改革发展新形势，及时优化调整撤村条件

随着改革发展的不断推进，2012 年市民政局、市农工委等六部门联合印发的《关于推进城乡社区自治组织全覆盖的指导意见》（京民基发〔2012〕108 号）确定的撤销村委会建制的四个条件有的已发生了重大变化，需要与时俱进地进行调整与完善。

一是关于村民全部转为居民问题。一方面，这是规定行政村整建制农转居（农转非）的情况才能撤村，但在现实中还有不少村存在绝大部分村民已经转非，却有极少数村民因种种因素没有转非的现象，按此条件这些村则不能撤村。另一方面，在城乡二元户籍制度尚未改革的情况下将之作为撤村的必备条件是合适的，但在已经改革城乡二元户籍制度后这就不符合政策了。2014 年 7 月国务院发布《关于进一步推进户籍制度改革的意见》以及 2016 年 9 月北京市政府发布《关于进一步推进户籍制度改革的实施意见》都明确规定取消农业户口和非农业户口的划分，统一登记为居民户口。也就是说城乡居民已经没有农业户口和非农业户口的区分，都是居民户口，不再存在"农转非"的问题了（当然也不存在"非转农"的问题）。

二是关于村集体土地被征占的问题。一方面，由于各种因素，有的村土地并没有被全部征占，而是留下一些边边角角的零星土地；有的村因政府推行平原造林政策，土地被租用种树，但并没有改变土地集体所有制。这些情况都导致这些村不符合撤村条件。另一方面，于 2020 年 1 月 1 日施行的新修改的《土地管理法》对征地制度进行了重大改革，该法改变了过去农村土地必须经过征收为国有才能进入市场的规定，允许农村集体经营性建设用地在符合规划等条件下可以通过出让、出租等方式进入市场。也就是说已城市化的村并不需要土地被全部或部分征收后才能撤村。

三是关于集体资产处置完毕以及成立新的集体经济组织的问题。有的村因复杂的历史因素，存在少量集体资产没法处置，有的债权债务一时难以清理；有的村人口稀少，集体资产数额不多，没有条件或没有必要成立新的集体经济组织。

四是关于转居村民全部纳入城镇社会保障体系问题。这个条件是与土地被全部征占、村民整建制转非条件相统一的，但正如上文所指出那样，因种种因素总有一些村的土地没有全部被征占，还有一些村的村民没有全部转非，这就导致相关的村民难以全部被纳入城镇社会保障体系。

根据这次调查的情况，我们认为可以将撤村条件区分为前置条件和后置条件，撤村的前置条件是指撤村前就已具备或满足撤村的前提条件。撤村的前置条件应该是：在城镇规划范围内，农村土地大部分已经被征收或征用，村民大部分已经拆迁上楼居住，村内产业已经非农化。也就是说，在城市化进程中，城市周边和城乡接合部地区的村庄形态已经城市化、村民生产方式和生活方式已经城市化，这就具备了撤村的前置条件。至于其他因行政区划调整而撤并村庄的问题可以另行讨论。

撤村的后置条件是指拟启动撤村工作后应当遵守和承诺保障的必要条件。撤村的后置条件：一是完成集体经济产权制度改革，集体资产得到妥善处置，建立新的集体经济组织；二是根据村民拆迁上楼等居住地的变化情况，有关部门应当及时更改户口登记的相关内容；三是实行城乡社会保障制度并轨，补齐原农村居民与城镇居民在社会保障待遇上的差距；四是按照《村民委员会组织法》的规定，履行撤村的民主和法律程序；五是妥善处理撤村建居中干部群众普遍关心的民生问题，使撤制村民有更多的获得感。

（三）确保户改政策落地，全面停止实行征地农转非

一是148号令的有关规定已经严重滞后，应当废止。2004年7月1日施行的《北京市建设征地补偿安置办法》确立了"逢征必转"的原则，该办法第19条规定："征用农民集体所有土地的，相应的农村村民应当同时转为非农业户口。应当转为非农业户口的农村村民数量，按照被征用的土地数量除以征地前被征地农村集体经济组织或者该村人均土地数量计算。应当转为非农业户口的农村村民人口年龄结构应当与该农村集体经济组织的人口年龄结构一致。"这个征地农转非（农转居）的规定在城乡二元户籍制度没有改变的情况下有其合理性和必要性。但是10年后的2014年7月24日，国务院印发《关于进一步推进户籍制度改革的意见》（国发〔2014〕25号）第9条规定："建立城乡统一的户口登记制度。取消农业户口与非农业户口性质区分和由此衍生的蓝印户口等户口类型，统一登记为居民户口，体现户籍制度的人口登记管理功能。建立与统一城乡户口登记制度相适应的教育、卫生计生、就业、社保、住房、土地及人口统计制度。"2016年9月8日北京市人民政府印发《关于进一步推进户籍制度改革的实施意见》（京政发〔2016〕43号）第7条规定："建立城乡统一的户口登记制度。取消农业户口与非农业户口性质区分，统一登记为居民户口，体现户籍制度的人口登记管理功能。建立与统一城乡户口登记制度相适应的教育、卫生计生、就业、社保、住房、土地及人口统计制度。"148号令中的"逢征必转"与上述户籍制度改革政策已完全不相适应。

二是建议停止实行征地农转非政策。新的户口制度实行后，就不应该再实行农转非政策了。但时至今日，各地仍然依据148号令执行征地农转非政策，这说明新的户口改革政策还没有落地，有关部门没有及时修改旧的政策制度，造成了政策矛盾、政策打架、政策滞后等问题。有关部门必须加快修改与国务院和市政府户口改革政策不一致的有关旧规定，确保户籍制度改革政策落地，让广大农民享受到户籍制度改革的成果。建议全面停止实行已完全不合时宜、不合政策、不受欢迎的征地农转非政策。在撤村条件中取消农转非的规定。

（四）深化集体产权制度改革，强化集体经济组织建设

因城市化快速发展提出的挑战，北京市自 20 世纪 90 年代初就开展了农村集体经济产权制度改革，至今已完成约 98% 的村级集体产权制度改革任务，总体上走在全国前列。但仍然有部分村没有开展集体经济产权制度改革，绝大多数乡镇没有启动集体经济产权制度改革，已经开展集体经济产权制度改革的村也存在需要继续深化改革的问题，比如有的已开展集体经济产权制度改革的村，只是完成了清产核资、确定了成员身份、明确了资产份额，但并没有实行股份合作制。在集体资产处置上也存在一些问题，有的村集体资产处置不合理，有的村债权债务纠纷难以解决，有的村在完成集体经济组织产权制度改革后没有建立健全完善的集体经济组织，有的集体经济组织没有建立健全法人治理结构，有的没有开展正常化、规范化、程序化的经营管理，等等。

1999 年 12 月 27 日北京市政府办公厅颁布《北京市撤制村队集体资产处置办法》（京政办〔1999〕92 号），对撤制村队集体资产的处置分两种情况进行：一是对集体资产数额较大的撤制村队，要进行股份合作制改造，发展股份合作经济；二是对集体资产数额较小，或者没有发展股份合作制经济的村队，其集体资产处置原则是将固定资产折价款、历年公积金、占地补偿费，交村或镇集体经济组织管理，待村或镇集体经济组织撤制时再处理；将青苗补偿费、地上附着物补偿费、公益金、福利基金和低值易耗品、库存物资、畜禽的折款以及国库券等，兑现给集体经济组织成员。

我们认为，对于撤制村，一是在总体上要坚持"撤村不撤社"的原则，加强集体经济组织建设，健全法人治理结构，拓展和完善集体经济组织服务功能，维护和发展村民的集体收益分配权；二是对于个别情况特殊而不具备发展股份合作制经济条件的村，可以在撤村的同时，撤销村集体经济组织，按照有关民主程序，可以将全部集体资产兑现给集体经济组织成员。

（五）尽快修订 148 号令，彻底改变"逢征必保"政策体系

《北京市建设征地补偿安置办法》建立了"逢征必保"的政策。依此规定，有关部门制定了《北京市整建制农转居人员参加社会保险试行办法》《关于征地超转人员生活和医疗补助若干问题的意见》等政策文件。这个"逢征必保"政策的本意是将撤村建居的村民纳入城镇社会保障体系，但在实际运作中，转居村民加入城镇社会体系需一次性趸缴巨额的社会保障等费用，这个政策完全按照城镇社会保障制度的设计要求农村村民一次性缴纳社会保险费用，而忽视农村社会保障的特殊性和农民的贡献

性。这个因转居参保而必须趸缴巨额社会保障等费用的政策做法已遭到村干部和村民群众的普遍质疑。事实上，农民作为公民，不管其土地是否被征收或征用，都应平等享有宪法赋予的平等的社会保障权利。近些年来，国家和北京市都建立了城乡统一的社会保障制度。

为此，我们提出如下建议。一是尽快全面修订或废止《北京市建设征地补偿安置办法》。该办法是在传统的城乡二元体制尚未破除的情况下制定的，其中的一些规定带有明显的城乡二元思维和特征。随着新的《土地管理法》实施，北京市也应当重新制定《土地管理法》的实施条例或办法，新制定的条例或办法应当作为地方性法规由市人大常委会制定。

二是废止《北京市建设征地补偿安置办法》以及《北京市整建制农转居人员参加社会保险试行办法》《关于征地超转人员生活和医疗补助若干问题的意见》等围绕"逢征必保"建立的系列社会保障政策。一方面，这种征地社保政策没有正视几十年来农民对国家的重大贡献，没有体现以城带乡、以工哺农的政策导向，反而将本应由政府承担的为农民建立社会保障的责任全部推卸给村集体和农民承担。我们建议应当明确国家、集体、农民在社会保障上的各自职责和承担比例，并且应当向有利于农民的方向上倾斜。另一方面，近些年来，北京市已经建立了城乡居民统一的社会保障制度，通过征地为农民建立社会保障的政策已经过时。比如，2009年1月1日起施行的《北京市城乡居民养老保险办法》（京政发〔2008〕49号）对城乡居民的基本养老保险进行了整合与统一。自2018年1月1日实施的《北京市城乡居民基本医疗保险办法》（京政办〔2017〕29号），对城乡居民的基本医疗保险进行了统一，实现了城乡居民基本医疗保险制度的城乡一体化。该办法实施后，《北京市人民政府关于印发北京市城镇居民基本医疗保险办法的通知》（京政发〔2010〕38号）和《北京市人民政府办公厅转发市政府体改办等部门关于建立新型农村合作医疗制度实施意见的通知》（京政办发〔2003〕31号）已同时废止。

三是政府应当承担补齐农村居民社保与城镇居民社保在缴费和待遇上的差距责任。目前北京市农村居民基本参加了城乡居民基本医疗保险和城乡居民基本养老保险，撤村建居不必再根据148号令执行"征地必保"政策。一方面，撤村建居的村民可以选择参加既有的城乡居民基本医疗保险和基本养老保险，有关部门不必做强制性规定。另一方面，撤村建居后如果村民参保缴费标准低于城镇居民缴费标准，应当由政府、村集体、村民按一定比例缴纳相关差额费用，改变由村集体缴纳巨额社保费用的政策，强化政府的社保责任。建议市区两级政府从土地出让收入、村集体从土地补偿费中支付需补齐的社保费用，同时逐步提高撤村居民的社会保险待遇水平。

（六）强化政府公共职责，协同推进撤村与建居工作

撤村与建居是城市化进程中基层社区实现结构转型的前后相扣的两个重要环节，应当统筹推进撤村与建居工作。

一是有的撤制村因人口较多、就地上楼，可以单独建立居委会；有的村因人口较少，实行了异地上楼居住，与其他数个撤迁村共同组建新的居委会。新建的居委会要加强统筹规划，进行合理布局。特别要重视提高拆迁上楼村的房屋建筑质量，改善新建社区的环境。

二是在建立新的居委会时，要进一步凸显政府的公共管理和公共服务职责，将新建居委会的公共管理和公共服务费用纳入财政预算，全面改变一些地方仍由村集体经济组织承担新建立的居委会公共管理和服务成本的现象。

三是对于一些撤村但没有撤社，事实上也转化为城镇集体经济组织的农村集体经济组织，其所属街道应建立指导集体经济组织相关工作的机构，确保撤村后的集体经济组织能够规范健康发展。要高度重视撤村后的新居民的就业问题，应当将撤村后的新居民纳入城镇就业保障体系。

执笔：张英洪

2019 年 12 月 25 日

城市化进程中撤村建居存在的突出问题及对策建议[*]

　　随着城市化的快速发展，北京市城市规划区内以及城乡接合部地区的不少行政村建制被撤销，新的城市社区居委会建立起来，传统乡村实现了社会经济结构的全面转型，成为城市社区的一部分。据统计，2004 年，北京市共有乡镇 184 个、村委会 3985 个、街道办事处 127 个、社区居委会 2445 个、城市建成区面积 1182 平方公里，到 2019 年，全市乡镇减少到 181 个（减少了 3 个）、村委会减少到 3891 个（减少了 94 个）、街道办事处则增加到 152 个（增加了 25 个）、社区居委会增加到 3231 个（增加了 786 个）、城市建成区面积增加到 1469 平方公里（增加了 287 平方公里）。在城市化引起的村庄全面转型过程中，撤村建居成为村庄转型的重要政策路径。最近，笔者在海淀、朝阳、大兴、丰台、通州、顺义等区的调查中发现，各地在撤村建居过程中虽然有不少积极的探索和创新，但也存在带有普遍性的突出问题，亟须引起高度重视，尽快加以系统性解决。

一　撤村建居存在的突出问题

　　城市化进程中撤村建居还存在许多问题，其中最突出的问题有以下三个方面。

（一）城乡统一的户籍制度改革政策未落实，仍然实行征地农转居或整建制农转居

　　2004 年 7 月实行的《北京市建设征地补偿安置办法》第 19 条规定"征用农民集体所有土地的，相应的农村村民应当同时转为非农业户口"，这就是"逢征必转"的户口政策。这是在城乡二元户籍制度尚未改革情况下农业户口转为非农业户口的政策。但是，2014 年 7 月国务院发布的《关于进一步推进户籍制度改革的意见》以及 2016 年 9 月北京市政府发布的《关于进一步推进户籍制度改革的实施意见》，都已明

---

　　* 原载北京市农村经济研究中心《农研决策参考》2021 年第 7 期。

确规定建立城乡统一的户口登记制度，取消农业户口和非农业户口划分、统一登记为居民户口。依据新的城乡统一的户籍政策，不再存在农业户口与非农业户口的划分，因而不能再实行征地农转居的旧政策了。但各地至今仍然依据 148 号令中的"逢征必转"规定习惯性实行农转居或整建制农转居政策，这就显得极不合时宜。例如，海淀区东升镇八家村 2015 年完成第一批整建制农转居 1003 人，2017 年完成第二批整建制农转居 40 人，两批次共办理整建制农转居 1043 人，其中儿童 47 人，劳动力 551 人，超转人员 445 人。目前许多地方仍然在习惯性地推行整建制农转居。

（二）城乡一体的社保政策未得到体现，依然实行征地社会保障政策

《北京市建设征地补偿安置办法》规定实行"逢征必保"政策，为征地农民建立社会保障制度，规定将被征地的农民转为城镇居民并纳入城镇社会保险体系，但完全由村集体和农民自己趸缴巨额的社会保险费用，基层干部群众对这一条普遍反映极不合理。据笔者调查，大兴区黄村镇北程庄村 2007 年征地时，农转非人数为 265 人，其中转非劳动力 100 多人，超转人员 43 人，村集体从征地补偿款中支付了 2000 多万元的转非劳动力和超转人员的社会保险费用，其中超转人员平均每人缴纳生活补助费和医疗费用 65 万元；丰台区卢沟桥乡三路居村在 2012 年的撤村建居中，认定的超转人员共有 528 人（其中 82 岁以上的有 19 人），需一次性趸缴超转费用 3.83 亿元，人均 72 万多元；顺义区仁和镇平各庄村为一名超转妇女缴纳了 775 万元的惊人超转费用，而该超转人员每月只领到 2000 多元的生活和医疗补助；海淀区东升镇八家村在 2015 年和 2017 年两次整建制农转居中，共计支付农转居费用 200350914.4 元，其中支付一次性就业补助 14514240 元，支付社会保险费用 78818995.2 元，支付民政局接受安置 455 名超转人员费用 107017679.2 元。再加上东升镇为八家村支付的超转人员安置费 25322080.44 元，东升镇、八家村两级农村集体经济组织平均为八家村每名超转人员缴纳近 30 万元费用。148 号令规定的"逢征必保"是在城乡统一的社会保障制度尚未建立的情况下实行的，后来北京市已全面建立了城乡统一的基本医疗、基本养老等社会保障体系，但由于 148 号令没有及时修订，不合时宜的"逢征必保"政策仍然在执行，并且由村集体和村民承担征地转居农民的社会保障费用，显得极不合理。

（三）撤村后新建立社区居委会经费未纳入财政保障体系，继续由农村集体经济组织承担居委会公共产品供给责任

各地在城市化进程中撤销行政村、建立居委会后，新建立的居委会的公共管理和公共服务却没有纳入政府的公共财政保障体系之内，相关工作和人头经费仍然由原来的村集体经济组织承担。例如，在海淀区东升镇八家村于 2019 年 9 月撤村后，八家股份社仍承担原村委会管辖区域以及八家社区所在片区的有关社会管理和公共服务职能，包括承担未转居少数农业户籍人口的社会管理如办理城乡居民养老、医疗保险等职责，解决原八家村相关历史遗留的经济社会问题，负责 112 万平方米的网格化区域所属单位、居民小区的治安安全、疫情防控等社区管理服务工作，甚至八家社区居委会书记主任的工资仍由八家股份社发放。这明显转移了政府提供公共产品服务的供给职责，加重了集体经济组织及其成员的负担。

二　推进村庄新型城市化转型发展的对策建议

以征地农转居或整建制农转居、征收集体土地、用征地补偿费建立转居农民社会保障、新建居委会未及时纳入财政保障体系等为特征的撤村建居路径，属于城乡二元体制框架内的传统城市化模式，与建立在城乡一体化基础上的新型城市化发展要求极不相称，也与建设法治中国首善之区的高标准要求不相适应，必须进行系统性的公共政策调整和体制机制创新。

（一）严格执行户籍制度改革政策，停止实行征地农转居或整建制农转居政策

为了切实贯彻落实 2014 年 7 月国务院《关于进一步推进户籍制度改革的意见》和 2016 年 9 月市政府印发的《关于进一步推进户籍制度改革的实施意见》的规定，建议尽快废止《北京市建设征地补偿安置办法》中有关征地农转居的规定。有关部门应当全面落实户籍改革政策，统一将农业户口与非农业户口登记为居民户口，不再实行早已过时了的征地农转居和整建制农转居政策。在新型城市化进程中，不管农民是否征地拆迁上楼，也不管是否撤村建居，都不再存在由农业户口转为非农业户口的问题，因而就不存在"农转非"或"非转农"的问题。在户口身份上，城乡居民的户口身份完全平等一致，都是居民户口，有关部门按居住地进行登记和管理服务。在职业身份上，相同的户口可以选择不同的职业。集体产权制度改革后，对于集体经济组织成员，要保障其集体经济组织成员权利；对于从事农业生产服务的职业农民，要创新有关统计方法，有关部门要按照相关政策确保职业农民享受惠农政策支持和保护政策。

（二）不断提高城乡基本公共服务均等化水平，废止征地社会保障政策

2004 年实施至今的《北京市建设征地补偿安置办法》，对征收农民集体所有土地涉及的人员安置、就业促进、社会保险等方面都做了规定，这些规定都是在城乡二元体制尚未破除的前提下制定的"逢征必保"政策，在当时条件下具有一定合理性和必要性。但随着城乡基本公共服务均等化政策的不断推进，覆盖农民的城乡统一的社会保险制度已普遍建立起来。比如，《北京市城乡居民养老保险办法》（京政发

〔2008〕49号）自2009年1月1日起施行，这标志着北京市城乡居民基本养老保险实现了城乡制度并轨；《北京市城乡居民基本医疗保险办法》自2018年1月1日起施行，这标志着城乡居民基本医疗保险实现了城乡制度并轨。因此，不管农村集体土地是否被征收，农民都已经平等享有社会保险的权利。建议尽快废止《北京市建设征地补偿安置办法》中有关因征地而建立社会保险的规定。特别是对于征地超转人员每人少则缴纳几十万元、多则缴纳高达数百万元社会保障费用的政策，基层干部和农民群众意见非常大，应当尽快废止。随着城乡统一社会保障制度的不断完善，建议尽快将城镇职工基本医疗、基本养老保险与城乡居民基本医疗、基本养老保险整合为统一的不分身份和职业的基本医疗保险、基本养老保险，进一步强化政府提供公共产品的职责，明确规定从土地出让收入中设立专项资金用于补齐农民社会保险待遇短板，充分体现以工哺农、以城带乡的政策导向，切实提高城乡居民社会保障待遇水平，缩小城乡居民社保差距，助推共同富裕。

（三）加强对新建社区居委会经费的财政保障，减轻集体经济组织负担

在城市化进程中要统筹推进撤村和建居工作，村委会行政建制撤销后，原村委会承担的社区公共管理和服务职能就应当及时有序地移交新建立或新扩展的居委会负责。各级政府要根据撤村建居规划，将新建立的居委会公共管理和公共服务费用纳入财政预算，全面改变一些地方仍由集体经济组织承担新建立居委会公共管理和服务成本的不合理现象。在撤销村委会建制、建立居委会的过渡时期，因社区公共管理和服务的实际需要，由集体经济组织暂时承担社区公共管理和服务职责的，政府应当对集体经济组织提供相应的财政补贴，或者减免集体组织相关税费。但不能久拖不决，不能长期过渡，应当尽快结束过渡期，有序推进撤村后新建立居委会的各项工作，从而及时有效地减轻集体经济组织的社会公共管理负担，给作为特别法人的集体经济组织营造公平合理的制度环境，发挥集体经济组织在发展壮大集体经济、促进共同富裕上的重要作用。

（四）高度重视和加快首都涉农立法工作，尽快废止《北京市建设征地补偿办法》

随着市场化、城市化和城乡一体化的快速发展，许多涉农法律法规已经过时，还有许多涉农立法空白亟须填补。北京城市化进程中撤村建居存在的突出问题，一个重要根源就是《北京市建设征地补偿安置办法》没有得到及时的修改，致使政策矛盾、政策打架、政策滞后的问题十分突出。建议尽快废止《北京市建设征地补偿安置办法》，根据新的《土地管理法》、户籍制度改革政策、城乡基本公共服务均等化政策等体现城乡一体化发展成果的新的法律和政策，加快制定北京新的有关土地征收补偿的地方法律，将征地拆迁、撤村建居等城市化中的重大工作全面纳入法治的轨道，构建首都城市化高质量发展的法治环境。市人大及其常委会可以重点围绕实施乡村振兴战略、新型城镇化战略、城乡融合发展、新型集体经济组织建设和集体经济发展、城乡基层善治等方面，超越职能部门的局限，从首善之区高标准、高要求的全局出发，进一步强化涉农立法工作，有效推进涉农法律方面的立、改、废，加快扭转一段时期以来北京涉农立法明显滞后的局面，为建设法治中国首善之区做出实实在在的努力和贡献。

执笔人：张英洪

2021 年 10 月 21 日

城市化、村庄转型与集体经济组织崛起

——北京市海淀区东升镇八家村及八家股份社调查报告[*]

一 引言：城市化中的村庄转型

在特大和超大城市的城乡接合部地区，有相当数量的传统村庄在快速城市化进程中脱胎换骨式地转变为城市社区，实现了村庄经济社会结构的全面转型。在城市化推动村庄转型过程中，村庄集体土地全部或大部分被征收为国有土地；传统农业产业消失或基本消失，现代都市产业蓬勃兴起；通过征地农转居或整建制农转居的政策路径，传统的农业户籍身份农民全部或绝大部分转变为非农业户籍的城市市民；传统一家一户一院落的乡村分散居住方式转变为城市小区集中上楼居住方式；在基层社会管理上，撤销农村村委会建制，设立城市居委会，保留和发展农村集体经济组织，原依托村委会设立的村党组织则转型为依托居委会和集体经济组织分别设立的党组织。在这个历史上空前的村庄转型过程中，存在上百年的村庄消失了，而一种新型的集体经济组织却得到快速发展和迅速崛起，成为原村庄范围内的一种支配性力量走到时代发展的前台。

在城市化进程中已成为城市社区一部分但保留集体经济组织的转型村庄（社区）发展，需要我们超越一般性的乡村振兴和农村集体经济发展的思想观念和视野，与时俱进地创新与新型城市化发展相适应的公共政策，助推村庄经济社会结构的公平转型，强化新型集体经济组织建设，推进新型集体经济发展，维护和发展社员股东的正当权益。但长期以来，在城市化引起的城中村和城郊村的历史性转型过程中，存在顶层设计缺失缺位、体制转轨不畅不公以及相关公共政策滞后落后等问题。面对城市化的巨大冲击，一些地方的基层党委政府和干部群众在城乡二元体制约束的条件下，积极探索，推动政策创新和实践创新，走出了一条超大城市郊区农村城市化的探索发展

---

* 原载北京市农村经济研究中心《调查研究报告》2021 年第 35、36 期。

之路。

北京市海淀区就属于快速城市化的前沿地区，改革开放以来，特别是 21 世纪初以来，海淀区所属的不少村庄在快速城市化进程中主动应变，改革创新，推动了从传统村庄向城市社区的全面转型。这方面改革创新的案例很多，海淀区东升镇八家村及八家股份经济合作社（以下简称"八家股份社"）就是其中的一个典型案例。自 2020 年 11 月至 2021 年 8 月，我们多次对具有代表性的原八家村及八家股份社进行了调研，八家村的城市化转型以及八家股份社的发展给人以许多深刻的思考和启示。

二　基本情况：八家村及股份社的前世今生

八家股份社是依托八家村建立起来的。在改革开放以来城市化引起的农村社会历史巨变中，八家村已经撤村消失了，而八家股份社却在城市化浪潮的搏击中发展壮大。这种村庄消失而村集体经济组织崛起的现象，非常值得关注和研究。

八家村位于海淀区东升镇中部，在中关村国家自主创新示范区核心区内，大致位于清华大学的东部、北京林业大学西部，其范围东至小月河，南至五道口以北，西邻清华大学，北靠北五环路，现全域面积约 1.5 平方公里，已有 500 多年的建村历史。1949 年新中国成立后，八家村所在地区经历了土改、互助组、初级社、高级社、人民公社等阶段。改革开放以来八家村搭上城市化的时代快车，实现了从传统村落向现代城市社区的历史性转变。1976 年 5 月，前八家大队和后八家大队合并后称八家大队，是属于东升人民公社的核算单位。1984 年 4 月，海淀区撤销东升人民公社，改为东升乡人民政府，设立乡党委。同年 11 月 27 日，东升乡集体经济组织改名为东升农工商总公司。1990 年成立东升乡经济合作总社，与东升农工商总公司实行"一个组织、两个名称"，下属各村设立村经济合作分社（又称分公司）。[①]

1984 年东升人民公社撤销后，八家大队管理委员会改为八家村村民委员会，八家大队党总支改为八家村党总支，八家大队集体经济组织改为北京市海淀区东升农工商公司京海分公司（以下简称"京海分公司"）。1986 年 7 月 12 日，京海分公司在北京市工商行政管理局取得营业执照；1990 年 9 月 11 日，经北京市工商行政管理局登记注册，京海分公司改为北京市海淀区京海农工商公司（以下简称"京海公司"）。同年，八家村设立村经济合作社，与京海公司实行"两块牌子、一套人马"。八家村党总支负责村全面工作，八家村村民委员会负责村务及行政事务，京海公司负责村经济工作。京海公司受八家村党总支和村民委员会领导，同时接受东升农工商总公司管理。

---

① 参见《东升乡志》，学苑出版社，2012，第 283、346—351 页。

　　20 世纪 80 年代初，八家村没有开展农村家庭联产承包责任制改革，而是继续保留生产队建制，普遍实行"承包到劳""承包到组""承包到队"的方式经营集体土地和集体资产。如 1987 年，该村有蔬菜行业的核算单位 7 个，其中采用联产到组形式的核算单位 2 个，承包劳力 148 人，承包面积 350 亩；采用联产到劳形式的核算单位 5 个，承包劳力 306 人，承包面积 865 亩。有粮田行业的核算单位 7 个，其中采用承包到队形式的核算单位 1 个，承包劳力 10 人，承包面积 140 亩；采用其他形式的核算单位 6 个，承包劳力 48 人，承包面积 738.21 亩。在畜牧行业，猪场 3 个，包产到组 3 个；鸡场 2 个，包产到组 2 个。1988 年，该村在推行"统分结合、专业承包"原则的生产责任制同时，实行集体承包，加强了厂长（经理、队长）负责制。1991年，该村队办工业执行以"三保一挂，考核管理，奖优罚劣"为主要内容的经营承包制，承包的性质为企业全员对京海公司的集体承包，厂长的任用办法为选聘制。队办商服业执行以"确保上交基数，超额分成"为内容的经营承包制。1984—2000 年期间，由于小组、小队在京海（分）公司经营中扮演着重要的承包经营单位的角色，因此八家村的队建制直到 2000 年底才全部被取消。2000 年，按照党、政、经分离的原则，该村建立了农业管理站和物业办公室，根据情况对村、队办的 25 个企业进行关闭与改制，打破了相对分散经营的局面，初步形成了京海公司集中统一经营管理格局。21 世纪以来，随着城市化建设、奥运申办、道路整治、退地建绿等工作推进，八家村农业产业迅速萎缩，2003 年起该村退出第一产业生产经营，由第一、第二、第三产业并存转向以第三产业为主，2003 年第三产业比重已达 70.3%。

　　2002 年东升乡开始推行农村集体经济产权制度改革，2004 年八家村启动集体经济产权制度改革，2008 年 8 月正式成立新型农村集体经济组织——八家股份经济合作社，隶属于东升镇经济合作总社。

　　2010 年，北京市启动城乡接合部 50 个重点村建设工程，八家村被列入全市 50个重点改造村之一。据统计，2010 年八家村有户籍人口 4692 人，其中农业户籍人口1168 人，党员 95 人，外来人口 2.4 万人，高峰时流动人口近 6 万人。该村总占地面积 2400 亩（1 亩合 666.67 平方米），其中建设用地 729 亩、非建设用地 1671 亩；总建筑面积 47.4 万平方米，其中住宅面积 31 万平方米、非住宅面积 16.4 万平方米。村域内有中央企业 3 家，占地 11.84 亩，建筑面积 7892 平方米；市属企业 4 家，占地 7.54 亩，建筑面积 2360 平方米；区属及集体等其他单位 7 家，占地 87.76 亩，建筑面积 1.42 万平方米。村集体总资产 63336 万元，其中净资产 54860 万元，人均净资产 38.28 万元。

　　2013 年 6 月，八家村村民开始回迁上楼。2015 年，八家村实行整建制农转居。2019 年 9 月，八家村村民委员会建制被撤销。京海公司与八家股份社实行"一套班子、两块牌子"，京海公司承担对外市场经营活动，对所属子公司进行统一管理。

三　主要做法：从八家村到八家股份社

为应对快速城市化发展的挑战，维护和发展农村集体和农民群众的切身利益，在海淀区委、区政府及有关部门，东升镇党委、政府领导和指导下，八家村及八家股份社持续推进改革创新，推动村庄从量变到质变的大飞跃，开启了传统村庄转变为城市社区、集体经济组织突显为社区重要支柱力量的历史性跨越，实现了从八家村到八家股份社的大嬗变。

（一）推进集体产权制度改革，实现产权股份化

2002 年 6 月 12 日，海淀区政府第 83 次常务会议讨论通过《关于我区城乡接合部地区乡村集体资产处置及集体经济体制改革试点工作的意见》（海政发〔2002〕66 号），正式启动全区农村集体产权制度改革试点工作，当时提出"把城乡接合部地区农村集体经济组织改造成股份合作制企业"。2002 年 11 月 26 日，海淀区东升乡经济合作总社第三次社员代表大会第四次会议通过《东升乡经济合作总社集体资产处置及经济体制改革实施方案》（以下简称《改革方案》），启动了全乡所属村集体经济产权制度改革。根据《改革方案》，八家村于 2004 年 4 月开始实行集体经济产权制度改革。

其一，清产核资。按照《北京市农村集体资产管理条例》的相关规定，八家村先界定集体资产的产权，再进行清产核资。东升乡实行全乡集体资产"一级所有"，即乡、村企业的集体资产归东升乡经济合作总社全体成员集体所有。根据乡、村两级企业"分级核算"的现状，在集体产权改革中，乡级企业经营的资产由乡经济合作总社进行处置，村级企业经营的资产由各村经济合作分社进行处置。截至 2004 年底，八家村完成集体资产清产核资，确认村集体总资产 35180.4 万元，净资产 33393.2 万元。

其二，老股金退偿。老股金退偿对象是 20 世纪 50 年代农业合作化时期入股人或其合法继承人。老股金退偿以原始股金的 16 倍进行退偿，采取一次性现金全额兑付方式退偿。八家村有老股金退偿对象 961 人，共计退偿 2063040 元。此外，八家村还预留社会基本养老、医疗保险基金 14549128.80 元。集体净资产扣除老股金，预留社会基本养老、医疗保险基金后为 317319383.22 元，可作为集体经济组织成员资产进行量化。

其三，确定身份和劳龄。个人身份就是有资格参加集体资产量化处置的人员，也即集体经济组织成员身份。有资格参加集体资产量化处置的人员身份分为四种类型：第一种类型是经济合作社中未参加集体劳动的在册人员（包括农业户口的婴儿、学龄前儿童、在校学生以及其他未参加集体劳动的人员），第二种类型是经济合作社中

参加集体劳动的在册人员（包括农业户口的在职劳动力及国家征地农转工留用人员等），第三种类型是国家征地转出的原经济合作社成员（包括国家征地农转非人员、农转工人员、符合农转工条件的自谋职业人员和超转人员），第四种类型是招聘或调入人员。八家村确认有资格参加集体资产量化处置的人员即成员股东429人，经过2011年增资扩股后现有成员股东534人。个人劳龄以年度为计算单位，在册人员以实际参加劳动为准，不满6个月的不计算，超过6个月的按1年计算。八家村将2003年12月31日确定为改革基准日，从1956年1月1日到2003年12月31日为个人劳龄确认期。

其四，资产股权量化。可量化的净资产总额中一部分量化为东升乡经济合作总社股份，剩余部分量化为八家村集体经济组织成员的个人股份，八家村集体不占股份。个人量化资产按照基本份额、资源份额、劳龄份额的方法和比例进行量化，其中基本份额占个人可量化资产总额的15%，有9种人员参加基本份额量化，包括在职职工、乡内退休职工、16岁以上农转非人员、农转工人员、农转工留用人员、符合农转工条件的自谋职业人员、征地超转人员、农业户口的学龄前儿童及学生、现役义务兵和志愿兵，基本份额按参加基本份额量化的人员人数平均量化；资源份额占个人可量化资产总额的20%；有5种人员参加资源份额量化，包括在职职工、转工留用人员、乡内退休职工、16岁以上未参加劳动的农业户口人员、农业户口的现役义务兵和志愿兵，资源份额按参加资源份额量化的人数平均量化，但每人最高不超过3万元；劳龄份额占个人可量化资产总额的65%，参加劳龄份额量化的人其劳龄应为一年以上，按实际劳动年限量化到人。

（二）建立新型集体经济组织，实现村民股东化

2008年7月，正式成立八家股份经济合作社，共有股东429人，股东代表39人。2008年8月19日，八家股份社召开第一届第一次股东代表大会，通过农村集体产权制度改革方案，八家村从此走上了从村民到股东的转变之路。截至2010年，全村已有4417人办理了个人资产量化份额的确认和流转手续，其中3909人申请退偿个人资产量化份额，退偿总额约2.02亿元。2019年9月，北京市海淀区农业农村局给八家股份社颁发了"农村集体经济组织登记证"，并赋予统一社会信用代码，八家股份社获得了特别法人的市场地位。

2011年，八家股份社开展完善个人股权认购等工作，截至认缴期满，认购人数366人，其中原本社股东261人，新增股东105人，认购股数7217万股，实际增资金额7577.85万元。八家股份社股份总额达到188643623.20股，其中：东升乡经济合作总社集体股为63463876.64股，占比为33.64%；八家村个人股东为125179746.56股（包括原个人入股53009746.56股，后增资扩股增加的个人现金入股72170000

股），占比为 66.36%。

截至 2019 年底，八家股份社共有股东 534 人（包括成立股份经济合作社时的 429 名股东和新增的 105 名股东），实现集体经济总收入 34881 万元，集体经济纯收入 14027 万元，股东分红总额 1937 万元，扣缴个人所得税 387 万元，税后分红 1550 万元，上缴东升镇经济合作总社 508 万元。

（三）完成村民拆迁上楼，实现居住生活城市化

八家村域内农居混杂，征地拆迁任务复杂繁重。2009 年北京市启动海淀区北坞村、朝阳区大望京村城乡一体化试点。在此基础上，八家村的整体城乡一体化改造也提上了日程，2009 年 3 月 25 日、4 月 23 日，北京市政府分管副市长先后两次主持召开八家地区整体改造专题工作会议，研究和探索八家村城乡一体化整体改造的思路和模式。

2009 年 3 月统计八家地区拆迁范围内住宅共 2601 户（1131 个院落），其中农业户 862 户、乡内非农业户 1680 户、乡外非农业户 59 户。用地范围内总人口 4692 人，其中农业人口 1433 人（劳动力 709 人、超转 584 人、残疾人 45 人、儿童 95 人）、非农业人口 3259 人。据北京市规划委 2009 年 9 月 8 日印发的规划意见书，在这次土地整理中，需代拆国家自然基金委员会以北、双清路以西集体住宅用地 217.05 亩，涉及 23 户 92 人。2009 年 12 月 31 日，北京市政府《关于海淀区 2009 年度批次城市建设用地实施方案的批复》（京政地字〔2009〕288 号），同意征收海淀区东升乡经济合作总社集体所有耕地 8.12 亩、居民点及工矿用地 667.93 亩、交通用地 17.42 亩，总计 693.47 亩，这就是八家地区整体改造征收的土地面积，征地补偿费每亩 160 万元。在 693.47 亩征地总面积中，有 553.59 亩建设用地在完成土地征收和土地一级开发后，经营性用地纳入政府土地储备，公开入市交易；另有 139.88 亩市政道路用地由政府按照城市规划统一安排使用。为解决征地后农村村民的生产生活问题，根据征地农转居政策，政府允许八家村 315 名农业户口转为非农业户口，其中劳动力 164 名、超转人员 123 名。

北京市土地整理储备中心及海淀分中心授权八家村集体经济组织成立房地产项目开发公司即北京八家嘉苑房地产开发有限公司，负责八家地区的拆迁及回迁安置上楼等工作。2009 年 9 月底前完成土地一级开发前期工作，2009 年下半年开始拆除集体用房，2010 年 4 月 16 日启动个人房屋拆除工作，到当年底基本完成。对于拆迁上楼的村民，采取房屋和货币补偿相结合的安置方式，回迁楼安置面积按照拆迁房屋占地面积 1∶1 加上 30 平方米的标准执行。2009 年 10 月开始建设回迁房，回迁住宅用地 11.73 万平方米已征收为国有土地，共建成回迁房 3926 套，回迁楼居住区即为八家嘉园小区，拆迁上楼的八家地区村居民全部入住八家嘉园小区。八家村部分土地被征

收为国有土地后，现在尚有集体土地总面积 1644.26 亩，其中林地 1351.72 亩、建设用地 292.54 亩（含宅基地 1 亩），林地主要是八家公园、绿地、平原造林用地，集体建设用地主要为原村委会现八家股份社办公用地、集体产业用地以及一些零星地块。

（四）实行整建制农转居，实现村民身份市民化

2015 年，按照东升镇统一工作安排，八家村启动整建制农转居工作。2015 年八家村完成第一批整建制农转居 1003 人，2017 年八家村完成第二批整建制农转居 40 人。两批次共办理整建制农转居 1043 人，其中儿童 47 人、劳动力 551 人、超转人员（因国家建设征地而农民户转为非农民户的原农村劳动力中年龄超过转工安置年限即男满 60 周岁、女满 50 周岁及其以上人员，无赡养人的孤寡老人以及法定劳动年龄范围内完全丧失劳动能力的病残人员）445 人。实行整建制农转居后，绝大部分原村民已经纳入北京市城镇职工社会保险体系。

但由于某些因素，截至 2021 年 8 月，原八家村尚有 72 人农业户籍人员未转为非农业户口，主要是儿童和老人。不愿转居的原因，有的是孩子上学需要农业户口才能上某些专业，有的是年龄大不愿缴纳保险，有的是方便外地户口配偶进行户口迁移，还有拆迁补偿未达成一致意见等。2015 年和 2017 年八家村先后两次实行整建制农转居时，村集体承担民政部门接收的超转人员安置费用分别为 1.05 亿元、160.61 万元，合计约 1.07 亿元（见表 1）。

表 1　八家村整建制农转居费用情况

单位：元

	一次性就业补助费用	补缴社会保险费用	民政局接收超转人员安置费用			费用合计
			村负担费用	镇负担费用	费用小计	
2015 年整建制农转居	13440960.00	74060490.24	105411596.00	24920559.64	130332155.64	217833605.88
2017 年整建制农转居	1073280.00	4758504.96	1606083.20	401520.80	2007604.00	7839388.96
合　计	14514240.00	78818995.20	107017679.20	25322080.44	132339759.64	225672994.84

资料来源：根据八家村史馆资料整理。

（五）撤村留社并居，实现基层治理社区化

2019 年 6 月，依据海淀区十二届区委全面深化改革领导小组第七次全体会议精神，以及中共东升镇委员会关于印发《东升镇撤销部分村民委员会建制改革的实施方案》的通知精神，结合八家村完成集体产权制度改革、整建制农转非和腾退上楼等实际情况，该村启动八家村撤销村民委员会建制改革工作。到 2019 年 9 月，经北京市海淀区人民政府批准,八家村村民委员会被正式撤销。

原八家村村委会管理的村域公共事务,开始并入八家社区居委会管理。早在1964 年成立的八家社区居委会当时归学院路街道管辖。2001 年 12 月成立东升地区办事处,2003 年 6 月,八家社区居委会才划归东升地区办事处管辖。八家社区居委会办公地点原在八家村内,后迁入八家嘉园小区内。八家社区居委会书记、主任由原八家村村干部担任,其工资由八家股份社发放。

八家村村委会建制撤销后,八家村党总支也随即撤销,同时设立八家股份社党总支,原八家村党总支书记改任八家股份社党总支书记。八家股份社党总支下设 6 个党支部,其中 5 个党支部建立在下属集体企业上。

八家村建制撤销后,原八家村的治理模式由长期以来基层党组织领导下的农村村民自治模式向党组织领导下的城市社区自治模式转变,八家股份社在社区治理中发挥着不可或缺的重要作用。

(六)发展新型集体经济,实现集体产业服务化

八家股份社围绕所在商圈的产业布局和科技创新要素集聚的特征谋划自身发展,逐渐步入以现代服务业为主导的产业发展轨道,主营业务涉及写字楼租赁、物业管理、园林绿化、环境卫生、科技服务、停车管理等方面,主要服务于商圈内的企事业单位和原村所在社区居民生产生活。

八家股份社集体土地归东升镇经济合作总社所有,八家股份社拥有土地的经营开发权和占比多数的收益权。八家股份社现拥有学清嘉创大厦、双清大厦、荷清大厦、弘彧大厦、艺海大厦、学府大厦、中太大厦、华源世纪商务楼等商业综合楼宇 17 座,总面积约 30 万平方米,规划中的产业项目 10 万余平方米。目前入驻企业共 425 家,规模以上企业 237 家,其中上市公司 7 家,高新技术企业 70 家,高新技术企业占比29.5%。其中包括清华大学科研院、微电子学研究所、辰安科技、同方威视、未来芯片技术高精尖创新中心等一批拥有国内外领先科研技术的研究院所和高精尖企业,以及字节跳动、北京建工、顺丰科技、信维科技、高思教育等众多国内外知名企业。

京海公司作为八家股份社对外的市场经营主体和下属公司的母公司,是集体资产经营(楼宇经济)的主要收入方,租金收入是京海公司的主要收入来源。京海公司下属 9 家全资集体企业,分别为北京八家嘉苑房地产开发有限公司(以下简称"八家嘉苑公司")、北京嘉和裕京物业管理中心、北京福瑞金成停车管理有限责任公司、北京八家园林绿化中心、北京双清阳光投资顾问有限公司、北京和清物业管理有限公司和北京京海众心科技有限公司、北京嘉宁物业管理有限公司和北京京海嘉洁环境卫生管理有限公司,主要承担原村域范围内的社区服务与楼宇经济的配套服务。2008年,八家股份社总收入 6059 万元,纯收入 2975 万元;到 2019 年底,八家股份社实现集体经济总收入 34881 万元，集体经济纯收入 14027 万元，2020 年集体经济纯收入约 1.8 亿元。

（七）强化经营管理，实现股份社治理创新化

八家股份社依托八家村而建立，并以京海公司的名义参与市场经营活动。八家股份社的治理模式充分体现了其在坚持党组织领导下，既传承八家村村民自治的治理遗产，又结合京海公司的治理经验，实现了城市化地区农村集体经济组织经营管理的创新探索。

一是构建了"党—社—企"三位一体权力框架和"社—管—监"三位一体治理结构。这是适应城市化、市场化发展需要而在实践中探索总结出来的治理经验。"党—社—企"三位一体权力框架，是指八家股份社党总支作为政治领导力量，居于核心领导地位，体现了集体经济组织坚持党的领导的政治要求；八家股份社作为特别法人的集体经济组织，代表集体成员行使集体资产经营管理权（集体资产所有权归东升股份总社行使），按照规定在农业农村部门登记赋码后，成为市场主体，体现了集体所有制的根本要求；京海公司是集体经济组织社员代表大会授权注册的集体企业法人，与股份经济合作社实行"一套领导班子、两块牌子"的管理体制，对外开展市场经营活动，对所属企业进行管理，体现了市场经济条件下集体经济组织以企业法人身份走向市场的基本要求。"社—管—监"三位一体治理结构，是指八家股份社依据章程建立的内部法人治理结构，社员大会（代表大会）是八家股份社最高权力机构，决定股份社重大事项；管委会是社员大会（代表大会）的执行机构，行使股份社经营管理职权；监委会是股份社经营管理中的监督检查机构，行使监督检查职权。

二是形成了适应市场经济发展需要的开放性人力资源选录机制。八家股份社顺应集体产业发展的人才需求规律，在股份社管理人才选聘方面打破了农村集体经济组织管理人员封闭性的传统，逐步实现工作人员的社会化和开放化录用，主要有三类招聘渠道：第一类是股东就业安置，八家股份社及其所属企业在招聘人员时优先考虑股东、职工子女就业，已招聘股东、职工子女 80 余人；第二类是社会公开招聘，根据需要公开面向社会自主招聘适合岗位的人员，择优录用；第三类是镇级安排人才，通过全市性的大学生村官和人才引进计划选聘优秀人才进入股份社及其所属集体企业。2020 年，东升镇开展人才引进计划，为每个村股份社安排名额，由村股份社党务组织部门按计划提需求，镇党委统一委托专业机构为其招聘董事长助理和总经理助理，第一年镇财政负担招聘人员工资，第二年起由村股份社自主选择是否续聘并承担招聘人员工资待遇。自 2008 年到 2021 年，八家股份社共招聘大学生村官 5 名，现有 4 名在八家股份社工作。在人员管理方面，八家股份社职工按要求在不同科室之间实行轮岗，股份社职工与所属企业职工之间也实行人员轮岗制度。八家股份社现任党总支书

记、董事长也非本区本镇本村人。

三是建立健全了公开透明规范的股份社内部管理制度。依据《八家股份经济合作社章程》，八家股份社建立股东代表大会、董事会、监事会、经理层等治理架构，又继承了原村委会有效的民主管理遗产，建立起比较健全的内部管理机构，设立有办公室、人力资源科、党建科、基建工程科、审计科、社会管理办公室、综治办、退服中心等11个科室，建立有比较规范的内部管理规章制度，将村务公开拓展为社务公开，及时公开股份社的集体资产情况、收益分配情况、财务支出情况等经营管理信息，保障了社员股东的知情权、参与权、表达权、监督权等权益。

四　存在和面临问题：村庄城市化转型挑战

八家村在城市化转型过程中以及八家股份社在集体经济发展进程中面临和存在一些深层次的问题和矛盾，集中体现在城乡二元体制强约束下的传统城市化模式上，这些问题和矛盾大都超越了乡村和股份社层面所能有效解决的问题范围，概括起来主要有三大方面，即城乡制度转轨问题、开发改造遗留问题、集体经济组织发展问题。

（一）城乡制度转轨成本较高且不合理

在城乡二元结构约束下进行的八家村城市化转型，其突出问题是农村集体和农民付出巨大的城市化转型成本。

1. 农民转居成本高

一方面，农村集体和农民付出了集体土地被大量征收的代价。20世纪70年代以来，八家村集体土地就开始被陆续征收为国有土地，1978年至2000年，八家村集体土地面积减少了1962亩，均被征收为国有土地，当时的征地补偿标准比较低。最近一次土地征收发生在2019年底，因修建京张高铁需要，八家村被征地8.2743亩，每亩征地补偿费200万元。传统的征地城市化过程成为农民失去集体土地的过程。另一方面，集体经济组织为农民市民化转型支付大量的安置费用和社保费用，承担了巨额的社会保障成本。八家村在两次整建制农转居中，共计支付农转居成本200350914.4元，其中支付一次性就业补助14514240元，支付社会保险费用78818995.2元，支付民政局接受安置455名超转人员费用107017679.2元，加上东升镇为八家村支付的超转人员安置费25322080.44元，东升镇、八家村两级农村集体经济组织平均为八家村每名超转人员缴纳近30万元费用。

2. 社区管理责任重

八家村在撤村后，八家股份社仍承担了原村委会管辖区域以及八家社区所在片区的有关社会管理和公共服务职能，包括负责未转居少数农业户籍人口的社会管理如办理城乡居民养老、医疗保险等职责，承担解决原八家村相关历史遗留的经济社会问题，负责112万平方米的网格化区域（南至清华东路西口、北至北五环、东至双清路、西至荷清路）所属单位、居民小区的治安安全、疫情防控等社区管理服务工作；八家社区居委会书记、主任的工资仍由八家股份社承担；等等。

（二）开发改造遗留问题解决缓慢而低效

八家村及八家股份社在整体开发改造中，虽然总体上比较顺利，但也存在一些久拖未决的历史遗留问题。

1. 泰跃公司周转房腾退及集体土地闲置问题

1998年4月20日，京海公司与北京泰跃房地产开发有限公司（简称泰跃公司）签订租赁协议书，2000年6月1日双方又签订补充协议书，京海公司依据协议将位于八家村原旧货市场总用地面积为30亩的场地及房屋租给泰跃公司翻建作为其周转房，租期10年。2002年3月29日，京海公司与泰跃公司又签订补充协议，京海公司同意泰跃公司将周转房交给北京城建四建设工程有限公司（简称城建四公司）使用，随后城建四公司安排该公司职工进入周转房居住。2008年4月20日合同期满后，泰跃公司、城建四公司未腾退周转房，也未支付租金。2012年海淀区人民法院（2012）海民初字第24573号民事判决泰跃公司、城建四公司将位于北京市海淀区八家村原旧货市场总用地面积30亩的场地及房屋腾空并交还给京海公司，泰跃公司按每天904元的标准向京海公司支付租金及使用费。2013年3月12日，北京市第一中级人民法院（2013）一中民终字第3438号判决维护了一审判决。但一、二审法院的判决至今未得到执行。2019年海淀区政府召开八家地区遗留问题专题会议，明确周转房腾退问题为泰跃公司开发建设遗留问题，城建集团应统筹解决。但时至今日，该周转房腾退问题仍未得到解决，致使八家股份社拟建地上建筑面积约8万平方米的集体产业用地项目停滞已超过10年，造成了集体土地资源的巨大浪费和集体经济的重大损失。

2. 开发建设资金长期拖欠影响经济社会发展问题

根据八家地区土地一级开发实施方案，八家地区一级开发成本总额为550941万元，由八家地区一级开发实施单位即八家村集体经济组织所属集体企业八家嘉苑公司包干使用。北京市土地整理储备中心海淀分中心已先后累计拨付给八家嘉苑公司52.3亿元。由于泰跃公司周转房未拆除，预留5%约2.75亿元的包干开发建设资金一直未向八家嘉苑公司支付。在回迁楼施工阶段，为确保按期交付回迁楼，八家股份社集体累计给八家嘉苑公司借款约3.5亿元，至今未偿还。由于剩余包干资金未拨付给八家嘉苑公司，造成八家嘉苑公司目前仍拖欠50家施工单位工程款，多年来已发生相关法律诉讼、聚集讨薪等情况，不同程度地影响了正常的市场经济秩序和社会和谐稳定。

3. 回迁安置房个人分户房产证办理时效与涉税问题

在八家嘉园小区 3926 套回迁安置房中有 390 套属于集体公租房，3536 套为个人安置房。自 2013 年八家嘉园小区回迁入住、2015 年小区竣工验收手续办理完成后，居住百姓最为关心的问题就是分户办理房产证。八家嘉园小区是海淀区首例需网签办理"按经济适用房管理"的回迁小区，办理房产证的路径和方式无先例可循，致使该小区房产证办理费时较长，且需由八家嘉苑公司承担数额较大的相关税费。2018 年通过东升镇政府与有关部门协调，确定将符合安置补偿协议中被拆迁人与回迁房交协议（入住协议）产权人完全一致条件的 891 套安置房作为第一批网签名单进行办理房产证的先行先试工作，到 2020 年 11 月终于办成了第一个分户房产证。2021 年 3 月正式全面启动第一批分户办证工作，到 2021 年 8 月下旬，已办理 268 套房屋的不动产权证。除了办理安置房产权证审核时间较长外，由八家嘉苑公司承担的相关税费，不但数额较大，且亦不够合理。根据有关规定，八家嘉园小区不动产权证登记办理免契税证明时，需要该小区建设的房地产开发公司即八家嘉苑公司按照每平方米 5000 元开具销售不动产发票，但根据八家地区整体开发改造方案，住房按每平方米 5000 元的安置房回购款，由北京市土地整理储备中心海淀分中心从其应支付的拆迁补偿款中直接抵扣，八家嘉苑公司并未实际收到房屋销售款。据核算，八家嘉苑公司为小区开具发票需缴纳的增值税、城建税及附加约 9000 万元。八家嘉苑公司已为第一批办理完成的不动产权证支付了 500 余万元的税费。这种不合理的税费负担，使八家嘉苑公司难以为继，严重影响了集体经济的发展。

（三）集体经济组织发展环境有待整体优化

由于长期以来农村集体经济组织相关制度建设的滞后，八家股份社在发展过程中面临不少深层次的体制机制问题。

1. 集体经济组织"一体两面"问题

农村集体经济组织自 20 世纪 50 年代在农业合作化运动中产生以来，是以农业生产合作社的名称出现和发展的。1984 年废除人民公社后，北京郊区农村集体经济组织统一改名为农工商公司。八家大队集体经济组织改称为北京市海淀区东升农工商公司京海分公司，1986 年 7 月在工商行政管理部门登记注册，1990 年 9 月京海分公司改名为北京市海淀区京海农工商公司，这是农村集体经济组织的公司化过程。1990 年八家村又设立村经济合作社，恢复了农村集体经济组织的合作社名称；2008 年在村经济合作社基础上成立八家股份经济合作社。村经济合作社（股份经济合作社）与京海公司实行"两块牌子、一套人马"。这就使城市化地区农村集体经济组织呈现出"一体两面"的重要特征。一方面，村经济合作社（股份经济合作社）与京海公司作为八家村集体经济组织是"一体"的；另一方面，村经济合作社（股份经济合作社）是以特别法人的"一面"出现在有关政策法律规定之中，但并未真正进入市场，其作为名义上的特别法人，相对来说比较"虚化、弱化"；京海公司则以企业法人的"一面"走向市场，广泛开展生产经营活动，其作为实质性的市场经营主体，相对来说明显"实化、强化"。如何进一步理顺股份社与京海公司的关系，是当前和今后一段时期集体经济组织建设和集体经济发展需要关注和处理的重要问题。

2. 集体经济组织外部管理服务与内部治理问题

对于已经实现城市化转型的八家股份社，虽然不再存在传统意义上的农业、农村和农民，但仍然属于农村集体经济组织而不属于城镇集体经济组织，这就使得有关部门对八家股份社的管理服务存在许多不足或不到位的地方，农业农村部门在乡村振兴有关工作安排中会有意无意地忽视八家股份社，而城市有关部门则又在相关工作中自然而然地忽略八家股份社，这使八家股份社面临的许多老问题和新问题难以得到及时有效的重视和解决。就八家股份社自身发展与内部治理来说，也面临很多新问题、新情况。比如股东老龄化问题，2020 年八家股份社 60 岁以上股东超过了 80%，随着股东年龄的增长，涉及股份继承、赠与、转让等方面的工作会逐渐增多，股东参与股份社事务的能力受到了挑战；再比如股东专业化问题，八家股份社 534 名股东中，在京海公司及其下属公司任职的在职股东不到 70 人，在职股东占比较低，带来的现实问题就是具有经营决策能力的外部管理人员无法参与股东大会进行决策，而享有参与决策权的股东（代表）缺乏决策的能力与素质；又比如外来经营管理人才的激励机制问题，八家股份社对专业化人力资本的依赖度越来越高，但当前相对封闭的集体产权结构缺乏有效激励机制，不利于吸引外部高端优秀经营管理人才。此外，八家股份社股东居住较为分散，有部分股东已迁出八家社区，有的甚至长期居住在国外，随着时间推移，股东分散居住生活问题将越来越突出，这对于召开股东（代表）大会等都会有较大影响。

3. 集体经济组织税费负担问题

八家股份社（京海公司）在纳税义务上与一般企业无异，特别是在集体经济产权制度改革后，新型集体经济组织在对股东进行年度收益分配时，由于国家缺乏与集体经济组织特别法人相适应的税制体系，在现实工作中税务部门就简单地依照现行的个人所得税法征收社员股东 20% 的红利税。例如 2019 年八家股份社实现股东分红总额 1937 万元，缴纳个人所得税 387 万元。为了减轻股东个人的缴税压力，京海公司代扣代缴了红利税，这变相加重了集体经济组织负担，影响了农村集体经济组织正常的收益分配，抑制了农村集体经济产权改革的积极性，不利于集体经济组织和集体经济的健康发展。此外，八家股份社至今还承担八家社区的一些公共管理和公共服务工作，这无疑增加了集体经济组织的负担，也不利于集体经济组织公平参与市场经营活动。

五 走城乡一体的新型城市化转型之路

北京市海淀区东升镇八家村的城市化转型以及八家股份社的发展，是在长期城乡二元结构的体制大背景、快速城市化形成的时代大潮流、正在推进的城乡一体化发展大趋势中进行的，既有许多探索创新做法，也受到城乡二元体制的严重制约，特别是以征地农转居或整建制农转居、征收集体土地、用征地补偿费建立转居农民社会保障等为特征的传统城市化政策路径，已经与快速发展的城乡一体化进程不相协调。在城乡发展一体化进程中，城市化地区的村庄转型应当实现从城乡二元的传统城市化向城乡一体的新型城市化转型跨越。

（一）改变城乡二元体制框架内的村庄传统城市化模式，将城乡一体化的政策制度成果融入村庄新型城市化之中，实现乡—城转型公平化

八家村城市化转型是在城乡二元体制约束下推进的城市化模式，其路径主要体现为将农民由农业户口转变为非农业户口，将集体土地征收为国有土地，将征地拆迁转居农民纳入城镇社保体系等，这就是在既有的城乡二元体制前提下，将农村体制转变为城市体制，最后消灭农村体制，实现城市化。这种城乡二元体制框架内的村庄城市化转型，不但使农村集体和农民付出的传统城市化转型成本过高，而且使城乡一体化发展的政策制度成果和新型城市化发展要求得不到应有的充分体现。应当按照体现以人为本、城乡平等、制度开放要求的新型城市化模式，做出系统性政策调整和工作方式转变，使村庄城市化转型的过程同时是公民权利发展的过程，也是维护社会公平正义的过程。

1. 落实城乡一体化的户籍制度改革政策，改变征地农转居和整建制农转居的传统做法

在城乡统一的户籍制度改革政策实施之前的城乡二元户籍制度条件下，因城市化发展的需要而实行征地农转居和整建制农转居的做法有其合理性和现实选择性，但在国务院以及北京市政府已经实行城乡统一的户籍政策后，作为传统城市化重要特征的征地农转居和整建制农转居政策就失去了基本前提与合法性，应当尽快改变。

2014年7月，国务院印发《关于进一步推进户籍制度改革的意见》，明确规定建立城乡统一的户口登记制度，取消农业户口与非农业户口性质区分和由此衍生的蓝印户口等户口类型，统一登记为居民户口。2016年9月，北京市政府印发《关于进一步推进户籍制度改革的实施意见》同样规定建立城乡统一的户口登记制度，取消农业户口与非农业户口性质区分，统一登记为居民户口。这说明已经没有农业户口和非

农业户口的划分，不再存在农转居或农转非的制度前提。建议尽快废除 2004 年 7 月施行的《北京市建设征地补偿安置办法》第 19 条"征用农民集体所有土地的，相应的农村村民应当同时转为非农业户口"的规定。有关部门应当全面落实户籍改革政策，统一将以前的农业户口与非农业户口登记为居民户口，不再实行征地农转居和整建制农转居政策。

在新型城市化进程中，不管农民是否征地拆迁上楼，也不管是否撤村建居，都不再存在居民户口由农业户口转为非农业户口的问题。八家村尚未参加农转居的少数村民，其户口性质可以直接登记为居民户口，保障其作为社区居民以及社员股东的各项权益。

2. 执行农村集体经营性建设用地直接入市的法律规定，不再推行征地城市化的旧模式

作为传统城市化显著标志之一的征地城市化模式，对集体土地实行蚕食鲸吞，既损害了农民的土地财产权，又限制了农民的土地发展权，也破坏了农村土地集体所有制。2020 年 1 月 1 日起施行新修订的《土地管理法》，明确规定因公共利益的需要才能征收集体土地，同时允许集体经营性建设用地直接入市，历史性地改变了过去农村集体土地必须先征收为国有土地才能进入市场的规定，这就使传统的征地城市化模式不再成为农民唯一而被动的选择，农民可以在集体土地上依法自主实现城市化，这是新型城市化的基本路径之一。

在新型城市化进程中，村民可以根据规划在集体土地上集中居住上楼，不必将住宅用地转为国有土地；农村集体经济组织可以依法合规直接使用集体建设用地兴办企业，或者以土地使用权入股、联营等形式与其他单位、个人共同兴办企业，也可以通过出让、出租等方式将集体经营性建设用地交由单位或个人使用。在城市规划区内的城中村或城郊村，可以根据实际情况撤销村委会建制，但除了因公共利益需要征收集体土地并给予合理补偿外，村庄其他集体土地不必征收为国有土地，集体土地既可以建设城市公园，也可以建设村民住宅小区，还可以发展集体产业。其实，从更深层意义上说，即便是公共利益的需要，也不必将集体土地征收为国有土地，根据建设规划，可以实行集体土地使用权出租代替征收的建设模式，这也体现"农村改革不论怎么改，都不能把农村集体所有制改垮了"的底线要求。建议尽快全面修订《北京市建设征地补偿安置办法》，清理和废除其中不符合新《土地管理法》和户籍制度改革、城乡基本公共服务均等化的有关规定。有关部门应当从建设法治中国首善之区的战略高度，适应首都城市化、城乡一体化和乡村振兴战略实施的迫切需要，切实加强首都涉农立法工作，改变首都涉农立法明显滞后的局面，以良法保障善治。

城市化的快速发展与实践的不断创新，使城市规划内的城市建成区有集体土地，城市规划区外的农村地区也有国有土地。因此，《宪法》第 10 条"城市的土地属于

国家所有，农村和城市郊区的土地，除由法律规定属于国家所有的以外，属于集体所有"的规定的内涵和外延已发生了重大变化，应当重新认识和修订。

3. 根据城乡基本公共服务均等化和城乡社会保障制度一体化的新进展、新要求，废除征地式社会保险的过时规定

2004 年实施至今的《北京市建设征地补偿安置办法》，对征收农民集体所有土地涉及的人员安置、就业促进、社会保险等方面都做了规定，这些规定都是在城乡二元体制尚未破除也即在城乡二元户籍制度、城乡二元就业制度、城乡二元社会保障等制度仍然存在的前提下制定的"逢征必保"政策，在当时条件下具有一定合理性和必要性。

但随着农村社会保障制度的建立和城乡基本公共服务均等化政策的不断推进，覆盖农民的城乡统一的社会保险制度已普遍建立起来。比如，《北京市人民政府关于印发北京市城乡居民养老保险办法的通知》（京政发〔2008〕49 号）自 2009 年 1 月 1 日起施行，《北京市人民政府关于印发北京市新型农村社会养老保险试行办法的通知》（京政发〔2007〕34 号）同时废止，这标志着北京市城乡居民基本养老保险实现了城乡制度并轨；《北京市城乡居民基本医疗保险办法》自 2018 年 1 月 1 日起施行，《北京市人民政府关于印发北京市城镇居民基本医疗保险办法的通知》（京政发〔2010〕38 号）和《北京市人民政府办公厅转发市政府体改办等部门关于建立新型农村合作医疗制度实施意见的通知》（京政办发〔2003〕31 号）同时废止，这标志着城乡居民基本医疗保险实现了城乡制度并轨。不管农村集体土地是否被征收，农民都已经开始平等享有社会保险的权利，建议尽快废止《北京市建设征地补偿安置办法》中有关社会保险的规定。特别是对于征地超转人员每人少则缴纳几十万元，多则缴纳高达数百万元社会保险费用的政策，基层干部和农民群众意见非常大，应当尽快废止。

自 2004 年 7 月 1 日开始执行《北京市人民政府办公厅转发市民政局关于征地超转人员生活和医疗补助若干问题意见的通知》以来，虽然征地超转人员的政策有过几次调整完善，但总体上看已不合时宜，更不合情理，建议尽快废止征地超转人员有关政策。应将征收农村集体土地与社会保障制度脱钩，使农村集体土地征收走公正合理的财产补偿和合理安置途径，社会保障制度走城乡基本公共服务均等化之路，实现从征地社会保险制度向城乡一体化的社会保险制度转变，尽快将城镇职工基本医疗保险、城镇职工基本养老保险与城乡居民基本医疗保险、城乡居民基本养老保险整合为统一的不分身份和职业的基本医疗保险、基本养老保险，特别是要强化政府提供公共产品的职责，明确规定从土地出让收入中设立专项资金用于补齐农民社会保险待遇短板，充分体现以工哺农、以城带乡的政策导向，切实提高城乡居民社会保障待遇水

平，缩小城乡居民社保差距，助推共同富裕。

（二）构建市场化、法治化的集体经济组织建设和集体经济发展的外部制度环境，保障和实现集体经济组织身份地位特别法人化

新型城市化中的农村集体经济组织建设和农村集体经济，对市场化、法治化的外部制度环境提出了现实的迫切要求，应当根据《民法典》确定的特别法人的定位，加快构建有利于集体经济组织建设和集体经济发展的制度环境。

1. 处理好集体经济组织合作社化与公司化的关系

集体经济组织原本是依据合作社的理念和原则，在农业合作化运动中产生和发展起来的，乡村社区型合作社是农村集体经济组织本来的身份名称。随着人民公社的解体和市场经济的发展，从人民公社母体中分离出来的农村集体经济组织虽然有政治和法律地位，但长期没有法人地位，而在经济发达地区和城乡接合部地区，集体经济又有强烈的发展现实需要和发展优势，于是集体经济组织的公司化就应运而生。

20 世纪 80 年代北京市郊区就普遍建立农工商公司，统一在工商部门登记注册，作为集体经济组织走向市场开展经营活动的合法身份。后来乡、村两级又恢复建立社区型乡村经济合作社，这就使集体经济组织同时具有经济合作社与农工商公司两个名称，实行"两块牌子、一套人马"，经济合作社主要是名义上的存在，而农工商公司则是实体化的存在。2017 年 3 月通过的《民法总则》首次将农村集体经济组织规定为特别法人。随着《民法典》的实施以及农村集体经济组织专门立法的推进，农村集体经济组织必然全面走向法人化、实体化，因而解决农村集体经济组织"一体两面"问题、处理好经济合作社与农工商公司之间的关系，不但是一个十分重要的法律问题，也是一个十分迫切的现实问题。

八家股份社与京海公司的关系面临三种可能选择。一是保持目前"一套班子、两块牌子"的格局不变。但这不利于八家股份社进一步规范化、实体化、法人化发展。二是撤销京海公司，保留八家股份社。这涉及集体资产过户、企业经营品牌损失等重大问题。按照相关法律，办理资产过户手续按规定应缴纳资产额 3% 的契税、0.3% 的交易费、5.5%—5.65% 的营业税及附加、25% 的企业所得税、0.5% 的手续费、0.05% 的印花税等，这对于集体经济组织和集体企业来说，是重大的税费负担。此外，京海公司在市场上已经营 30 多年，形成了较好的企业品牌和信誉形象，一旦被注销，则损失巨大。三是保留京海公司，将京海公司作为八家股份社全资控股的所属集体所有制企业，并以京海公司为母公司，控股或参股若干家子公司，这可能是《农村集体经济组织法（草案）》颁布实施后最合理的选择。

但必须明确的是，如因政策因素需要将集体资产从京海公司过户到八家股份社的，则应当区别于其他公司之间市场交易类的资产过户，免收过户税费。

2. 构建集体经济、集体企业与国有经济、国有企业同等重要、平等对待的政策制度体系

党的十八大报告明确提出："保证各种所有制经济依法平等使用生产要素、公平参与市场竞争、同等受到法律保护。"除了始终强调集体经济发展的重要性之外，更应当在政策制度上构建起集体经济与国有经济同等重要、同等对待、同等保护的发展条件和营商环境。

首先，保障农村集体经济组织和集体企业依法平等使用生产要素。比如在劳动力使用上，农村集体经济组织和集体企业在保障集体经济组织成员充分就业的基础上，要像国有企业一样公开平等面向社会招录劳动力，在制度上保障集体经济组织和集体企业就业人员医疗、养老、住房等各项社会保障权利和工资福利待遇；进一步放宽户口控制，回归户口登记功能，给予从社会上招聘的劳动力安家落户保障；遵照国际劳工组织有关标准要求，建立规范的工会组织，保障和发展集体经济组织与集体企业职工合法权益；凡是国家对国有企业的优惠支持政策同样适用与惠及集体经济组织和集体企业；制定集体经济组织和集体企业人力资本发展规划，加强对集体经济组织和集体企业的人力资本培训。在土地资源利用上，集体经济组织和集体企业应当与国有企业一样平等使用土地资源，特别是要改变过去那种农村集体经济组织在自己的集体土地被低价征收后再通过"招、拍、挂"方式高价买回土地使用权来进行开发建设的不合理政策，应当依据集体经营性建设用地入市的新规定，集体经济组织可以自主利用集体经营性建设用地发展集体产业，壮大集体经济。

其次，同等保护集体经济组织和集体企业的各项合法权益。集体经济组织和集体企业在市场经营活动中，涉及合同纠纷等相关法律纠纷和矛盾问题的，都应当在公正的政策法律范围内合理合法地解决，改变"重国有、轻集体"的传统思想观念和工作方式。八家股份社（京海公司）至今存在的一些悬而未决的历史遗留问题，应当在法治的轨道上得到及时有效的解决。法治是最好的营商环境，各级政府应当在营造良好的法治环境上做出表率，付出行动，首先要在法治政府、诚信政府建设上取得实效，以政府自身建设的法治化、诚信化，推动营商环境的法治化、诚信化，彰显法治中国首善之区的价值定位与实践要求。

3. 建立健全与特别法人相适应、有利于集体经济组织建设和集体经济发展的财税金融制度体系

集体经济组织作为特别法人，集经营性与公益性于一身，既有与其他营利法人平等进入市场、公平参与市场经济活动的一般性，也有承担与其他营利性市场主体不一样的社区公益性事务等特殊性。因此，在公共政策制定和制度构建中，既要积极营造平等对待、公平合理的市场化、法治化、国际化营商环境，又要积极构建符合特别法

人特性、体现特别法人要求的财税金融等制度体系。

首先，建立有利于集体经济组织和集体企业发展的财税制度。建立扶持集体经济发展的财政专项基金，持续支持、推动集体经济组织体系建设，鼓励、引导集体经济发展壮大。尽快改变以现行营利法人税法体系对待和要求特别法人纳税的不当做法，加快研究制定适应集体经济组织建设和集体经济发展需要的新税制。比如，对于集体资产在集体企业与经济合作社之间过户，应当免交资产过户契税等税费；对于因推进集体产权制度改革而实行按股分红的，应当减免股东个人红利税，或以"先征后返"方式全额返还给农村集体经济组织，支持集体经济组织发展。将撤村建居后的社区公共管理和公共服务费用纳入财政预算，强化公共财政对撤村后新建城市社区公共产品的供给责任，及时将集体经济组织承担的社区公共管理和公共服务职能移交社区居委会，减轻集体经济组织承担的社区公共管理和公共服务负担。在集体经济组织的社区公共管理和公共服务职能未剥离之前，应当相应减免集体经济组织和集体企业的税费，并给予财政补贴。考虑到集体经济组织本身所具有的公益性与经营性并存的特性，即使将社区公共管理和公共服务职能剥离出去，集体经济组织也不可避免地在社区公共事务中发挥重要作用，因此建立支持集体经济组织和集体经济发展的相关财税政策制度，具有内在的合理性和必要性。

其次，积极发展合作金融，满足农村集体经济组织和集体企业发展的金融需求。在鼓励商业金融机构为农村集体经济组织和集体企业提供融资服务的同时，在战略上加强城乡合作金融体系建设，积极探索以乡镇集体经济组织为主体发展农村合作金融的有效途径，强化构建与集体经济组织和集体企业相匹配的合作金融服务体系，加快补齐城乡合作金融的短板，多渠道满足集体经济组织和集体企业投融资需求。

最后，建立有利于高层次优秀人才到农村集体经济组织和集体企业就业创业的政策制度，健全集体经济组织和集体企业吸引外部优秀人才就业创业的体制机制。要像国有企业一样，在集体经济组织和集体企业实行开放式用人制度，加快建立健全职业经理人聘任机制，形成科学合理的薪酬制度，促进人力资源向集体经济组织和集体企业合理流动，加快推动城乡就业、医疗、养老等社会保障制度城乡一体化，消除城乡社会保障、国有企业与集体企业待遇之间的差别，使在集体经济组织和集体企业就业创业人员能够享受到与在国有企业就业创业人员同等的就业、医疗、养老等社会保障待遇，全面实行就业创业人员在就业地或居住地落户登记制度，保障家庭功能，建立职工家庭福利制度。

（三）加强集体经济组织的制度化、规范化建设，优化集体经济组织内部治理机制，确保集体经济发展成果由集体成员共享

集体经济组织作为组织农民、富裕农民、服务成员的重要组织载体，是推动基层治理现代化、实现共同富裕的重要依托和中坚力量。要像抓基层党组织建设那样重视抓集体经济组织的建设，像重视国有企业改革那样重视集体企业的改革，像重视国有经济发展那样重视集体经济的发展，推动实现集体经济组织和集体经济的高质量发展，保障集体经济组织成员共享集体经济发展的成果。

1. 强化集体经济组织制度建设

要立足于建设法治中国首善之区的战略要求，制定集体经济组织和集体经济发展的立法规划，有步骤地推进农村集体经济组织系列立法工作，营造有利于农村集体经济组织振兴的法治环境，推进集体经济组织建设和集体经济发展的制度化、规范化。

首先，在国家层面正在起草《农村集体经济组织法》的基础上，借鉴黑龙江、广东、上海、四川等地已制定"农村集体经济组织条例"的经验，结合北京实际，尽快制定"北京市农村集体经济组织条例"，出台支持集体经济发展的具体政策，构建集体经济组织建设和集体经济发展的法律法规和政策体系。

其次，完善农村集体经济组织内部治理机制。根据农业农村部《农村集体经济组织示范章程（试行）》，加强集体经济组织章程修订完善工作，坚持按章程办事，制定适宜城市化地区集体经济组织发展的股权流转方式。在市场经济体制下，只有集体资产股权的有序流转和有偿退出，才能实现生产要素的优化组合；只有体现成员持有集体资产股份的价值，才能显现它们作为生产要素的潜在市场价值。出于对集体经济发展的长远考虑，建立新型集体经济组织股权流转和退出机制，实现集体经济组织封闭性与开放性的有机统一。针对有法定继承权的集体成员亲属、集体企业高管、职业经理人等特殊群体，应明确集体经济组织成员认定程序与资格条件，完善股权转让办法；探索持股权与表决权分离机制，通过制度创新，既保障成员利益，也发挥集体资产股权流转的效应。针对已经长期离开股份社所在地的股东，建立股权有偿退出机制，明确成员资格退出条件。保障集体经济组织和集体企业员工的基本权益。

2. 创新集体经济组织监管方式

已经实现城市化转型的集体经济组织与传统农村集体经济组织有很大的不同，这对农业农村部门等与时俱进地加强监督管理和指导服务提出了新要求。

首先，把握集体经济组织内涵与外延的巨大变化。城市化地区的集体经济组织，在市场化改革和城市化冲击下，其内涵与外延都不同于传统农村集体经济组织。比如，从产业类型上，八家股份社已经从传统从事农业生产转向发展都市型服务产业，即从第一产业转型为第三产业；从成员身份上，八家股份社绝大多数社员从农业户口整建制转为非农业户口，即实现了从农民向市民的身份转变；从居住方式上，八家股份社绝大多数居民已经告别传统乡村院落居住方式，通过拆迁上楼住进城市小区，即从农村居民转变为城市居民。在已经基本上没有农业、农村，也没有农民的情况下，农业农村部门等对农村集体经济组织的认识以及相关管理服务工作，应当与时俱进地做出相应转变。例如，自2021年10月1日起施行的《四川省农村集体经济组织条例》第3条对农村集体经济组织的定义是："以集体所有的土地为基本生产资料，实行家庭承包经营为基础、统分结合双层经营体制的经济组织。"这个对农村集体经济组织的定义，就不适合像八家股份社这类城市化地区集体经济组织，因为八家股份社既不是以集体所有的土地为基本生产资料，也不是以家庭承包经营为基础、统分结合双层经营体制的经济组织，而主要是以集体经营性资产为基本生产资料实行集体统一经营体制。所以城市化地区集体经济组织实质上是以集体资产为基本生产资料、实行集体统一经营的社区型经济组织。此外，城市化地区农村集体经济组织其实也已经转变为城市集体经济组织，但它又不同于原初意义上的城市集体经济组织，而是从农村集体经济组织转型发展而来、带有许多农村基因的集体经济组织。

其次，健全集体资产监督管理体制和机制。在特大城市城乡接合部地区，农村集体资产总额巨大，有的超过同区域范围内的国有资产，有的与国有资产总额相当。我们曾组织课题组研究估算，2013年北京市农村集体资产总额达10.4万亿元。为加强农村集体资产的监督管理，北京市海淀区借鉴国资委监管模式，于2013年12月在全国率先成立了首家农村集体资产监督管理委员会（以下简称"农资委"），这对于加强农村集体资产的监督管理发挥了重要作用。经过多年的实践探索，为进一步加强和完善集体资产监督管理，特别是针对在乡村振兴战略中容易被忽视和边缘化、在城市建设管理中也容易被忽视和边缘化的城市化地区集体经济组织面临的改革发展问题，建议在市级层面建立集体资产监督管理委员会（笔者认为简称"集资委"更合适），既可设在农业农村部门，也可直接隶属于市政府管辖，可按市、区、乡镇（街道）三级设立集资委。市级集资委的主要职责是研究制定集体经济组织建设和集体经济发展的规划和政策指导意见；监督管理集体资产，促进集体资产保值增值；指导规范集体经济组织的制度化、规范化、信息化建设，督促检查集体经济组织遵守和执行章程情况；指导推进集体经济组织和集体企业建立健全法人治理结构，健全内部治理机制；依照法定程序对所监管集体经济组织和集体企业负责人进行任免、考核、奖惩，建立符合特别法人要求的选人、用人机制，完善经营者激励和约束制度；研究起草集体经济组织建设和集体经济发展壮大的政策法规，制定相关监督管理制度；为集体经济组织建设和集体经济发展提供政策指导和服务，维护和发展集体经济组织成员的各项权益；开展集体经济组织建设和集体经济发展调查研究，协调解决集体经济组织和集体经济发展中面临的重大问题等。

3. 保障集体经济组织成员权利

建立集体经济组织、发展集体经济的根本目的在于组织农民、富裕农民，维护和发展集体经济组织成员权利,保障社员股东当家作主,实现共同富裕。

首先,保障集体经济组织成员的民主权利。集体经济组织是建立在集体资产由成员集体所有基础上的社区型经济组织,内在需要集体经济组织成员民主参与,当家作主。可以说,农村集体经济组织中的民主与农村村民自治中的民主相辅相成、相得益彰,构成了乡村基层民主的两大支柱,对于保障基层群众当家作主、推进基层治理现代化具有重要意义。基层党组织在保障集体经济组织成员民主权利上要发挥关键性的领导作用,促进农村集体经济组织民主管理、依法经营。集体经济组织应当严格落实章程,确保章程规定的成员(代表)大会、董事会、监事会等治理机制得到有序运行,章程规定的成员权利得到有效维护。坚持和推行社务公开,营造公开透明、宽松民主的良好氛围,保障集体经济组织成员对集体经济组织经营管理的知情权、参与权、决策权、监督权,形成集体经济组织共建、共治、共享、共赢的治理局面,充分体现和保障集体经济组织成员的主人翁地位,确保集体成员民主权利得到有效保障,集体成员自由意志得到充分体现。

其次,保障集体经济组织成员财产权利。集体资产是集体成员集体所有的资产,必须进一步解放思想,深化改革,充分保障集体经济组织成员的各项财产权利,增加集体经济组织成员的财产性收入,为实现共同富裕提供重要保障。加大集体资产监督管理力度,防止集体资产流失和被侵夺,特别是将全面从严治党和全面依法治国向集体经济组织延伸,防止集体资产领域里的"小官巨贪"现象;提高集体资产市场化经营水平,促进集体资产保值增值,特别是要适应市场化、城市化、国际化发展的需要,促进符合条件的集体经济组织和集体企业做大做强,建立健全集体企业引进职业经理人体制机制,推动优质集体企业挂牌上市,营造集体产业越做越强的营商环境;坚持和规范集体收益分配制度,保障社员股东的集体收益分配权,特别是要尽快建立健全与集体收益分配相适应的财税制度,减免社员股东分红税费,增加社员股东财产性收入,从制度上保障集体经济组织成员真正享有集体经济发展的成果,充分发挥集体经济组织在推动城乡基层善治、实现共同富裕上的独特功能和积极作用。

执笔:张英洪、刘雯

从"蚁族"聚居地到现代都市区

——北京市海淀区唐家岭村城市化转型的调查与思考*

北京市海淀区是城市化发展进程较快的地区。为适应城市化发展快速的需要，海淀区持续推进农村城市化进程。《海淀区"十三五"时期农村城市化规划》明确提出以推进农村城市化为核心目标，走出一条农民融入市民、农村融入城市、农业融入科技的城乡融合发展道路。《北京市海淀区"十四五"时期农村城市化规划》提出高质量推进农村城市化，海淀区南部各镇全部实现农村城市化，村居并存形态全部消除，村庄实现城市社区化改造和现代化社区管理；海淀区北部地区农村城市化取得实质性进展，非保留村基本实现腾退和撤村建居，保留村建立统筹发展体制机制。海淀区适应城市化发展要求，在探索破解"三农"问题、打破城乡二元结构、推进农村城市化上发挥了重要的示范引领作用。

自 2018 年启动城市化地区撤村改革以来，海淀区已撤销 31 个村委会行政建制，占原有 84 个村的 37%。2021 年 12 月，全区已有 13 个村申请撤村，预计"十四五"时期（2021—2025 年），除规划保留的 24 个村以外，海淀区其他村委会建制将陆续全部撤销。为跟踪观察和研究海淀区农村城市化进程的基本经验，最近我们对海淀区西北旺镇唐家岭村的城市化转型的经验做法进行了调研。

一 基本情况：曾经著名的"蚁族"聚居村

唐家岭村隶属于北京市海淀区西北旺镇，唐家岭原名疼儿岭，据传宋代的佘太君在此盼杨六郎出征归来，后更名为唐家岭，有上千年的历史。20 世纪 90 年代以来，北京快速的城市化进程，将传统的唐家岭村推向城市化的浪潮之中。改革开放以来形成的势不可挡的工业化、城市化、市场化时代潮流，先将唐家岭村从一个历史悠久的

---

* 原载北京市农村经济研究中心《调查研究报告》2022 年第 5 期。本文获全国农业农村政策与改革系统 2022 年优秀调研成果二等奖。

普通传统村庄推向城乡人口杂居、环境脏乱差、安全隐患多的典型城乡接合部地区，再将其从城乡接合部地区推向现代化大都市社区。城市化推动了唐家岭村凤凰涅槃式的再生与嬗变，实现了唐家岭村从传统乡村，到城乡接合部地区，再到现代大都市社区的历史性飞跃。

2009年9月，由廉思主编的《蚁族——大学毕业生聚居村实录》一书经广西师范大学出版社出版后，作为"蚁族"聚居村的唐家岭村名声大震，广为社会关注。北京市在2009年启动海淀区北坞村、朝阳区大望京村两个村的城市化改造试点的基础上，于2010年启动全市城乡接合部50个重点村的改造建设，唐家岭村名列其中。

2009年底，唐家岭村占地总面积483.06公顷，总建筑面积148万平方米，其中住宅面积95万平方米、非住宅面积53万平方米；该村户籍人口3364人，其中非农业户籍人口2039人、农业户籍人口1325人，外来人口5万多人。外来人口中有相当一部分是在唐家岭村附近中关村企业上班的大学毕业生，他们被称为"蚁族"。所谓"蚁族"，就是在高校扩招和大学生就业难等大背景下的大城市中出现的身份地位群体。该群体具有"一高一低一聚居"的三个典型特征，即大学毕业，文化教育程度较高；经济收入较低；聚居在城乡接合部地区村庄。据有关课题组研究，该群体主要聚居于人均月租377元、人均居住面积10平方米的城乡接合部或近郊农村。唐家岭村就是当时著名的"蚁族"聚居村。21世纪初，随着外来流动人口的大量涌入，唐家岭村的基础设施不堪重负。当年全村每年800万元的集体收入，要拿出600万元用于维护村庄基础设施和村庄环境，但村里环境仍脏乱不堪，村庄基础设施和公共服务远远滞后于巨量集聚人口的需要。

2010年5月，作为全市城乡接合部50个重点改造村之一的唐家岭村，以村民代表大会方式通过自主制定的全村腾退改造方案。2018年10月，唐家岭村委会建制被撤销，结束了村居并存的历史。唐家岭村集体经济组织承担了唐家岭村城市化改造建设以及社区集体经济发展的重要职责，在唐家岭村城市化转型和发展中发挥了不可替代的重要作用。

截至2020年底，唐家岭社区常住户籍人口1335户共3550人，辖区内居住总人口12939人；村域总面积483.06公顷，其中基本农田19.26公顷、园地141.41公顷、林地19.26公顷、规划用地231.58公顷、交通运输用地52.42公顷、水域及水利设施用地16.49公顷、其他用地2.64公顷。

二 唐家岭村城市化转型的主要做法

从2010年唐家岭村被列入北京市城乡接合部50个重点村改造建设，到2018年唐家岭撤销村委会建制，原村委会相关公共管理服务事务并入居委，唐家岭已成为典型的城市社区。唐家岭村的城市化转型是海淀区农村城市化发展的典型和样板，其主要做法如下。

（一）实行旧村腾退搬迁上楼，集中建设唐家岭新城

2010 年唐家岭地区正式启动整体改造工程，2012 年 7 月开始回迁上楼。村民腾退旧村建成的唐家岭新城，占地面积 11.7 公顷，分为 T09 和 T05 两个地块，总建筑面积约为 34.74 万平方米（地上 25.74 万平方米、地下 9 万平方米），共 18 栋住宅3159 套，居住户籍人口 1335 户。

根据腾退安置政策，唐家岭村村民定向安置房面积按村民原有宅基地面积 1∶1置换。被腾退搬迁户家庭人均面积不足 50 平方米的，可按人均 50 平方米补足。被腾退搬迁房屋的实际建筑面积及附属物，参照《北京市房屋重置成新价评估技术标准》给予评估补偿。唐家岭村腾退搬迁方案规定，腾退搬迁改造工作设置 90 天的奖励期限，即自腾退搬迁公告发布之日起往后顺延 90 天，村民在此期间签订腾退协议且按协议规定日期搬迁并交房的，以有效宅基地院落为单位每院奖励提前搬家费 5 万元，工程配合费最高可奖励 25 万元（每延迟 30 天递减 5 万元），也就是说，在规定期限内搬迁的村民，最高可获奖励 30 万元。

对于村民原住宅二层未取得合法有效批复的，按院落给予一定拆除补助费，对没有合法手续加盖的二层以上房屋及附属物均不予补偿。新楼入住前，符合安置条件的村民每人每月可获得 900 元腾退周转费。对现有宅基地面积少而人口多、确有实际困难的家庭，方案也进行了人性化调整，允许这类家庭按每平方米 4500 元的价格购买其面积不足的部分，经济特困户由本人向村委会提出申请，经批准公示后，购买价格可再优惠 20%。

（二）推进集体产权制度改革，成立股份经济合作社

唐家岭村以 2010 年 12 月 31 日为时点进行了清产核资，对各类集体资产建立台账管理，包括固定资产台账、土地台账、经济合同台账等，稳步推进集体产权制度改革。经过清产核资，确认唐家岭村集体资产总额 455412161.49 元，净资产 45514861.17 元。唐家岭村股权设置包括集体股与个人股，集体股占 10%、个人股占 90%，全村共有1796 人享有基本份额，因股东去世与继承人合并入股，最终入股股东 1791 人；股权证应发 1791 本，实发 1704 本，未发 87 本（未发原因是产改后股东去世，尚存在争议无法办理手续，占比 4.86%）。

2016 年，唐家岭村经济合作社转制成立唐家岭村股份经济合作社。2016 年 2 月，唐家岭村股份经济合作社召开第一次股东代表大会，正式完成集体产权制度改革。2019 年 12 月，唐家岭村股份经济合作社完成农村集体经济组织登记赋码换证工作。

2020 年，唐家岭村股份社股东每年每股分红高达 4 万元。

（三）实行整建制农转非，实现农民身份市民化

20 世纪 90 年代以来，随着城市化的发展，唐家岭村的土地被陆续征占。1994 年因航天城建设需要，政府以每亩 4 万元的价格征收了唐家岭村 1000 多亩土地。进入 21 世纪以来，唐家岭村集体土地先后被征收 1710 亩，征地补偿费每亩 77 万元、180 万元、350 万元不等。唐家岭村现在尚有集体土地 4170 亩。

自 2004 年 7 月 1 日施行《北京市建设征地补偿安置办法》后，唐家岭村征地农转非和整建制农转非均依此实施"逢征必转""逢征必保"政策。在 2006 年前，唐家岭村征地农转非 306 人；2006 年，唐家岭村两次征地分别完成劳动力转非 473 人和 200 人，劳动力转非费用为 3376.8 万元；2011 年，唐家岭村完成 921 人征地农转非，劳动力转非费用为 6431.6 万元；2015 年 12 月，唐家岭村进行最后一次 280 人的整建制农转非，劳动力转非费用为 709.0 万元。2006 年以后唐家岭村取得征地批复的土地 1703.662 亩，征地补偿金额为 128334.805 万元。

唐家岭村征地农转非和整建制农转非一共涉及 2180 人，农转非费用共计 29945 万元，人均农转非费用 13.7 万元，其中：劳动力转非涉及 1871 人，劳动力转非费用共计 13475 万元，人均转非费用 7.2 万元；超转人员 309 人，缴纳超转费用 16470 万元，人均 53.3 万元。由于唐家岭地区整体转非时间比较早，且为了节约转非成本，唐家岭村前期优先安排了超转人员转非工作，所以人均 53.3 万看起来相对不高。但是根据海淀区西北旺镇 2020 年整建制转非的冷泉村、韩家川村、亮甲店村、西玉河村、屯佃村、永丰屯村的情况来看，一名超转人员最高转非费用可达 766 万元。

（四）创新集体土地入市方式，率先建设集体公共租赁住房

2012 年经国土资源部批准，唐家岭村在全国率先开展利用集体产业用地建设公租房试点，拉开了集体建设用地入市的序幕。唐家岭村公租房建筑面积 73749.92 平方米，共建成 1498 套公租房，户型分为零居室 297 套，每套面积约 30 平方米；一居室 594 套，每套面积约 40 平方米；二居室 607 套，每套面积约 60 平方米。

按照北京市发展改革委和北京市规委要求，唐家岭公租房项目纳入政府保障性住房规划和年度计划中，公租房项目作为唐家岭地区主体产业按照每平方米每月 55 元的价格整体租赁给海淀区住保办，双方签订租赁合同后由海淀区住保办统一运营管理，租赁期限为十年。2017 年，唐家岭公租房项目正式移交海淀区住保办统一管理和配租。

截至 2021 年底，唐家岭公租房居住率达到 90%；唐家岭公租房由企事业单位申请，再分配给职工租住。现在居住在公租房里的人员基本上都是附近企事业单位的工

作人员。2020 年，唐家岭村股份经济合作社从公租房项目中收取租金 4933 万元。

（五）发挥集体经济组织主体作用，发展壮大集体经济

唐家岭村在城市化转型进程中，充分发挥集体经济组织即村经济合作社、村股份经济合作社在集体经济发展中的主体作用。2012 年，经北京市政府和海淀区政府批准的唐家岭产业园项目，就是利用集体土地建设的产业园，总用地面积 103680.97 平方米，总建设用地面积 63328.70 平方米，总建筑面积 194090.33 平方米。唐家岭产业园项目由唐家岭村经济合作社开发建设，由清华大学建筑设计研究院有限公司进行设计，河北建设集团有限公司承建施工，建设总投资 11 亿元，分为 T04、T08 地块，建设有写字楼、商场、公租房、公共配套设施等产业，其中酒店建筑面积 24659.4 平方米、商业建筑面积 38642.39 平方米、配套设施底商总建筑面积 5044.95 平方米、公租房总建设面积 73749.92 平方米。

2011 年 4 月，唐家岭村与西北旺镇镇级下属企业北京百旺种植园签订为期 20 年的土地租赁合同，租赁面积为 448 亩，年租金为 179.2 万元。北京百旺种植园作为西北旺镇发展现代农业的排头兵，跳出传统农业发展思维，用科技创新赋予农业新的产能，着力打造高科技现代智慧农业，不断加大农业技术创新力度和成果转化，推进新技术和智能设备在农业领域的示范运用，建设了北京首家 5G 高架无土栽培草莓智能温室，运用 5G 通信技术，使用现代化农业设施设备，通过云计算和大数据系统处理和运算分析，做出最合理、最经济高效的精准化控制，成功做到"产品 + 设施"双升级，同时建成了自动化水培蔬菜生产区，引入"日光温室"种植模式。西北旺镇以北京百旺种植园为基地，着力打造以技术为支撑、以品牌建设为抓手、以质量效益为目标，集科技交流、成果转化、试点示范、经济效益提升于一体的农业科创示范平台。

2019 年，唐家岭 T04 商场通过产权交易平台以 3055 万元的交易价格完成了对外出租，现已开业，每天客流量高达 2 万人次。为解决商场周边停车难的问题，唐家岭村股份社计划将 13.5 亩的两块闲置地开发，建设绿荫停车场。2020 年，唐家岭村股份社签订了 8000 多平方米的底商合同；T09 底商也已规划好，正在打造唐家岭地区产业发展的特色亮点。截至 2020 年底，唐家岭村集体经济总收入约 1 亿元，主要收入包括公租房租金收入 49335785 元、其他房屋租金收入 39981808 元、土地租金 3088200 元、其他收入 6899199 元（包括利息、生态林租地费用等）。

（六）坚持绿色发展理念，建设中关村森林公园

唐家岭村在城市化转型发展中，立足于服务中关村科学城建设，根据唐家岭地区的统一规划，在集体土地上大尺度建设了中关村森林公园。中关村森林公园北邻航天城,南接中关村软件园,总面积5100亩,分东、中、西三部分。东部以唐家岭村拆迁地为主,包括绿岛识林、老街印象、乡村童趣等景点;中部以唐家岭村菜地为主体,包括森林乐动、水木临风等景点;西部以土井村拆迁地为主体,包括古井槐荫等景点。中关村森林公园占用唐家岭村集体土地2400多亩,海淀区政府给予每年每亩1500元的土地租金。

中关村森林公园由海淀区西北旺镇百旺种植园统一负责管护,唐家岭村股份经济合作社成立北京如景生态园林绿化公司,建立唐家岭绿化队,参与园林绿化维护工作,负责做好安保、防疫、养护等工作。

(七)撤销村委会,实现村庄治理社区化

随着城市化的快速推进,唐家岭村委会职能不断弱化,社区治理功能强化,集体经济组织作用凸显。2018年9月20日,根据相关规定,唐家岭村启动撤村改革工作,召开村民代表会议表决通过撤村改革方案。撤村方案确定2000年10月15日前出生在唐家岭村的18周岁以上村民享有选举权。2018年10月,唐家岭村享有表决权的1617名村民参加投票表决,其中995人同意撤销唐家岭村村委会建制,通过了唐家岭村撤村方案,并依照有关规定上报后正式撤销了唐家岭村。2019年2月,海淀区人民政府正式批复撤销唐家岭村民委员会建制。

此次撤村只是撤销村民委员会的行政建制,村级集体经济组织(集体产权制度改革后成立的是村股份经济合作社)仍然保留,继续依法经营管理农村集体资产。

早在2002年,唐家岭地区就设立了唐家岭社区居委会。目前社区居委会工作人员共13人,服务辖区内13000余人,其中户籍人口3326人。唐家岭撤村后,唐家岭村股份社与社区居委会联合办公,各司其职,共同推进工作。股份社的主要职能是发展壮大集体经济,促进集体资产保值增值,切实维护股东合法权益;居委会的职能是办理社区居民的公共事务和公益事业,组织开展社区便民利民服务、公益服务和志愿互助服务等。二者除上述工作职能上的区别外,在服务对象上也有区别,随着唐家岭村整建制农转非的完成,唐家岭股份社的股东全部为社区的居民,而社区的居民不一定都是股东。社区在服务居民的过程中,若出现经费缺口的情况,股份社通过股东代表大会决议,可以向社区提供活动经费。

三 思考与启示

唐家岭村的城市化转型,既有许多值得肯定和借鉴的经验做法,也有不少需要提升和推广的创新探索,还有一些应当改革和突破之处,特别是现行的政策法律滞后于农村城市化实践的迫切需要,使农民城市化的成本过高,亟须与时俱进地推进改革创新和制度建设。

（一）集体产权制度改革是维护和发展农村集体和农民财产权利的有效方式

20 世纪 80 年代末 90 年代初以来，在工业化、城市化进程中，我国经济先发地区的城中村或城郊村为应对城市化的重大冲击而自发探索推行的农村集体产权制度改革，这是改革开放以来农村基层干部群众的重大实践创新和政策创新，具有深远的制度进步意义。

北京市按照"撤村不撤社、资产变股权、农民当股东"的思路和原则推进农村集体产权制度改革，为农民着想，让农民参与，使农民得利，比较公平合理地维护了农村集体和农民群众的财产权利，坚持和发展了新型集体经济，这是城市化进程中城中村和城郊村实现城市化转型发展最为重要的基本经验。唐家岭村的城市化转型就是坚持和受益于这条基本经验。

但农村集体产权制度改革长期局限于地方层面的改革创新实践，国家层面的政策法律制度存在比较突出的滞后和缺位，特别是国家层面支持农村集体产权制度改革的税收政策法律建设滞后和缺位现象比较突出。农村集体产权制度改革过程中可能涉及的增值税、企业所得税、土地增值税、资产转移所涉税收、回迁房和农民安居工程所涉税收、集体收益分配税收（红利税）等，都缺乏相应的税收政策法律支持。为深化农村集体产权制度改革，国家层面应当尽快研究出台支持集体产权制度改革和农村集体经济发展的税收制度、财政制度、金融制度，减免农村集体产权制度改革中相关税收，加大财政对农村集体产权制度改革的支持，强化金融对农村集体产权制度改革的服务。

（二）农村集体经济组织是社区投资建设、经济发展和治理的重要主体

农村集体经济组织是城市化地区乡村十分重要的组织资源和组织力量。在农村城市化进程中，可以撤村，但不能撤社，这是农村城市化转型的一条宝贵经验。在城市化进程中，城乡接合部地区的城中村、城郊村的村委会功能不断弱化，但集体经济组织的功能和作用却不断得到壮大。

唐家岭村集体经济组织即产权改革前的村经济合作社、产权改革后的村股份经济合作社，在城市化转型发展中发挥了不可替代的重要作用，主要体现在三个方面。一是发挥了村庄投资开发建设主体作用。唐家岭村经济合作社（股份经济合作社）及其所属公司承担了唐家岭村腾退改造和投资开发建设的重要任务，这就保障了村集体和村民成为村庄城市化建设的主体。二是承担了集体经济发展壮大的主体责任。唐家岭村经济合作社（股份经济合作社）及其所属公司负责集体产业园区建设和其他集体经济发展，这与那些将集体经济组织排除在外的村庄经济建设模式形成鲜明对比。三是发挥了社区治理的重要作用。无论撤村前的村庄社区还是撤村后的城市社区，集体经济组织都是社区治理的重要主体之一，特别是在村庄城市化转型中，集体经济组织具有其他组织都难以具备的文化纽带、情感维系、经济依赖、服务保障等生活共同体功能。

但集体经济组织的发展仍然面临不少问题，需要与时俱进地改革完善。一方面，从外部环境上说，亟须加快构建集体经济组织公平发展的制度环境。针对特别法人的定位，在加快推进国家层面集体经济组织立法的同时，应当高度重视和推进集体经济组织的地方法规和政策体系建设，通过法律制度建设保证集体经济组织及集体企业平等使用生产要素、公平参与市场竞争、同等受到法律保护，建立集体经济组织及集体企业与国有企事业单位一样公平的就业和社会保障政策制度体系。另一方面，从内部治理来说，应当高度重视集体经济组织内部治理体系和治理能力现代化建设，维护和发展集体经济组织成员的民主权利和财产权利。按照《农村集体经济组织示范章程（试行）》的要求，促进集体经济组织的规范化运行和管理；创新集体股权管理办法，促进封闭的集体股权、成员身份与开放的市场化、城市化、城乡一体化发展相适应，实现集体经济组织的可持续发展。

（三）集体建设用地入市是增强村庄自主发展的重大制度创新

在 2019 年 8 月 29 日第十三届全国人民代表大会常务委员会第十二次会议修改、2020 年 1 月 1 日起施行《土地管理法》之前，国家法律严格禁止农村集体建设用地直接入市。长期以来，城乡土地制度的不平等、建设用地指标使用的计划控制、土地增减挂钩（城镇建设用地增加与农村建设用地减少）等政策制度，成为限制农村经济正常繁荣发展的重要障碍。

2012 年唐家岭村经国土资源部门批准后在全国率先开展利用集体产业用地建设公租房试点，成为农村集体建设用地入市的最初探索，这为日后《土地管理法》相关内容的修改提供了重要的实践支持。修改后的《土地管理法》取消了限制农村集体建设用地入市的规定，允许农村集体建设用地直接入市，这是本次土地管理法修改的最大亮点。唐家岭村在城市化转型发展中既是农村集体建设用地入市的试点探索者，也是农村集体建设用地入市的真正受益者。农村集体建设用地入市是一项让多方受益的重大制度创新成果。一是实现了城乡接合部地区村庄从低端的"瓦片经济"向中高端的"租赁经济"的成功转型；二是为城乡接合部地区大量外来就业人口满足了相对体面和更有保障的居住需要；三是为发展壮大集体经济提供了有保障、低风险、可持续的收入来源。

随着新修订的《土地管理法》自 2020 年 1 月 1 日施行以及《土地管理法实施条例》自 2021 年 9 月 1 日起施行，已于 2004 年 7 月 1 日施行的《北京市建设征地补偿安置办法》与上位法及实际情况极不相符，亟须全面系统地加以修改。一是建议由市人大常委会组织开展《北京市建设征地补偿安置办法》的修改工作,以统筹兼顾,超越部门利益的羁绊,保障地方立法的公正性和权威性。二是适应乡村振兴和新型城市化发展的现实需要,调整和改变长期以来土地增减挂钩的政策做法,赋予、保障和规范城乡接合部地区村庄以及传统乡村地区产业用地的需求。三是保障农村集体经济组织利用集体经营性建设用地入市的自主权,规范集体经营性建设用地入市相关程序,制定公平合理的集体经营性建设用地入市税费法律法规政策,保障集体经济组织及其成员依法合理享有集体经营性建设用地入市的收益。

（四）城乡一体化的制度供给是新型农村城市化的迫切需要

城市化与城乡一体化既相互联系,又有明显的区别。简单地说,城市化是针对乡村地区的特征来说的,就是乡村地区的农用土地、农业人口等涉农要素转变为城市地区非农土地、非农业人口等要素的过程和结果;城乡一体化是针对城乡二元结构来说的,就是破除城乡二元的土地制度、二元的户籍身份制度、二元的社会保障制度等制度体系,实现城乡制度统一、平等、开放的过程和结果。

对于传统城市化和新型城市化的内涵特征,政策理论界可能有不同的说法和界定。我们在本书中认为,传统城市化就是在城乡二元体制中推进的城市化,其基本特征是坚持和承认城乡二元体制,以农村的巨额成本,去购买和转化为城市要素,从而达到农村变城市、农民变市民的过程;新型城市化就是在城乡一体化中推进的城市化,其基本特征是破除和改革城乡二元体制,以公平的制度变革,使城乡要素平等交换、自由流动,从而达到农村变城市、农民变市民的过程。

在城乡二元体制尚未破除的情况下,农村城市化模式的基本内容:一是通过政府强制征地,将农村集体土地变性为国有土地,然后在国有土地上进行开发建设;二是通过征地农转非或整建制农转非,将农业户籍身份转变为非农业户籍身份;三是农村集体和农民缴纳巨额费用,将转非农民纳入城镇社会保障体系,将征地超转人员的生活及医疗纳入民政保障体系之中。唐家岭村的城市化转型,既体现了新型城市化的创新探索,又带有深刻的传统城市化模式的烙印。

新时期推进农村新型城市化,必须坚持和体现城乡一体化发展的根本要求,加强城乡一体的制度供给和政策实施,形成农村城市化新的发展模式,这个新模式除了坚持和深化农村集体产权制度改革外,需要创新转变的主要有四个方面。

一是贯彻落实城乡统一的户籍制度改革政策,停止实行征地农转非和整建制农转非政策。2014年7月国务院《关于进一步推进户籍制度改革的意见》以及2016年9月北京市政府印发的《关于进一步推进户籍制度改革的实施意见》,都明确规定建立城乡统一的户口登记制度,取消农业户口和非农业户口的划分,统一登记为居民户口。因此,征地农转非和整建制农转非已经失去了基本的政策前提,建议尽快修改

《北京市建设征地补偿安置办法》中有关"逢征必转"的规定，不再实行征地农转非和整建制农转非。公安部门应当依据城乡统一的户口政策，免费将全市户籍居民户口统一更改登记为居民户口。全市城乡居民只有居住地和职业之分，不再有农业户口和非农业户口之别。

二是贯彻落实《土地管理法》和《土地管理法实施条例》，缩小征地范围，保障和规范集体建设用地入市。建议尽快修改《北京市建设征地补偿安置办法》有关建设征地的规定，严格遵守因公共利益需要征收农民集体土地的规定；明确和规范农村集体经济组织使用集体建设用地兴办企业或者与其他单位、个人以土地使用权入股、联营等形式共同兴办企业的相关规定，保障和赋予农村集体经济组织更多的土地发展权，发展壮大集体经济，促进共同富裕。随着城市化和城乡一体化的发展，一个重要现象是，城市有农村集体土地，也有农业产业；农村则有国有土地，也有非农产业。因此有关"城市土地属于国有、城市郊区和农村土地属于集体所有"的静止性法律规定应当重新认识和调整。

三是加快推进和实现城乡基本公共服务均等化，改变"逢征必保"政策体系。在城乡统一的社会保障制度建立之前确立的"逢征必保"政策已经不合时宜，建议尽快废止《北京市建设征地补偿安置办法》有关"逢征必保"的规定及其延伸的超转人员生活和医疗保障规定，统一走城乡基本公共服务均等化之路。应当明确的是，不管是否被征地，农民都应平等享有社会保障的权利，因而应当按照城乡基本公共服务均等化的政策路径加快提高农民社会保障水平。建议将城镇职工和城乡居民两套基本医疗保险、基本养老保险政策，统一整合为不分城乡、身份和职业的基本医疗保险和基本养老保险。为加快补齐农民社会保障短板，建议从土地出让收入中设立专项资金用于提高农民社会保障水平，可以优先补齐撤村建居地区农民社会保障与市民社会保障的差距。

四是统筹推进城市化中的撤村与建居工作，将社区公共服务供给纳入公共财政保障体系。撤村与建居是城市化中的重大问题，涉及多个职能部门方方面面的工作，需要统筹兼顾，相互衔接。在城市化进程中撤销村委会后，原村委会负责的社区公共管理和公共服务事务应当有序移交社区居委会负责，相关公共产品供给费用应当纳入公共财政保障范围。撤村后保留和发展起来的集体经济组织在社区公共治理中承担重要职责，政府应当对集体经济组织承担的社区公共服务给予相应的财政补贴，或减免相关税费，合理减轻集体经济组织的社会性负担。城乡接合部地区农村城市化后的基层治理演变为撤村建居强社格局，即在乡镇党委政府领导下的社区居委会、股份经济合作社合作治理格局，社区居委会、股份经济合作社分别设有党组织，社区居委会负责社区公共管理和公共服务，股份经济合作社负责社区集体经济发展事务，也参与社区公共治理服务。

　　农村城市化发展既是推动农村经济社会结构转型的重要力量，也是推动形成新型工农城乡关系的力量源泉。

　　　　　　　　　　　　　　　　　　　　执笔：张英洪

第五篇

乡村振兴与权利兴农

维护农村妇女土地权益的思考与建议

　　农民与土地关系是农村改革的一条主线。维护农村妇女土地权益，既是处理好农民与土地关系的重要内容，也是保障男女平等权利，建设法治中国的重要内容。关注农村妇女土地权益问题应当有两个视角：一是小视角，即以男女平等权利的视角关注妇女土地权益；二是大视角，就是除了从男女平等权利视角上关注妇女土地权益的维护外，还必须树立财产权保护这个无涉性别歧视的法治视角。在我国法治建设进程中，我们关注农村妇女土地权益这个问题，应当在坚持男女平等权利保护的基础上，更加重视财产权的全面依法保护，既重视男女平等权利的维护，又重视财产权利的法律保障。离开财产权的法治保障这个宏观制度环境和政治生态，农村妇女即使获得与男子平等的土地权利，这种权利也可能在不受制约的公权力面前丧失殆尽。

　　当前，农村妇女土地权益受到侵害或得不到保障与实现的主要因素有以下五大方面。

　　一是已有的法律制度得不到贯彻落实。改革开放以来，针对农村妇女在土地财产权益方面的突出问题，各级政府、妇联以及专家学者和媒体都做出不懈努力，共同推动了男女平等事业，强化了财产权利的保护。2005 年修订的《妇女权益保障法》从立法上明确规定了农村妇女土地权益保障的内容。这是一部充分体现权利导向的立法。该法第 32、33 条对妇女在土地方面享有与男子平等的权利做了明确规定。《农村土地承包法》第 30 条对农村妇女承包地权益也做了明确规定。但一些地方仍然存在侵害农村妇女土地权益的现象。这不是缺乏法律制度，而是缺乏健全的法律实施机制。

　　二是有的法律条款规定不合时宜，或存在立法空白。随着时代的发展和社会进步，有的法律规定已滞后于实践发展的需要，存在不利于保障包括农村妇女在内的农民土地权益的内容。《农村土地承包法》第 26 条第 2 款规定承包方全家迁入设区的市、转为非农业户口的，应当将承包地交回发包方，承包方不交回的，发包方可以收回。这为一些地方收回包括妇女在内的农民的承包土地提供了法律依据。《土地管理法》第 43 条规定任何单位和个人进行建设需要使用土地的，必须依法申请国有土地；

第47条规定征地按土地原用途补偿；等等。这不利于包括农村妇女在内的农民的土地权益的保障与实现。《物权法》对土地承包经营权、宅基地使用权等赋权明显不充分，人为限制了包括妇女在内的农民的土地权益。在立法方面，目前最缺的是有关农村集体经济组织的立法。长期以来，农村集体经济组织的法人地位不明确，农村集体经济组织成员资格的认定缺乏权威性的国家界定，各地在实践探索中的做法各异，有关权益纠纷不断。这是我国立法建设明显滞后改革发展实践的突出表现。

三是农村集体产权制度改革滞后。改革开放以前，我国建立了两个事关每个农民权益的重大制度结构，即城乡二元结构和农村集体所有制结构。城乡二元结构的特征是广大农民包括农村妇女与城镇居民权利的不平等，城乡要素严重分割。破除城乡二元结构的目标就是实现城乡一体化。传统的农村集体所有制的特征是产权的封闭性与产权的模糊性。农村集体产权制度改革的过程，实质上就是不断改革与突破这两个制度结构的过程，就是不断扩展农民基本权利、推动社会文明进步的过程。相对而言，农村集体产权制度的改革明显滞后于市场化、城镇化和城乡一体化发展的需要。农村妇女的土地权益，与上述两个基本的制度结构密切相关。目前，除了长三角、珠三角、京津等经济发达地区和城市化快速发展的地区已经积极探索推进农村集体产权制度改革外，从全国而言，农村集体产权制度改革至今仍缺乏国家层面的顶层设计与制度规范。广大农民包括妇女的集体财产权益的保障与实现面临传统体制的严重制约。

四是财产权利救济渠道不畅。农村妇女土地权益一旦受到侵害，最大的问题往往是权利救济失灵。司法不能成为维护社会公平正义的最后一道防线，这是国家治理出现问题的重要表征。

维护农村妇女土地权益，是推进国家治理现代化的迫切需要。

男女平等是基本国策，保护财产权是法治的基本要义。在全面依法治国、加快建设法治国家进程中，维护农村妇女土地权益，关键是要树立财产权全面保护的法治思维，要在立法、执法、司法等各个领域体现法治理念和公平正义原则。具体建议有以下五方面。

一是要明确村民自治的权力边界和法律责任。村民自治作为我国农村治理的重要形式，是一项空前的农村民主政治实验，在启发民智、聚集民力、凝聚民心、表达民意等方面发挥了重要的作用。但在实践中，村民自治也存在许多认识偏差和行动问题，其中一条就是以少数服从多数的名义侵害村民个人的基本权利，产生了一种"多数的暴政"的现象。为此，我们需要进一步明确村民自治的权力边界，将自治权纳入法治的轨道，将村干部的权力关进制度的笼子里。村民自治必须在宪法和法律的框架内行事，自治权不得与宪法和法律相抵触，不得侵犯村民的基本权利和个人自由。应当修改《村民委员会组织法》，明确村委会的权力边界及侵权责任，强化对村民权利的保护。建议制定《村民自治法》，按照法治中国建设的新要求，对村民自治进行全面规范和提升，促进乡村治理法治化。

二是修改和制定相关法律，健全法律实施机制。与农村妇女土地权益相关的法律，有的需要修改，以进一步明确相关规定；有的需要重新制定，以弥补有关保障农村妇女土地权益的法律缺失。关于《农村土地承包法》，应当取消其中有关承包方全家迁入设区的市、转为非农业户口的应当将承包的耕地和草地交回发包方的规定，明确保障进城落户农民的土地权益。耕地承包期应由 30 年修改为长久不变。要做好土地承包经营权确权登记颁证工作。凡确权到户到地的，可由农户家庭成员共同享有土地权益，内部协商解决有关问题。凡确权确股不确地的，必须明确农户每名成员的股份份额。关于《物权法》的修改，重点是要对土地承包经营权、集体建设用地使用权、宅基地使用权实行更充分的赋权与保护，使上述"三权"具备占有、使用、收益和处分的完整权能。现行《土地管理法》的计划经济色彩非常浓重，城乡二元土地制度分割明显，不利于市场化、城市化、城乡一体化的发展需要，不利于城乡统一的土地市场的形成，不利于土地财产权利的维护与实现，需要做重大修改。《土地管理法》的基本修改方向是，凸显对公民土地财产权的保障，建立城乡统一的土地市场，保障国有土地和集体所有土地两种所有制的平等地位，因公共利益需要征收土地应给予公正补偿等。建议在修改《土地管理法》的基础上，制定土地方面的母法——《土地法》。应当制定《农村集体经济组织法》《农村住宅法》等，全面加强涉农法制建设，尽快把农村财产权保护的法制建设提高到一个新水平。要拿出健全宪法和法律实施机制的实招，使其真正得到良好的实施，公民的基本权利得到良好的保护与有效救济。

三是探索农村土地集体所有制的有效实现形式，深化农村集体产权制度改革。推进农村土地集体所有制的改革完善，要与市场化取向的改革、新型城镇化建设的要求、城乡一体化发展的方向相协调，与赋予和保障农民更多、更充分财产权利的目标相适应，探索实行集体所有权、农户承包权、土地经营权三权分置，按照股份合作制的方向全面深化农村集体产权制度改革，将农村土地农民集体所有制体现在人人拥有集体产权股份上。土地承包权是农民在集体经济组织内的身份性财产权利，所有集体经济组织的成员，不分男女老少，都平等享有。关键是要确立集体经济组织的成员身份资格，由此保障和实现成员身份权与享有的集体财产权相统一。在确定集体经济组织成员身份资格上，应当区分原始取得成员资格即初始成员资格与新增成员资格。同时要推进农村政经分离改革，区分农村社区成员权与集体经济组织成员权。

四是加快法治政府建设，推进司法改革。各级政府在维护妇女土地权益上发挥着主导作用，但如果政府的公权力不受监督与制约，则又可能严重侵害妇女的土地权益。习总书记提出要将权力关进制度的笼子里，就是要建设法治政府，将政府的全部工作纳入法治轨道。要像全面从严治党那样，推进全面依法治国；像强力反腐败那样，强力反侵权。对各级政府来说，法定职责必须为，法无授权不可为，有权就有责，侵权要追究。面对一些地方暴力强征强拆严重侵害包括农村妇女土地权益的现象，迫切需要追究侵权组织和侵权个人相应的行政责任、党纪责任、民事责任和刑事责任。法律的权威在于实施，法律的生命也在于实施。暴力强征强拆实质上就是严重侵害公民财产权利的犯罪行为，应当追究侵权单位和侵权个人的刑事责任。要强化《刑法》有关单位犯罪的实施，依法追究侵害包括农村妇女在内的公民的财产权利和人身权利的有关单位的刑事责任。建议修改《刑法》，明确将暴力强征强拆列为侵害公民财产罪。司法改革要着眼于司法公正，筑牢社会正义的最后一道防线，真正实践习总书记指出的要让人民群众在每一个司法案件中都感受到公平正义。

五是加强妇女组织建设，创新妇女组织维权方式。要适应财产权利保护的新要求，进一步加强妇女组织建设，构建以各级妇联为主体、其他妇女组织为补充的多元妇女组织维权体系。第一，建议国务院及地方各级政府将作为议事协调机构的妇女儿童工作委员会改为各级政府的直属机构，其办公室不应设在各级妇联，而应当作为政府的工作部门单独设立。要充分发挥政府部门序列中的妇女儿童工作机构在促进男女平等、维护妇女各项基本权利、实现妇女自由而全面发展上的主导作用。第二，根据形势发展的新要求，进一步改革各级妇联组织，核心是要切实解决妇联组织和工作中存在的机关化、行政化等脱离妇女群众的问题。要将妇联组织从异化了的行政官僚组织还原为社会组织。第三，积极培育和发展各种妇女组织，实现妇女组织发展的多元化。建议制定《妇女组织法》，在法治的轨道上大力发展和规范多元化的妇女组织，实现我国妇女组织由妇联的一枝独秀到各种妇女自我组织百花齐放的繁荣局面。

执笔：张英洪

2016 年 9 月 1 日

在发展农民权利中振兴乡村

　　农村改革的过程，实质上就是不断发展和扩大农民的基本权利的过程。改革开放40年来，我国农业农村农民的面貌都发生了历史性的重大变化，农民权利也得到了很大的发展。但"三农"问题仍然严峻复杂。"三农"问题集中体现了农民群众对美好生活的需要和权利发展不平衡不充分的矛盾。乡村的衰败根本在于权利发展不足、权利发展滞后、权利发展不充分。振兴乡村，关键在于振兴权利、发展权利、保障权利，实现人的自由而全面的发展。实践证明，凡是有利于发展农民权利的公共政策出台与实施，就会明显推动"三农"的发展进步；凡是不利于发展农民权利的公共政策出台与实施，就会明显阻碍"三农"的发展进步。实施乡村振兴战略，解决新时代的"三农"问题，必须坚持以人民为中心的发展思想和新发展理念，走以权利为导向的发展之路，把维护和发展农民权利作为根本出发点和落脚点，重点是要着力发展农民的人权、产权、治权这"三权"。

一　发展农民的人权，就是要尊重、保障和实现农民的各项基本权利和自由尊严

　　习近平总书记在党的十九大报告中指出："维护国家法制统一、尊严、权威，加强人权法治保障，保证人民依法享有广泛权利和自由。"要"保护人民人身权、财产权、人格权"。我国《宪法》以及国际人权宪章（包括《世界人权宣言》《经济、社会、文化权利国际公约》《公民权利和政治权利国际公约》及两个公约任择议定书）对基本人权都做了明确规定。我国《宪法》已明确规定尊重和保障人权。农民应当享有的基本权利和自由的内容十分丰富，限于篇幅，笔者就事关乡村振兴的平等权、自由迁徙权、受教育权、健康权、社会保障权、生育权、环境权的发展谈些看法。

　　一是发展农民的平等权。城乡二元结构的实质是城乡居民权利不平等以及城乡要素的制度分割。发展农民的平等权，就要树立宪法和法律至上、法律面前人人平等的法治理念，建立违宪审查制度，继续加快破除城乡二元结构，废除城乡二元体制，建立城乡统一、公平、开放的制度体系，实现国家法制的统一与公正。凡是违背宪法、

歧视农民的法律法规和政策文件都应当废止或修改，要加快使农民在政治、经济、社会、文化等领域享有平等权利的法治建设。建议尽快批准和实施我国在 1998 年就签署的《公民权利和政治权利国际公约》，按照法治中国建设的新要求修改完善《宪法》，建立健全宪法实施机制，将宪法规定的尊重和保障人权具体化、实践化，使广大农民在新时代成为共和国享有平等权利和完整公民权利的现代公民，平等参与现代化建设，平等享有发展成果。发展公民的平等权利，是针对全国城乡居民而言的。要构建城乡融合发展的体制机制，就必须加快建立既允许农民进城就业居住生活成为新市民，也允许市民进村居住就业生活成为新农人的公平开放制度体系。

二是发展农民的居住和迁徙自由权。1958 年 1 月 9 日第一届全国人大常委会第 91 次会议通过《中华人民共和国户口登记条例》，建立了城乡二元户籍制度，在事实上取消了 1954 年《宪法》规定的公民居住和迁徙自由权。2014 年 7 月国务院发布《关于进一步推进户籍制度改革的意见》（以下简称《意见》），明确提出取消农业户籍与非农业户籍，统一登记为居民户口。2016 年 1 月 1 日生效的《居住证暂行条例》（以下简称《条例》）旨在推进城镇基本公共服务和便利常住人口全覆盖。应该说，上述《意见》和《条例》在消除户籍身份歧视、维护和发展公民的居住和迁徙自由权上具有里程碑意义。但是，目前户籍制度改革的政策没有真正落地，同时，特大城市的积分落户政策事实上又建起了新的户籍壁垒。城市与农村之间、城市与城市之间、农村与农村之间的户籍迁移并不畅通，包括农民在内的公民居住和迁徙自由权并没有完全实现。建议进一步修改完善《宪法》，加快现代户籍立法，恢复公民居住和迁徙自由权的规定，明确废止《户口登记条例》，制定全国城乡统一的《户口法》，消除一切身份歧视，加快实现城乡基本公共服务均等化，实现基本公共服务在全国范围内的统一与接续转移，确保基本公共服务随着公民转，公民迁徙居住在哪里，基本公共服务就跟到哪里。特别是要根据自愿的原则，在制度上允许农民工及其家庭举家迁入城镇就业、居住与生活，实现农民工市民化，使农民工成为身份和权利都平等的新市民。同时，也要允许城镇居民下乡创业生活定居。要借鉴国际劳工组织的相关标准加强农民工劳动保护制度建设，保障农民工的各项基本权利。要加快构建城乡要素双向自由流动的新格局，既保障农民自由选择进城居住，也保障市民自由选择进村居住生活，从而推动和实现城乡融合发展，既实现城乡繁荣，又推动乡村振兴。

三是发展农民的受教育权。要在已经实行 9 年免费义务教育的基础上，进一步优化财政支出结构，持续提高教育支出占 GDP 的比重，加大教育投入，把实施科教兴国战略、实现教育优先发展具体落实到各项公共政策上来，全面推动社会文明进步。要把通过反腐败和廉政建设收缴国库的资金以及因降低行政成本而节省下来的"三公经费"，更多地用于发展教育和改善民生。建议从幼儿教育到大学教育阶段全部实行免费教育，进一步健全奖学金和助学金制度，在幼儿园和中小学全面实行免费午餐制度，同时确保午餐质量的绝对安全，体现健康中国建设的根本要求。要加大对农民的文化和技能培训，使广大农民充分享有继续接受教育的权利。城市政府特别是特大、超大城市政府，要根据常住人口数量和需求配置基础教育资源，确保全部常住人口中的适龄儿童和青少年充分享有幼儿教育和中小学教育的权利。要将农民工全面纳入职工教育培训体系和劳动保护体系。决不能借口治理城市病而剥夺外来常住人口的受教育权。这是一项事关人民美好生活需要和实现中华民族伟大复兴的基础性工程，不但有助于乡村振兴，而且有利于中华民族伟大复兴。

四是发展农民的健康权。没有农民健康，就没有全面小康。中共十九大报告指出，人民健康是民族昌盛和国家富强的重要标志，并提出实施健康中国战略。由于生态环境的恶化、化学农业的发展、食品安全等问题的突显，广大农民的健康问题不容忽视。农民的健康权与健康中国建设密切相关。笔者认为，实施健康中国战略至少有五个层面的内容。第一是人们生活在健康的自然环境中，没有空气污染、水污染、土壤污染、垃圾污染等。第二是吃的食品要安全。中共十九大报告提出实施食品安全战略，让人民吃得放心。农业供给侧结构性改革的首要任务就是要提供安全优质的农副产品，保障舌尖上的安全。应当大力支持发展生态有机农业，实现从化学农业向生态农业转型，严格控制农药、化肥、农膜、除草剂等使用；鼓励和支持发展生态健康养殖业，控制各种激素的使用。第三是形成健康的生活方式。提倡放慢工作和生活的节奏，不过度劳动和工作，不熬夜、不酗酒，加大控烟力度。第四是改善农民工生产和生活环境，全面建立农民工劳动保护制度，确保农民工在安全健康的环境中生产生活。第五是建立健全全民医疗保险制度，提高农民医疗保障水平。应当大幅度提高农民的医疗保障水平，缩小城乡医疗保险待遇差距，彻底解决农民看病难、看病贵等问题。地方和基层不得制定土政策限制或剥夺农民的医疗保障权益。

五是发展农民的社会保障权。我国《宪法》规定："中华人民共和国公民在年老、疾病或者丧失工劳动能力的情况下，有从国家和社会获得物质帮助的权利。国家发展为公民享受这些权利所需要的社会保险、社会救济和医疗卫生事业。"享有社会保障权利是宪法赋予农民的基本权利，也是社会主义的本质要求。党的十六大以来，我国先后建立了"新农合""新农保"等制度，实现了社会保障的城乡全覆盖，广大农民的社会保障实现了从无到有的重大转变。但是，农村的社会保障水平总体上还比较低，城乡社会保障的待遇差距还比较大。随着农村人口老龄化问题的日益突出，新时代发展农民的社会保障权显得尤为紧迫和重要。要全面提高农村养老保障水平，缩小城乡养老保障待遇差距，加强老龄事业立法工作，推进老年人健康福利权利保障法治化。每年农历九月九日重阳节应放假一天。加快建立健全全国统一政策制度、统一待遇水平的社会保障制度体系，实现全国社会保障的统一接转，确保农民进城有社会保障，市民进村同样有社会保障。建立农民退休制度，提高农民养老金待遇，全国60岁以上农民的养老金应逐步提高，每人每月养老金应逐步提高到500元、800元、1000元、1500元等水平上来，尽快缩小城乡居民养老待遇差距，保障农民老有所养，这也是积极应对农村人口老龄化的重大政策选择。考虑到我国农民长期的艰辛付出和对国家工业化、城镇化的巨大历史性贡献，应当在社会保障上对农民进行更多补偿。特别是要加大精准扶贫力度，将贫困农民家庭全面纳入社会保障网络中，提高农村低保待遇水平。要重新认识和保护家庭的价值，建立普惠性的家庭福利制度，为儿童、妇女和老人提供普遍福利保障，使广大农民共享改革发展的成果，让新时代的农民生活得更加体面、更有尊严，从而增强广大农民对国家的认同感和自信心。要大力弘扬中华优秀孝道文化，在全社会倡导"百善孝为先"的家庭美德。保障农民工等外来常住人口在城镇公平享有均等的基本公共服务，确保外来常住人口与本地户籍人口享有平等社会保障权利。特别是要改变以牺牲外来常住人口基本权利为代价来治理大城市病的传统思维方式和落后的政策取向。国际经验表明，保障外来常住人口基本公民权利与治理大城市病完全可以统一起来。

六是发展农民的生育权。计划生育是计划经济思维在人口生育领域的重要体现。1980年9月25日，中共中央发布《关于控制我国人口增长问题致全体共产党员共青团员的公开信》，全面实行独生子女政策。随着计划生育政策的长期推行，我国人口老龄化、少子化趋势日益严重。中共十八大以来，我国开始调整严格的计划生育政策，2013年实行"单独二孩"政策，2015年实施"全面二孩"政策。但这些计划生育政策的小调整并未有效扭转人口严重老龄化、少子化的不利趋势。据人口专家分析，2020年中国的人口危机将全面爆发。笔者最为忧虑的是，中华民族在伟大复兴进程中将可能面临人口断崖式下降的深刻危机。生育权是一项基本人权。1974年联合国召开世界人口会议通过《世界人口行动计划》对生育权做了经典性的定义："所有夫妇和个人享有自由负责地决定其子女数量和间隔以及为此目的而获得信息、教育与方法的基本权利。"中共十九大报告提出加强人口战略研究。笔者认为，人口战略最重要的是要尊重和保障公民的生育权，保护家庭的巨大价值。在法治中国建设中，全面改革计划生育政策已刻不容缓，应当尽快废除计划生育政策，将自主生育权还给农民家庭和公民个人，将计划生育机构全面转型为健康养老服务机构。建议废止《人口与计划生育法》，制定《人口与家庭保护法》，从立法上全面保护家庭，从限制生育转向鼓励生育，积极应对人口老龄化，确保农业农村后继有人，弘扬中华民族生生不息的优秀生育文化，重建中华家庭文明，从而实现乡村振兴和中华民族的永续发展。

七是发展农民的环境权。习近平总书记在党的十九大报告指出，建设生态文明是中华民族永续发展的千年大计。必须树立和践行绿水青山就是金山银山的理念，坚持节约资源和保护环境的基本国策，像对待生命一样对待生态环境，并强调要加快生态文明体制改革，建设美丽中国。坚持绿色发展理念，加快建设生态文明，必须赋予和发展农民的环境权。环境权是公民享有在无害于其健康的环境中生存的权利，主要包括清洁的空气权、清洁的水权、不受污染的土壤权等。国际社会已经将环境权作为基本人权。环境权概念的提出和环境权的法律保障，是人类对工业文明造成巨大环境污染和破坏的深刻反思。在我国致力于解决日益严重的生态环境问题、大力加强生态文明建设、努力建设美丽中国的新时代，必须树立环境权意识，加强环境权的立法保障。振兴乡村，必须振兴生态、振兴乡村环境。第一是建议修改《宪法》和《环境保护法》，明确规定公民的环境权，保障公民对环境保护问题的知情权、表达权、参与权、监督权。公民既享有在健康的环境中生存生活的权利，也有保护生态环境的责任和义务。第二是要积极鼓励和大力支持环境保护组织的发展，让公民参与到环境保护的组织中，提倡节俭和简约的生活方式，严格限制一次性筷子、一次性杯子等严重浪费资源的消费行为和方式。第三是实现对化学农业的历史性超越，走生态农业发展之路。第四是在乡村建设上走美丽乡村之路，每个乡村都可以建设美丽乡村，也都应该建设美丽乡村。让广大农民都能生活在蓝天白云、绿水青山、鸟语花香的健康宜居的生态环境之中。

二 发展农民的产权，就是要赋予和保障农民享有更加充分而完整的财产权利

有恒产者有恒心。赋予和保护农民的产权，是新时代"三农"工作的重要任务，是保障人民对美好生活需要的基础工程，也是实现乡村振兴战略的产权保障。农民的财产权利可区分为集体财产权利和个人财产权利，主要包括承包地权利、宅基地和住房权利、集体资产权利以及其他财产权利。农村集体产权具有归属不清、权责不明、流转不畅、保护不严等问题，这是导致乡村衰败、制约乡村繁荣的重要产权因素。实施乡村振兴战略，必须全面深化农村集体产权制度改革，发展农民财产权利，构建归属清晰、权能完整、流转顺畅、保护严格的农村集体产权制度，助推城乡融合发展。

一是发展农户承包地权利。中共十九大报告指出，深化农村土地制度改革，完善承包地"三权"分置制度，保持土地承包关系稳定并长久不变，第二轮土地承包到期后再延长 30 年。承包地权利是集体所有制条件下农民最为重要的财产权利之一。承包地权利已分为集体所有权、农户承包权、土地经营权，"三权"分置并行。这三项权利都需要发展和保护。集体所有权是基础和前提，农户承包权是核心，土地经营权是关键。农户承包权是农民集体所有权的重要实现形式，土地经营权是农户承包权的派生形式。

在集体所有权的发展和保护上，关键是要确保作为集体所有权人的农民集体有效

行使集体土地所有权。这主要体现在三个基本方面：第一是农民集体对承包地的发包、调整、监督、收回、流转等权能，第二是集体所有权人对集体土地的占有、使用、收益、处分的权利，第三是集体所有权人对集体经济组织管理的知情权、表达权、决策权、监督权。这就需要建立健全相应的农民权利保障和实现机制，第一是建立健全集体经济组织，将之作为集体所有权的产权代表和组织载体。村一般是建立经济合作社，乡镇一般是建立经济联合社。要制定规范的经济合作社或经济联合社章程，使之能够成为市场主体，正常参与市场活动。未建立集体经济组织的，由村委会代行集体经济组织职能。第二是建立集体经济组织和村委会的民主议事制度和机制，保障集体的事由集体商量决定。第三是上级有关部门要经常督促、检查、指导、帮助集体经济组织和村委会的相关工作，促使其按照有关法律法规规定及章程有关程序规范化地开展工作。在集体所有权问题上，第一是要改变少数村干部说了算、农民难以真正参与决策和管理的局面；第二是要防止少数村干部以集体所有权之名，侵犯农户承包权益。为此，必须建立健全基于集体所有制的新型乡村治理体系。

在农户承包权的发展和保护上，关键是要在法律上明确规定农民对承包地享有占有、使用、收益和处分的比较完整权能。中共十九大报告明确提出保持土地承包关系稳定并长久不变，第二轮土地承包到期后再延长 30 年。从第一轮承包到第三轮承包，承包期长达 75 年，并且土地承包关系长久不变，这就使农户承包权具有准所有权的性质。可以说，目前国家在政策法律上对农民承包地权利的保护，是农民所有土地权利中保护最有力的领域。新时代发展农户承包权，核心是扩大农民对承包地的处分权能。现行法律和政策试点赋予承包经营权流转、抵押、担保这几项有限的处分权能，流转主要包括转让、互换、出租、转包、入股或其他方式，农户可以自愿有偿退出承包地，农民进城落户可以保留土地承包权。在此基础上，应当继续赋予农户对承包地的继承权、赠与权等权能。土地承包权可以分为初始承包权和继受承包权。在第一轮或第二轮承包时获得土地承包权的农户享有初始承包权，此后通过转让、继承、赠与获得承包权的为继受承包权。第二轮承包期到期后，应当继续坚持"增人不增地、减人不减地"原则，不得打乱重分土地。集体经济组织新增人口，既可以通过转让、继承、赠与获得继受承包权，也可以通过市场流转获得土地经营权。要保护农户承包权免遭来自所有权和经营权两方面的夹击与侵蚀，既要谨防乡村干部借口坚持集体所有权而侵害农户承包权，又要警惕地方政府与社会资本借口放活土地经营权而损害农户承包权。

在土地经营权的发展和保护上，关键是要规范和平等保护土地经营权人享有流转土地的占有、使用、收益以及合理的处分权。现行政策和《农村土地承包法修正案（草案）》赋予土地经营权人对流转土地享有占有、耕作、收益的权利，有建设农业生产、附属、配套设施并依约定获得合理补偿的权利，合同到期后有优先续租权利，依法采取出租（转包）、入股或者其他方式流转土地经营权，向金融机构融资担保权，流转土地被征收时，按合同约定确定地上附着物及青苗补偿费归属。土地经营权也可以分为承包经营权和流转经营权，承包经营权是作为集体经济组织成员获得土地承包权时自我经营土地的权利，或者继受承包权人自我经营土地的权利；流转经营权是通过土地流转市场获得的土地经营权。应当通过立法明确规定土地经营权人享有占有、使用、收益的权利以及出租（转包）、入股、融资担保等合理的处分权，要将对土地经营权的保护纳入规范化、法治化的轨道。随着农户承包期的再延长，应当相应延长土地流转合同，稳定土地经营人的预期；要尽快建立完善土地承包经营权、土地经营权抵押、担保的政策制度，完善农业支持保护补贴政策，实行普惠制补贴，确保真正从事农业生产经营的主体获得必要的农业支持保护补贴。要进一步重视农业基础设施建设，加大农业基础设施建设投入力度，真正落实土地经营权人根据政策法律法规建设农业配套设施的权利。在保障土地经营权人正当权益的同时，也要重点防止基层组织和个人强迫或限制承包农户流转土地，防止流转土地的投机利用及非农使用。要适当限制土地经营权的多次流转等。在"三权"分置的情况下，我国职业农民可以被区分为两种：一种是作为集体经济组织成员享有土地承包经营权的农民，他们是承包型农民；另一种是通过流转土地而从事农业的新型农民。两种农民的权利都应当得到充分发展和保护。凡因公共利益征收农村土地，属于确权确地的土地，应当将土地补偿费的85%或90%补偿给农户，其余15%或10%补偿给集体经济组织，以体现征地对集体承包地的集体所有权和承包经营权的征收补偿。

二是发展农民的住房和宅基地权利。自从1962年《农村人民公社工作条例修正草案》首次规定宅基地归生产队所有后，几十年来，我国政策法律对农民的住宅（包括住房和宅基地）权利进行严格控制和限制，使农民的住宅权利成为农民财产权利中发展最为迟缓的领域。现行政策法律法规对农民住宅权利的限制主要体现在如下六个方面：第一是一户一宅，限制面积；第二是城镇居民不得到农村购买宅基地、农民住宅或"小产权房"；第三是农民的宅基地不准出租；第四是农民的宅基地使用权不得抵押；第五是农民的住房不能向本集体经济组织成员以外的人出卖；第六是农民住房不能抵押融资。我国严格限制农民住宅权利的传统政策制度安排，是阻碍城乡融合发展、导致乡村衰败的重要制度根源之一。2013年中共十八届三中全会提出，改革完善农村宅基地制度，选择若干试点，慎重稳妥推进农民住房财产权抵押、担保、转让。这项试点工作进展比较缓慢，突破也不大。今年（2018）中央一号文件明确提出宅基地实行"三权分置"。在新时代，要振兴乡村，实现城乡融合发展，维护和发展农民权利，必须对农村住宅制度进行重大改革。

要修改相关法律，在坚持宅基地集体所有制的前提下，进一步明确赋予农民对宅基地占有、使用、收益和处分的权能，使宅基地具有准所有权性质。其一，允许和鼓励农民通过出租和经营个人住宅获得合法收益，农民可以转让宅基地，村集体可以利用集体建设用地发展住房产业，国家应当制定相关税法从村集体和农户经营住宅收益中获得税收，也可减免有关税收。其二，建立城乡统一的住宅市场，扩大农民住宅出租、转让、交易的市场半径，允许城镇居民通过市场交易依法购买农村住房、租用宅基地。在农民住宅转让中，坚持地随房走，宅基地使用权一同转让，转让时不改变宅基地集体所有制性质，不因为农民进城落户而收回宅基地，国家应建立完善农村住宅市场交易税收制度。其三，国家要给农民住宅发放产权证书。当农民拥有合法的住宅产权时，其抵押、担保权能就容易顺利实现。其四，要清理废止计划思维浓厚的限制农民住宅财产权实现的一系列陈旧的政策制度，按照法治中国建设的新要求和市场经济改革的大方向，着力加强农民住宅立法，建立和规范农民住宅交易市场。其五，因公共利益需要征收农民住宅时，既要对房屋进行合理补偿，也要明确对宅基地进行合理补偿。征收宅基地的补偿费，被征收宅基地的农户应获得90%以上的征地补偿费，村集体可获得10%以内的补偿费。特别要纠正一些地方征地时借口宅基地属于集体所有而对农民只补偿房屋、不补偿宅基地的错误做法。其六，要严厉打击一些地方以各种名义非法暴力强拆民宅的违法犯罪行为，严格禁止社会资本与地方政府联手驱赶农村原居民、强制圈占农民住宅大搞资本狂欢型的乡村旅游开发项目，鼓励和规范社会资本与农户自愿合作或与农民合作社联合公平开发农村住宅项目，切实保障老百姓的住宅财产权利。

三是发展农村集体经营性建设用地权利。现行法律对农村集体经营性建设用地的权利进行严格控制和限制，禁止农村集体经营性建设用地进入市场，这是制约乡村产业发展和农民财产权利、导致乡村衰败的重要制度根源之一。中共十八届三中全会审议通过的《中共中央关于全面深化改革若干重大问题的决定》提出："在符合规划和用途管制前提下，允许农村集体经营性建设用地出让、租赁、入股，实行与国有土地同等入市、同权同价。"这就明确提出了农村集体经营性建设用地改革的方向。2015年2月，全国人大常委会授权国务院在北京大兴等33县（市、区）开展集体经营性建设用地入市试点。几年来，试点地区虽然在探索农村集体经营性建设用地入市方面有了一些突破，但总体来说，试点改革比较谨慎，进展缓慢，改革步子迈得还不大。应当按照建立城乡统一的建设用地市场的要求，落实农村集体建设用地与国有土地同等入市、同权同价，加快推进农村集体经营性建设用地入市改革，赋予农村集体经济组织对农村集体经营性建设用地享有占有、使用、收益、处分的权能。其一，明确赋予农民集体土地发展权，允许农村集体经济组织在符合规划和用途管制的条件下，根据市场原则自主利用集体建设用地开发建设，发展集体产业，可以建设租赁房等商品住房。要改变"城镇建设用地增加要与农村建设用地减少相挂钩"的政策，合理安排农村更多的建设用地指标，这是实现乡村振兴、发展乡村产业的必然要求。其二，修改完善现行税法，取消试点地区政府收取集体经营性建设用地入市有关费用或基金的做法，明确规定政府从农村集体经营性建设用地入市中收取相关税收。其三，要保障集体经济组织和农民在农村集体经营性建设用地入市中的收益，特别是要保障农民公平享有土地增值收益的权利。

四是发展农民的集体资产权利。中共十八届三中全会提出，保障农民集体经济组织成员权，积极发展农民股份合作，赋予农民对集体资产股份占有、收益、有偿退出及抵押、担保、继承权。2015 年 5 月，国务院确定在全国 29 个县（市、区）开展农村集体资产股份权能改革试点。2016 年 12 月中共中央、国务院发布《关于稳步推进农村集体产权制度改革的意见》，对农村集体产权制度改革进行了全面部署安排，改革的目标明确，方向正确，思路比较清楚。这主要得益于广东、浙江、上海、北京等城镇化先行地区和经济发达地区在 20 世纪 80 年代自主开展的农村集体经济组织产权制度改革的成功经验。新时代发展农民的集体资产权利也就是集体经营性资产的权利，重点有四个方面。其一，适应时代发展和人口自然变化与流动的需要，赋予农民对集体资产股份的转让权。集体资产股份既可以在本集体经济组织成员内部转让，也可以在本集体经济组织成员之外转让。在确认集体经济组织成员、完成集体土地确权和产权改革的基础上，应当将传统的封闭性的集体经济组织改革为开放性的集体经济组织，这是实现乡村振兴战略的重要举措。因为如果固守集体经济组织成员和产权的封闭性，随着时间的推移，大部分集体经济组织成员将自然消失，集体经济组织将明显萎缩甚至消亡。其二，加强集体资产监督管理，防止集体资产被侵吞和流失。其三，规范集体收益分配机制，保障农民集体收益分配权利。其四，改革完善农村集体组织税收制度。2017 年 10 月 1 日施行的《民法通则》，规定机关法人、农村集体经济组织法人、城镇农村的合作经济组织法人、基层群众性自治组织法人为特别法人。农村集体经济组织作为特别法人，不同于营利法人，其税收政策应有所不同。建议修改相关税法，减免农村集体经济组织相关税收，特别是在农村集体经济组织产权改革阶段和发展成长初期，应当减免包括集体经济组织股东分红税在内的各种税收。

五是围绕发展农民土地财产权利加强土地立法体系建设。现行的土地法律法规和政策既残缺不全，又严重限制农民土地财产权利，这是制约乡村振兴最重要的制度因素之一。应当适应人民群众对美好生活向往的需要，加快改变土地权利发展不平衡不充分的问题，加强土地制度立法建设，发展农民的土地财产权利。其一，要继续修改完善宪法，赋予集体土地与国有土地平等的权利地位。修改城市土地属于国家所有、农村和城市郊区的土地属于集体所有的模糊性和静态性的僵硬规定。事实上，农村和城市郊区的土地中也有国有土地，同样，城市土地中也有集体土地。换言之，国有土地可以从事农业生产经营，集体土地也可以进行城市开发建设。随着土地所有权确权的完成，新增加的城市建设用地可以是集体建设用地，城市土地可以实行国有制和集体所有制两种形式。要赋予农民集体土地发展权，加快改革征地制度，缩小征地范围，保障农民集体和农户的土地权益。其二，要消除土地基本法立法缺失的法律空白，建议制定《土地法》。可以参考借鉴台湾土地相关规定的经验，结合我国土地公有制的特性，明确规定土地权属，细化地权保障。根据《土地法》的规定，制定《土地管理法》。其三，全国人大及其常委会要勇于担当，依法承担起宪法赋予的立法职权，在法治中国建设中积极发挥立法的主导作用，从根本上改变部门立法倾向。《土地法》是国家的基本法律，应当由全国人大或人大常委会牵头组织立法起草工作，改变由国土资源部门主导土地方面立法的部门偏向和计划经济立法思维方式。现行的《土地管理法》带有鲜明的部门立法色彩和计划经济思维，站位不高，格局不大，地权意识不强，应当进行重大修改。目前我国只有国土管理和计划生育管控两方面仍然带有严重的计划经济特性，而恰恰是这两方面造成的社会问题既繁多又严重，必须改变过来。其四，要根据全面依法治国的总要求，废止一切不适应法治建设要求、计划控制严重的有关土地方面的规范性文件，加快土地方面系列立法工作。应当制定有关农用地、住宅、建设用地、城中村改造等法律法规，将我国土地制度建设全面纳入法治化轨道，全面提高土地制度建设的法治化、科学化水平。

六是围绕保护农民财产权利全面改进工作。严格保护农民的财产权利非常重要。其一，要把保护农民产权作为实施乡村振兴战略的重要内容，推动建立全社会重视产权、尊重产权、保护产权的良好环境。其二，建议出台"加强农村产权保护"政策意见，强化全社会对农民产权的保护意识。2016年11月，中共中央、国务院发布《关于完善产权保护制度依法保护产权的意见》，这是我国首次以中央名义出台产权保护的政策，对完善产权保护制度、推进产权保护法治化做了明确规定。其中虽然也提到了农村产权问题，但其重点是保护民营企业的相关产权。因此，应当制定《农村产权保护的意见》等专门政策文件，增强全社会尊重和保护农民产权的意识。其三，要坚决制止和消除一些地方的非法暴力强征强拆现象。建议修改完善《刑法》，进一步明确侵犯农民土地和住宅等财产权利犯罪的规定，依法打击一些地方屡禁不止的强拆老百姓住宅的违法犯罪行为。要像强力反腐败一样反对侵权，在全社会形成不敢侵权、不能侵权、不想侵权的法治与道德环境。

三 发展农民的治权，就是要发展社会主义民主政治，健全现代国家民主治理规则，用制度体系保证农民当家作主

农民的治权就是农民参与公共事务治理的权利，这是现代国家农民的政治权利。

现代国家的一个基本特点就是民众更广泛地参与公共生活的治理。人民当家作主是中国特色社会主义民主的本质与核心。习近平总书记在党的十九大报告中提出："我国社会主义民主是维护人民根本利益的最广泛、最真实、最管用的民主。发展社会主义民主政治就是要体现人民意志、保障人民权益、激发人民创造活力，用制度体系保证人民当家作主。"① 坚持人民当家作主，就是要保障和实现人民对国家事务、社会事务、经济和文化事业的管理和治理。农民的治权有两个基本方面：一是参与国家和社会层面各项公共事务的治理；二是参与社区层面各项公共事务的治理。农民的治权，应当随着经济、政治、社会、文化、生态建设的发展而发展。

在农民参与国家和社会层面各项公共事务治理的方式上，应当不断改革和完善人民代表大会制度和政治协商制度，确保农民代表能合法有序地表达农民的诉求、代表农民的利益，并参与相关事务的协商。在新时代，农民广泛参与国家和社会生活的公共治理还有很大的制度创新空间。一是要创新各级人大代表联系群众的方式，建立农民群众合法表达诉求的制度管道。要将执政党的群众路线体现在国家民主制度建设的具体安排之中。人大代表不仅要在会议期间行使代表权力，也要在闭会期间行使代表权力，并且使代表权力的行使日常化。建议建立人大代表联系群众的制度，要求人大代表公布联系方式，接受群众来信来访，及时反映群众诉求，表达群众意愿，督促解决群众反映的问题，真正使社会主义民主得到广泛实践。正如习近平总书记在党的十九大报告中指出的那样："人民群众反对什么、痛恨什么，我们就要坚决防范和纠正什么。"② 二是要让农民制度化地参与公共决策。凡是涉及农民切身利益的公共政策，都应当征求农民意愿，与农民群众商量。要克服规则制定中排斥农民参与的单边主义倾向。每年制定事关农民利益的中央一号文件，也应当建立农民代表参与的工作机制，确保农民的正当权益得到表达、维护和保障。三是建立代表和维护农民群众利益的农民协会组织。要在法治中国建设的框架中，建立和发展综合性的农民协会组织，增强农民的组织资源，充分发挥农民组织在政府与农民之间的桥梁和纽带作用，使之更有效地贯彻落实党和政府的政策，维护农民的权益，推动农村经济、政治、社会、文化、生态建设全面进步，从而激发农村社会的创造活力。综合性的农民协会组织，是农民依法行使民主权利的重要组织载体。

在农民参与社区层面各项公共事务治理的方式上，要不断创新体制机制，大力推动政治建设和政治发展，健全自治、法治、德治相结合的乡村治理体系，真正实现农民在社区当家作主的权利。一是要积极应对城镇化、人口老龄化等问题，破除传统乡

---

① 《习近平谈治国理政》第三卷，外文出版社，2020，第28页。
② 《习近平谈治国理政》第三卷，外文出版社，2020，第48页。

村自治的封闭性，建设面向乡村社区全部常住人口，使其平等有序参与治理的乡村自治新格局。包括新农人、新型农业经营主体在内的非集体经济组织成员，以及回乡创业、休闲养老、定居生活的市民或新乡贤，都应当依法参与到乡村社区自治中，共同参与管理乡村社区的公共事务。二是要加强乡村自治制度建设。建议制定《乡村自治法》这个乡村社会治理的基本法律，明确乡村社会治理中的执政党基层组织、政权组织、自治组织、集体经济组织、农民合作经济组织、综合性农民组织、各类社会组织、社区居民等主体的权责关系，理顺党务、政务、自治事务、经济事务、社会事务，规范党权、政权、自治权、经济权等权力运行，夯实法治的乡村社会基础，提升乡村自治的法治化水平。三是要继承和弘扬中华优秀传统文化，重视乡村祠堂的保护维修以及家谱族谱和乡村志书的编修，珍惜和发展中国乡村特有的文化标识和信仰体系，建设美丽乡村，留守美好乡愁，增强中华文化的自觉和自信，推动中国优秀传统文化与现代民主法治文化有机融合。通过扩大城乡制度的开放，实施新乡贤进村工程，加强乡村道德文化建设，将公民建设和道德建设结合起，提升乡村德治水平和文明程度。四是要将全面从严治党和全面依法治国向农村基层延伸，让权力在阳光下运行，切实把农村基层组织和干部的权力关进制度的笼子，消除"村霸""小官贪腐"等乡村权力滥用综合征现象，构建风清气正的乡村社会政治生态。

实施乡村振兴战略，归结起来，最重要的就是要坚持以人民为中心的发展思想，建立以维护和发展公民权利为核心的全国城乡统一、平等、开放、公正的现代国家制度体系，改变长期以来不统一、不平等、不开放、不公正的城乡关系，彻底打破城乡之间的制度性壁垒，推动城乡融合发展，从而实现产业兴旺、生态宜居、乡风文明、治理有效、生活富裕。具体有三个重要方面：一是实现城乡基本公共服务的均等化和社会保障的自由接续转移，人走到哪里，基本公共服务就跟到哪里；二是实现农业和农村集体产权的开放流动和城乡融合发展，农民可以进城当市民，市民也可以进村当农民；三是实现人民当家作主，推进社会主义民主政治的制度化、规范化、程序化，加强社会主义民主的法治建设，切实尊重和保障人权，着力改变公民权利发展不平衡不充分的滞后局面，推进国家治理体系和治理能力现代化。

执笔：张英洪

原作于 2017 年 11 月 13 日

修订于 2018 年 4 月 20 日

推进首都乡村振兴"百村千户"调研报告[*]

为深入贯彻落实党的十九大精神和习近平总书记在 2018 年全国两会上关于实施乡村振兴战略的重要讲话精神，推动实施具有首都特点的乡村振兴战略，北京市农研中心于 2018 年 3 月下旬至 4 月中旬，组织市、区、乡镇 200 多名农村经管干部，在充分发挥农经统计优势和农研智库优势的基础上，以进村入户的方式开展了乡村振兴"百村千户"调研，对 13 个区、48 个乡镇、116 个村、1272 位农户进行了走访和问卷调查。本次调研紧紧围绕首都乡村发展的特点，深入"三无"村、倒挂村、拆迁村、空心村、传统村五类村庄，分类了解不同村庄发展的特点、难点，寻找分类施策依据。具体情况报告如下。

一 首都乡村发展的主要特点

（一）乡村形态分化显著

随着城市化和城乡发展一体化、新农村建设的推进，首都乡村形态已经发生了较为明显的分化。从村庄形态来看，可以划分为五类。一是"三无"村，在城市化进程快的地区，一部分村已经不再有传统意义上的农民、农业和农村，仅留下乡村集体经济组织。二是倒挂村，在城乡接合部地区，流动人口聚居人数超过了本地户籍人口。三是拆迁村，一部分村庄因为拆迁，全村 50% 以上人口住进楼房，这部分村多数是整建制拆迁，处于向"三无"村过渡的阶段。四是空心村，山区村因劳动力外流、人口老龄化等，当地常住人口不足本地户籍人口的 50%，或闲置农宅超过 10%。五是传统村，这类村庄相较于原来形态没有显著变化。在 116 个调查村中，"三无"村共 4 个、倒挂村共 12 个、拆迁村 15 个、空心村 9 个、传统村 76 个，分别占调研村的 3.4%、10.3%、12.9%、7.8%、65.5%。

---

[*] 原载北京市农村经济研究中心、北京市农村合作经济经营管理办公室主办《调查研究报告》2018 年第 9 期。

（二）乡村要素分布不均衡

总体来看，在城市化进程快的"三无"村、倒挂村、拆迁村与空心村、传统村相比，要素分布呈现出资产、资源、劳动力的"三高"。调研显示，"三无"村、倒挂村、拆迁村的村集体资产总量明显高于远郊的空心村和传统村。2017年，"三无"村的平均村集体资产总量为20.7亿元，倒挂村为5.4亿元，拆迁村为6.52亿元，空心村为1275.4万元，传统村为9950.7万元。"三无"村、倒挂村的劳动力要素高于空心村和传统村。2017年，平均每个"三无"村的劳动力人数为756人，倒挂村劳动力人数为648人，而空心村和传统村劳动力人数分别为440人和515人。

（三）乡村集体经济存量大增量小

2017年116个调研村集体资产总额达到322.7亿元，利润总额为132.8万元，净利润115.7万元，116个村的集体资产平均利润率为0.4%，农村集体经济组织总体经营效率不高，只有9个村集体经济的资产利润率超过20%，29个村集体资产利润率超过5%，有43个村集体资产利润率小于0，10个村集体资产利润率为0。从五类村庄来看，2017年，76个传统村的平均集体资产利润率为1.2%，高于其他四类村庄，比116个村的平均水平高0.8个百分点；倒挂村、空心村的平均集体资产利润率小于0，分别为-0.6%和-0.2%；拆迁村和"三无"村的平均集体资产利润率分别为0.5%和0.1%。

（四）首都乡村信息化发展较快

在116个调查村中，有103个村已经实现了宽带入村入户，占调查村的88.8%；通过新媒体手段进行宣传的有69个村，占调查村的59.5%，其中，通过网站进行宣传的有21个村，通过微博宣传的有10个村，通过微信进行宣传的有38个村，分别占调研村的18.1%、8.6%、32.8%。从五类村庄来看，"三无"村、倒挂村、拆迁村31个村都已经实现宽带入村，这三类村庄采用新媒体进行宣传的比重也相对较高，分别占相应类型调查村庄的75%、67%和73%，空心村采用新媒体宣传的比重最低，仅为33%。

二 首都乡村振兴面临的主要困难和问题

当前首都乡村振兴主要面临乡村主导产业弱化、基础设施和公共服务供给与管护不足、乡村治理面临压力较大、乡村振兴人才缺乏等四方面的问题。

（一）乡村经济发展能力弱，农民增收难

乡村经济缺乏主导产业支撑，农民增收乏力。在116个调查村中，村干部认为本村缺乏主导产业的有76个，占65.5%。从五类村庄来看，"三无"村中有1个村缺

乏主导产业、农民增收困难，占比达到 25%；倒挂村中有 5 村缺乏主导产业、农民增收困难；拆迁村中有 9 个村缺乏主导产业，占比达到 60%；空心村中有 9 个村存在缺乏主导产业、农民增收困难的问题，占比达到 100%；传统村中有 52 个村存在缺乏主导产业、农民增收困难的问题，占比达到 68%。2017 年，农村居民人均可支配收入在经历了较长时间的较高速度增长后，出现了增长速度低于城镇居民人均收入增速的情况。根据北京农村"三资"监管平台数据，116 个调研村农户人均所得为 25416 元，其中，"三无"村农户人均所得为 22135.9 元，倒挂村为 29570.4 元，拆迁村为 28066.8 元，空心村 21771.0 元，传统村 22501.0 元。116 个村农户问卷调查数据显示，1272 户农户 2017 年人均可支配收入为 15295.0 元，且 63% 的农户认为生活中最困难的是"事不好找，挣钱难，家庭收入低、开销大"。

（二）农村基础设施建设和公共服务仍存在较大缺口

在 116 个调查村中，有 33% 的村反映幼儿园、学校、卫生室和文化设施不能满足需要。在五类村庄中，4 个"三无"村中有 2 个村存在公共服务不能满足需求的问题，占比达到 50%；倒挂村中有 3 个村有这一问题，占比达到 25%；拆迁村中有 6 个村存在公共服务不能满足需求的问题，占比达到 40%；空心村有 1 个村有此问题，占比达到 11%；传统村有 26 个村存在公共服务不能满足需求的问题，占比达到 34%。

（三）乡村治理面临较大的压力

在 116 个调查村中，有 70 个村的村干部反映存在"村级开支大、收入少，管理运行难以为继"的问题，占比达到 60%。从五类村庄来看，4 个"三无"村不存在村级开支大、收入少，管理运行难以为继的问题；倒挂村有 7 个村存在村级开支大、收入少，管理运行难以为继的问题，占比达到 58%；拆迁村有 3 个村存在村级开支大、收入少，管理运行难以为继的问题，占比为 20%；空心村有 6 个村存在村级开支大、收入少，管理运行难以为继的问题，占比达到 67%；传统村有 54 个村存在村级开支大、收入少，管理运行难以为继的问题，占比达到 71%。

116 个调查村的村干部对"村级开支大、收入少，管理运行难以为继"这一困难的选择，反映了当前乡村振兴的客观难题。一是全市乡村集体经济总体效益不高，在全市 3945 个村级集体经济组织中，收不抵支的村 1983 个，占比约为 50%。二是在现行的政经合一以及村干部薪酬制度安排下，村集体需要承担村级的部分日常开支、村干部薪酬补贴以及农民福利的刚性需求，主要依靠吃土地征占补偿款的"老本"勉强维持。116 个村的调研结果显示，2017 年有 91 个村集体经济组织有干部报酬的负担，平均每个村组织支付干部报酬 29.6 万元，其中，支付干部报酬超过 100 万元的村集体经济组织有 4 个，支付干部报酬最高的村是丰台区花乡草桥村，达到 541.2 万元。116 个调查村中有 70 个村遇到村级开支大、收入少，管理运行难以为继的问题，占调查村的 60%。在五类村庄中，各个村的干部报酬差距非常大，2017 年，倒挂村平均每个村支付村干部报酬达到 77.8 万元，而空心村平均每个村只有 3 万元，两类村庄平均干部报酬的极差达到 74.8 万元。三是在城乡二元的基础设施和公共服务供给下，各村集体需要承担公益性基础设施和公共服务的费用。2017 年 116 个村集体经济组织支付公益性基础设施建设投入达到 3092.9 万元，支付的公共服务费用达到 1982.9 万元，占主营业务收入的 13%。

（四）乡村振兴面临较大人才缺口

第一，农村劳动力老龄化、空心化。调研发现，延庆、怀柔、门头沟等山区农村老龄化率超过 50%，延庆区四海镇 18 个村人口在 60 岁及以上的占比达到 50%，其中永安堡村 60 岁及以上的人口达到 70%，南湾村 60 岁及以上的人口占比达到 60%，前山村村主任介绍在该村 70 岁的人算年龄小的。平谷区农业劳动力的平均年龄为 58.6 岁。平谷区刘家店镇前吉山村村里原有民俗户 24 户，但只有 4 户在维持运转，20 户民俗户没有能力继续维持经营。

第二，村内事务繁重，乡村治理人才缺乏。116 个调查村中，34% 的村反映村里事务多、人手不够。从五类村庄来看，"三无"村和倒挂村中有 50% 的村反映村内事务多、人手不够，拆迁村中有 20% 的村反映村内事务多、人手不够，空心村则有 56% 的村反映村内事务多、人手不够，传统村有 32% 的村反映村内事务多、人手不够。

三 村干部和农户对乡村振兴的基本意愿和需求

京郊村干部对乡村振兴都持积极态度，70% 的村表示要积极争取、抓住发展机遇，28% 的村表示如果上级明确要求，保证投资，愿意配合实施美丽乡村建设和乡村振兴战略。

（一）村干部对乡村振兴的意愿和需求

116 个调查村对资金、规划、人才、增收及环境整治的关注度比较高。其中，70% 的村希望加大资金的支持，应该采取发展集体经济、村民适当投入、上级大力支持、市场化投融资等多种方式筹集资金；66% 的村希望规划先行，必须先确定一张蓝图；42% 的村希望人才支持，认为关键是人才，人才就是技术、管理、市场和效益；42% 的村认为当务之急是增加收入，提高干部补贴和公益岗位补贴人才支持；34% 的村认为当务之急是加强村庄环境建设，治违治污治乱。

（二）农户对乡村振兴的意愿和需求

1272 户受访农户对乡村振兴的希望主要集中在村庄环境改善、就业增收、提高农村基础设施和公共服务、农民组织起来四个方面。具体来看，有 776 户农户选择改善村庄环境，彻底改善村容村貌，占比达到 61%；有 558 户农户希望提高基础设施和公共服务水平，占比达到 44%；有 422 户农户希望组织起来，村里和上级要多支持合作生产，多搞文化娱乐活动，占比达到 33%；有 379 户农户希望改善住房条件，占比达到 30%；有 249 户农户希望最好能搬出去或去区里、镇上建屋买房，占比达到 20%；有 591 户农户希望帮助就业，提高公益补贴标准，增加收入，占比达到 46%。

四 推进首都乡村振兴战略的政策建议

根据调研中发现的问题以及乡村干部和农户对乡村振兴的意愿与需求，我们建议从以下四方面推进首都乡村振兴。

（一）以规划为统领"一张蓝图干到底"

1. 区分村庄的实际类型开展规划

从 116 个村调查来看，从村庄形态划分，京郊农村已经划分为"三无"村、倒挂村、拆迁村、空心村和传统村；北京市规划和国土资源管理委员会《关于北京市村庄布局规划框架（村庄分类初步方案)》将京郊乡村划分为城镇化村庄、局部或整体迁建村庄、特色保留村庄、提升改造村庄。因此，必须在深刻认识各类型村庄的特点和发展规律的基础上，进行分类规划、分类施策。

2. 完善规划编制工作机制

建立政府、农民和专业规划人员三方全程参与、三方均发挥主体作用的规划编制工作机制。推动乡村规划师专家队伍进村驻村，充分调研、充分了解每一个乡镇和村的历史传承、资源禀赋与相关条件。在当地干部的组织下，适当吸收农民参与规划编制，听取农民的意愿和要求，引导农民提出属于自己梦想家园的规划愿景。各级政府发挥统筹协调的职能作用，推动相关规划原则、发展目标的贯彻落实。具体实施规划应该经农民、专家和政府三方面履行相应的民主决策、技术审核和行政审批等程序，将其确定为具有法定意义的实施蓝图。

3. 坚持高质量发展、减量发展、统筹发展和融合发展

一是高质量发展。在规划中要坚持高标准规划、高起点实施，推进具有世界眼光、中国特色、首善要求的乡村振兴。通过科技创新、品牌经营、资源循环等举措，有效抑制"小农业"的负外部性，充分发挥正外部性，提高都市型现代农业的生态、人文和社会价值。通过深化农村"三块地"改革、农村金融改革、乡村治理体系完

善等，推进"大京郊"主动分担首都国际交往中心、科技创新中心和文化中心等功能。二是减量发展。按照新版北京城市总体规划关于人口和建设规模"双控"的要求，持续推动疏解整治促提升。三是统筹发展。通过统筹空间产业布局、统筹城市建设与旧村改造、统筹集约利用集体建设用地、统筹政策集成机制、统筹经济组织体制架构等工作机制，实施联村联营组团式开发。具体包括乡镇统筹、片区统筹和项目统筹。四是融合发展。首都乡村振兴战略，既是国际一流和谐宜居之都的组成部分，也是京津冀协同发展、建设世界级城市群的组成部分。融合发展要在区域融合和城乡融合发展上下功夫。

（二）分类提升乡村基础设施和公共服务水平

1. 以城市化为导向，推动"三无"村和拆迁村基础设施和公共服务管护向城市管理体制转变

推动全市"三无"村和拆迁村的撤村建居工作，促进"三无"村基础设施和公共服务管理的城市化和精细化。一是按照城市街道运行管理标准，对道路、住房和市容环境进一步治理，该修的要修，该补的要补，该完善的要完善；不能将小问题拖延成大问题，将个别问题演化成普遍问题。二是按照城市居民生活需要，对幼儿园、学校、医院、商业网点、水电气热和交通等公共服务，要拾遗补阙、尽量补齐，增强群众获得感。三是做好"农转居"过程中的就业和社保并轨，做到"一个都不少"。四是统筹谋划"三无"村和拆迁村的集体资产经营管理问题，支持其发展适应城市化的集体产业，鼓励集体经济吸收新市民就业，真正让农民带着集体资产收益权融入城市。

2. 以农村集体土地建设公租房为抓手，推动倒挂村基础设施和公共服务改善

借鉴西红门乡镇统筹经验，以减量发展和统筹发展为路径，统筹解决倒挂村集体建设用地集约利用、公共服务和基础设施供给、提升规划区内外来人口居住条件、市民同等待遇、村集体经济发展等突出矛盾和问题。这里有四个关键点。第一，建设租赁住房所需的集体土地，是从现状非宅建设用地中，经过拆迁腾退、减量规划、重新整理之后得来的。第二，所建设的租赁住房，其建设规模和住房式样，要以满足本规划区域外来人口的安置需要为准。第三，租赁住房是集体产业，外来人口从各租住农户出来进入楼房以后，农民从集体租赁住房中获得的股份分红收入，要与此前农户房租收入相当或接近。第四，本地农户不宜入住公租房；鼓励本地农户原址翻建改造住房。

3. 以小城镇建设为引擎，带动空心村和传统村公共服务和基础设施改善

空心村和传统村振兴的当务之急是全面改善人居环境、补齐基础设施和公共服务短板，包括继续实施抗震节能改造等。一是在乡镇中心镇区建设相对完善的公共服务和基础设施的功能体系，全面提升乡镇级医疗、卫生、教育、文化公共服务能力。通过镇域范围的基础设施一体化、便利化和社会保障、基本公共服务均等化，带动、促进乡村现代化，进一步缩小城乡公共服务差距。二是针对偏远分散的村庄，采取流动服务车、巡回医疗队、志愿者队伍等多种形式，改善村庄公共服务，丰富精神文化生活。三是改善空心村危房居民的住房安全问题。

（三）推动乡村产业兴旺，促进集体经济转型发展

第一，推动集体资产向资本转化。通过深化集体经济产权制度改革，进一步对乡镇集体资产进行量化、盘活、优化，降低"三无"村、拆迁村、倒挂村集体资产的负债率，提高集体资产的良性资产比例。一是推进政经分设。集体经济以集体经济组织成员为服务对象，专司集体经济经营管理；村（居）民委员会专门负责村级公共服务和村民事务。二是完善农村集体资产股份各项权能，包括占用、收益、有偿退出、抵押、担保、继承等。三是推进集体经济组织的法人治理结构，促进其向现代企业转型，使集体经济组织真正成为市场主体。四是允许具有经营能力的拆迁村的征地补偿款自主经营。促进乡镇级集体经济组织在集体土地一二级开发、集体土地上的城市基础设施建设、公共服务等方面的集群式发展。

第二，要紧紧围绕首都当前工作"四四三三"要求，以农业农村供给侧结构性改革为主线，促进"三无"村和倒挂村"瓦片经济"向包括物业经济在内的城市经济转型升级，推动乡村集体经济向科技、教育、金融等服务首都功能的高端服务业发展，实现与"小城区"的互补发展。

第三，按照减量发展的原则，针对传统村与尚具备发展基础和活力、空心化程度较低的村，根据其资源禀赋，因地制宜促进特色产业发展。以重大项目带动、盘活空心村闲置农宅资源，大力发展健康养老和高端会展业态，推动当地乡村旅游业发展。

第四，将村级集体经济组织打造成城乡要素平等交流的合法平台，为农民打开"镇门"，为市民打开"村门"。综合运用村集体经济组织的熟人信用机制、区域价格发现机制和村民自治的合法决策机制，将村级集体经济组织打造成盘活农村资源、实现城乡要素平等交换的合法载体。工作切入点是完善集体经济组织职能，赋予农民集体经济股权流动性，推动集体经济组织成员从封闭走向开放。

（四）积极推进乡村人才振兴

第一，创新农村干部的薪酬机制，解决乡村治理中面临的经济压力和人才短缺问题。在政经分设改革基础上，形成以"市区政府补贴＋乡镇政府绩效＋村级工资"为框架的村干部薪酬机制，稳定"一懂两爱"式的农村干部与专业人才队伍。

第二，加速推进基本公共服务的城乡并轨。实行农村居民与城镇居民同等的劳动政策和就业管理，从总体上扭转农民就业兼业化、农民增收过度依赖财政补贴的问题，提高农村居民社会保障水平。

第三，建立专业岗位人员高薪机制，吸引公共服务领域人才下乡。对于长期在乡镇、村工作的教师、律师、规划师、工程师、医护工作者、文艺工作者、公交司售人员以及其他公共服务人员，要制定政策保证其个人收入至少比城区同类人员平均薪酬高 20%。对于具有高级职称的专业岗位从业人员到城六区以外的乡镇长期从业的，工资标准为城市六区内同等职称人员工资的 2 倍；对于具有高级职称的专业岗位从业人员到城六区以外的农村长期（超过 5 年以上）从业的，工资标准为城六区以内具有高级职称的专业岗位从业人员工资的至少 3 倍。

第四，充分尊重农村居民的主体地位，调动社会各类团体组织、社会企业和新乡贤人士，通过乡村文化、乡村生态文明、环境建设，将乡村打造成创造梦想的地方，让农业成为有奔头的产业，让乡村成为有希望的广阔天地，让农民成为令人羡慕的职业。

执笔：曹四发、张英洪、王丽红、李婷婷

北京的村庄分化与乡村振兴[*]

　　在城镇化进程中，我国传统的村庄发生了很大的分化。实施乡村振兴战略，应当根据各地村庄分化的实际情况与特点，更有针对性地制定和出台乡村振兴规划和公共政策。北京作为国家首都和超大型城市，经过长期的市场化改革、城镇化发展，村庄分化已经非常明显。北京的村庄分化几乎全面呈现出我国村庄分化的各种基本类型。据我们最近的调查和初步归类统计，北京3983个村已经分化为"三无"村、拆迁村、倒挂村、空心村、传统村等类型。

　　"三无"村是指无农业、无农村、无农民，但有集体经济组织的村庄。这类村庄尚有56个。丰台区卢沟桥乡三路居村、顺义区南法信镇卸甲营村等是这类村庄的典型。针对这类村庄的政策重点：一是确保集体资产的公平合理处置，保障农民带着集体资产参与城市化，维护村集体和村民的集体资产权益；二是将此类村庄全面纳入城市街道和社区管理轨道，由政府公共财政提供各类基础设施和公共服务，减轻或剥离集体经济组织承担的社区公共治理和服务的成本，保障原村民有序参与社区公共治理；三是发展壮大集体经济，强化对集体经济组织的监督管理服务，维护其作为特别法人的市场主体地位，保障村民股东对集体资产的所有权、经营管理权、收益分配权等各项权益。

　　拆迁村是指因城镇化建设征地或居住环境改善等因素拆迁或搬迁上楼的村庄。这类村庄有720个。拆迁或搬迁上楼的村，有的是被动拆迁上楼，有的是主动改造拆迁上楼；有的是原址拆迁上楼，有的是异地拆迁上楼；有的是局部拆迁上楼，有的是整体拆迁上楼；有的拆迁上楼后将成为城镇化的"三无"村，有的拆迁上楼后还保留有农业；有的拆迁上楼后仍保留村庄形态，有的虽然没有村庄形态、没有农业、农民已转为居民，但仍然保留村委会机构牌子等。海淀区上庄镇西马坊村、昌平区北七家镇郑各庄村、朝阳区高碑店乡高井村所属的白家楼自然村、朝阳区高碑店乡高碑店

---

　　* 原载北京市农村经济研究中心、北京市农村合作经济经营管理办公室主办《调查研究报告》2018年第10期。

村、大兴区黄村镇北程庄村、门头沟区斋堂镇法城村等是这类村庄的典型。针对这类村庄的政策重点：一是切实保护拆迁村民的财产权益，妥善处置集体资产，合理管理和有效使用征地补偿费用；二是对于纳入城市规划区内的拆迁上楼村，一般应当实行撤村设居，撤销村委会设置，建立居委会，统一纳入城市社区管理和服务；三是在完成集体产权改革的基础上，实行政社分离，保留和发展集体经济组织及其所属企业，维护集体经济组织成员权益。

倒挂村是指外来人口多于本村户籍人口的村庄。这类村庄有 173 个，主要分布在城乡接合部地区，但在远郊区也有部分村庄比如延庆区张山营镇龙聚山庄村也属于人口倒挂村。针对这类村庄的政策重点：一是必须以更加公平包容的心态和政策对待外来人口，保障外来人口平等享有基本公共服务；二是村庄的社区治理要对外来人口开放，保障外来人口平等参与社区公共事务的治理；三是在城乡接合部地区的倒挂村，在进行集中上楼的城市更新改造时，要预留村集体产业用地，同时在实现村民上楼改善居住环境和条件时，要着力推行集体建设用地建设租赁住房，让外来人口同样改善居住环境并成为新市民。

空心村是指在城镇化进程中大量中青年人口流出村庄进城务工经商或在城镇安家置业，部分人口随迁离开，因而成为留守子女、留守妇女、留守老人居住生活之地，人口稀少、闲置农宅较多的村庄。这类村庄有 48 个，是城镇化进程中乡村衰败的集中体现，主要分布在远郊地区。针对这类村庄的政策重点如下。一是区别对待空心村，有的空心村有条件实现活化与重生，比如密云区北庄镇干峪沟村、古北口镇司马台村等原空心村就已经实现了重生与振兴。对此类具备开发价值和条件的空心村，可以公平合理开展闲置农宅利用，发展乡村旅游、特色民宿、健康养老等产业，鼓励和引导农民建立住房合作社，与外来资本合作共同开发、盘活利用闲置农宅；对于缺乏开发利用条件的空心村，可以在尊重村民意愿的前提下适当进行村庄合并。二是深化农村宅基地制度改革，创新宅基地"三权分置"具体实现形式，核心是尊重农民的自主选择和市场经济规律，赋予和保障农民宅基地与住房的财产权利。三是要严禁外来资本与地方权力相勾结，通过驱赶原居民而进行资本圈村式强占开发的行为。

所谓传统村是指保持和延续传统乡村风貌、村庄形态基本稳定的村庄，这是京郊农村的主体形态，也是实施乡村振兴战略的重点地区。这类村庄有 2986 个。针对这类村庄的政策重点如下。一是立足于传承和弘扬中华优秀乡村文明，重新认识乡村的价值，心怀敬意地建设好家乡，在美化好乡貌的基础上，使人们能记得住乡愁、回得了故乡、留得住乡土，着力强化传统村庄的保护。二是区别对待已经建成的美丽乡村和将要建设的美丽乡村。北京市已累计建设美丽乡村 1300 个，累计评选最美乡村 113 个。对这些已建成的美丽乡村，重在维护和实现高质量发展；对正在或将要推进的美丽乡村建设，要尽量在保留原有村容村貌的基础上实现改造提升，改善人居环境，禁止大拆大建。三是允许、鼓励和规范社会力量参与乡村活化与再生工作，充分发挥村民在乡村振兴中的自主性、积极性、创造性，探索多种形式实现乡村振兴。

北京是一个常住人口超过 2170 万人、农业户籍人口 230 万人、农业从业人口 50 余万人的超大城市，人均 GDP 将近 2 万美元，城镇化率达到 86.5%，城镇化与逆城镇化并存，具备率先实现乡村振兴的经济基础条件、区域优势和城乡结构特点。北京实施乡村振兴战略，需要把握好以下五个着力点。

一是有序推进撤村建居工作。对于城市规划区内已经拆迁上楼、符合撤村条件的村庄，要撤销农村村委会建制，建立居委会，统一实行城市社区管理，政府统一承担社区治理服务费用，村民自然转为城镇居民，享有城镇居民统一的社会保障待遇和服务。撤村建居时不撤社，保留农村集体经济组织，发展股份合作经济，加强集体资产的经营管理，维护集体股东的合法权益。

二是加快实现城乡基本公共服务均等化。实现城乡基本公共服务均等化是消除城乡二元体制差距、推进城乡融合发展、保障城乡居民权利平等的基础性、关键性公共政策。各级政府要将注意力从一门心思搞大拆大建转移到一心一意为老百姓提供基本公共服务的轨道上来。认真落实户籍制度改革成果，真正将取消农业户籍与非农业户籍划分、统一登记为居民的户口改革政策落到实处，废止征地农转居政策。建立健全覆盖全体城乡居民的医疗、养老等社会保障网络，持续提高农村居民社会保障待遇水平，消除城乡居民之间、各种人群之间过大的社会保障待遇差别，实现社会保障在全市范围内的自由接续转移。大力优化财政支出结构，进一步提高社会保障等民生支出比重。

三是加大农村基础设施和公共服务设施建设力度。将基础设施和公共服务设施建设的重点放在农村，全面提升农村基础设施和公共服务设施建设水平，对农村基础设施和公共服务设施进行统一管理和维护。将农村基础设施和公共服务设施建设与维护费用纳入各级政府财政预算予以保障，切实减轻农村集体经济组织承担的基础设施和公共服务设施建设与维护的负担。

四是全面深化农村集体产权制度改革。为有利于维护和发展农民财产权利、构建城乡融合发展的体制机制和政策体系、共同推进城镇化和逆城镇化，全面深化集体产权制度改革。在集体经营性资产上，自 20 世纪 90 年代以来，北京就按照"资产变股权、农民当股东"的原则，对集体经济组织进行了股份合作制改革，目前已完成 97% 的村级集体经济组织产权改革任务。今后改革发展的重点是加强和完善集体资产的经营管理，健全集体经济组织的法人治理结构，完善股权权能，发展壮大股份合作经济即新型集体经济，保障农民的集体收益分配等权益。在集体资源性资产上，关键是要维护和发展集体和农民的财产权利，同时要适应城乡融合发展的需要，改革集体产权的封闭性特征，为城乡要素自由流动、平等交换、公平配置提供产权支撑。承包地重在完善"三权分置"制度，通过放活经营权而实现农村承包土地的规模经营和开放性。宅基地要根据落实集体所有权、保障宅基地农户资格权和农民房屋财产权、适度放活宅基地和农民房屋使用权的精神，实现农村住宅的市场化利用与产权开放。农村集体建设用地要按照建立城乡统一的建设用地市场的改革要求，实行与国有土地同权同价，依法合规入市开发利用，赋予农民土地发展权。同时要切实调整城镇建设用地增加和农村建设用地减少挂钩的政策，增加农村建设用地指标，保障农村发展休闲农业、乡村旅游、特色民宿、健康养老等产业用地的需要。

五是围绕首都城市战略定位构建乡村振兴新格局。北京是国家首都，具有"大城市小农业""大京郊小城区"等特点，推进具有首都特点的乡村振兴，必须根据新版《北京城市总体规划（2016年—2035年）》确定的全国政治中心、文化中心、国际交往中心、科技创新中心等城市战略定位和建设国际一流的和谐宜居之都的发展目标进行规划和建设。京郊乡村是首都的后花园和大后方，具有承载首都功能定位、实现首都发展目标的重要职责和空间优势。北京的乡村振兴规划和建设，要主动适应迈向中华民族伟大复兴的大国首都需要，更多地承担起首都城市战略定位的功能，成为新时代充分展现大国政治中心、文化中心、国际交往中心、科技创新中心的新舞台。在北京中心城区功能向城市副中心、雄安新区疏解的同时，应当积极考虑和科学规划京郊乡村承接中心城区的部分功能，发挥乡村在疏解中心城区功能、治理大城市病中的应有作用。

执笔：张英洪

维护和发展农民财产权利的思考和建议

在城市化进程中，各级党委、政府以及广大基层干部与农村群众为维护和发展农民的财产权利进行了许多探索和努力，也取得了不少成效。但是，侵害农民财产权利的现象仍然比较普遍，主要体现在：一是征收或征用集体土地并给予不公正的补偿安置，二是行政区划调整以及撤并乡镇和村庄造成集体资产流失或稀释，三是强制流转农民土地，四是圈占村庄、驱赶原居民搞乡村旅游开发，五是强拆农民住宅，六是内部人控制以及外部力量卷入造成集体资产流失，七是集体经济组织民主管理滞后导致农民财产权益损失，等等。

造成农民财产权利保障不力和被损害的根本原因，一是在思想观念上，各级领导干部财产权利意识欠缺、现代法治观念淡薄；二是在体制安排上，传统的计划经济体制没有得到根本的改革，现代市场经济体制没有健全起来；三是在制度建设上，有关财产权利的制度建设严重滞后；四是在产权保护上，各级党委和政府对农民财产权利保护不力，特别是国家对侵害农民财产权利的各种违法犯罪现象遏制不力。

经过 40 年改革开放的中国，已经走到了一个新的历史关头，进入了一个新时代。在新时代，实施乡村振兴战略，最关键的是要在全面依法治国、建设法治中国的背景下，在推进国家治理体系和治理能力现代化的轨道上，在实现中华民族伟大复兴的进程中，加强对农民财产权利的维护和保障，真正使中国特色社会主义新时代成为全面依法治国的时代、成为尊重和保障公民基本权利的时代、成为大力弘扬中华优秀传统文化并大胆吸收人类现代政治文明的时代。

一 提高现代文明素养，把切实增强各级领导干部的财产权利观念和法治意识作为首要任务

在当代中国，各级领导干部最突出的短板是产权观念淡薄和法治意识欠缺。虽然各级领导干部的平均学历水平都比较高，但拥有高学历并不意味着拥有现代文明素养，特别是并不意味着拥有基本的产权观念和法治意识。作为关键少数，各级领导干部的产权观念和法治意识的水平，直接影响整个社会产权观念和法治意识的水平。且

不说改革开放以前各级领导干部对财产权利的忽略，就是在党和国家提出全面依法治国的今天，依然有地方当政者缺乏最基本的产权观念和法治意识，使老百姓财产权利受到侵害。要提高全民族的现代文明素养，实现中华民族伟大复兴，最急迫、最关键、最突出的任务是要切实增强各级领导干部的财产权利观念和现代法治意识，全面提高各级领导干部的现代文明素养。通过提高各级领导干部的现代文明素养从而提升全社会的文明程度，加快建成有效保护产权的现代法治国家、法治政府、法治社会，不仅是我国实现长治久安和繁荣兴盛的迫切需要，也是中国走向世界从而对人类文明做出更大贡献并得到世界普遍尊重和认同的战略需要。

一是重点对各级领导干部和公务人员进行现代公民教育和法治培训。要在国家和北京市级层面，将公民教育全面纳入国民教育体系，真心实意地培养现代公民，建设现代政治文明。各级党校和行政学院在加强对各级领导干部进行全面从严治党教育培训的同时，要将全面依法治国列入培训的重要内容，将各级领导干部和全体公职人员作为普法的优先对象和重中之重，切实增强各级领导干部和全体公职人员的产权观念和法治意识，使他们懂得尊崇宪法、尊重公民基本权利等基本的现代文明常识。没有具备现代产权观念和法治意识的领导干部，就是不合格的领导干部。缺乏现代产权观念和法治意识的领导干部，就可能使公民财产权利受到侵害，这是对国家长治久安和社会和谐安定的重大破坏。

二是坚持"一反思二借鉴"。要深刻反思侵害财产权利的惨痛教训以及破坏财产权利的典型案例，认真吸收和借鉴中华优秀传统文化中尊重和保障财产权利的历史资源，吸收和借鉴现代法治国家尊重和保障财产权利的有益做法，提升全社会尊重和保障财产权利的思想意识，拓展财产权利保护的历史视野和世界视野。

三是确立以保护产权为重点的新发展观。产权制度是社会主义市场经济的基石，保护产权是坚持社会主义基本经济制度的必然要求。要改变长期以来单纯追求经济增长而忽视产权保护甚至破坏产权的发展观念和方式。任性的权力与放纵的资本是对财产权利的严重破坏与现实威胁，要重点加强对权力的制约监督和对资本的节制规范，从根本上扭转片面追求经济增长而漠视基本权利、破坏生态环境的发展模式，确立依法有效保护基本权利、保护生态环境的新发展观。新发展观就是要在树立创新、协调、绿色、开放、共享发展理论的基础上，更加突出和体现保障产权等公民及法人基本权利的发展观，就是更加突出和体现维护社会公平正义的发展观，就是更加突出和体现促进人的自由而全面的发展的发展观。

二 构建现代产权制度，把全面深化农村集体产权制度改革作为头等大事

建立归属清晰、权责明确、保护严格、流转顺畅的现代产权制度，是市场经济存

在和发展的基础，也是维护和发展农民财产权利的基础工程，是实现国家治理体系和治理能力现代化的重要支撑。自 20 世纪 50 年代我国建立集体所有制以来，经过 40 年的改革开放，我国农村集体产权仍然存在归属不清晰、权责不明确、保护不严格、流转不顺畅的问题。维护和发展农民财产权利，迫切需要深化农村集体产权制度改革，构建归属清晰、权责明确、保护严格、流转顺畅的现代产权制度。本文所说的农村集体产权是涵盖全部集体所有制的产权。2016 年 12 月 26 日中共中央、国务院印发的《关于稳步推进农村集体产权制度改革的意见》是深化农村集体产权制度改革、维护和发展财产权利的重要文件，需要进一步得到贯彻落实。在此基础上，我们还需要进一步解放思想，深化对集体所有制的认识和改革。通过强制农业集体化运动建立起来的集体所有制，具有社区性、封闭性、模糊性、不平等性等诸多特点，是一种十分独特的产权制度安排。几十年来，为了改革集体所有制，已耗费了众多专家学者的心血和当政者的精力，但至今仍未能建立起现代产权制度。笔者认为，如果我们立足于切实维护和发展农民财产权利，坚定地走人间正道而不是热衷于歪门邪道，就可以按照顺应现有政策制度框架与跳出现有政策制度框架两种思路去认识和改革集体所有制。

一是关于改革集体所有制。按照现有政策制度框架，改革集体所有制的重点内容如下。第一，改变重国有、轻集体以及重城市、轻农村的二元思维和政策体系，实现土地的集体所有制与国有制的法律平等地位，在符合规范和用途管制的前提下，集体土地可以依法平等进入市场，与国有土地同地同权。城乡建设需要使用土地，根本不需要实行城乡建设用地增减挂钩政策。城乡建设用地增减挂钩政策是典型的轻农村、重城市的思维方式，是对乡村土地发展权利的制度性剥夺，必须尽快废止城乡建设用地增减挂钩政策。第二，对承包地实行"三权分置"，依法且平等保护土地的集体所有权、农户承包权、土地经营权。明确"三权"的权利内容和权利边界，赋予农民对承包地享有占有、使用、收益、处分的完整权能，重点是要保障农民对土地所有权的权利体现，保障农户对承包土地长久不变的权利，第二轮承包期到期后自动延长 30 年，乡村干部不得打乱重分土地。要尊重农户自愿流转土地的权利，特别是要制止和惩治强迫农民流转承包土地的行为。依法获得土地经营权的权利人的各项权利应当得到有效的平等保护。第三，探索宅基地实行"三权分置"，落实宅基地集体所有权，保障宅基地农户资格权和农民房屋财产所有权，适度放活宅基地和农民房屋使用权。宅基地所有权归集体所有，并不意味着村集体或集体经济组织可以随意收回农民的宅基地，也不意味着村集体或集体经济组织可以擅自处置宅基地。保障宅基地农户资格权，就是保障农户作为集体经济组织成员享有分配和占有宅基地的权利，任何组织和个人不得非法剥夺。应当实行房宅一体政策，农户依法有偿转让住房时，宅基地使用权一同转让。农户对宅基地的资格权，是指作为集体经济组织成员的农户，在该集体经济组织内享有申请获得并依法分配使用宅基地的身份资格的权利。农户的宅基地资格权，既有初始分配资格权，也有继受占有资格权。农户初始分配资格权就是农户在集体经济组织内初次申请获得宅基地分配资格的权利，农户继受占有权就是农民在集体经济组织内部通过依法继承或转让住宅而获得的宅基地占有的权利。现行的宅基地有关政策限制农户将住宅（住房和宅基地）转让给本集体经济组织成员以外的人，因而非本集体经济组织成员不拥有宅基地的资格权、占有权。但从长远看，这种限制宅基地自由流转的政策制度需要改革和废除。第四，继续推进集体经营性资产股份合作制改革，将农村集体经营性资产以股份或者份额形式量化到本集体成员，作为其参加集体收益分配的基本依据，依法赋予农民对集体资产股份占有、收益、有偿退出及抵押、担保、继承权。对已经完成集体经营性资产产权制度改革的乡村，要继续深化改革，降低或取消集体股，健全民主管理，规范收益分配，赋予股权完整的权能。对尚未开展集体经营性资产产权制度改革的乡村，要有序推进产权制度改革，保障和实现农民享有集体资产的各项权益。

如果跳出现有政策制度框架，我们还能够打开更加广阔的改革发展思路。解放思想天地宽，保护产权日月长。我们应当立足于实现中华民族伟大复兴、着眼于国家持续繁荣和人们自由幸福的战略目标，重新认识土地所有制的价值。古今中外，向来是得民心者得天下，而不是得所有制者得天下。所有制从来就只是国家实现治理目标的手段而不是长治久安的保障。应当突破旧有模式对土地所有制的观念束缚，实行土地所有制多元化，建立公有制为主体、其他所有制为补充的土地制度。要取消城市土地属于国家所有、农村土地属于集体所有的规定，在宪法中统一规定土地属于全民所有。这种全民所有是指国家主权意义上的全民所有。在此基础上，在土地法中明确以国家所有权为主体、基层社区所有权以及法人所有权、农户所有权为补充的土地所有权制度体系。此外，在现行土地集体所有制条件下，农民集体是集体所有制的所有者，集体经济组织或村民委员会只是集体所有制所有权的代表，而不是集体所有权的拥有者和垄断者，只有作为集体经济组织成员的农民才享有全部集体土地的所有权。无论从集体所有制的形成历史还是现实占有状况来看，都应当将农民的承包土地和宅基地视为民法意义上的准所有权予以保护。

二是关于改革征地制度。按照现有政策制度框架和改革试点方向，改革征地制度的重点内容如下。第一，明确公共利益的范围。根据宪法，国家因公共利益的需要可以征收或征用集体土地并给予补偿。但国家立法至今没有明确公共利益的范围，在实际工作中，不管国家公共利益的需要还是非公共利益的需要，政府一律启动征地权强制征收集体土地。这是贯彻落实宪法不到位、不尽责的重要表现，是国家立法缺位的重要体现。要加快有关征地制度的立法工作，明确公共利益的范围。只有国家公共利益的需要，政府才能启动征地权并给予公正合理补偿。对于非公共利益需要使用集体土地的，只能实行土地租赁或土地入股等形式。第二，对合法征用集体土地的给予公正补偿。现行《土地管理法》规定按被征土地原用途补偿给被征地的农民，补偿标准明显偏低。地方政府通过低价征地、高价拍卖，从而获取巨额土地出让收入，实质上是以政府强制力为后盾从农村集体和农民手中攫取巨额的土地财产权益。这种由政府垄断经营土地的现象和制度安排亟须改变。政府应当放弃经营土地的商人角色，回归公共利益的代表角色。对依法征收或征用农民土地的，必须给予公正合理的补偿。同时，要合理确定政府、集体、农民在土地增值收益中的分配比例，保障农民应当享有的土地补偿费用。在征地补偿中，应当明确区分对土地所有权的补偿和对承包经营权的补偿，区分对宅基地的补偿等。凡是征用农民承包地和宅基地的，农民应当享有90%以上比例的土地补偿费。第三，允许和规范集体经营性建设用地平等入市，赋予农村集体土地发展权。国家已经在开展这方面的试点工作。应当明确，除了国家依法征收农民集体土地外，农村集体可以在符合规划和用途管制的前提下，自主开发利用集体土地。除了因公共需要征地外，其他因非公共利益需要征用或征收集体土地的，一律按照市场契约原则实行土地租赁或土地入股。国家应当建立健全土地税制，依法从土地交易中获取税收。第四，对于非法强征农民土地、强拆老百姓住宅的行为，应当依据刑法，追究强征强拆者侵犯集体和公民财产权利罪。不但要追究个人侵犯财产权利罪，还要追究单位侵犯财产权利罪。

　　如果跳出现有政策制度框架，可以对现行的征地思想观念和政策制度安排做出重大调整与改变。第一，取消城市的土地属于国家所有、农村和城市郊区的土地属于集体所有的规定。这是因为，城市与农村的边界是动态变化的，而法律的规定则是静态的。静态的规定根本不适合城市化发展的动态变化。事实上，在农村也有国有土地，在城市，也存在集体土地。在国家主权上，规定国家的全部土地属于全民所有；在民法上，则明确土地的各种所有权主体或占有权主体。农村的集体土地可以建设城镇，城镇的国有土地也可以发展农业或三产融合产业。在城市化进程中，土地的所有权可以保持不变。就像农村中的国有农场等国有土地没有必要变性为集体土地一样，城市化发展需要集体土地的也可以不征地，没有必要改变城市规划区和建成区内的集体土地所有权。第二，取消土地征收的规定。土地征收涉及土地所有权的改变，即由集体土地转变为国有土地；土地征用只涉及土地使用权的改变。事实上，土地征收也只存在集体土地转变为国有土地这唯一一种情况。土地集体所有制和土地国有制都是公有制，没有必要将一种公有制转变为另一种公有制。征用集体土地，应当明确征用期，包括长期征用和限期征用，并给予公正合理的征用补偿。非公共利益需要集体土地的，应由现行的征收或征用土地改为租赁土地。农村集体经济组织出于发展产业的需要可以依法出租土地或以土地入股的方式参与开发建设。要从根本上改变政府通过低价征收征用农民土地然后高价拍卖土地从而获取巨额土地出让收入的做法，政府应当从建立健全土地税制中获取合法收入。

三　强化现代产权保护，把严格依法惩治一些地方领导干部侵犯财产权利的行为作为关键举措

2016 年 11 月 27 日，中共中央、国务院发布《关于完善产权保护制度依法保护产权的意见》（以下简称《意见》）。这是我国首次以中央名义出台产权保护的顶层设计政策，文件对完善产权保护制度、推进产权保护法治化进行了部署，这对于加强产权保护具有积极意义。但是该《意见》主要侧重于对民营企业的产权保护，而对农村集体财产以及农民财产权利的保护显得不够，现实中侵害农村集体和农民财产权利的现象比较普遍和严重。一些地方政府领导干部以侵害老百姓财产权利以及人身权利为手段推行当地的所谓经济发展，完全背离以人民为中心的发展思想，是对国家长治久安与社会和谐稳定的严重破坏。公权力的滥用是最大的不稳定因素。以侵害老百姓财产权利为手段谋求当地经济发展的地方政府发展模式，严重侵蚀了国家有效治理的根基，必须下决心予以制止和根除。

一是要像强力反对腐败一样强力反对侵权。一些地方发生的非法暴力强征强拆等现象，实质上是严重侵犯农民财产权利的违法犯罪行为，不符合为人民服务的根本宗旨，违背了执政为民的根本要求，与全面依法治国相背离，应当严格追求侵权者的法律责任。要像推进全面从严治党一样推进全面依法治国，以党建引领法治，以党建促进法治，以党建保障法治。要借鉴强力反腐败的有效方式开展强力反侵权行动，依法打击一些以侵害老百姓财产权利的方式谋求当地所谓经济发展的歪风邪气和旁门左道，坚决遏制侵害农民财产权利的不正常现象，还老百姓一个安宁的生产生活环境，夯实国家长治久安的人心基础。

二是修改《刑法》，进一步健全完善侵犯财产的罪名。根据城市化中的普遍性问题以及一些地方政府以改革之名恣意滥用权力的现象，应通过修改《刑法》，进一步完善充实侵犯财产权的罪名，强化财产权的保护力度。可以单独设立强征土地罪、强拆住宅罪、破坏坟墓罪、毁坏棺材罪等侵犯财产的罪名，为加强《刑法》的实施提供有法可依的法律保障。

三是加大《刑法》的实施力度，依法追究侵犯财产权利的犯罪行为。对侵害农民财产权利的地方政府及领导干部，既要依据《中国共产党纪律处分条例》给予党纪处分，也要依据《刑法》追究其侵犯公民财产的罪行；既要追究侵犯农民财产权

利的领导干部个人的刑事责任，也要追究地方政府及其相关部门的单位犯罪责任。通过及时公开惩治一些地方政府领导干部侵犯农民财产权利行为的典型案例，实现以个案的公正处理推动地方政府依法行政的不断深入和全社会的法治进步。

在城市化进程中，要有效保护财产权利，除了上面提出的增强财产权利观念、构建财产权利制度、惩治侵犯财产权利的行为外，还需大力培育现代产权文化，要把营造尊重和保护财产权利的社会政治环境作为根本选择。只有既加强保护产权的硬制度建设，又加强保护产权的软环境培育，才能更有效地实现对财产权利的尊重和保护。尊重和保护产权，既要有效保护公有产权，落实宪法规定的"公共财产神圣不可侵犯"的原则，又要有效保护私有财产，落实宪法规定的"公民的合法的私有财产不受侵犯"。在社会主义市场化改革中，尤其要突出加强对私有财产权利的法律保护，实现公有产权和私有产权的平等保护。要依据"国家依照法律规定保护公民的私有财产权和继承权"的宪法规定，全面加强财产权利保护的立法工作，加快完成《民法典》的编撰工作以及通过后的实施工作，真正将保护财产权利的法治建设提升到一个崭新的水平。在新时代营造尊重和保护财产权利的社会政治环境，既要继承和弘扬有利于保护财产权利的中华优秀传统文化，实现"有恒产者有恒心"的产权保护与社会安定的目标；又要大胆吸收和借鉴有助于保护财产权利的人类文明的共同成果，恪守产权保护与公权制约原则。

加强产权保护，根本之策是全面推进依法治国。要实现中华民族伟大复兴，必须把有效保护财产权利以及其他各项基本权利作为再造中华文明的基石。北京提出要建设法治中国首善之区，就必须更加真心实意、认认真真地加强法治建设，让人们以看得见、感受得到的方式有效保护财产权利，特别是在推进城市化进程中，要真正坚持法治原则、树立法治理念、彰显法治精神，在尊重和保护财产权利的基本底线上开展工作。

执笔：张英洪

2018 年 9 月 9 日

推进具有首都特点的乡村振兴[*]

实施乡村振兴战略，是党的十九大做出的重大决策部署，是新时代"三农"工作的总抓手。北京作为国家首都和超大城市，与全国其他省区市相比，既有解决"三农"问题面临的共性问题，也有自身的特点。北京市实施乡村振兴战略，既要改革和创新农村集体所有制、加快破除城乡二元结构这个全国共性问题，也要充分利用首都的优势，紧扣首都的特点，在现有改革发展的基础上，推进具有首都特点的乡村振兴。

一　北京实施乡村振兴的显著优势

北京作为国家首都和超大城市，与其他省市相比，在诸多方面具备在全国率先实现乡村振兴的基础条件和显著优势。

一是首善之区的政治优势。北京作为 13 亿多人口大国的首都，具有任何其他省市所不具备的政治优势。京郊农村作为首都的郊区农村，分享了首都所拥有的独特政治资源，包括政治领导人重视的政策资源、首善之区标准的治理资源、优先保障民生的公共服务资源，以及知识、人才、资金、信息、技术、管理等高度汇集的各类市场要素资源。这些丰厚的政治资源及其衍生的各种经济社会文化资源，为促进京郊农业全面升级、农村全面进步、农民全面发展提供了强大的政治保障和政策支持。

二是超大城市的带动优势。北京是一个拥有 2170.7 万常住人口的超大城市，具备以工哺农、以城带乡的巨大辐射带动优势。北京的工业化已进入后期阶段，2017年三次产业构成比例为 0.4∶19.0∶80.6，农业产值占比只有 0.4%，服务业比重超过80%，居全国第一。2017 年北京完成全社会固定资产投资 8948.1 亿元，实现市场总消费额 23789 亿元。北京作为超大城市所具有的强大对外辐射体量，对京郊"三农"

---

[*] 原载北京市农村经济研究中心主办《调查研究报告》2018 年第 31 期。本文根据张英洪 2018 年 11 月 17日在北京市委农工委主要领导首次到北京市农研中心调研座谈会上发言整理稿，刘雯、王丽红参与部分数据收集和文字整理工作。

发展产生了无可比拟的巨大投资需求和消费需求双重带动作用。

三是先发地区的经济优势。北京与上海、广东、浙江等东部沿海地区同属于改革开放后我国率先发展起来的经济发达地区。2017 年，北京市 GDP 达到 28000.4 亿元，占全国 GDP 的 3.4%，位居全国第 12 位。按常住人口计算，北京市人均 GDP12.9 万元，同期折合 1.98 万美元，位居全国第 1 位。按照世界银行对高收入国家人均 GDP1.2 万美元的标准，北京已经步入世界高收入地区行列。2017 年北京市城镇居民人均可支配收入 62406 元，农村居民人均可支配收入 24240 元，分别比全国城镇居民可支配收入 36396 元、农村居民可支配收入 13432 元高出 26010 元和 10808 元。可以说，北京具有实施乡村振兴战略的强大经济基础和雄厚物质条件。

四是城乡人口的比例优势。2017 年，在北京 2170.7 万常住人口中，城镇人口 1876.6 万人，农村人口 294.1 万人，城乡人口比为 6.4：1，常住人口城镇化率为 86.5%。全市户籍人口 1359 万人，其中农业户籍人口 231 万人，占户籍总人口的 17.0%，占全部常住人口的 10.6%。根据北京市第三次全国农业普查的结果，2016 年全市农业生产经营人员仅 53 万人。与许多农业农村人口占绝对多数的省市相比，北京具有明显的城镇人口占大多数、农村人口尤其是农业从业人口占绝对少数的优势，这非常有利于加快推动以城带乡，实现城乡融合发展。

二 北京农村改革发展存在的主要问题及原因

改革开放以来，特别是 2003 年实施城乡统筹发展以来，北京市大力推进农村改革发展，加大农村基础设施和公共服务投入建设力度，使首都"三农"发展呈现了新的面貌。但是，北京农村改革发展存在的问题和差距还比较突出，面临的挑战不容忽视。我们仅从以下三个方面来看存在的差距。

一是城乡之间的差距比较明显。近些年来，北京市城乡居民收入差距的相对值与绝对值都在不断扩大。2005—2017 年，北京市城镇居民人均可支配收入平均递增 11.1%，京郊农民人均可支配收入平均递增 9.8%（比全国平均水平低 2.7 个百分点）。12 年间农民收入的增长速度平均低于城镇居民收入增速 1.3 个百分点。同时，城乡居民人均可支配收入绝对值从 2005 年的 9793 元扩大到 2017 年的 38166 元，平均每年递增 12%。2005—2017 年，全国城乡居民收入比从 3.25：1 缩小到 2.71：1；而北京市城乡居民收入比却从 2.25：1 扩大到 2.58：1。同期，上海市城乡居民收入比从 2.24：1 扩大到 2.25：1，天津市城乡居民收入比从 1.75：1 扩大到 1.85：1，但上海、天津城乡居民收入差距扩大的幅度要小于北京，而重庆市城乡居民收入比从 3.65：1 缩小到 2.55：1，是四大直辖市中唯一城乡居民收入比缩小的城市。

二是乡村内部的差距比较明显。一方面，农村集体资产地区分布极不均衡。截至

2017 年底，城市功能拓展区（朝阳、海淀、丰台、石景山）农村集体资产总额共计 4600.2 亿元，占全市农村集体资产总额的 66.9%；城市发展新区（房山、顺义、通州、昌平、大兴）农村集体资产总额共计 1830.8 亿元，占全市农村集体资产总额的 26.6%；生态涵养区（门头沟、平谷、怀柔、密云、延庆）农村集体资产总额共计 448.5 亿元，占全市农村集体资产总额的 6.5%。朝阳（1393.4 亿元）、海淀（1509.0 亿元）、丰台（1560.6 亿元）三个区的集体资产均在千亿元以上，而平谷（80 亿元）、怀柔（83.9 亿元）、密云（62.2 亿元）三个区的集体资产都不足百亿元。2017 年，丰台区卢沟桥乡三路居村集体资产总额 160 亿元，接近平谷（80 亿元）、怀柔（83.9 亿元）两个区集体资产总和，是密云区集体资产 62.2 亿元的 2.6 倍。另一方面，集体经济发展不平衡。2017 年，全市农村集体资产总额 6879.6 亿元，集体经济经营总收入 724 亿元、利润总额 43 亿元。在 3945 个村级集体经济组织中，效益较好、能够按股分红的村 1356 个，占比为 34.0%；收不抵支的村 1983 个，占比为 50.3%；经营收入在 100 万—500 万元的村 1644 个，占比为 41.7%。另外，农民内部收入差距较大。2017 年，北京市 20% 的高收入农户人均可支配收入为 43723 元，而 20% 的低收入农户人均可支配收入为 10314 元。农户内部的收入极差绝对值从 2005 年的 13154 元扩大到 2017 年的 33409 元。最后，2016 年北京市在新一轮低收入农户和低收入村认定中，共确认农村家庭年可支配收入（以 2015 年为标准）低于 11160 元的低收入农户 7.3 万户、15.6 万人，约占全市农户总数的 7%；低收入农户占全村农户总数 50% 以上的低收入村 234 个，约占全市行政村总数的 6%。全市建档立卡低收入农户人均可支配收入为全市农村居民平均收入水平的 40.2%。2017 年，北京市低收入农户人均可支配收入 10698 元。

三是与外地发展差距比较明显。2014 年及以前，北京市农民收入在全国省区市排名仅低于上海，一直稳居第二名。从 2015 年开始，浙江省农民人均收入开始超过北京市，北京退居全国第三。按统计部门公布的数据，2015 年，北京市和浙江省的农民人均可支配收入分别是 20569 元和 21125 元，北京市低 556 元。到 2017 年，北京市农民人均可支配收入低于浙江省 716 元，差距继续扩大。近些年来，北京市在推进农村改革创新的力度和影响力上也明显滞后于上海、浙江、广东、安徽、贵州等地，在全国产生具有较大影响力和政策引领作用的农村改革创新典型，比如家庭农场、美丽乡村建设、特色小镇、田园综合体、土地股份合作社、集体建设用地入市、农业产业化联合体、"自治、法治、德治"结合的乡村治理体系等，都产生于上海、浙江、山东、广东、安徽等省市。相比之下，北京近年来在全国农村改革创新方面的成效和影响力明显减弱，农村改革的标杆示范作用几乎不复存在。北京农村改革发展与首善之区的高要求相比，存在不少差距。

改革开放 40 年来,北京"三农"工作取得的成绩是有目共睹的。俗话说,成绩不说跑不了,问题不说不得了。实施新时代的乡村振兴战略,必须增强问题意识,坚持问题导向。马克思曾指出:"问题就是时代的口号,是它表现自己精神状态的最实际的呼声。"[①] 坚持问题导向是全面深化改革、推进具有首都特点的乡村振兴最基本的方法论。首都北京虽具有众所周知的优势条件,却存在令人深思的发展差距。细究其因,当然有多方面的客观条件制约和现实难题困扰,但我们也要正视在思想观念、工作方法等方面存在的突出问题,尤其是"五重五轻"倾向,不容忽视。

一是重战术用力,轻战略谋划。不谋全局者,不足以谋一域。"三农"工作是一项涉及多部门、跨行业、宽领域的综合性工作,具有全局性、战略性、系统性等鲜明特征。但一段时间以来,我们把主要精力耗费在一些具体的工作事务上,"三农"工作上的碎片化、孤立化现象比较突出,而从战略上进行的全局性、系统性、完整性的谋划与推进明显不足。在推进"三农"工作时,往往就事论事的多,统筹部署的少,容易陷入"只见树木、不见森林"的状态。在具体工作中,常常表现出"头痛医头、脚痛医脚"的倾向。在解决"三农"问题上,"按下葫芦浮起瓢"的现象屡见不鲜。各项政策之间的衔接配套性也不强,政策执行的综合效应发挥得不够,治标不治本的问题比较突出。全国有些省市在推进农村改革发展上的战略谋划和统筹举措都比较明显。比如,2003 年以后,在推进城乡统筹发展中,广东、重庆、成都等省市在机构设置、政策制定、改革创新等方面都出台了一系列战略举措。再比如,在实施乡村振兴战略中,2018 年 5 月,山东省在全国率先制定了《山东省乡村振兴战略规划(2018—2022 年)》,并且围绕乡村产业、人才、文化、生态、组织五大振兴任务,同步制定了《山东省推动乡村产业振兴工作方案》《山东省推动乡村人才振兴工作方案》《山东省推动乡村文化振兴工作方案》《山东省推动乡村生态振兴工作方案》《山东省推动乡村组织振兴工作方案》。上海市制定了乡村振兴"1 + 1 + 19"政策体系,即在制定《上海乡村振兴战略规划(2018—2022 年)》《上海市乡村振兴战略实施方案(2018—2022 年)》两个统领性政策基础上,接续制定 19 部实施乡村振兴的配套政策。

二是重物质投入,轻改革创新。由于长期的城乡二元结构的影响,政府对"三农"的基础投入严重不足,基础设施和公共服务投入欠债较多,因而持续加大对"三农"的物质投入是应该的。自 2006 年推进社会主义新农村建设以来,北京市凭借较强的经济实力和财政条件,加大对农村的基础设施等物质投入,明显改善了农村的生产生活条件。但是,一段时期以来,北京对"三农"的物质投入力度较大,而

---

① 转引自《习近平谈治国理政》第二卷,外文出版社,2017,第 342 页。

推进农村体制改革的力度较小。突出表现在,北京"三农"改革创新的举措不多,在全国产生影响和引领作用的农村改革典型经验乏善可陈。这使北京不但难以真正解决"三农"问题,也难以实现乡村振兴。只注重对农村的物质投入,而对制约"三农"发展的诸多体制矛盾和问题进行的系统性改革缓慢滞后,往往掩盖了制约"三农"发展的深层次矛盾。并且,由于乡村治理体制机制的弊端,不少物质投入项目的效果不太理想,还产生了一些权力寻租和消极腐败现象。

三是重试点安排,轻制度建设。这些年,北京在推进农村改革、城市化和城乡一体化上也安排了不少改革试点工作,取得了一些成效,但有的改革试点工作陷入就试点论试点、为试点而试点、试点有始无终的状态之中,不少改革试点工作缺乏可推广、可复制的普适性制度成果。有的改革试点进展迟缓,体制突破不大,成效不够显著。一些试点工作只停留在解决试点对象本身的问题上,而较少有为全市存在的共性问题提供可行的解决方案。比如,2009年北京市开展海淀区北坞村、朝阳区大望京村城市化建设试点工作;2010年初北京市启动城乡接合部50个重点村建设试点工作,到2012年3月完成,两年共投入资金2000多亿元。这项投入巨大的城乡接合部建设试点工作,虽然在一定程度上解决了50个村面临的一些突出矛盾和问题,但是并没有形成可以统筹解决城乡接合部问题而可复制、可推广的制度成果。全市城乡接合部其他村庄的改造、建设和治理仍然面临同样的问题和挑战。而全国有的省市比较注重通过改革试点工作形成政策制度成果。比如2009年底,广州市在旧城镇、旧村庄、旧厂房改造中,制定了《关于加快推进"三旧"改造工作的意见》(穗府〔2009〕56号)、《关于加快推进"三旧"改造工作的补充意见》(穗府〔2012〕20号)。2015年12月1日广州市人民政府公布《广州市城市更新办法》,指导和规范全市的旧城镇、旧村庄、旧厂房改造工作。

四是重政府主导,轻农民主体。党和政府在"三农"工作中发挥主导作用,这是理所当然的。同时,尊重和保障农民的主体作用,也是实现人民当家作主的根本要求。北京市有关政策文件和各级领导讲话,都高度重视和反复强调要尊重农民的主体地位、发挥农民的主体作用。但在现实工作中,农民的主体作用发挥得还很不够。在许多方面,还比较普遍地存在为民做主、代民做主的现象。比如在集体资产经营管理中,一些集体经济组织被少数人控制的现象比较严重,农民群众往往被排除在外;在一些村庄改造建设中,未征得农民同意就实行强征强拆;在农村土地承包经营权流转中,未尊重农民意愿的流转现象也时有发生;等等。我们在京郊农村调研中发现,有的村即使被评选为全国民主法治示范村,农民的参与权、知情权、决策权、监督权也没有得到充分地落实,村民参与村庄治理的权利也没有得到充分地保障和实现。坚持党的领导、人民当家作主、依法治国有机统一,需要在实践中不断深化体制改革。如果我们不深化改革，不把工作做细，不切实加强以保障人民当家作主为核心的一系列制度建设，那么农民主体地位的口号就不可能真正转化为现实。

五是重政策制定，轻立法保障。长期以来，"三农"工作中重政策、轻立法的现象比较普遍。应该说，在法治建设还很不健全的改革初期，通过制定政策推动"三农"工作是比较成功的有效方式，比如20世纪80年代中央制定的五个一号文件，在解决"三农"问题上发挥了极其重要的历史作用。但随着法制建设的不断健全，特别是全面推进依法治国，过去那种单纯依靠制定政策而不重视涉农立法的思想观念和工作方式就越来越不合时宜了，并且日益成为制约"三农"发展的重要因素，涉农立法滞后已成为"三农"发展的重要瓶颈。人们已经看到，现在中央每年制定的有关"三农"工作的一号文件以及北京市制定的"三农"工作文件，其政策实施效果已大不如前。北京市及有关部门每年都会制定许多涉农政策文件，但涉农的地方法规和规章建设明显滞后。涉农立法滞后主要体现在四个方面。第一是只有职能部门政策文件，没有地方政府规章和地方性法规。例如，有关农村集体产权制度改革，只有北京市农工委和农委的相关政策文件指导，没有北京市地方政府规章和地方性法规的规范。第二是只有地方政府规章，却没有地方性法规。例如，关于征地补偿安置，只有北京市政府发布的《北京市建设征地补偿安置办法》，没有市人大常委会制定和发布的地方性法规。城市化进程中的征地安置补偿，事关城乡居民的财产权利，应当由市人大常委会制定地方性法规为宜。第三是已制定的政策文件、地方政府规章或地方性法规没有与时俱进地进行修改。例如，1993年5月北京市人大常委会通过的《北京市农村集体资产管理条例》，经过1998年和2010年两次个别文字的修正后，没有进行必要的实质性修订。2017年11月23日上海市第14届人大常委会第41次会议通过并公布《上海市农村集体资产监督管理条例》，对农村集体资产监督管理做了比较全面系统的重要规范。再比如，2004年出台的《北京市建设征地补偿安置办法》确定的"逢征必转、逢转必保"等规定，已与2016年发布的《北京市人民政府关于进一步推进户籍制度改革的实施意见》严重冲突，应尽快全面修改。第四是一些重要的涉农工作长期存在立法空白。例如已经存在60多年的集体经济组织，缺乏法律法规的规范管理。在做好"三农"工作中，我们要正确理解和处理好领导讲话、政策文件、法律法规之间的关系。领导讲话、政策文件、法律法规的功能和作用不一样，领导讲话重在宣示理念、提出要求、指明方向，具有方向性的引领和指示作用；政策文件重在规范引导、明确目标、发展要求，具有短期的工作部署安排和指导作用；法律法规重在定规立矩、制度保障、普遍适用，具有长期的制度规范和保障作用。在全面依法治国的背景下，必须把政府全部涉农工作纳入法治化轨道。没有法律法规建设，就会出现社会治理运行环节的断裂，导致治理失效。

三 推进具有首都特点的乡村振兴的思考与建议

北京既是国家首都，也是超大城市，集都与城于一市、城与乡于一体、传统与现代于一身，除了具备"大城市、小农业""大京郊、小城区"的空间特点外，其发展还具有显著的首都城市战略定位、超大城市发展规模、疏解非首都功能、村庄形态分化、首善之区标准等鲜明特点。思考和谋划首都北京的乡村振兴，需要深刻认识和全面把握首都北京所具有的显著特征，转变观念、拓宽视野、创新思路、深化改革、扩大开放，着力推进具有首都特点的乡村振兴。

（一）紧扣首都城市战略定位这个特点，准确把握首都乡村振兴的要求

《北京城市总体规划（2016 年—2035 年）》明确规定北京城市战略定位是全国政治中心、文化中心、国际交往中心、科技创新中心，北京的一切工作必须坚持全国政治中心、文化中心、国际交往中心、科技创新中心的城市战略定位。"四个中心"的首都城市战略定位，并不局限于北京的中心城区，作为首都战略腹地的广阔京郊大地，同样担负着体现首都城市战略定位的职责使命。北京的"三农"工作必须紧扣"四个中心"的首都城市战略定位，适应首都城市战略定位的需要，着眼于建设国际一流的和谐宜居之都，提升"三农"工作新水平。在政治中心建设上，一要将乡村地区纳入支撑国家政务活动的重要空间进行规划布局。国家政务活动并不局限于中心城区，随着大国政治发展的需要，京郊乡村将日益成为国家政务活动的重要场所。例如，2014 年 11 月，亚太经合组织第二十二次领导人非正式会议就在北京怀柔区雁栖湖举办。这是京郊乡村承担国家政务活动的重要体现。应当规划建设更多更合适的乡村国家政务活动场所，尤其要加强特色小城镇、美丽乡村以及家庭农场、合作农场、农业公园等建设，使之成为国家政务活动的重要备选场所。二要坚持绿色发展，践行绿水青山就是金山银山的理念，大力加强生态文明建设，提升生态涵养区建设水平，将乡村建设成为天蓝地绿、山清水秀、鸟语花香的美丽后花园，使乡村成为国际一流的和谐宜居之都的重要休闲宜居之地。三要推动高质量发展，大力发展生态有机农业和优质农产品加工业，推进休闲农业和乡村旅游提档升级，为中央党政军领导机关、国内外友人以及广大市民提供安全优质的农产品供应和绿色生态服务产品。在文化中心建设上，一要充分挖掘和利用乡村农耕文化的宝贵资源，实现传统乡村文化与现代文明的有机融合，使乡村文化成为首都文化中心的重要组成部分。二要加强对传统古镇、传统古村落、历史文化名村的保护，防止建设性的破坏。三要大力发展乡村文化产业。推动文化＋农业、文化＋乡村发展，发展具有人文关怀、人文风采和乡村文化魅力的精品农旅产业，使都市农业、乡村田园风光充满乡村文化特色。四要加强乡村教育培训，提高乡村道德文化建设水平，提升乡村居民文明素质。在国际交往中心建

设上，一要立足于国际交往活动的多样性特征，发挥京郊乡村所具有的自然田园风光和悠久传统文化的独特魅力，将京郊乡村建设成可承担重大外交外事活动的重要舞台之一。要重点在京郊乡村规划建设外交外事活动区、国际会议会展区、国际体育文化交流区、国际科技文化交流区、国际乡村旅游区、国际组织集聚区等乡村国际交往活动场所。二要扩大乡村对外开放力度，改善乡村软硬件基础条件，使乡村成为向世界展示首都改革开放与农业农村现代化建设成就的重要窗口。在科技创新中心建设上，一要大力发展农业科技，强化农业科技的研发与利用转化。加大高精尖新科技在农业农村领域的应用，推动农业＋科技、乡村＋科技的融合发展，着力发展高效生态农业，建设智慧农业、智慧乡村，为首都农业农村现代化插上科技的翅膀。在充分发挥科技对生产力巨大推动作用的基础上，也要辩证地看待科技在生态环境、食品安全、社会伦理等方面带来的挑战与问题。二要将乡村规划建设成为科技研发基地以及科技应用示范区。促进中关村科技城、怀柔科学城、未来科学城建设与乡村振兴战略有机结合。

（二）紧扣超大城市发展规模这个特点，率先实现城乡发展一体化

北京与全国一样，最大的发展不平衡是城乡发展不平衡；最大的发展不充分是农村发展不充分。北京与全国不一样的地方在于，其作为2000多万人口的超大城市，完全具备以城带乡的经济实力，充分具备率先实现城乡发展一体化的各种有利条件。北京应当围绕全面实现城乡规划一体化、城乡资源配置一体化、城乡基础设施一体化、城乡产业一体化、城乡公共服务一体化、城乡社会治理一体化等方面，全面深化改革，加快构建城乡融合发展的体制机制和政策体系，率先实现以下三个方面的目标。一要率先实现城乡基本公共服务均等化。要着力优化财政支出结构，加大对农村基础设施、公共服务设施和基本公共服务的投入支出力度，加快缩小城乡基本公共服务差距，补齐农村基本公共服务短板，加快实现城乡就业、教育、医疗、养老、文化等基本公共服务的城乡一体化，高度重视乡村人口老龄化问题，推行免费教育、免费医疗以及高水平的社会养老等普惠性的公共政策，全面提升农村社会福利和民生保障水平，使广大农民共同享有经济社会发展的成果。这是坚持和贯彻落实以人民为中心的发展思想的具体体现。二要率先实现城乡要素平等交换与自由双向流动。城乡要素平等交换与自由双向流动，是发展社会主义市场经济的必然要求，是实现城乡发展一体化的必然要求，是推动农业农村优先发展的必然要求。要从体制改革、机制创新方面着手，打破城乡双重政策制度壁垒，加强制度建设，使城市的人才、资金、知识、技术、管理、信息等要素顺利进入农村，广泛而有序地参与乡村振兴，使农村的土地、劳动力等融入城市，公平参与城市化进程，形成城乡一体、功能互补的新型工农城乡关系。三要率先构建新型集体经济发展的政策体系和新型集体经济组织有效的治理机制。北京农村集体经济组织产权制度改革已经取得很大进展,改革后新型集体经济发展以及新型集体经济组织治理都面临新的矛盾和问题,亟须构建适应市场化、城镇化和城乡一体化发展的新型集体经济发展的政策体系,推动集体经济转型发展。要根据特别法人的要求,加强新型集体经济组织的市场主体建设和地方立法建设,健全新型集体经济组织的治理机制,强化对集体资产的监督管理,维护和发展农村集体和农民的财产权益。

(三)紧扣疏解非首都功能这个特点,主动谋划乡村承接疏解功能的建设

推动京津冀协同发展,疏解北京非首都功能,是首都北京发展的重要特点,也是北京实施乡村振兴战略所面临的独特的时代背景与重大的发展机遇。一要充分认识乡村振兴面临的重要挑战与历史机遇。疏解北京非首都功能,既对乡村发展提出了严峻的挑战,也给乡村带来了宝贵的发展机遇。京郊乡村应当在疏解北京非首都功能的战略机遇中率先实现全面振兴。如果说通州是北京城市副中心、河北雄安新区是北京非首都功能的集中承载地,那么京郊乡村就是北京非首都功能的广阔而重要的承载地。按照《北京城市总体规划(2016年—2035年)》构建的"一核一主一副、两轴多点一区"的城市空间布局的要求,要主动谋划京郊乡村承接中心城区功能的对外疏解工作,在主动承接中心城区功能中实现乡村的振兴。二要有序规划与落实郊区承接中心城区功能疏解的重点任务与发展定位。根据《北京城市总体规划(2016年—2035年)》,中心城区是疏解北京非首都功能的主要地区;顺义、大兴、亦庄、昌平、房山的新城及地区,是承接中心城区适宜功能、服务保障首都的重点地区;门头沟、平谷、怀柔、密云、延庆、昌平和房山的山区作为生态涵养区,是首都重要的生态屏障和水源保护地,主要任务是保障首都生态安全,建设宜居、宜业、宜游的生态发展示范区。在京郊地区承接中心城区疏解功能中,要正确处理中心城区的减量发展与郊区乡村高质量增量发展的关系,改变"一刀切"的思维方式和工作方式,实事求是地细化各项具体工作。比如,怀柔可以承接更多的国际会议和交流功能,成为辅助中心城区的国际会议之都和国际交往重要场所;密云可以承接国际组织以及科研院所功能,成为支撑国家发展的重要智库基地;延庆可以承接文化体育功能,成为文化体育活动中心和旅游休闲区;昌平可以承接高等院校等教育培训功能,成为大学城;等等。三要顺应逆城镇化发展趋势,助推乡村振兴。城镇化发展到一定阶段后,会出现中心城区人口向外迁移的逆城镇化现象。北京是较早出现逆城镇化趋势的超大城市。2018年3月,习近平总书记在参加十三届全国人大一次会议广东代表团审议时提出,城镇化、逆城镇化两个方面都要致力推动。疏解北京非首都功能,是逆城镇化趋势的重要体现。北京的逆城镇化为乡村振兴提供了新的巨大能量和发展机会,应当加强逆城镇化的调查研究,加快破除城乡二元结构,实现城乡一体化,使逆城镇化与小城镇建设、美丽乡村建设有效结合起来，从而借力助推乡村的振兴。特别是要顺应疏解北京非首都功能和逆城镇化趋势，大力加强京郊特色小城镇建设，深化体制改革，在京郊规划建设企业总部小镇、国际组织小镇、科研大学小镇、文化体育小镇等特色各异的小城镇，改革小城镇管理体制，加强有利于小城镇建设的政策制度建设，使特色小城镇既有力承担首都中心城区的疏解功能，又助推京郊乡村的全面振兴。

（四）紧扣村庄形态分化明显这个特点，分类制定和实施乡村振兴政策

改革开放以来，随着市场化、城镇化的发展，村庄分化已经非常明显。《乡村振兴战略规划（2018—2022年）》将村庄分为集聚提升类村庄、城郊融合类村庄、特色保护类村庄、搬迁撤并类村庄。北京的村庄分化几乎全面呈现出我国村庄分化的各种基本类型。北京市规划和国土资源管理委员会将全市行政村划分为城镇化村庄、局部或整体迁建村庄、特色保留村庄、提升改造村庄。据我们2018年3—4月的调查和归类统计，北京3983个村已经分化为"三无"村、拆迁村、倒挂村、空心村、传统村等类型。根据村庄分化的实际与特点，针对不同类别的乡村发展矛盾与诉求，分类施策。"三无"村是指无农业、无农村、无农民，但有集体经济组织的村庄。这类村庄尚有56个。针对这类村庄的政策重点是，要确保集体资产的公平合理处置，保障农民带着集体资产参与城市化，维护村集体和村民的集体资产权益；将此类村庄全面纳入城市街道和社区管理轨道，由政府公共财政提供各类基础设施和公共服务，减轻或剥离集体经济组织承担的社区公共治理和服务的成本，保障原村民有序参与社区公共治理；发展壮大集体经济，强化对集体经济组织的监督管理服务，维护其作为特别法人的市场主体地位，保障村民股东对集体资产的所有权、经营管理权、收益分配权等各项权益。拆迁村是指因城镇化建设征地或居住环境改善等因素拆迁或搬迁上楼的村庄。这类村庄有720个。针对这类村庄的政策重点是，要切实保护拆迁村民的财产权益，妥善处置集体资产，合理管理和有效使用征地补偿费用；对于纳入城市规划区内的拆迁上楼村，一般应当实行撤村设居，撤销村委会设置，建立居委会，统一纳入城市社区管理和服务；在完成集体产权改革的基础上，实行政社分离，保留和发展集体经济组织及其所属企业，维护集体经济组织成员权益。倒挂村是指外来人口多于本村户籍人口的村庄。这类村庄有173个。针对这类村庄的政策重点是，必须以更加公平包容的心态和政策对待外来人口，保障外来人口平等享有基本公共服务；村庄的社区治理要对外来人口开放，保障外来人口平等参与社区公共事务的治理；在城乡接合部地区的倒挂村，在进行集中上楼的城市更新改造时，要预留村集体产业用地，同时在实现村民上楼改善居住环境和居住条件中，要着力推行集体建设用地建设租赁住房，让外来人口同样改善居住环境并成为新市民。空心村是指在城镇化进程中大量中青年人口流出村庄进城务工经商或在城镇安家置业，部分人口随迁离开，因而成为留守子女、留守妇女、留守老人居住生活之地，人口稀少、闲置农宅较多的村庄。这类村庄有 48 个。针对这类村庄的政策重点是，有条件实现活化与重生的空心村，鼓励和引导农民建立住房合作社，与外来资本合作共同开发、盘活利用闲置农宅，发展乡村旅游、特色民宿、健康养老等产业；对于缺乏开发利用条件的空心村，可以在尊重村民意愿的前提下适当进行村庄合并；深化农村宅基地制度改革，创新宅基地"三权分置"具体实现形式；严禁外来资本与地方权力相勾结，通过驱赶原居民而进行资本圈村式强占开发行为。传统村是指保持和延续传统乡村风貌、村庄形态基本稳定的村庄，这是京郊农村的主体形态，也是实施乡村振兴战略的重点地区。这类村庄有 2986 个。针对这类村庄的政策重点是，强化对传统村庄的保护，尽量在保留原有村容村貌的基础上实现改造提升，改善人居环境，禁止大拆大建；允许、鼓励和规范社会力量参与乡村活化与再生工作，充分发挥村民在乡村振兴中的自主性、积极性、创造性，探索多种形式实现乡村振兴。

（五）紧扣首善之区标准这个特点，着力实现首都乡村善治的目标

北京作为国家首都，是首善之区。所谓首善之区，就是治理得最好的地方。推进首都的乡村振兴，要坚持首善标准，加强和创新乡村治理，建立健全党委领导、政府负责、社会协同、公众参与、法治保障的现代乡村社会治理体制，健全自治、法治、德治相结合的乡村治理体系，实现首都乡村善治目标，让农村社会既充满活力又和谐有序。一要加强乡村组织建设，以组织振兴引领乡村振兴。构建以党组织为核心，村民自治组织、集体经济组织、其他经济组织、各类社会文化组织共同发展的组织振兴格局。要赋予农民更多的组织资源，使农民参与到经济、政治、社会、文化和生态文明建设等各类组织中。二要健全自治、法治、德治相结合的乡村治理体系。创新村民自治的有效实现形式，推进村民自治的规范化建设，保障村民民主选举、民主决策、民主管理、民主监督的权利，切实建设村民当家作主的自治乡村。将政府各项涉农工作纳入法治轨道，加强涉农立法的调研和涉农法律法规的立、改、废工作，填补涉农法律法规的漏洞；加强党员干部和村民群众的法治教育，弘扬法治精神和法治文化，着力建设公平正义的法治乡村。加强乡村道德文化建设，传承和弘扬中华优秀传统文化，促进传统文化与现代文明交相辉映，努力建设民风淳朴的道德乡村。三要坚持惩恶扬善，营造风清气正的乡村社会政治生态。将全面从严治党和全面依法治国向乡村基层延伸，加强对农村干部队伍的监督管理，把权力关进制度的笼子里，严肃查处侵犯农民权益的"微腐败"，严厉打击侵害农民切身利益的违法犯罪活动，全面建设维护社会公平正义、保障农民基本权利的平安乡村、健康乡村、和谐乡村。

推进具有首都特点的乡村振兴，在农业发展上，要坚持质量兴农。以市场需求为导向，大力发展生态有机农业，为保障城乡广大消费者的身心健康提供优质安全的农副产品。在农村发展上，要坚持绿色兴农。以生态文明理念为引领，建设生态优、环境美、产业兴、人气旺、民风淳的美丽乡村，营造城乡居民向往宜居的美丽家园。在农民发展上，要坚持权利兴农。从农民身份上看，要保障和实现农民的三种权利：作为国家公民的公民权、作为集体经济组织的成员权、作为农村社区居民的村民权。从权利内容上看，要保障和实现农民的人权、产权、治权。改革开放的过程实质上就是不断扩展农民权利的过程，就是不断提升社会文明程度的过程。

执笔：张英洪

紧扣首都特点推进超大城市乡村振兴[*]

新时代推进首都乡村振兴，必须把握和紧扣首都城市战略定位、超大城市发展规模、疏解非首都功能、首善之区高标准等显著特点，实现乡村振兴战略与首都城市战略定位有机结合，主线是走出一条具有首都特点的超大城市乡村振兴之路，主题是彰显首都乡村的独特价值和魅力，实现乡村高质量发展，基本目标是"四个率先"，即率先基本实现农业农村现代化，率先实现城乡融合发展，率先实现城乡共同富裕，率先实现乡村善治。

北京既是首都，也是超大城市，集都与市、城与乡于一体，融古与今、中与外于一身，除了具备"大城市、小农业""大京郊、小城区"的空间特点外，还具有显著的首都"四个中心"城市战略定位、超大城市发展规模、疏解非首都功能政策导向、首善之区高标准要求等鲜明特点。推进北京乡村振兴战略，必须坚持高站位、大格局、广视野、新举措，紧扣首都特点，实现乡村振兴战略与首都城市战略定位有机结合，真正走出一条具有首都特点的超大城市乡村振兴之路。

一　紧扣首都"四个中心"城市战略定位这个特点，充分体现首都乡村振兴的独特要求

根据《北京城市总体规划（2016年—2035年）》，北京城市战略定位是全国政治中心、文化中心、国际交往中心、科技创新中心。实施北京乡村振兴战略，必须坚持和体现"四个中心"的城市战略定位，推进农业农村优先发展，率先基本实现农业农村现代化，实现乡村高质量发展。

在政治中心建设上，要将乡村地区纳入支撑国家政务活动的重要空间进行规划布局，使京郊乡村成为国家政务活动的重要场所。随着中华民族走向伟大复兴，作为大国首都，其政治中心不应局限在中心城区，而应当放眼广阔的郊区乡村，从更高的政治站位上、更广的空间布局上，有针对性地选择合适的乡村地区，将其规划建设成为

　　* 原载北京市农村经济研究中心《调查研究报告》2021年第38期。

承载国家政务活动的重要场所，尤其要从大国首都政治发展出发，加强特色小城镇、美丽乡村、家庭农场、合作农场、农业公园等高质量建设，使之成为国家政务活动的重要备选场所和大国外交主场活动重要选择区域。要适应乡村建设政务活动与外交活动场所的需要，着力践行绿色发展理念，进一步加强乡村特别是生态涵养区的生态文明建设和公共服务建设，将乡村建设为国际一流的和谐宜居之都的后花园、会客厅、度假村、休闲地。要从保障国家政务活动的高度，推动京郊农业农村高质量发展，深化农业供给侧结构性改革，明确提出和大力发展京郊全域生态有机农业和优质农产品加工业，提高休闲农业和乡村旅游发展的质量和水平，为国内外友人以及广大市民提供安全优质的农产品供应和绿色生态服务产品。

在文化中心建设上，一是要将北京市推进的以"一核一城三带两区"（一核：以社会主义核心价值观为引领建设社会主义先进文化之都；一城：北京老城区；三带：大运河文化带、长城文化带、西山永定河文化带；两区：公共文化体系示范区、文化产业发展引领区）为重点的全国文化建设总体框架和布局与乡村文化振兴有机结合起来，以"一核一城三带两区"引领乡村文化建设，以乡村文化充实"一核一城三带两区"建设。二是要在乡村文化建设中突出北京古都文化、红色文化、京味文化、创新文化基本格局的特点和要求，在传承和创新京郊乡村文化中体现古都文化、红色文化、京味文化、创新文化的底蕴和魅力。三是要将国家文化中心建设的相关重大项目向京郊乡村地区进行系统规划布局，使乡村发展成为承载和展示国家文化中心的重要场所和窗口，从而彰显中华农耕文明的独特魅力，增强中华文化自信。可以选择若干特色小镇建设体现国家文化中心建设水准的文化小镇、艺术小镇、电影之都、音乐之都、创新之都，以及各具特色的乡村文化馆、乡村博物馆、乡村艺术馆等，增强乡村美学观念，推进京郊乡村艺术化，建设百花齐放的京郊艺术乡村。四是要在乡村地区规划建设体现中华优秀传统文化、革命文化、社会主义先进文化的文化产业和文化事业。充分挖掘和利用京郊乡村农耕文化的宝贵资源，推动优秀乡村文化实现创新性发展、创造性转换，使源远流长的中华乡村文化成为首都文化中心建设的重要组成部分。五是要着力加强对京郊传统古镇、传统古村落以及历史文化名镇、名村的保护，坚决杜绝对乡村的建设性破坏。大力推动数字乡村文化建设，实现"文化＋农业""文化＋乡村"的有机融合，使京郊都市农业、乡村田园风光充满中华文化特色。六是要将高等院校、科研院所、卫生体育、健康养老等机构和产业向郊区乡村进行规划布局，高标准规划建设一批位于京郊乡村青山绿水间的大学城、蓝天白云下的体育城和体育小镇、鸟语花香的智库小镇和康养小镇等，不断提高乡村教育文化水准和道德文化水平，全面提升乡村居民的总体文化素养和现代文明素质。

在国际交往中心建设上，发挥京郊乡村所具有的自然田园风光和悠久传统文化的独特魅力，将京郊乡村规划建设成可承担重大国际交往活动的重要舞台，实现官方与民间国际交往活动的互促互补、相得益彰。重点是要在京郊乡村合理选址，高标准规划建设国家外交外事活动区、国际会议会展区、国际体育文化交流区、国际科技文化交流区、国际乡村旅游区、国际组织集聚区等国际交往活动场所。在新的起点上，进一步扩大乡村对外开放力度和体制改革力度，使京郊乡村成为中国向世界展示大国首都改革开放与农业农村现代化建设成就的重要窗口和度假旅游胜地。

在科技创新中心建设上，一是要将乡村规划建设成为科技研发基地以及科技应用示范区，促进中关村科技城、怀柔科学城、未来科学城建设，亦庄经济技术开发区建设与乡村振兴战略有机结合，特别是在"三城一区"建设上，要切实改变大型科技项目建设与乡村建设"两张皮"现象，真正实现大型科技项目建设与乡村振兴战略实施有机结合起来，通过大型科技项目建设带动乡村的建设和振兴。二是要以中国平谷"农业中关村"建设为标杆，大力发展农业科技，强化农业科技的研发与利用转化。推动"农业＋科技""乡村＋科技"的融合发展，建设智慧生态农业和智慧乡村，为北京率先基本实现农业农村现代化插上科技的翅膀。以京瓦农业科技创新中心为重要支点的农业中关村建设，在规划建设中既要突出自身的农业科技攻关发展，也要以农业科技发展为牵引力带动周边乡村的建设与振兴。三是要加快数字乡村建设，打造数字乡村先行区。加强数字农业新基建，全面部署和大力投入数字化农业装备建设，规划建设北京数字农业展示推介中心，集全国农业优质信息化企业资源优势，打造世界数字农业总部。四是要辩证地看待科技在生态环境、食品安全、社会伦理等方面带来的挑战与问题，以便使科学技术的进步更好地造福于社会和广大人民群众。五是要适应京郊科技创新中心建设的需要，规划建设科学小镇、科学家小区等，培育乡村的科学精神，推进科技发展与乡村振兴相结合，为广大科技工作者提供宜居宜业的优良生活环境，带动和提升京郊乡村建设的科学含量和科技品位。

二　紧扣超大城市发展规模这个特点，率先实现城乡融合发展

作为2000多万人口的超大城市，北京具备率先实现城乡融合发展的基本条件和责任担当。

一要率先实现城乡基本公共服务均等化。要围绕北京"四个中心"的城市战略定位向乡村拓展和延伸的战略需要，加快实现城乡基本公共服务的均等化。必须着力优化财政支出结构，切实落实土地出让收入用于农业农村的比例，进一步加大公共财政对乡村基础设施、公共服务设施以及教育、就业、医疗、养老等基本公共服务的投入力度，加快缩小城乡基本公共服务差距，补齐乡村基本公共服务短板，尽快全面实现城乡基本公共服务的一体化和公共服务的城乡顺利接转。要高度重视乡村人口老龄

化问题，着力推行免费教育、免费医疗以及高水平的养老服务等普惠性公共政策，全面提升乡村社会福利和民生保障水平，促进城乡共同富裕。

二要率先实现城乡要素平等交换与自由双向流动。加快打破城乡双重政策壁垒，深度破除城乡二元结构，深化农村集体产权制度改革、农村土地制度改革、农村宅基地制度改革，加强城乡一体的制度建设，使城市的人才、资金、知识、技术、管理、信息等要素顺利进入乡村，广泛而有序地参与乡村建设和乡村振兴；同时要使乡村的土地、劳动力等要素平等融入城市建设，公平参与城市化进程，加快形成城乡一体、功能互补的新型工农城乡关系。

三要率先构建新型集体经济发展的政策体系和新型集体经济组织有效的治理机制。要从实现共同富裕的战略高度，加快构建适应市场化、法治化、城镇化和城乡一体化发展的新型集体经济发展的政策体系，发展壮大新型集体经济。要根据特别法人的要求，加强新型农村集体经济组织的地方立法与建设。要像重视基层党组织建设那样重视集体经济组织建设，像重视国有企业改革发展那样重视集体企业的改革发展，像维护和保障国有企业员工权益那样维护和保障集体经济组织和集体企业员工权益。参照农业农村部颁发的《农村集体经济组织示范章程（试行）》的规定，建立健全新型集体经济组织的治理机制，强化对集体资产的监督管理，维护和发展农村集体和农民的财产权益。

三 紧扣疏解非首都功能这个特点，主动谋划乡村承接疏解功能的建设

一要充分认识乡村振兴面临的重要挑战与历史机遇。疏解北京非首都功能是推动京津冀协同发展的"牛鼻子"，既对乡村发展提出了挑战，也给乡村带来了宝贵的发展机遇。京郊乡村应当在疏解北京非首都功能的战略机遇中率先实现全面振兴。我们既要高度重视北京城市副中心、河北雄安新区在疏解北京非首都功能方面的集中承载地作用，也要高度重视京郊乡村作为北京非首都功能疏解的广阔而重要的承载地的可能性。为此，要按照"一核一主一副、两轴多点一区"的城市空间布局要求，主动谋划和规划京郊乡村承接中心城区功能对外疏解的功能。京郊乡村要在主动承接中心城区功能疏解中实现乡村的振兴。

二要有序规划与落实京郊乡村承接中心城区功能疏解的重点任务与发展定位。中心城区是疏解北京非首都功能的主要地区，郊区乡村则是承接中心城区功能疏解的重要承接地区。要正确处理中心城区的减量发展与郊区乡村适度增量发展的关系，改变"一刀切"的思维方式和工作方式，实事求是地细化各项具体工作。比如，怀柔等地可以承接更多的国际会议和交流功能，成为辅助中心城区的国际交往重要场所；密云等地可以承接国际组织以及科研院所功能，成为支撑国家发展的重要智库基地；延庆

等地可以承接文化体育功能，成为文化体育活动中心和旅游休闲区；昌平等地可以承接高等院校等教育培训功能，建设若干大学城；等等。

三要顺应逆城镇化发展趋势，助推乡村振兴。逆城镇化是城镇化高度发展后的新趋势，北京的逆城镇化为乡村振兴提供了新的能量和发展机会，要加强逆城镇化的调查研究和政策制定工作，使逆城镇化与小城镇建设、美丽乡村建设有效结合起来，从而借力助推乡村的全面振兴。特别是要顺应疏解北京非首都功能和逆城镇化趋势，大力加强京郊特色小城镇建设，着力规划建设企业总部小镇、国际组织小镇、科研大学小镇、文化体育小镇等特色各异的小城镇，改革小城镇管理体制，使特色小城镇既有能力承接首都中心城区疏解的功能，又能助推京郊乡村的全面振兴，为此，必须全面深化改革开放，为乡村的发展注入新的活力与动力源泉。

四　紧扣首善之区高标准这个特点，率先实现首都乡村善治的目标

北京是首善之区。所谓首善之区，就是治理得最好的地方。推进北京的乡村治理现代化，就是要坚持首善标准，率先实现乡村善治。

一要加强乡村组织建设，以组织振兴引领全面振兴。构建以党组织为核心，村民自治组织、集体经济组织、其他经济组织、各类社会文化组织共同发展的组织振兴格局。首先要加强党组织建设，使基层党组织成为乡村治理坚强的领导核心。其次要加强村民自治组织建设，推进村民自治的制度化、规范化、精细化，保障村民群众依法当家作主。最后要加强农村集体经济组织建设，发挥集体经济组织在乡村振兴中的积极作用和乡村治理中的独特功能，特别是要重点加强乡镇联社建设，将乡镇联社建设成为乡镇区域的为民服务中心，为发展新型集体经济、实现共同富裕提供坚实的保障。农民专业合作社和其他经济社会文化组织，也都要与时俱进加快发展。要进一步赋予农民更多的组织资源，使农民有序参与到经济、政治、社会、文化和生态文明建设等各类组织中，保障和发挥农民群众在乡村振兴和乡村治理中的主体作用。

二要健全党组织领导下的自治、法治、德治相结合的乡村治理体系。要适应城市化发展和乡村振兴的现实需要，坚持党建引领，创新基层治理体制机制，深化"接诉即办"工作机制和办法，强化"未诉先办"服务能力建设，提高维护社会公平正义和群众切身利益的能力与水平，着力建设服务乡村和公正乡村；不断创新村民自治的有效实现形式，推进村民自治的规范化建设，保障村民民主权利，切实建设村民当家作主的自治乡村；贯彻落实《乡村振兴促进法》等法律法规，加大涉农法律法规的立、改、废工作力度，特别是要加快修订《北京市建设征地补偿安置办法》，加快制定《北京市乡村振兴促进条例》《北京市集体经济组织条例》等涉农地方立法，切实将各项涉农工作纳入法治轨道，加强党员领导干部和村民群众的法治教育，增强法

治意识，着力建设有效维护乡村社会和谐与活力的法治乡村；加强乡村道德文化建设，彰显首都乡村文化的优势和特点，促进传统文化与现代文明交相辉映，努力建设京郊民风淳朴的道德乡村。

三要坚持惩恶扬善，营造风清气正的乡村社会政治生态。不断将全面从严治党和全面依法治国向乡村基层延伸，加强对农村干部队伍和集体资产的监督管理，把乡村基层权力关进制度的笼子里，严肃查处侵犯农民权益的"微腐败"，严厉打击侵害农民切身利益的违法犯罪活动，全面建设维护社会公平正义、保障农民基本权利的平安乡村、健康乡村、良善乡村、和谐乡村。

总体而言，推进具有首都特点的乡村振兴，必须紧扣首都的特点，全面创新首都乡村振兴的思想观念和工作方式，全面深化改革开放，改革和调整有利于推进具有首都特点的超大城市乡村振兴战略的生产关系，创新体制机制，着力建设体现首都特点的超大城市乡村振兴要求的"三农"研究智库，为首都乡村振兴提供智力支持。总之，在农业发展上，要拓展农业的多功能性，坚持质量兴农，实现京郊农业的全面升级；在农村发展上，要实施乡村建设行动，坚持绿色兴农，实现京郊农村的全面进步；在农民发展上，要尊重农民的主体地位，坚持权利兴农，实现京郊农民的全面发展。

执笔：张英洪

首都乡村集体经济组织振兴路径研究[*]

广义上讲的乡村集体经济组织，包括生产、流通、金融等各类乡村集体经济合作组织；狭义上的乡村集体经济组织是指以土地集体所有制为基础的社区性集体经济组织。本篇所指农村集体经济组织为狭义上的社区性集体经济组织。乡村集体经济组织是乡村振兴的重要组织载体，推进乡村集体经济组织振兴，是实现乡村振兴战略的必然要求和重要内容。

一 首都乡村集体经济组织发展历程与特点

（一）首都乡村集体经济组织发展经历了四个阶段

一是高级农业生产合作社阶段。京郊农村集体经济组织产生于农业合作化运动时期。1951 年底京郊农村开始推进农业合作化，到 1957 年全市（不包含尚未并入北京市的区县）共有高级农业生产合作社 428 个，入社农户 19.3 万户，人口 80.3 万人。二是人民公社阶段。1962 年京郊农村在高级农业生产合作社基础上建立了人民公社。全市共有 285 个人民公社、3704 个生产大队、14818 个生产队，65.2 万户社员。三是农工商联合（总）公司阶段。1984 年上半年全市基本完成了人民公社政社分开的体制改革，郊区人民公社分设为乡镇党委、乡镇人民政府、乡镇农工商联合总公司三个机构，分别行使党务、行政与经济职能。生产大队改为农工商联合公司，生产队则改称农工商分公司。四是经济合作社（股份经济合作社）阶段。1991 年 1 月 22 日，北京市委、市政府印发《关于加强乡村合作社建设，巩固发展农村集体经济的决定》（京发〔1991〕2 号），提出村级集体经济组织为村合作社，乡镇集体经济组织为乡合作经济联合社，简称"乡（镇）联社"。当时北京市有 293 个乡镇经济联合社（同时保留农工商联合总公司的牌子），村经济合作社 4159 个（同时保留农工商联合公司的牌子），村合作社内部以原生产队为基础组建分社（农工商分公司）3080 个。

---

* 原载北京市农村经济研究中心《调查研究报告》2020 年第 46 期。

2000 年前后，远郊区实行乡镇机构"三改二"改革，即保留乡镇党委和乡镇政府，撤销农工商联合总公司，在乡镇政府内设置集体资产管理委员会。随着农村集体经济产权制度改革的推进，"乡（镇）联社"的全称逐渐向"乡（镇）股份经济合作联社（或联合社）"转变，部分村合作社和乡（镇）联社被股份经济合作社或集体所有制（股份）合作企业取代。2012 年北京市印发《关于进一步建立健全农村集体经济组织 全面加强登记管理工作的通知》（京政农发〔2012〕12 号），对集体经济组织进行了规范，一些改制后的集体经济组织又重新建立了村合作社和乡（镇）联社。到 2019 年，全市共有 4131 个乡村集体经济组织，包括 187 个乡（镇）联社、3944 个村合作社。

（二）92.6% 的集体经济组织分布在平原和远郊

在全市 14 个涉及农村集体经济组织的区中，朝阳区、海淀区、丰台区、石景山区 4 个区农村集体经济组织数量占全市农村集体经济组织总数的 8.4%，其中，乡镇集体经济组织共 34 个，占全市乡镇集体经济组织总数的 18.2%，村级集体经济组织 314 个，占全市村级集体经济组织总数的 8.0%。其余 10 个区农村集体经济组织共计 3783 个，占全市农村集体经济组织的 91.6%。其中：通州区、顺义区、大兴区、昌平区、房山区 5 个区农村集体经济组织数量占 54.8%，乡镇级集体经济组织数为 83 个，占全市总数的 44.4%，村级集体经济组织数为 2178 个，占全市总数的 55.2%；门头沟区、平谷区、怀柔区、密云区、延庆区 5 个区农村集体经济组织数量占 36.8%，乡镇级集体经济组织数合计为 70 个，占全市的 37.4%，村级集体经济组织数为 1452 个，占全市的 36.8%。

（三）乡村集体经济组织管理逐步规范化

一是农村集体经济组织财务管理及审计工作进入制度化、规范化阶段。北京市村级集体经济组织普遍实行"村账镇管"，2019 年实行村会计委托代理制的达到 3856 个村，占全市村级集体经济组织的 97.8%。2019 年北京市实行财务公开的村有 3973 个，建立村民主理财小组的村达到 3939 个。2019 年全市成立审计机构 14 个，共有审计人员 1380 人，进行审计的集体经济单位达到 8625 个，其中违纪单位 11 个，违纪金额 129.74 万元，受处分 2 人。村干部任期和离任审计 1432 件，土地补偿费专项审计 277 件。二是集体经济组织登记赋码工作处于全国前列。2016 年北京市农村经管部门开始探索对农村集体经济组织进行统一社会信用代码的登记赋码工作。2019 年全市 91.1% 的集体经济组织在农业农村部门完成登记赋码，4.6% 的乡村集体经济组织在市场监管部门登记。全市完成集体产权制度改革的乡村集体经济组织中，在农业农村部门登记赋码的乡镇集体经济组织有 20 个，村集体经济组织有 3743 个；在市场监督管理部门登记的乡镇集体经济组织有 7 个，村级集体经济组织有 182 个。

（四）乡村集体经济组织经营的内生动力不足，区域发展差距大

一是乡村集体经济组织经营效益偏低。2019 年全市农村集体经济组织账面资产总额为 4980 亿元，占全市农村集体经济组织和集体企业账目资产总额的 59.6%。2019 年全市农村集体经济组织总收入仅为 268.2 亿元，占全市农村集体经济总收入的 67.2%。2019 年全市农村集体资产收益率为 0.2%，其中，全市农村集体经济组织资产收益率为 -0.2%，全市农村集体企业资产收益率为 0.8%。从全市农村集体经济组织内部来看，全市乡镇集体经济组织资产收益率为 0.1%，全市村级集体经济组织资产收益率为 -0.3%。二是北京市农村集体经济组织缺乏实体产业支撑。北京市农村集体经济组织收入的 75% 来源于非主营业务收入。具体来看，北京市农村集体经济组织收入 39% 来源于其他业务收入，26% 来源于营业外收入（其中 8% 来源于财政补贴收入），10% 来源于投资收益，25% 来源于主营业务收入。北京市农村集体经济组织主营业务收入全部来源于居民服务、修理和其他服务业收入，而农林牧渔业、工业、建筑业等领域的主营业务收入为 0。三是全市农村集体经济组织及集体企业经营效益呈现较为突出的不平衡性。从区域来看，2019 年朝阳区、海淀区、丰台区、石景山区 4 个区农村集体经济组织及集体企业资产收益率为 0.36%，通州区、顺义区、大兴区、昌平区、房山区 5 个区的集体经济组织及集体企业资产收益率为 0.004%，门头沟区、平谷区、怀柔区、延庆区、密云区 5 个区农村集体经济组织及集体企业资产收益率为 -0.39%。分区来看，2019 年大兴区农村集体经济组织及集体企业资产收益率为 2.56%，位居全市第一；海淀区农村集体经济组织及集体企业资产收益率为 0.9%，位居全市第二；延庆区农村集体经济组织及集体企业资产收益率为 0.8%，位居全市第三；密云区农村集体经济组织及集体企业资产收益率为 -3.7%，为全市最低。

（五）乡村集体经济组织净资产呈现三个量级，仅 34.5% 的村级集体经济组织实现分红

2019 年北京市乡村集体经济组织净资产为 2011.3 亿元，占全市集体经济组织和集体企业净资产的 76%，其中乡镇级集体经济组织净资产为 138.3 亿元，占全市乡镇集体经济组织和集体企业净资产的 26.0%；村级集体经济组织净资产为 1873 亿元，占全市村级集体经济组织和集体企业净资产的 88.6%。分区域来看，北京市乡村集体经济组织和集体企业的净资产呈现三个量级，朝阳、海淀、丰台、石景山 4 个区农村集体经济组织和集体企业的净资产超过 1500 亿元，通州、顺义、大兴、昌平、房山 5 个区农村集体经济组织和集体企业净资产超过 800 亿元，生态涵养区 5 个区乡村集体经济组织和集体企业净资产不足 240 亿元。2019 年北京市有 1354 个村集体经

济组织实现股份分红，占新型农村集体经济组织的 34.5%。股份分红总额 53.7 亿元，131.9 万名农民股东获得分红，占成员股东数的 38.9%，人均分红 4071.3 元。

二　加强乡村集体经济组织建设的主要探索

改革开放以来，北京市在深化农村集体经济组织产权制度改革、规范财务管理、登记赋码、完善内部治理和规范产权流转等领域做了许多有益的探索。

（一）推进农村集体经济组织产权制度改革

20 世纪 90 年代初北京市开始推行以"撤村不撤社、转居不转工、资产变股权、农民当股东"为基本方向的农村集体经济组织产权制度改革，发展股份合作经济，主要经历了四个阶段：一是改革试点探索阶段（1993—2002 年），北京市通过 10 年的试点探索，提出了"撤村不撤社、转居不转工、资产变股权、农民当股东"的改革思路，一般将集体净资产划分为集体股和个人股，集体股占 30% 以上，个人股占 70% 以内。到 2002 年底，北京市完成 24 个村的集体经济产权制度改革。二是扩大改革试点阶段（2003—2007 年），在股权设置上，将人员范围扩大到 16 岁以下的未成年人。并对改革试点工作做了进一步规范。到 2007 年底，北京市完成 303 个乡村集体经济产权制度改革任务（村级 299 个、乡级 4 个），全市 30 多万名农民成为新型集体经济组织股东。三是全面推广阶段（2008—2013 年），农村集体产权改革全面提速。到 2013 年底，全市 3673 个单位完成集体经济产权制度改革（村级 3654 个、乡级 19 个），村级完成改革的比例达 99.5%，全市 324 万名农民成为新型集体经济组织的股东。四是深化改革阶段（2014 年以来），北京市重点加大对未完成的村级集体经济产权制度的改革力度，有序推进乡镇集体产权制度改革，解决早期改革中集体股占比过高的问题，加强和规范新型集体经济组织的经营管理等。2019 年全市 3952 个单位完成集体经济产权制度改革（村级 3925 个、乡镇级 27 个），村级完成比例达到 99.3%，335.7 万名农民当上新型农村集体经济组织的股东，其中乡镇级成员股东为 2.48 万个，村级成员股东 333.23 万个。2019 年股金分红总额达到 57.8 亿元，其中村级达到 53.7 亿元，乡镇级达到 4.1 亿元。

（二）规范集体经济组织财务管理

20 世纪 90 年代以来，北京市不断探索推进乡村集体经济组织财务管理的制度化和规范化建设，形成了较为完备的集体经济组织财务管理的制度体系。一是加强制度建设，引导乡村集体经济组织财务管理规范化。1993 年以来，先后出台《北京市农村集体资产管理条例》《北京市农村集体经济审计条例》，建立了北京市农村集体经济组织财务管理的基本制度框架。2009 年北京市印发《北京市农村集体经济组织财务规范管理制度（试行）》（农经字〔2009〕16号），提出一套相对比较系统、完整的北京市农村集体财务管理制度体系。二是持续推动"村账托管"，推进乡村集体经济组织财务管理的制度化、精细化。2004年北京市开始探索建立"村账托管"村级集体经济组织财务管理机制，建立了群众监督、会计监督和审计监督的三级监督机制，实行了"六项统一"，即统一财务制度、统一票据、统一审核、统一记账、统一公开、统一建档。同时推动实行了村级集体经济组织财务电算化管理。2008年北京市进一步规范了农村集体经济组织对征地补偿款的专户管理。三是围绕重点难点问题，持续推动乡村集体经济组织财务管理的规范化。2013年以来，北京市针对加强村务监督、规范集体经济合同、规范村级财务公开、规范新型农村集体经济组织收益分配、清产核资等农村集体经济组织财务管理中的重点难题问题持续发力，推动海淀区于2013年底成立了农村集体资产监督管理委员会，加强村级财务管理的规范化、制度化，推动农村集体资产股份收益分配权落到实处，以规范化的管理切实保护和实现农村集体经济组织成员权。

（三）加强对集体经济组织登记与赋码管理

北京市加强集体经济组织登记工作经历了四个阶段。一是为适应社会主义市场经济条件下加强集体经济组织规范化管理的需要，自2003年开始，北京市农村经管部门开始对农村集体经济组织进行登记。2005年北京市要求农村集体经济组织以全部集体资产投资设立的集体企业应到工商部门登记。二是加强新型集体经济组织登记管理。2010年北京市在推进农村集体经济组织产权制度改革的过程中，要求改革后新成立的股份经济合作社，及时到区经管部门办理登记手续；改革后成立企业法人的，及时到工商行政管理部门登记注册。三是为解决农村承包地确权颁证过程中遇到的将集体土地所有权证颁给谁的问题，2012年北京市农村集体产权制度改革后建立新型集体经济组织取代原村合作社、乡（镇）联社的乡村集体经济组织，重新恢复建立了村合作社、乡（镇）联社，并进行了登记备案。四是推进全市农村集体经济组织登记赋码工作。2016年原北京市农村合作经济经营管理办公室开发了北京市农村集体经济组织登记证系统，2016年5月底开始推进北京市农村集体经济组织存量登记证换发工作。2019年1月，按照《农业农村部办公厅关于启用农村集体经济组织登记证有关事项的通知》要求，北京市开始推动全市新型农村集体经济组织登记赋码的换证工作，2020年上半年换证完成率达到51%。

（四）建立健全农村集体经济组织内部治理机制

《宪法》第十七条规定："集体经济组织实行民主管理，依照法律规定选举和罢免管理人员，决定经营管理的重大问题。"在深化农村集体产权制度改革过程中，北京市不断加强新型集体经济组织内部制度建设，要求各农村集体经济组织按照现代企业制度的要求，建立健全新型集体经济组织的民主管理制度、日常管理制度、现代企业经营机制。2010 年以来，北京市推动新型集体经济组织建立健全股东大会或股东代表大会、董（理）事会和监事会等民主管理架构，并督促其按照章程规定，及时召开股东大会或股东代表大会，按时进行董（理）事会和监事会换届选举工作。2017 年北京市进一步加强对农村集体经济组织按时换届选举、严格履行选举程序的督导，探索推进农村集体经济组织成员（股东）代表、董（理）事会及监事会换届选举与村"两委"换届选举工作同步进行。

（五）完善农村集体经济组织产权交易管理

2011 年北京市制定《关于加强农村集体产权交易监督管理的指导意见》（京农研〔2011〕13 号），对农村集体经济组织产权交易的管理原则、产权交易范围、程序以及管理的主体部门责任等做出了具体规定。2010 年北京农村产权交易所成立。十年来，北京市农业农村部门围绕贯彻落实市委、市政府关于"加快推进要素市场建设"的任务要求，指导北京市农村集体产权流转交易市场建设，设立农村集体产权交易服务机构，搭建起"市、区、乡（镇）、村"四级服务网络体系，逐步构建全市统一、规范的农村集体产权流转交易市场，充分发挥市场机制作用。截至 2020 年 10 月底，北京市已累计成交农村集体经济组织产权交易项目 1200 多宗，成交金额近 156 亿元，流转土地面积 26.1 万亩，租赁房屋面积 98.9 万平方米，交易项目覆盖全市 103 个乡镇、672 个村。

三 存在的突出问题

（一）地位不明

《宪法》第十七条规定："集体经济组织在遵守有关法律的前提下，有独立进行经济活动的自主权。"《中华人民共和国民法典》第三章第四节第九十六条规定集体经济组织为特别法人。但是目前尚未制定《集体经济组织法》，集体经济组织特别法人在市场中的地位缺乏专门法律做出明确规定，农村集体经济组织特别法人作为市场主体的权利义务尚不明确。在地方层面，北京市对集体经济组织的地方立法以及相关规章制度的修订和建设也比较滞后，致使集体经济组织的内部治理、外部监管、统筹经营等都缺少明确的法律法规依据，农村集体经济组织在从事贷款、投资、合作经营等市场活动时仍受到诸多限制。

（二）政社不分

北京市城市化进程较快的地区虽已开始探索推进集体经济组织与村"两委"、乡镇政府之间的政社分离工作，例如 2019 年海淀区温泉、西北旺、苏家坨、上庄等 4 镇 21 个村开展了村级组织账务分离工作。但在总体上，目前全市村集体经济组织的资产经营管理工作主要还是由村"两委"成员兼任，集体经济组织与村委会的账户混用，集体经济组织管理体制不顺畅，这在一定程度上制约了集体经济组织的建设和集体经济的发展。一些乡镇集体经济组织没有与乡镇政府分开设立账户，在一定程度上限制了乡镇集体经济组织独立开展经营服务功能的发挥。据 2016 年北京市农研中心课题组的调查，在乡镇级集体经济组织中，实行政社分离账目单独设置、有独立经营活动的只有 20 个，占 11%；建立管理机构、账目单独设置、收益归政府的共有 88 个，占总数的 47%；资产、账目等并入政府财务，难以开展经营活动的有 79 个，占 42%。

（三）功能不全

《宪法》第八条规定："农村集体经济组织实行家庭承包经营为基础、统分结合的双层经营体制。"改革开放以来，农村家庭联产承包责任制不断完善，农村集体经济组织"分"的经营体制得以建立和发展，而农村集体经济组织"统"的经营体制并没有相关法律给予明确的规定。在实践中，北京市农村集体经济组织自身在发挥"统"的功能上面临组织建设滞后、统一服务缺位等问题，多数农村集体经济组织没有充分发挥好"统"的功能。由于集体经济组织"统"的功能缺位，在一定程度上削弱了"分"带来的积极作用。此外，有的地方在思想认识上也存在以"统"的名义去削弱乃至取消"分"的误区。

（四）权责不清

农村集体经济组织与村"两委"、乡镇政府的责权划分不明确，导致农村集体经济组织社会公共负担较重。一方面，党支部、村委会与集体经济组织之间职责不清，农村集体经济组织仍然承担着较重的农村基础设施建设、基本公共服务和基层治理等成本。另一方面，乡镇集体经济组织与所办企业之间还存在不同程度的资产归属和财务关系不清晰的问题，集体经济组织的所有权人地位不清晰，农村集体企业的市场地位不明确，农村集体经济组织的经营体制机制不能完全适应市场经济发展的客观需要。

（五）经营不善

全市农村集体经济组织自身经营水平总体偏低，2019 年全市 1982 个村集体经济组织收不抵支，占村集体经济组织总数的 50.3%，较 2015 年增加了 266 个村。2019 年全市村级集体经济组织营业利润为 −67.2 亿元，补助收入占村级集体经济组织营业外收入的比重超过 32%。2019 年全市农村集体经营收入低于 10 万元的集体经济薄弱村有 900 个。全市农村集体经济组织负债率处于较高水平，2019 年全市农村集体经济组织资产负债率为 59.6%，其中，乡镇集体经济组织的资产负债率达到 82.5%，村级集体经济组织的资产负债率为 55.3%。

（六）运转不灵

乡村新型集体经济组织的法人治理结构仍然不够完善，封闭产权与开放市场的矛盾仍没有得到有效解决。有的新型集体经济组织法人治理结构运作不够规范、协调，乡（镇）联社和村合作社章程的适应性不高、执行效果不佳，新型集体经济组织内部的民主管理机制不够健全，董事会与经理层人员高度重合，换届工作、信息公开不及时、不规范，"内部人"寻租和"外部人"对集体经济组织事务的不当干预与侵夺等问题始终存在，一些地方的"小官巨贪"现象以及集体资产流失等问题尚未得到制度性的根本解决。

四 思考与建议

（一）在指导思想上，把集体经济组织振兴作为乡村振兴战略的重要着力点

农村集体经济组织是具有中国特色的农村经济组织，是农村集体资产的所有者和管理者，是一类特别法人。北京市委、市政府《关于加强乡村合作社建设，巩固发展集体经济的决定》（京发〔1991〕2 号）明确提出："乡、村合作经济组织在农村经济中居于主导地位，是党和政府联系农民的重要桥梁和纽带，在推进农业现代化，促进农村经济社会协调发展，以及在商品生产中争取和维护农民权益，带领农民共同致富等方面，具有不可替代的作用。加强乡、村合作经济组织建设，巩固发展集体经济，是各级党委和政府的一项经常性的重要任务。"在新时代全面推进乡村振兴战略中，各级党委和政府应从指导思想上做到对加强农村集体经济组织建设的硬重视而不是软重视，从根本上认识到推动集体经济组织振兴的重大意义。首先，农村集体经济组织是有效维护和实现农村集体所有制的重要载体。农村集体经济组织是农村基本经济制度和生产经营体制在具体历史条件下的统一。如果没有乡村集体经济组织的规范发展和职能的有效发挥，那么发展壮大集体经济、维护农村集体所有制优越性都将无从发力。其次，农村集体经济组织是实现农民共同富裕的重要主体。2019 年全市农村集体经济组织农户共 313 万人，从乡村集体经济获得收入 189.5 亿元，人均所得 6054 元，占农户收入所得总额的 22.7%。应当进一步引导农村集体经济组织稳步提高股份分红的水平和范围，使每一个集体经济组织成员都能从集体经济组织的建设和发展中获得实实在在的利益。最后，农村集体经济组织是实施乡村振兴战略的重要力量。农村集体经济组织是提高乡村治理效能的重要组织依托，是带领广大成员共同振

兴乡村产业、振兴乡村生态、形成新时代文化风尚的重要内因和组织资源。推动乡村组织振兴，必须高度重视乡村集体经济组织的振兴；发展农民合作社，必须高度重视发展乡（镇）联社和村合作社，使社区性合作社与农民专业合作社发展相得益彰。建议及时总结 30 年来北京市农村集体经济组织建设和集体经济发展的经验，适应新发展阶段、新发展理念、新发展格局的要求，重新制定《关于加强农村集体经济组织建设，发展壮大新型集体经济的决定》，为新时代首都乡村集体经济组织建设和新型集体经济发展提供有力的政策指导和支持。

（二）在地位作用上，充分发挥集体经济组织"统"的功能

农村集体经济组织实行以家庭承包经营为基础、统分结合的双层经营体制。"统分结合"蕴含农村集体经济组织层面的"统"和农村集体经济组织成员层面的"分"以及将二者有机结合的重大功能。在"分"的层面，主要体现为从包产到户到农村土地承包经营权的长久不变，实现集体经济组织成员以家庭为单位获得承包土地的生产经营自主权，使家庭承包经营成为集体经济组织内部的一个经营层次。在"统"的层面，北京市委、市政府《关于加强乡村合作社建设，巩固发展集体经济的决定》（京发〔1991〕2 号）规定："农村集体经济组织承担着生产经营、合作服务、协调管理、资源开发、资产积累等职能，并可受政府委托，完成某些行政任务。"农村集体经济组织具有集体资源开发利用、集体资产经营管理、集体产业发展、为成员提供农业社会化服务等功能。目前，农村集体经济组织除在集体资产管理方面发挥了较重要的作用以外，其他"统"的功能均存在不同程度的缺位，已经成为制约乡村振兴的重要短板。在巩固和深化农村改革成果的基础上，建议进一步提升农村集体经济组织统筹资源利用、统筹产业发展和统一社员服务的能力。一是发挥好集体经济组织统筹开发利用集体资源要素的功能。盘活资源，充分利用集体所有土地资源、生态资源，推动农村集体经营性建设用地集约利用，将闲置的农宅、山场、林地统一利用，大力发展新型乡村产业。二是进一步优化集体经济组织对集体资产统一监管的功能。尽快修改完善农村集体资产管理办法，建立健全农村集体资产监管体制机制，加强农村集体资产管理队伍建设，完善农村集体资产管理的审计监督机制。依法利用本社成员集体所有或者国家所有依法由本社集体使用的资产对外投资，提高集体资产的经营管理效率，提高集体资产收益率。三是加快补齐集体经济组织为成员提供统一服务的短板。鼓励集体经济组织为成员提供产前、产中、产后的农资、技术、信息、金融、流通等全方位的生产生活服务。在生产经营领域，农村集体经济组织作为成员家庭提供农业生产社会化服务的核心主体，可以通过整合农民专业合作社、农业机械化服务组织等各类社会化服务主体的方式，也可以通过建立服务实体的方式，为集体经济组织成员提供统一整地、统一供应种子、统一规范使用化肥农药、统一利用高科技设

备、统一开展技术培训、统一聘请专业团队进行田间管理、统一信息服务、统一金融服务、统一市场销售服务等。在生活服务领域,允许和鼓励以集体经济组织为主体,承接农村交通、水利、基础设施维护、道路养护、绿化环卫管护等劳务服务和政策工程项目,对外提供劳动中介和输出等有偿服务。允许和鼓励农村集体经济组织通过各种渠道为农户解决金融需求服务。

(三)在工作重点上,将乡(镇)联社建设作为重中之重

加强乡村集体经济组织"统"的功能,可以在建立乡村集体经济组织民主管理、利益共享机制基础上,借鉴台湾农会的有益经验,形成以乡(镇)联社为主导、以乡带村的新机制,实现乡村集体资源要素的统筹经营、集体资产的统一管理、集体成员的统一服务。一是激活乡(镇)联社的带动作用。在基本思路上建议实行"两个分开,两个打开"。首先,在乡村治理上,在党的统一领导下,实行运行机制的"两个分开",即乡镇政府、村委会运行机制与合作社发展机制分开,合作社发展上的资产所有权与资产经营权分开。其次,在乡(镇)联社发展机制上,经过产权制度改革以后,及时建立完善与现代产权制度、市场经济体制相适应的法人治理结构,实现经济发展上的董事会、监事会和经营班子各司其职、各负其责。在此基础上,实现"两个打开",即为农民打开城门、为市民打开村门。以乡村合作社为平台,探索建立城乡要素自由流动、平等交换的体制机制。通过村社的熟人信用机制、地域价格发现机制和村民自治的合法决策机制,按照自愿、民主、公开、公正和等价交换的原则,建立健全成员进入与退出规范。农民如果自主决定进入城镇当市民,可以将自己在村内的集体经济所有者权益,经自愿申请和村民公议,以双方商定的条件,由村合作社予以兑现,实现顺利退出。市民如果愿意进村当农民,经自愿申请和股东会议同意,以双方商定的条件(包括允许向村合作社认缴股金),作为村合作社成员,享有相应的成员权利,实现事实上的"农转非""非转农"。二是深化乡镇集体经济组织产权制度改革。在乡镇党委的领导下,通过乡(镇)联社进行全域范围的行业管理和发展统筹,形成组织架构明确、成员可进可退的运行管理机制,推动全面建立"归属清晰、责权明确、保护严格、流转顺畅"的农村集体经济现代产权制度,促进农业供给侧结构性改革和农村发展动能转换。三是在乡镇党委、政府的领导下,按照"两个分开、三个合作"的思路,推进乡(镇)联社建设。"两个分开"即政治和经济分开、所有权和经营权分开,核心是理顺乡镇党委、政府与乡(镇)联社之间的关系。乡镇党委、政府可以依照党章党纪和国家法律,行使对乡(镇)联社的领导、指导、审计、监督等权力。乡(镇)联社具有独立市场主体的法人地位,乡(镇)联社内部要建立健全法人治理结构,股东大会、董事会、监事会和经营团队分工负责、各司其职。"三个合作"即生产合作、供销合作、信用合作。在乡(镇)联社内

设生产合作、供销合作、信用合作、文化旅游、农业教育、成员服务、对外联络等部门，实现"三个合作"。四是形成各级行政企事业部门统筹支持乡（镇）联社的政策机制。所有区级以上对"三农"和基层的财政项目资金与转移支付，原则上都应落实到乡（镇）联社，由乡（镇）联社统筹执行，使乡（镇）联社成为提供农业科研、职业教育、农产品加工储运和物流等服务的乡村枢纽型组织。建立完善农村金融服务体系，建立完善涉农政策性金融、涉农商业金融（包括保险、投资、担保、基金等）服务体系，并与乡（镇）联社的信用合作（信用部或合作银行）对接。

（四）在体制改革上，大力营造有利于集体经济组织发展的制度环境

一是加快集体经济组织立法工作。在国家层面加快集体经济组织立法的同时，应当尽快研究制定《北京市农村集体经济组织管理条例》，修改《北京市农村集体资产管理条例》等地方性法规，建立体现扶持、有所差别的涉农税收制度，推进农村集体经济组织依法顺畅进入市场，推动农村集体产权依法有序交易。二是完善乡村集体资产管理与监督的体制机制。加强和巩固市、区、乡镇农村经管专业机构和队伍，借鉴海淀区经验，建立区级集体资产监管委员会，从体制机制上保障农村经管机构进行资产监管的权威性。三是加快推动政经分离，明晰集体经济组织与村委会的职能关系，将乡村合作社与乡镇政府、村委会分开，各司其职，逐步剥离集体经济组织所承担的社区公共管理服务和公益建设职能，使集体经济组织能够向市场主体的方向发展。四是建立有利于农村集体经济组织发展的财政税收制度。支持农村集体经济组织发展乡村产业，使农村集体经济组织可以同等享受新型农业经营主体的各项优惠政策。支持农村集体经济组织带动农民共同富裕，减免集体股份分红的个人所得税。五是建立支持集体经济组织发展的金融制度。探索以集体经济组织为主体发展农村合作金融。针对农村集体经济组织的支付结算、现金管理、投资理财、融资信贷等方面的金融服务需求，制定为集体经济组织提供全方面金融服务与支持的制度。六是建立鼓励优秀人才到农村集体经济组织就业创业的政策制度。建立集体经济组织吸引外部人才的机制，在集体经济组织和乡村集体企业实行开放式用人制度，加快建立健全职业经理人聘任机制和约束与激励机制，形成科学合理的薪酬制度，推行合同制，吸引人才，促进人力资源向集体经济组织合理流动。七是推动城乡就业、医疗、养老等社会保障制度接轨，使在农村集体经济组织和乡村集体企业就业创业人员能够享受到与在国有企业就业创业人员同等的医疗、养老等社会保障待遇。

（五）在内部治理上，切实保障和实现成员的民主权利和财产权利

在全面推进乡村振兴战略中，应当着力推进集体经济组织民主治理，构建和落实集体经济组织成员与农村集体经济组织之间的利益联结机制，形成共治、共享、共赢的发展局面，充分体现和保障每一个集体经济组织成员的主人翁意识和地位，使集体经济组织成为推动乡村善治的重要组织力量。一是进一步规范乡村集体经济组织内部治理。参照农业农村部近期发布的《农村集体经济组织示范章程（试行）》，推动农村集体经济组织章程的修改完善与规范执行，确保成员权利得到有效保障，成员意志得到充分体现。加强对乡（镇）联社、村合作社落实章程情况的监督检查，确保乡村集体经济组织落实民主管理制度、经营管理制度、合同管理制度、审计制度等各项农村集体经营与管理制度的有效运行，确保乡（镇）联社、村合作社章程所确立的股东大会或股东代表大会、董事会、监事会等民主管理架构运行顺畅，真正实现民主管理、规范经营，保障和实现成员的知情权、参与权、决策权、监督权。二是明确集体资源和资产的所有权主体。进一步深化农村集体产权制度改革，严格落实集体资产所有者代表职权，厘清乡村集体经济组织与乡镇（村）集体企业之间的关系，实行社企分离，研究制定北京市农村集体资产向农村集体经济组织移交的工作意见，推动乡村合作社与所办企业实行账户单设、财务独立，进一步明确集体所有权人，增强集体经济组织成员的主人翁意识，确保集体经济组织对集体资源和资产的所有权。三是引导新型农村集体经济组织完善收益分配制度，规范新型集体经济组织收益分配行为，切实保障农民集体收益分配权。建立健全农村集体经济组织收益分配制度，指导农村集体经济组织加强财务管理，规范有序开展收益分配。四是严防农村集体资产流失，加强对农村集体资产的清产核资、审计监察工作，加强对农村集体经济组织合同的规范和清理，依法惩治"小官巨腐"等侵蚀、掠夺集体资产的违法犯罪行为，真正使农村集体经济组织和成员的财产权利得到有效保护。

执笔：曹四发、张英洪、王丽红

怀柔区在推进具有首都特点的乡村振兴中做出引领示范的路径研究[*]

一 怀柔区在推进具有首都特点的乡村振兴中做出引领示范的优势与基础

2020 年末，怀柔区常住人口 42.2 万人（其中城镇人口 30.1 万人、乡村人口 12.1 万人）；全区辖 14 个乡镇、2 个街道、35 个社区、284 个村；地区生产总值 396.6 亿元，三次产业结构为 1.1：40.1：58.8；全区人均可支配收入 41779 元，城乡居民收入比为 1.67：1。在全市生态涵养区中，怀柔区不仅具有最优的生态环境、最多元的地域文化、最高的地区生产总值，而且日益成为首都功能重要承载地，在推进具有首都特点的乡村振兴中具有明显的优势条件与发展基础。

（一）生态涵养成效显著

怀柔区总面积 2122.8 平方公里，全区山区面积 1889.1 平方公里、森林面积 1642.4 平方公里，是北京市区域面积第二大区、山区面积第一大区、森林面积第一大区，是首都名副其实最大的后花园和北京乡村振兴最迷人的乡愁地。怀柔区自然资源丰富，生态环境优良。全区森林覆盖率 77.38%，林木绿化率 85.02%，均居全市首位，拥有北京唯一一处原始森林自然生态景区——喇叭沟门自然保护区。怀柔区地处首都饮用水水源保护区，河流密布，水资源丰富，具有林水交融的自然特性，境内有四级以上河流 17 条、大小水库 22 座、山泉 774 处，年水资源总量 8.6 亿立方米，占全市水资源总量的 1/5，地表水质量达到国家二级标准，空气质量率先达到国家二级标准。"十三五"期间，怀柔区生态环境状况指数始终保持全市第一，连续 5 年获评"首都环境建设示范区"，先后获得全国绿化模范城市、国家生态保护与建设示范区等荣誉称号，成功创建国家"两山"实践创新基地、国家生态文明建设示范区、国家全域旅游示范区。

＊ 原载北京市农村经济研究中心《调查研究报告》2022 年第 1 期。

（二）科学城已成新统领

2015 年 12 月，怀柔区启动怀柔科学城建设规划。2016 年初，怀柔科学城建设纳入北京市"十三五"规划。2016 年 9 月，怀柔科学城建设进入国务院印发的《北京加强全国科技创新中心建设总体方案》，成为国家级科技创新发展中心。2017 年 5 月，国家发展改革委、科技部联合批复了《北京怀柔综合性国家科学中心建设方案》，同意建设北京怀柔综合性国家科学中心。这是继上海、合肥之后全国第三个综合性国家科学中心。2019 年 11 月，《怀柔分区规划（国土空间规划）（2017 年—2035 年）》提出"怀柔就是科学城、科学城就是怀柔"的发展思路，明确了构建以怀柔科学城为统领，以生态涵养为核心，以科技创新、会议休闲、影视文化为支撑的融合发展新格局。怀柔科学城目前常住人口约 8.5 万人，规划居住人口规模 26 万—28 万人，预计就业岗位约 22 万个，其中科技创新相关岗位、城市服务相关岗位各占 1/2。怀柔科学城的建设与发展，已经催生巨大的基建需求、人才需求、商业配套需求、公共服务需求、住房保障需求、生态保育需求等，以科学城为统领的乡村振兴，为怀柔区农业农村现代化发展带来了前所未有的发展机遇。科学城建设为乡村振兴提供新引擎和新动能，乡村为科学城建设提供新空间和新资源。

（三）国际会都成金名片

怀柔雁栖湖国际会都（以下简称"国际会都"）服务国家总体外交大局和首都国际交往中心建设，统筹发展会议会展产业、培育会议会展品牌、完善观光旅游设施和文化商业设施，已经成为服务首都国际交往的重要承载区。近年来，国际会都圆满完成 APEC 会议、两届"一带一路"国际合作高峰论坛等重大国际会议服务保障任务，成功举办世界心血管大会、首届雁栖人才论坛。5 年来，国际会都累计举办各类会议会展活动 2.8 万余场次，成为首都承办国家重要活动的"金名片"。国际会都在建设上与怀柔科学城紧密联动，在保障国家政务活动功能的同时，促进高层次国际交往、科学创新、文化交流、游览休闲等功能的相互融合，成为打造服务国家顶层国际交往、可举办全流程主场外交活动的核心承载区。国际会都的发展，创造性地将京郊乡村地区拓展为支撑国家政务活动的重要发展空间，成为北京国际交往中心的重要承载区域，从而大大拓展乡村发展的国际视野和产业空间，丰富乡村的国际交往和政务服务功能，提升京郊乡村振兴的国际视野和发展层次。

（四）中国影都影响凸显

起步于 1995 年、壮大于 2008 年、认定于 2014 年的中国（怀柔）影视产业示范区（以下简称"中国影都"）规划面积 6.99 平方公里，拥有国家中影数字制作基地等全国影视产业发展的核心资源，建成了涵盖影视产业完整链条，具有怀柔特色的影视拍摄、后期制作、动漫制作、专业技术服务、展示与传播、版权交易、教育培训、制片公司集聚、影视旅游等九大功能中心，累计接待剧组拍摄制作作品 3000 多部，已经成为北京全国文化中心建设的重要承载地和中国影视发展新的"增长极"。怀柔乡村地区具有天然的空间包容性和产业包容性，可借中国影都发展契机，围绕未来影都"一中心、四平台"（国际消费中心城市"微中心"，优质多元的影视文化内容原创平台、高端前沿的影视文化科技创新平台、有国际影响力的影视文化合作交流平台、投资与运营双循环的影视文化专业服务平台）建设，以乡村的空间资源、自然资源、土地资源、文化资源、旅游资源等参与中国影都的消费中心、网红打卡地、周末经济、创意活动、游戏体验、公寓住宅、餐饮购物、教育培训、文化娱乐等产业链条，构筑城乡产业融合、文化发展的新范本。

（五）乡村振兴亮点纷呈

怀柔区坚持以城带乡、城乡互补，深入推进美丽乡村建设，实施乡村振兴战略。近年来，怀柔区已启动 14 个"乡村振兴示范村"建设，加快推进 195 个美丽乡村建设，深入实施农村人居环境整治行动，大力发展壮大村镇集体经济，组建 7 个镇级新型集体林场，创建 4 个市级、2 个区级家庭农场示范镇。怀柔"足不出村"办政务改革作为北京市唯一案例入选第三批全国乡村治理典型案例，为有效解决农村政务服务"最后一公里"问题、提升乡村治理效能树立了全国性标杆。围绕生态立区与科学城建设的总体要求，怀柔大力发展乡村绿色生态型产业，不断探索建设科技创新的战略腹地和市民群众的精神家园的新业态、新模式，乡村承接怀柔科学城建设战略腹地、参与推动科学城发展的态势正在形成。在多年的乡村建设中，怀柔率先培育了北京市首条沟域经济带——"雁栖不夜谷"，打造了北京市第一个集群式发展的"不夜谷"旅游品牌。北京市第一个民俗旅游专业村是怀柔"不夜谷"内的官地村，北京市的民俗旅游第一人也出自该村。怀柔还建立了北京市第一条村中步行街——燕城古街。交界河村的"篱苑书屋"成为国内唯一一家入选"全球 18 座最美图书馆"的书屋。杨宋镇秉持"影视＋城"理念，深挖美丽乡村、美丽庭院内涵，建设耿辛庄艺术家村科影主题小院，为电影学院师生提供个性化创作空间。雁栖镇利用乡村酒店资源，将位于范各庄村的悟理学苑酒店改造成为北京第一所服务科学城建设、面向中科院物理所科研人员的乡村长租公寓。怀柔区精品民宿达到 563 家，总量居全市第一，成为首批"全国民宿产业发展示范区"。

二 怀柔区引领示范具有首都特点乡村振兴面临的主要问题

（一）城乡融合发展的体制机制和政策体系尚未形成

怀柔区在规划布局、重大项目、用地配置、资金政策、公共资源等方面仍存在

"重城轻乡"现象,城乡融合发展的体制机制和政策体系尚未形成,特别是重大项目引领和带动乡村振兴的思想观念与工作模式存在较大差距,项目建设与乡村建设未能紧密结合、协调统一。在发展规划上,规划管理和实施机制没有完全做到城乡融合,乡村在适应新的规划管理体制中遇到很多体制机制障碍。调研发现,不少乡村干部对于管辖范围内地块的性质不了解、不清楚,不知道经营性建设用地有多少、具体位置在哪里,这导致不少乡村不敢搞建设、搞项目,担心新建项目成为违建。很多村庄在申请建设公共服务设施上,都遇到了规划审批难题。在用地配置上,与乡村产业发展密不可分的经营性建设用地指标多配置在"一城两都"(科学城、国际会都、中国影都)区域,乡村建设用地紧缺。《怀柔分区规划(国土空间规划)(2017年—2035年)》明确城乡建设用地减量类型和减量途径,即以违法建设拆除、农村集体工矿用地整治、废弃矿山修复治理、生态环境建设、实施土地一级开发、棚户区改造、美丽乡村建设及居民点整理等多种途径实现减量目标。为确保怀柔新城、"一城两都"等核心区域和重点项目的发展用地需求(怀柔科学城规划范围10.26万亩、雁栖湖国际会都规划范围3.15万亩、怀柔影视产业示范区规划范围2.7万亩),乡村成为建设用地减量的重点区域。乡村产业发展需求与用地供给矛盾突出。在公共资源配置上,城乡基础设施与公共服务有差距。如农村饮用水安全、生活污水治理的短板依然突出,全区284个行政村中仍有101个村没有实现污水治理。多个纳入怀柔科学城范围的乡镇都表示,镇域内文化教育、医疗卫生、道路设施、公共绿地等公共配套设施存在数量不够、质量不高、相对滞后等问题,难以满足科学城建设的入驻机构、科技工作者及衍生居民的居住生活需求,尚不具备承接创新型产业示范、创新成果转化、人才培养、应用研究等服务科学城的产业发展条件。农村中生产流通型基础设施建设严重滞后,农产品商品化处理能力较弱,总体来看农业经营方式仍处于靠天长、靠地头卖的阶段,很难支撑起农业高质量发展。

(二) 生态涵养区生态保护与绿色发展的关系有待理顺

怀柔区属于北京市的生态涵养区,承担着首都北部重要的生态屏障与水源保护功能。根据《怀柔分区规划(国土空间规划)(2017年—2035年)》,怀柔将全区分为生态控制区、集中建设区和限制建设区,分别占全区面积的93.5%、3.5%和3%。在生态控制区以内,还有生态保护红线面积,约为128.43万亩,占全区总面积的40%,在红线内必须严格服从于生态涵养区的定位与产业政策,严格落实生态保护红线管理制度、水源保护规定,原则上按照禁止开发区域的要求管理,严禁不符合主体功能定位的各类开发活动。因此,处在生态控制区内的乡村,大都面临着绿色发展难题。生态保护与绿色发展的关系尚未理顺,保护生态环境被作为第一要求与主要任务,生态旅游、精品民宿、森林康养、田园综合体、农村电商、智慧物流、数字经济、科创智能等适宜生态涵养区的新兴业态发展长期受到严重制约，老百姓的生产生活长期受到严格限制，农民增收乏力。如根据《北京市水污染防治条例》规定，一级保护区内禁止新建、改建、扩建与供水设施和保护水源无关的建设项目，位于怀柔水库一级保护区内的 9 个村 2000 多户 5000 多人，其产业发展受到严重限制，均为区级低收入村。再如，有些处于怀柔水库二级保护区的村庄，受环保等规定限制，办不了民俗户营业执照，这严重制约了村庄发展乡村旅游等产业。一段时期以来，有关部门将生态保护与绿色发展对立起来的观念和做法比较突出，强保护、弱发展的矛盾显现。2021 年 6 月施行的《北京市生态涵养区生态保护和绿色发展条例》对生态保护和绿色发展都有明确的规定，但建立在生态保护基础上的绿色发展的具体政策思路尚未形成。

（三）集体经济组织建设和集体经济发展比较薄弱

怀柔区农村集体经济组织建设和集体经济发展呈现"双弱"现象。截至 2020 年底，怀柔区 284 个村集体经济组织中尚有 10 个村集体经济组织未完成集体经济产权改革任务，14 个乡镇、2 个街道未开展乡镇级集体产权制度改革。特别是怀柔乡镇级集体经济组织极其薄弱，14 个乡镇的集体资产、账目等并入政府账目，已经没有经营性资产，原账目已经封存，其相关管理工作纳入乡镇政府有关科室统一管理。乡镇集体经济组织大多属于"有牌子、没组织"的状态，乡域经济增长以注册经济为主，村镇集体经济增长内生动力严重不足。2020 年底，怀柔区农村集体经营性资产 60.7 亿元，占全市集体资产总量的 0.69%，在全市 13 个涉农区中排名第 12 位，在全市 5 个生态涵养区中排名第 4 位。2020 年，全区农村集体经济实现利润总额为 – 4098.1 万元。怀柔农村集体经济缺乏主导产业，发展后劲严重不足。从 2019 年全区农村集体经济收入结构来看，乡村两级集体经济组织均无主营业务收入，乡村两级集体企业主营业务收入总额 6537 万元，占全区农村集体经济总收入的 9.5%。全区农村集体经济主导产业收入贡献率不到 10%。全区农村集体经济 90.5% 的收入来源于征地拆迁补偿款、地上物补贴和专项工程款等各种财政资金以及少量的租金收入。

（四）村庄人口老龄化和空心化现象比较突出

根据国际老龄化标准，60 岁及以上人口占总人口比例达到 10% 或 65 岁及以上人口占总人口的比重达到 7% 就标志着进入人口老龄化社会。怀柔区人口老龄化问题突出，据北京市怀柔区第七次人口普查公报，全区常住人口中 60 岁及以上人口为 86216 人，占 19.6%，其中 65 岁及以上人口为 56289 人，占 12.8%。据我们调研，2020 年底，渤海镇户籍人口 16113 人，其中 60 岁及以上人口占 29%；雁栖镇户籍人口 15498 人，其中 60 岁及以上人口占 26%；深山区乡镇的老年人口占比更高。怀柔区农村已经进入高度老龄化社会。在渤海镇、九渡河镇、琉璃庙镇等山区乡镇调研中，基本看不到年轻人的面孔。当地人反映，种植板栗的农民基本在 60 岁以上。留守在农村居住生活的主体是守望相助的妇女、儿童、老人和残障人员，村中劳动力以 50—70 岁为主。乡村的现有劳动力条件难以介入现代产业链条，乡村的人口结构、知识体系和技能层次与怀柔新城、科学城、国际会都、中国影都以及乡村振兴的劳动力需求相差较远。以杨宋镇为例，2020 年全镇农业产值为 2596 万元，而以影视文化产业为主体的服务业产值近 40 亿元，可以说杨宋镇有条件、有能力以影视文化产业带动乡村发展，但杨宋镇现有农村劳动力创新创业和就业能力不足，很难融入影视文化产业链。

三　怀柔区推进具有首都特点乡村振兴引领示范的路径思考

怀柔区在推进具有首都特点乡村振兴中要做出引领示范，必须紧紧把握"首都特点"和"引领示范"两个关键词。所谓"首都特点"，就是怀柔区在实施乡村振兴战略中要充分体现落实北京"四个中心"的城市战略定位；所谓"引领示范"，就是怀柔区在实施乡村振兴战略中要确保各项工作干在实处，走在前列，率先探索，做出样板。为此，我们结合怀柔实际，提出如下发展路径，总体战略性思路就是要将怀柔以科学城为统领的"1＋3"融合发展新格局，与怀柔实施乡村振兴战略有机结合起来，避免"两张皮"现象。

（一）以科学城建设为统领，推动形成科学城建设与乡村振兴协同发展新格局

坚持以科学城建设引领乡村振兴、在乡村振兴中助推科学城建设的基本思路和要求，为北京全国科技创新中心建设探索新模式。一是以科学城建设为农业现代化发展提供现代科技要素。推动科学城建设与深化农业供给侧结构性改革有机结合，重点围绕"科技＋农业"融合发展创新体制机制。一方面，通过科学城建设为农业现代化插上科技的翅膀；另一方面，在推进农业现代化中为科学城建设增添现代农业的底色。结合科学城建设，实施农业科技创新专项工程，重点突破生物育种、农机装备、智能农业、生态环保、林下经济等重点领域的关键技术。强化企业应用型创新主体的地位，鼓励更多有能力的农业科技公司落户怀柔科学城，开展适应怀柔林果特色产品供给的新品种研发以及重点产品农业全产业链的研发储存、加工等非生产环节的新技术与新设备研发，引导资金、技术、人才等各类创新要素向新主体集聚，营造有利于企业创新的宏观环境。建设以新型农业经营主体为核心的推广体系，完善基层农技推广体系，培育壮大专业服务公司、专业技术协会、农民经纪人等各类社会化服务主体，提升农技服务水平，促进科技成果转化和推广应用，在为怀柔农业现代化插上科技翅膀的同时，为怀柔科学城建设增添农业现代化的色彩，让怀柔农业成为有奔头的

产业。二是以科学城建设为农村现代化注入现代动力要素。促进科学城建设与农村现代化建设深度融合，重点围绕"科学＋乡村"，突出以美丽乡村建设为基础，走城乡等值、城乡互促、共同繁荣的发展道路，协同推进科学城建设与美丽乡村建设，强化村庄人居环境整治、土地整理、乡村旅游、基础设施建设、乡村景观和环境保护等工作，率先实现城乡基本公共服务均等化、便利化，在保持乡村原有社会结构的同时，加大对道路管线等基础设施的建设和教育医疗养老等基本公共服务的供给，在城乡生活水准等值的前提下加强城乡之间、区域之间的有益互补互促。围绕落实"科学＋城＋乡村"融合发展，充分利用科学城北区、东区、南区周边村庄的原始自然风貌与特色文化资源，主要承接国际人才、科学家与科研人员的生活居住功能，让乡村成为科学家的实验场、工作室、会客厅、减压区、休闲园和幸福之家，充分利用乡村的清洁空气、绿色环境、风土人情、和谐氛围和生态化食品，为科学家、科研人员提供有益于促进脑力工作者身心平衡、补充精神能量的个性化、人性化服务，配套建设乡村减压中心、乡村身心调节中心、乡村失眠理疗中心、乡村绿色治愈中心等优质特色服务，吸引更多高端创新资源落户科学城，规划建设科学小镇、科学之村、科学之家，营造有利于身心健康的怀柔慢生活之都、慢生活之城、慢生活之乡、慢生活之村，让怀柔农村成为安居乐业的美丽家园。三是以科学城建设为农民现代化培育现代科学文明精神。实现科学城建设与农民现代化发展相得益彰，促进人的全面发展和乡村社会的全面进步，重点以科学家居住地乡村化为突破口，实现科学城建设、美丽乡村建设、城乡融合发展良性互动。将科学城建设与科学精神的弘扬与传播结合起来，围绕"科学家＋农家"融合发展，让科学家走进农家，弘扬科学精神；让农家对接科学家，夯实农本基石。促进城乡居民的混合居住和乡村的共建共治，实现优势互补，既为农民培育现代民主与科学精神，也为科学家提供农耕文明体验和乡村民俗文化底蕴。通过科学城建设，带动农民既富"口袋"，又富"脑袋"，在建设山清水秀的自然环境的同时，着力建设风清气正的人文环境，切实提高公共服务水平和能力，带动科学家和农民的思想观念与道德文化水平的共同提升，推动科学城建设方式与农民生产生活方式的共同变革，加快促进农民自由而全面发展，让怀柔农民成为有吸引力的职业。

（二）以国际会都建设为依托，促进乡村主动承接国家政务活动和国际交往中心建设功能

坚持国际会都建设与开辟"乡村外交""乡村国际交往"建设相统一，提升怀柔乡村振兴的全球格局和大国品位，为北京全国政治中心建设和国际交往中心建设创造新样板。一是建设京郊国际交往高端配套功能区。将国际会都建设与怀柔实施乡村振兴战略结合起来，提高怀柔乡村振兴的政治站位，拓展怀柔乡村振兴的国际视野，以

"怀柔天下"的胸怀和气度,为泱泱大国的全球政治和国际交往提供宽广而迷人的田园新天地、乡村大舞台。在新的基础上将怀柔乡村地区建设成为承担国家政务活动的重要场所和国际交往中心的核心区域。怀柔乡村在参与国际会都建设上,可以扩充提升传统雁栖湖国际会都规划区,选取 1—2 个易于安防、功能互补、环境优美、特色突出的乡村区域,谋划建设中国式的"安纳伯格庄园",为国家领导人个性化、私密性外交活动提供田园牧歌式的、更加轻松愉悦的交流活动新空间,与制式化、标准化、流程化的城市广场公共政务活动空间形成差异化互补。在雁栖湖周围打造若干特色小镇,如休闲旅游小镇、高端商务小镇、购物消费小镇、科技交流小镇,使之成为承接国际高端商务、科技交流活动的国际交往高端配套空间。二是建设京郊国际级的康养配套及会议会展配套功能区。深度融合怀柔科学城、中国影都建设,深化农村结构性改革,建立社会资本与农村集体经济组织的利益联结机制与收入分配机制,盘活利用乡村低效建设用地和闲置厂房等集体资源,规划和发展乡村大健康产业,推动医疗保健、养老养生、休闲旅游、会议会展等多业态深度融合发展,提高非会期间的产业活跃度,加强农村公共卫生事业建设,扩大医疗健康产品供给,将医养健康产业与乡村会议会展一道培育成国际会都周边乡村的重要支柱产业,完善观光休闲、文化商业设施,加快实现国际会都从旅游目的地向商务目的地拓展。三是建设具有北方本地特色的民俗文化与旅游休闲配套功能区。提升"不夜谷"旅游业态,发展高端会议及休闲产业。高质量发展集体农庄、合作农场、高端民宿等新业态组织,为大国首都的国际交往提供更多的田园牧歌式的怀柔乡村场地,使怀柔的美丽乡村与民俗文化成为世界了解中国改革开放和乡村振兴成果的一扇美丽窗口。

(三)以中国影都建设为引擎,推动京郊传统乡村文化与现代影视文化交相辉映

坚持以中国影都建设为引擎,打造传统乡村文化与现代影视文化交相辉映的乡村"影视＋"文化休闲产业,为北京全国文化中心建设树立新标杆。一是规划设计"影视＋"休闲娱乐新路线,打造"来影都过周末"的多层次文化消费体验。将中国影都所在的核心区与周边乡村进行串联,统筹规划能够满足"吃、住、行、游、购、娱"等旅游要素的影都周末休闲娱乐路线。以中影拍摄基地等影都核心区域为主体,满足消费者来影都过周末的"游、行"需求;以怀柔南站 TOD 站前广场项目为核心,满足消费者来影都过周末的"购、娱"需求;规划引导周边有条件的乡村以影视 IP 为线索发展差异化、规模化的主题民宿、主题餐厅、主题小吃、主题咖啡馆、主题酒吧、主题文创、主题剧本杀等"影视文化＋乡村环境＋现代生活"片区,满足消费者来影都过周末的"吃、住、娱"等需求。让消费者既能享受城市生活的繁华,也能享受乡村生活的宁静;既能享受现代影视拍摄的场景与技术体验,也能享受乡村传统文化的古朴魅力。二是选取优质乡村资源,以村庄为单位打造国际消费城市"微中心"。借鉴陕西袁家村经验,选取杨宋镇耿辛庄村为试点,以村集体经济组织为投资建设主体,打造年接待量500万人次、年销售额20亿元规模的全域化乡村度假旅游综合体,使其成为国际消费城市新的乡村地标。三是加快完善中国影都的生活居住配套服务。通过村庄整治,在地理位置优越、交通便捷的村庄布局提供富有艺术气息和乡村特色的影视人才工作室、人才公寓、青年公寓,既降低居住的土地开发成本,又能盘活乡村闲置资源,提升村庄存量建设用地使用效益。尤其重要的是,在中国影都建设中,要体现全国文化中心建设的导向要求和格局品位,既创造全国文化中心建设的精品文化,又推动和实现乡村文化的全面振兴,特别是加快构建体现京味京韵特点的乡村文化事业和特色文化产业共同发展新格局。

(四)以生态涵养保护为核心,构建绿水青山就是金山银山的政策体系

坚持绿水青山就是金山银山的理念,打通生态保护与绿色发展相统一的政策制度通道,构建绿水青山就是金山银山的政策体系,力争在生产发展、生活富裕、生态良好的文明发展道路上走在全市前列。一是在怀柔区率先开展全域生态系统生产总值(GEP)核算工作。生态系统生产总值也就是生态系统服务价值,是指生态系统为人类福祉和经济社会可持续发展提供的最终产品与服务价值的总和,包括物质产品价值、调节服务价值和文化服务价值。借鉴深圳市在全国率先建立生态系统生产总值核算体系的经验,对全区森林、草地、林地、耕地、河流、湖泊等自然生态系统提供的产品与服务的使用价值进行系统化、专业化核算研究,为评估怀柔区生态保护成效和生态文明建设进展提供指标依据,为率先探索实现生态产品价值实现机制提供数据支撑。二是率先探索建立市场化、多元化生态保护补偿机制。继续优化完善怀柔区生态补偿机制,促进生态文明制度建设,推行"谁开发谁保护、谁受益谁补偿"理念,积极运用碳汇交易、排污权交易、水权交易、生态产品服务标志等补偿方式,探索市场化补偿模式,拓宽资金渠道。推动生态保护投入保障由政府"一家扛"转为政府、企业和社会"多家抬",实现多元主体共建共治共享,为健全全市生态保护补偿机制提供怀柔经验。三是加快推动生态资产确权和生态产品交易。加快建立统一的自然资源资产产权确权登记系统和权责明确的产权体系,主动探索增加生态产品交易种类、健全市场交易机制,促进生态资源资产化、可量化、可经营。四是加强生态涵养区产业发展规划的精细化精准化管理。立足生态涵养区生态保护和绿色发展,主动对接市级规划和自然资源、生态环境、水务、农业农村、园林绿化等部门,组织对生态涵养区的资源环境承载能力和国土空间开发适宜性进行评价,并根据评价结果,争取精准放宽生态涵养区产业准入限制,推动生态涵养区产业政策的精细化精准化管理,做到科学有度有序开发,促进人口、经济、资源环境协调发展,建立健全生态

涵养区产业发展的政策体系，扭转对生态涵养区内生态控制区"一刀切"式的产业限制发展局面。

（五）以实现共同富裕为目标，加快构建城乡融合发展的体制机制和政策体系

坚持城乡融合发展，合力推进新型城镇化战略与实施乡村振兴战略双轮驱动，切实增加农民收入，加快缩小城乡居民收入差距，率先实现城乡共同富裕。一是在主动谋划和承接中心城区疏解的适宜功能和产业中加快实现城乡融合发展。怀柔区有条件率先将乡村振兴与疏解北京非首都功能有效对接起来，与北京的逆城镇化发展趋势有机结合起来，在积极适应疏解北京非首都功能和逆城镇化发展趋势中，主动谋划与承接中心城区疏解的适宜的功能和产业，加快健全城乡融合发展的体制机制，带动乡村振兴和农民增收。二是在以科学城为统领的"1+3"融合发展新格局中率先实现城乡融合发展。怀柔科学城建设的统领作用，不仅体现在怀柔的科技创新中心建设和"1+3"融合发展的统领上，也体现在怀柔区城乡融合发展的统领上。怀柔"1+3"融合发展新格局，也不只是体现为在以生态涵养为核心的基础上的科技创新、会议休闲、影视文化三方面的融合发展，也体现为怀柔区城乡融合发展。怀柔区应主动顺应这种城乡融合式发展需求，重新认识和发掘乡村独特的功能与价值，结合"一城两都"发展给予乡村更大的产业发展空间，允许市场按照需求配置乡村资源与要素，显化乡村价值，带动乡村产业发展，发展集体经济，增加农民收入。三是切实提高农村居民收入水平，加快缩小城乡居民收入差距，在实现城乡共同富裕道路上走在前列。2020年怀柔区城乡居民收入比为1.67∶1，既小于同期全国城乡居民收入比2.56∶1的水平，也小于同期全市2.51∶1的水平，这为怀柔区继续缩小城乡居民收入差距、实现城乡共同富裕奠定了良好的基础。在此基础上，关键是要在以科学城为统领的"1+3"融合发展格局中，将乡村振兴全面融入其中，克服重大项目建设与乡村振兴脱节的"两张皮"现象，形成重大项目建设与乡村振兴融合发展、共建共荣的新局面，从而在以科学城为统领的"1+3"融合发展格局中助推怀柔的农业农村现代化，实现农民增收。其政策重点如下：一是要在规划管理上注重城乡融合发展，确保乡村发展在符合乡村特点的规划轨道上合法合规；二是要在土地配置上注重城乡融合发展，满足乡村生态产业发展的用地需要；三是要在基础设施与公共服务提供上注重城乡融合发展，率先实现城乡基本公共服务均等化，让城乡居民平等享有基本公共服务；四是要突出促进低收入农户增收这个重点，加大政策扶持力度，加强新型集体经济组织建设，发展壮大新型集体经济，实施低收入农户增收倍增计划，促进共同富裕，确保共同富裕道路上一个也不落下；五是要积极应对人口老龄化挑战，出台鼓励生育政策，创造低成本生育、养育、教育环境来增加人口生育，确保人口自身的可持续健康发展。

四 怀柔区在推进具有首都特点的乡村振兴中做出引领示范的政策建议

围绕怀柔区在推进具有首都特点的乡村振兴中做出引领示范的路径思考和战略思路，应着力将怀柔建设成为落实北京"四个中心"城市战略定位、服务于中华民族伟大复兴大国首都、彰显国际一流的和谐宜居之都的幸福美丽现代化新城和幸福美丽新乡村。为此，我们提出的具体政策建议的主线是，将怀柔推进乡村振兴战略全面融入构建以科学城为统领的"1+3"融合发展新格局之中，在构建以科学城为统领的"1+3"融合发展新格局之中全面推进怀柔乡村振兴。

（一）加强体现北京"四个中心"城市战略定位的怀柔乡村振兴规划体系建设，在京郊乡村落实北京"四个中心"城市战略定位上发挥引领示范作用

新版《北京城市总体规划（2016年—2035年）》明确规定北京城市战略定位是全国政治中心、文化中心、国际交往中心、科技创新中心，并强调北京的一切工作必须坚持"四个中心"的城市战略定位，履行好"四个服务"（为中央党政军领导机关工作服务、为国家国际交往服务、为科技和教育发展服务、为改善人民群众生活服务）的基本职责。怀柔区在北京郊区中最能体现北京"四个中心"城市战略定位的发展要求，在全国政治中心和国际交往中心建设上，国际会都承担了部分国家政务功能，体现大国外交和国际交往的新趋势；怀柔区渤海镇北沟村就是京郊著名的"国际村"，吸引多国友人长期在村里居住生活、创业发展，成为乡村国际交往的新窗口。在全国文化中心建设上，中国影都已成为全国文化中心建设的一个新标杆。在全国科技创新中心建设上，怀柔科学城已进入国家级科技创新行列，成为京郊承担全国科技创新中心的新典范。但怀柔区在承担和落实北京"四个中心"城市战略定位建设上尚缺乏全面系统的统筹谋划与规划，并且与实施乡村振兴战略结合得还不够紧密。

为此，建议怀柔区根据自身的功能定位，积极争取市委、市政府支持，明确制定怀柔区坚持落实北京"四个中心"城市战略定位、履行好"四个服务"基本职责的顶层设计和总体规划，将怀柔区建设成为坚持北京"四个中心"城市战略定位、履行好"四个服务"基本职责的示范样板区。在此基础上，分别制定怀柔区落实全国政治中心、文化中心、国际交往中心、科技创新中心建设专项规划，特别重要的是这些规划必须与怀柔乡村振兴规划相衔接。立足现有发展基础，率先在怀柔区规划建设国家政务活动乡村示范区，将怀柔乡村地区纳入支撑国家政务活动的重要空间进行规划布局，使怀柔乡村成为承载国家政务活动的重要场所；率先在怀柔区规划建设服务国家对外交往的核心承载区，规划建设国际重大外交外事活动乡村示范区，增添国际交往的乡村元素，发挥乡村在国际交往活动中的独特功能；率先在怀柔区规划建设绿

色创新引领的高端科技和文化发展示范区，建设世界级原始创新承载区和具有国际影响力的影视文化引领区、以长城文化和满族文化为代表的传统特色文化带。通过落实北京"四个中心"功能推进乡村振兴战略，使怀柔乡村成为首都北京面向世界展示改革开放与乡村振兴伟大成就和特色魅力的重要窗口。在制定落实北京"四个中心"功能定位的总体规划和各专项规划中，必须与实施乡村振兴战略紧密结合起来，突出怀柔乡村在落实北京"四个中心"功能建设中的独特功能与价值，使"四个中心"功能建设与乡村建设融合发展、相得益彰，以此带动乡村的全面振兴和乡村高质量发展。

（二）在构建以科学城为统领的"1＋3"融合发展新格局中充分体现怀柔乡村振兴的战略要求，在京郊重大项目建设与乡村振兴有机结合上发挥引领示范作用

《怀柔分区规划（国土空间规划）（2017年—2035年）》提出要秉持"怀柔就是科学城、科学城就是怀柔"的发展思路，加快构建以怀柔科学城为统领，生态涵养、科技创新、会议休闲、影视文化融合发展的新格局。这既是怀柔发展的新格局，也是怀柔乡村振兴的新机遇、新要求。为此，建议在构建以科学城为统领的"1＋3"融合发展新格局时，将乡村振兴战略全面融入其中，确保怀柔乡村振兴战略全面融入以科学城为统领的"1＋3"融合发展新格局，克服重大项目建设与乡村建设脱节甚至对立的现象，创新京郊重大项目建设新模式，实现重大项目建设与乡村振兴紧密结合、统筹谋划、共同推进、融合发展。

一是统筹科学城建设与乡村建设，坚持科学城建设带动乡村振兴，确保乡村参与科学城建设。怀柔科学城规划范围约100.9平方公里，以怀柔区为主，并拓展到密云区的部分地区，其中怀柔区内规划范围约68.4平方公里，涵盖怀柔新城以及怀北镇中心地区和雁栖小镇组团。主要在怀柔乡村土地上建设的怀柔科学城，应当充分带动怀柔乡村建设，积极推动乡村振兴。一方面，要控制征地拆迁模式，确保征地拆迁的乡村集体经济组织和村民正当利益不受损害，尤其要提升被征地拆迁范围内的乡村集体经济组织发展和村民生活水平；另一方面，允许和鼓励乡村集体组织以集体建设用地参与科学城建设，形成集体经济组织与科学城共建的利益联结机制，实现科学城里有乡村，乡村中有科学城，创造"科学城＋乡村""乡村＋科学城"的新模式、新景观。

二是统筹国际会都、中国影都与乡村建设，坚持国际会都、中国影都建设带动乡村振兴，实现乡村参与国际会都和中国影都建设。统筹制定国际会都发展规划、中国影都发展规划，将乡村振兴融入国际会都发展规划、中国影都发展规划之中，克服重大项目建设与乡村建设相互排斥、各自封闭运行的现象，实现重大项目建设规划与乡村振兴规划"两规合一",融合发展,良性互动。特别是在国际会都规划和中国影都规划建设上,要严格控制征地拆迁规模,允许和规范农村集体建设用地参与国际会都和中国影都建设,形成乡村集体经济组织参与国际会都和中国影都建设的新机制、新模式。

三是深化农村改革开放,实现城乡融合发展,为重大项目建设与乡村振兴有机结合创造市场化、法治化、国际化的优良制度环境。推进重大项目建设与乡村振兴有机结合,既需要思想观念的转变与创新,也需要体制机制的改革与完善。首先,要着力深化农村土地制度改革。一要缩小征地范围,规范和保障农村集体经营性建设用地入市参与重大项目建设,建立健全集体经营性建设用地参与重大项目建设的管理制度和分配制度;二要完善农村承包土地三权分置办法,促进与落实"四个中心"功能建设和"一城两都"建设相适应的集体农场、家庭农场等建设;三要改革创新农村宅基地制度,放宽宅基地流转限制,使乡村宅基地制度与怀柔落实北京"四个中心"建设以及科学城、国际会都、中国影都建设相适应,增强乡村居住活力,繁荣乡村经济,助推农民增收致富。其次,要切实加强新型农村集体经济组织建设。通过建立健全新型农村集体经济组织,发展壮大新型农村集体经济,促进共同富裕。从战略上高度重视怀柔区乡村集体经济组织制度化、规范化、市场化、法治化建设,真正将乡村集体经济组织建设成为乡村集体经济发展的主力军、乡村振兴的生力军、重大项目建设的集团军,乡村集体经济组织可以成立乡村投资建设公司,作为市场主体参与"一城两都"建设和其他乡村建设项目。重点建立健全乡村经济联社,使之有资质、有条件参与怀柔落实"四个中心"功能建设以及科学城、国际会都、中国影都等重大项目建设,让集体经济组织及其成员全过程参与重大项目建设和乡村振兴。再次,要尽快实现城乡基本公共服务均等化。着眼于怀柔落实北京"四个中心"建设以及科学城、国际会都、中国影都等重大项目建设的需要,加快实现基本公共服务城乡全覆盖,确保城乡居民、参与落实北京"四个中心"建设以及科学城、国际会都、中国影都等重大项目建设的所有人员,都能便利享受到包括基础教育、基本医疗、基本养老、公共文化、社会福利等基本公共服务。改革完善公共财政制度和税收制度,特别是要提高土地出让收入用于农业农村的比例,不断提高民生保障水平。最后,要提高基层治理现代化水平。坚持党组织领导下的自治、法治、德治相结合,深化"足不出村办政务"改革,贯彻落实《北京市接诉即办工作条例》,以提高怀柔接诉即办、未诉先办水平,优化市场化、法治化、国际化的营商环境,培育体现中华优秀传统文化和现代人类共同价值的人文制度环境,保障每个公民的基本权利,维护社会公平正义,提升怀柔城乡社会的文明程度。

（三）坚持生态立区根本方向，捧住生态涵养"金饭碗"，走好绿色创新发展之路，在京郊生态涵养区的生态保护与乡村绿色发展上发挥引领示范作用

怀柔区与门头沟区、平谷区、密云区、延庆区以及房山区、昌平区的山区属于北京生态涵养区。在工业文明时代，生态环境遭到破坏，生态环境的价值被忽略。但在生态文明时代，良好的生态环境是最公平的公共产品，是最普惠的民生福祉，绿水青山就是金山银山。怀柔区作为首都北部生态屏障，拥有得天独厚的生态涵养"金饭碗"，优良的生态环境是怀柔最宝贵、最巨大、最持久的财富。

怀柔区作为国家生态文明建设示范区，将服务于国家2030年前碳达峰、2060年前碳中和的"双碳"目标。根据《北京市生态涵养区生态保护和绿色发展条例》，怀柔区在生态保护与绿色发展上可以积极探索，做出引领示范。

一是统筹生态保护与绿色发展。改变将生态保护与绿色发展对立起来的思想观念和做法，在加强生态保护中推进生态涵养的绿色发展，在绿色发展中实现对生态环境的有效保护。针对目前生态保护有力而绿色发展不足的突出问题，怀柔区应当在坚持生态保护的基础上，根据《北京市生态涵养区生态保护和绿色发展条例》有关规定，积极推动绿色产业发展。建议怀柔区积极与市直有关部门加强沟通协调，参与制定生态涵养区适宜产业的发展政策，推动生态涵养区可持续发展。特别是要主动谋划与承接从中心城区疏解的适宜的功能和产业；立足生态涵养区功能定位，积极引进和大力发展资源节约型、生态友好型的项目、企业总部等在怀柔集中建设区落地，实现生态保护与绿色发展的协调统一、有机结合。

二是深化农业供给侧结构性改革，大力发展全域有机农业，实现农业高质量发展。有机农业是生态涵养区最具发展潜力的乡村产业之一。农业的高质量发展首先是农产品质量的优质安全。在工业文明时代产生的现代化学农业，对生态环境和人类身心健康产生了巨大的破坏和影响。在生态文明时代，怀柔区推进农业供给侧结构性改革，首选目标就是发展全域有机农业。建议借鉴贵州省遵义市凤冈县推行"双有机"（全域有机、全产业链有机）的基本经验，明确把发展全域有机农业作为怀柔农业农村发展的基本方向，制定怀柔发展全域有机农业的规划，出台关于怀柔发展全域生态有机农业的政策文件。前期可以选择一两个乡镇或数个村庄开展"全域有机农业"试点工作，在试点范围内打造全域有机产业，并逐步实现全产业链有机化，从产品的选种育苗到生产/饲养再到加工运输整个产业链实现有机管理，打造"北京第一、华北一流、全国知名"的全域有机产业区。

三是调整完善《北京市新增产业的禁止和限制目录》，拓展生态涵养区产业发展新空间。建议怀柔区主动与市直有关部门对接，调整完善《北京市新增产业的禁止和限制目录》，改变对生态涵养区产业发展"一刀切"式的限制规定，允许发展与生态涵养区相适宜的绿色生态产业，重点是要大力发展除有机农业以外的乡村生态旅游业、乡村民宿产业、乡村手工业、农副产品有机加工业、乡村新清洁能源产业、乡村健康产业、乡村休闲养老产业、乡村文化创意产业、乡村"互联网＋"产业、乡村教育产业、乡村文化产业、乡村公共服务产业、乡村一二三融合发展产业等，推动怀柔乡村产业发展的生态化、低碳化。在怀柔乡村建设中要增强美学观念，建设具有乡村美学品位的艺术乡村，推进怀柔美丽乡村建设艺术化。着力规划建设一批国际化的特色有机农场、特色有机民宿、特色有机小镇、特色有机村庄、特色休闲文化场所，建立健全工商资本参与乡村振兴的促进机制，拓展乡村产业融资渠道，优化吸引人才的体制机制，制定和完善促进新型集体经济发展的政策支持体系。

总之，怀柔区要在推进具有首都特点的乡村振兴中做出引领示范，必须在农业农村工作理念、发展思路和改革举措上实现三大跨越式提升和结构性转型：一是必须增强生态意识，从传统的工业文明思维转向现代生态文明思维，着力发展怀柔全域生态有机农业，建设怀柔全域生态有机乡村；二是必须提高政治站位，从单纯的农业农村工作转向落实北京"四个中心"战略定位的首都乡村工作，提升体现"四个中心"功能的怀柔乡村建设新境界；三是必须增强改革精神，从相对封闭被动的"三农"工作转向积极主动融入"一城两都"建设，实现怀柔乡村振兴与"一城两都"建设的紧密结合和共同发展，从而在率先基本实现农业农村现代化上走在全市前列。

执笔：张英洪、刘雯

第六篇

乡村治理与现代文明

乡村治理要有利于维护农民基本权利

乡村治理是国家治理的重要内容和基础，推进乡村治理现代化是推进国家治理现代化的必然要求。推进乡村治理现代化关键是要有利于维护乡村居民的基本权利。

一 深化对乡村治理的认识

首先，要区分乡村层面的治理和国家层面对乡村的治理。任何一个乡村都处在国家基本制度结构之中。我们实行了二三十年的村民自治，虽有成效但效果不是很明显，产生了"村民自治失灵"现象。这就是因为我们村级层面的治理受到上级包括乡镇、县、省和国家的制约。我们一定要厘清乡村治理和国家对乡村的治理，单纯推乡村层面的治理难以达到目的。

其次，要分析乡村治理的两种基本类型。在城市化进程中，有两种最基本的乡村类型：一种是人口输出地区的乡村，另一种是人口输入地区的乡村。在城镇化进程中人口流出的地区，比如说中西部农村地区，大量青壮年劳动力到沿海地区打工去了，这些村有很多留守人员，比如留守老人、留守妇女、留守儿童，这样的乡村怎么治理？属于城市化进程中人口流入的地区，有大量的外来人口，外来人口如何享有基本公共服务并参与乡村治理？这两个类型的乡村治理要分别对待。

二 明确乡村治理的目标

实现乡村治理要达到的目标是什么？这个目标肯定有很多，比如说经济发展、社会稳定、社会秩序等。笔者认为乡村治理最核心、最基本的目标，就是要维护乡村居民的基本权利和社会的公平正义。

一是财产权利。在城市化进程中，财产权利问题日益突出，已经成为影响社会和谐稳定的重要因素。二是社会保障权利。城市化中面临的重大问题就是如何解决全国两亿多农民工的基本公共服务需求，这是新型城市化的要求，也是乡村治理现代化的一个要求。三是公共参与权，在现代社会，公共事务事关每个人的切身利益，每个人都要有平等的参与权、平等的发言权。如果剥夺了任何一部分人的参与权、发言权，这个乡村治理就不是现代化的乡村治理。

三 乡村治理面临的重大转型与问题

改革开放三十年来，我国乡村治理面临四个方面的基本转型。

一是从一个封闭的社会向开放的社会转型。以前我们的乡村治理体制建立在封闭社会的基础上，在城市化、市场化进程中，封闭的社会走向了开放，这对我们传统乡村治理产生了很大的挑战。

二是从城乡二元结构向城乡一体化的转型。长期以来我们建立了城乡二元的制度体系，以前的乡村治理都是在城乡二元体制这一基本情况下去建立完善政策体系的。我们现在要破解城乡二元结构，促进城乡一体化，那么我们的乡村治理就要适应从城乡二元结构向城乡一体化的转变。

三是从传统农村集体经济的产权不清晰向现代新型集体经济的产权清晰转型。传统集体经济经济跟现代新型集体经济相比有一个很大的不同，那就是产权不清晰。在产权清晰的情况下建立的乡村治理体制是不一样的。

四是面临从传统的控制型模式向现代的治理型模式转型。我们长期以来习惯于控制别人，管理别人，强化管理而不是强化服务。现代社会治理要求多元共存，多元治理，扁平化的管理模式。这对乡村治理转型具有意义。

我们的乡村治理面临的问题，主要体现在一系列滞后上：一是政策制度滞后于基层实践；二是正式制度建设滞后于政策文件；三是公民权利的发展滞后于公权力和资本的扩张；四是国家治理大大滞后于经济社会发展。

四 推进乡村治理现代化的改革重点

推进乡村治理现代化，需要全面深化改革，改革的重点如下。

一是深化户籍制度的改革。这是社会平等的需要，也是新型城市化发展的需要。十几年来，我们有很多的改革目标实现了，但是户籍制度改革一直举步维艰，这是人口输入地区和人口输出地区很多问题的一个重要根源。

二是深化农村集体产权制改革。在经济发达地区这个完成得比较好，但是从全国来说这个农村产权制度改革是大大滞后的。农村集体产权改革不到位，既制约了城镇化，又制约了乡村治理的现代化。

三是深化公共服务体制改革。走以人为本的新型城镇化道路，就是要赋予农民工等外来人口基本的公共服务，实现城乡基本公共服务的均等化。

四是深化行政体制改革。我们有的村、有的镇的人口规模、经济规模达到了小城市的规模水平，但是它们没有相应的管理权限和相应的公共服务，这是传统的行政体制问题，属于国家层面的乡村治理改革问题。

五是深化社会体制改革。如果没有社会的参与，没有社会组织的成长和参与，我们只完全靠政府治理的话，这个社会就很僵硬，缺乏弹性与活力。社会组织能弥补政府很多不足，单靠政府一家治理是远远不够的。

六是深化基层民主自治体制改革。村民自治搞了二三十年后，产生了"村民自治疲劳"，它没法解决许多深层次的现实问题，需要国家层面的改革与之上下互动。

五 树立乡村治理现代化的新观念

一是要重新认识乡村价值。长期以来我们都是蔑视乡村的，认为城市优越，农村落后，城市优于农村。我们这个观念都是长期以来形成的。事实上城市与乡村，它们是两种不同的文明，笔者认为，农村文明是母文明，城市文明是子文明，城市是乡村的孩子，不能因为孩子长大了就否定母亲。我们必须正确对待两种文明，不能以一种文明驾驭另外一种文明之上。

二是要树立规则意识。长期以来我们的规则意识不强，随意性很大。没有规则意识、法治意识，就很难推进乡村治理现代化。党的十八大提出建设法治中国，这个非常好。这是乡村治理现代的基本方向和要求。

三是要树立包容意识。包容什么呢？包容不同的观点、不同的利益诉求。每个人都有提出不同意见、表达自己诉求的愿望和权利。我们一定要包容不同的意见，提出不同意见者同样是为这个生活共同体着想。长期以来，人们提出不同意见却没有得到包容，有的受到打击报复，这是一个不好的现象，一种不好的文化观念。其实，我们理解不同的人，能够包容他，能够尊重他，这是我们提升自身素质和社会治理水平的一个重要标志。如果我们把不同观点的人，把反对自己的人当作"敌人"对待，就会使我们陷入一个误区。每个人的知识水平不一样，每个人的知识结构不一样，但大家都是为一个共同体好，都希望生活得好，都希望我们的社会好，都希望我们这个国家好。由于思考问题的角度不一样，产生对立的看法，这是正常的现象。所以我们一定要有一种平等的、包容的心态，要能够包容不同的观点、不同的表达诉求。我认为这一点是衡量乡村治理以及国家治理的一个很重要的文明标准。

在转型过程中有很多的问题需要我们探索，也需要我们每个人转变一些传统的观念，需要树立一些新的观念。我们要理解以人为本的基本理念，人活在世上，无论哪个共同体，都希望活得有自由、有尊严，都希望有基本的权利保障和社会公平正义，这是实现乡村治理应当达到的基本目标。

执笔：张英洪

2014 年 5 月 10 日

以法治建设应对农村人口老龄化

——北京市农村劳动力老龄化问题调研报告[*]

农村人口老龄化是当前和今后我国农村经济社会健康发展面临的突出问题。随着农村人口老龄化问题的加剧，谁来种地怎么种地、谁来养老怎么养老、谁来治理怎么治理的问题已经成为新时期解决"三农"问题的重大课题。北京农村作为超大城市郊区，农村劳动力老龄化问题十分明显。

2014年5月，我们利用北京市农村经济研究中心农村观察点对北京市农村老年劳动力状况进行了问卷调查，本研究结合2000年和2010年北京人口普查资料，对北京市农村劳动力老龄化的现状、存在的问题、问题产生的原因进行了初步分析，并提出相关政策建议。

一 北京市农村劳动力老龄化现状及存在的问题

1. 北京市农村劳动力就业结构多元，老龄化程度相对较低

北京农村作为超大城市郊区，农村劳动力就业结构多元、老龄化程度相对较低。根据2010年全国第六次人口普查数据，2010年北京市16岁及以上农村常住人口共238.2万人，其中劳动力（在业人口）数量为150.7万人，仅有28.6%从事农林牧渔业。农村劳动力中，45岁及以上老年劳动力所占比例为36.6%，60岁及以上农村老年劳动力所占比例为4.7%，中位年龄为40.2岁。与全国平均水平相比，北京从事农业的劳动力所占比例低，农村劳动力老龄化程度低。与上海、天津、重庆相比，北京农村劳动力老龄化程度高于上海，但低于天津和重庆（见表1）。

北京市农村劳动力就业结构多元，老龄化程度低，其原因主要是北京农村在地理位置上的绝对优势。一是北京近郊（城乡接合部）带有半城市的色彩，是外来务工人员的聚居地，与之配套的衣食住行等服务业发达；二是北京农村可以就近就便承接

---

* 原载北京市农村经济研究中心《调查研究报告》2015年第12期。

城市二三产业扩散，吸纳农村剩余劳动力。这两方面特点使得北京农村劳动力不以农业生产为主，而是就地实现向二三产业的转移，许多人脱离农业劳动或农业兼业化。另外，年龄结构相对年轻化的外来人口伴随产业转移而不断流入北京农村。

表1　典型地区农村劳动力老龄化情况

单位：%，岁

	从事农业劳动力所占比例	45岁及以上农村老年劳动力所占比例	60岁及以上农村老年劳动力所占比例	中位年龄
北京市	28.6	36.6	4.7	40.2
上海市	15.2	33.6	5.2	38.1
天津市	63.8	41.8	8.4	41.6
重庆市	80.5	54.5	20.5	46.6
全国	74.8	41.3	11.0	41.5

资料来源：2010年北京、上海、天津、重庆四市人口普查资料长表数据。

2. 北京市农业劳动力以45—60岁为主，面临"无人接班"的难题

北京市农业劳动力老龄化程度不断加深，45岁以下年轻劳动力锐减，45—60岁老年劳动力成为北京市农业生产的主力。从北京市2000年、2010年人口普查资料数据可以看出，2000—2010年，北京市除55—59岁年龄组的农业劳动力增加外，其他年龄组的农业劳动力均有不同程度的减少，其中45岁以下农业劳动力减幅均超过50%。同时，25岁以下青年人代表着新进入农业行业的劳动力群体，这部分人在农业劳动力中所占比例也从2000年的8.6%下降到2010年的4.3%。具体到农业劳动力老龄化指标上，2010年北京市45岁及以上农业老年劳动力所占比例达到60.1%，比2000年提高13.5个百分点；60岁及以上农业老年劳动力所占比例为11.1%，比2000年提高3.9个百分点；中位年龄为47.6岁，比2000年增加了7岁。依此态势，北京市农业劳动力老龄化程度将进一步加深，速度可能更快。

与我国其他地区相比，2010年北京市45岁及以上农业老年劳动力所占比例比全国平均水平高出13个百分点，农业劳动力的中位年龄比全国平均水平高3.6岁。北京农业劳动力老龄化程度仅低于浙江、江苏、上海和重庆（见表2）。

表2　不同省份农业劳动力老龄化情况比较

单位：岁，%

排名	省份	中位年龄	45岁及以上比例	排名	省份	中位年龄	45岁及以上比例
1	江苏	53.1	69.5	16	西藏	44.2	25.2
2	浙江	52.8	71.8	17	河北	43.2	45.2

排名	省份	中位年龄	45 岁及以上比例	排名	省份	中位年龄	45 岁及以上比例
3	上海	50	65.2	18	山西	43.9	47.0
4	重庆	49.8	60.9	19	江西	43.9	46.8
5	北京	47.6	60.1	20	河南	42.7	43.7
6	湖北	46.2	53.5	21	内蒙古	42.6	45.1
7	福建	45.5	51.4	22	贵州	42.1	43.2
8	安徽	45.4	51.0	23	广西	41.9	43.6
9	四川	45.3	50.7	24	吉林	41.6	41.1
10	山东	45.1	50.3	25	甘肃	41.4	39.1
11	天津	45.0	50.1	26	黑龙江	40.8	38.3
12	辽宁	45.0	50.0	27	海南	40.2	37.0
13	湖南	44.7	49.2	28	云南	40.0	35.9
14	陕西	44.5	48.5	29	宁夏	39.3	36.7
15	广东	44.4	48.2	30	青海	37.3	29.1
				31	新疆	36.9	28.6

注：全国农业劳动力中位年龄为 44 岁，45 岁及以上比例为 47.1%。

资料来源：2010 年 31 省份人口普查资料长表数据。

3. 北京市农业劳动力老龄化程度存在较大的地区差异

由于不同农村存在经济基础、地理条件、资源禀赋以及人口、文化上的不平衡，在发展过程中获得的机遇和回报并不均等，农村和农业发展的分层分化日益明显。如所调查农村中，怀柔区宝山镇杨树下村常住人口仅有 84 人且全部是户籍人口，海淀区四季青镇香山村常住人口则达到 48000 人，其中有 40000 人是外来人口；怀柔区北房镇大罗山村人均纯收入 1200 元，而密云县十里堡镇杨新庄村人均纯收入达到 3.5 万元。

同时，北京市农业劳动力老龄化程度也存在大的地区差别。在北京市农村劳动力综合状况调查的 76 个村中，有 2 个村 50 岁及以上农业老年劳动力所占比例低于 10%，12 个村 50 岁及以上农业老年劳动力所占比例低于 20%，28 个村 50 岁及以上农业老年劳动力所占比例超过 50%，15 个村 50 岁及以上农业老年劳动力所占比例超过 60%。其中，昌平区小汤山镇南官庄村 50 岁及以上农业老年劳动力所占比例最低，仅为 6.2%；门头沟区王平镇西马各庄村所占比例最高，达到 91.9%。

4. 北京市农业老年劳动力收入相对较低

虽然北京市农村劳动力就业结构日趋多元，但老年劳动力仍主要从事农业生产活动。根据 2010 年北京市人口普查数据，北京农村有 110.0 万名 45 岁及以上常住人口，其中有 50.0% 在业，在业人口中有 48.2% 从事农业劳动；有 40.4 万名 60 岁及以上老年人，其中有 17.6% 在业，在业人口中有 67.8% 从事农业劳动。北京市农村老年劳动力综合状况调查数据也显示，被调查农村老年劳动力中有 63.0% 是全职农民或以农业为主，兼营他业。

可以说，农村老年劳动力是北京市农业生产的主力，农业劳动也是北京市农村老年劳动力赖以为生的主要工作。但调查发现这部分人口的收入状况不容乐观，既低于北京市农村非农行业老年劳动力收入，也低于北京市农村居民家庭人均纯收入。根据 2014 年北京市农村老年劳动力综合状况调查数据，78.6% 的农业老年劳动力收入不到 15000 元，有 29.3% 的农业老年劳动力收入不足 5000 元；相比较来看，农村非农行业老年劳动力的这一比例分别为 39.5% 和 8.1%，远低于农业老年劳动力。从家庭年平均收入来看，2013 年农业老年劳动力的家庭年平均收入为 29615.7 元，非农行业老年劳动力的家庭年平均收入达到 50012 元，而北京市农村居民家庭年平均收入已达到 4.5 万元左右。从具体收入类别来看，主要与农业老年劳动力的家庭非农职业收入，出租房子或转包土地收入，从集体或农民专业合作组织得到的利息、股息、红利收入低有关（见图 1）。

另外，60 岁及以上农业老年劳动力收入状况更差，不到 15000 元的达到 92.6%，其中有 38.5% 的人收入不足 5000 元。

5. 北京市农业老年劳动力健康状况堪忧

从健康方面看，农业老年劳动力健康状况较差，伴随年龄增加，农业老年劳动力健康状况下降。北京市 2014 年农村老年劳动力综合状况问卷调查显示，北京农业劳动力中仅有 45.3% 的农业老年劳动力自报健康状况良好，而 60 岁及以上农业老年劳动力中，仅有 33.6% 自报健康状况良好。具体到患慢性病比例上，农业老年劳动力中有 38.1% 患有高血压，38.0% 患有肝胆或膀胱类疾病，18.2% 患有关节炎或风湿病，8.3% 患有心脏病，8.9% 患有呼吸系统疾病；而 60 岁及以上农业老年劳动力中，有 41.3% 患有高血压，45.4% 患有肝胆或膀胱类疾病，26.6% 患有关节炎或风湿病，9.2% 患有心脏病，10.1% 患有呼吸系统疾病。

6. 北京市农村老年劳动力土地流转意愿较强

北京市农村老年劳动力的土地流转比例较低但流转意愿较强。根据北京市农村老年劳动力综合状况调查结果，农村 72.0% 的老年劳动力家里有土地，绝大部分土地拥有量在 3 亩以内（占比为 57.4%），超过 10 亩的不足 10%（占比为 7.4%），平均拥有土地量为 4.59 亩。在有土地的老年劳动力中，有 69.5% 的人自己经营，26.1% 的人将土地流转出去，其中 14.7% 的人转包给农民专业合作组织，6.4% 的人转包给其他农户，5.0% 的人转包给企业；有 69.1% 的人愿意将土地流转出去，30.9% 的人

a.北京农村农业老年劳动力收入类别

b.北京农村非农行业老年劳动力收入类别

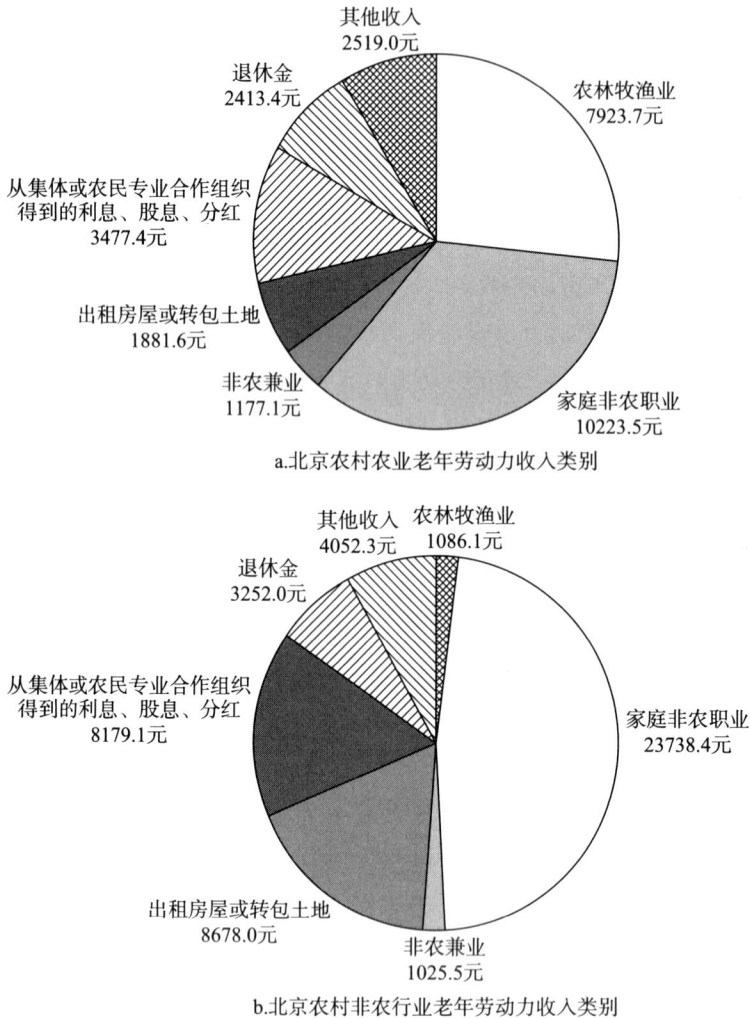

图1 北京农村农业老年劳动力和非农行业老年劳动力收入类别

资料来源：2014年北京市农村老年劳动力综合状况调查。

不愿将土地流转出去。愿意流转土地的老年劳动力中，有34.0%的人已经实现了土地流转，不愿流转土地的老年劳动力中有91.4%的人自己耕种。从自己耕种土地的老年劳动力角度来看，有40.0%的人不愿流转土地。

不愿流转土地的原因可以分为三类。一是以种地收入为生，一方面认为土地流转不如自己耕种收入高，土地流转出去意味着收入减少；另一方面认为自己除了种地不会干别的，土地流转出去自己就失业了。二是仍具有自给自足的小农思想，一方面认为土地是自己的，就要自己耕种，要留给后代，不愿意把自己的土地交给别人；另一方面认为耕种可以锻炼身体，而且种无污染的粮食蔬菜，自己吃着安心，还增加了生活乐趣。三是没有流转途径或土地太少不愿折腾。

7. 超过一半农村老年劳动力不愿离开农村，农村养老问题值得关注

北京市农村老年劳动力综合调查结果显示，大多数农村老年劳动力没有城市务工经历（81.6%），即使有过务工经历，也主要从事低端的建筑行业和制造业（分别占有务工经历者人数的 36.8% 和 13.1%），而后在城市生活高成本、没有合适工作的推力，以及家庭团聚的拉力作用下回到农村。他们到城市定居意愿较低（有 60.9% 的农村老年劳动力表示不愿意到城市定居，其中在农村从事二三产业的老年劳动力不愿到城市定居的比例要高于农业老年劳动力），原因包括城市生活成本高（30.7%）、留恋农村生活（21.4%）、交通空气问题（19.5%）、房价高（19.0%）等，这一意愿伴随老年人年龄增加呈现进一步减弱的趋势。同时农村老年劳动力的土地流转意愿与城市定居意愿并没有显著相关性，也就是说，即使农村老年劳动力将土地流转出去，也不一定愿意到城市生活。

目前北京市农村老年劳动力面临着经济、生活、精神等方面的养老问题，根据调查，他们的子女数已减少到 1—2 个（占比 87.8%），家庭规模的缩小和代际居住距离的增加不可避免地削弱了传统的家庭代际照料。这些老年人或准老年人中，有 27.5% 的人对社会化养老服务寄予希望，同时他们中有一部分人想到城市生活，也有想要继续生活在农村的，未来该如何安置这些老年人以及如何保障农村社会养老服务供给等问题应受到政府和社会关注。

二 对北京市农业劳动力老龄化的原因分析

北京市农业劳动力老龄化程度不断加深，其原因是多方面的，既受公共政策性影响，如城乡二元体制以及计划生育政策等，也有经济发展之必然，主要体现在农业劳动力的非农转移上，其他原因还包括农地收入、传统的"小农"思想，以及土地流转困难等。

1. 农村人口低出生率和恶农思想共同导致"农业接班人"流失

首先，北京农村人口低出生率减少了潜在的农业接班人数量。我国从 20 世纪 70 年代初大力推行计划生育政策，人口出生率从 1969 年的 34.1‰ 急剧下降到 1979 年的 17.8‰，同一时期总和生育率从 4.5 下降到 2.8，到 20 世纪 80 年代人口出生率稳定在 20‰ 左右，总和生育率稳定在 2—3，1991 年以后我国总和生育率开始低于更替水平（2.1），进入了低生育率时期。根据第六次人口普查数据，2010 年我国总和生育率已下降到 1.2，而北京市则是全国总和生育率最低的地区，仅为 0.7。从本次调查结果也发现，北京市农村老年劳动力子女数量平均为 1.72 个，有 3 个以上孩子的所占比例仅为 2.6%。45—50 岁老年劳动力子女数量平均为 1.4 个，仅有 1 个子女的所

占比例为 62.5%，无人有 3 个以上子女。

其次，恶农思想直接减少了选择进入农业行业的青年人数量。根据 2000 年和 2010 年北京市人口普查数据推算，2000 年约有 8 万名 16—24 岁青年人口进入农业行业，从事农业生产，而到 2010 年仅有约 2 万名 16—24 岁青年人口选择农民作为职业。实际上，由于城乡二元结构的影响，"农民"几乎成为一种身份象征，收入不稳定、又苦又累且社会地位低下，不光农村青年人向往到城市生活和工作，他们的父母也希望子女能摆脱这种枯燥的"面朝黄土背朝天"的生活。中国农业大学调研团队的调研对象就表示："即使农业挣钱，也不愿意从事农业"，"会种地也不种地"。

恶农思想的根本原因就在于城乡二元体制禁锢下的城乡差别、工农差别，包括工资收入、生活条件以及社会保障、子女教育、住房等公共服务，也正是这些实质性的差别使人们形成了对农村和农业的刻板印象。

2. 二三产业选择性"吸纳"农业青壮年劳动力

根据配第 - 克拉克定理，伴随经济发展和人均国民收入水平提高，城镇化进程加快，劳动力将由第一产业依次向第二、第三产业转移。转移原因是各产业间出现收入的相对差异。20 世纪 90 年代以前城乡二元户籍管理制度严格限制农业户口转为非农业户口、农村人口流入城市，导致农村和农业积蓄大量剩余年轻劳动力。农村人口可以进城流动后，受劳动力市场需求和收入差异吸引，人口流迁日益频繁，农村居民或离土不离乡，或离土又离乡，进入城镇二三产业从事非农就业。但也正是由于农业劳动力的相对过剩，工业部门作为农业剩余劳动力的雇主，在就业市场处于强势地位，在双向选择的过程中有更多的选择权。与老年劳动力相比，身体素质和文化素质都相对较高的青壮年劳动力往往更受青睐，在就业市场中占据优势和主动。

2013 年，我国农民工总量达到 2.69 亿人，其中外出农民工 1.66 亿人，本地农民工 1.03 亿人。其中，1980 年及以后出生的新生代农民工 1.25 亿人，占农民工总量的 46.5%，占 1980 年及以后出生的农村劳动力的比例为 65.5%。根据 2000 年和 2010 年北京市人口普查数据推算，10 年间北京市约有 45 万名农业劳动力实现转移就业，2000 年的 20—40 岁农业劳动力占到 40% 左右。另外，有超过 50% 的 2000 年的 20—40 岁农业劳动力在 10 年间实现转移就业。

3. 农村老年劳动力固守农业或进行填补性的农业劳动

北京市农业劳动力老龄化的原因还包括青壮年劳动力流失后老年劳动力的固守性或填补性农业劳动，这部分老年劳动力或仅是不愿流转自己的土地，或已承包经营别人流转出的土地。主要包括以下三类。第一类是固守农业的老年劳动力，这部分人一般没有外出务工，一直从事农业生产，对土地的感情较深，将农业劳动作为自己谋生的职业。第二类是返乡或退守农业的老年劳动力，这部分人曾经实现过转移就业，但因为就业市场的劣势地位、难以融入城市生活、家庭团聚等而重返农村，出于家庭理性和经济利益考虑继续从事农业生产，维持生计。第三类是填补性的老年劳动力，有过去以家务劳动为主的女性老年劳动力，也有外来务农人员。其中，有数据显示，2012年北京市的外来务农人员已经达到12万人（实际人数可能要大于这个数量），有效填补了北京农业劳动力缺口，成为不可取代的务农新群体。

但值得注意的是，北京市农村老年人并没有作为填补性劳动力加入农业劳动生产，这与全国其他地区情况不同。2010年北京市农村60岁及以上老年人的在业率仅为17.6%，远低于40.1%的全国平均水平。这一是与北京市农村老年人财产性收入和社会保障水平较高有关，二是与北京市农地流转比例高有关（2013年北京市流转土地222.7万亩，流转率为49.9%），三是受北方传统文化中崇老敬老思想的影响。

三 对策建议

应对北京农村劳动力老龄化问题，需要我们加强法治建设，以法治建设的新成就积极应对农村人口老龄化新问题。以法治建设应对农村人口老龄化，核心内容就是坚持依宪治国，破除城乡不平等的制度体系，建立城乡一体、开放平等的体制机制，尊重、保障和实现城乡居民的基本权利和自主选择，在法治的框架中推进新农村建设和新型城镇化协调发展。具体建议如下。

1. 按照统一公平的现代法治要求，破除城乡二元体制，加快推进城乡一体化

现代法治的基本理念是在全国实行统一、公平、开放的法律制度，尊重、保障和实现城乡居民的基本权利和自主选择。破除城乡二元体制，加快推进城乡发展一体化，是有效应对农村人口老龄化的根本制度保障。2015年4月30日，习近平总书记在主持中共中央政治局第22次集体学习时强调，推进城乡发展一体化的着力点是通过建立城乡融合的体制机制，形成以工促农、以城带乡、工农互惠、城乡一体的新型工农城乡关系，目标是逐步实现城乡居民基本权益平等化、城乡公共服务均等化、城乡居民收入均衡化、城乡要素配置合理化，以及城乡产业发展融合化。加快推进城乡发展一体化的核心，就是要改革城乡二元体制，废除城乡不平等的制度安排，建立城乡平等的公共政策，实现城乡居民权利平等。通过城乡一体化改革，一方面使农民不再是一种不平等的户籍身份，而是一种平等的职业身份；另一方面使农民这种职业与其他所有职业一样，平等向全体人员开放，农业不再是传统户籍农民才能从事的封闭性产业，而是所有人都可以选择的现代开放性产业。此外，通过改革，使农业成为有希望的体面产业，使农民成为有尊严的现代劳动者。要围绕上述目标，全面深化包括户籍制度在内的各项改革。按照以人为核心的新型城镇化的要求，加快推进农民工市民化，鼓励和帮助城乡居民带着财产和家庭进行双向流动，自由的选择职业和居所，

特别是要重点保护家庭的价值，切实让城乡居民在城乡之间自主追求人生理想和幸福生活。

2. 按照创新农业经营主体的要求，加快培养新型职业农民

加快培养新型职业农民是有效应对农村人口老龄化的人力资源保障。"有文化，懂技术，会经营"的新型职业农民是与现代农业的规模化、集约化生产经营相适应的，要加快建立新型职业农民制度。北京市目前的农业劳动力平均年龄大、受教育程度低，科技与创新能力不足，仍属于体力型和传统经验型农民。首先，在稳定现有农业劳动力群体，提高其科学种田技能、营销拓展能力的基础上，加大对专业大户、家庭农场经营者、农民合作社带头人、农业企业经营管理人员、农业社会化服务人员、返乡农民工的培养培训力度。其次，依托北京市郊区这一特殊位置和有利条件，促进一二三产业整合发展，大力发展休闲农业和乡村旅游业这一郊区农村经济新的增长点，鼓励和帮扶农业劳动力开展多种形式的休闲旅游观光采摘营销模式，切实提高农民的农业就业收入。再次，高度重视外来务农人员的重要作用，非京籍外来务农人员已逐渐成为北京市农业劳动力的重要组成部分，是应对农业劳动力老龄化最直接的重要力量，各级各部门要从现代农业发展的战略高度，妥善解决其农地经营权、基本公共服务等诸多现实问题，维护外来务农人员的基本权益。最后，着力吸引一批拥有农业学科背景、立志农村经济发展的青年农业接班人加入北京农业行业，大力培育"现代农业创客"，为他们加快成长为京郊现代农业的"新农人"创造条件、提供服务，推动新时期互联网+农业的大发展。

3. 按照发展农业适度规模的要求，加快引导农村土地经营权有序流转

加快引导农村土地经营权有序流转可以将分散的土地集中化，这有利于农业从劳动密集型向资金技术密集型转变，是有效应对农村人口老龄化的现代农业保障。从本次调查结果可以看出，北京市农村居民具有较强的土地流转意愿。应根据2014年11月中共中央办公厅、国务院办公厅印发的《关于引导农村土地经营权有序流转发展农业适度规模经营的意见》，坚持农村土地集体所有，实现所有权、承包权、经营权三权分置，引导土地经营权有序流转，坚持家庭经营的基础性地位，积极培育新型经营主体，发展多种形式的适度规模经营，巩固和完善农村基本经营制度。一要加强农村土地承包经营权流转的管理与服务，为农民的自愿流转土地提供有效的服务指导，尤其应重点帮助有意愿耕种土地的小部分种植大户获得流转土地。二要建立健全土地承包经营权市场，完善农村产权交易，鼓励和规范农民以转包、出租、互换、转让等多种形式流转土地承包经营权。三要建立农民土地流转价格合理增长机制，确保承包农户和经营者的共同利益。四是要把建立健全农业社会化服务体系作为农业适度规模经营的重中之重，克服片面理解和追求农业生产规模的倾向，同时要切实提高农村社

会支持政策的针对性，包括为老年农业劳动力提供农业生产实用技术和技能，完善农业生产的产前、产中以及产后的生产资料与品种供给服务，建立农业存量劳动力交流信息平台等。

4. 按照实现城乡基本公共服务均等化的要求，加快提高农村居民社会保障水平

提高农村居民社会保障水平是实现城乡基本公共服务均等化的重要组成部分，也是有效应对农村人口劳动力老龄化的社会福利保障。从城乡方面来看，目前北京市已经建立了城乡一体的居民养老保险制度和居民大病医疗保险制度，但农村老年人受累积劣势影响，大部分只领取城乡居民老年保障福利养老金，仅大病可以在起付线以上报销部分医疗费用，另外农村居民最低保障标准也要低于城市居民。从行业来看，农业这个产业并未建立由职工基本养老保险、基本医疗保险、工伤保险、失业保险和住房公积金组成的保障制度。当前要着力完善农村人口的社会保障和社会福利，保障农业老年劳动力的收入和健康福祉，提高农村老年人的养老服务水平。一是建立涵盖农业在内的新型社会保障制度，使职业农民能与其他行业就业人员一样享受均等的社会保障待遇。二是进一步完善村级医疗服务，做好农村老年劳动力的慢性病预防与控制，并逐步为农村中老年人提供完善的医疗保健服务。三是鼓励各村级社区根据本村实际情况提供农村养老服务，总结现有农村养老服务模式的特点、适用性及可行性并加以推广，构建以村为中心的老人集中居住模式，鼓励空巢老人到集中居住区集中居住，完善居家养老服务体系，提高养老服务质量和水平。此外，要以服务为导向，大力发展健康养老服务产业。

5. 按照留住乡愁的文化理念，尊重老年人的劳动权利和耕种意愿

对于很多农业老年劳动力来说，种地不仅是为了维持生计，它已经成为一种习惯性的劳动，一份对传统生活的追思，一项愉悦身心的锻炼。而实际上，这也是"乡愁"的一种，是乡村的农耕文明在不断被城市的工业文明冲击后的自我保留，体现了老一代人对土地深深的眷恋和依赖，也是农业文明不断延续与发展的重要体现。按照留住乡愁的文化理念，这份固执和留守是应该被包容和尊重的。当农田机械化生产、组织化管理、市场化运营成为一种常态，仍有这样一群愿意面朝黄土背朝天、精耕细作、自给自足的小农，对曾经祖祖辈辈这样生活的炎黄子孙来说难道不是一笔宝贵的看得见的精神财富吗？对于这部分老年人群体，我们应当理解他们的生活方式，尊重他们的自由选择，提供相应的农业技术支持与公共服务，尽量降低农业老年劳动力的农业劳动强度，维护老年人的劳动权利和耕种意愿，保证他们享有健康幸福的晚年。

6. 按照人口可持续发展规律的要求，加快调整完善计划生育政策

长期以来，北京是执行计划生育政策最严格的地区之一。现在，北京也是人口老

龄化最严重的城市之一。任何一项公共政策经过长期的严格执行后，都可能产生新的问题，需要与时俱进地进行改革与完善。实行 30 多年的计划生育政策，加速了人口老龄化，已经使人口结构发生了历史性的重大变化。我们需要实事求是地正视农村人口老龄化严重问题，加快调整计划生育政策。建议在实行"单独二孩"政策的基础上，尽快推行"全面二孩"政策，尊重和保障农村居民的生育权，实现人口的正常繁衍和可持续发展。要制定家庭保护法律法规，基层计生机构要与时俱进地转型为家庭保障机构，全面强化家庭保健服务。

执笔：张英洪、刘妮娜

把积极应对农村人口老龄化作为国家战略

在中国农村，日益突出的人口老龄化现象正在拷问我们这个时代：谁来种地、如何种地？谁来养老、如何养老？谁来治理、如何治理？而当务之急是，国家要把积极应对农村人口老龄化作为重大国家战略。

在几千年的农业文明长河中，人类社会并不存在人口老龄化现象，这是因为农业文明更体现和接近大自然的生命规律。人口老龄化是与工业文明相伴而产生的人口结构畸形现象。由于工业化、城市化的发展，人类提高了医疗卫生水平，发明和掌握了避孕等技术。因而工业文明在提升人均寿命的同时，又能够借助技术手段节制生育，从而使人口老龄化、少子化现象开始出现。在发达国家和地区，几乎都出现了人口老龄化现象。

中国农村人口的老龄化现象，既有世界工业文明发展的共性，又有中国自身发展的特性。中国自身发展的特性主要体现在两个基本方面。

一方面是中国特殊的城镇化发展模式。改革开放以来，我国的城镇化是在城乡二元结构中启动和推进的。在城乡二元结构未能破除的前提下，城镇允许和吸纳农村青壮年劳动力进城打工谋生，但又限制农民工市民化，限制农民工家庭迁入城镇定居生活。这就造成了两大世界奇观，一个是城镇出现了两亿多的农民工人群，另一个是农村出现了一亿多的留守儿童、留守妇女、留守老人群体。这种将农村青壮年人口吸入城镇却将老年人留在农村的城镇化模式，使我国农村普遍出现了老年化、空心化。

另一方面是中国特有的计划生育政策。自 20 世纪 70 年代以来，我国开始逐步实施严格的计划生育政策。2010 年第六次全国人口普查数据显示，我国育龄妇女总和生育率下降到 1.18，低于 2.1 的世代更替水平。中国人口的正常再生产面临严重危机。人口老龄化危机正在与生态环境危机、食品安全危机一起，构成当代中国最为突出的社会问题，正在严重危及中华民族的永续发展。

一 让农民自愿流转承包土地

引导农村土地经营权有序流转，将老年农业劳动力从农业劳动中解放出来，是有效应对农村人口老龄化的重要举措。中共中央办公厅、国务院办公厅印发的《关于引导农村土地经营权有序流转发展农业适度规模经营的意见》对农村土地经营权流转做了一系列非常具体的规定。引导土地流转，特别需要强调三点。

一是不能将农村土地流转与地方政府政绩以及村干部工作业绩挂钩。历史经验表明，再好的公共政策一旦与干部的政绩挂上钩，都可能被扭曲，最后常常带来事与愿违的结果。

二是要把土地流转的自主权交给农民。农村承包土地流不流转，关键看农民的意愿。农民可以流转土地，也可以不流转土地，这完全是农民的基本权利。任何强迫农民流转或强制农民不流转的行为，都是对农民权利的剥夺，必须受到法律制裁。政府的主要职责是建立农村土地流转的政策制度体系，让农民在这土地制度体系中，可以做出自己的独立判断和自由选择。政府可以制定优惠政策引导和鼓励农村承包土地经营权流转。对于农村承包土地的承包农民和经营农民，政府应当保持中立，并且公平维护承包方和经营方各自的权利，不得因为强调推动土地流转就压制承包方而偏袒经营方。在农村承包土地的承包权与经营权分离的情况下，承包方与经营方都是中国的农民，都需要得到公平的法律保护。

三是要培育和规范土地流转市场，健全农业社会化服务体系。政府重在制定农村土地流转政策制度，为土地流转的流出方和流入方提供制度平台，充分发挥市场的决定性作用。同时，要突出加强农业社会化服务体系建设，拓展农业社会化服务领域，提高农业社会化服务水平，加快实现农业社会化服务的规模化、精细化和现代化。

二 培养新型职业农民

面对农村人口的老龄化，加快培养新型职业农民是不二选择。

一是要保护和改造一大批传统农民。对于已经长期从事农业生产的传统农民，既要保护他们的农业生产积极性，又要与时俱进地提升传统农民的综合素质，实现传统农民在新时期的创造性转变。

二是要培养和塑造一大批新型农民。鼓励和引导城镇年轻人返乡从事现代农业生产，着力吸引一批拥有农业学科背景、立志农村经济发展的青年农业接班人加入北京农业，大力培育"现代农业创客"，为他们加快成长为京郊现代农业的"新农人"创造条件、提供服务，推动新时期互联网＋农业的发展。

三是吸纳和保护一大批外来农民。非本地外来务农人员已逐渐成为经济发达地区和大城市郊区农业劳动力的重要组成部分，外来农民是经济发达地区和大城市郊区应对农业劳动力老龄化最直接的重要力量源泉。各级各部门要从现代农业发展的战略高度，妥善解决外来务农人员的农地经营权和基本公共服务等诸多现实问题，切实维护外来务农人员的基本权益，使外来农民与本地农民一样享有平等的权益。

在新型农民培育中，要把农业从事者的全面培训作为重中之重，推动农业科技创新，加快农业科技成果转化，减轻农业劳动强度，提高农业生产率，促进一二三产业融合发展，延长农业产业链条，全面开放农业全产业链的就业空间，让更多的人从事农业全产业链服务。

三　实现城乡基本公共服务均等化

破除城乡二元体制，推进城乡一体化，加快实现城乡基本公共服务均等化，是有效应对农村和农业劳动力老龄化的重要制度保障。加快推进城乡发展一体化的核心，就是要改革城乡二元体制，废除城乡不平等的制度安排，建立城乡平等的公共政策，实现城乡居民基本权利平等、基本公共服务均等化。

一是要通过城乡一体化改革，废除农业户籍制度，建立农民职业制度，从体制机制上保障农业成为体面的职业。一方面使农民不再是一种不平等的户籍身份，而是一种平等的职业身份；另一方面使农业这种职业与其他所有职业一样，平等向全体人员开放，农业不再是传统户籍农民才能从事的封闭性产业，而是所有人都可以选择的现代开放性产业。通过改革，使农业成为有希望的体面产业，使农民成为有尊严的现代劳动者，使农村成为休闲宜居的乐园。

二是要按照以人为核心的新型城镇化的要求，加快推进农民工市民化，鼓励和帮助农村居民带着财产和家庭进城定居生活，特别是要重点保护家庭的价值，使农民家庭不被城镇化分割，切实让城乡居民在城乡之间自主选择职业和居所，自由追求幸福生活。

三是要健全农村公共服务体系建设，不断提高农村劳动力的社会保障水平，使职业农民与其他行业就业人员一样享受均等的医疗、养老、救助等社会保障待遇，特别是要建立普惠型的农村老人福利制度和家庭福利制度，发展养老产业和养老事业，提高农村老年人福利水平和生活质量。

四　传承和弘扬中华优秀传统文化

中华民族之所以能屹立于世界民族之林几千年，就在于中华文明源远流长，孕育了中华民族的宝贵精神品格，培育了中国人民的崇高价值追求。自强不息、厚德载物的思想，支撑着中华民族生生不息、薪火相传。积极应对农村人口老龄化问题，必须从中华文明中吸取智慧与营养。

一是要传承和弘扬中华民族的农本文化。中国是著名的农业大国，创造了世界史上惊人的农耕文明，有着悠久深厚的农本思想和农本文化。宋代陈敷的《农书》、元代司农司的《农桑辑要》、明代马一龙的《农说》、清代包世臣的《齐民四术》等是我国历史上著名的农本思想专著。历朝历代的当政者都非常重视农业，汉文帝最早开始了天子扶犁亲耕的仪式，公元前178年正月丁亥日，汉文帝下诏，称"夫农，天下之本也"。皇帝亲自躬耕以劝百姓。众所周知的口头禅"一亩三分地"，就是皇帝亲耕的耤田。从"农为天下之本"，到后来的"农业是国民经济的基础"，再到近些年来中央强调要把解决"三农"问题作为全党工作的"重中之重"，可以看出当政者头脑中始终存在的重农理念。但在市场化、工业化、城镇化进程中，农业被削弱、农村被掠夺、农民被歧视的问题相当突出。我们亟须从中华传统农本文化中吸取经验，重新认识现代化进程中的农业、农村和农民的巨大价值。

二是要传承和弘扬中华民族的孝道文化。儒家强调"百善孝为先"，"罪莫大于不孝"。《孝经》说："夫孝，德之本也，教之所由生也。"孔子说："夫孝，天之经也，地之义也，民之行也。"中国传统文化特别重视敬老、重视孝道，儒家士大夫甚至皇帝都强调以孝治天下。所谓孝，就是子女赡养父母的责任和担当。孟子所说的"老吾老以及人之老"，就是将子女对父母的感恩之情与赡养之责推而广之，由家庭延及至全社会。尊老爱幼是中国家庭文化的重要基因。我们正在面对的老龄化社会，迫切需要传承和弘扬中华民族的孝道文化，倡导尊老爱幼的优良传统，营造让每一个老人都能过上安度晚年的幸福生活。

三是要传承和弘扬中华民族的乡村自治文化。中国历史上有"皇权不下县，县下靠自治"的传统。20世纪以来，连续不断的革命，完全摧毁了乡村自治传统，国家权力全面深入和控制乡村。特别是在城乡二元体制下，乡村的人才单向地向城镇流动，造成乡村治理人才的严重欠缺。我们要将中华传统自治文化与现代民主文化有机结合起来，形成适应乡村需要、体现时代特征的现代乡村民主自治。一方面，要打破城乡二元体制，实现城乡人才的双向流动，特别是创造有利于城镇人才进入乡村参与治理的体制机制；另一方面，要培育新的乡贤人才，形成新的乡贤文化。浙江省绍兴市上虞的乡贤文化建设值得借鉴。要为有志于乡村治理的人才提供开放的参与治理平台。

五 调整计划生育政策

任何一项公共政策经过长期的严格执行后，都可能产生新的问题，需要与时俱进地进行改革与完善。实行30多年的计划生育政策，加速了人口老龄化，已经使人口结构发生了历史性的重大变化，现在到了必须加快调整计划生育政策步伐的时候了。

生育权是人的基本权利，尊重和保障生育权，既事关亿万家庭的生活幸福，又事关国家和民族的持续繁荣发展。在建设法治中国的进程中，我们必须摒弃长期以来的计划思维和计划方式，树立全新的法治思维和法治方式，尊重和保障公民的基本权利，传承和弘扬中华民族的生育文化。

当前，要尽快实施新的生育政策，同时要以全新的法治思维和权利观念，保障公民的自主生育权，鼓励生育，保护家庭，做到民之所好好之，民之所恶恶之。在改革计划生育政策制度上，我们需要迈出新的一大步，即尊重和保障公民的生育自主权，撤销计划生育机构，将计划生育机构全面转型为家庭健康护理机构。建议废止《人口与计划生育法》，重新制定《家庭保护法》，从立法上全面保护家庭。基层计划生育部门要与时俱进地全面转型为家庭保健和养老服务机构，一部分划归卫生部门管理，一部分划归民政部门管理。鼓励和奖励家庭生育，保障公民自主生育权，建立家庭健康制度和家庭福利制度，重建中华家庭文明，重塑中华家庭幸福，实现人口的正常繁衍和可持续发展。

六　加强老龄化社会的法治建设

我国人口老龄化加速发展，但有关老龄化方面的法治建设却明显滞后。在全面推进依法治国、建设法治中国进程中，要加快推进有关人口老龄化方面的法治建设。特别是有关立法部门，要承担起应有的立法责任，不能"为官不为"。

一是要加快建立敬老、养老、助老法律法规体系。新修订的《中华人民共和国老年人权益保障法》于 2013 年 7 月 1 日起正式施行，这是我国最重要的老年人权益保障专项法律，但相关法律体系建设明显不足。要参照国际经验，加快敬老方面的系列立法，建立系统的敬老、养老法律体系。建议专门制定《老人福利法》，全面建立和保障老年人社会福利。要建立普惠型的老年人年金制度，每月给全体老年人发放老人年金或敬老津贴。2018 年北京市建立福利养老金政策，凡具有本市户籍、年满 60 周岁，且没有享受到社会养老保障待遇的城乡老年人均可以申领。当年福利养老金每人每月 200 元。到 2015 年，北京市福利养老金每人每月增加到 350 元。建议将福利养老金政策上升为法律法规，同时提高福利养老金的标准。

二是要修订或制定与《中华人民共和国老年人权益保障法》相配套的养老、敬老行政法规和地方规章。比如该法第十八条规定："与老年人分开居住的家庭成员，应当经常看望或者问候老年人。用人单位应当按照国家有关规定保障赡养人探亲休假的权利。"但现行《国务院关于职工探亲待遇的规定》却规定："已婚职工探望父母的，每四年给假一次，假期为 20 天。"建议重新制定有关探亲待遇条例，不管未婚或已婚，均规定一年一次探亲假，并报销往返路费，以鼓励子女经常看望不在一起居住的老年人。同时，建议每年农历九月初九敬老日放假一天，国家领导人应在敬老日发表敬老、养老、助老讲话，有关部门要开展相关敬老、养老、助老活动，举办敬老、养老、助老相关仪式，表彰敬老、养老、助老优秀人物。

三是要改革住房和税收制度。要着眼于鼓励家庭成员与老年人共同居住生活，全面改革相关住房制度、税收制度、社会福利制度，凡是与老人共同居住生活的家庭，应在住房面积、住房贷款等方面给予全面的政策优惠与支持，在个人所得税等方面给予减免，在家庭福利保障上给予实质性生活补贴，等等，切实为家庭的团聚、和睦、幸福提供政策法律保障。此外，其他有关老年人权益和生活水准的问题，都要建立健全体现中华传统敬老养老美德与现代福利国家精神的法律制度加以解决。

执笔：张英洪

2015 年 10 月 20 日

北京怀柔区北沟村治理情况调研报告[*]

  怀柔区渤海镇北沟村是怀柔区长城国际文化村所辖的四个行政村（田仙峪村、北沟村、慕田峪村和辛营村）之一，占地 3.22 平方公里，全村 138 户，户籍人口 350 人，该村有党员 32 名，村干部 5 名，居住有外国国籍人员 17 人。2004 年以前，北沟村是渤海镇远近闻名的贫困村，村集体外欠 80 余万元贷款，人均年纯收入不足 5000 元。2004 年北沟村成立新的领导班子，到 2014 年该村人均纯收入超过 19000 元。经过十年的建设和治理，该村探索出了"以法治村、以文化人、以业兴村"的村庄治理之路。

一 北沟村治理的主要做法

  2003 年冬，在外地经营琉璃厂的王全回到村里，于 2004 年 4 月经全村党员大会民主选举当选为北沟村党支部书记。2013 年王全当选为第十二届全国人大代表。在王全的带领下，北沟村探索出一条村庄治理的新路子，比较合理有效地解决了农民增收难、农产品销售难、乡村环境整治难、乡村公共服务提供难、乡村矛盾调处难等问题，取得了较好的村庄治理绩效。在 2004 年到 2014 年十年间，北沟村已先后获得全国民主法治示范村（2009 年）、全国先进基层党组织（2011 年）、全国文明村镇（2011 年）、中国最有魅力休闲乡村（2012 年）等几十项国家级、北京市级荣誉称号。北沟村治理的主要做法和特点有以下六个方面。

  一是树正气，重塑村庄人才政治生态。孔子说："政者，正也。子帅以正，孰敢不正？"立身以正，执政以正，言行以正，这是中国政治思想的黄金定律。唯有立身正、为政正，才能聚人心、合众力，开拓施政新局面。王全作为中国最基层的村庄政治人才，他明白正义、正气、正直对一个村庄政治生态和治理的价值和意义。首先，村书记带头放弃企业经营。一段时期以来，我国不少地方鼓励和倡导能人治村。一些善于经商投资的所谓能人纷纷当上了村干部。能人治村有一定积极意义，但也不能忽

---

  * 原载北京市农村经济研究中心《调查研究报告》2015 年第 35 期。

视其严重的消极影响。善于经商投资的能人当上村干部后，一手掌握村庄公共权力，一手谋划个人经商发财，这种权钱不分、官商不分的体制极易造成村庄治理腐败，败坏村庄政治生态。王全担任北沟村党支部书记后，主动放弃自己经营多年的琉璃瓦厂，并规定北沟村村"两委"干部的家属不能参与村内工程的施工。一个村庄的"草根"书记能有这种认识和境界，确实令我们调研人员感叹。其次，村党员干部带头做好服务工作。为民服务是执政党的宗旨，本应是党员干部的职责所系。但在实际工作中，一些党员干部宗旨观念淡薄，言行官僚化。老子说："天下大事，必作于细。"针对这些问题，该村在村党支部书记的带领下，坚持从小事做起，告别官僚习气，强化服务意识。该村党员干部每人认领了一片卫生区，32名党员分成6个小组，每1名党员帮带10位村民，每月5号早晨村里党员带领本小组成员打扫村庄卫生。村党员干部用实际行动在村民心目中树立起"能干事、干实事"的形象，同时也激发了村民参与村庄公共事务的积极性。最后，村党员干部带头强化责任。为避免党员干部滥用职权谋取私利，北沟村村"两委"班子讨论决定，凡党员干部提出的纠纷一律不予解决。久而久之，党员干部的不当利益不再得到保护，同时党员干部身兼帮扶帮带的责任，权力在他们手里逐渐转变成帮助村民的工具，而非谋取私利的手段。

二是定规矩，培育村庄内生规则意识。无规矩不成方圆。不管国家还是村庄，要有好的治理，都必须定规矩，按规矩办事。国家层面按规矩办事，就是依法治国、依法执政、依法行政；村庄层面按规矩办事，一个重要方面就是要将国家法律法规与当地民情习俗实际结合起来，制定村规民约、遵守村规民约、执行村规民约。只有走依法依规治村的路子，让村干部和村民都具有规则意识，村干部和村民的文明素质才会逐步提高，村庄的文明秩序才能内生性地建立起来，村庄治理才能稳定有序地进行。我们在调研中发现，该村村规民约有四个鲜明特点。第一是决不照搬照抄外村经验，完全立足本村实际。与一些村照搬照抄外村的村规民约不同，北沟村村规民约完全是结合该村实际情况一条一条讨论研究制定出来的，充分体现了当地的实际情况，符合全体村民的基本诉求。第二是经过严格的民主讨论和通过程序。北沟村村规民约经过村支部提议、村"两委"商议、党员大会和村民代表会讨论，村民代表大会同意通过，村民代表签字，同时印制成册，每户一本。第三是村规民约涉及村干部和村民生产生活的各个方面，非常具体详细。现行的村规民约涵盖25个大的方面260余项具体规定，内容非常详尽，切合实际，体现了该村治理上的精细化水平。第四是保持了村规民约的连续性、长期性。现行村规民约于2007年12月29日经全体村民代表会议讨论通过，2008年1月1日起实行。2009年7月15日，该村又制定和通过了补充条款。2010年8月16日，该村第8届村民代表会议通过决议，明确第8届村委会今后3年继续执行《北沟村村规民约》。

三是明责任，强化村庄干部责任担当。2012 年习近平总书记在首都各界纪念现行宪法公布施行三十周年大会的讲话中指出："有权必有责，用权受监督，失职要问责，违法要追究，保证人民赋予的权力始终用来为人民谋利益。"① 大到中央领导，小到村庄干部，拥有权力就意味着担当责任，就要为人民谋福利，就要接受群众监督。北沟村本着"村庄政务公平公正透明"的原则，实行村干部责任制，将村庄事务明确落实到每名村干部身上。第一是实行工作目标管理，强化村干部责任。北沟村每年都将本村年度评星晋级争创措施落实到党支部和村委会班子的责任人，并贴在村委宣传栏里进行公示；村里各家各户的居家动态、村委会服务项目、负责村干部名单，都通过张贴、开会等形式让村民知晓，做到按制度办事，有据可依、有章可循、有人可问。第二是进行自我监督和群众监督。坚持每季度开展一次述职述廉，领导班子和村"两委"干部及时向群众公开决策事项、资金使用、履职情况等。第三是扩大村民自治与多方参与。挑选村里老书记、老干部、党员代表及能力突出、口碑较好的村民，组建村级事务顾问组，参与村里重大决策事项。村"两委"每年集中为村民解决 1 次纠纷，村级事务顾问组成员与村干部共同为纠纷做出裁断。

四是强服务，推动村庄权力转型。党的十八大报告明确提出，要"以服务群众、做群众工作为主要任务，加强基层服务型党组织建设"。这是党的基层组织执政方式和工作方法上的重大改变。2014 年 5 月中共中央办公厅发布《关于加强基层服务型党组织建设的意见》又进一步明确农村服务型党组织的服务内容，即要围绕推动科学发展、带领农民致富、密切联系群众、维护农村稳定搞好服务，引导农民进行合作经营、联户经营，开展逐户走访、包户帮扶，及时办理反馈群众诉求，帮助群众和困难党员解决生产生活、增收致富中的实际问题。近年来北沟村不断推动村庄权力转型，从村庄权力管治型转向服务型，加强服务型党组织建设，力求为村庄经济社会发展服务，为村民增收致富和安居乐业服务。该村从一件件惠及经济民生的实事、好事抓起，树立服务意识，推动服务兴村。2005—2015 年，北沟村竭力为外国人投资兴业服务，克服许多困难，终于陆续将几块闲置宅基地租给外来居住和投资的外国人，这些外国人最多投资 2700 万元建设农家乐，提高了北沟村的知名度，还解决了村里 30 人左右就业问题。这些投资在租赁到期后也将无偿赠予北沟村。为保护村民板栗销售价格、降低销售成本，解决农户与市场的对接难题，北沟村成立了村级板栗种植合作社，2015 年以市场价收购社员板栗，再统一以 5 元/斤的价格卖给板栗大户，刨除开支后将剩余收益以分红的形式返还社员。为解决留守老人"无处娱乐、无人照

---

① 《习近平在首都各界纪念现行宪法公布施行 30 周年大会上的讲话》，习近平系列重要讲话数据库，http://jhsjk.people.cn/article/19793598。

料"的问题，2015 年北沟村在上级有关部门的支持下，投入 100 多万元建设村老年活动站，预计 2015 年 12 月建成使用。该老年活动站将为村庄老年人提供免费洗澡、用餐、体检和日常娱乐活动等服务项目。

五是讲道德，夯实村庄价值认同。对于一个国家、一个民族、一个集体来说，最持久、最深层的力量是拥有共同认可的价值观。伴随农村经济市场化和工业化、城镇化的快速推进，北沟村也面临传统农耕文明消失、家庭组织形式和功能转变、乡村社会价值淡化等问题，邻里纠纷、婆媳矛盾等时有发生，人心不齐，凝聚力不强。为此，北沟村村"两委"决定重拾中华优秀传统文化和传统美德，夯实乡村建设的基石，为乡村道德文化建设提供一套结构和符号化的学习标准。首先，该村定期组织村民学习《三字经》《论语》《庄子》等传统经典，并不定期开展村民演讲、村干部宣讲、儿童表演等文化活动，形成了"周一听（村级广播）、周中看（宣传橱窗）、周末围着屏幕转（数字影院）"的立体式学习模式。其次，村集体以传统文化建设为主题修缮乡村基础设施，在村里主要街道两边安装了美德壁画 60 余块，建设以传统文化经典故事为主题的千米浮雕文化长廊，设计文化雕塑 4 尊，在村务办公室、民俗餐厅、农家院悬挂字画 200 余幅，营造了浓厚的文化氛围。此外，北沟村还围绕文明创建的主题，坚持开展"十星级文明户""好公婆""好儿媳"评选活动，树典型、勤宣传，引领村民文明向善，尊老爱幼让家庭更和美，守望相助让邻里更和谐，天下归仁让乡风更文明。

六是兴产业，打造国际文化新村。发展产业是村庄兴盛的物质基础，也是村庄治理的重要环节。北沟村依托慕田峪长城这一自然地理优势，重点打造了以传统文化与国际文化相融合为特色的休闲旅游产业，成功探索出一条产业兴村之路。2005 年，美籍华人唐亮女士在北沟村投资建设了商务会所，开启了外国居民入住北沟村的历史。在唐亮女士的牵线搭桥下，陆续有 12 户来自美国、加拿大、荷兰等国家的外国朋友在北沟村安家置业。受外来元素的刺激和影响，一批展示京郊民俗、健康时尚的农家院也开始出现在北沟村。其中，由村集体出资建设、由扎根农村创业的大学生村官经营管理的"北旮旯乡情驿栈"尤为突出。这个集绿色蔬菜种植、虹鳟鱼养殖、民俗餐饮住宿以及土特产品销售于一体的农家院，开业一年半，已接待旅游观光者 6 万多人次，创旅游综合收入 200 万元，纯利润 60 余万元。目前，怀柔区渤海镇已基本形成了"吃在田仙峪、住在北沟村、游在慕田峪、购在西营村"的连片国际文化乡村旅游带。

二 北沟村治理面临的主要挑战

2004 年以来，北沟村经过十多年的发展，已经旧貌换新颜，成为远近闻名的明星村。但是，在快速发展的同时，也面临许多深层次的矛盾和挑战。

一是人口老龄化对村庄治理的挑战。从北沟村实际情况来看，人口老龄化问题相当严重。2015年全村138户，户籍人口350人，其中50—60岁的有80人，61—70岁的有40人，70岁以上42人。50岁及以上户籍老年人口所占比例达到46.3%，60岁以上户籍老年人口所占比例达到23.4%，二者均高于北京市农村人口老龄化的平均水平。而如果不将外出打工的户籍人口包括在内，常住在村里的人口的老龄化率将会更高。由于村干部收入待遇不高，村里中青年人更愿意选择外出打工挣钱。村干部全职少、兼职多，除王全书记与两名大学生村官以外，其余村干部均是兼业，或经营家里土地，或在附近工厂打工。村庄人口老龄化的直接挑战是，面对一帮老人，村庄人才如何推进治理？随着治理人才的老龄化，又如何保障村庄治理人才的正常更替与后继有人？当前，北沟村的治理绩效，是与村庄政治人才王全书记个人的工作作风、办事能力密不可分的。但在缺乏村庄治理年轻人才正常成长机制的情况下，该村如要长期保持和提升现有的乡村治理水平，将面临很大挑战。

二是外国人聚居生活对村庄治理的挑战。我国以土地为基础的集体所有制村庄具有高度的封闭性。改革开放以来，村庄人口的封闭性开始打破，人口流动加快，既有本村人口流出，也有外地人口流入。而北沟村则具有国际性的特点，一些外国国籍的人进入该村投资生产和定居生活。2010年6月，43个国家的大使来到北沟村现场观摩了村委会换届选举。北沟村还被外交部列为展示我国新农村基层民主建设的"窗口"。如何在包容外国人参与的情况下完善村庄治理，是村庄开放时代的一个新课题，这对传统的以村庄封闭为特征的村民自治模式提出了新挑战。一方面，在该村投资创业生产生活的外国人，如何参加村庄公共治理？现行《村民委员会组织法》规定："年满十八周岁的村民，不分民族、种族、性别、职业、家庭出身、宗教信仰、教育程度、财产状况、居住期限，都有选举权和被选举权。"其中"户籍不在本村，在本村居住一年以上，本人申请参加选举，并且经村民会议或者村民代表会议同意参加选举的公民"也可以参加村委会选举。但这是针对具有本国国籍的流动人口而规定的。对于具有外国国籍、定居本村的人，有关法律法规没有做出明确规定。另一方面，在该村投资创业生产生活的外国人，如何享受基本公共服务？基本公共服务既有国家层面的基本公共服务，又有村庄层面的公共服务。在该村投资创业生产生活的外国人，按规定缴纳税收，应当享有基本公共服务，但如何向外国人提供基本公共服务，缺乏应有的规定。最后，在该村投资创业生产生活的外国人，如何融入村庄社会文化生活？这是不同文化的人的融合。在这方面，北沟村已经有所探索。该村外国居民享有"荣誉村民"称号，他们在每年春节和重阳节，会为村民提供一些财物捐赠，进行交流融合。村民对外国人具有较强的生活包容性，这也体现中华文化的博大宽广。但如何在制度上创新包容性的村庄治理模式，需要继续改革探索。

三是政经不分对村庄治理的挑战。在我国农村，村党支部、村民委员会、农村集体经济组织是三类最重要的基层组织。根据《中国共产党农村基层组织工作条例》规定，村党支部领导和推进村级民主选举、民主决策、民主管理、民主监督，支持和保障村民依法开展自治活动，领导村民委员会、村集体经济组织和共青团、妇代会、民兵等群众组织，支持和保证这些组织依照国家法律法规及各自章程充分行使职权。需由村民委员会、村民会议或集体经济组织决定的事情，由村民委员会、村民会议或集体经济组织依照法律和有关规定做出决定。根据《中华人民共和国村民委员会组织法》规定，村民委员会是村民自我管理、自我教育、自我服务的基层群众性自治组织，实行民主选举、民主决策、民主管理、民主监督。村民委员会办理本村的公共事务和公益事业，调解民间纠纷，协助维护社会治安，向人民政府反映村民的意见、要求和提出建议。目前，农村集体经济组织还没有专门的国家立法，根据《宪法》和《农业法》等法律，农村集体经济组织是我国农村集体经济制度的主要组织形式，它的主要职能是做好集体资产的管理工作，使集体资产得到合理利用和有效保护，并确保集体资产的保值增值。村党支部、村委会、村集体经济组织三者之间职能不同，性质各异。但长期以来特别是在人民公社时期形成的"政社合一"体制，至今未能得到改革，相反在某些方面还得到了强化。2000年以来，北京市倡导农村党支部书记和村委会主任"一肩挑"。2013年北京市村委会换届选举结果显示，北京市村党支部书记兼村主任的比例为65.7%，顺义区农村"一肩挑"的比例高达87%。北京农村还有许多村党支部书记兼任集体经济组织负责人。在农村实行村党支部、村委会、集体经济组织负责人"一肩挑"，有其突出的正面效果，尤其是有利于"集中力量办大事"，提高上级政府交给村级各种事务的办事效率，但其负面影响同样巨大。2014年7月，中央巡视组针对北京市巡视后反馈，发现北京"小官巨腐"问题严重。2014年5月12日，中央纪委监察部网站通报了4月28日至5月9日两周期间，各级纪检监察机关查处的237件违反中央八项规定精神典型案件，其中涉及北京4名书记、主任"一肩挑"的村干部因违规接受礼金、违规向亲属等人发放占地补偿款、冒领专项补贴等问题受到处罚。2014年10月，北京市委关于巡视整改情况的通报中，公布了部分"小官巨腐"问题，比如海淀区西北旺镇皇后店村会计陈万寿挪用资金高达1.19亿元。2015年1月至9月北京市立案1399件，其中查处"小官贪腐"329人。绝对权力绝对腐败，这条政治学的黄金定律，在村庄政治中同样适应。

除了上述村庄治理的挑战外，还有许多问题在制约和影响村庄治理的法治化和现代化，比如农村集体产权制度改革、城乡一体化发展体制机制、农村社会组织的成长发育、乡村新乡贤的培育发展等。

三　完善乡村治理几点建议

乡村治理是一个涵盖经济、政治、社会、文化和生态等各方面的综合体，需要进行综合改革和创新完善。限于篇幅，我们仅从以下三方面提出几点对策建议。

一是健全养老服务体系。根据本次调研发现，北沟村人口老龄化日益严峻，同时农村老年人基于孝道伦理和家庭资源对子女的约束力和控制力降低。那么在老年人的经济收入得到一定保障（如每月养老金 350 元）的情况下，如何解决那些高龄、失能、丧偶老人的"无人照料"难题，成为现代乡村治理的重要内容。应加快建立健全农村养老服务体系，通过增加社会照料服务补充家庭照料的不足。具体来讲，政府要增加对农村养老服务事业的财政转移支付，重点加强对高龄、丧偶、失能、留守等特殊困难老年人的托底保障作用。可通过减免税收、购买服务等优惠政策和扶持措施鼓励农村富余劳动力开办小型家政护理公司，村民自治组织可培育发展福利性或非营利性社会组织；政府则通过购买服务的方式，满足高龄、丧偶、失能的贫困留守老年群体的养老照护难题。在进行托底养老、福利养老的同时，应充分发挥市场作用，促使不同层次、多样化的养老服务企业在农村地区生根发芽，逐渐尝试提供有偿老年饭桌、上门做家务等服务，更好地满足不同层次农村老年人的养老服务需求，提高老年人的生活质量。在人口老龄化中，各级政府要把发展养老事业作为重中之重，纳入国民经济和社会发展规划，对养老事业要全方位给予政策引导和支持保障。

二是推行村庄政经分开试点。根据治理法治化和现代化的新要求，应抓紧完善村级治理体系，推行村庄政经分开试点，探索村党支部、村民委员会、集体经济组织职能和权限分开，厘清三者的权责关系。第一是要推行职责分开。进一步明确村党支部、村委会、村集体经济组织的职责。村党支部作为执政党在全农村的基层组织，具有贯彻执行党的方针政策、领导和推行村级民主自治、讨论决定村级经济社会重大问题、加强党员干部的教育和监管等职责，重点是要加强从权力型组织向服务型组织的转变，将为人民服务的根本宗旨转化为服务群众的实际行动，全体党员要成为农村社区的志愿者和义工。村党支部要以服务体现宗旨，以民主推动自治，以法治维护权益，以监督保障公正。村委会作为村民民主自治组织，重在尊重村民意愿，保障村民参与公共事务，为村民提供各项公共服务，维护村民各项合法权益，实现村民在村庄范围内当家作主。村集体经济组织重在发展村庄集体经济，加强集体资产经营管理，完善法人治理结构，保障集体经济组织成员所有权、参与权、监督权和收益分配权。第二是要推行人员分开。村党支部、村民委员会、集体经济组织负责人不宜简单提倡"一肩挑"，应当分开设立，民主选举，不得相互兼任。村党支部书记由全村党员直接民主选举产生，对全体党员负责，依照有关党组织规定开展工作，重在发挥先锋模范带头作用。村委会主任由全体村民直接民主选举产生，依照村民委员会有关法律法规行使职权，对全体村民负责，重在推行村民自治，加强村庄公共管理和公共服务，保障和体现村民当家作主。集体经济组织负责人由集体经济组织民主选举产生，对集体经济组织成员负责，依照有关法律和章程开展经营管理活动，维护集体资产权益。在村庄治理中，要处理好官治与自治的关系，纠正官治独大问题，强化自治功能。要破除有关体制机制障碍，打开城乡人才流动壁垒，培育和塑造有利于推动乡村治理民主化、法治化的新乡贤人才队伍。第三是要推行账务分开。对村党支部、村民委员会、村集体经济组织要分别建立财务制度，实行分账管理。村党支部财务收入主要来源于党员缴纳党费、上级党组织和财政适当补贴、社会捐赠等，村民委员会收入主要来源于政府财政拨款、村集体经济收入合理分配等，村集体经济组织收入主要来源于经营管理收入、政府扶持补贴收入等。村党支部、村民委员会、村集体经济组织的支出也须遵守财务会计制度。

三是加强村庄社会建设。在村级党组织、自治组织、群团组织和集体经济组织之外，还需大力培育和发展社会组织，加强社会建设，改变强官治—弱自治、强政府—弱社会的治理格局，促进党群组织、自治组织、经济组织、社会组织的多元发展，实现从行政权力支配型村庄治理模式向社会自主服务型治理模式转变。要重新认识传统民间组织如邻里组织、乡贤组织的积极功能，实现传统民间组织的创造性转化，使其与现代民主法治元素有机结合，成为有效维护村庄社会秩序、适应现代民主法治发展要求的现代公民社会组织。就现阶段来讲，应重点发展的社会组织主要有以下三种。一是养老、敬老、助老的志愿服务组织。如成立尊老敬老服务社、爱心互助社、亲子活动站、老年人协会等，为老人提供社会化服务和帮助。可以在北沟村试点，建立农村社会工作站，通过政府购买服务等方式聘请社工团队进行运作，发挥其专业化、职业化优势，指导并参与各类社会服务组织的建立和工作。二是公益慈善组织。制定法律法规，鼓励和引导社会资本投资建立各种类型的社会公益慈善组织，维护和促进村庄公共利益，帮扶社会弱势阶层。三是维护村庄公共利益和村民个人权益的维权组织。在农民专业合作社的基础上，发展多种形式的农民合作社，借鉴日本、韩国等地的经验，发展综合农协，允许和鼓励农民组织起来，共同抵御自然风险、市场风险和政治社会风险。上述各种社会组织，都应当建立包容性的民主机制，吸纳外来常住人口包括外国人有序参与村庄经济发展、公共治理、社会服务和生态文明建设。要在法治的框架中，通过大力培育和发展社会组织，加快构建村庄多元社会治理结构。

执笔：张英洪、刘妮娜、刘雯

户籍制度改革后农民的识别与权利保障

2016 年 9 月 19 日，《北京市人民政府关于进一步推进户籍制度改革的实施意见》正式对外发布，这是继 2014 年 7 月《国务院关于进一步推进户籍制度改革的意见》后，全国发布的第 31 个省级户籍制度改革意见。新的户籍制度改革意见均明确指出要取消农业户口与非农业户口性质区分，统一登记为"居民户口"。随着城乡统一的居民户口制度的建立，我国自 1958 年开始建立的城乡二元户籍制度，从此将成为历史。这是我国城乡发展一体化的重要里程碑，是社会文明进步的重要成果。

城乡统一的户籍制度改革后，最现实的问题是，我们将怎样识别农民？如何维护和发展农民权利？这是一个需要进一步厘清和回答的现实问题。

一要区分身份和职业。20 世纪 50 年代，我国在户口上将全体人员划分为农业户口和非农业户口。从此中国农民有了农业户口这个户籍身份，并且这个户籍身份还能固化和世袭。其一，只要你是农业户口，不管你以后是否从事农业这个职业，你都永远是"农民"。改革开放以来出现的"农民企业家""农民工"等现象，就是这种农业户籍身份固化的产物。其二，如果你的父母是农业户口，那么你就自然继承了农业户籍身份，除非通过高考、招工招干等极少数途径实现"农转非"。所以在我国，当说到农民时，指的就是拥有农业户籍身份、从事或不从事农业产业的社会阶层。现在推进户籍制度改革，取消农业户口和非农业户口的划分，指的是取消了农民的户籍身份，而不是取消了农民这种职业。只要存在农业这种产业，就会有从事农业这种职业的农民。在现代社会，由于分工越来越细，社会可以有千差万别的各种不同的职业，但每个人都拥有一个共同的身份，那就是中华人民共和国的公民。户籍制度改革后，我国不是没有农民了，而是不再有农业户口了。作为职业的农民，与其他所有社会阶层一样，都应当享有宪法和法律赋予的平等的公民权利和自由尊严。

二要弄清三种不同形态的农民。由于我国特殊的历史发展进程，户籍制度改革后，我国事实上存在三种不同形态的农民。一是作为集体经济组织的成员，拥有土地承包经营权的农民，可以称之为土地承包型农民，这是取得农村土地承包经营权资格的原初农民。土地承包型的原初农民都是拥有农业户口身份的农民。二是随着承包权与经营权的分离，通过流转承包土地而从事农业生产经营的农民，可被称为土地流转型农民。土地流转型农民主要从土地承包型农民手中流转土地进行农业生产经营活动。近些年来，一些非农业户口的人通过土地流转加入了农业生产大军，成为新农人。三是为农业生产的产前、产中、产后各环节提供社会化服务的人员，这些人员有传统农业户口农民的，也有非传统农业户口人员的，但他们都属于农业这个大产业的从业人员，暂且称之为社会服务型农民。据专家研究，美国农业人口占全国人口的2%，而为农业服务的服务业人口占全国人口的比重高达17%—20%，平均一个农民有8人至10人为其服务。随着我国农业现代化的推进和一二三产业的融合发展，为农业提供各种社会化服务的从业人员将不断增加。这三种从事农业生产和服务的人员，就是我国农业现代化进程中不同形态的新型职业农民群体。

三要加快实现城乡基本公共服务均等化。城乡二元户籍制度的实质是城乡居民享受不同的基本公共服务，换言之，就是农民享受不到城镇居民平等的基本公共服务。取消农业户口与非农业户口区分，统一登记为"居民户口"，不能只在农民的户口登记簿上做些文字上的更改就万事大吉，而是要补齐农民社会保障等基本公共服务的短板，实现城乡基本公共服务的一体化和均等化。党的十六大以来，我国农村基本公共服务体系逐步建立起来，农民告别了没有社会保障的历史。但与城镇居民相比，农民享有的基本公共服务水平还比较低，城乡基本公共服务的差距还比较大。2015年北京市城乡居民低保标准实现了并轨，这是朝着城乡基本公共服务均等化方向迈出的重要一步。与建立城乡统一的居民户口制度相适应，各级政府需要加快建立城乡统一的社会保障等基本公共服务制度，尽快实现城乡居民公平享有均等的基本公共服务。当前，重点是要完善公共财政制度和社会保障制度，要将提高农村居民享有社会保障等基本公共服务水平作为优化财政支出结构的重要内容。特别是要结合中央"反四风"的积极成果，将各级各部门节省下来的"三公"经费更多地用于农村民生支出，大幅度提高农村居民享有医疗保障、养老保障、社会福利等基本公共服务的水平。要大力加强基本公共服务方面的立法建设，将城乡居民平等享有基本公共服务纳入法治的轨道。

四要全面深化农村集体产权制度改革。《国务院关于进一步推进户籍制度改革的意见》明确指出，土地承包经营权和宅基地使用权是法律赋予农户的用益物权，集体收益分配权是农民作为集体经济组织成员应当享有的合法财产权利。现阶段，不得以退出土地承包经营权、宅基地使用权、集体收益分配权作为农民进城落户的条件。《北京市人民政府关于进一步推进户籍制度改革的实施意见》提出要完善农村产权制度，加快推进农村土地确权、登记、颁证，依法保障农民的土地承包经营权、宅基地使用权。推进农村集体经济产权制度改革，加强农村集体资产监督管理，维护集体经济组织和成员的合法权益。建立城乡统一的居民户口制度，只是在户籍身份上实现了城乡居民的平等，至于农民原享有的农村集体财产权利如土地承包经营权、宅基地使用权、集体收益分配权、林权等不因户籍制度改革而受影响。一句话，户籍制度改革只是取消了农民的户籍身份，并不取消农民的财产权利。但各级政府要适应城乡统一居民户口制度建立的新形势，全面推进和深化农村集体产权制度改革。农村集体产权制度改革的核心要义是，确定农村集体经济组织的成员身份，明确集体经济组织的成员权利，保障集体经济组织成员的财产权利。在户籍改革中，既要防止一些地方借统一城乡户口之名，剥夺农民应当享有的土地承包经营权、宅基地使用权、集体收益分配权等财产权利，也要预防非集体经济组织成员借机掠夺或参与瓜分集体财产权利。应当借鉴长三角、珠三角、京津等经济发达地区探索开展农村集体产权制度改革的基本经验，从国家层面加强对全国深化农村集体产权制度改革的指导、部署和安排。当前和今后一个时期，土地承包权、宅基地使用权、集体收益分配权等财产权利，只有集体经济组织成员才能享有。建立城乡统一的居民户口制度，不应影响作为集体经济组织成员的农民所享有的各项集体财产权利，但户籍制度改革将倒逼农村集体产权制度改革全面推进。

五要建立新的人口统计制度和强农惠农富农政策。建立城乡统一的居民户口制度后，原来以农业户口和非农业户口为指标类别的统计制度已失去意义，应当废止。新的人口统计制度应当有三方面的重点内容，其一是坚持以常住人口的居住生活为基本依据，进行城镇人口和农村人口的统计，住在农村的人口并不一定都是农民。其二是加强农业从业人口的统计，将农业从业人员作为支持现代农业发展的重要指标，同时要加强从事农业服务人员的统计工作。其三是创新集体经济组织成员或股东的统计工作。统计农村集体经济组织成员或股东，与统计农业从业人员同样重要。特别是随着农村集体产权制度改革的推进，广大农民作为集体经济组织的成员身份将进一步明确和界定下来，他们作为集体经济组织的成员或股东的权利义务将日益突显。与此同时，强农惠农富农政策需要做相应调整与完善。以前以农业户口为依据实施强农惠农富农政策已经不合时宜，在城乡统一居民户口制度后，应当以土地承包型农民、土地流转型农民、社会服务型农民为依据，完善相关强农惠农富农政策，实施对"三农"的精准扶持。

全国人大及其常委会，要按照法治中国建设的总要求，切实转变思想观念和工作方式，特别是要改变过去那种以政府工作方式开展人大工作的做法，全面实施宪法赋予的立法权、重大事项决定权、人事任免权、监督权等职权，坚持法定职责必须为，大力加强有利于维护和发展公民权利、实现城乡发展一体化方面的法制建设。在全国31个省（区、市）全部取消农业户口和非农业户口后，1958 年 1 月 9 日全国人民代表大会常务委员会第 91 次会议通过的《中华人民共和国户口登记条例》已名存实亡，全国人大常委会应当尽快予以废止，同时制定新的体现现代法治精神的《户口条例》或《户籍法》，保障公民的居住和迁徙自由权。

执笔：张英洪

2016 年 9 月 21 日

赋予和保护农民的财产权利

最近召开的中央农村工作会议明确提出，要坚持新发展理念，把推进农业供给侧结构性改革作为农业农村工作的主线，培育农业农村发展新动能。赋予农民更加充分的财产权利，保护农民正当合法的财产权利，是推进农业供给侧结构性改革的重要内容，也是解决"三农"问题的重要途径。

孟子说："有恒产者有恒心，无恒产者无恒心。"财产权制度是一个国家最重要的基础性制度之一，它不仅关乎个人和家庭的自由幸福，而且关乎一个国家和民族的兴旺发达，关乎社会的公平正义。产权制度是社会主义市场经济的基石，是社会文明进步的重要标志。没有财产权，就没有市场经济，没有自由和繁荣，也没有道德和文明。保护财产权是实现民富国强最有效的法宝之一。

我国"三农"问题的一个重要根源就是广大农民缺乏财产权的充分界定及有效保护。农民既缺乏与城镇居民平等的财产权，又缺乏农村集体产权在市场化和城市化进程中的法律表述机制。秘鲁经济学家德·索托在《资本的秘密》一书中揭示，发展中国家贫穷的重要原因是没能把资产转化成为资本，缺乏财产权的表达机制。同样的道理，我国农民问题的重要原因之一，就是缺乏财产权利的制度安排。

在经济上保障农民的物质利益，在政治上尊重农民的民主权利，是党的十一届三中全会以来我们党领导我国亿万农民建设社会主义新农村的一条重要经验。随着社会主义市场经济的不断发展，财产权利的重要作用日益凸显。党和国家不断加强对财产权的保护。2004 年，我国宪法首次规定"公民的合法的私有财产不受侵犯。国家依照法律规定保护公民私有财产权和继承权"。2013 年，党的十八届三中全会首次提出赋予农民更多财产权利。2014 年，笔者发表文章，提出赋予农民更充分的财产权利。最近，中央经济工作会议明确提出，深化农村产权制度改革，明确农村集体产权归属，赋予农民更加充分的财产权利。2016 年 11 月 27 日，中共中央、国务院对外发布《关于完善产权保护制度依法保护产权的意见》。这是我国首次以中央名义出台产权保护的顶层设计政策，文件从 11 个方面对完善产权保护制度、推进产权保护法治化进行了全面部署，这是推进国家治理体系和治理能力现代化的重要举措。

赋予和保护农民的财产权利，是全面深化农村改革的一条主线，对于解决我国长期存在的"三农"问题，全面建成小康社会，实现中华民族伟大复兴的中国梦，都具有极其重要的现实意义和长远的战略意义。

由于我国的特殊国情，长期制约我国"三农"发展的深层次体制因素有两个最基本的方面，一是农村集体所有制，二是城乡二元体制。农村集体所有制最大的问题是农民的财产权利归属不清晰，城乡二元结构最大的问题是农民的基本权利不平等。在工业化、市场化、城镇化进程中，上述两个体制因素所蕴含的矛盾和问题日益突出。农民对集体资产的财产权利问题既有产权不清晰的问题，也有城乡产权地位不平等问题，还有财产权利法律保护不力的问题。解决"三农"问题有两个最基本的方面，一是要改革农村集体所有制，推进和深化农村集体产权制度改革，赋予农民更加充分的财产权利；二是要破除城乡二元结构，推进城乡一体化，赋予农民平等的公民权利。

在这里，我们暂且不谈城乡二元结构。我们重点从赋予和保护农民财产权利入手，说说农村集体产权制度改革。笔者强调赋予和保护农民的财产权利，这里有两个方面的含义，一个是要赋予农民更加充分的财产权利，二是要保护农民正当合法的财产权利，赋权与护权同样重要。

为什么要赋予农民更加充分的财产权利？因为在计划经济时期建立起来的传统的集体所有制，使农民在社会主义市场经济发展中难以充分享有财产权利，从而严重限制了农民的财产性收入，制约了市场经济的健康发展和社会的文明进步。20世纪50年代，我们照搬苏联模式建设社会主义，在推行合作化和人民公社化运动中建立了集体所有制。我国集体所有制的建立，具有明显的强制性制度变迁和政治运动色彩。在计划经济时期，产权残缺似乎无关宏旨，但在社会主义市场经济条件下，产权残缺的问题就显现出来了。

改革开放以来，为适应市场化、城镇化发展的需要，珠三角、长三角、京津等经济发达地区和城市化发展先行地区，较早探索和实行了农村集体产权制度改革，其基本路径就是以股份合作制方式，将传统的所谓"共同共有"的集体产权，改革为"按份共有"的新型集体产权，实现"资产变股权、农民当股东"。实践证明，按照股份合作制的方式推进农村集体产权制度改革，是赋予农民对集体资产的财产权利最现实、最有效的方式。

赋予农民更加充分的财产权利重在全面深化农村改革，切实加强制度建设。赋权是推进国家治理体系和治理能力现代化的重要内容。我们考察分析农民对集体资产的财产权利，不能只局限于农民对集体资产中的一部分的占有、收益等权利。我们的视角是，农民必须对包括承包地（耕地、林地、草地等）、宅基地、集体建设用地、账面集体资产等在内的全部集体所有制资产拥有财产权利。这就需要我们从推进国家治理现代化的高度，全面深化农村集体产权制度改革，加快推进以财产权利为重点的现代国家制度建设。

限于篇幅，笔者重点以承包地为例分析探讨如何进一步赋予农民更加充分的财产权利。

完整的财产权具有占有、使用、收益和处分四大权能。土地承包经营权作为农民的一项基本财产权利，目前法律上的赋权还很不充分。《物权法》将土地承包经营权界定为用益物权，规定土地承包经营权人享有占有、使用、收益的权利，但没有赋予处分权。《农村土地承包法》规定承包方享有下列权利：依法享有承包地使用、收益和土地承包经营权流转的权利，有权自主组织生产经营和处置产品；承包地被依法征用、占用的，有权依法获得相应的补偿；法律、行政法规规定的其他权利。《农村土地承包法》没有规定农民对承包地的有偿退出权和继承权。《农村土地承包法》第26条规定："承包期内，承包方全家迁入设区的市，转为非农业户口的，应当将承包的耕地和草地交回发包方。承包方不交回的，发包方可以收回承包的耕地和草地。"这条规定与当前国家推进以人为核心的新型城镇化要保留进城农民在农村的土地承包权等政策不相符合，需要修改。

在赋予农民对承包地享有更加充分的财产权利上，有三个方面的政策和制度建设重点。

一是法律应当规定农民对承包地享有占有、使用、收益和处分的完整权能。党的十八届三中全会《中共中央关于全面深化改革若干重大问题的决定》提出，赋予农民对承包地占有、使用、收益、流转及承包经营权抵押、担保权能，允许农民以承包经营权入股发展农业产业化经营。这就明确扩充了农民对承包地处分权能的具体内容。正在编纂的《民法典》要突出加强对农民土地财产权利的赋予与保护，相应修改《物权法》和《农村土地承包法》，使农民对承包地的财产权利更加充分，特别是要不断扩大处分权的实际内容。

二是处理好第二轮承包期与长久不变的衔接关系。我国农村耕地第一轮承包期15年，从1983年前后开始到1997年止；第二轮承包一般从1998年开始，承包期30年。2007年党的十七届三中全会《中共中央关于推进农村改革发展若干重大问题的决定》提出："赋予农民更加充分而有保障的土地承包经营权，现有土地承包关系要保持稳定并长久不变。"在"长久不变"上有不同的理解。为稳定土地承包关系，中央一直强调延长土地承包期限。《中共中央、国务院关于当前农业和农村经济发展的若干政策措施》（中发〔1993〕11号）提出："在原定的耕地承包期到期之后，再延长30年不变。"《中共中央、国务院关于1998年农业和农村工作的意见》（中发

〔1998〕2 号）进一步强调："第一轮承包到期的地方，都要无条件地延长 30 年不变。"1998 年夏，中央领导就明确说："中央关于土地承包的政策是非常明确的，就是承包期再延长三十年不变。而且三十年以后也没有必要再变。"① 长久不变应当是农户在第二轮承包期到期后，其承包的耕地自动延期为长久，或者明确为 70 年、99 年等更长、更具体的期限。如果第二轮承包期到期后，再重新调整承包土地，以此为基点进行长久不变式的承包，是对稳定土地承包关系的误解与扭曲。

三是在"三权分置"中要进一步界定"三权"的内涵和"三权"之间的关系。2016 年 10 月，中共中央办公厅、国务院办公厅印发《关于完善农村土地所有权承包权经营权分置办法的意见》（以下简称《意见》），明确指出"三权分置"是继家庭联产承包责任制后农村改革又一重大制度创新，并对推动"三权分置"改革提出了具体要求。虽然《意见》说的是农村土地的"三权分置"，但实际上"三权分置"只针对农村的承包地，并不涉及宅基地、农村集体建设用地等农村其他土地。在"三权分置"中，集体所有权是根本，农户承包权是核心，土地经营权是关键。《意见》规定土地集体所有权人对集体土地依法享有占有、使用、收益和处分的权利。在集体所有权问题上，最大的难题是，如何让农民集体有效行使集体土地所有权，而不是让少数村干部控制和行使集体所有权。回答这个问题，需要解决几个关键环节：第一，行使集体土地所有权的集体经济组织如何依法注册登记为代表农民集体利益的法人组织；第二，集体经济组织如何建立健全民主议事机制以确保农民个人或农户代表充分参与民主管理；第三，一旦村干部损害农民集体利益，如何制度化地纠正与处置等。在农户承包权上，应当明确，承包权既是集体经济组织成员才能享有的土地承包资格的成员权，又是法律赋予农户的财产权利。在承包权与所有权关系上，承包权是从集体所有权中独立出来的相对比较完整的财产权利，每个农户既是集体土地所有权的权利主体之一，又是承包权人。在承包权与经营权关系上，土地经营权则是从承包权派生出来的权利，农户既可以行使承包权，又可以行使经营权，也可以流转经营权。在集体所有权问题上，重在民主管理；在承包权问题上，重在充分赋权；在经营权问题上，重上契约自主。

在赋予农民对宅基地享有的更加充分的财产权利上，《物权法》在现有赋予农户享有的宅基地占有和使用两项权利上，应当进行修改，明确赋予农户对宅基地的收益权和转让权，允许宅基地进入市场自由流转。农村宅基地并不是单一的建设用地，它兼具农业生产、居住生活、生态休闲、文化传承等多种功能，我们需要重新认识农村宅基地的功能与价值，加快宅基地的专门立法，以保障农户对宅基地的完整物权。应

---

① 《江泽民文选》第二卷，人民出版社，2006，第 213 页。

当允许宅基地进入市场流转，使宅基地与宅基地上的住房名正言顺地成为农民的合法财产。农民在依法获得宅基地及其住宅收益权后，可以开征宅基地及其住房收益相关税收。

在赋予农民对集体经营性建设用地更加充分的财产权利上，必须加快修改《土地管理法》和《物权法》，加快对农村集体经营性建设用地使用权人依法赋权。现行法律只对国有建设用地使用权人赋予占有、使用和收益的权利，没有对农村集体建设用地进行相应赋权。党的十八届三中全会明确提出建立城乡统一的建设用地市场，允许农村集体经营性建设用地出让、租赁、入股，实行与国有土地同等入市、同权同价。现在农村集体经营性建设用地入市试点改革正在进行之中。与每家每户可以独自占有宅基地不一样，农村集体经营性建设用地不适应农户分散占有，但应当通过农村集体产权改革，明确农户的股份份额，健全集体收益分配机制，保障农民的股权和收益权。

在赋予农民对集体资产更加充分的财产权利上，要进一步落实党的十八届三中全会《中共中央关于全面深化改革若干重大问题的决定》中明确提出的赋予农民对集体资产股份占有、收益、有偿退出和抵押、担保、继承权。在没有开展农村集体产权制度改革的中西部地区，应当借鉴东部沿海经济发达地区的经验和农业农村部关于稳步推进农村集体经济组织产权制度改革试点的意见，统筹推进农村集体产权制度改革。在已经推进或基本完成农村集体产权改革的经济发达地区，应当继续深化农村产权制度改革，确保农民充分享有集体资产权益。

在充分赋予农民产权的基础上，必须按照全面依法治国的要求，加强对农民产权的保护。《中共中央国务院关于完善产权保护制度依法保护产权的意见》提出，加强产权保护，根本之策是全面推进依法治国。治国的根本在于治吏，在于把权力关进制度的笼子里，将资本纳入法治的框架制约之中。老子说："我无为而民自化，我好静而民自正，我无事而民自富，我无欲而民自朴。"强征强拆是侵害农民产权的行为，必须坚决制止。完备的产权保护，是国家应当提供的最重要的社会公共产品。保护产权是各级政府的重大职责。在全面建成小康社会、实现中华民族伟大复兴的中国梦中，应当高度重视农民的财产权利，一方面要通过全面深化改革，赋予农民更加充分的财产权利，另一方面要通过全面依法治国，保护农民正当合法的财产权利。

执笔：张英洪

2016 年 12 月 23 日

北京市乡村治理和农村社会发展的思考与建议[*]

北京市是一个拥有 2172 万常住人口的超大城市，下辖 16 个区、182 个乡镇、3936 个村，农业户籍人口 233.8 万人，常住人口城镇化率达到 86.5%，户籍人口城镇化率为 51.2%。近年来，随着城镇化进程的快速发展，京郊农村社会结构发生了很多新变化，对乡村治理提出了新挑战。如何进一步推进乡村治理现代化已经成为当前全面深化农村改革的重大课题。

一　新变化和新形势

在城镇化进程中，京郊农村经济社会结构发生了重大变化，可以概括为 5 个并存。

（一）农业产值下降与农业地位上升并存

北京的农业是都市型农业。在京津冀协同发展和疏解非首都功能的大背景下，北京市按照"调、转、节"的发展思路，对农业发展空间实施战略性调整，农业生产规模进一步收缩，农业产业结构向优质安全绿色的方向的调整。2016 年，北京粮田从 2014 年的 221 万亩调减到 110 万亩，减少了 111 万亩，畜牧基地关停 379 个，农林牧渔业总产值 338.1 亿元，同比下降 9.9%。农业、林业、牧业、渔业产值均呈现不同程度的下降。2016 年，北京市第一产业总产值占全市总产值的比重下降到 0.5%。三次产业比重为 0.5∶19.2∶80.3。北京农业在不断弱化的同时，其生态和生活功能都在不断拓展，生态和生活价值明显提升。根据市统计局测算，北京市农业生态服务价值贴现值已超过 1 万亿元。北京休闲观光和乡村旅游迅速发展，2016 年北京市观光休闲农业和乡村旅游业成为领跑都市农业发展的新兴产业，总产值达到 14.4 亿元。

（二）农村人口倒挂与农村空心化并存

在城镇化进程中，随着人口的大规模流动，京郊农村人口发生了巨大的结构性变

＊　原载北京市农研中心、北京市农经办主办《调查研究报告》2017 年第 33 期。

化。一方面，城乡接合部地区的流动人口不断增加，人口倒挂现象非常突出。北京市城乡接合部 50 个重点村中户籍人口与流动人口之比平均为 1∶5，严重的村高达到 1∶20。另一方面，在传统农业型村庄，随着劳动力向二三产业和城镇转移，农业劳动力老龄化、农村空心化的问题日益加剧。2016 年北京农村居民超过 60 岁的人口占总居住人口的 30%，超出国际老龄化标准的 20 个百分点。2014 年抽样调查显示，北京市山区农宅闲置率达到 15%。

（三）村庄衰败与乡村复兴并存

城镇化导致不少村庄呈现衰败景象，边远山区村人口大量外流后形成了空心村、老人村，一些村庄也在消失。从统计数据来看，1990—2016 年，北京的行政村数量从 4481 个减少到 3396 个，平均每年减少 4 个村。与此同时，一部分生态环境优美、具有传统历史文化的乡村却日益走向复兴。截至 2016 年，北京市门头沟区下清水村等 493 个村被命名为北京市第一批美丽乡村，有 74 个农业园区被评为国家级休闲农业与乡村旅游星级示范园区，有 16 个村被列入中国传统村落名录，其中 14 个已经完成了保护规划，有 44 个村被确定为市级传统村落。这些村庄已成为市民休闲度假的好去处。

（四）农民进城与市民下乡并存

北京的城镇化与郊区化发展趋势同时存在。一方面，农业户籍人口向二三产业和城镇转移，不少农民在城市就业、居住、购房。2015 年北京市一产就业人数下降为 50.3 万人，乡村常住人口减到 292.8 万人，比 2010 年分别减少了 9.8 万人和 17.3 万人；另一方面，市民在周末和小长假期间乐于到京郊乡村体验民宿、农事和传统乡村文化，2015 年北京休闲农业与乡村旅游共接待游客 4043 万人次，比 2010 年增长 21.5%。一部分市民到农村租住闲置农宅，例如，昌平区兴寿镇下苑村有 43 个农宅出租给艺术家，形成闻名的画家村。怀柔区渤海镇田仙峪村积极探索盘活农村闲置房屋发展乡村休闲养老社区，目前累计租金收入已达 1700 多万元。据对京郊 76 个村的调查，30% 的村庄主要收入来源于房屋租赁。

（五）传统人治思维与现代法治方式并存

长期以来，不少乡村干部形成了以人治思维控制人、管理人的行为定式，乡村治理以维稳为核心，一些乡村干部仍然存在"花钱买平安"的思维，不注重依法治理，滥用职权、损害村集体和村民利益的情况仍然存在。乡村干部的权力约束和监督机制不完善，乡村干部的权力没有关进制度的笼子里，"小官贪腐"现象屡见不鲜。另外，党的十八大以来提出的全面从严治党和全面依法治国深入人心，越来越多的基层干部有了现代法治意识，广大村民也越来越多地懂得运用法律法规维护自身权益。一些基层干部的传统维稳思维与村民的依法维权行动存在较大博弈。

二 新矛盾和新挑战

在快速城镇化背景下，北京市乡村治理和农村社会发展出现了新的矛盾和问题，给乡村治理带来很大挑战。

（一）人口老龄化与农业现代化的矛盾

2015 年北京市人口老龄化率已经达到 15.7%，农业老龄劳动力占 1/3，其中北京农业户籍老龄化达到 22%，高于全市人口老龄化率。北京每年有 10 多万外来务农人员从事第一产业。随着农村人口老龄化的加剧，农村经济发展的人口红利消失，人口约束已成为首都现代农业发展的重大瓶颈。当前，在农村，谁来种地怎么种地、谁来养老怎么养老、谁来治理怎么治理的问题日益突出。如何积极应对人口老龄化问题，为现代农业发展提供源源不断的人力资源，解决谁来种地问题是当前面临的重大挑战。

（二）农村集体所有制的封闭性与农村社区建设开放性的矛盾

我国农村集体所有制是一个以农村集体组织成员为基础的封闭性制度安排。在城镇化过程中，城乡人口流动频繁，农村已经成为开放的人口聚居地，特别是在城乡接合部地区，大量外来人口居住生活在农村，外来常住人口已成为村庄人口的重要组成部分。原本只为本村人口提供村级公共服务和集体福利的村集体经济组织，往往超负荷地承担了数倍于本村户籍人口的外来人口的公共服务压力。外来人口如何有序融入所在村庄社会公共治理的问题，也需要新的思维和方式来解决。

（三）城乡户籍制度并轨与基本公共服务均等化的矛盾

随着新型城镇化的发展，2016 年北京市出台了《关于进一步推进户籍制度改革的实施意见》《北京市实施〈居住证暂行条例〉办法》《北京市积分落户管理办法（试行）》，明确规定了"取消农业户口和非农业户口性质区分，统一登记为居民户口"，同时北京市正式实施居住证制度和积分落户制度，推进城镇基本公共服务和便利常住人口全覆盖。这是北京市户籍制度改革的重大成果。但是，当前城乡基本公共服务均等化的进程却滞后于户籍制度改革，城乡居民基本公共服务的差距仍然较大。以城乡居民养老保险为例，据测算，北京一般农民退休金只有 500 元左右，而一般城镇居民退休金在 3000 元左右。另外，农转居中的 1 个超转农民的转非成本竟高达 200 万元。

（四）农村经济发展与社会治理滞后的矛盾

近年来，随着强农惠农富农政策的实施和新型城镇化的发展，特别是一些重大建设项目落地京郊农村，农村集体获得征地补偿款大幅增加。例如，首都第二机场落户大兴区礼贤镇和榆垡镇，新机场规划红线内 20 余个村庄拆除，村级集体经济组织因获得征地补偿款，使集体资产总额增加 45 亿元，同比增长 17.2%；海淀区海淀镇新增征占地补偿款近 50 亿元，基本都注资村级集体企业；西北旺镇集体企业新增腾退安置房建设资金 23 亿元，引起海淀区集体资产总额同比增长 16.5%。2016 年全市农村集体资产总额为 6036.5 亿元，同比增长 8%。在集体资产增长、集体经济发展的同时，乡村治理机制创新却明显滞后，如何加强集体"三资"管理、防止"小官贪腐"、实现集体资产保值增值、维护和发展农民财产权益，还有很多的工作要做。

（五）鼓励工商资本下乡与维护村民权益的矛盾

在城镇化进程中，工商资本成为推动农业现代化的重要力量。2014 年全市集体土地资源清查数据显示，北京工商资本租赁经营集体农地的共有 1.73 万个经营主体，租赁经营集体农地面积 120.03 万亩，占全市农地总面积的 19%。2016 年对北京 76 个村抽样调查显示，15.8% 的村引入了工商资本参与农宅经营。然而，一些工商资本进入农村后圈占土地，造成了去粮化、非农化、强迫农民上楼等问题，损害了农民权益。

（六）疏解非首都核心功能与发展集体经济的矛盾

有序疏解北京非首都功能，推动京津冀协同发展，是首都"三农"发展的大前提。但长期以来，集体经济发展以低端产业为主，特别是城乡接合部地区形成了以房屋租赁为主的瓦片经济，这些集体经济发展受到疏解非首都功能的直接冲击。2016 年顺义区外迁关停集体企业 29 家，其中东方雨虹防水技术股份有限公司 2015 年收入高达 2.3 亿元；门头沟区迁出、关停集体企业 12 家，其中疏解王平镇新型建材有限公司，收入减少 1352 万元，关停斋堂镇正泽制砖有限公司，收入减少 1280 万元。集体企业被迫关停转型，给农民就业和农民的财产性收入造成了较大影响。如何在疏解非首都核心功能的大背景下，实现农村集体经济转型升级发展，是当前面临的一个重大挑战。

三 对策建议

面对新形势、新挑战，北京的农业农村工作要紧紧围绕建设国际一流的和谐宜居之都的战略目标，不断创新乡村治理体制机制，加快推进乡村治理现代化，促进农村经济社会全面发展。

（一）在治理认识上，要加快补上乡村治理这个短板

乡村治理是农村改革发展中的短板。当前，应当把创新乡村治理机制、提高乡村治理水平、促进农村社会全面进步作为解决"三农"问题和推进城乡一体化发展的战略任务。要从加大农村物质技术投入向全面提高乡村治理水平转变。近些年来，在新农村建设中，北京对京郊农村基础设施建设的投入巨大，农民生产生活条件有了根本性的改观。下一步，应当把加强和完善乡村治理作为"三农"工作的重点，进行全面部署、统筹安排，实现农村由以硬件建设为主向以不断完善乡村治理体制机制的软件建设为主转变。

（二）在治理目标上，要突出维护村民权益和社会公平正义

习近平总书记指出，社会治理要以最广大人民根本利益为根本坐标。[①] 乡村治理不是如何去限制村民、控制村民，而是要把保障好、维护好、发展好农村居民基本权益作为出发点和落脚点，切实维护社会公平正义。一要维护和发展村民的财产权利，深化农村集体产权制度改革，完善"三权分置"办法，加大宅基地制度改革力度，健全农村"三资"管理制度，把农民财产权保护纳入法治化轨道。二要围绕保护和实现村民的社会保障权利，加大城乡基本公共服务均等化的力度，特别是要针对农村人口老龄化等社会问题，切实提高农村居民基本医疗和基本养老保障水平，着力缩小城乡居民在社会保障权益上的差距。推进乡村治理创新，要切实加强制度建设，特别是要在制约权力、驾驭资本上着力，有效维护社会的公平正义。

（三）在治理主体上，要着力构建多元民主治理新格局

推进乡村治理要构建以基层党组织为核心的多元共治乡村治理格局。一是要创新基层党组织工作方式。在扩大基层党组织覆盖面、推动基层党组织成员由户籍村民向常住人口延伸的同时，基层党组织要重点履行全面从严治党的主体责任，带头遵守党纪国法，切实转变工作作风，将管理融入服务之中，努力建设服务型党组织。二是乡镇政府要全面依法行政，切实把权力关进制度的笼子里，转变政府职能，切实向法治政府、服务型政府转型，全面提高乡镇政府提供基本公共服务的能力和水平。三是农村集体经济组织要按照《民法总则》"特别法人"的规定，依法从事民事活动，平等参与市场竞争。要处理好政府承担基本公共服务与集体经济组织提供集体福利的关系，探索推进乡村政经分开，降低集体经济组织的社会负担。四是要切实调动和保障广大村民参与社会治理的积极性，维护和发展村民当家作主的民主权利，真正发挥广大村民在乡村治理中的主体作用。五是充分调动新兴社会组织参与乡村社区建设和乡村治理，积极培育经济发展类、社区服务类、公益慈善类等乡村社会组织，推动它们成为乡村社区建设的生力军、党群关系的润滑剂，从源头上减少社会矛盾，夯实党在

---

① 《习近平关于社会主义社会建设论述摘编》，中央文献出版社，2017，第129页。

农村的执政基础。

（四）在治理方式上，要全面推动法治、德治、自治齐头并进

乡村治理是一个综合性的系统工程。解决"三农"问题，推进乡村治理，要法治、德治、自治三管齐下，实现"法治有序、德治有效、自治有利"。一是加强乡村法治。法治是治国理政的基本方式，也是乡村治理的基本要求。乡村治理法治化的关键是要将法治中国建设的总目标切实体现在乡村治理全过程之中。要将国家法律法规与当地民情习俗结合起来，将法治建立在乡土文明的基础之上。二是提升社会德治。加强农村伦理道德建设和社会主义精神文明建设，坚持以社会主义核心价值体系为根本，建设乡村文化信仰中心，弘扬中华优秀传统文化，提升乡村治理的道德引领功能和道德感召力。三是完善村民自治。要健全村党组织领导的村民自治机制，着眼于建设自治乡村，做到还权于民，培育和保护乡村社会的自治能力，进一步推动村务公开，扩大村民的监督和参与度，提高村民自治水平。

（五）在治理环境上，要努力形成山清水秀的生态环境和风清气正的人文环境

乡村治理既要在良好的自然环境中展开，又要在良好的社会环境中推进。乡村治理要让广大村民看得见山、望得见水、记得住乡愁。要让乡村保留田园风光的自然之美、民风淳朴之美，还要让其融入现代元素。一要坚持绿色发展理念，加强对农村生态环境的保护和治理，建设生态文明。要按照绿色发展理念，进一步完善农村生态环境保护和治理体制机制，发展绿色农业、生态农业，建设山清水秀的美丽家园。二要弘扬和传承中华优秀传统文化，建设民风淳朴的现代新乡村，使中华传统农耕文明与现代法治文明交相辉映。要积极培育和引导新乡贤参与乡村治理，弘扬乡贤文化，加强对传统村落的保护，建设村民幸福生活的精神家园。

执笔：张英洪、王丽红

农民丰收、文化传承与民族复兴

——关于中国农民丰收节的思考与建议 *

经党中央批准、国务院批复，自 2018 年起，每年的农历秋分设立为中国农民丰收节。设立和举办农民丰收节，是传承发展中华优秀传统文化的重大举措，是实施乡村振兴战略推动农业全面升级、农村全面进步、农民全面发展的有效途径，是推进国家治理体系和治理能力现代化、实现中华民族伟大复兴中国梦的必然要求。办好农民丰收节活动，需要进一步深化对农民丰收节文化内涵的认识，着力彰显农民丰收节的时代价值，不断丰富农民丰收节的内容和形式。

一　深刻认识农民丰收节的丰富内涵

深刻认识农民丰收节的丰富内涵，需要对农民、丰收、节庆三个关键词以及传统小农经济时代的农耕文明与市场经济时代的现代文明两种文明形态交融发展的理解和把握。

（一）深刻认识农民的含义及其变化

农民是一种古老的职业身份。《管子·小匡》云："士农工商四民者，国之石民也。"《春秋·穀梁传》云："古者有四民：有士民、有商民、有农民、有工民。"《辞海》对农民的定义是："直接从事农业生产的劳动者。"在当代中国，农民主要包括三大社会群体或阶层。一是传统职业农民。在几千年的文明发展中，农民都是在中国人口中占绝大多数的社会阶层和群体。从职业划分的本来意义上说，农民是从事农业生产的劳动者。20 世纪 50 年代以后，由于城乡二元户籍制度的建立，中国农民具有农业职业农民和户籍身份农民二重性。据统计，2019 年我国仍有 77871 万农业户籍人口，55162 万乡村人口；在 33224 万乡村就业人口中有 20000 万人从事农业生产，占乡村就业人口的 60.2%，占农业户籍人口的 25.7%。二是农民工。改革开放以来，

---

　　* 原载北京市农村中心《调查研究报告》2020 年第 23 期。

大量农民进城务工经商，但由于户籍制度改革的滞后，这些进城务工经商的人虽不再从事农业生产，却仍然保留农业户籍身份，从而形成了我国特有的农民工阶层。根据国家统计局数据，2019 年我国农民工总数达到 29077 万人，占农业户籍人口的 37.3%。三是新型职业农民。随着市场化改革的发展，我国又出现了各类城镇人员返乡入乡从事农业生产经营管理的新型职业农民队伍，他们虽然没有农业户籍身份，但他们从事农业生产经营管理活动。据人民日报社报道，到 2019 年 3 月全国新型职业农民超过 1500 万人，占我国从事农业生产农民人数的 7.5%。

（二）深刻把握丰收的含义及其拓展

丰收是与歉收相对的，指的是收成好。在传统农业社会，农业生产所获得的粮食丰收，既是农民的生存保障和生活喜悦，也是国家的稳定之基和发展之源，所以中国历朝历代统治者和广大农民，都虔诚地祈求风调雨顺、五谷丰登、六畜兴旺。五谷通常指稻、黍、稷、麦、豆，泛指粮食或粮食作物；六畜指猪、牛、羊、马、鸡、狗，泛指各种家畜、家禽。传统农业社会确保粮食丰收的关键因素，一是风调雨顺、灌溉便利的自然环境；二是政治清明、社会安定的社会环境；三是食为政首、农为邦本的政策环境；四是人丁兴旺、勤劳协作的家庭环境。自 20 世纪 70 年代末市场化改革以来，市场经济的发展对农民传统丰收观念和现实都产生了重大影响。简言之，传统的粮食丰收已经远远不能使农民满意和幸福了。为此，必须与时俱进地丰富和拓展丰收的内涵。第一，要从单纯重视农产品数量丰收向更加重视农产品数量和质量的"双量"丰收转变。传统农业都是生态农业，农产品质量安全问题不突出。现代农业则是通过大量使用农药、化肥等化学品，在提高农产品产量的同时，也造成了严重的农产品质量安全问题。因此，切实保障农产品质量，实现质量兴农，显得尤为重要。第二，要从片面重视粮食增产向更加重视粮食增产与农民增收的"双增"形态转变。在现实生活中，粮食增产并不意味着农民收入的增长，相反，农民往往面临着增产不增收、增产反减收等市场难题和现实困境。实现农民在粮食增产基础上的收入增长，既是农业供给侧结构性改革的重要任务，也是新时期农民丰收的重要内容。第三，要从简单重视满足农民的物质需求向更加重视满足农民精神需求和美好生活需求的"双需"格局转变。人们不仅需要物质的丰收，也需要精神的丰收。如果说物质的丰收只是为了满足口腹之欲的话，那么精神的丰收则是为了满足心灵归属的需求。要使人们享有更多精神层面的丰收体验和对美好生活的更高层次的需求。

（三）深刻把握节庆的含义及其升华

节庆活动是在固定或不固定的日期内，以特定主题活动方式，约定俗成、世代相传的一种社会活动。我国节庆活动种类很多，从节庆性质上可分为单一性节庆和综合性节庆；从节庆内容上可分为祭祀节庆、纪念节庆、庆贺节庆、社交游乐节庆等；从节庆时代性上可分为传统节庆和现代节庆。节庆活动不仅是为广大人民群众所接受的生活方式和生活理念，同时也是文人墨客、知识分子的文学成就与精神追求的重要组成部分。节庆活动具有广泛而深刻的社会意义和文化价值，它体现了人们对庆祝对象的关注与重视，在喜庆和欢乐的氛围下，参与者的民族精神和性格被有效塑造、文化得以传承和进一步深化，治理秩序得到整合，民族凝聚力也得以加强。世界各地人民为庆祝丰收设立有各种各样的丰收节庆。我国传统的丰收节设在每年农历十月初十日，已有上千年的历史，民间认为这是"十全十美"的吉日，人们借此庆祝一年的丰收，祭祀丰收神"炎帝神农氏"。在当代中国，举办农民丰收节具有新的时代内涵和价值承载，可以也应当在农业节庆活动中实现文明的再传承与价值的再升华。首先，要从传统的区域性节庆活动向新时代全国性节庆活动升华。要更加彰显传统民间地域性，在庆祝丰收节活动基础上，形成全国性庆祝丰收节活动的最具特色的中华乡村文化符号；要更加突出国家层面的主场节庆活动与全国各地丰富多彩节庆活动的交相辉映，主场节庆活动就像中秋节的月亮团圆而明亮，而各地举办的丰收节庆活动如同满天繁星璀璨耀眼。其次，要从传统喜庆性庆祝活动向现代多功能性庆祝活动升华。特别是要更加突出文化传承功能、社会教化功能、城乡融合功能、市场经济功能、法治规范功能、科技支撑功能等。最后，要从传统农耕文明的重要结晶向现代文明的重要载体升华。举办农民丰收节庆活动，要体现连接传统农耕文明与现代人类文明的桥梁和纽带作用，搭建打通农耕文明与现代文明的通道与平台功能，推动我国在弘扬传承农耕文明基础上建设更加灿烂的现代文明。

二　着力彰显农民丰收节的时代价值

在中华民族实现伟大复兴征程上设立和举办农民丰收节，承载着中华儿女建设富强、民主、文明、和谐、美丽的社会主义现代化国家的崇高使命和责任担当，迫切需要着力彰显新时代农民丰收节的时代价值。

（一）增进农民与市民的相互交流

农民与市民原本就是相互依存、合作共赢的生活共同体和命运共同体。农民为市民源源不断提供每日生活必需的农副产品，市民也为农民提供了广阔的消费市场和各类服务。在城市化进程中，农民也是市民的主要来源，绝大多数市民的前身或前前身就是农民。随着逆城市化的发展，一些市民也下乡转变身份和职业成为新型的职业农民。由于城乡二元体制的长期影响，被贴上农业户籍身份的农民和非农业户籍身份的市民被人为的政策制度割裂了，农民与市民之间天然的紧密联系和自然的相互交流受到了严重影响。新时代举办农民丰收节，就是要消除农民与市民之间的政策制度障碍，搭建有利于农民与市民不断增进相互交流和联系的新平台，形成农民与市民和谐共存、团结互助的新纽带，实现农民与市民平等交流、优势互补、合作共赢的新型和谐阶层关系，使农民与市民既有物质上的相互交流，又有精神上的相互交流，更有制度上的平等互通与角色转换。

（二）促进乡村与城市的深度融合

乡村与城市虽然存在功能上的不同和差异，但城乡始终是一个共生共荣的有机整体，谁也离不开谁。而长期的城乡二元体制却造成了城乡关系的空前隔离和扭曲。当前，在我国社会主要矛盾中，最大的发展不平衡是城乡发展的不平衡，最大的发展不充分是农村发展不充分，最大的发展差距是城乡之间的发展差距。2019 年我国城乡居民收入差距仍为 2.64∶1。新时代举办农民丰收节，就是要坚持以人民为中心的发展思想，全面深化改革开放，加快破除城乡二元体制，促进城乡发展一体化，实现城乡融合发展，特别是要加快推进城乡居民基本权益平等化、城乡公共服务均等化、城乡居民收入均衡化、城乡要素配置合理化、城乡产业发展融合化，实现城乡要素双向自由流动和平等交换，形成平等、开放、融合的新型城乡关系。通过举办农民丰收节庆活动，要让更多人重新认识乡村的价值，重新唤醒乡村的意识，重新发掘乡村的文化，重新激发乡村的活力，重新审视乡村的建设，重新增强乡村的自信，使城与乡成为各美其美、美美与共、交相辉映的美好生活家园和诗意栖居之所。

（三）推进生产与生态的协调发展

人们生活在地球上，既需要从事农业生产以维持生命和生活，也需要保护生态环境以保护生命和生活。在中华几千年的农耕文明中，传统的生态农业实现了人们生产与生态的有机统一与协调发展。但在发展现代农业中，农药、化肥等化学品的大量投入以及工业废弃物的输入，对人们赖以生存的生态环境造成了致命的破坏。新时代举办农民丰收节，就是要充分认识和利用农业的生产、生活、生态、生命等多重功能，恪守中华优秀传统文化中道法自然、天人合一的核心价值，最大限度地借鉴传统生态农业的显著优势，克服现代化学农业的严重弊端，推进农业供给侧结构性改革，在传承中华农耕文明的基础上，发展具有中国特色的现代生态有机农业，让农民变成生态农业的建设者、生态环境的维护者、生态产品的提供者，努力建设既传承农耕文明又超越工业文明的现代生态文明，实现生产与生态的有机统一，确保中华民族的永续发展。

（四）推动物质与精神的有机结合

改革开放以来，党和国家坚持以经济建设为中心，加快改变中国特别是农村地区的贫困落后面貌，始终朝着全面建设小康社会和社会主义现代化强国的宏伟目标迈进。经过 40 多年的改革开放，我国稳定解决了十几亿人的温饱问题，总体上实现小康，并于 2020 年全面建成小康社会。党的十九大报告明确指出："人民美好生活需要日益广泛，不仅对物质文化生活提出了更高的要求，而且在民主、法治、公平、正义、安全、环境等方面的需求日益增长。"新时代举办农民丰收节，就是要体现人民对美好生活需要的新要求，推动物质与精神的有机结合，既富"口袋"，又富"脑袋"，还富"心灵"；既要满足人们的物质需求，又要满足人们的精神需要；既要建设高度的物质文明，又要建设高度的精神文明，推动广大农民群体在神州大地上实现物质和精神的双丰收。

（五）加强传统与现代的文明对接

传统与现代就像历史长河中的一条河流，是不可分割的统一整体。传统是现代之源，现代是传统之流。传统文明为现代文明提供了源泉和滋养，现代文明实现了对传统文明的传承与超越。那种将传统与现代进行人为割裂、将传统文明与现代文明进行刻意对立的观念和做法是完全错误的、极其有害的。新时代不是孤立的时代，是在深厚的中华传统文明基础上发展而来的，新时代也将在中华民族伟大创造、伟大复兴的进程中不断走向更加辉煌的远方。新时代举办农民丰收节，就是要传承和弘扬中华优秀传统文化，吸收和借鉴人类创造的共同文明成果，打造传统农耕文明与现代文明融通对接的有效载体和传承创新的宝贵平台，从而有效贯通传统与现代、乡村与城市、中国与世界，为传统与现代打通隧道、为乡村与城市连接纽带、为中国与世界架起金桥，推动传统文明与现代文明有效对接、农耕文明与工业文明互促互进、乡村文明与城市文明共存共荣、中华文明与世界文明同灿同辉。

（六）实现强农与强国的和谐统一

中国要强，农业必须强；中国要美，农村必须美；中国要富，农民必须富。农业是国民经济的基础产业，农村是祖国发展的辽阔空间，农民是现代化建设的生力军。党和国家始终高度重视"三农"工作，始终将"三农"工作放在重中之重的战略位置。1982 年以来，中共中央、国务院已出台了 22 个有关"三农"工作的中央一号文件，经过全国人民的共同努力，我国"三农"工作取得了历史性的伟大成就。但由于历史和现实等多重因素的制约，"三农"不仅是全面建成小康社会的短板，也是全面建成社会主义现代化强国的短板。农业还没有成为富国安邦的强势产业，农村还没有成为人民安居乐业的美丽家园，农民还没有成为有尊严、有吸引力的崇高职业。在实现中华民族伟大复兴的进程中，农业农村农民的现代化仍然是我国全面建成小康社会和实现社会主义现代化强国的突出短板。新时代举办农民丰收节，就是要抓紧补齐"三农"领域的短板，使中华民族在强农的基础上实现强国，在强国的进程中实现强农，推动强农与强国的有机统一。为此，必须围绕建设强国的目标，加强强农惠农富农建设；同时，也必须清醒地认识到，强国的目的在于让人民生活得更加幸福、更有尊严。举办农民丰收节就是要进一步实施好乡村振兴战略，切实推动城乡融合发展，尽快让农业成为有奔头的产业，让农民成为有吸引力的职业，让农村成为安居乐业的美丽家园。

三 不断创新农民丰收节的对策建议

举办农民丰收节庆活动，需要进一步丰富农民丰收节的内容和形式，推动农民丰收节庆化风成俗，实现中华优秀传统文化的创造性转换、创新性发展，为塑造和形成新的中华文明贡献力量。

（一）更加体现农民的主体地位

农民丰收节，顾名思义，农民是丰收节的主体。农民的主体地位不仅体现在丰收节日的庆祝主体上，而且体现在丰收成果的劳动主体上。没有农民的辛勤付出和身心投入，就不可能有农业的丰收；没有农民参与的丰收节庆，就背离了农民丰收节的初衷和本意。在农民丰收节庆活动中充分体现农民的主体地位，增强农民参与丰收节庆活动的主动性、积极性、创造性，一是要坚持政府主导与农民主体的双重功能和价值导向。政府的主导作用体现在发展引领、政策支持、制度规范、环境营造、平台提供、服务保障等方面，农民的主体作用体现在农民组织健全、农民决策民主、农民意愿自主、农民参与积极等方面，同时要激活社会力量的积极参与。政府的主导作用并不是要包办代替农民的主体作用，也不是要取代社会的积极作用。二是要构建"1 + N"的丰收节庆活动新格局。"1"是国家层面组织实施的丰收节庆活动，重在体现国家对"三农"工作重视的政策导向以及对农民丰收节庆活动主题的引领作用。"N"是各级地方层面以及广大农民群众自主组织举办的丰收节庆活动，重在结合当地实际开展丰富多彩的节庆活动，特别是要体现和形成广大农民群众自主举办和欢庆丰收节日的喜庆氛围和节日习俗，像欢度春节一样欢庆丰收节。三是要建立健全农民组织和其他涉农社会组织。农民主体作用的发挥既需要发挥农民个人的积极性，也需要发挥农民组织的积极性。一方面要充分发挥农村党支部、村委会、集体经济组织、农民专业合作社等已有农民组织在组织农民参加丰收节庆的重要作用；另一方面也要适应现代社会转型发展需要，允许、鼓励和规范新型综合性农民组织以及其他涉农社会组织的建立和发展，为农民的生产生活提供有效的组织载体和诉求平台。

（二）更加强化农业的基础地位

农业既是国民经济的基础，也是社会稳定的保障。在中华农耕文明形成和发展的历史长河中，农业发挥了根本性的基础作用。农业也是农民丰收文化的根本源头，农耕文明本身就建立在农业的基础之上。在农民丰收节庆活动中，一是要进一步强化全社会对农业基础地位的认识，凸显农业在国家安全和社会稳定上的基础性、战略性地位。农业稳则天下安，基础牢则国家兴，粮食丰则社会宁。在国家层面，任何时候都不能忽视农业，要切实加大对农业的支持保护力度，加快实现农业现代化。在社会层面，通过各种形式唤起人们敬畏自然、亲近农业、爱惜粮食的认知和情感。在个体层面，要使人们认识到，如果没有工业和服务业，我们的生活可能极大不便；但如果没有农业，我们则可能无法生存下去。二是要切实改变以 GDP 指标来衡量和评价农业价值的观念和做法。农业作为第一产业，就是第一重要的产业。农业是母产业，其他产业都是从母产业基础上发展起来的。农业好像高楼大楼的基座，二三产业好像是基座上建立起来的楼层。以 GDP 指标来衡量和评价农业的价值和地位，是以工业的价值标准来审视和评判农业的价值，这就像以鸭的水中生存能力标准来审视和评判鸡的生存能力一样，实质上是对农业基础性地位的极端漠视和歪曲。我们通过农民丰收节庆活动，要使人们重新认识和评价农业的价值，不能再简单地以 GDP 来衡量农业的价值，因为农业的多功能价值和极端重要性，无法通过 GDP 的数据来衡量和体现，就像我们不能以奔跑的速度标准来衡量和评价乌龟的价值一样。长期以来我们以 GDP 指标来衡量和评价农业价值的做法，导致了政府、社会和农民对农业价值认识的严重扭曲，从而造成政府决策的轻农化、农民选择的去粮化、社会认知的离农化。三是要超越现代化学农业，发展现代生态农业，实现质量兴农。如果说忽视农业是对农业基础地位的背离的话，那么污染农业和农副产品，同样是对农业基础地位的破坏与背离。中华几千年的农耕文明，都是建立在生态农业的基础之上的，但在现代化进程中，传统的生态农业受到了前所未有的挑战，以农药、化肥等大量化学品投入为标志的现代化学农业，造成了前所未有农业污染、乡村污染等生态环境问题，农产品质量安全问题凸显，人们的身心健康受到很大损害，这从根本上动摇了人们对农业基础地位的信心和信仰。我们要通过丰收文化的传播，深化农业供给侧结构性改革，推进农业高质量发展，引导人们超越现代化学农业，走现代生态农业之路，鼓励农民转变生产方式，推动更多的农民自觉从事生态、有机、绿色农业的生产，成为优质安全农产品的提供者，既保障粮食的数量安全，又保障粮食的质量安全，真正实现质量兴农。

（三）更加重视乡村的文明价值

乡村是集合中华传统农耕文明的重要文明体，既是农业的生产空间，也是农民的生活空间，同时也是市民的休闲旅游度假空间。乡村具有独特的生产生活节奏，能使人感受天、地、人之间的紧密联系，回归大自然、净化心灵的生活空间、文化空间、生命空间。乡村文化是最贴近人类自然本性的文化和文明，乡村文化的密码值得现代人深思和破解，乡村农耕文明值得人类挖掘和传承。在农民丰收节活动中，要将传播和体现乡村价值作为重要内容。一是要展示和挖掘乡村的文明价值。乡村具有生产、生活、生态、生命、文化等多重价值和功能，是集乡村经济、政治、文化、社会、生态等各种文明于一体的文明体，是中华农耕文明的主要发源地和承载空间。乡村文明孕育、产生和滋养了城市文明，乡村文明是母文明，城市文明是子文明。由于长期城乡二元体制的消极影响，我们在一段时期内形成了重工业轻农业、重城市轻农村、重市民轻农民的政策制度安排，人们因而对乡村价值产生忽视与认识扭曲。随着工业化、城市化的推进，特别是随着城市病的暴发，乡村独特而巨大的价值开始为人们所认识、认可和认同。通过举办农民丰收节庆活动，充分展示乡村文明的魅力和价值，既使市民充满对乡村的向往，也使农民增强对乡村的自信。二是要正确实施乡村振兴战略，建设美丽健康生态宜居乡村。特别是要重点加强乡村基础设施和公共服务设施建设，推进人居环境整治，加大基本公共服务供给，实现城乡基本公共服务均等化、便利化，使乡村居民与城镇居民一样享有公平的基本公共服务。建设美丽乡村，必须防止以建设乡村之名行破坏乡村之实，决不能简单地以工业思维建设农业、以城市思维对待乡村、以市民思维要求农民，特别要认真贯彻落实《民法典》《刑法》等法律法规和相关政策，坚决制止违背农民意愿的强征农民土地、强拆农民住宅、逼迫农民上楼等严重损害农民权益的行为，要依法追究侵犯农民人身权利和财产权利的组织及个人的违法犯罪责任。三是要加强传统村落的有效保护和合理利用。传统村落承载着农耕文明的遗传密码，是历史留给我们的鲜活的乡村建筑艺术博物馆，具有极高的文化价值。我们要以乡村美学的眼光看待乡村，以乡村艺术化的心灵建设乡村，将传统村落作为乡村文化印迹、乡村文化符号加以珍视、保护和利用，对农民的居住权利和财产权利予以尊重、敬畏和保障。必须防止对空心村、闲置农宅一拆了之的粗暴行为。对待空心村、闲置农宅的正确做法，应当是尊重农民的自主选择，打通城乡要素自由流动和平等交换的制度通道，真正放活市场和社会，发挥市场在资源配置中的决定性作用，推动实现城乡融合发展。四是要发展乡村民宿业和乡村旅游业。大力发展乡村特色产业，形成乡村观光休闲度假旅游的精品路线、精品节点和精品品牌，融合艺术家的眼光、企业家的经营，让农产品变成乡村文化产品，让乡村文化价值变为农民增收的源泉。在农民丰收节庆活动中，可通过各具特色的民俗文化产品和旅游线路的推介，让市民与农民一道共同体验和感悟乡村文化的魅力和乡村文明的价值。

（四）更加彰显劳动的创造之美

威廉·配第指出"土地是财富之母，劳动是财富之父"。马克思指出"劳动是创造价值的唯一源泉"。我国的基本分配制度是以按劳分配为主体，多种分配方式并存，就是将劳动的贡献作为财富分配的主要依据，多劳多得，少劳少得；再辅之以其他诸如按照知识技术、资本、管理等生产要素的贡献对财富进行分配。但是在现实生活中，劳动在收入分配中的比例明显降低，人们对劳动的尊重明显弱化，远离劳动、轻视劳动似乎成为时尚，劳动价值论被边缘化。一个不可忽视的突出社会问题是农民付出的艰辛劳动没有得到应有的收入回报。在农民丰收节庆活动中，一是要通过各种形式展现劳动的价值和劳动之美。天道酬勤，丰收的果实都是人们的劳动和汗水浇灌出来的；天上不会掉馅饼，幸福都是奋斗出来的，都是劳动创造的。应大力弘扬勤劳节俭、艰苦创业、精益求精、甘于奉献的劳模精神、劳动精神和工匠精神，推动大众创业、万众创新。二是要通过各种农耕体验活动，形成全社会尊重劳动、热爱劳动、参加劳动的良好氛围。既要让农民认识到农业劳动的艰辛与光荣，又要让市民体验到农业劳动的不易与乐趣。特别是要让人们体验到在优良的生态环境中，农业劳动是最有益于人们身心健康的劳动。三是要深入推进收入分配体制改革。加快实现居民收入增长和经济发展同步、劳动报酬增长和劳动生产率提高同步，提高居民收入在国民收入中的比重，提高劳动收入在初次分配中的比重，真正体现按劳分配的基本原则，重塑劳动最光荣、劳动最伟大的社会主流思想。

（五）更加突出乡村的地域特色

我国是一个幅员辽阔、历史悠久、文化灿烂的伟大国家，14 亿人生活在 960 万平方公里的土地上，56 个民族以及在华各个国籍的人员携手并肩在神州大地上工作生活、劳动创造，形成了丰富多彩、各具特色的乡村地域文化，这既是举办农民丰收节庆活动的宝贵文化源泉，又是举办农民丰收节庆活动的重要文化载体。应充分利用和发挥各地乡村优秀文化习俗资源的独特优势，促进丰收节庆活动与乡村地域特色有机结合。一是要彰显乡村文化习俗的特色。鼓励和支持全国各地乡村紧密结合自身的文化习俗和风土人情，举办具有地方特色、民族特色的农民丰收节活动，将各地独具特色的乡村风土人情作为重要的文化元素融入农民丰收节庆活动中，继承和弘扬各地区各民族庆丰收的优良传统和形式，充分展示乡村地域文化、民族文化和民俗风情的风采，形成具有乡村区域特色的庆丰收活动品牌。二是要突出乡村特色产品的特色。在长期的经济社会发展中，全国各地都有各具特色、品质优良、众口皆碑的著名农副产品。这些各具特色的农副产品，既是农民丰收节活动展示的重要依托，又是农民丰收节庆活动展销推介的品牌。三是要突出现代科技创新的特色。各地乡村的特色不仅体现在传统丰富多彩的习俗文化上，也体现在现代异彩纷呈的科技创新上。农民丰收节庆活动既要立足于历史文化名村，又要面向科技创新名村，如电商淘宝村、直播网红村等在现代化进程中崛起的科技创新乡村，不断为农民丰收节活动提供新的内容和支撑。

（六）更加体现农耕文明的传承发展

中国农民丰收节因实施中华优秀传统文化传承发展工程而生，也必将因传承发展中华优秀传统文化而壮大。农民丰收节本身蕴含着中华传统农耕文明的思想资源和人文精神，也承载着在新时代推动中华优秀传统文化不断传承和发展的时代使命和光荣职责。一是要传承发展中华核心思想理念。举办农民丰收节活动，要将讲仁爱、重民本、守诚信、崇正义、尚和合、求大同等中华传统核心思想融入其中，并且发扬光大，为中华民族的伟大复兴夯实思想理念基础。可以积极开展农民丰收节庆历史文化研究，促进节日塑形与铸魂相统一。二是要传承发展中华传统美德。举办农民丰收节活动，要将自强不息、敬业乐群、扶危济困、见义勇为、孝老爱亲等中华优秀传统美德转化为节庆活动的重要元素，以春风化雨、以文化俗的方式荡涤污浊、净化心灵，不断提高全社会的道德水准。三是要传承发展中华人文精神。举办农民丰收节活动，要将中华民族几千年形成的文学艺术、科学技术、人文学术等光彩夺目的中华人文精神贯彻其中，充分体现出中华人文精神的鲜活生命力和强大感染力，从而不断促进社会和谐、鼓励人们向上向善，使中华文明不断推陈出新，更加光彩夺目。

（七）更加坚定现代文明的发展方向

实现中华民族伟大复兴的战略目标就是实现现代化，即到2030年基本实现社会主义现代化，到2050年建成富强、民主、文明、和谐、美丽的社会主义现代化强国。到那时，我国物质文明、政治文明、精神文明、社会文明、生态文明将全面提升，实现国家治理体系和治理能力现代化。世界潮流，浩浩荡荡，顺之则昌，逆之则亡。新时代举办农民丰收节，既要传承发展中华优秀传统文化，又要大力促进和融入现代文明的发展进程。一是要信仰和践行社会主义核心价值观，将之融入农民丰收节庆活动中。以富强、民主、文明、和谐、自由、平等、公正、法治、爱国、敬业、诚信、友善为内容的社会主义核心价值观，既体现了中华优秀传统文化的独特价值，也体现了现代人类文明的共同价值，在农民丰收节庆活动的组织、举办过程中要充分践行和体现社会主义核心价值观。二是要充分保障和实现农民的基本权利和自由尊严。维护和发展农民权利，是举办农民丰收节庆活动的力量源泉，也是举办农民丰收节庆活动的重要任务。在当代中国，农民具有三重不同的身份角色，相应地需要保障和实现其三重权利。首先，农民作为中华人民共和国公民，拥有公民身份，享有公民权；其次，农民作为集体经济组织成员，拥有社员身份，享受成员权；最后，农民作为村庄社区居民，拥有村民身份，享受自治权。保护和实现农民的公民权、成员权、自治权，要从制度建设和行动上进行落实。要通过以农民为主体举办的农民丰收节庆活动，维护和发展农民的公民权、成员权和自治权。三是要尊重市场经济发展规律，积极推进法治中国建设。《中共中央、国务院关于新时代加快完善社会主义市场经济体制的意见》明确指出，要构建更加完善的要素市场化配置体制机制，进一步激发全社会创造力和市场活力。农民丰收节庆活动应当坚定市场化改革的方向，发挥市场在资源中的基础性作用，更好地发挥政府的作用，正确处理好政府与市场、政府与社会的关系，尊重市场经济发展规律，突出市场化、社会化运作机制，充分调动农村集体经济组织、专业文化传媒机构等多元社会主体参与的积极性，充分尊重农民的自主选择。同时，在法治中国建设中，要大力加强农民丰收节庆活动相关的立法工作，推动制度建设，真正将权力关进制度的笼子里，杜绝农民丰收节庆活动中以权谋利、损害农民利益的现象，着力将农民丰收节庆活动全面纳入法治的轨道，既确保农民丰收节庆活动有法可依，又确保农民丰收节庆活动在法治的轨道上规范有序地运行，使农民丰收节庆活动成为法治中国建设中一道亮丽的法治实践新风景。

执笔：张英洪、王丽红

我国乡村社会的结构性变化与治理建议[*]

我国独具魅力的乡村，既是中华民族的文脉所系和精神家园，又是中华农耕文明最为突出的文化标识和发展空间；既深藏着中华农耕文明世代相传的遗传基因，又蕴含有中华民族与时俱进走向现代文明的复兴密码。乡村治理既是国家治理的基石，又是国家治理的反映。乡村治理具有明显的双重含义，一方面体现在国家对乡村社会的治理上，另一方面又体现在乡村社会的自我治理上，是官治与民治、他治与自治的有机统一。乡村治理也是国家治理的短板，事关国家治理的现代化。可以说，没有乡村治理的现代化，就没有国家治理的现代化；换言之，没有国家治理的现代化，也就没有乡村治理的现代化。改革开放以来，我国乡村社会发生了空前的结构性变化，取得了巨大的历史性成就，但也存在一些深层次的结构性矛盾和突出问题，亟须在把握转型乡村内在规律的基础上推进深层次改革和高水平开放，走中国特色乡村善治之路，从而不断提高广大农民群众的幸福指数。

一 我国乡村社会的结构性变化与特征

据统计，我国现有 31550 个乡镇、54.2 万个村委会、449.1 万个村民小组，村委会成员 221.5 万人。2019 年我国乡村人口为 55162 万人，占人口总量的 39.4%。改革开放以来，我国乡村社会发生了前所未有的巨大变化，在发展上取得了历史性的伟大成就，这些变化和成就具有鲜明的结构性特征，既为新时代推进乡村治理现代化奠定了坚实的基础，又对新时代推进乡村治理现代化提出了严峻的挑战。

（一）工农结构的深刻变化

改革开放以来，随着工业化、城镇化和农业现代化的不断推进，我国工农结构发生了深刻变化。一是工农产业结构的深刻变化。我国工业与农业生产总值从 1978 年的 1745.2 亿元和 1018.4 亿元分别增长到 2019 年的 386165.3 亿元和 70466.7 亿元，

---

* 原载北京市农村经济研究中心《调查研究报告》2020 年第 25 期。

工农生产总值之比分别从 1.71∶1 发展到 5.48∶1。二是工农就业结构的巨大变化。根据国家统计局数据，1978 年我国一产就业劳动力为 29318 万人，占全国从业劳动力总数的比重为 71.2%，二三产业就业劳动力分别为 6945 万人、4889 万人，占全国从业劳动力总数的比重分别为 16.9%、11.9%；到 2019 年我国一二三产业就业劳动力分别为 19445.2 万人、21304.5 万人和 36721.3 万人，占全国就业劳动力总数的比重分别为 25.1%、27.5% 和 47.4%。三是农民工已成为产业工人的主体。改革开放之前，我国工人阶层主要是拥有城镇户籍的国有企业工人以及集体企业工人。改革开放以后，进城务工的农民工逐渐成为产业工人的主体。2019 年我国农民工总量已达到 29077 万人，占 2019 年我国城镇就业劳动力的 65.7%。

（二）城乡结构的深刻变化

一是城乡人口分布变化巨大。根据国家统计局数据，1978 年我国乡村人口 79014 万人，城镇人口 17245 万人，城乡居民人口比为 0.22∶1。到 2019 年我国城镇人口 84843 万人，乡村人口 55162 万人，城乡居民人口比为 1.54∶1。我国常住人口城镇化率从 1978 年的 17.9% 提升到 2019 年的 60.6%。二是城乡关系从二元结构走向一体化。改革开放以来，我国城乡二元体制在不断破除，从 20 世纪 50 年代建立城乡二元户籍制度到 2014 年国务院下文取消城乡户籍划分、统一登记为居民户口，从农村基本公共服务长期缺位到推进城乡基本公共服务全覆盖和均等化，从城乡要素各自封闭运行到推进城乡要素双向流动的城乡融合发展等，城乡分割的体制机制正在向城乡融合发展的体制机制转变。三是乡村形态发生了明显的分化。在快速工业化、城镇化进程中，我国乡村形态发生了明显的分化，出现了人口倒挂村、人口空心村、城镇化村、传统保护村、山区搬迁村、普通农业村庄等。在城镇化的冲击下，我国中高度空心化村庄占比已达到 31.4%。①

（三）人口结构的深刻变化

一是人口空间结构两极化。一方面，农村人口空心村与城郊人口倒挂村并存。以北京市为例，2019 年北京市外来人口多于本村户籍人口的倒挂村有 498 个，占北京市行政村总数的 12.7%；常住人口不足户籍人口 50% 或闲置农宅超过 30% 的空心村 338 个，占比为 8.6%。另一方面，农村留守老人、留守儿童、留守妇女现象突出。据有关调查，2018 年我国农村留守老人已超过 5000 万人，② 占农村 60 周岁及以上人

---

① 杨忍、刘彦随、陈秧分：《中国农村空心化综合测度与分区》，《地理研究》2012 年第 9 期，第 1697—1706 页。

② 王恩艳：《全国政协委员朱晓进建议：为农村留守老人提供更好的关爱服务》，《中国社会报》2018 年 3 月 7 日，http://mzzt.mca.gov.cn/article/2018lh/dbwyhmz/zxwy/201803/20180300895338.shtml。

口的 50.4%。根据中国社会统计年鉴，2018 年我国义务教育阶段在校生中农村留守儿童有 1474.4 万人，占我国乡村义务教育阶段在校生的比例达到 44.5%。据有关研究，2012 年我国农村留守妇女已经达到 6000 万—7000 万人，[①] 占我国女性人口的 8.9%。二是人口年龄结构老龄化。由于计划生育政策的长期影响，我国人口结构呈现明显的老龄化、少子化趋势。根据国际老龄化标准，60 岁及以上人口占总人口比例达到 10% 或 65 岁及以上人口占总人口的比例达到 7% 就标志着进入人口老龄化社会。根据 2019 年我国民政事业发展统计公报，截至 2019 年底，我国 60 周岁及以上老年人口 25388 万人，占总人口的 18.1%，其中 65 周岁及以上老年人口 17603 万人，占总人口的 12.6%。按照国际老龄化标准，我国已进入严重老龄化社会。按照国际少子化的标准，人口出生率在 15.0‰—13.0‰为少子化；13.0‰—11.0‰为严重少子化；11.0‰以下为超少子化。1999 年我国人口出生率为 14.64‰，开始进入少子化状态。2019 年我国人口出生率为 10.48‰，处于超少子化的状态。三是人口性别结构畸形化。根据国家统计数据，我国男女比例从 1982 年的 1.06∶1 下降到 2019 年的 1.04∶1。据有关统计，全国 4000 万人的未婚男性中有 3000 万人在农村。[②] 而全国城市中 27 周岁以上未婚女性近 4000 万[③]，其中北京市的未婚女性突破 80 万人，这使之成为中国未婚女性数量最大的城市。近年来我国结婚登记数量也持续下降，2019 年为 1013.94 万对，占 15—64 岁人口的比重为 2%。农村部分男性娶不到女子与城市部分女性嫁不到男人，已成为突出的社会问题。

（四）收入结构的深刻变化

一是城乡居民收入差距较大。1978 年全国城镇居民人均可支配收入 343.4 元，农村居民人均可支配收入 133.6 元。2019 年全国居民人均可支配收入 30733 元，城镇居民人均可支配收入 42359 元，农村居民人均可支配收入 16021 元，全国农民工人均月收入 3962 元。按全国居民五等份收入分组，2019 年我国高收入组人均可支配收入达到 76401 元，是低收入组人均可支配收入的 10.35 倍。1978 年我国居民消费支出为 184 元，农村居民消费支出 138 元，城镇居民消费支出 405 元。2019 年全国居民人均消费支出 21559 元，城镇居民人均消费支出 28063 元，农村居民人均消费支出 13328 元，城镇居民消费率为 66.3%，农村居民消费率为 83.2%。全国居民恩格尔系数为

---

① 江晓红：《农村留守妇女群体生存状况与可持续发展的研究——基于宁夏南部山区的调查》，《贵州大学学报》（社会科学版）2012 年第 3 期，第 92—97 页。

② 《中国光棍 4000 万，农村占了 3000 万，这三个问题必须解决》，云南特色旅行，2019 年 12 月 3 日，https：//3g. 163. com/dy/article/F09RTC4H05444HKP. html。

③ 《国内这个城市大龄剩女很多！为何越来越多的女性不愿结婚生子》，郑州可馨网络科技有限公司官方账号，https：//baijiahao. baidu. com/s？ id =1664924823852286132。

28.2%，城镇为 27.6%，农村为 30.0%。二是贫富分化比较突出。国际上认定基尼系数在 0.2 以下为收入绝对平均，0.2—0.3 为收入比较平均，0.3—0.4 为收入相对合理，在 0.4—0.5 为收入差距较大，当基尼系数达到 0.5 以上时，则表示收入差距悬殊。2017 年国家统计局公布的我国基尼系数为 0.467，但世界银行数据显示中国实际基尼系数高达 0.789。据北京师范大学收入分配课题组研究，2019 年我国月收入 1090 元以下总人口为 6 亿人，占全国人口比重为 42.55%。在月收入低于 1090 元的群体中，来自农村的比例高达 75.6%。月收入 2000 元以下总人口为 9.64 亿人，占全国人口比重的 68.37%。我国居民人均可支配收入非常不平衡，最富有的 1% 的人占有全部财富的 30%，最富有的 10% 的人占有全部财富的 67%。[①] 三是农村居民收入来源从单一走向多元。农村居民收入来源从改革开放初期的以家庭经营收入为主转变为家庭经营收入、工资性收入、财产性收入和转移性收入。2019 年我国农村居民人均可支配收入 16021 元，其中工资性收入 6583 元、经营净收入 5762 元、财产性收入 377 元、转移性收入 3298 元，占人均可支配收入的比重分别为 41.1%、36.0%、2.4%、20.6%。此外，乡村内部的收入差距也比较明显，有的乡村高收入农户人均可支配收入是低收入农户人均可支配收入的 10 多倍甚至更高。

（五）环境结构的深刻变化

改革开放以来，传统粗放、掠夺式的经济发展方式对我国生态环境的破坏相当严重，大气污染、水体污染、土壤污染、农产品质量安全等问题对乡村治理提出了严峻挑战。一是大气污染严重。虽然近年来我国环境治理取得了阶段性成果，但 2019 年我国空气中 PM2.5 浓度大致是欧美当前水平的 2.5—4.5 倍，是世界卫生组织基于健康影响准则值的 3.6 倍。[②] 据国家统计局数据，2014 年以来我国森林覆盖率为 23%，比日本低 45.4 个百分点，比美国低 10 个百分点。二是水资源过度开发利用，水生态环境严重失衡。我国农村饮用水水源总体达标比例低于城市 10 个百分点。[③] 一些地区自然岸线过度开发，河道岸坡硬质化，生态空间不断减少并呈破碎化，浮游生物洄游受阻，水生生物栖息地生境明显变化，部分水体生态功能丧失殆尽。三是农用地环境质量不容乐观。据全国土壤污染状况调查，我国耕地、林地、草地土壤点位超标率分别为 19.4%、10.0%、10.4%。其中，耕地土壤轻微、轻度、中度和重度污染点

---

① 陈银：《2019 年全球及中国贫富差距分析报告》，华经情报网，https：//www.huaon.com/story/492164。

② 雷宇、严刚：《关于"十四五"大气环境管理重点的思考》，《中国环境管理》2020 年第 4 期，第 35—39 页。

③ 郄建荣：《黑臭水体整治难度大 环保部：对土壤污染过度恐慌》，法制网，2017 年 5 月 8 日，http：//huanbao.bjx.com.cn/news/20170508/824046.shtml。

位比例分别为 13.7%、2.8%、1.8% 和 1.1%。① 根据中国科学院地理科学与资源研究所的相关研究，2018 年我国粮食主产区耕地土壤重金属点位超标率为 21.49%。② 四是农产品质量安全问题堪忧。现代农业发展依靠农药、化肥、农膜等化学品的大量投入，形成高能耗、高污染以及转基因的滥用，造成农业面源污染严重。我国已成为世界上使用农药化肥量最大的国家，我国化肥、农药利用率比欧美发达国家低 15 个到 20 个百分点。根据国家市场监管总局的相关报告，2020 年上半年我国蔬菜抽检不合格率为 4.76%，比各类食品安全抽检不合格率高出 1.26 倍。另据相关研究，我国农产品农残超标率持续偏高，在 5%—10% 之间。③ 我国大气污染、水体污染、土壤污染以及农产品质量不安全等问题对人民健康影响造成极大危害，这种损害人们身心健康的发展模式，已陷入自杀式发展陷阱之中，不仅危及个人和家庭的身心健康，而且危及民族的未来。据世界癌症报告数据，我国每年约有 400 万人被确诊为癌症，2018 年我国新增癌症病例 380.4 万例，占全世界的 21%，新增死亡病例 229.7 万例，占全世界的 24%。④

（六）治理结构的深刻变化

一是从传统农业社会治理向现代工业化、城镇化社会治理转变。传统农业社会的治理是建立在小农经济上、主要依靠农业剩余支撑社会管理的相对静态化的权力控制型治理。改革开放以来，随着工业化、城镇化加快推进和社会主义市场经济体制逐步建立完善，我国乡村治理结构发生了巨大变化，动态化的公民参与型治理格局正在形成。二是从城乡二元结构治理向城乡一体化治理转变。改革开放以前，我国建立了城乡二元结构并长期在城乡二元结构框架中实行对乡村社会的管理和控制。改革开放以来，我国逐步破除城乡封闭和不平等的二元体制结构，朝着城乡一体化方向迈进，社会治理也从城乡二元结构中的治理逐步向城乡一体化的开放型治理转变。三是我国乡村治理已经从改革开放前的计划经济体制和党的一元化领导管理模式向社会主义市场经济体制和党组织领导的自治、法治、德治相结合的乡村治理体系转变，乡村治理主体日益多元化，治理方式日益民主化、法治化。四是从传统治理手段向现代信息技术治理方式转变。随着信息技术的快速发展，乡村治理的观念和方式相应发生了巨大变

① 郄建荣：《黑臭水体整治难度大 环保部：对土壤污染过度恐慌》，法制网，2017 年 5 月 8 日，http://huanbao.bjx.com.cn/news/20170508/824046.shtml。
② 《土壤重金属超标点位增加，粮食主产区以"轻度污染"为主》，第一财经网官方账号，2018 年 10 月 9 日，https://baijiahao.baidu.com/s? id =1613844285376634739。
③ 杨路、胡小品：《我国出口农产品农药残留超标的原因及策略选择》，《对外经贸实务》2016 年第 10 期，第 50—53 页。
④ 《2018 全球癌症年报出炉！平均每分钟 18 人因癌症死》，湖北泛华寿险，2019 年 1 月 15 日，https://www.sohu.com/a/289159464_99954159。

化。根据全国"三农"普查数据，2016 年我国 89.9% 的村通了宽带网络，2018 年在全国发现 3202 个淘宝村，2019 年我国出现了第一个 5G 乡村——广东英德连樟村。近年来随着数字农业农村建设的推进，智慧乡村建设使云计算、大数据、区块链等现代信息技术嵌入乡村治理之中，为乡村治理现代化提供了重要信息技术支撑。

二　我国乡村治理存在的突出问题

2019 年 6 月，中共中央办公厅、国务院办公厅印发《关于加强和改进乡村治理的指导意见》，对推进乡村治理现代化进行了详细部署安排。2019 年 10 月，中共十九届四中全会通过《中共中央关于坚持和完善中国特色社会主义制度、推进国家治理体系和治理能力现代化若干重大问题的决定》，对坚持和完善中国特色社会主义制度、推进国家治理体系和治理能力现代化做出了明确规定。应该说，乡村治理的大政方针和制度框架已经明确，关键在于贯彻落实与实践创新。近些年来，从全国各地乡村治理的实践来看，涌现了许多值得肯定的实践创新经验，乡村治理水平和治理效能明显提高，成就有目共睹。但现实中存在的许多问题也比较突出，其严重制约了乡村的有效治理，降低了广大农民群众的幸福指数。据联合国发布的 2020 年世界幸福指数报告，在全球 156 个国家和地区中，中国排名为 93 位。这与我国作为全球第二大经济体的经济发展水平极不相称，也说明我们在社会治理上还存在许多短板。成绩不说跑不了，问题不说不得了。当前，我国一些地方在乡村治理中存在的一些问题比较突出，值得高度重视。

（一）以党的领导代替或淡化自治、法治、德治

健全党组织领导的自治、法治、德治相结合的乡村治理体系，是推进乡村治理现代化的重要原则和根本要求。但在有的地方，有的领导干部片面理解党的领导，有的以党的领导取代或消解自治、法治、德治，甚至将党的领导与自治、法治、德治割裂开来、对立起来。这些现象严重扭曲了党的领导的含义，损害了人民群众的利益，败坏了党和政府的形象，侵蚀了党在农村的执政基础。

（二）以振兴乡村之名行破坏乡村之实

党的十九大提出的乡村振兴战略，是新时代解决"三农"问题的总抓手。但有的地方当政者，却精于破坏而拙于建设，振兴乡村无方而破坏乡村有术，上演了一幕幕以振兴乡村之名行破坏乡村、折腾乡村之实的各种损害百姓利益的闹剧。其大规模地侵害百姓利益，进一步激化了官民矛盾，损害了党和政府的公信力。

（三）以形式主义应付上级和领导，以官僚主义对付下级和百姓

形式主义、官僚主义同党的性质宗旨和优良作风格格不入，是党的大敌、人民的

大敌。但在乡村治理中，一些地方的形式主义和官僚主义屡禁不绝，并以各种新的形式反复出现，严重消解了乡村治理的效能。形式主义与官僚主义是一对孪生子，有的地方以形式主义应付官僚主义，以官僚主义助长形式主义。形式主义的实质是应付上级和领导，官僚主义的实质是对付下级和百姓。而在反对形式主义、官僚主义中，有的地方认认真真走过场，扎扎实实搞形式，以形式主义反对形式主义，以官僚主义反对官僚主义。如果官僚主义不灭，形式主义不除，则乡村善治无望。

（四）以"一刀切"方式蛮干折腾，不顾实际损害百姓利益

"一刀切"工作思维和方式，实质上是脱离实际、违背实事求是精神、损害百姓利益和公共利益的突出表现。一些地方在乡村治理中的"一刀切"行为，是公权力对百姓的瞎折腾，不但严重损害了农民的利益，而且也给国家经济社会发展带来严重的损失。

（五）以解决反映问题的人去代替解决问题

《宪法》规定公民对于任何国家机关和国家工作人员，有提出批评和建议的权利；对于任何国家机关和工作人员的违法失职行为，有向国家机关提出申诉、控告或者检举的权利；对于公民的申诉、控告或者检举，有关国家机关必须查清事实，负责处理；任何人不得压制和打击报复。《信访条例》对信访人提出的信访事项做了详细规定，且明确规定任何组织和个人不得打击报复信访人。《中国共产党章程》规定党员有权在党的会议上有根据地批评党的任何组织和任何党员，有权向党负责地揭发、检举党的任何组织和任何党员违法乱纪的事实，有权要求处分违法乱纪的党员，罢免或撤换不称职的干部。但是在一些地方的乡村治理中，有的部门和领导干部不是认真负责地解决信访人反映的各种困难和现实问题，而是将基层干部和村民群众反映问题当成"捅娄子""使绊子"，从而集中精力和资源去解决反映问题的人，以维稳之名行侵权之实，公然漠视党章国法的规定，擅自使用各种非法手段对信访人进行打击报复，这种不以解决问题为目的而以解决反映问题的人为目标的维稳式治理模式，不但没有解决原本反映的老问题，却制造了新的矛盾和问题。

（六）以制定政策下发文件代替立法和制度建设

长期以来，"三农"工作中重政策、轻立法的现象比较普遍。在法治建设还很不健全的改革初期，通过制定政策推动"三农"工作是比较成功的有效治理方式，比如 20 世纪 80 年代中央制定的五个一号文件，在解决"三农"问题、推动乡村治理等方面发挥了极其重要的历史作用。但随着法制建设的不断健全，特别是随着法治中国建设的全面推进，过去那种重视制定政策文件而轻视涉农立法的思想观念和工作方式就越来越不合时宜，并且日益成为制约"三农"发展、影响乡村治理的重要因素。

事实上，现在每年制定的"三农"工作的一号文件和其他有关乡村治理的政策文件，其实施效果已大不如前。当前，乡村治理面临的一个突出问题是，事关乡村治理的相关涉农立法比较滞后。有的重政策文件的制定出台，轻政策文件的执行与评估；有的重视职能部门政策文件，轻全国性立法或地方性立法；有的只有地方政府规章，却没有地方性法规；有的没有与时俱进地进行修改或废止不合时宜的法律法规或政策制度；有的存在涉农方面的立法空白；等等。有的部门、有的地方热衷于下发一大堆政策文件，以文件生产代替制度建设，以制定政策代替立法工作。特别值得注意的一个现象是，全国各级人大的农业农村委、政协的农业农村委与政府的农业农村部门存在很大程度上的工作同质化倾向。各级人大的农业农村委、政协的农业农村委应当紧扣自身的职能定位，区别和超越政府农业农村部门的工作，重在加强"三农"立法、执法监督以及对乡村振兴中的重大战略问题开展调查研究。长期以来我国各级人大与政协的农业农村委在工作职责上的一些错位，也是造成我国"三农"法治建设滞后的一个重要因素。在全面依法治国的背景下，必须把全部涉农工作纳入法治的轨道，为此，各级人大与政协的农业农村委应当发挥应有的重要作用。如果没有以维护社会公平正义为取向的法治建设，乡村治理运行环节就会断裂或扭曲，导致社会治理失效。

三　实现乡村善治的几点思考和建议

当前，随着国际形势的重大变化，世界正处于百年未有之大变局中。在全面建成小康社会之后，加快形成以国内大循环为主体、国内国际双循环相互促进的新发展格局，对推进乡村治理现代化、实现乡村善治提出了新的挑战和要求。当代中国的乡村正处在多重结构转型的重要时期，要实现转型乡村的善治，必须立足于世情、党情、国情、乡情、民情的重大变化，用足用好改革开放这个关键一招。改革如逆水行舟，不进则退，"一篙松劲退千寻"。如果不继续解放思想、实事求是，不下大力气推进结构性改革和高水平开放，那么中央提出的乡村治理现代化的目标和愿望就会在乡村实际工作中被扭曲为上级对下级的控制、干部对农民的控制，而不可能有真正的乡村善治。新时代的乡村治理，必须在传承和弘扬中华优秀传统文化的基础上努力建设现代文明，着力促进和实现农民的全面发展和社会的全面进步，不断提高广大农民群众的幸福指数。

（一）切实将社会主义核心价值观实践化、日常化

以富强、民主、文明、和谐、自由、平等、公正、法治、爱国、敬业、诚信、友善为内容的社会主义核心价值观，既凝聚着中华优秀传统文化的独特价值，也体现了现代人类文明的共同价值，同时也凸显了中华民族实现现代化的时代价值。优良的社

会治理必须有全社会共同认可与践行的价值观作为支撑，社会主义核心价值观为乡村治理提供了价值引领、精神动力和文化自觉，同时也有利于降低乡村治理的制度运行成本，提高治理效率。社会主义核心价值观是党凝聚全国人民的共识提炼出来的，全面贯彻和落实社会主义核心观是坚持党的领导的具体体现。一是要改变对社会主义核心价值观只说不做的现象。特别是要改变有的地方、有的部门将社会主义核心价值观宣传化、口号化的现象，切实将社会主义核心价值观付诸实践，见于行动，使之内化为人们日常工作生活的重要内容。二是要改变对社会主义核心价值观说一套做一套的现象。作为关键少数，各级领导干部应当带头践行社会主义核心价值观。三是要加快体现社会主义核心价值观的相关立法工作。民主、自由、平等、公正、法治等社会主义核心价值观也是宪法规定的重要内容，应当加快有关民主、自由、平等、公正、法治的立法工作，将社会主义核心价值观相关内容以及宪法相关规定进一步法律化、制度化、实践化。四是要培养和造就既具有中华优秀传统文化修养又具有现代文明素养的现代公民。我国国民教育体系、各级党校（行政学院）以及宣传文化部门，要将培养和造就具有传统文化修养和现代文明素养的国民和领导干部作为重中之重。新时代的经济社会发展目标要从单纯追求经济增长和生活富裕向全面提高社会文明程度转变，着力提高全体公民的文明程度和全社会的文明水准。如果没有乡村社会文明程度的提高，就不可能有乡村社会的善治。

（二）坚持和创新"多予少取放活"的重要方针

"多予少取放活"是改革开放以来中央对"三农"工作提出的重要方针。新时代推进乡村治理现代化，必须进一步坚持和创新"多予少取放活"的重要方针。一是"多予"，就是要在加强对农业投入的基础上加大对农村和农民的投入。一方面，要在公共产品和公共服务提供上多予。加快实现城乡基本公共服务均等化和便利化，使城乡居民在就业、教育、医疗、养老、救助等方面享有完全统一、公平可及的社会保障待遇。建议推行免费教育、免费医疗，缩小农民与城镇职工、城镇居民在基本养老待遇上的差距，将城乡低收入家庭全面纳入社会保障体系，实行低收入家庭生活补助制度。另一方面，要在公平正义的制度供给上多予。要加强各级立法工作，全面清理和废除限制农民、束缚农民、歧视农民的政策法律，为农民自由而全面的发展提供公平的法律制度保障。二是"少取"，就是要在减轻农民负担的基础上减少对农民土地财产权益的索取。首先要在土地财产上少取，改革完善征地制度，提高农民在土地增值收益中的分配比例，维护和发展农村集体和农民的土地财产权利，既允许在国有土地上发展农业，也允许在集体土地上建设城市。其次要在农民市民化成本上少取，改变一些地方在城市化进程中强制农民和农民集体承担农民市民化成本而推卸政府公共服务职责的不公正现象，尤其要改变一些地方借农民市民化之机掠夺农民和农民集体财产权益的畸形做法。最后要在农民生育等费用方面少取。要正视我国农村人口老龄化、少子化的严重影响，建议尽快全面废止计划生育政策和相关法律法规，将生育自主权还给农民家庭，全面停止针对农民生育的各种罚款和收费，加快建立鼓励生育以及保护家庭的政策法律体系。三是放活，就是要尊重农民的主体地位，解除束缚农民自由选择和自主发展的体制之绳，赋予和保障农民当家作主的自主权。首先要放活思想。要始终坚持解放思想、实事求是的思想路线，进一步解放农村基层干部和农民群众的思想观念，尊重农村基层和农民群众的首创精神，调动农村基层干部和农民群众生产生活的积极性、主动性、创造性。其次要在农民户籍身份上放活。在确保2014年国务院有关户籍制度改革政策落地的基础上，尽快废止1958年颁布的《户口登记条例》，从立法上废除城乡二户籍制度，建立城乡统一、身份平等的现代户口登记制度，实现农民工及其家庭成员市民化。要尽快取消特大城市积分落户制度，全面推进特大城市常住人口市民化，任何城市都不得非法剥夺和减损宪法赋予公民的基本权利。再次要在农民生产生活上放活。坚决改变一些地方随意干涉农民生产经营自主权和生活自主权的行政模式。要进一步从立法上将自主经营、自主择业、自主生育的权利还给农民，实现农民工及其家庭的市民化。最后要放活城乡要素。加快破除城乡二元体制，构建城乡融合发展的新格局，实现城乡要素自由双向流动和平等交换。

（三）正确处理好几个重要关系

乡村并不是一个孤立静止的存在体，而是既处在社会结构之中，又处于社会变迁之中，这就决定乡村治理受到社会结构的制约与社会变迁的影响。在社会结构和社会变迁中存在一些重大关系，这些事关乡村治理的成效，如果不处理好这些重大关系，必然制约和影响乡村治理的效能，甚至扭曲乡村治理的愿景。一是要处理好城与乡的关系。要改变重城市、轻乡村的思想观念和政策制度取向，加快破除城乡二元体制，废除城乡二元政策法律，解决城乡关系不平等、城乡要素流动不畅的体制机制问题，重新认识乡村价值，形成平等、开放、融合的新型城乡关系，实现城乡融合发展。二是要处理好贫与富的关系。要加快收入分配制度改革，下决心缩小城乡收入差距和乡村内部收入差距，提高乡村社会保障待遇水平，走共同富裕之路。三是要处理好义与利的关系。必须树立以义为先的正确义利观，倡导社会公平正义，有效保护农民的财产权利和其他正当利益。要尽快扭转见利忘义、唯利是图、不择手段逐利以及百姓正当利益遭到严重侵害等现象。四是要处理好干部与群众的关系。要将党全心全意为人民服务的根本宗旨和以人民为中心的发展思想制度化、具体化、权利化，加快发展社会主义民主政治，加快建设服务型政府。要摆正公仆与民众的位子，实现长期以来民众对官员的服从向干部对民众的服务转变。要坚持制约权力与保护权利双促进，切实将权力关进制度的笼子里，加强对权力运行的制约和监督，尊重、保障和实现宪法赋予公民的基本权利与自由尊严。五是处理好古与今的关系。古与今的关系就是传统与现代的关系，要继承与弘扬中华优秀传统文化，在中华传统文化的基础上实现国家现代化，实现中华民族伟大复兴的中国梦，从而创造新的兼容并包的新中华文明。六是处理好天与人的关系。天与人的关系就是生态环境与人的关系，要从中华民族永续发展的高度充分认识和切实保护生态环境，践行绿水青山就是金山银山的理念，切实转变掠夺自然、破坏自然的经济发展方式，改变浪费资源的生产生活方式，坚定走生态文明发展之路。

（四）把维护和发展农民权利、促进社会公平正义作为乡村治理的主线

推进乡村治理现代化的目的，就是要将党为人民服务的根本宗旨和以人民为中心的发展思想贯穿落实到乡村治理全过程，保障农民基本权利，维护社会公平正义，使乡村社会充满活力、和谐有序，不断增强广大农民群众的获得感、幸福感、安全感，促进农民的全面发展。健全党组织领导的自治、法治、德治相结合的治理体系，就是要在党的领导下，加强自治、法治和德治建设，更加充分地认识农民的多重身份，切实保障农民的多重权利，从根本上解决长期困扰我国现代化进程的农民问题，为实现中华民族伟大复兴收拾民心、树立信仰、夯实基础、增添力量。在当代中国，农民具有三重不同的身份角色，相应地需要保障和实现其三重基本权利。首先，农民作为中华人民共和国公民而且是公民中的主体部分，拥有公民身份，应当享有宪法赋予的公民权；其次，农民作为集体经济组织成员，拥有社员身份，应当享受集体经济组织章程规定的成员权；最后，农民作为农村社区居民，拥有村民身份，应当享受村民委员会组织法规定的自治权。尊重、保障和实现农民的公民权、成员权、自治权，是推进乡村治理体系和治理能力现代化的重要体现和根本要求。保护和实现农民的公民权、成员权、自治权，要从制度建设和行动上进行落实。保障和实现农民的公民权，就要坚定不移地推进全面依法治国，特别是坚持依宪治国，加强宪法实施，加快启动有关保障和落实公民基本权利和自由的专门立法工作，真正落实宪法规定的公民的基本权利和自由。保障和实现农村集体经济组织成员权，就是要全面深化集体产权制度改革，加快农村集体经济组织立法工作，全面落实农民在集体经济组织中的财产权利和民主权利。保障和实现农民的自治权，就要进一步加强村民自治法制建设，制定《城乡基层社区自治法》，全面推进村民自治，落实村民对村庄社区公共事务的自主权以及民主选举、民主协商、民主决策、民主管理、民主监督的权利，保障和实现农民当家作主。

（五）将满足农民群众对美好生活的需求制度化、现实化

党的十九大明确提出，我国社会主要矛盾已经转化为人民日益增长的美好生活需要和不平衡不充分的发展之间的矛盾。人民美好生活需要日益广泛，不仅对物质文化生活提出了更高要求，而且在民主、法治、公平、正义、安全、环境等方面的要求日益增长。新时代推进乡村治理现代化，必须用足、用活改革开放这个关键一招和法治建设这个根本之策，加快解决不平衡不充分发展的问题，不断将满足农民群众对美好生活的需要制度化、现实化、具体化。一是调整精准扶贫政策和国民收入分配格局，建立健全低收入保障制度，缩小城乡居民收入差距，维护社会公平正义。2020年我国完成现行标准下农村贫困人口实现脱贫、贫困县全部摘帽、解决区域性整体贫困的目标任务以及全面建成小康社会后，我国城乡低收入人群仍然占有很大比例，应将全国扶贫政策及时调整为低收入帮扶政策，加快推进收入分配体制改革，调整国民收入分配格局，实行居民收入倍增计划，缩小城乡居民收入差距，真正遏制贫富两极分化现象，走共同富裕之路。二是加快民生领域的体制改革和制度建设，全面提高农村民生保障水平，真正体现改革发展成果由人民共享。进一步加大公共财政对农村民生领域的投入力度，着眼于缩小城乡居民社会保障水平差距、提高农村居民社会保障水平，从根本上扭转教育、医疗产业化趋势，建立健全全民免费教育、免费医疗制度，解除农民就学之难、就医之苦。大幅度提高农民基本养老保障水平，近期应将农民基本养老金逐步提高到每人每月1000元、1500元、2000元的标准上来，在此基础上要朝着与城镇职工基本养老待遇标准相一致的目标加快提高农民基本养老待遇水平。三是全面废止计划生育政策，建立鼓励生育和家庭保护制度。人口的可持续发展事关中华民族永续发展的万年大计，必须正视长期以来刚性计划生育政策对我国人口老龄化、少子化的严重影响，建议尽快废止《人口与计划生育法》，相应制定《人口与家庭保护法》，全面废止计划生育政策法律，将自主生育的权利还给农民家庭，建立鼓励生育和保护家庭的政策体系与制度框架，及时将全国各级计划生育部门全面转型为健康养老服务保障部门。四是加快民主、法治、公平、正义、安全、环境等方面的立法工作和制度化建设。要将广大农民群众对民主、法治、公平、正义、安全、环境等方面的美好生活需要，转变为现代制度文明的具体内容，必须进一步加强相关立法工作，构建优良的美好生活制度环境。在实施乡村振兴战略中，必须推进真正的结构性改革，实现乡村社会的文明进步。一要建设共富乡村，改变农村营商环境不佳、收入分配不公，以及城乡之间、乡村之间、村民之间的收入差距过大的现象，实现乡村的共同富裕；二要建设民主乡村，加快发展社会主义民主政治，改变干部当家作主的现象，真正确保村民当家作主；三要建设法治乡村，坚决贯彻依法治国方略，认真落实《民法典》，杜绝严重侵害农民财产权利和人身权利的违法犯罪现象，改变干部用法律管村民的习惯做法，使法律成为干部与群众共同遵守的公共规则；四要建设公正乡村，改变不平等、不公正的城乡制度安排，维护乡村社会公平正义；五要建设平安乡村，杜绝乡村安全隐患，深化扫黑除恶斗争，确保村民人身和财产安全；六要建设健康乡村，改变农产品质量安全和食品安全突出问题，发展生态有机农业，加强乡村公共卫生体系建设，确保村民身心健康；七要建设美丽乡村，改变掠夺资源、破坏环境的发展模式，保护绿水青山，优化农村人居环境，确保村民生产生活环境宜居美丽；八要建设智慧乡村，改变乡村信息技术发展滞后、现代技术扩张与公民权利保护失衡的局面，确保信息时代村民生产生活便利与科技发展同步，公民权利保护与科学技术进步同步；九要建设文化乡村，要切实尊重乡村传统文化，改变以乡村振兴之名行破坏乡村、折腾乡村之实的地方权力滥用现象，加快建设现代文明，使中国乡村既有传统文化的深厚底蕴，又有现代文明的耀眼底色。

（六）以坚定不移反对和惩治腐败的力度反对和惩治侵权行为

腐败、侵权与黑恶势力是严重败坏乡村政治生态、破坏乡村社会有效治理的毒瘤，必须依法加强预防和根治。从根本上说，腐败、侵权与黑恶势力都与公权力缺乏有效的制约和监督有关。对于发生在农民群众身边的腐败现象以及乡村黑恶势力横行的现象，中央已经且正在开展反腐败斗争和扫黑除恶专项斗争，成效显著，此不赘述。我们重点就严重践踏国家法律、严重侵害农民群众正当合法权利等突出的侵权问题提出意见和建议。一是要认真贯彻落实《民法典》，把切实保护农民群众的人身权利和财产权利作为检验《民法典》权威的试金石。2021 年 1 月 1 日施行《民法典》后，有关部门要把实施《民法典》作为重中之重，依法追究侵权人的法律责任，切实保障农民人身权利和财产权利，追究侵权者的民事责任。二是要加大《刑法》实施力度并对其修改完善，使任何侵犯农民财产权利和人身权利的犯罪行为都能受到法律的严惩。特别是对于非法强拆民宅、一刀切拆违的有关单位、领导和人员，不但要从全面从严治党上给予其党纪政纪处分，更要从全面依法治国上追究其刑事责任和民事责任；既要追究对农民进行侵害的领导干部的个人责任，也要追究对农民进行侵害的单位责任。哪里有侵权，哪里就必须追责。三是努力在全社会营造尊重和保护农民产权、人权、治权，维护社会公平正义的良好氛围和制度环境。要围绕加快形成公权力受约束、私权利得保障的社会生态环境，加强教育培训和立法建设工作，着力提高全民族的现代法治文明素养，这既是实现乡村善治的重要目标，也是实现乡村善治的根本保障。

执笔：张英洪、王丽红

附　录

加快怀化中心城市建设的战略思考

作者按：最近，我的老乡和朋友、《大国空巢》一书的作者易富贤博士提出"将怀化建成另一个重庆"的重要构想。这使我想起10年前我对怀化发展前景的一篇论文。记得1998年，怀化撤地设市，其时《怀化日报》刊载了中国科学院叶大年院士《怀化：发展中西部的一着重棋》的重要文章，当时尚在县城工作的我，为这篇文章拍案叫好，那是我此前读到的有关怀化发展研究最优秀的一篇佳作，该文对怀化的发展具有重要意义。有鉴于此，我以为怀化市委、市政府可授予叶大年院士"怀化荣誉市民"称号。受叶大年院士文章的启发，1999年9月，我撰写了《加快怀化中心城市建设的战略思考》，提交给怀化改革开放与建设五省周边中心城市理论与实践研讨会，获三等奖。拙文在叶大年院士提出的怀化的城市人口规模可发展为50万的基础上认为应至少发展到100万。10年来，我在论文中提出或设想的一些发展前景得到了实现，如当时设想的渝怀铁路已建成通车，芷江机场已通航，当时构想的怀化发展"三步走"战略的第二步即到2010年怀化建成50万人口的城市的目标也已经实现，第三步发展到100万人口的城市现已成为怀化发展的新目标，最近，怀化市有关领导提出到2020年将怀化建成100万人口的大城市。这个政策目标比我当时设想的实现时间更短了，这应该是可能和必要的。未来怀化的发展，应在朝向100万、300万、500万甚至上千万城市人口规模的台阶上实现新的三步大跳跃和大发展。令人感到有些惋惜的是，作为全国农村综合改革试验区，怀化在解决"三农"问题上没有探索出值得全国借鉴和学习的成功经验。怀化的下一步发展，应当在统筹城乡发展和加快构建城乡一体化上取得进展。很显然，怀化的发展愿景应该得到更广泛、更充分、更系统、更科学的研究和讨论。

2009年8月24日

城市化是衡量一个国家或地区经济发达和文明程度的重要标志。怀化撤地设市后，如何进一步加快怀化中心城市建设，是摆在各级各部门和400多万怀化人民面前的一项十分关键和特别重要的时代课题。

一　怀化具有加快发展的巨大优势

怀化具有加快中心城市建设的巨大优势。

一是资源优势。怀化的土地资源、人口资源、森林资源、水能资源、矿产资源、水果资源、旅游资源、文化资源都十分丰富。怀化土地总面积 27624 平方公里，总人口 478.82 万人，林木蓄积量 4642.83 万立方米，森林覆盖率 60.4%，是全省最大的林业基地和我国南方的重要林区之一；境内大小河流 2716 条，全省最长的河流——沅水流经境内，水能蕴藏量 346.5 万千瓦，占全省的 1/4，是全国十大水电基地之一；水果和药材产量居全省前列；煤炭、硅砂、重晶石、黄金、铜、磷、锑、石灰石等矿产资源十分丰富；怀化又是著名的侗文化区，拥有令人神往的湘西文化特质，北边的张家界与南边的桂林中经怀化而连成了中国特有的全天候人文自然风景旅游长廊。

二是交通优势。怀化交通优势十分突出，湘黔、枝柳两大铁路干线及与之并行的 320、209 国道呈双十字在城区交汇，构成了我国少有的交通大枢纽。这种具备两条铁路交叉条件的城市在湖南省只有株洲，在全国也只有少数几个城市。

三是区位优势。怀化市地处湘、鄂、渝、黔、桂五省（区、市）交接地，自古就有"滇黔门户""全楚咽喉"之称，尤其是怀化处在贵阳—重庆—宜昌—长沙—衡阳—桂林—柳州—贵阳这一半径约 400 公里的环形空洞中心，具有快速发展为五省周边中心城市的巨大区位优势。

四是机遇优势。怀化在发展壮大过程中曾经拥有过加快发展的大好机遇。第一，铁路修建大机遇。1974 年 9 月湘黔铁路及 1978 年 12 月 26 日枝柳铁路全线建成通车，使怀化成为全国屈指可数的拥有十字交叉的两条铁路的城市之一。第二，区划变革大机遇。1975 年 1 月 25 日榆树湾镇更名为怀化镇，同年 2 月 24 日，黔阳地区迁驻怀化，1979 年 4 月 21 日批准成立县级怀化市，1981 年 6 月 30 日，黔阳地区更名为怀化地区。从榆树湾镇到怀化镇，到县级怀化市到怀化地区，经历了短短 16 年时间。第三，改革开放大机遇。怀化是在改革开放中崛起的。1990 年 11 月 23 日，国务院批准怀化地区列为全国农村改革试验区，怀化确立了"八亩山地做文章，综合开发奔小康"的发展战略。现在，怀化又面临着进一步加快发展的大好机遇。第一，怀化撤地设市大机遇。1997 年 11 月 29 日，国务院批准撤销怀化地区设立地级怀化市，洪黔合并迁市址于黔城。1998 年 4 月，怀化完成撤地设市工作，市委、市政府及时调整和确立了"充分发挥资源和区位两大优势，努力建设五省（区、市）周边中心城市"的发展战略，这是怀化发展新的里程碑。第二，重庆设直辖市大机遇。1997 年 3 月 14 日，八届全国人大五次会议批准重庆为直辖市，这给怀化中心城市建设带来大机遇。重庆要走向世界，变成外向型城市，陆路必须经过怀化，这势必带动怀化的大发展。第三，发展中西部大机遇。进入20世纪90年代以来，为缩小东部沿海地区与中西部内陆地区的差距，国家确立了加快中西部地区发展的大战略，为怀化加快发展带来了大机遇。第四，怀化觉醒大机遇。经过20年多年来的改革开放，怀化人民不断解放思想，转变观念，已经理清了加快发展的思路，形成了加快发展的共识，汇聚了加快发展的力量，普遍具有加快发展的渴望。可以说，现在的怀化已经具备了进一步加快发展的"天时地利人和"。

二 怀化迈向新世纪的战略构想

第一，确立怀化发展的"三步走"战略。在迈向新世纪的征途上，怀化应明确制定"三步走"的发展战略。

怀化发展的第一大步，应是从1975年怀化设镇及黔阳行署迁至怀化开始到1997年怀化设立地级市。23年间怀化由一个城区面积不足1平方公里、人口不足4000人的山乡小镇，迅速崛起为一个城区面积25平方公里、近30万人口的中等城市。

怀化发展的第二大步，应该是从1998年怀化设立地级市开始到2010年怀化建成城区面积50平方公里、城区人口50万以上的中心城市。根据地理经济学环形空洞理论，怀化地处在理想的中心城市位置上，早晚要发展成为人口50万以上的中心城市。这个进程如任其自然发展也许要30—50年，如果有计划推动这个进程则10—20年就能实现。我认为有计划推动只要10年就能实现这个目标。从怀化发展的历史进程来看，人口从1975年由4000人发展到1997年25万，增长60多倍，也只用了22年时间，而这是在计划经济体制极不利于城市化发展的条件下取得的。根据世界各国城市化发展的基本经验，城市化的过程一般经过缓慢发展和加速发展阶段，当城市化水平在30%以前发展比较缓慢，达到30%左右就进入了加速发展阶段。目前我国城市化已进入加速发展阶段。怀化经过20多年的发展，已经具备了空前的发展基础，全市上下有了一个发展怀化中心城市的明确思想认识。在这种十分有利的环境下，使怀化城市人口由25万发展到50万，不应再等20年时间，应该在10年内完成这一目标。就算按最保守的估计，需要20年的话，那么到建党100周年的时候，怀化也已经是人口50万以上的中心城市了。

怀化发展的第三大步，应该从2010年到2049年，即在新中国成立100周年时，把怀化建设成为城区面积100平方公里、城区人口100万以上的大城市。既然怀化处在贵阳—重庆—宜昌—长沙—衡阳—桂林—柳州—贵阳这样一个半径约400公里的环形空洞的中心，而这圆圈周围的七大城市人口基本上都在100万以上，如果只把怀化定位于人口50万左右的中心城市，要想对五省周边形成巨大的辐射力，肯定是远远不够的，尤其是这样的城市规模还远远不能充分发挥怀化的巨大潜力，怀化的理想归宿应该是发展为人口 100 万以上的大城市，成为湖南省西部和我国西南地区的大都市。

第二，构建怀化"中心城市—县级市—小城镇"的发展格局。加快怀化城市化进程，要时刻把握全国乃至全球城市发展趋势。党的十五大报告指出，我国社会主义初级阶段就是一种由"农业人口占很大比重、主要依靠手工劳动的农业国，逐步转变为非农业人口占多数、包括现代农业和现代服务业的工业化国家的历史阶段"。这就是说，在今后半个世纪内，亦即新中国成立 100 周年以前，我国的非农业人口要占大多数，城市化水平（非农业人口占总人口的比重）达到 50% 以上，基本实现现代化，达到中等发达国家的水平。

1997 年，全国总人口 123626 万人，其中非农业人口 36989 万人，城市化水平只有 29.9%。全国设市 671 个，其中直辖市 4 个，地级市 225 个，县级市 442 个，设建制镇的 18925 个。1998 年，全国城市化水平达 32%，全省是 19%，沿海发达地区 40%，全球城市化平均水平 45%，发达国家 70%—80%，有的高达 90% 以上，个别达 100%。而怀化市只有 18.8%，所辖各县的城市化水平也都很低，洪江是 26%，中方 3.75%，沅陵 18.52%，辰溪 18.5%，溆浦 9.97%，会同 10.23%，麻阳 10.7%，新晃 12.03%，芷江 11.86%，靖州 30.43%，通道 9.77%。按城镇常住人口计算，城镇化比例要略高些。到新中国成立 100 周年时，怀化市的城市化水平要达到 50% 以上，以现在的人口规模计算，将有 250 万以上的农业人口进入城镇变为市民。可见，怀化市的城市化任务繁重，需要构建怀化中心城市—县级市—小城镇的城市化发展格局。

现在怀化有一个地级市、一个县级市、10 个县、72 个镇、245 个乡。在怀化中心城市建设上，应按照"三步走"的战略目标科学规划，加快建设。在县级市的建设上，要加快撤县设市步伐。在过去的几十年中，怀化的县级市发展很慢，除了怀化和洪江外，未增设一个县级市。据专家研究，中国铁路干线沿线县级市以上城市的分布有一定规律性，经济越发达，铁路沿线城市之间的平均距离就越小，东部地区是 40 公里到 70 公里。随着怀化中心城市的迅猛发展，加快发展县级市就显得尤为紧迫和必要。

近期内，西部的芷江，北部的沅陵，东部的辰溪、溆浦，南部的会同、靖州等 6 个县可以撤县设市。中方县应明确定位于早日建成怀化的一个区；洪江与芷江应定位于怀化的两个卫生城市。溆浦西距怀化市 101 公里，东距冷水江市 143 公里，随着投资 2.04 亿元的县城火车站迁建，溆浦撤县设市势在必行。辰溪县城不通铁路，其发展受到一定的制约，现在的问题是，要么将辰溪县城迁入火马冲镇，要么修建县城辰阳镇至火马冲镇（辰溪火车站）的高等级公路，充分利用铁路的动脉优势加快发展。不管怎样，辰溪应加大火马冲镇的建设力度，很有必要撤县设市，或建设成为怀化市的郊区。沅陵虽不通铁路，但公路交通比较发达，新中国成立前曾是历代郡都、专区、行署所在地，战略地位十分重要，应尽快撤县设市。南部的靖州、会同应予以设市。在小城镇建设上，怀化各县市应引起高度重视。实践证明，县域经济的发展光靠农业形不成大的税源，必须依靠第二、第三产业，走农村工业化、城镇化的路子。小城镇是发展农村二三产业的重要载体，也是县级财源的重要增长点，有利于转移剩余劳力，加快乡镇企业集中，促进二三产业的发展，满足广大农村日益增长的物质文化需要。现在加快发展小城镇的春天已经到来。在新一轮地方机构改革中，加快撤区并乡建镇步伐，果断地撤销区公所（办事处或经济联络处），加强中心镇建设，这是广大农民尽快进城过上城镇生活最广阔、最现实的途径。

三 加快怀化中心城市建设的对策建议

第一，抢抓机遇，建设一个快发展的怀化。怀化要加快发展，就必须抢抓机遇。错失机遇就是错失发展，抓住机遇就是抓住发展。一个地方的领导，尤其是党政"一把手"的主要工作和主要精力，不应耗费在纷繁复杂的日常工作中，而应放在解放思想、抢抓机遇上来。一是抢抓交通建设机遇。交通是内陆山区发展的生命线。在铁路建设上，市委、市政府应主动与重庆、广东加强联系，密切配合，共同努力，积极向上争取，尽快修建渝怀和怀穗铁路，渝穗线的贯通将是怀化进一步发展的里程碑。在公路建设上，要争机遇，尽快使怀化境内的3条国道建成高速公路，10条省道建成高等级公路，完善县乡村公路，努力建设怀化四通八达的高标准公路交通网络。在航空业建设上，尽快实现芷江机场民用化，预备考虑溆浦桥江机场民用方案。二是抢抓重大项目机遇。要积极争取抢抓国家大型重点工程项目和重大活动项目等大机遇。据报道，云南昆明市通过抢抓争办1999年世界园艺博览会的机遇，使昆明城市的发展提前了30年。怀化要密切关注国际国内发展态势，时刻准备抓大机遇来促进怀化的大发展。三是抢抓国家政策机遇。在建设社会主义现代化大业中，国家将不断出台新的政策，怀化要密切注视，随时抢抓机遇。只有抓住了大机遇，怀化中心城市的建设才能大发展。

第二，勇于争先，建设一个敢创新的怀化。怀化要加快发展，就必须敢于创新。深圳为什么发展那么快？就是因为深圳是"经济特区"，深圳人处处敢于争先，事事敢于试验。怀化是全国农村综合改革试验区，我理解这就是内陆山区的"经济特区"，市委、市政府应该拿出更大胆的举措来加快发展，比如户籍制度改革等问题，已在低庄等少数几个小城镇进行试点，要加快怀化的发展，就必须大胆地率先推行户籍制度改革，至少可以在怀化市和各县城及重点中心镇全面试行。户籍制度的改革是城市化发展的重要一环。长期计划经济体制下形成的城乡分割的二元户籍制度，极大地阻碍了城市化发展，户籍制度改革势在必行。邓小平同志说过，要敢闯敢冒，大胆试，搞错了也不要紧，改过来就是了。怀化应该敢于试验，敢于争先，力争成为我国内陆山区城市发展中的一面敢于创新的旗帜。

第三，开拓视野，建设一个大开放的怀化。怀化要加快发展，就必须扩大开放。一要树立大开放的意识。任何一座现代化的大都市，都是一座开放的城市。建设一个大开放的怀化，是怀化走向新世纪的战略需要。怀化要成为五省周边中心城市，就必须以大开放的姿态，积极鼓励有志之士来怀化投资办厂经商定居落户，吸纳五省周边甚至全国、全世界的资金、人才和技术。二要营造大开放的环境。下决心治理怀化经济发展的环境，努力营造开放的舆论环境，形成良好的政策环境，树立公正的执法环境，构建优质的服务环境，进一步改善硬环境，这是怀化走向外向型城市的基础。三是要拿出大开放的举措。怀化的发展势必客观要求各级领导解放思想，开阔视野，加强学习，提高水平。市委、市政府应该拿出大的举措来促进怀化的大发展。怀化要走向全国、走向全世界，有许多问题值得市委、市政府认真研究考虑。比如，怀化率先在全国普遍推行户籍制度大改革，创造一流的经济发展环境，建立与周边城市领导人的定期磋商机制，邀请张家界、桂林等党政领导来怀化共商兴建中国南北旅游大走廊，争取承办全国甚至世界各类大型会议或大型运动会，诚请中央电视台心连心艺术团来怀演出，加强与科研机构和高等院校的联系，创办怀化大学，聘请专家顾问，授予对怀化有特别贡献的人荣誉市民称号，等等。这些开放型的重大举措，有利于提高怀化的知名度，有利于刺激消费扩大内需，有利于加快基础设施建设，有利于增强怀化人民的自信心和自豪感，有利于促进怀化大都市的形成和发展，是怀化成为外向型城市的重要标志。

怀化，这座"火车拖来的城市"，在快速驶向新世纪的征途上，更加需要英雄的怀化人民拿出更大的智慧、勇气和远见卓识！

执笔：张英洪
1999 年 9 月 12 日

溆浦：怀化的东方之珠

作者按：16 年前，我在《怀化经济》2000 年第 1 期上发表文章《溆浦：怀化的东方之珠》，对湖南省溆浦县的发展前景做了分析与展望，提出了相关政策建议。现在回头来看，我在拙文中提出的许多设想和建议已成为现实。例如，2009 年 9 月，溆浦县建成溆浦二桥；2009 年 11 月，溆浦县撤销了 8 个办事处；2010 年 12 月，溆浦人民公园动工兴建，2013 年 1 月建成开园，告别了溆浦没有公园的历史；2015 年，溆浦县将 43 个乡镇合并为 25 个，其中仲夏乡并入卢峰镇；等等。这些建设和发展成就，除了公园名称与我的设想和建议有些出入外，其他与我的设想和建议完全吻合。目前最大的问题是，溆浦县尚未撤县设市。这不是发展方向不对，而是发展体制和发展方式滞后。今后，溆浦至少应在如下三个重点方面发力：一是立足农业大县优势，推进农业供给侧结构性改革，走生态农业之路；二是把握地理区位特点，推进新型城镇化和新农村建设，走城乡一体化之路；三是适应时代发展要求，推进治理体系和治理能力现代化，走民主法治之路。《溆浦：怀化的东方之珠》是我离开溆浦工作前夕回报桑梓的一个告别礼，我期待溆浦有更加美好的未来。

张英洪于溆浦乡村

2016 年 8 月 15 日

城市化是社会文明进步的标志，也是社会发展的必然结果。我国对城市发展的基本方针是严格控制大城市规模，合理发展中等城市，积极发展小城镇。在相当长的时期里，我们对城市化的重要性没有足够的认识，政策上把农民束缚在土地，导致全国城市化进程特别是中西部地区的城市化进程缓慢。积极合理有序地加快中西部地区城市化进程是发展中西部的一个重要的战略选择。随着怀化地改市的完成，怀化将在 10—20 年内迅速崛起为人口 50 万以上的湘、渝、鄂、桂、黔五省周边中心城市。位于怀化东边的溆浦县，已日益凸现出其成为怀化卫星城市的必要性和现实可能性。溆浦的迅猛发展和巨大的发展潜力，将向世人昭示：溆浦——怀化的东方之珠！

一 溆浦具有快速发展的绝对优势

溆浦位于怀化市东部，地处雪峰山区，地势由东南向西北倾斜，东、南、北三面高山环峙，这种地理结构决定溆浦只能归依于西部的怀化而求得发展。在怀化市辖除洪江外的各县中，溆浦具有快速发展为县级市的绝对优势。一是传统优势。主要体现在农业优势、资源优势和人文优势上，溆浦农业的精耕细作程度和技术推广程度都比较高，粮食产量居全市第一。目前溆浦已被列为国家杂交水稻制种基地县和全国商品粮基地县。溆浦的资源十分丰富，煤炭、硅砂、石灰石等矿产资源，水能资源，桔枣水果资源等均居全市首位。其人文资源在全市也十分突出，溆浦历史悠久，受教育程度较高，人才辈出，是全市唯一的革命老区县。二是交通优势。湘黔铁路经过县城，1802 线省道贯穿东西、1840 线省道纵穿南北，以"丁"字形交汇于县城。320 国道和 1808 线省道经过南部，沅水流经西部。位于东部的桥江机场如得以民用，则溆浦拥有铁路、国道省道、大江大河和机场的海、陆、空立体交通网络。特别是株六复线及县城火车站的兴建，将使溆浦的交通优势更加突出。三是区位优势。据专家研究，中国铁路干线沿线县级市以上城市之间的分布具有一定规律性，经济越发达，铁路沿线之间的平均距离就越小，东部地区是 40 公里至 70 公里。中科院叶大年院士注意到怀化至柳州 453 公里的铁路沿线上还没有一个县级市，认为这种现象是不正常的，他看好的县级市是会同。叶大年侧重于怀化通向南边出口的研究。事实上，在东边从怀化到长沙 500 公里内，自长沙经株洲、湘潭（韶山）、湘乡、娄底、涟源到冷水江市，大约每隔 30—60 公里即设有一个城市。在怀化和娄底这两个地级市之间，娄底市沿湘黔线向西已设有涟源、冷水江市，而怀化市沿湘黔线向东则未设一市。从怀化到冷水江 244 公里内，有中方、辰溪、溆浦、安化、新化 5 个县，而溆浦具有明显的区位优势，它西距怀化 101 公里，东距冷水江 143 公里，是设县级市的理想位置所在。中方、辰溪、安化三县县城远离铁路，溆浦位于怀化与冷水江之间，这给溆浦留有大发展的余地。溆浦撤县设市势在必行。

二 怀化撤地设市给溆浦带来新机遇

1998 年 4 月怀化完成撤地设市工作，这是湘西地区行政区划变迁史上的一件意义深远的大事。怀化迅速崛起为中心城市，势必对周边各县形成巨大的扩张、延伸和辐射功能。就怀化所辖市县来说，南部的洪江与黔阳合并设立新的洪江市，迁市址于交通便利的黔城，怀黔高等级公路已兴建，为洪江市的发展翻开了新的一页。西部的芷江离怀化较近，发展将明显加快。新晃及北部的麻阳系少数民族自治县，因地理、历史等因素，发展将是一个渐进的过程。沅陵、辰溪县城不通铁路，无疑受到一定制约。新建立的中方县继承了原怀化市发展相对落后的农村这一块，工农业生产比较薄弱，有待于进一步发展，其发展前景是尽快成为怀化市的一个区。而怀化撤地设市给溆浦带来了巨大的发展机遇。一方面，随着怀化城市化进程加快，它更加需要溆浦这个农业大县源源不断地提供丰富优质的农副产品，这刺激溆浦加速由农业大县向农业强县跨越，进一步促进其农业产业化经营，带动其农副产品加工增值，推动其乡镇企业迅速发展。同时，地域广阔、人口众多的溆浦必将成为怀化重要的消费市场，两地相互依存互为补充，共同发展。另一方面，怀化要走向东部发达地区，除铁路外，经过溆浦的公路只有两条路可走，一条是南边经过溆浦黄茅园到长沙，全长467公里；另一条是北边经溆浦县城到长沙，全长433公里。南边可带动溆浦局部地区的发展，北边则可以带动溆浦全局的发展。此外，从城市功能的内在需要上，怀化需要距它100公里的东部溆浦发展成为其城市功能互补的县级市，作为工业基地的南部洪江和作为农业基地的东部溆浦是怀化腾飞不可缺少的两翼，这不可避免地加快溆浦城市化发展步伐。

三　新建火车站，溆浦迈向21世纪的奠基礼

在1999年新年到来之际，溆浦收到了铁道部下发的同意县城火车站迁建方案的批文，总投资2.04亿元的县城火车站迁建工程是溆浦改革开放20年来境内最大的一项国家重点建设工程。这无疑是溆浦发展史上的重大里程碑，是溆浦加快县改市的坚强支柱，是溆浦发展成为怀化东方之珠的明珠塔，是溆浦以豪迈的姿态昂首迈向21世纪的奠基礼。溆浦将从此跨上新世纪快速发展的快车道。

发展是硬道理，一个地方的领导在抓好日常工作的同时，重要的是抓重点，抓关键，抓机遇。错失机遇就是错失发展，溆浦曾经痛失过不少机遇，使一些大型厂矿企业、高等院校纷纷迁离溆浦，一些国家重点建设工程也改建他处。进入90年代以来，县委、县政府以及全县人民在吸取深刻教训的基础上充分认识到抢抓机遇的特别重要性。这次县城火车站的迁建，是五年来两届县委、县政府抢抓机遇、不懈努力的结果。全县各级各部门和广大群众，都要十分珍惜这一来之不易的历史性机遇，充分利用好这次机遇，以高标准、高起点、现代化的县城新火车站向新世纪献上一份厚礼。

四　展望新世纪，溆浦明珠熠熠生辉

怀化撤地改市和县城火车站的迁建，是溆浦走向新世纪两个重大的发展机遇。为了更好地抓住和利用这次机遇发展溆浦，我认为至少应加快以下五个方面的重要工作。

一是加快县城城区建设步伐。以新火车站为中心，高层次、高标准地规划建好城北新区。建议修建"溆浦二桥"，连通原红远、红阳，使1840线改道通过"溆浦二桥"，使县城面积在向北拓展3平方公里的同时向西延伸3平方公里。可考虑将仲夏

乡划入卢峰镇，使整个县城面积扩展到 10 平方公里以上，城区人口发展到 10 万人以上。这对于拥有 83 万人口的大县来说，是完全必要和可能的，这是溆浦撤县设市的需要，是溆浦走向 21 世纪的需要。

二是加快全县小城镇建设步伐。以县城为中心，加快全县小城镇建设步伐刻不容缓，要对全县各乡镇小城镇建设进行统一动员、统一规划、统一部署，每一个乡镇都要根据本地的实际情况制定规划加快发展，要把加快全县住宅建设与加快小城镇和乡镇建设紧密结合起来，树立长远眼光和超前意识。溆浦县不少乡政府所在地偏居一隅，冷冷清清，根本缺乏带动一方发展的凝聚力和辐射力。全县 43 个乡镇中建制镇仅 11 个，应加快建镇步伐，没有发展空间的乡镇要果断地搬迁重建。加快撤区并乡建镇步伐，撤销 8 个办事处，相应加强 8 大中心镇建设，将全县 43 个乡镇撤并到 25 个左右。已建镇尚需加大建设力度，如低庄小城镇建设，应将低庄火车站至城区 3 公里地带纳入整体规划建设，充分利用低庄火车站的优势带动全镇的发展。要切实提高城市规划水平和管理水平。

三是加快"两廊"建设步伐。湘黔铁路线、省道 1802 线及 1840 线是溆浦连接县内外的大动脉，也是溆浦最有发展前景的黄金地带。重点改造拓宽 1802、1840 线省道，将这两条省道建设成为高等级公路，使溆浦西到怀化，南经洞口到邵阳，东到长沙的时间大大缩短。

四是加快旅游业的开发建设。没有公园和景点的城市是不可想象的，溆浦要加快旅游业发展，重在建设和开发，建设好花果山城区公园已显得十分紧迫。从中长远看，把城郊的雷峰山建设成溆浦最大的景点——"雷峰山公园"也十分必要。雷峰山对于建市后的溆浦，如同岳麓山对长沙一样重要，要加强对雷峰山的封山育林和前期勘查规划工作。

五是加快桥江机场民用的争取工作及溆浦北通沅陵直达张家界市的公路建设。怀化市现有芷江和桥江两座机场，分处怀化东西两侧。随着怀化中心城市地位的突出和溆浦本身设市的实现，桥江机场民用化是可能和可行的。县委、县政府已经考虑过此事，可继续抓住机遇长期努力争取。修建溆浦至沅陵县城直通张家界市的公路，这是溆浦长远发展的战略需要。溆—沅—张公路的修建将开辟溆浦的北部通道，形成溆浦东、西、南、北都能直达地级市的高等公路网络。

溆浦，这个必将在新世纪之初跻身全国城市行列的革命老区县，将以怀化的东方之珠的姿态唤醒沉睡的土地和人们，它的翩翩风采和耀眼光辉将吸引世人的关注和向往。让我们每个溆浦人都来为这颗明珠增光添彩。

执笔：张英洪

原载《怀化经济》2000 年第 1 期

图书在版编目（CIP）数据

权利视角的乡村振兴：农研智库观察 / 张英洪等著
. -- 北京：社会科学文献出版社，2023.5
ISBN 978 - 7 - 5228 - 1704 - 0

Ⅰ.①权…　Ⅱ.①张…　Ⅲ.①农村 - 社会主义建设 -
研究 - 中国②三农问题 - 研究 - 中国　Ⅳ.①F32

中国国家版本馆 CIP 数据核字（2023）第 066876 号

权利视角的乡村振兴
——农研智库观察

著　　者 / 张英洪 等

出 版 人 / 王利民
责任编辑 / 周　琼
文稿编辑 / 张静阳
责任印制 / 王京美

出　　版 / 社会科学文献出版社·政法传媒分社（010）59367126
　　　　　　地址：北京市北三环中路甲 29 号院华龙大厦　邮编：100029
　　　　　　网址：www. ssap. com. cn
发　　行 / 社会科学文献出版社（010）59367028
印　　装 / 三河市东方印刷有限公司

规　　格 / 开　本：787mm × 1092mm　1/16
　　　　　　印　张：40.25　字　数：800 千字
版　　次 / 2023 年 5 月第 1 版　2023 年 5 月第 1 次印刷
书　　号 / ISBN 978 - 7 - 5228 - 1704 - 0
定　　价 / 198.00 元

读者服务电话：4008918866

▲ 版权所有 翻印必究